全国税务干部大企业管理应知应会推荐培训用书

大企业税收管理应知应会读本

（上册）

王 战 编著

中国财经出版传媒集团
中国财政经济出版社

图书在版编目（CIP）数据

大企业税收管理应知应会读本：全二册 / 王战编著 . —北京：中国财政经济出版社，2019.8

全国税务干部大企业管理应知应会推荐培训用书

ISBN 978－7－5095－9183－3

Ⅰ.①大… Ⅱ.①王… Ⅲ.①大型企业－企业所得税－税收管理－中国－干部培训－教材 Ⅳ.①F812.424

中国版本图书馆 CIP 数据核字（2019）第 179420 号

责任编辑：尉　敏　　　　　责任印制：史大鹏
封面设计：孙俪铭

中国财政经济出版社　出版

URL：http://www.cfeph.cn

E－mail：cfeph@cfemg.cn

（版权所有　翻印必究）

社址：北京市海淀区阜成路甲 28 号　邮政编码：100142
营销中心电话：010－88191537
北京鑫海金澳胶印有限公司印装　各地新华书店经销
787×1092 毫米　16 开　40.75 印张　825 000 字
2019 年 8 月第 1 版　2019 年 8 月北京第 1 次印刷
定价：139.00 元（上、下册）
ISBN 978－7－5095－9183－3
（图书出现印装问题，本社负责调换）
本社质量投诉电话：010－88190744
打击盗版举报热线：010－88191661　QQ：2242791300

序 言

在经济全球化的今天，我国经济发展呈现出跨区域经营、市场覆盖面广、内部结构复杂、信息化程度高的大企业越来越多的态势。大企业是一国经济的重要支柱，也是国家税收的主要来源。国际经验表明，占纳税人总数1%的大企业纳税人通常贡献国家60%~70%的税收收入。随着经济全球化不断发展和科技创新能力的不断提升，企业的经营模式和核算方式发生了巨大变化，越来越多的大企业采用集团化运作，跨地区甚至跨国经营，呈现出内部交易和财务核算复杂、总部控制力强等特点。这些特点使得其涉税事项相对复杂，纳税服务需求较高，易产生系统性税收风险。这样一种新形势对传统的税收征管模式产生了很大冲击，如何强化大企业尤其是对跨国大企业的税收管理，已成为世界各国税务机关共同面临的一个难题。

我国大型企业在征税过程中，一方面存在税收体制不配套、税收模式有待改进、缺少对大型企业税收风险的关注以及税收信息化建设程度较低等问题；另一方面我国在大企业税收专业化管理方面起步较晚，与发达国家存在不小的差距。

目前我国大企业税收管理上的难点与问题突出表现在：

第一，我国大企业税收管理的不足，管理理念与认识存在偏差。管理职责不明晰，与基层税源管理部门的关系不明晰，与同级征管、稽查、税政、纳税服务等部门的关系不明晰，大企业税收管理部门自身的职责履行问题。

第二，信息化管理不完善。信息采集、运用分析等方面都远远不足。

第三，管理模式有待调整、深化。到目前为止，我国还没有形成一套完整的大企业税收征管办法，影响了大企业税收管理向深层次、多角度、专业化的方向发展。

第四，管理人员队伍素质有待提高以应对专业化管理。税收政策需有人来执行，因此，针对大企业组织结构复杂化，经营业务多元化、信息技术通用化等特点，税务机关应加大税务人员专业化培训，使其能熟练掌握比较复杂的财务会计知识、信息技术知识，使其能读懂各项业务合同，把握交易实质，从而更好地应对大企业税收专业化管理。

对大企业实行分类、有效的税收专业化管理成为当务之急。他山之石，可以攻玉。积极借鉴世界各国大企业税收管理的成功经验，对于改进和优化我国大企业税收管理工作，提升大企业税收服务与管理质效具有积极意义。

本书由专注服务纳税人二十余年、中翰中国税务集团合伙人、河南中翰盛胜税务师事务所所长王战编著而成，其针对我国大企业税收管理实践中存在的管理理念与认识偏差、信息化管理不完善、管理模式有待调整和深化、人员队伍素质有待提高等难点和问题，强调以风险管理为导向、业务流程为基础，解决大企业税收管理的共性问题和不确定性问题，旨在提供一本高质量的税务培训管理教材。全书分为上、下册，上册为大企业税收管理相关知识，包括大企业税收管理的起步和发展沿革、大企业税收管理的体制机制构建、大企业税收管理的数据与支撑、大企业税收管理实践的"三驾马车"四个部分；下册为与大企业税收管理相关的习题集，包括国外税收概览练习题、制度汇编练习题、税收政策解析专辑练习题、风险应对练习题、综合测试题库共五部分，涉及单选、多选、判断、简答、计算等多种题型，并配有习题讲解，涵盖纳税服务、法规制度、税务辑核、风险应对等多方面内容。

当前，为贯彻落实国家税务总局"练兵比武"活动工作部署，确保各地大企业税收服务和管理系统"练兵比武"活动取得实效，有效提升专业队伍能力素质，各级税务机关制定了具体方案。在全国税务系统开展"岗位大练兵、业务大比武"活动，是税务系统素质提升"115"工程的重要组成部分，是健全人才梯次培养机制，提升税务干部队伍综合素质和专业能力的重要举措。本次活动首次把大企业税收管理专业岗位能力列入练兵比武范围，是全国省市两级大企业税收服务和管理实体化机构全面到位后，第一次全条线的练兵比武活动，是贯彻改革精神，推进改革落实的重要举措，是提升大企业管理部门税务干部素质的重要抓手，也是展现新机构、新班子、新团队良好的精神风貌和团队精神的重要契机。各级大企业税收服务和管理部门要充分认识开展练兵比武的重要意义，统一思想，加强领导，及早谋划，深入落实，确保活动开展顺利，成绩优异。

为配合本次活动，笔者通过长时间的研究、分析、收集和整理，在各界领导、老师的帮助下完成本书。由于时间有限，水平有限，书中疏误和偏颇之处在所难免，恳请读者批评指正。

编著者
2019 年 7 月

目　　录

第一部分　大企业税收管理的起步和发展沿革

第一章　大企业税收管理概述 ··· 3
　　第一节　大企业的特点及税收风险 ······································ 3
　　第二节　大企业税收管理的历史沿革 ···································· 7
　　第三节　大企业税收管理的主流理论 ···································· 8

第二章　大企业税收征管的国际经验 ·· 12
　　第一节　大企业的界定方式和标准 ······································ 12
　　第二节　大企业税收管理的组织方式 ···································· 12
　　第三节　大企业税收管理模式 ·· 15
　　第四节　大企业信息化建设 ·· 22

第三章　我国大企业税收管理的实践和发展 ·································· 24
　　第一节　总体设计思路 ·· 24
　　第二节　大企业税收管理的探索实践 ···································· 28
　　第三节　近三年来大企业税收管理的主要工作 ···························· 33
　　第四节　征管体制改革后大企业税收管理机构现状 ························ 42

第二部分　大企业税收管理的体制机制构建

第四章　工作启示 ·· 53
　　第一节　优化大企业税收管理体制 ······································ 53

第二节 完善大企业税收风险管理 56
第三节 提升大企业纳税服务水平 64
第四节 强化大企业人才队伍保障 70

第三部分 大企业税收管理的数据与支撑

第五章 大企业数据管理 77
第一节 千户集团名册管理 77
第二节 千户集团数据管理概述 80
第三节 千户集团数据采集 83
第四节 数据治理 89

第六章 大企业税收管理系统 94
第一节 背景介绍 94
第二节 系统功能 94
第三节 用户角色及工作职能 95
第四节 业务场景和流程说明 97

第四部分 我国大企业税收管理实践的"三驾马车"

第七章 大企业个性化纳税服务 105
第一节 大企业纳税服务概述 105
第二节 强化税企沟通 107
第三节 开展政策辅导 111
第四节 实施风险提示 114
第五节 注重遵从引导 115
第六节 推进内控建设 118
第七节 助力专项服务 120

第八章 大企业税收风险分析 127
第一节 工作流程及要求 127
第二节 通用税收风险识别 130

第三节　行业风险识别 ·· *160*
　　第四节　特殊事项风险识别 ·· *236*

第九章　大企业税收风险应对 ·· *242*
　　第一节　风险应对工作规范 ·· *242*
　　第二节　风险应对工作流程 ·· *245*
　　第三节　反馈考核与增值利用 ··· *248*

第十章　大企业税收经济分析 ·· *252*
　　第一节　大企业税收经济分析概述 ···································· *252*
　　第二节　如何写大企业税收经济分析 ································· *255*
　　第三节　税收经济分析工作文章选编 ································· *262*

后记 ·· *273*

第一部分

大企业税收管理的起步和发展沿革

第一章 大企业税收管理概述

第一节 大企业的特点及税收风险

一、大企业的特点

随着全球经济的蓬勃发展,催生出一大批具有国际影响力的大型企业。大企业是经济生活中人们高度关注的经济主体,是行业发展的标杆,引领着产业发展的方向,也是一国经济实力的象征。大企业为社会创造了巨大的经济效益,同时也是国家极其重要的税收来源。与中小企业相比,大企业具有鲜明的特点:

(一)规模庞大,社会经济影响显著

大企业的组织机构规模较大,多元化经营比较普遍,具有显著的资源配置能力和市场影响力,大多数都是行业龙头企业或地区支柱企业,是国家综合经济实力的体现,对社会经济生活具有举足轻重的影响。

(二)数量占比小,税收贡献大

大企业通常是各国税收收入的主要来源。就税收贡献率来说,大企业在各种经济组织形式中数量占比很小,但为国家贡献税收收入比重较大,国际经验表明,低于1%的大企业纳税人贡献了国家税收收入的60%~70%。因此,大企业是反映国家经济运行基本面的"晴雨表",大企业税收管理工作的好坏,直接关系到经济社会发展和税收工作的全局。

(三)经营活动和组织架构复杂

从产业链的行业布局看,大企业的生产经营业务非常复杂,分工专业化程度高、关联企业之间交易频繁;从价值链的实现环节看,大企业多为集团化运作,组织架构精密,普遍建立了较为完善的公司治理结构和覆盖公司所有部门、所有业务、所有人

员的内部控制机制。

（四）多元化、跨区域和跨国经营频繁

大企业的经营范围非常广泛，横跨多个行业，经营活动呈现多元化趋势。它们往往在国家内部跨越不同的行政区域开展经营活动，甚至在不同国家间开展各项业务，积极参与到全球商业竞争之中。

二、大企业的税收风险

（一）大企业税收风险的主要种类及表现形式

税收风险与税务风险不尽相同。税务风险的定义可以概括为由于企业的涉税行为未能有效、正确遵守税收法律、法规，导致企业未来经济利益的可能损失。而税收风险是指在征税过程中，由于制度方面的缺陷，政策、管理方面的失误，以及种种不可预知和控制的因素所引起的税源状况恶化、税收调节功能减弱、税收增长乏力，最终导致税收收入不能满足政府实现职能需要的一种可能性。税务风险在一定条件下会转化成税收风险。防范税收风险既要依靠税收征管体制的建设，也要依靠企业对税务风险内控机制的建设。

与一般企业相比，大企业的税收风险通常不是来自做假账或者简单的账面差错，而更多来源于管理层的纳税态度和观念、经营目标和经营环境以及内部控制等因素，其诱因是多方面、较复杂、深层次的。具体来说，大企业税收风险主要包括以下两个方面：

1. 大企业外部税收风险

外部环境因素造成的税收风险主要包括税收法律风险、税收政策风险、税收行政与执法风险以及管理体制、人员素质的风险。

（1）税收法律风险。这种风险是由于税收法律本身不健全、不完善造成企业经营的不确定性。我国现行很多税收法律条款都存在不完善、较为模糊的问题。另外，税收法律条款存在一定的模糊程度，也为税收人员执法加大了自由度，增加了企业税收成本。

（2）税收政策风险。我国税收政策具有数量多、变化快、针对性不强、准确性不够等特点，一旦企业没有做到对税收政策正确、及时、全面把握和准确适用，还是按照旧政策去履行纳税义务，则会存在企业被处罚的可能性，引发税收风险。

（3）税收行政与执法风险。税收自由裁量权是税务机关在行政执法过程中一项不可缺少的权力，其合理、适度运用，有利于提高税务行政效率，保护国家、社会和纳

税人的合法权益。然而，对于如何在执法时掌握行政处罚的幅度和标准，现有法律没有进一步明确，在不同地区也许会面临着差异非常大的处罚标准。

（4）管理体制风险。现行税务管理体制是一个上小下大、底座庞大的金字塔式结构，80%的机构和人员分布在基层，承担和处理着大量涉税事宜。这样的体制与资源格局导致信息传递逐级衰减失真，使上级机关无法对下级实施有效监管，标准难以规范。近年来，税收管理在内容和手段上有所进步，但措施主要体现在微观水平和具体方法上，还不能实现有效管理税收风险的目标。

（5）人员素质风险。目前，基层税务干部素质还不能完全适应税收风险管理的需要，其经济和行业分析知识、会计和税务处理能力、专业化服务水平还不能满足新征管模式的需要。大多数基层税务干部只能应付常规性管理服务，识别、分析、应对和处理税收风险的水平还处于比较低的层级；加之大企业经营业务多样，涉税事项复杂，经常遇到新情况、新问题，并且急于得到答复和解决，而税务机关还未建立适时、顺畅的大企业政策答疑平台，导致相关问题不能得到快速解决。

2. 大企业内部税收风险

大企业内部税收风险是指大企业内部经营管理的各要素引起的税收风险。

（1）战略规划的税收风险。许多企业在制定战略规划的时候，只考虑了技术可行性、盈利状况的因素，而没有考虑税收因素。由于企业高级管理层没有对税收形成一个全方位、综合的概念，导致整个业务流程由财务部门协调管理税收风险，但财务部门的管理级别大大低于企业高级管理层，另外，许多企业在制定战略规划时，缺乏对税收主动遵从的态度，只是将纳税作为一个例行事务。

（2）内部控制制度的税收风险。税收风险的防范依赖于企业内部控制制度的完善程度，对于一个企业来说，内部控制制度包括生产供应环节、销售环节、投资环节、筹资环节、分配环节和财务管理环节等。企业内部控制制度是否健全、是否科学规范，从根本上制约着税收风险是否可以及时发现并加以解决。

（3）涉税信息不对称、不透明的风险。目前，绝大多数企业的会计核算系统没有在税务机关备案，税务机关很难掌握其真实经营情况。部分大企业的会计活动和税收筹划受行业潜规则影响，打政策"擦边球"，主动制造税收风险。

（4）经营活动和会计处理频频触发税收风险。大企业税收风险多数是由于执行层疏漏、把关不严，而内控又不够健全造成的。一些大企业虽然建立了风险内控体系，但税务风险管理体系都是由财务部门搭建的，税收风险点的描述、识别、控制和防范也是由财务人员提出、设计的，是自己给自己查漏补缺，相互间缺少监督，容易触发税收风险。

（5）企业重大并购、重组和国际交易时常产生税收风险。大企业管理层对税收风险认识不足，重视不够，在重大交易中往往产生税收风险。如企业股权和资产置换活动中，由于管理层对税收政策研究不够，涉税环节考虑不足，结果造成涉税问题。

简言之,造成大企业税收风险的原因很多,既有企业自身对税收风险意识重视不够、企业核算与税收政策不符、企业缺乏税务风险预警机制等问题,也有税务机关属地管理的局部性、分散性,缺乏专门机构管理、没有形成合力,税法透明度不够,对企业运营、财务管理系统缺少了解等不确定性引发的风险。

(二)大企业税收风险特征

大企业经营管理具有集团化、多元化、国际化的特点。经营范围广泛,内部组织架构庞大,机构繁多、面广、线长,税源跨省、跨国;财务管理和核算体系复杂,核算地和经营地分离,物流和资金流分离;财务会计人员具有较高的财务能力和水平,税收筹划相当复杂。大企业自身的特点给税务机关带来的风险是:信息难以普查,管理角度难以面面俱到,由于税务管理力量相对薄弱,管理资源缺乏,管理环节滞后,执法风险凸显。相对于中小企业,大企业税收风险的特殊性可以概括为以下几个方面:

1. 复杂性

大企业一般内控制度严密,财务核算健全,纳税遵从能力较强。与中小企业和重点税源户管理不同,大企业管理的显著特点是大企业涉税问题的复杂性集中体现在大企业跨国交易、税收筹划、跨地区的集团式经营和商务模式的不断创新等方面,这种复杂性也造成了大企业税收风险的复杂性和不确定性。

2. 跨地域性

绝大多数大企业都有跨区域分散经营的分、子公司。对分、子公司,部分大企业没有形成有效的集中管理机制,集团总部仅仅关注其利润和效益,缺乏明确的税务技术分析团队、技术分析操作流程、分析成果的信息共享机制,对各分公司缺乏集团统一的税务技术指引支撑,税务风险控制和筹划没有列入相关岗位或部门考核机制,税收风险存在分散性。

3. 跨行业性

许多大企业往往是多元化经营,同时从事多个行业混业经营。因此,行业性分析评估难以说明一家大企业的税收风险到底有多大,而是需要综合分析。在一定程度上,大企业税收风险也往往会在其从事的行业之间转移并在一定时间显现出来。

4. 隐蔽性

大企业税收风险存在于企业生产经营的各个环节,由于信息不对称,征纳双方对企业税收风险的了解和把握存在差异,具有一定的隐蔽性;大企业往往有许多关联企业和上下游产业链条,这些企业之间的交易信息有些是不公开的,对于税收管理者而言,这些税收风险是隐蔽的、难以被发现的。

第二节 大企业税收管理的历史沿革

大企业税收管理的实践发轫于20世纪40年代。1947年，日本引进纳税申报制度后，由于经济尚处于不稳定状态，提出对大型企业实行专业化管理的理念。这一理念于1949年通过在日本国税厅和地区国税局分别成立专司大企业和高收入个人的税收调查课得以变成现实。这是世界上最早的关于大企业税收管理的记录。至今，经济合作与发展组织（简称OECD）成员国中已有超过85%的税务机关成立了专门管理大企业的部门，大企业税收管理的体制、机制日趋完善。概括起来，大企业税收管理的探索大致可以归纳为三个阶段。

一、探索起步阶段（20世纪40年代~80年代）

在这一阶段，只有少数国家在大企业税收管理方面进行了具体实践，其初衷是出于对大企业税收管理潜在风险的认识，重点放在强化税务审计方向。

20世纪40年代末，为确保高收入个人和公司法人缴纳的税收收入，日本国税厅总部和地区国税局分别成立了针对大企业和高收入个人的调查课，加强对大企业的税务审计，改革的初衷是出于对大企业税收管理潜在风险的感知，缺乏有力的理论支撑。

20世纪50年代以来，OECD的几个成员国开始引入针对大企业的特殊审计方法。

20世纪80年代开始，国际货币基金组织（简称IMF）建议面临收入危机而希望加强税收征管的成员国，设立大企业局，以在中短期内加强对大企业的控制，并改善大企业对税法的遵从。

二、积极实践阶段（1990~2000年）

这一阶段可以说是大企业税收管理大发展的时期。发达国家纷纷从本国实际出发，建立起较为系统的大企业税收管理机构，积极简化税制、扩大税基、降低税率、改善管理，采取了按纳税人规模分类管理的税收征管模式，形成了与大企业税收管理相适应的税收理论体系，并从机构职能、人才建设、信息化支持等方面进行了有益的探索和实践。

1990年，荷兰对其税务海关管理局进行了重组，设立了大公司税收、中小企业税收、其他纳税人和关税四个管理部门。

1994年，澳大利亚税务局开始对内部结构和业务进行全面分析，基于纳税人类别的组织结构，成立大企业和国际税收管理局，加强对纳税人税收遵从行为的管理。

三、发展完善阶段（2001年至今）

随着经济全球化的发展，跨行业、跨地区甚至跨境经营的大企业大幅增加，出于税收效率原则的考虑，世界上很多国家的税收管理模式开始从税种管理、功能管理向纳税人分类管理转变。世界各国尤其是OECD成员国，深化大企业税收管理研究，并在更大的范围内进行了国际经验交流，包括如何定义大企业、如何科学界定大企业税收管理部门的职能、如何应对大企业税务风险、如何改善税企关系等。

从实践效果看，大企业税收管理的理论体系基本成熟，各国大企业税收管理模式运转效果显著，并在实践中不断得以总结和完善。这些成功的经验也被包括中国在内的越来越多的发展中国家借鉴和应用。

OECD发布的有关资料显示，在被调查的52个国家中，85%的国家已经成立专门的大企业税收管理部门。美国、澳大利亚以及欧盟等许多发达国家税务机关都将大企业作为"目标群体"，实施分类管理。俄罗斯、印度、南非等"金砖国家"也纷纷设立大企业管理机构或类似组织形式实行专门化管理。

第三节　大企业税收管理的主流理论

纵观国外税收管理发展历程，税收管理理论随着经济社会发展和各种理论创新的发展而发展。在OECD、IMF等的积极推动下，逐渐形成了包括风险管理、分类管理、平衡治理、遵从管理等税收管理理论体系。

一、风险管理理论

风险管理理论起源于20世纪30年代，其核心思想是如何以最有效的方式分配现有资源，以最小的成本获得最佳结果。"风险管理"一词，最早是由美国宾夕法尼亚大学的所罗门·许布纳博士于1930年美国管理协会发起的一个保险问题会议上提出的。1956年，拉赛尔·加拉尔在《哈佛商业评论》上发表名为"风险管理——成本控制的新名词"的文章，最早论及了风险管理。20世纪70年代以后，风险管理成为一门科学。美国、英国、澳大利亚、新西兰等国家先后颁布了风险管理体系框架或国家风险管理标准。

风险管理，就是人们在日常活动中，通过对风险因素、风险环境、风险事件的分析，采取相应决策和行动来规避和减小风险损失，或者在风险确定的情况下，追求最大收益的行为。OECD下属的财政事务委员会（简称CFA）1997年首次阐述了税收风险管理的概念，此后，许多发达国家税务机关把风险管理理念和方法引入税收管理领域。例如，英国2006年11月发布的报告"审核与大企业的关系"的"瓦尔内"报告，建议依据风险状况处理大企业税收问题。作为回应，英国皇家税务与海关总署在2007年3月推出了大企业税收遵从风险管理的方法，把工作重点集中在最高风险问题和纳税人上，由此减少那些遵从的、低风险企业的行政负担。美国大企业和国际税务管理局实施行业问题重点策略，集中解决高风险税收问题，灵活部署资源，提高对不遵从纳税人的覆盖率，和对高风险问题的监管力度。2008年，OECD在南非开普敦召开了税收管理论坛第四次会议，讨论了大企业税收风险管理的相关问题，一致认为通过运用风险管理的理念和方法，确定、分析纳税人风险并确定风险等级排序，预测各种可能出现的税法遵从风险并制定风险防范策略，优化各种税收风险管理技术，有效控制风险，通过更加有效地配置有限的税收管理资源，努力把税法不遵从风险控制在最小限度内。

二、分类管理理论

20世纪90年代以来，随着经济全球化和世界经济一体化的迅猛发展，纳税人的国内和国际交易日趋多样和复杂，传统的按税种或按功能设置税收管理机构的方式，已远远不能满足纳税人发展的需要。分类管理理论是伴随全球行政管理改革而产生的。

分类管理以纳税人为中心，对特定纳税人进行专门管理，对不同的纳税群体采取不同的管理方式，制定不同的管理重点，较好地体现了税收管理"效益至上"的原则。2001年5月，OECD发布的专题报告《风险管理——实践篇》指出，不同类型的纳税人在遵守税法上有不同的问题，其不守法的机会和原因也各不相同，为此有必要对不同类型的纳税人实行分类管理。把纳税人按照不同的标准分成不同类型，比如按行业分类、按企业规模分类、按企业性质分类等，针对同一类型的纳税人进行专门化管理。根据不同类型纳税人的不同特征，采取更有针对性的措施，是降低税务成本、实现效益最大化的有效途径。

同时，不同类型纳税人的税务风险是不同的，正是由于风险不同，应对风险的措施也应有所不同。这就要求对纳税人进行群体分类，对纳税群体逐一进行风险评估，将税收管理的侧重点倾向于税收风险高的纳税群体，对其制定详尽的税务风险应对程序和方法，建立风险评估体系，提高税收管理效率。

从OECD成员国的情况来看，大部分国家在按照征管功能设置税收管理机构的基础上，设置多功能机构负责大型纳税人的税收管理，这已成为全球税收管理的一大亮点。澳大利亚税务局（ATO）是率先尝试这种税收征管模式的机构之一。1994年，该局把企业纳税领域分为大企业领域和小企业领域两部分，把资源投入到税源规模最大、情况最复杂的征管方面。美国国内税务局（IRS）于2000年成立大中型企业税收管理机构（LMSB），从纯粹的区域性组织机构转变为与企业类型相对应的组织机构，确立了通过公平执法为纳税人提供优质服务的目标，针对纳税人的不同特点提供相应的服务。

OECD成员国的实践表明，实行分类管理，建立大企业管理机构有利于管理的专门化、成本的最小化、服务的最优化，有利于执法的统一性、人才的集聚性、复杂问题处理的有效性。

三、平衡治理理论

平衡治理是西方公共管理学中的重要理念，指通过公共政策的制定和实施来协调各种社会利益关系和利益纠纷，充分发挥公共政策的平衡功能。现代税收管理的基本理念是把纳税人遵从行为作为税务机关自身利益所在，把实现纳税人遵从作为税务机关的工作目标。税务机关的执法目的是实现税法遵从，纳税人开展税务风险控制的目的也是实现税法遵从，两者的目标是对称的、统一的，税务机关的管理工作要在两者之间实现平衡，即实现"纳税服务＋税收执法＝税法遵从"的平衡治理。

2002年，荷兰根据平衡治理理论引入了"横向平行监控"的理念，即税企双方享有平等的地位和权利义务，其核心是税企双方相互信任、理解和透明。"横向平行监控"的一项重要内容就是签订税收遵从协议。2006年，英国基于平衡治理理论启动"高风险合作项目"。该项目旨在通过对特定纳税人开展风险评估来建立合作信任关系，主要包括三个战略目标：一是提高税法遵从意愿，促进纳税人依法申报；二是提高纳税人对税务部门的开放程度，进一步了解纳税人交易情况及对税收的影响；三是提高税收征管能力，应收尽收，必要时通过法律、诉讼途径来确保税款入库。

澳大利亚成立的大企业及国际税务局的工作重点就是对大企业进行风险评估和分析，风险评估分析的范围非常广，可以涵盖整个行业，也可具体到某项具体的交易活动。开展风险管理可以充分了解大企业纳税人，对管理对象存在的风险做出准确的判断，促进税务部门管理效率的提升，同时有效的税收风险评估可以提高大企业的税收遵从度。

各国普遍将建立平等的税企关系和均衡的管理手段作为实现现代化税收管理的重要目标。为实现上述目标，一方面，将征纳平等理念贯穿于整个税收法律制定与执行过程中，保障征纳双方的权益，化解征纳矛盾，使征纳双方共同作为治理主体参与税收治理；另一方面，在风险管理的大框架下，按照纳税人遵从程度从高到低，在服务导向型管理手段和管控导向型管理手段之间需求平衡，实现税收遵从目标。

四、遵从管理理论

2008年，OECD税收征管论坛（FTA）出版《税务中介作用研究》一书，对税务部门、纳税人和税务中介三者间的关系进行了专门分析,倡导在平等的基础上,鼓励纳税人和税务部门建立合作和信任关系。2013年,FTA发布《合作遵从框架——从强化关系到合作遵从》一文,明确提出"合作遵从(Cooperative Compliance)"的理念。这一理念推出的缘由是,各国在推行税收遵从过程中,一般都将大企业作为重点检查对象,税务机关和大企业互信关系受到影响。为此,经合组织认为有必要恢复信任的税企关系,建立信心,通过透明度交换确定性。

税务机关税法遵从风险管理策略和纳税人的遵从态度是合作遵从理论的两个基础。OECD遵从策略,主要基于一个可以影响纳税人行为因素的遵从模型,如图1-1所示。

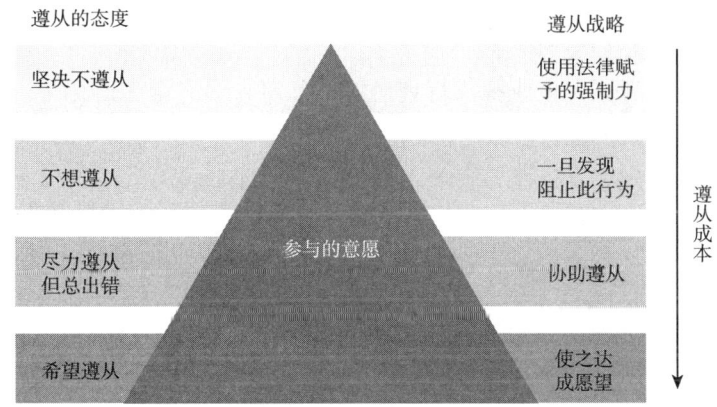

图1-1 遵从模型

该模型旨在让纳税人形成"倾向去做正确的事"的态度,通过观念的灌输降低税法遵从的成本。税务部门的基本功能是依法征税,要实现这一目标,遵从风险管理是至关重要的。现代遵从风险管理策略的重点是对每类纳税人给予相应的关注,对遵从行为和不遵从行为予以区别对待。

合作遵从的前提是依法治税。首先要求纳税人要依法纳税,同时也要求税务机关要依法征税。"法律面前人人平等"的原则在本质上要求,在同一情况下的公民应当以同样的方式被对待,并且在出现问题的情况下,处理方式的差异应建立在客观差异的基础上。

合作遵从能够实施的重要基础是,税务机关制定明确的遵从风险管理战略,建立全面税收风险框架,并研究影响税法遵从的商业环境和纳税人行为动机,制定风险管理策略,以便更有针对性、更有效地分配可用资源。

第二章 大企业税收征管的国际经验

第一节 大企业的界定方式和标准

纵观各国大企业税收管理实践，由于经济发展程度、大企业状况、税制结构、征管能力等方面的差异，各国大企业税收管理对象的确定并没有统一的标准。各国主要认定标准包括营业收入、资产综合、缴纳税额、员工人数等因素，兼顾区域经营、行业特点、国际化背景、税收管理的复杂性等若干因素；另外，有时候用某一指标无法反映企业的规模状况和运营情况而采用多个指标综合评定，以明确某个企业是否属于大企业。总体来讲，各国大企业税后管理对象范围的划分有"单一标准"和"复合标准"两种。

一、单一标准

单一标准，只采用一个指标（大多是资产、营业额、注册资本和缴纳税额等）来定义大企业，如澳大利亚以营业额（2.5亿澳元）为标准划分大企业，印度以缴纳税额（达到以下三者任一：中央消费税5 000万卢比，服务税5 000万卢比，企业所得税1亿卢比）为标准划分大企业。

二、复合标准

复合标准，同时兼顾多种因素，采用多个指标确定大企业范畴。如加拿大采用所得税和间接税综合考虑的标准；法国采用营业额（4亿欧元）、资产、控股等因素综合考虑的标准；巴西采用总收入（1.2亿雷亚尔）、应纳税额（1 200万雷亚尔）、薪酬支出（2 100万雷亚尔）等因素综合考虑的标准。目前大多数国家采用此标准。

第二节 大企业税收管理的组织方式

一、大企业税收管理机构的组织架构

税务管理机构的设置往往根据本国的经济区域、税源集中程度、纳税大户的分布

情况以及税收情报的可获得程度等因素,设置区域性税务机关及其派出机构以及若干税收征收服务中心。各国大企业税收管理机构的组织架构大致有三种模式:一是单一的中央机构型。只设一个中央机构,负责全国范围内所有大企业税收的集中管理。这种模式往往被国土面积较小、大企业数量不多的国家所采用,如泰国、菲律宾等。二是多级非独立机构型。在总部设立中央机构,实行统一管理,在不同地域或行业设立分支机构。这种模式多被发达国家和国土面积较大的发展中国家采用,如英国、美国等。三是多级独立机构型。在不同地域分别设立机构,各机构相对独立,如荷兰等。

二、大企业税收管理机构的职能设置

(一) 全职能模式

全职能管理模式是指大企业税收管理机构拥有对大企业税收征管的所有职能包括咨询和辅导、纳税申报、税款征收、税收风险评估、执行欠税、税务检查和税务审计等。美国、英国、荷兰、加拿大等多数国家采用了这种模式。一般而言,大多数国家是在国家税务局底下设立大企业管理局,专门负责管理大企业的税收事宜。大企业管理局再按行业、区域下设管理机构,负责各税种、行业、区域范围内的税收征管,并与大企业管理局形成垂直领导的关系。人员的配备和大企业局所管理的户数与其业务功能相关。

2010年,美国国内收入局进行了机构整合,将国际税收业务统一归口到大中型企业管理局负责,并更名为大企业和国际税收管理局。美国大企业和国际税收管理局是一个功能全面的大企业税收管理机构,其显著特点就是兼顾行业和地区。大企业和国际税收管理局设有一个总部及6个行业管理分支机构,总部及各个分局分工明确、管理集中又分散,既能够实现适度集中和适度扁平化相结合的高效管理,又能适应美国幅员辽阔的地域特点。

截至目前,美国大企业和国际税收管理局有员工5 100余人,为25万户大企业和国际税收纳税人提供全方位的管理和服务。其中包括纳税申报、纳税服务、税款征收、风险评估、税务审计和执行欠税等,还负责制定实施税收征管工作计划,帮助大企业了解税法并提高其税收遵从度,开展国际交流等其他业务。

(二) 有限职能模式

有限职能管理模式,是指大企业税收管理机构只拥有部分征管职能,主要是为纳税人提供更好的服务。有限职能管理模式包括专业职能模式和单一职能模式。

1. 专业职能模式

大企业管理部门的主要职能是风险管理,不涉及基础管理事项、政策制定或者强制执行等其他事项。

澳大利亚税务局总体上由一个核心业务部门和两个支持保障部门构成。核心业务部门是遵从部门,两个支持保障部门是纳税服务及法律执行管理部门、纳税人诉求及技术与运营部门。大企业及国际税务局隶属于遵从部门,其管理模式是行业类型和特定业务类型的混合形式,管理的税种为公司税(企业所得税)和石油资源租赁税,主要业务包括咨询、裁定、风险分析、税务审计、国际利润转移调查、情报交换、预约定价安排、双边税收协定等。

2. 单一职能模式

单一职能模式仅具有审计功能,大企业管理机构主要执行针对大企业的税务检查职能,如日本大企业管理部门。

日本大企业税收管理主要侧重于对大企业的税务审计,是典型的单一职能管理模式。日本国税厅界定的大企业指注册资本达到和超过1亿日元的本国企业,以及所有的外国企业。日本大企业税收管理部门的主要职能就是对大企业实施税务审计。工作重点目标主要是跨国公司和企业集团。工作流程和其他国家的税务审计流程大同小异,具体包括归集纳税申报表、收集数据和信息、选择目标企业、准备实地审计、实施实地审计、对企业进行审计中的指导和处理检查结果。

三、典型国家的机构设置

(一) 印度大企业税收管理组织方式的特点

2006年10月,印度成立大企业税收管理局,打通了直接税和间接税征管机构分设瓶颈。根据印度税务局的制度设计,大企业税收管理局在组建时,调入直接税部门和间接税部门的相关税务官员及行政人员。大企业税收管理局局长由所在城市的直接税部门或间接税部门的局长兼任,对该大企业局征管范围内的所有直接税和间接税事项负总责。在局长领导下,设若干副局长及区域主任,由常务副局长行使日常管理职责。

(二) 俄罗斯大企业税收管理组织方式的特点

俄罗斯联邦税务局成立于1998年12月,在联邦层面设有九个跨区域大企业税收管理局,分行业对大企业进行税收监管。俄罗斯联邦税务局对大企业税收管理高度重视,其中联邦税务局9名副局长中有8名副局长分管大企业税收管理局。联邦层面的9个大企业税收管理局分别负责全国若干行业和领域的大企业税收管理,其中8个总机构设在莫斯科,1个总机构设在圣彼得堡。俄罗斯大企业税收管理部门,在联邦税务局层面并没有一个统一的机构归口管理,9个跨区域大企业税收管理局都是平级。各自的主要职责是承担大企业税收风险分析、风险应对、税务检查等风险管理工作，而诸如税务登记、申报等基础事项由纳税人属地基层税务机关负责。有关数据显示，俄罗斯大企业税收管理局管辖的企业的税款占整个联邦税收总额的80%以上。

(三) 巴西大企业税收管理组织方式的特点

巴西大企业管理局成立于2010年，重点对大企业和高净值个人的税收征管。大企业税收管理局和高净值个人管理局与所在大区税务局平级，相互没有隶属关系，直接管理分布在全国的大约10 000户大企业和5 000多名高净值个人纳税人。大企业税收管理局和高净值个人税收管理局都是全职能独立执法机构。巴西大企业局分布在经济最发达城市。在圣保罗和里约热内卢各设置1个大企业税收管理局，在贝洛奥里藏特设立高净值个人税收管理局。

第三节 大企业税收管理模式

一、管理方式

(一) 注重税收遵从管理战略

税收遵从，或称纳税人遵从，来源于Tax Compliance的翻译，有译成"税收奉行"的，也有译成"税收服从"的，所谓税收遵从（Tax Compliance），就是指纳税人遵照税收法令及税收政策的规定和要求，在法定的时间内，如实向税务机关申报并缴纳应交纳的各项税收，并服从税务机关及税务执法人员符合法律规范的管理行为。

纳税人税收遵从度的高低、逃税现象的多寡，同一国的税收征管水平密切相关，同时，提高纳税人税收遵从度、减少逃税规模是各国税收征管的主要目标。本书从严格税务审计、税收征管的信息化建设两方面简述各国税收遵从度方面的税收实践。

1. 严格税务审计

随着经济的不断发展，各国设置的税种也逐渐增多，计税方法复杂，逃税的花样也越来越多。因此，税务审计愈来愈受到各国税务机关的重视。但由于各国税制不同，税务审计的方法也千差万别。

在美国，税务审计主要有三种方式。一是通讯审计，也称邮寄审计，其特征是只重点审计反映在当年纳税申报表上某些有疑点的项目，比如开支项目扣除、减免税扣除额、夫妻分别申报的漏洞、退税金额等，不过，采取这种审计方式查补出来的税款一般不多。二是案头审计,这是美国税务审计的最主要一种方式,一般由区税务分局主办,审计重点多放在:易于匿报的收入项目(如小费、奖金、租金等)、亲属抚养免税额、资本利得、非经营性家用支出、坏账损失、财产评估、灾害及盗窃损失等。三是现场审计,税务人员到纳税人的居住地点或营业场所实施的审计,为避免影响纳税人的正常经营活动,这种审计方法运用不多。

在俄罗斯,税务审计主要有室内审计和实地审计(也称全面审计)两种形式。室内审计适用于所有纳税人,由税务机关强制实施,税务机关根据掌握的纳税人的经营活动资料以及纳税人提供的报税单和其他税收凭证进行审计,如果发现逃税,对纳税人下发补税和罚款通知书。实地审计是指税务人员在纳税人生产经营场所进行审计,必要时,税务人员可以对纳税人的财产进行清点,对工厂、仓库、商场等场所进行审查。

在澳大利亚,大量的税务审计是采取电话审计和案头审计(也称与纳税人当面谈话)进行的。澳大利亚税务审计的特别之处在于,按照逃税者对逃税的态度不同而分别施以处罚。税务审计之前,纳税人主动自首逃税行为的,除补税加收利息外处所逃税款15%的罚金;审计中主动坦白逃税的处以60%的罚金;审计中被查获逃税的处以75%的罚金;纳税人妨碍税务审计又被查出逃税的,处以90%的罚金。这些处罚规定虽然不重,但是便于实施,易于操作,纳税人也能承受。

2. 税收征管的信息化建设

随着计算机技术的不断发展,以计算机和互联网为平台的信息化管理在税收征管中越来越发挥着重要作用,税收征管的信息化通过各方信息的汇总与处理,有助于对纳税人的涉税经济活动实施全方位的监控,无论是纳税申报、税务审计,还是打击逃税行为,征管的信息化都会极大地提高税收工作效率。

在美国,通过遍布全国的计算机网络,美国国内收入局在全国及各州建立了两个全国性的和10个地区性数据处理中心,这些中心形成网络并与银行、保险公司、各企业的计算机联网,纳税人的纳税申报、税款核算及征收、催缴欠款等都由计算机处理完成。从1996年起,美国的纳税人全部可以利用电话申报纳税,税务计算中心通过程序自动对纳税人的纳税申报情况进行分类、编码、审核和信息汇总,并根据从第三方所获取的信息,对纳税人的纳税申报实施自动审核。目前,美国联邦税收收入约有82%是通过计算机系统征收上来的。在法国,税务机关开发了增值税远距离申报和电子支付系统,这样纳税申报中书面申报仅占20%左右,大大降低了税收成本。在澳大利亚,税收征管实现了全国联网,约有80%的纳税人采用电子申报的方式报税。

(二) 实施风险导向税收管理

税收风险管理是现代税收征管和风险管理相结合的产物。现代税收征管中,税务机关的根本目标就是提高纳税遵从度，而税收风险主要是指税务机关在税收管理的过程中会遇到的不利于纳税人遵从行为的各种可能性。因此，税收风险管理就是税务机关借助风险管理的各种理念和措施来降低税收风险，为提高纳税遵从度这一战略目标提供保障的过程。

1. 税收风险管理的主要环节

在实践中，综合多国税收风险管理的经验来看，目前各国税收风险管理体系就是风险管理的流程和税收管理的核心流程相融合后的产物。各国风险管理导向下的税收征管流程主要体现为：税收服务（纳税人自我评定）——风险分析识别——风险等级排序——风险应对（税收评定、税收征收、违法调查）——争议处理。可以看到，这一流程的运行逻辑与 OECD 提供的范本是基本吻合的。

（1）税收服务环节。在这一环节，多数国家均采用结合纳税服务的自我评定制度，体现了现代法律制度下的民主精神，使纳税人在自主履行义务的同时也享受相应的权利，提高其对税法的自愿遵从度。具体来看，自我评定制度中通常包含了权利和义务两个层面的内涵。一方面，纳税人应依法自主评定自身的纳税义务，按时正确申报纳税并主动报送相关涉税信息，同时对自主评定的纳税义务和报送信息承担举证责任。另一方面，纳税人有权要求税务机关对纳税义务的自我评定提供相应的帮助，并有权在自我评定时主张享受符合条件的税收优惠政策，此外在纳税人有充分证据证明税务机关对纳税义务的评定侵害了自身正当权益时，纳税人有权申请法律救济来维护自身权益。

税务机关的纳税服务具体涉及两方面，一是帮助纳税人进行正确的自我评定，及时解答纳税人的各种法律适用问题；二是在纳税程序上给纳税人提供便利的服务，及时受理纳税人的办税事项。同时，税务机关在纳税人自我评定的过程还应明确自身角色，以提供相应的服务为主，帮助纳税人正确评定自己的权利与义务，尊重纳税人的自主申报权。

（2）风险分析识别环节。涉税信息数据是税务机关进行风险分析识别的基础，为了保证风险分析识别的有效性，各国通常都有完备的涉税信息管理规则。各国涉税信息管理规则主要是纳税人信息报送及保存义务规则。纳税人信息报送是涉税信息的主要来源，因此，各国对此都有十分严格的法律规定，诸如列名信息报送规则、税务机关对涉税信息的要求、电文数据报送特别规定（明确纳税人提供电文数据的法定情形和必须提供源代码的特殊情形）等。除对纳税人涉税信息报送有相关规定外，这些国家还确立了其他主体涉税信息报送规则和国家间税收情报交换规则，以建立涉税信息完整的数据库。

关于风险分析识别的具体操作，以美国为例。在风险识别环节，美国采用判别分析系统（DAS 系统）对大企业纳税申报进行评级打分，得分代表企业申报表存在税务风险的可能性，通过得分高低对不同风险的企业纳税申报表进行筛选识别。除此之外，美国还建立了一套SWC系统对申报表中的具体风险事项进行评估筛选。而SWC系统中采用的筛选指标是由各级税务机关的骨干人员基于已发现的风险事项联合设定的。在风险分析环节，税务机关在对风险事项进行分析时，一方面会查阅已结案的审计和行政诉讼案例，从过去的审计经验中整理出一些潜在的风险事项以及有关风险事项的成因，以备参考；另一方面，会听取相关领域专家对风险事项分析给予的意见，并根据需要对分析思路进行一定的修正。在对风险事项的具体分析过程中，税务机关会全面采集与风险事项分析相关的各类信息，包括其商业实质、运作过程、会计处理、税收政策等，以深入了解风险事项的特性并分析其成因。

（3）风险等级排序环节。从各国过去的管理经验来看，由于税收资源的有限性，在实践中需要对已识别的风险事项依据重要程度进行等级排序，以确定哪些风险需要优先处理或重点关注。具体在执行时，税收机关通常会建立相应的风险等级评估框架，将风险事件进行风险量化估算。在估算时，一般会考虑风险事件发生的概率（可能性），以及事件发生将对税收遵从目标产生的负面后果。

（4）风险应对环节。风险应对环节，为了保障国家税收权益不受侵害，这些国家税法普遍赋予税务机关税收评定、税收征收以及违法调查的职责。

其中，税收评定是税收机关对纳税人的报税信息进行二次确认的过程，主要是为了保障纳税申报的真实性和准确性。各国在具体执行税收评定时，一般遵循如下原则："第一，税收评定不以证明纳税人恶意违法为目的；第二，对同一纳税人可以进行多次评定；第三，主要证明责任由纳税人承担；第四，税收评定方法灵活多样；第五，税收评定在法律上有时效限制。"税收征收是税务机关依照法律规定对欠缴税金实施强制追征的行为。各国对税收征收的规定具有如下特点：第一，强制追征必须建立在纳税人存在税收债务的前提下，纳税人正常纳税的情况下，税务机关不可行使此项权利；第二，执行征收程序时，不仅需遵守行政程序，有时还适用相关民事法律；第三，税款追征具有优先性，其追征优先于普通债权；第四，税款追征有一定的时效性，超过追期则税务机关失去追征权。

违法调查是税收管理中最严厉的税收执法权。其主要特点是：第一，执法时需适用多重法律，税收管理法和刑法等法律需相互配套；第二，在执法中，税务机关承担完全举证责任；第三，税务机关内部通常设立专门机构执行此项职责。

（5）争议处理环节。通常来说，若纳税人不服税务机关的税收管理活动，可以向法律规定的争议处理机构提出异议，进入争议处理流程。在各国实践中，争议处理的主要特点有：第一，行政救济的使用频率远高于行政诉讼。第二，纳税人的申诉权需在有效期内使用，这一规定主要是为了及时解决征纳双方的争议，节省税务机关资源；第三，争议处理的相关规定中明确界定了行政机关和司法机关的权利范围以及争议处理的各项程序规则。

(三) 采用分类分级管理方式

1. 分类分级理论的概述

简单来说,分类就是按照对象的种类、功能或性质等标准分别归类,然后根据重要性、复杂性、紧迫性等性质进行分工。其基本原理可以概括为"区别主次、分类管理",其核心价值在于通过细分目标、细分标准、细分任务,在此基础上实施差别化管理,从而增强工作的主动性和针对性,进一步提升管理的质量和效率。

就大企业税收管理的领域来而言,分类分级管理的基本内涵大致如下:

(1) 分类管理是一种税收管理机构设置模式。分类管理是指按照纳税人类别设立专门的税收管理机构,重新设置各部门职责,优化配置各项征管资源,将大企业税收管理职责赋予相应的大企业税收管理机构。

(2) 分级管理主要指税收管理机构内部不同层级的职责分工方式。分级管理是指将管理事项在大企业税收管理机构各层级之间进行分解,适当提升大企业复杂涉税事项的管理层级,将大企业个性化服务、风险评估、税务审计、反避税调查、税务稽查等专业化管理事项,按照管理范围提升至总局或省局负责。同时,对于跨区域税收管理事项,原则上由上一级税务机关统筹协调、负责管理。税务登记、纳税申报、税款征收等日常基础管理与一般性纳税服务工作由属地税务机关承担。

2. 分类分级理论的国际实践

(1) 澳大利亚。按照纳税人类型重构税务局内部组织架构是发达国家税收管理体制的主要特征,澳大利亚也不例外。澳大利亚税务局(ATO)由税收遵从部门、纳税服务及法律执行管理部门、纳税人诉求及技术与运营部门等三大部门构成,每部门由一名副局长负责管理。税收遵从管理部门根据不同客户特征设立不同部门,例如针对大企业设立了大企业和国际税收管理部门(Large Business and International,LB&I)。在大企业和国际税收管理部门内部,还根据管理事项和行业特征进一步分类分级。大企业与国际税收管理局由两名分管专员负责,一名负责大企业和国际业务的日常运营,另一名负责案件指导,指导最大最复杂的案件。下设四个职能部门:案件和专题指导、国际业务、风险策略及业务管理(营运)。每个部门再按照业务细分或者分行业设置若干地区办公室。此外,还有一个新措施和政府关系办公室。

(2) 美国。

①按客户类型设置业务机构。美国国家税务局根据不同纳税人类型设置了4个主要业务办公室:工薪与投资收益办公室、小企业与自雇业主办公室、免税组织及政府机构办公室以及大型企业及国际税收办公室。在大型企业及国际税收办公室进一步分类分级,分为6个国内行业和4个国际职能部门,这6个国内行业分别是:通信、科技与传媒行业、金融服务行业、重型制造和制药行业、自然资源和建筑行业以及零售、

食品、运输和医疗保健行业。总部配有主管副局长,其作用是领导整个大中型企业税收管理体系的基本职能运转,包括项目规划、财务管理、协调联络等,另外还在美国主要城市派驻了按照行业类型开展业务的基层机构。

②"行业+地域"的管理模式。此类管理模式指按行业进行服务与管理,并兼顾各个行业在地理上的分布设定行业分局的管理范围和业务边界。如金融服务业大多集中在美国东部地区,金融服务业分局总部就设在曼哈顿,其管辖范围还包括哥伦比亚特区以及南卡罗来纳、北卡罗来纳、弗吉尼亚、马里兰、特拉华、康涅狄格州。这样,各行业分局一方面按照行业管理规范和要求,在全国范围内实施行业管理,对辖区外本行业的工作提供业务指导和技术帮助;另一方面,又全权负责辖区内6大行业的大企业纳税服务与税收管理工作。其中,本行业之外的其他5个行业的工作则按照相应的行业分局的要求来做。

(四) 实行平衡治理模式

建立平等互信税企关系是现代化税收管理的重要目标。平衡治理理论通过发挥公共政策的平衡功能,在平等依法的基础上,通过税法的制定和执行,平衡征纳双方各自的利益,化解矛盾冲突,维护和稳定平等互信的税企关系,实现平衡共治的税法遵从目标。最早将平衡治理理论运用于税收管理,与纳税人建立平等、信任关系的国家是荷兰。

2002年,荷兰根据平衡治理理论引入"平行监控"的理念,即税企双方横向享有平等的地位和权利义务,其核心是税企双方互相信任、理解和透明。"平衡监控"的一项重要内容就是签订税法遵从协议。荷兰税务局从2005年起在全国范围推行遵从协议项目,目前已与100多家大企业签订了税收遵从协议。税收遵从协议是公开表达税企双方税法遵从关系的共同声明,不具有法律效力。税收遵从协议内容都是基于法律的基本规定,没有设定特殊的权利义务,涵盖所有的税种、涉税事项和不同行业大企业,具有广泛的适用性。

二、服务方式

(一) 营造透明确定的税收环境

大企业纳税服务要通过加强管理,从而保障该项工作规范顺畅的开展。各国都根据本国的实情,建立起适合本国的大企业纳税服务工作机制,创造出良好的大企业纳税服务工作环境,为大企业纳税人提供更加优质的服务。规范化、标准化的服务流程不仅有利于大企业纳税人的诉求能够及时得到统一的响应和处理,更有利于大企业税收管理部门内部资源的优化配置。大企业纳税服务工作需要将更加明确清晰的服务流程和方式内嵌到服务产品中,以更好地适应实际工作。

印度的实践表明,在大企业集中的大城市设立专门的大企业税收服务管理实体机构,是对大企业实施高效服务、有效管理、明确服务规范、避免职责交叉、条块分割的客观需求,同时也有利于优化营商环境。

澳大利亚税务局旨在为大企业打造更加公开、透明的税收环境,提高大企业的税收遵从水平。澳大利亚税务局会面向大企业发布一系列指引和公告。其中的《大企业公告》按季发布,包含现有的服务、立法和政策变化通报、即将发生的重大事件以及纳税人事项提醒等。

(二) 畅通服务救济渠道

税收服务法律地位的确立引起的最大变化在于为纳税人提供了寻求法律救济的依据。建立起畅通的服务救济渠道,是确保纳税人享有法定服务权利不能得到保障时,能够按照法律所提供的救济方式寻求帮助。同时,纳税人的这种寻求救济的权利能够有效地监督税务机关的税收服务行为,使其不断提高服务水平,以适应法律的要求。法国税务部门建立起完备的纳税人权利保护机制。法国于2008年公布《纳税人权利法案》,涉及公正对待、税款确定权、隐私权和保密权、申请减免退税权、降低纳税人成本权、委托税务代理权等。在此基础上,法国各省设立有独立税务委员会,其成员一半来自税务机关,一半来自纳税人。委员会主席由普通法院院长或院长指定的法官担任。委员会接受纳税人的申诉,并对案件进行独立评议。法国各级税务部门均设有调节员,专门负责和纳税人对话,为纳税人提供救济申请等服务。

(三) 鼓励主动性信息披露

税收征管环境的提升可以显著改善企业的信息披露质量,从而提升投资者对企业的认知水平和企业在资本市场的声誉,因而有着促进企业规范发展的正面作用。对于企业来讲,避税活动能为公司带来税收收益,但避税通常需要进行复杂的交易来掩盖,容易使公司在资本市场上出现信息失真,降低公司信息的透明度;由于税收征管的加强会使避税的成本和风险加大,因此,公司避税活动会有效减少,从而使信息披露的透明度和真实性得到改善。根据西方学者的大量研究,高质量的税收征管有助于提高企业信息披露的真实性和准确性。

(四) 以大企业需求为导向,提供个性化服务

专业化管理和个性化服务是以大企业需求为导向的大企业税收管理新思路,大企

业的税收管理是一项全新的管理方式，这就要求税务部门与大企业建立平等互信的合作伙伴关系，及时、迅速地解决大企业的税收诉求。

印度税务局对大企业纳税人的后续管理侧重于风险导向的税务审计。印度税法的"账簿审计和国际交易报告""账簿保持和税务审计""特殊审计"等规定，为税务部门开展风险导向的税务审计提供了法律依据。其基本原则是：信任纳税人，但需核实其申报。大企业税收管理局管辖的大企业，属地税务机关不得随意进行税务检查。

（五）健全非诉讼税务争端解决机制

各国大企业管理部门均制定了相应的争端解决政策，这些规定的目的是，尽可能避免争端，营造出合作氛围，加强沟通，争取和解。该氛围的营造对于利益各方都有好处，如拓宽当事人维护利益的渠道、有利于当事人积极履行义务、减少行政成本、减少处理争端的风险及失误可能性、提高声誉。

美国的快速解决机制是纳税申报后的纳税服务措施，由大企业和国际税务管理局、行政复议司共同参与，旨在对大企业进行税务审计的最早阶段解决税企双方的税收争议问题。具体做法是：复议人员作为中间人，应用复议和调停技巧，在当事各方平等参与的情况下，为争议解决提供了一次独立复议的机会，以达到解决问题的目的。

澳大利亚在解决争端问题上坚持两个原则：一是尽可能在上法庭前解决争端；二是提高争端解决效率，尽可能地减少成本。澳大利亚大企业局通过调节、促进、独立评估、和解、庭外会议、仲裁六种方法并根据不同的情况来处理不同的争端问题。

第四节　大企业信息化建设

一、完善的法律保障体系

部分国家通过立法手段，建立起完善的法律保障体系。依照税法的规定，大企业部门在获得纳税人生产经营信息方式变得简单、透明、有效。同时也可以通过第三方数据的采集，监控纳税人的资产和资金流动变化情况，以印证纳税人申报的真实性。完善的法律保障体系，保证纳税人的生产经营信息几乎全部在税务部门的监控之下。同时，也有利于更多部门建立相关的纳税评估模型，使税收风险分析更具操作性和时效性。

俄罗斯现代税收体系形成于20世纪90年代末的信息革命时代，因此，立法人在编纂法律条款时充分考虑了信息技术的发展，加入相关税收条款。例如，税法规定，俄罗斯所有大企业必须使用标准会计软件，该软件能够自动生成纳税申报表及其他会计凭证，并进行在线归档（90%以上的归档文件能够以数字化形式送达联邦税务局）。基于信任原则和开放态度，税务机关可以在线查阅大企业纳税人的会计信息和重大交易信息。

二、强大的涉税数据基础

根据外国大企业管理的经验，对大企业实施有效管理的基础是充分、稳定地收集高质量的涉税数据。

俄罗斯联邦税务局牢固树立大数据理念，大力推广电子申报系统，不断强化实时数据采集，着力开展税务部门和第三方数据比对，建好用好税务局官方网站，有效地加强了重点行业及大企业风险管理工作，最大限度地实现了征管业务与IT技术的深度融合。

英国搭建的大数据和企业数据中心将所有数据来源集中于单一数据库，打造全新的单一环境，使数据更加安全。数据中心能够将所有数据源的全部实体相关联，对所有数据展开风险分析，进而提高税收风险的管理水平。

三、统一的信息化平台

建立起统一的税收信息化平台是信息化发展的根基。通过信息工作平台，充分应用现在信息技术，实现对大企业涉税信息的采集、整理、共享和运用的系统和高效，保障大企业税收服务和征管水平的不断提高。

法国大企业税收管理的重要特征之一就是实行全面的信息化管理，全国所有的大企业都通过信息网络向大企业纳税管理办公室申报和缴纳，其他涉税事项也大部分通过网络办理，国际国内税务审计办公室在工作中充分运用信息技术对企业电子账簿进行税务审计。这种高度信息化管理的背后是法国税务部门一直以来对信息化建设的不断重塑和推进，主要是成立专业机构、完善信息系统和进行信息交换。

韩国以税收一体化系统为核心的电子税务水平高居全球前列，这得益于现代信息化技术在税收领域的广泛应用，从而极大地提高了税收管理的质量和效率。韩国国税厅顺应了本国电子政务的发展趋势，实现了从人工到电算化，从内网到互联网，从标准化、规范化到个性化、智能化的转变。

韩国电子税务在电子政府中起到主导作用，国税厅信息系统和其他部门的信息系统在安全机制控制下互联互通、信息共享、收集情报。因此，韩国国税厅所掌握的信息资源不仅包括内部产生的申报、发票等信息，还包括大量的第三方信息，极大地提升了税收管理水平。

第三章 我国大企业税收管理的实践和发展

第一节 总体设计思路

一、以提高大企业纳税遵从度为目标

在全国税务系统深化税收征管改革工作会议上，国家税务总局明确提出构建现代化税收征管体系的目标是全面提高税收征管的质量和效率，具体来说就是要努力做到提高税法遵从度和纳税人满意度，降低税收流失率和征纳成本，即"两提高、两降低"的深化征管改革总目标，同时提出"构建以明晰征纳双方权利和义务为前提，以风险管理为导向，以专业化管理为基础，以重点税源管理为着力点，以信息化为支撑的现代化税收征管体系"的总体要求，并明确指出"大企业税收专业化管理是税收征管改革的重要突破口"。作为突破口的大企业税收管理改革应与税收征管改革的总体目标定位相一致，在全面深化改革的背景下应当与国家治理基础和重要支柱的要求相对接，体现出税收征管服务于税制目标和税收治理目标的立场。因此，大企业税收服务与管理的战略目标可在"两提高、两降低"目标的基础上，进一步明确为"持续提高纳税人的纳税遵从度"，这一目标符合大企业纳税人长期发展的需求，也符合税务机关税收征管的要求，可以实现税企双赢。

二、建立全功能税收管理模式

（一）建立扁平化、实体化的专业机构

大企业税收管理机构，由总部和执行部门两个部分组成。总部由国家税务总局大企业税收管理司担当，各省成立具有执法资格的大企业税收管理局，作为总部推送的风险应对任务的执行部门，明确划分各级税务管理机构的职责范围，建立并完善纵向和横向协调机制。

(二) 明确各级税务机关的角色定位

在大企业服务与管理工作中,各级税务机关作为整体划分工作职责。总局和省局作为大企税收管理的"大脑",是"统一战略"的制定者,承担风险分析、识别、等级排序、出具诊断书等实质性职能。市局和县(区)局是"统一战略"实施的"协同执行"部门,负责按照上级推送的风险应对任务和既定工作标准,具体执行应对任务,同时还负责日常基础管理事项。

(三) 建立良好的纵向、横向协调机制

纵向协调机制是各层级大企业税收管理部门之间的常态化、规范、固定的联动机制,体现为信息共享、快速响应、步调一致等特征。横向协调机制是指要通过建立一个完整的流程来明确各级大企业税收管理部门之间在这一流程中的角色,并建立起约束各职能部门使之能够对大企业管理工作负责的机制。具体包括涉税事项协调机制和风险管理流程。涉税事项协调机制用以协调税种管理与大企业管理部门的职责关系,风险管理流程用以协调征、管、查等管理部门的职责关系。

(四) 加强复合型人才队伍建设

为实现大企业税收管理和服务目标,亟需组建复合型风险管理团队,不仅要吸纳税收、财会、法律等与税收紧密相关的专业人才,还要引进熟悉大企业生产、经营、管理的各行业人才,组成各专业、各行业、各领域专家共同参与的团队。同时,要加强对税务干部的培养,通过专门岗位培训、自学成才等途径,在较短时间内改变行业分析专家、反避税专家、所得税管理专家、转让定价调查专家、纳税评估专家普遍稀缺的状况。要建立和扩充各级各类人才库,对专家级人才统筹管理、合理调配、因才适用。

三、构建标准化大企业税收管理体系

(一) 明确税务标准体系

根据国家税务总局关于税收征管和纳税服务是税收工作的两大核心业务的科学论断,科学构建大企业税收征管业务标准体系、纳税服务标准体系;同时,为了保证两大核心业务高效运行,围绕税收现代化要求建立组织保障标准体系。为了实现三大标

准体系无缝协同运行，抓住连接三者的核心纽带，还应建立信息标准体系。

（二）规范税务标准分类

针对税收征管业务标准体系、纳税服务标准体系、组织保障标准体系和信息标准体系存在共性业务与具体业务的实际情况，将税务标准划分为通用标准、实务标准。也就是说，在标准体系中凡是通用的流程、通用的业务均采用通用标准表述，以便相互调用；对于独立的业务则采用实务标准表述。为了有效解决统一规范与因地制宜的关系，税务标准体系可增设个性标准。个性标准只能在制定个性标准的税务机关辖区内使用，一旦个性标准被其他地区采用，则个性标准可以转换为实务标准。

（三）构建税务标准编写体例

针对税收工作既有社会管理职能又有公共服务职能，同时还有专业技术职能的实际情况，在充分借鉴管理标准、技术标准、程序标准编写体例的基础上，对照税收业务的全部流程和业务内容进行梳理，以一套完整的税务标准取代多个管理方法的内容，达到统一简化的工作目标。税务通用标准编写体例可以由范围、规范性引用文件、业务流程、流程节点工作内容、记录与表格等部分组成；税务实务标准可以由范围、规范性引用文件、术语及定义、条件、业务处理流程、业务节点工作内容、工作要求、涉及业务系统和关联流程、记录与表格等部分组成。从结构上看具体包含标准文本、相关法律法规文件和表证单书三个部分。

四、构建风险防控导向的服务与管理相平衡的业务体系

（一）以信息化建设为铺路基石

作为国家税务总局税收现代化的六个方面之一，信息化建设的重要性不言而喻。信息化建设并不仅指信息系统开发，更重要的是建立常态化的数据信息管理和信息使用环节的工作机制，使信息系统与征管业务实现融合。对税务机关已掌握的内部信息，要重点提高数据信息准确性。必须规范纳税人提交的各类报表的报送口径，把住入口关，并建立相应的数据质量控制管理办法。未来的信息化建设应对接大企业税收现代化管理业务体系，建立和完善税源监控分析、大企业税收风险管理、大企业税务审计、大企业个性化税收服务等核心业务信息系统，并搭建全国大企业税收管理部门数据信息和征管经验共享平台，为大企业税收管理提供全面支撑。

(二) 建立税企共同防范税收风险的事前管理模式

1. 试行事先裁定制度

事先裁定是指企业在制定重大经营决策的过程中，考虑税收影响，并就涉税事项处理提前与税务机关达成共识的一种方式。税务机关事前给出决定，等同于给予纳税人确定性，有助于纳税人做出更有利于企业长远发展的决策。从实践中看，可以通过建立涉税事项协调会议制度来实现这一目标。

2. 签订《税收遵从合作协议》

《税收遵从合作协议》旨在进一步明确税企双方权利和义务的边界，尽到本职是双方合作的基础。通常《税收遵从合作协议》的主要内容包括：对税务机关而言，承诺避免多头、重复管理；提供高层对话和联络员机制，畅通税企多层次沟通渠道；为企业持续提供涉税事项确定性。对企业而言，承诺始终坚持良好的税收遵从意愿，建立并有效运行税收风险自我管理机制，重大事项及时报告，与税务机关进行坦诚交流。需要注意的是，在提供纳税服务的过程中，税务机关仍然是执法者，转变管理方式不等于降低管理严肃性。

(三) 优化以风险为导向的分类分级事后管理流程

1. 树立以风险为导向配置征管资源的理念

征管资源的稀缺性决定了税收风险管理的必要性，要根据纳税人的风险等级不同采取差别化的风险应对措施，提高有限资源的使用效率，进而实现征管效能的最优化。

2. 建立"统一分析、分类应对"的风险管理流程

"统一分析"就是由风险分析监控部门应用信息系统，通过系统中设置的风险特征指标体系，定期对大企业纳税人进行风险识别和等级排序，按照风险等级将大企业分成高风险、较高风险、一般风险和低风险若干等级。按照不同等级生成风险应对任务推送至相关部门进行应对。"分类应对"就是由相关部门按照风险应对任务推送部门的任务清单，对不同风险等级的纳税人分别采取不同的应对手段，对高风险纳税人，直接进行税务稽查，强制其控制风险；对较高风险纳税人，实施纳税评估、反避税调查等管理措施，督促其消除风险；对一般风险纳税人，进行风险提示；对低风险纳税人通过签订《税收遵从合作协议》等方式提供纳税服务。在"扁平化"管理机制中，可将现省、市、县等多级管理力量纳入分类应对体系。

3. 确立税务审计为大企业税收风险应对的主要手段

税务审计是税务机关引用现代审计技术和方法，结合企业生产经营、税务管理及其他相关信息，对税收风险较高的企业进行全面、系统的分析、审核和评价。税务审

计具体包括案头审计和现场审计两个环节。在案头审计中，应注重应用计算机审计手段，对接大企业集团的 ERP 系统，批量采集电子数据，进行分析、识别、锁定现场审计对象；在现场审计阶段，要对企业内控机制的有效性进行测试，根据测试结果确定实质性测试的范围和内容，有针对性地开展审计查证，由税务机关投入征管力量，对不愿主动配合又不涉嫌偷骗税的大企业纳税人进行强制性管理。

4. 增强大企业跨境税源管理能力

除关注大企业纳税人的国内税收业务外，还应更多关注如何有效实施大企业纳税人的跨境税收业务管理，密切监控我国大企业纳税人跨境投融资、关联交易等业务，维护我国税收权益。

在"服务与管理相平衡"的大企业税收管理业务体系中，服务与管理不是割裂的，二者在风险管理的理念下相互呼应，共同为持续提高大企业纳税人纳税遵从度的目标服务。

第二节　大企业税收管理的探索实践

回望我国大企业税收服务与管理的探索之路，自 2008 年国家税务总局大企业税收管理司成立至今，大致可划分为 45 户定点联系企业管理、千户集团管理两个发展阶段。

一、45 户定点联系企业管理阶段

（一）时代背景

随着公共服务、公共管理理论在政府管理活动中的实践和运用，许多国家将风险管理、分类分级管理、客户关系管理、平衡治理等理念引入大企业税收管理领域。在新的理论指导下，20 世纪 90 年代以来，大多数发达国家和部分发展中国家纷纷改变原来按税种或按征管职能设立税收管理机构的做法，改为按纳税人规模设立税收管理机构。

国家税务总局（以下简称"税务总局"或"总局"）党组高度重视大企业税收服务与管理工作，2008 年税务总局大企业税收管理司成立，直接组织实施首批定点联系企业税收服务与管理工作，开始大企业税收专业化管理的探索实践。同年 12 月 26 日，总局出台《关于下发国家税务总局定点联系企业名单的通知》文件，在日常征收管理的属地原则不变、税款入库级次和归属不变的"三个不变"原则下，划定 45 户定点联系企业。为了落实总局加强对大企业税收服务与管理的工作要求，各省根据实际情况

确定省级定点联系企业。2009年初，总局召开首批定点联系企业见面会，标志着定点联系企业制度正式启动。

（二）主要工作

这一时期，税务总局以"税法遵从"为主线，按照"遵从引导——遵从管控——遵从应对——反馈提高"的工作闭环流程，坚持个性化服务与风险管理并行，锐意改革、积极创新，通过强化总局和省局统筹，推进"六个集中"，有力提升了大企业税收服务与管理水平。

1. 集中在总局和省局层面统筹，适当提升复杂涉税事项管理层级，解决管理缺位问题

立足现行税收管理体制实际，借鉴国际通行做法，将复杂涉税事项提升至总局、省局集中进行，纳税申报等涉税基础事项实行属地管理，实现总局、省局、市局、县局四级联动，通过横向协作和纵向配合，实现信息、决策和指挥的集中，发挥各级税务机关的比较优势，形成合力，与大企业集团形成相互对应的"一体化"管理关系，从根本上改善管理主体碎片化、信息孤岛和人力资源分散等体制缺陷。

2. 集中抽取总公司及成员企业财务数据，以大数据突破管理瓶颈，解决"信息不对称"问题

按照大企业涉税信息统一管理、分步实施的工作思路，逐步统一涉税信息的采集范围、工作机制、管理方式等内容。研发电子数据采集工具，实现了税务审计软件和企业ERP系统的对接，直接采集企业电子财务数据，经过数据加工，导入大企业税务审计软件，实现了定点联系企业集团及其成员企业电子财务账套数据的集中存储、统一管理。积极与发改委运行调节局和国民经济综合司等单位协作，定期获取宏观经济运行、大企业重要指标检测等重要信息。实现对来自企业端的企业财务税收数据和来自税务端的税收征管数据的交叉比对和综合利用，初步形成了涉税信息比对、分析应用工作机制。

3. 集中开展税务审计，以集团整体为管理对象，解决单纯属地管理"看得见的管不着，管得着的看不见"问题

确立了以风险管理为导向的大企业税收管理理念，逐步建立了以税务审计为核心的大企业税收风险管理模式。大企业税收管理部门成立之初，主要是组织税收风险自查和评估，2009年对中石油等企业、2010年对诺基亚等外资企业探索开展税收风险自查，2011年对中国烟草等20多户企业开展了税务风险内控调查和评估，并向企业反馈建议书，引导帮助企业完善税务风险内控机制。2012年对中石化、2013年对中国烟草等企业、2014年对中石油等企业分别开展全流程税收风险管理专项工作，每一个专项工作都在前一个专项工作的基础上，不断深化完善、升华提高，逐步建立了较为成熟的全流程税收风险管理方式。同时，2014年针对中国中化等企业集团的股权转让、跨境投资、关联交易等重大事项，组织开展了分事项税收风险管理工作。通过全流程和分事项税收风险管理，探索建立全面和重点相结合的大企业税收风险管理模式，有效应对大企业复杂涉税风险，帮助其改进税务风险内部控制体系，实现以税务审计促遵从，提高管理质量和效率。

4. 集中全国经验建立行业税收风险特征库，确立风险导向的工作方式，解决对大企业管理"能力不对等"问题

从建立行业风险特征入手，组织系统内开展多批次风险识别工作，多维度梳理汇总45户定点联系企业开展税收管理过程中发现或处理的税收风险，分行业、分税种进行归纳总结，形成了石油石化、银行、冶金矿产等10个行业大企业税收风险特征库，制作成模板推送全国，进一步增强大企业的风险识别分析和应对能力，为各级大企业税收管理部门有针对性地开展专业化管理和个性化服务提供了业务支撑。

5. 集中开展行业性和普遍性的税收政策服务，注重合作遵从，解决"税法执行的统一性和税法适用的确定性"问题

坚持需求导向，加强与集团高层的沟通与合作，激发大企业遵从税法的内在积极性，促进企业从集团层面统一控制风险。同时，税务机关主动作为，本着"事前防控风险，优化纳税服务"的指导思想和提供"增值服务"的理念，更加注重税企沟通，及时发现行业性、集团性税收问题，通过协调机制共同解决烟草行业品牌合作生产"加工费"问题、电力行业传送煤炭栈桥等计征房产税问题、石油行业油气田"非生产性建筑物及构筑物"等涉税诉求，并要求全国保持高度的一致，增强税法执行的统一性和税法适用的确定性，得到了大企业的高度认同。

6. 集中系统业务骨干组建专业化团队，以团队应对企业集团，解决"单兵对团队"问题

大企业专业化分工精细，有一批高学历、高职称、高素质的财务会计法律专业人才，大多还聘请了知名中介机构进行税务咨询、税收筹划。与之相比，税务管理人员的力量明显不足，必须充分整合系统内人力资源，通过考试考核，将政治素质高、业务能力强、具有大企业管理经验的专业人才集中起来，分行业、分集团或分事项建立专业化管理团队。税务总局分别组建了石油石化、电力等8个行业管理团队，各地税务机关也通过人才库的方式储备了相当的专业人才，为满足大企业管理工作需要打下了坚实的人才基础。

（三）取得成效

总结大企业税收专业化管理的探索实践，各级税务机关在思想认识上达到了新的高度，对大企业税收管理改革的目标更加清晰，大企业税收管理工作阔步迈入现代化新征程。

1. 大企业税收管理组织架构和体制机制初步形成

2008年以来，总局成立了大企业税收管理司，各地相继成立大企业税收管理专门机构，部分地区成立实体化的大企业税收管理局。大力开展大企业税收管理机制创新，探索一体化运作机制和跨层级、跨部门协作机制，并通过大企业税收专业化管理试点工作付诸实践，取得了一些成效和经验，全面推进大企业税收管理现代化的条件基本成熟。

2. 大企业税收风险管理业务模式逐渐形成

以企业集团整体或者重大业务事项为对象，汇聚全国管理经验和知识成果，逐步建立重点行业税收风险特征库，编制重点行业税收风险管理指南、分事项税收风险管理工作指引、大企业税务风险内控测试指标体系等，大企业税收风险管理业务模式逐渐形成。

3. 大企业税收管理信息化水平持续优化

按照"业务标准化、标准流程化、流程IT化、IT现代化"四项工作原则，制定大企业税收管理信息化建设总体规划，探索建立集团一户式数据仓库，为大企业税收管理工作提供信息数据保障。逐步优化大企业税务审计软件，完善大企业风险自查软件模块，集中抽取大企业涉税数据，强化案头分析功能，信息化水平明显提高。

4. 大企业税收专业化人才优势逐步凸显

坚持实践锻炼和教育培训相结合，在全流程税收风险管理、分事项税收风险管理等专项工作中，总局、省局抽调全国、全省税务系统骨干力量，组建相应行业管理团队，集中力量开展风险管理，锻炼培养了近1 000名大企业税收管理骨干人才，为大企业税收管理积蓄了中坚力量。

二、千户集团管理阶段

（一）时代背景

随着近年来我国国民经济快速发展和经济全球化加速推进，越来越多跨行业、跨地区甚至跨境经营的大企业特别是大型集团企业竞相涌现。这些大型集团涉税事项所具有的多样性、多量性、复杂性和独特性，对传统的大企业税收管理模式带来了新的巨大挑战，迫切地需要税务部门为其提供更加专业的服务与管理。与此同时，我国的大企业税收管理经过多年实践探索，在向更广泛的税收征管领域推广的过程中，也迎来了难得的契机。2015年，总局在原有45户定点联系企业的基础上，进一步扩大了专业化管理范围。按照企业集团年纳税额3亿元以上的标准，选取全国营业收入和缴纳税额排名靠前，且具有行业代表性的一定数量的企业集团，作为深化大企业税收服务与管理的对象。此次,确定将全国范围内的 1 062 户集团纳入管理名单,也就是"千户集团"。

(二)"千户集团"介绍

千户集团是税务总局重点服务和管理的大型企业集团,具体来说是指年度缴纳税额达到税务总局管理服务标准的企业集团,包括全部中央企业、中央金融企业,以及达到标准的单一法人企业等。千户集团名单由国家税务总局确定,定期发布,实行动态管理。按照年纳税额 3 亿元以上的标准,税务总局确定的 2016 年度千户集团共 1 000 ~ 1 100 户集团、近 20 万户成员企业,缴纳税款 5 万亿元左右,占当年税务部门组织税收收入总量的 40% 左右。在我国现行的 20 个国民经济行业门类、96 个国民经济行业大类中,千户集团共涉及 18 个行业门类、89 个行业大类。由此可见,千户集团是我国国民经济的重要支柱和国家税收的重要来源,对税收工作全局有着举足轻重的影响,是真正的"关键少数"。在推进国家税收治理体系现代化和实施"互联网+"发展战略的大背景下,税务总局牢牢抓住千户集团这个"关键少数",由大企业税收管理部门统筹实施服务和管理,是税务部门顺应时代发展的主动选择,可以有效提升大企业税收服务与管理的质效,让大企业收获更多的"获得感"和"满意度",更好地助力大企业长远发展,为我国经济健康稳定运行提供有力的税收支持。

(三)改革历程

2015 年 12 月,税务总局印发《深化大企业税收服务与管理改革实施方案》,结合"互联网+"行动计划,在大数据应用背景下,对大企业服务与管理改革作了顶层设计。《实施方案》明确,以"分类管理、提升层级,平衡治理、合作遵从,风险导向、数据驱动,国地联合、部门协同"为原则,对纳税人实施分类分级管理,提升大企业税收管理层级,抓住全国千户集团这个"关键少数",推动大企业税收服务深度融合、执法适度整合、信息高度聚合,通过确立千户集团工作机制,着力解决当前大企业税收管理中信息不对称、能力不对等、服务不到位、管理不适应等问题,同时确定了辽宁、上海、江苏、河南、重庆等 5 个综合试点地区和广东、深圳、四川、陕西等 4 个专项试点地区。《实施方案》的出台,拉开了我国大企业税收管理"千户集团管理阶段"的序幕。

按照《实施方案》的要求,税务总局在职能调整、建章立制、选点指导等方面狠下功夫,保证了方案的完整实施:在最短时间内完成了大企业管理司的职责定位和职能调整,以及大企业管理司和北京国税第五分局的业务融合。大企业税收管理司内设综合处、数据管理处、制度规划处、评审质控处、考核服务处和经济分析处等部门,并以第五分局为平台,确立了千户集团税收分析的基本格局,保障了改革任务的正常高效运转。按照《实施方案》的要求,税务总局陆续下发了《关于千户集团税收风险分析及相关工作任务细化分工的通知》《关于做好省税务局千户集团税收风险分析相关工作的通知》等一系列文件,通过制度规范建设推动各项改革工作的开展。大企业税收管理司多次召开改革试点推进会,广泛深入改革试点地区调研,积极总结提炼试点单位在数据共享、合作应对、服务深化等方面可复制推广的经验做法,推动改革在全国范围内全面铺开。

第三节　近三年来大企业税收管理的主要工作

一、构建制度体系

根据中办、国办改革方案,税务总局及时制定大企业税收服务与管理具体实施意见,2015年12月下发《国家税务总局关于印发〈深化大企业税收服务与管理改革实施方案〉的通知》(税总发〔2015〕157号),明确了大企业税收服务与管理改革的总体目标、主要工作及组织实施的具体步骤,为构建大企业税收管理现代化体系描绘了蓝图。近三年来,以《深化大企业税收服务与管理改革实施方案》为基础,在千户集团名册管理、数据管理、税收风险分析应对和大企业纳税服务等方面,分类制定大企业税收风险管理整体规划、税收分析业务规范、数据增值利用等相关工作制度办法,形成了较为完善的大企业税收服务与管理制度体系。

(一)千户集团名册管理方面

制定下发《千户集团名册管理办法》(2017年第7号公告)、《国家税务总局关于开展千户集团扩围工作的指导意见》等系列文件,建立健全了千户集团名册管理制度,规范了千户名册选户标准、口径、流程,明确了数据联络员涉税数据采集、审核和报送等工作职责,为各地税务机关和纳税人开展千户集团名册及数据管理工作提供政策依据和制度保障。

(二)千户集团数据管理方面

制定《国家税务总局关于规范全国千户集团及其成员企业纳税申报时附报财务会计报表有关事项的公告》等文件,规范了千户集团纳税申报时附报财务报表等管理制度,明确了数据报送、数据更新、财务信息报送等方面的要求,理顺了数据管理岗责制度，建立起千户集团数据质量管控和考核评价制度，保障了千户集团数据的安全可控。

（三）千户集团税收风险管理方面

研究制定《国家税务总局办公厅关于千户集团税收风险分析及相关工作任务细化分工的通知》（税总办发〔2016〕144号），进一步明确总局、省级税务机关在千户集团税收分析应对以及相关工作中的职责分工，形成上下通畅的工作机制。印发《关于做好省税务局千户集团税收风险分析相关工作的通知》（税总办函〔2016〕805号），明确了省税务局对千户集团独立法人企业或分公司实施税收风险分析的工作事项、分析结果报送流程和工作要求，推动省级税务机关配合税务总局协同开展好千户集团税收风险分析。制定机制、文书等文件，规范了千户集团税收风险管理中数据采集、风险分析、推送应对、反馈考核等各阶段的文书表单。

在前期工作基础上，经多次调研修改，2017年10月下发《国家税务总局关于印发〈千户集团税收风险管理工作规程（试行）〉的通知》（税总发〔2017〕128号），对风险管理各环节进行了固化，并提出具体要求，进一步理顺千户集团风险管理机制，规范风险管理流程，为千户集团风险管理工作的开展提供依据。其中，数据采集部分从数据采集的对象和内容入手，按照从哪里采集、采集什么、怎么采集、采集应用的顺序和逻辑，对风险管理全过程的数据采集环节进行了具体规定；风险分析部分从年度计划入手，突出计算机自动扫描、人工专业复评、总局评审三个步骤，形成《风险识别报告》并推送到风险应对部门；推送应对部分重点强调了查阅案头资料、税务约谈、实地核实等风险应对方法；反馈考核部分分别说明反馈渠道、税企争议的处理、应对结果的增值利用、跟踪指导与后续监督以及绩效考核指标的确定。

（四）千户集团纳税服务方面

依据党中央、国务院关于推进"放管服"改革的部署，以及税务总局《关于进一步深化税务系统"放管服"改革优化税收环境的若干意见》（税总发〔2017〕101号）的要求，大企业税收管理部门高度重视纳税服务，持续推进改革创新。一是加强顶层设计。在广泛调研的基础上，形成《深化大企业纳税服务若干工作措施》（税总办发〔2017〕170号），对如何有效开展大企业纳税服务提出了总体构想和具体措施，以大企业需求为导向，树立税企合作共治、服务与管理高度融合的理念，构建起18项纳税服务产品，规范了服务内容、标准等，为新形势下进一步加强大企业纳税服务工作指明了方向。二是完善重点项目。税务总局、各省税务机关不断探索重点服务产品，形成一系列制度规范。税务总局下发《国家税务总局办公厅关于建立大企业重组涉税事项纳税服务工作机制的通知》（税总办发〔2017〕139号），成立专门协调办公室，直接解决大企业在重组等重大事项时面临的不确定性问题。

二、建立数据集市

千户集团数据采集从2015年开始，正经历着建立、发展到完善规范的过程。近三年来，国家税务总局根据工作的需要，逐步完善千户集团数据采集的内容，由简到精、由少到全，有计划、分步骤推进数据采集管理工作。通过对税务端、企业端、第三方数据的采集、存储和使用流程进行统一，形成了"采集有标准、使用有监控、安全有保障"的数据管理体系，取得了显著成效。

（一）构建了及时有效的税务端数据体系，切实解决了基础数据精准度不高的问题

建平台为整合基础数据提供有力支撑。以大连市国税局、地税局为例，以"集成创新"理念为指引，深入贯彻落实国家税务总局关于加快大企业税收管理信息化平台建设的部署要求，研发"大企业税收服务与风险管理作业平台"，做优做强机能、巩固管理闭环、提升服务质效，推动平台贯穿大企业风险管理全过程、实现管辖企业全覆盖，真正成为深化大企业税收服务与管理改革的坚强支撑。

强治理为提高精准度提供有力保障。通过设立规范标准，排查清理错误数据，补充采集遗漏数据，在一定程度上提高了数据准确率。同时数据安全监控机制的建立有利于发现违规操作，通过系统的自动预警机制在源头上保障了高质量涉税数据的形成。以原江苏地税为例，事前加载1 091条前端逻辑校验规则，部署1 115条数据审计规则，事中完成6 400余个数据元的准确转换，完成2万条空壳数据、欠缺数据的推送，事后整改75 000条问题数据。

（二）构建了真实完整的企业端数据体系，加大了数据应用的广度和深度

通过优化数据报送方式，在电子税务局中增加千户集团数据自报通道，实现了集团直报数据直接报送到省局大企业管理部门，解决了留给企业报送数据短、数据口径不统一、数据传递渠道不安全的问题。利用千户集团直报数据对千户集团总部基础数据进行分地区全景展示，绘制出一幅千户集团企业的全景地图。通过全面归集、展示千户集团直报数据、快报数据、财务报表、账套数据等，实现了千户集团专属数据的集成共享，加大了数据利用的广度和深度，形成了完整反映纳税人各类涉税行为的大

数据资源库。基于此，能很好地开展覆盖所有纳税人、所有行业、所有税种及征管行为的数据挖掘和分析利用，动态直观地掌握了税源税种信息的变化情况，实现了数据资源的高度共享和有效应用。

（三）构建了全面强大的第三方数据体系，实现了经验管理向大数据管理的转变

利用政府各部门的分工协作、信息互通、资源共享，加强第三方涉税信息采集与应用工作，通过完善社会综合治税信息共享机制，应用信息技术等手段，将第三方信息应用与风险管理紧密结合，构建起全面强大的信息共享体系，有效支撑税收征管方式的转变，推动税收工作转型升级，有效整合了税收协同共治资源。通过广泛采集企业集团互联网数据，涉税主题包含但不限于集团企业借壳上市、收购、投资、重组、关联交易等重大税源事项，有助于税务干部动态跟踪对整个集团的重大涉税事项，也有利于消除单个税务干部与整个集团的"信息鸿沟"。其中，关联交易属于重点关注对象之一，通过互联网数据采集纳税人的投资控股关系以及股东之间的关系图谱，结合增值税发票的票流信息、纳税人电子账套数据，可初步排查集团可能的关联交易，提供给人工案头分析时使用，监管更有效、更及时。

三、研发信息系统

信息化平台是各级税务机关对数据资源进行集成、加工、分析的场地，是信息共享、数据挖掘、风险管理、纳税服务的综合工具。税务总局依托金税三期系统决策二包和税务审计软件，推进全国统一的大企业税收管理系统建设，2018年4月1日该系统正式在全国上线运行，达到税务总局到省局、省局到省局的数据互联、模型共享、风险直推、在线应对考核等一系列目标，实现了大企业税收管理部门在一个平台上作业，税务总局成为名副其实的数据、决策、指挥、分析中心。

（一）数据中心

实现税务机关、企业和第三方数据的加工装配，完成"集团一户式"数据存储，建成分集团、地区、行业的数据集市，统一了税务总局与各省税务局衔接的接口和数据标准，对税务端金税三期系统核心征管、汇算清缴、重点税源、增值税专用发票等数据及企业端财务账套数据、第三方互联网数据进行有效整合，实现数据的高度聚合。

（二）决策中心

实现企业发展能力、整体税收占比、地区分布等集团概况的集中展示，实现营业收入、综合能力评价、发票流向分析等企业经济运行情况实时分析，实现入库税收、减免税及优惠、出口退税等税源监控数据图表展示，实现单户集团和成员单位的风险分析报告、风险扫描报告等风险预警提醒。利用上述重要数据的集成分析，推进税收决策和治理。

（三）分析中心

完成指标体系加载，实现分析工具集成；依靠人工阅账分析、计算机自动扫描、人工复核的"人机结合"方式，实现多口径、全方位扫描，提升税收分析自动化识别能力；集成全国税务系统分析成果，由单户风险分析转向行业共性风险、重大风险事项分析，提升税收风险分析质量。

（四）指挥中心

实现大企业税收风险分析、评审、应对、反馈全过程管理；实现大企业税收分析工作的上下联动、过程留痕、考核有据；实现多环节、多岗位的千户集团数据、指标模型和分析结果共享；实现千户集团风险分析、经济监控、审计核心功能的融合。

四、指标体系建设

指标模型体系主要是基于已有的数据支撑环境，完成各类分析元素的加工与管理，这些分析元素主要包括指标元、分析指标和分析模型。税务总局开展千户集团税收风险分析指标体系建设，按照开发、验证、应用的步骤，分批次开展，逐环节推进。千户集团指标模型体系的建设，突出贯彻落实指标模型体系建设"研发——验证——应用"三位一体的要求，围绕"快、全、准"建立科学高效的研发机制，突出指标体系作为大企业税收风险管理核心竞争力的显著特点。

（一）指标模型体系建设历程

千户集团指标模型体系的建设，经历了从1.0版本到3.0版本持续优化、迭代更新的历程，目前已经着手研发4.0版本。

第一,1.0 版本建设阶段。2015 年 7 月起,启动全国千户集团税收风险分析指标模型体系 1.0 版本的设计工作,开发完成部分通用模型和汽车制造、电力生产等行业模型,并对个别集团开展了指标模型分析验证工作。指标体系 1.0 版实现了风险排序,做到了精准选户。

第二,2.0 版本建设阶段。2016 年以来,指标体系 2.0 版从税负、财务维度开发第二层指标,为人工专业复评和风险应对工作提供了更加具体、准确的指引,通过风险筛查,实现了风险定位。2.0 版本主要考虑通用性,着力提升了指标模型质量。

第三,3.0 版本建设阶段。2017 年,按照"研发、验证、应用"三位一体建设思路,研发指标体系 3.0 版,建立验证基地,全面有序开展指标模型验证工作。同时还完成了指标模型的加载、测试及验证。2018 年初,启动"先行先试"工作,将指标体系验证与应用有机结合起来,目前第三批"先行先试"已部署开展。

(二) 指标模型体系建设方法

不同行业的生产要素、行业流程不一,对税收的影响程度不同。在千户集团指标模型的设计上,坚持共性与个性相协调的原则,通过建立面上扫描和点上聚焦的指标模型体系,增强千户集团税收风险分析的针对性。

五、开展风险分析

近年来,大企业税收风险分析工作的开展,已经不局限于原有的税源分析的范畴,而是走向了以风险管理为导向的税收风险分析阶段。这一时期,分析的内容逐步全面覆盖大企业税收风险的各个方面和各个环节,同时更加突出分析模型体系这一核心分析能力建设,人机结合更加充分,体现出了信息化支撑与人的经验深度融合的特点。随着税收风险分析不断提升管理层级,反映出税收风险分析能力已经能够满足税务总局直联大企业开展高度扁平化风险分析的需要,以及支撑千户集团大批量、规模化运作的需求。

(一) 税收风险分析作用更加凸显

千户集团阶段,税收风险分析能力是实施风险管理的核心能力,是风险管理导向下税收征管决策支持的中枢环节,其作用在于建立相对纳税人遵从行为高度的洞察力。基于信息不对称条件下,高度的税收风险分析能力建设,使得税务机关高效配置有限资源、精准组织税收业务措施、深度促进征纳双方改进税法遵从成为可能。这种洞察力是信息化方式下税收征管"大脑"运行的核心组成部分,税收风险分析能力也成为建设现代税收征管体系最关键的支撑点之一。针对大企业的税收风险分析已经覆盖到国民经济的主干，作用于国家税收超过40%的来源。大企业税收风险分析能力建设及其发展，已经构成我国现代税收管理能力的核心支撑要素。

（二）税收风险分析质效不断提升

当前，税收风险分析不再依赖征纳双方结合，而是将大量的基础性风险分析批处理工作交给了计算机扫描。"计算机扫描＋人工专业复评"的风险分析模式，促进了税收风险分析的质量和效率不断提升。千户集团税收风险分析的组织控制机制建设在方向上，由突出税务机关层级衔接、征纳双方衔接的控制，转向了严密税务机关内部实现风险分析质量和秩序的控制。

（三）税收风险分析机制持续完善

随着计算机网络支撑、核心分析能力建设、工作组织控制经验的同步提升，促使粗线条、松散型的工作衔接机制不断完善，千户集团风险分析过程，逐步走向了以计算机信息平台为传送纽带，实现了信息流、工作流、责任流的传递控制，形成了满足"要素充分、环节完整、手续明晰、操作规范、流转通畅"要求的流程型业务运转方式。税收风险分析工作组织整体转变为顶层统筹推动与流程控制运作相结合的形态；税收风险分析工作的过程管理，迈入了精细化、规范化、严密化的现代型阶段。

六、优化纳税服务

近年来，全国大企业税收管理系统以强化服务意识、健全服务机制、优化服务措施、提升服务质效为目标，由总局、省局直接面对纳税人的涉税服务诉求，通过加强国税、地税服务合作，不断深化对大企业的个性化纳税服务，服务内容与服务方法得到跨越式发展。

（一）健全了大企业税收服务体系，推动纳税服务高效开展

在形成大企业个性化纳税服务产品过程中，建立了相配套的工作制度和工作机制。一是发布《大企业税收服务与管理改革工作方案》等规范性文件，确保服务工作落实到位。二是发布《大企业税收服务与管理工作规程》，建立了总局和省联动、跨区域互动的服务机制，实现服务工作的有效统筹。三是发布《国家税务局地方税务局合作工作规范》，进一步明确了国税、地税联合大企业个性化纳税服务机制。通过建立总局统

筹、上下联动、横向互动、国地协作的"立体化"运行机制，使得服务工作开展更加全面、系统，也使服务工作落到实处，服务质效进一步提升。

（二）优化了税收营商环境，促进企业壮大发展

全国大企业税收管理系统跟随国家宏观调控形式，注重精准施策，通过营造稳定公平透明、可预期的纳税环境，持续推动营商环境优化，促进大企业持续健康发展。一是激发企业发展内生动力。结合大型企业集团加强自身内控制度的需求，提供专业、实时、精准的涉税内控风险提示和制度建议，协助大企业提升内部管理水平。二是优化办税环境。结合当前经济和社会发展需要，坚持"放管服"三管齐下，紧紧围绕各项税制改革重点工作，在行政审批和办税负担上做"减法"，在纳税服务和后续管理上做"加法"，以"便民办税春风行动"为载体，从规范纳税服务到推动办税便利化，从减轻纳税人负担到提升信息化办税水平，为纳税人提供良好的办税环境。三是打通内部壁垒。通过深化国税、地税合作，进一步融合双方服务资源，提升纳税服务质量，减少纳税人办税负担、降低办税成本。提升管理层级，建立重大涉税事项和跨区域协调处理机制，从总局、省局层面对跨区域等重大涉税事项进行处理协调，增强了税收政策执行的一致性和统一性。通过营造公平、公正、高效的纳税环境，建立更加互信、透明、和谐的税企关系，为大企业持续健康发展提供了良好的营商环境。

（三）收获了大企业认可，提升大企业满意度和获得感

大企业服务与管理部门不断转变过去"重管理、轻服务"的理念，深化大企业纳税服务意识，为大企业提供"共性"加"个性"的纳税服务，得到了大企业的普遍认可。对接企业需求，提升纳税人涉税诉求应对层级，及时响应涉税诉求，帮助企业协调解决在征管、信息化建设、税收政策执行统一性和确定性等方面的难题，满足了大企业纳税服务需求，改善了过去大企业纳税服务供给不充分、不对称的状况，大企业获得感明显增强，满意度显著提高。

（四）形成了大企业纳税服务品牌，增强大企业服务影响力

全国大企业税收管理系统针对大企业提出的服务需求，聚焦大企业个性化服务，创新服务方法，因地制宜打造适宜的服务产品，建立了特色鲜明的大企业纳税服务品牌。陕西国税打造了"大企业个性化服务产品库"、四川国税深化"B·I·G"的个性化服务品牌，上海国税推出"协同服务"服务品牌，均取得较好成效。通过建立服务品牌，将多项服务内容和举措进行统筹、协调、优化，为纳税人解决实际诉求的过程

中增强品牌影响力和辐射力。通过形成品牌效应，使得个性化服务产品影响力更强、惠及范围更宽，纳税人对服务更加有感。

（五）提升税企互信程度，大企业税法遵从度显著提高

大企业服务与管理部门通过建立税企合作共治的理念，坚持风险管理和优质服务融合，防范税收风险和引导自觉遵从并行开展，注重通过风险提示、风险核查等方式，引导企业遵从，帮助企业完善税务风险内控体系，帮助企业端信息建设，实现了潜在税务风险的科学监控和有效防范。通过税企合作共治，提升了税企合作层级，税企沟通渠道明显畅通，显著提高了税企互信程度，企业内控机制进一步健全，大企业税务风险防控能力进一步提高，自我遵从能力和意识进一步提升。

七、做专经济分析

2016年以来，全国大企业管理系统站在增强税收服务国家治理能力的高度，深刻领会总局党组打造税务部门话语体系指示的深远意义，精准选题，聚焦供给侧结构性改革、区域协调发展、战略性新兴产业、国有企业改革、金融支持实体经济发展等热点、重点领域，撰写了百篇经济分析报告，王军局长先后对部门报告做出批示、提出要求，多篇报告经修改后以《税务简报》《税务专报》等形式上报中办、国办，数篇报告得到李克强总理重要批示。为配合国务院大督查，大企业司积极做好千户集团降成本系列分析，得到了国务院办公厅的充分肯定。

一是经济分析基础工作得到加强。总局制定了《加强税收经济分析工作实施意见》，初步完成了税源监控平台建设，实现了对千户集团总体经济走势的初浅监控。逐步夯实税收经济分析内外部合作基础，构建总局统筹协调、各省协同分析的联动工作机制，形成分析合力，全面提升经济分析的引领性。

二是定期梳理中央的重要决策和各类机构权威论述、主流观点和前沿理论，不断充实资料和数据储备，经济分析领域不断拓展，除了开展千户集团常规运行情况分析外，还有效开展了东北老工业基地、京津冀、长江经济带、中国500强和世界500强比较等专项分析。

三是健全税收经济分析的指标体系，建立科学税收分析模型，引入先进分析工具，充分挖掘税务端和企业端多渠道数据。紧紧围绕经济税收热点问题开展分析，完成了五大行营改增、八大建筑企业营改增、外资企业投资走势、房地产政策调控对行业影响深度等分析。

四是多管齐下，经济分析渠道不断拓宽。与科研院所合作搭建"TOP1000"税收经济指数框架、试算税收先行指数，透过企业财务报表，挖掘经济运行中不同主体的

发展动态。选取经济社会发展全局性、战略性问题，开展跟踪和持续分析，做出一系列精品分析课题。与发改委、企业家联合会等有关部门通力合作，共同研究，提升经济分析水平。吉林、河北、重庆、山西、大连等省市国税局和江苏地税局积极参与区域经济分析和热点问题分析报告撰写，在数据支持、材料整理等方面做了大量工作。深圳、江西、海南等省市国税局也独立尝试开展税收经济分析，取得了初步成绩。

第四节 征管体制改革后大企业税收管理机构现状

一、机构实体化的深远意义

为跟进大企业税收服务与管理改革工作进程，解决工作层级责任划分不清晰、税收风险应对任务职责不明确等问题，各级税务机关因地制宜，陆续展开大企业管理机构实体化建设工作。机构实体化有利于加快推进"放管服"改革进程，营造良好的营商环境，为全面深化大企业服务与管理提供了组织保障，着力体现了党中央、国务院、国家税务总局对大企业工作的高度重视和大力支持，是中国税收管理与国际接轨、走向现代化的鲜明标志。

二、各级大企业服务与管理机构设置与主要职能

（一）税务总局层面机构职能

国家税务总局完成了大企业税收管理司的职责定位和职能调整，实现了大企业税收管理司和北京市税务局第一税务分局（原北京市国税局第五直属分局）的业务融合，以第五分局为平台，确立了千户集团税收分析的基本格局，保障了改革任务的正常高效运转。

1. 大企业税收管理司机构职能

进一步明确其承担大企业税收风险分析、税收经济分析和税源监控的工作职能，同时为适应千户集团风险管理新模式，内设六个处室由行业管理模式转换为流程控制模式，更名为综合处、数据管理处、制度规划处、评审质控处、考核服务处、经济分析处。具体职能为：综合处——协调司内文稿、工作计划、经费、会议等整体工作；数据管理处——负责数据管理、平台建设、数据管理制度、办法拟制等工作；制度规划处——负责千户集团税收风险分析的制度建设、风险分析任务确定及指导海洋石油税收管理业务工作；评审质控处——负责对经过风险识别、风险分析形成的报告进行质量控制及向税务总局风险办提请推送风险应对任务等；考核服务处——负责对各省千户集团税收风险应对情况进行督导考核及大企业个性化纳税服务工作等；经济分析

处——负责千户集团税收经济分析工作的规划安排,并开展千户集团税收经济分析等。

2. 北京市税务局第一税务分局机构职能

承担大企业税收管理司的处室职责,重点承担千户集团税收风险分析工作。主要负责千户集团税收风险分析工作,包括对千户集团税收数据的具体处理、软件工具的研发使用、分析平台的运行维护,对税收风险进行计算机扫描,开展人工专业复评,协助开展税收经济分析等;承担大企业管理司交办的其他工作任务。

(二) 省局层面机构职能

为适应新形势下大企业服务与管理工作需求,各省分别成立大企业税收服务与管理局(第一税务分局),内设各职能科室,全面负责本地区的大企业税收服务与管理工作,主要职责包括:拟定并组织实施本系统列名大企业税收服务和管理的中长期规划和年度计划;承担国家税务总局部署的"千户集团"企业名称管理、数据补充采集、风险分析和风险应对等事项;组织实施本系统列名大企业的风险分析、风险应对等专业化管理和个性化服务工作;开展大企业税收经济分析与国外、省外同类型企业的比较分析;指导大企业完善税务风险防控体系;负责组织、协调、指导、考核本系统大企业税收服务和管理工作。

(三) 市局层面机构职能

为了更好地承接本级大企业税收服务与管理工作,各地市分别成立第一税务分局,内设各职能部门,专属负责本级的大企业纳税服务、风险分析、风险应对、数据采集、经济分析等具体的大企业税收服务与管理工作。

三、大企业服务与管理的指导思想和基本原则

(一) 指导思想

各级大企业税收服务和管理部门要全面贯彻税收征管体制改革总体部署和要求,以提升大企业服务和管理能力为目标,细化工作职责,理顺工作机制,提升工作效能,更好地发挥大企业税收服务和管理在深化税收领域"放管服"改革、优化税收营商环境、实现税收征管现代化中的积极作用。

(二) 基本原则

统筹兼顾。通盘考虑各项工作职责的人力配置,统筹分析应对力量,合理划分内

部工作职能与工作重点,积极优化与局内各科室的工作衔接,建立上下衔接、左右通达、健全有效的工作机制,实现大企业纳税服务和风险管理双促进、双提高。

科学高效。立足大企业税收管理现代化,强化规划,优化流程,细化标准,持续提升服务和管理的科技含量与技术水准;着力做精数据、做优平台、做深服务,构建运转高效、工作完备、指挥有力的大企业税收服务和管理新格局。

提升层级。针对大企业纳税人经营范围广、涉税事项专、层级架构繁、服务要求高的特点,以集团为对象,以行业为维度,突出分类,提升层级,将复杂涉税事项提升至市(地)以上管理,全面提高大企业服务和管理专业化水平。

优化效能。依据工作序列,明晰工作定位,提升管理质效。风险管理重在形成闭环,纳税服务重在遵从引导,经济分析重在集成拓展,形成相得益彰、相互促进的良性综合效应。

四、当前大企业服务和管理的主要工作

(一)大企业纳税服务

1. 强化税企沟通

畅通税企沟通渠道,加强税企信息交流。通过税企座谈会、税企沙龙、企业走访等多种方式,认真听取意见和建议,了解生产经营及重大涉税事项情况,及时收集和回应大企业关心的涉税问题,构建良好税企关系。

2. 开展政策辅导

完善大企业重组涉税事项纳税服务工作机制,依申请为大企业协调解决重组中的疑难事项。建立重大涉税事项政策辅导制度,对股权转让、关联交易、跨境投资等重大交易事项,提出税务风险建议。针对跨区域经营的企业集团各地税收政策理解、执行不一致问题,加强组织协调,提高政策确定性和执行统一性。

3. 实施风险提示

定期归集整理税收风险,适时推送,助力企业防范风险。针对重点企业,研究企业生产流程、整体架构、行业特征和核算特点,量身定制专门服务手册。收集整理企业风险防控典型案例,汇编成册,不定期发布。

4. 注重遵从引导

对辖区内重点行业税收风险事项进行细化研究,编制行业税收风险管理指引。选择符合条件的大企业,签订税收遵从合作协议或税收风险管理合作备忘录。对签约企业加强后续跟踪,建立工作台账,出具遵从评价报告。

5. 推进内控建设

开展内控调查,深入了解企业情况。分析企业关键涉税控制节点和内控薄弱环节,

研究完善内控测试指标体系。有重点地测试企业内控制度实际执行情况，提出完善建议，推动企业提高遵从水平。

6. 助力专项服务

积极推动促进高遵从度企业绿色通道建设、自我遵从免查等专项服务落地。推进以集团为对象评定纳税信用等级，增强企业信誉意识。服务国家发展战略，梳理相关税收政策，定期开展政策辅导和风险提醒，降低"走出去"企业税收成本和涉税风险。

（二）制度规划建设

1. 建立健全各类制度

参照总局千户集团各项服务和管理工作规范，做好本地基础性制度建设工作。结合工作实际，加大名册管理、数据采集、指标模型、风险分析、风险应对、纳税服务、经济分析等工作制度建设力度，形成本地大企业税收服务和管理制度体系。

2. 强化工作统筹规划

按照总局千户集团工作规划和年度安排，统筹考虑大企业风险等级排序、行业税收规模、区域分布等因素，制定本地大企业税收风险管理工作规划和年度计划。在相关部门的统一协调下，做好与稽查、税政等部门的任务统筹，避免重复检查。

3. 加强内控机制建设

提高对内控机制建设重要性的认识，将内控机制建设贯穿大企业税收管理工作全过程。按照税务总局大企业税收风险管理内部控制制度和操作指引要求，确定本地大企业税收风险管理工作主要风险点并制定切实可行的防控措施，强化信息系统的支撑和保障作用，切实防范工作风险。

（三）千户集团数据管理

1. 做好数据规划

以提高千户集团数据质量为核心，通过整体规划，进一步明确数据采集范围、采集内容和采集方式，细化明确具体管理措施，逐步构筑采集有考评、治理有反馈、使用有监控的管理闭环，建立规范统一的保障机制，实现数据管理规范高效、数据内容完整准确、数据应用安全可控。

2. 推进名册管理

核实、确认本地千户集团名册信息；审核、补充本地千户集团成员企业名册信息；进一步强化千户集团名册信息管理，避免出现企业信息漏报、误报等情况。

3. 强化税务端数据归集

根据千户集团及成员企业名单，从金税三期、增值税发票管理等信息系统中抽取、加工相关税收征管数据，做好相关数据的"一户式"加载存储和分析应用。配合总局完成千户集团税收快报数据的归集、加工和审核等工作。

4. 规范企业端数据采集

落实千户集团及成员企业在征管系统中的标记工作，采集、审核、抽取千户集团及成员企业附报数据。按月（季）做好千户集团企业直报数据的收集、审核、报送和汇总工作。落实千户集团涉税电子财务数据常态化采集机制，按时、保质保量地完成千户集团涉税电子财务数据采集、检测和加载工作，配合总局做好数据抽取工作。做好数据采集软件的业务保障，进一步加强数据采集过程中的审核校对，确保数据采集完整准确、及时有效。

5. 加强第三方数据获取

积极推进千户集团第三方数据的采集、交换和共享。做好分析过程中相关互联网涉税数据收集、整理等工作。指导下级大企业服务和管理部门开展千户集团的第三方数据交换、获取、应用等工作。

6. 抓好数据联络员管理

根据总局千户集团数据联络员管理办法的相关要求，抓好本地千户集团数据联络员日常管理、业务培训等工作任务的落实。

（四）千户集团税收风险程度测试指标体系建设

1. 落实千户集团税收风险程度测试指标体系（以下简称"指标模型"）建设工作机制

落实千户集团指标模型"研发、验证、应用"三位一体的建设思路，持续优化千户集团指标模型建设工作机制，统筹和指导下级大企业服务和管理部门开展千户集团指标模型研发、验证、应用工作。

2. 配合千户集团指标模型研发

按照总局下发的千户集团指标模型架构、标准及相关要求，及时归集税收风险分析案例；针对集团特点和行业特色，归集、研究、制作风险特征库，配合完成千户集团指标模型研发工作；结合本地实际做好千户集团的指标模型建设。

3. 开展千户集团指标模型验证

根据总局制定的千户集团指标模型验证规范，在总局指导下，统筹开展千户集团指标模型验证相关工作。

4. 强化千户集团指标模型应用

根据总局和本地千户集团指标模型应用相关工作要求，依托大企业税收管理系统（税务审计软件），应用千户集团指标模型开展税收风险计算机扫描识别，支撑千户集团税收风险分析工作，根据分析结果及时反馈千户集团指标模型应用的问题和建议。

(五) 大企业税收管理系统（税务审计软件）工作

1. 加强平台有机衔接

配合做好总局已上线大企业税收管理系统（税务审计软件）功能的优化完善。积极充分依托金税三期等相关应用系统，结合本地大企业税收服务和管理实际需要，在总局大企业税收管理系统（税务审计软件）功能基础上，拓展完善当地大企业信息化平台功能。按照总省联动、省省互动的业务要求，积极推进总局、省局两级大企业信息化平台的有效衔接，实现税务总局大企业税收管理司和各省级大企业税收服务和管理部门之间的数据互联、模型共享、风险互推和服务直达。

2. 强化平台综合应用

充分应用好平台功能和数据，逐步将千户集团数据管理、风险分析、评审推送、经济分析和纳税服务等统一纳入平台运行，实现"工作平台化"，提升大企业税收服务和管理质效。

3. 保障平台平稳运行

落实总局大企业税收管理系统（税务审计软件）的用户账号管理、数据权限申请、意见建议反馈等工作；做好平台功能的业务支持，组织开展平台业务功能培训、应用经验交流等工作。

(六) 大企业税收风险分析

1. 制定年度分析计划

根据总局统筹确定的千户集团年度分析集团名单，确定本省分析成员企业名单，并上报总局。统筹考虑相关因素，制定本省千户集团年度风险分析计划，确定集团及成员企业名单，并上报总局备案。制定本省列名企业年度分析计划。

2. 开展税收风险识别

对纳入年度风险分析计划的本省千户集团及列名企业，以税收风险指标模型体系为基础，进行计算机扫描，形成相关集团及成员企业的税收风险识别报告。

3. 组织人工专业复评

结合计算机扫描结果，依托相关数据信息，通过常规风险分析、行业重点剖析和重大事项分析等方法，开展人工专业复评，形成分户税收风险分析报告。

4. 实施评审推送

建立分级评审制度，对风险分析报告进行审核，严格进行质量控制。对纳入总局统筹计划的企业风险分析报告报送总局；对纳入本省统筹计划的企业风险分析报告形成风险应对任务推送本省应对。

（七）大企业税收风险应对

1. 突出分类分级

对重大或复杂涉税事项由省级大企业服务和管理部门直接组织实施风险应对，发现纳税人有逃避缴纳税款、骗取出口退税或重大避税嫌疑的，及时移交相关部门研究处理。对一般性风险事项，由市（地）级以下大企业服务和管理部门或属地税务机关组织实施风险应对，省级大企业服务和管理部门加强监督管控，强化风险应对过程的专业指导、风险应对结果的分析评价，做好跨区域风险应对事项的统筹协调。

2. 组织实施应对

研究风险应对任务，制定应对方案。以风险分析报告为基础，了解企业生产经营情况、行业特点、相关税收政策等，按照《千户集团税收风险管理工作规程（试行）》要求，组织实施风险应对，做到事实清楚、证据充分、处理得当。

3. 推动争议解决

与本级法规、税政、征管等部门建立争议事项协调工作机制，及时研究解决风险应对中的税企争议问题，经本级税务机关研究后仍无法解决的，提请上级大企业服务和管理部门研究解决。

4. 强化增值应用

根据风险应对成果，及时优化风险分析工具，更新税收风险特征库。分析企业税务管理的薄弱环节，及时提出加强企业内部税务管理的意见建议，指导企业完善税务风险内控体系。针对税收风险管理中发现的税收法律和政策问题，提出完善税收立法、调整税收政策的意见建议。

（八）大企业税收经济分析

1. 提升选题站位

围绕党中央、国务院和国家税务总局重点聚焦的全局性和战略性问题，结合本地区经济社会发展和税收运行的具体特点，选取当地党委、政府关注的热点、焦点和难点领域，精准选题，深入开展千户集团及列名企业的税收经济分析工作。

2. 打造拳头产品

综合利用千户集团直报数据、附报数据、第三方数据，全面反映经济税收各方面的运行成效、亮点和问题，拓展经济分析的广度和深度，着力提升税收经济分析质效，打造大企业税收经济分析拳头产品。

3. 加强联动协作

加强联动分析，探索开展税务机关与外部门之间的合作分析，按照主要行业、重点区域、重大发展战略等维度组建分析小组，广泛开展联合分析。

（九）明晰业务流程

结合总局千户集团各项工作流程要求，全面梳理名册管理、数据管理、风险分析、风险应对、纳税服务等业务环节，细化符合当地实际的工作流程，实现岗责体系、业务流程和信息系统功能的集成联动、优化整合，确保管理到位、工作有序、流程明晰。

第二部分

大企业税收管理的体制机制构建

第四章 工作启示

第一节 优化大企业税收管理体制

因为经济发展的程度、大企业经营状况、税制、体制结构，税收管理手段等各方面存在差异，各国大企业税收管理各有特点，没有统一的模式。但大多数国家都设立了专业化的大企业税收管理机构，制定了具体的大企业纳税人划分标准，建立了科学的税收风险管理机制，对我国大企业税收管理工作有重要的启示和借鉴意义。

一、构建专业化大企业税收管理机构

大企业税收专业化管理的核心是以风险为导向将大企业复杂的涉税事项集中到大企业税收管理部门统一负责。因此，税务机关应主动适应我国社会经济和税收发展状况，配合全面深化改革的国家战略，借鉴国际经验，坚定不移地构建风险导向下的大企业税收专业化管理模式。

（一）完善顶层设计，规范大企业税收管理机构

从世界各国经验看，设立专门的大企业税收管理实体机构，是对大企业实施有效管理、避免职责交叉、条块分割的客观需要，多数国家都设立大企业税收管理局负责大企业税收管理工作。

从财税体制上分析，我国实行的是从中央到地方"一级政府、一级财政"的预算体制，现行的税收管理体制也是与之相伴而生的。如果盲目效仿某些国家设立的垂直扁平的大企业税收管理机构，对大企业实行一体化管理，从财税利益出发，各级政府、各级税务机关存在较大顾虑，同时在人员编制和经费上也存在较大压力。

在2018年机构改革后，省、市两级的大企业税收服务和管理机构已经全面建立，并明确了各层级的职责，强化大企业税收管理效能，提升服务水平，初步完善了全国大企业税收管理组织体系。但目前仍存在着一些问题。一是全国各省级和市级大企业管理部门职责范围不统一，不明确。特别是市级大企业管理部门不是专职大企业，是否承担千户集团及其他大企业的税源管理工作职责，也没有统一的步调。同时，县级

大企业管理部门相对不独立，与地市级大企业管理部门沟通不畅。需要进一步优化完善大企业税收服务和管理机构工作职能和岗责设置，规范业务工作流程，理顺工作关系。

（二）探索建立一体化大企业税收专业化管理工作机制

各国大企业税收管理经验表明，大企业集团化运作、跨地区经营等特点决定了对大企业的管理必须做到纵向统筹、横向协调联动。当前，由于我国税务机关设有负责征收管理、税务稽查、国际税收等职能机构，导致大企业税收管理部门与这些部门之间存在职能交叉。因此，应在健全机构、明确职责范围的基础上，不断优化。"总局统筹、系统联动、税企互动、信息共享"的大企业税收管理工作机制，形成大企业税收管理部门、相关业务部门一体化运行的工作机制，共同做好大企业税收管理和服务工作。

具体而言，建议将大企业的税政管理、反避税调查、税务稽查、行政审批、税务审计及其他与大企业发生联系的工作，统一归口到大企业税收管理部门。具有执法资格的大企业局可以直接面对企业，统筹协调有关部门共同管理大企业的复杂税收事项，实现大企业涉税事项"归口管理、一窗对外"。法规、征管等相关业务部门主要是通过联席会议机制，以大企业税收管理部门为载体向企业提供税收政策、技术和其他工作支持。稽查部门针对大企业的税务稽查，原则上只是办理举报案件或是大企业税收管理部门移交的重大税收违法违章案件。

（三）健全大企业专业化管理的制度体系

我国大企业税收管理机构成立以来，大企业税收管理制度建设取得了重大进展，但制度的完整性、系统性、科学性和权威性等方面尚有较大改进空间。

1. 建立完善制度体系

一方面适应大企业的新情况、新要求，梳理完善已经出台的各项管理制度和工作规程，消除现有制度与有关税收管理制度的冲突性，增强制度的可操作性；另一方面加快制度建设步伐，重点围绕大企业风险分析、风险应对、税法遵从管理、个性化服务、内控机制建设等核心业务，建立规范的制度体系。

2. 提升制度的权威性

配合国家税收法定立法、税收征管法修订以及税务行政审批制度改革等法制建设，提高大企业税收管理制度法规制定的层级。适合立法的应在相关法律中予以明确，如在新修订的《中华人民共和国税收征收管理法》及其实施细则中，确立开展大企业税收专业化管理的法律依据等，规避行政执法风险。对税务审计这种具有行政执法性质的新型税务检查方式，更要明确其行政行为的法律依据以及规范的工作程序等。对于大企业税收专业化管理的形式、流程、权责等，由国家税务总局单独或会同相关部门，按照国家规范性文件的形式制定出台具体制度规程。

3. 强化制度的执行力

秉持有法必依、违法必究的工作理念，加大各项规章制度执行落实的监督力度，实时监控制度执行效果。同时，对于不遵从制度的行为，加大惩戒力度，维护制度法规的严肃性和公平性。

二、完善纳税人分类分级管理制度

同类纳税人的遵从行为、遵从模式、遵从心理相似，所面对的管理和服务需求趋同。在保持税款入库级次不变的前提下，对纳税人和涉税事项进行科学分类。同时，对税务机关各层级、各部门管理职责进行合理划分，以风险管理为导向，依托现代信息技术，提升部分复杂涉税事项的管理层级，将有限的征管资源配置于税收风险或税收集中度高的纳税人，实施规范化、专业化和差异化管理。

（一）明确大企业纳税人的范围和标准

从各国实践来看，确定大企业纳税人的因素主要包括营业收入、资产总额、纳税额、员工人数等，兼顾区域经营、行业特点、国际化背景、税收管理的复杂性等。各国划分大企业税收管理对象有"单一标准"和"复合标准"两种。"单一标准"即只采用一个指标来定义大企业，如以资产总额、营业额或纳税额等指标作为衡量标准。"复合标准"同时采用多个指标的组合。目前大多数国家采用"复合标准"。

2015年，国家税务总局综合考虑我国企业经济规模、行业代表性及成长性、税收贡献度等标准，将上一年度纳税额超过3亿元人民币的1 062户企业集团（以下简称"千户集团"）作为国家税务总局统筹服务和管理的大企业纳税人。2017年又开始扩围，进一步纳入年度纳税额超过1亿元人民币的企业集团，增加了988户企业集团。下一步，可参照各国做法，根据定性与定量结合的原则，在充分考虑我国大企业税收征管实际的前提下，对"千户集团"认定标准进行适当调整，以使"千户集团"企业更具代表性。

（二）进一步明晰大企业税收管理部门的管理事项和职责

分级管理是指将管理事项在大企业税收管理机构各层级之间进行分解，适当提升大企业复杂涉税事项的管理层级，将大企业个性化服务、风险评估、税务审计、反避税调查、税务稽查等专业化管理事项，按照管理范围提升至总局或省局。对于跨区域税收管理事项，原则上由上一级税务机关统筹协调、负责管理。税务登记、纳税申报、税款征收等日常基础管理与一般性纳税服务工作由属地税务机关承担。例如，日本按经济区域划分设置12个大区国税局，下设大企业税收管理部门，专门负责大企业的税收征管、调查等职能。税务登记、纳税申报等基础性事项由最基层的税务署负责办理。从管理模式上看，"行业＋地域"的管理模式已被多数国家认可，此类管理模式是指按行业进行服务与管理，并兼顾各个行业在区域上的分布设定行业分局的管理范围和业务边界。美国共设立九个管理大企业的机构，除了四个基于地理位置的大企业税收管理机构之外，还基于穿透性实体、企业特殊事项、协定和转让定价、预提所得税和个人国际事项遵从审查、跨国活动五个主题分别设立专门的大企业税收管理机构。"行业＋地域"的管理模式，能够对有限的资源进行更加科学、合理、高效的配置，精准管理高风险大企业纳税人，同时减少对诚信纳税人的干扰，实现总体税收管理效果的最优化。

国家税务总局2016年印发《纳税人分类分级管理办法》（税总发〔2016〕99号），对我国大企业税收管理部门的主要职责进行了明确，主要包括大企业个性化纳税服务、数据采集、风险分析识别、风险应对过程监控、效果评价和风险分析工具设计维护等事项。参考国际经验，部分管理事项和职责需要进一步明晰和完善。

1. 对管理事项进行分类分级管理

一是管理事项分类。将管理事项分为基础事项和复杂事项，提升复杂事项管理层级，由总局、省级大企业税收管理部门直接负责大企业复杂涉税事项。地市级主要承接省局推送的工作事项。属地主管税务机关承担法定的、通常依纳税人申请而发起的基础管理事项。二是风险事项分级。建议高风险事项直接由省局应对，中等风险由市级应对。

2. 按行业跨区域配置工作职能

借鉴国际经验，建议打破现有行政区域格局，在重点行业、重点地区和重点税源地配置更多的征管力量，按"行业＋地域"的管理模式进行服务与管理。按照大企业行业属性实行大片区团队管理，组建具备较高业务水平和丰富工作经验的税收管理团队，负责不同行业大企业的风险管理和纳税服务工作。

第二节 完善大企业税收风险管理

税收风险管理就是税务机关借助风险管理的各种理念和措施来降低税收风险，为提高纳税遵从度这一战略目标提供保障的过程。发达国家在此方面主要形成了OECD模式和欧盟模式的理论和实践，但本质上是共通的：通过采集涉税数据以备分析；通过识别、排序税收风险以配置征管方式和资源；通过评估、处置税收风险以分类解决风险问题；通过评价、反馈税收风险处置过程和结果以总结风险发生原因、提升风险防控能力。目前，我国初步建立了以"数据采集、风险分析、推送应对、反馈考核"为流程的风险管理体系。为科学合理吸收、借鉴国际成功经验，我们可以从以下几方面进一步完善具有中国特色的大企业税收风险管理体系。

一、充分保障数据来源，提高数据管理质量

作为大企业税收风险管理流程的首个环节，数据采集是后续开展风险识别、风险分析、风险应对的必备基础。结合数据采集在各国税收领域的具体实践，以计算机和互联网为基础的现代化信息系统在数据采集工作中得到广泛应用，"智能化"数据提取和第三方信息平台的数据挖掘已成为大势所趋。随着大数据和"互联网+"不断发展，涉税数据采集正逐步上升到数据管理的高度。2017年，国家税务总局发布了《关于做好金税三期数据管理工作的通知》，确定了国家税务总局、省税务局两级管理架构。在大企业税收管理层面，发布了《关于加强千户集团数据管理工作的意见》《关于分行业开展千户集团电子财务数据采集有关工作的通知》等，初步搭建了千户集团数据管理的主要框架，并提出了一系列具体措施，开发了大企业税收管理系统（税务审计软件）。

在数据管理方面，美、英、澳、法等国家在长期探索中，建立了较为完善的数据采集、管理和应用的法律基础和工作机制，对我国进一步加强大企业涉税数据管理工作具有重要借鉴意义。

（一）加强立法，明确税收数据采集权限

为确保税务机关全面掌握纳税人的信息，许多国家对税务机关获取纳税人申报数据以及其他涉税信息提供了强有力的法律支撑。《美国国内收入法》规定了各级政府单位应向财政部长（税务机关）报送五大类源头信息。德国税收通则规定，行政机关包括德意志银行、国家银行和债务管理局在内的其他官方机构以及这些官方机构的机关和公务员的保密义务，不适用于他们向税务机关提供情况和出示材料的义务。阿根廷法律赋予税务机关享有信息共享的权力，相关公共部门有义务向税务局报送其所需相关资讯。

完善的立法是涉税信息采集的支撑和保障，相比而言，我国关于涉税信息采集的法律规定内容宽泛、条文分散、约束力不高、可操作性不强，不利于对涉税信息的采集和利用。现阶段，应加速制定涉税信息提供与采集相关的法律、法规，赋予税务机关根据工作需要采集大企业涉税数据的权力，进一步提高我国涉税信息采集工作的法制水平。

(二) 拓展渠道，建立数据采集长效机制

大企业税收服务与管理需要海量的数据作为支撑，各国在大企业税收专业化管理的探索过程中，逐步建立了多渠道的数据采集体系。以美国为例，美国国内收入局以纳税申报表、第三方数据和国际情报交换数据等作为主要的数据来源，每年都向商业公司付费订阅一些商业数据资源，并通过国际情报交换获取离岸税收情报。此外，2013年生效的《海外账户税法遵从法案》极大地增加了来自国外的涉税数据。澳大利亚也十分注重对大企业涉税数据的采集，其数据来源不仅包括Siebel、纳税人综合性信息软件、纳税申报表、基础信息库、税务局图书馆电子资料等内部渠道，还包括企业网站、互联网、媒体、澳大利亚证券投资委员会数据库、澳大利亚证券交易所、路透社、JITSIC等外部渠道。法国公共财政总署设有专门的国家税收调研部，主要开展税收信息情报的调查研究工作，该部门会与警察局、海关以及行业协会等部门合作，获取最新涉税数据。

我国需要更进一步拓宽大企业涉税数据采集渠道，建立并规范大企业涉税数据采集机制。

1. 完善政府部门涉税信息共享机制

在保证数据安全的情况下，实现政府部门涉税信息共享，可以最大限度地发挥税收大数据的聚合作用。目前，在与财政部、国资委、中国企业联合会等部门实现初步数据共享的基础上，进一步扩展数据共享的参与部门与数据范围，推进外部数据获取工作常态化、制度化开展，同时，适时推进《政府涉税信息共享与保障条例》等法律法规的制定，加强第三方信息共享，避免对企业数据多头重复采集。

2. 拓展第三方数据来源渠道

结合千户集团特点，研究推进从行业协会获取具有特色的指标数据，充分挖掘银行、证券、保险等行业的数据，同时进一步加强对商业数据库和网络爬虫工具的利用，从互联网定向获取大企业股权交易、工商变更等信息。通过购买Wind数据库信息、互联网信息搜索等方式，定期获取金融、房地产、汽车、电信等千户集团相关行业数据，动态收集上市公司财务信息，作为千户集团数据的有益补充。

(三) 积极探索，推行标准化商业报告语言

可扩展商业报告语言（XBRL）是基于互联网、跨平台操作，专门用于财务报告编制、披露和使用的计算机语言，基本实现数据的集成与最大化利用，会计信息数出一门，资料共享，是国际上将会计准则与计算机语言相结合，用于非结构化数据，尤其是财务信息交换的最新公认标准和技术。通过对数据统一进行特定的识别和分类，可

直接为使用者或其他软件所读取及进一步处理，实现一次录入、多次使用。自 2001 年 XBRL 国际组织颁布了总分类账 XBRL 以及以美国 GAAP（一般公认会计原则）为基础的明细分类标准以来，许多国家，如美国、英国、德国、加拿大、澳大利亚、日本、新加坡等国家，以及国际会计准则委员会都纷纷颁布了以各自 GAAP 为基础的 XBRL 明细分类标准，在经济活动中有广泛的应用空间。2007 年 XBRLChina–中国地区组织正式成立。2008 年中国会计信息化委员会暨 XBRL（可扩展商业报告语言）中国地区组织在北京举行成立大会。

因此，在统一技术规范的基础上，加强 XBRL 在涉税范围的推广和使用，通过研究我国大企业使用 XBRL 格式上报涉税资料的可行性和具体途径，可大幅提高涉税信息处理的电子化、自动化、网络化水平。降低涉税信息利用成本，提高信息的准确度，避免以往那种风险应对过程中出现总局采集下发的数据与企业提供数据不一致的情况出现。

二、有效采取多种措施，提升风险分析质效

如何保证风险分析的有效性是一项非常关键的工作。2015 年，国家税务总局发布了《深化大企业税收服务与管理改革实施方案》（税总发〔2015〕157 号），明确提出"组建千户集团税收风险分析专业团队，以税收风险分析平台为载体，采用计算机扫描、人工专业复评的人机结合方式，联合省局大企业税收管理部门、跨区域开展千户集团税收风险分析"。

（一）合理设置大企业税收风险多维分类

澳大利亚、荷兰等国开发了风险矩阵模型和合作遵从模型，对大企业税收风险进行科学合理的区分，以此优化税收管理资源的配置，将尽量多的资源投入到高风险纳税人的管理中。根据这种理念，美国、澳大利亚、法国等国再将风险按照行业和特定事项划分出具体的风险系列，拓展不同维度的风险类别。

我国在借鉴国际经验的基础上，也进行了有益的尝试和探索：

1. 纳税申报流程维度

对于不同涉税环节的风险进行甄别，对税务登记行为性风险、纳税申报表填报行为性风险、纳税申报真实性风险和税款缴纳及时性风险，分别进行专门化处理。并优先应对风险等级高的企业，主动采取预防性措施，通过优化纳税服务来消除那些非主观故意的税收风险，通过纳税人可感知的风险遏制措施减少因主观故意产生的税收风险。

2. 行业细分维度

先后开展金融（包含银行、保险、证券等子行业）、石油石化、电信、电力、烟

草、房地产、建筑、有色金属、煤炭等行业的税收风险分析指引编制工作，详细描述了各行业发展背景、生产经营流程及特点、会计核算及税务处理情况以及特有风险领域等内容，并据此汇总成各行业税收风险特征库，指导分行业开展的大企业税收风险管理工作。

3. 特定事项维度

利用大企业集团化、网络化运作的特点，关注产业链上下游关联交易以及集团内部业务和资产重组等重大交易，开展限售股减持、股权转让、汽车金融以及跨境投资等一系列重大事项的税收风险管理，与行业风险分析形成了纵横捭阖、相得益彰的互补格局。

（二）科学设计大企业税收风险分析指标模型

在风险识别环节，美国采用判别分析系统（DAS系统）对大企业纳税申报进行评级打分，得分代表企业申报表存在税务风险的可能性。还建立了一套SWC系统对申报表中具体风险事项进行评估筛选。而SWC系统中采用的筛选指标是由各级税务机关基于已发现的风险事项联合设定的。在风险分析环节，税务机关一方面会查阅已结案的审计和行政诉讼案例，从过去的审计经验中整理出一些潜在的风险事项以及有关风险事项的成因，以备参考；另一方面会听取相关领域专家对风险事项分析给予的意见，并根据需要对分析思路进行一定的修正。

我国也在开发和升级适合我国国情的大企业税收风险指标体系和模型：设计了千户集团税收风险程度测试指标体系，该体系涵盖通用、架构、税负、行业、财务、内控等六个维度的分类指标，基本形成了一套多门类、分层次、可扩展的指标体系。目前，该指标体系已经从1.0版升级到了3.0版，并已经拓展行业维度，实现行业全覆盖。

（三）加快建设大企业税收风险分析平台进度

美国、澳大利亚等国经过多年努力，建立了较为完备的大企业税收风险分析平台，集成了从数据采集、风险识别和评级到生成报告、个案管理等诸多实用功能。

我国依托金税三期决策二包，努力构建集一户式查询、税收风险分析、税收经济分析等功能于一体的大企业税收管理信息化平台，固化大企业税收管理事项，建立上下联动、协调统一的大企业税收专业化管理格局：

（1）在一户式查询功能方面，深度梳理企业集团组织架构。由专门团队根据千户集团名册绘制企业集团树状组织架构图，从企业集团和成员企业两个维度汇总相关静态、动态信息。一方面，可以从全局和战略角度对企业集团进行整合管理，掌握企业集团经营发展的脉络和方向，从而判断可能潜在的结构性、系统性税收风险；另一方面，可以从微观角度实时了解、监控成员企业的具体运营，便于发现识别具体的、个案的税收风险。

（2）在税收风险分析功能方面，进一步优化数据采集、风险识别、风险分析、推送应对、反馈考核等核心模块。采用多种分析技术和分析模型，对千户集团及其成员企业的涉税数据进行深入分析，从而了解集团的内部控制水平和税法遵从状况，进而揭示潜在的税收风险。

（3）在税收经济分析功能方面，以千户集团为样本，以千户集团数据仓库、通用和行业经济运行分析指标、分析模型为基础，分析经济运行热点难点问题，反映经济运行状况及经济结构调整情况，揭示税源发展中存在的问题，形成高质量的经济运行分析报告，为党中央、国务院宏观决策提供建议，提升税收工作服务经济社会发展大局的能力。

（四）努力实现大企业税收风险管理过程监控

美国、澳大利亚等国都很重视信息报告制度，以达到对大企业税收管理工作全面掌控的目的。美国国内收入局借助审计信息管理系统（AIMS）生成报告，保正高层能够及时掌握各地整体工作量、每个案件所处状态、案件花费时间、案件补交税款等情况。澳大利亚大企业税收管理部门也有专门的管理层信息报告系统。对具体个案情况，借助遵从审查情况报告工具自动生成个案情况报告；对税收收入情况，借助税收报告工具自动生成税收收入报告，供管理层决策参考。

上述做法对我国报告系统建设有两点启示：

（1）报告系统要能够支持战略和战术层面的应用需求。报告系统既要能够生成简明扼要的报告体例，便于管理层从战略层面及时掌握风险分析与应对的情况，也要能够支持战术层面的应用，及时把风险分析与应对过程中发现的问题向管理高层展现，便于高层进行决策。

（2）要注意提高报告质量。报告系统的信息主要源于案件管理系统、工作量分配系统等，应注意按照管理层的视角来对诸多信息进行加工和整合，这些软件系统的数据质量将会直接影响报告整体的生成质量。完善的报告系统将帮助各级管理层监测其团队的实效和内控，并及时发现风险管理成效及存在的问题，有助于下一步风险管理工作的开展。

三、不断完善流程机制，提高风险应对质量效率

风险应对是风险分析的落脚点，也是风险分析结论正确与否的试金石。各国税务

审计（风险应对）基本流程也大多为：审前准备→拟定审计计划→收集信息→分析信息→确定审计范围→开展审计→出具审计报告→与大企业沟通最终的审计结果。目前，我国的大企业税收风险应对工作与其他国家流程基本一致，但还存在一定的差异：一是各国大企业税务审计通常由对该企业具有税收管辖权的专业机构进行，如美国按照"主题+区域"模式设置九个专业化分局，在开展税务审计时由各行业团队负责实施。二是大企业税务审计人员具备相应的执法权，如日本企业所得税法和消费税法规定，大企业检查人员可以查阅企业账簿、记录和其他相关材料，为了确认交易的细节，根据需要，检查人员还可以访问企业的经营场所，如分支机构和工厂等。

由于我国大企业税收风险应对概念的提出相对较晚，充分考量我国现有国情和税收法律实际，可以从以下方面加以借鉴。

（一）赋予执法资格，提升管理效能

国际经验表明，大企业税收管理部门只有具备对大企业纳税人的执法资格，才能有效落实风险管理的具体内容。以美国为例，美国大企业和国际税收管理局专门被赋予对大企业开展税务审计的职责，重点针对15万户大企业，包括3 000余户超大型企业开展周期性税务审计。其税务审计流程同我国正在开展的千户集团税收风险分析业务模式和工作流程类似。但在当前，国家税务总局以北京某一直属分局为平台依法定程序开展疑难问题调查时，还未被明确赋予相应的执法资格和较大的调查权限，影响全国千户集团税收风险分析应对目标的顺利实现。下一步，应考虑从国家税务总局层面理顺大企业税收管理所需要的相应实体化职能。

（二）明确管理边界，避免多头管理

风险应对是一个相对独立的工作，但又必须在统一指挥调度下开展。目前大企业风险应对流程在系统中与一般的风险应对流程一样，都是通过金三风险管理系统下发，这种模式是风险管理部门在系统内按层级推送，省市两级大企业管理部门在系统中监控不到。加大了省、市两级大企业管理部门对风险推送流程及应对过程的监控难度，往往一些数据需要机外再统计上报，不利于工作的顺利开展。既然大企业作为专业化管理，就应完善相应的法律保障，区分与其他类别风险应对的边界，划清工作范围和权限，杜绝或减少因管理交叉带来的效能低下的问题，同时避免多头、重复管理。

（三）严密应对流程，建立评价体系

为保证风险应对工作有条不紊地开展，必须有规范的流程加以引导。澳大利亚税

务局注重效能管理的做法值得借鉴，既不是所有风险应对任务都按照一个标准管理，也不是发现的所有风险全都一查到底，而是全面衡量案件的价值，利用项目管理原则来对风险应对任务实施管理。在建立我国大企业税收风险应对工作质量评价体系时，可做以下考虑：

（1）在风险应对的各个环节对工作质量进行评估，明确评价标准：正确性、有效性、透明度、连贯性、及时性和效率。

（2）将已完结的风险应对工作按照统一的标准格式加入千户集团风险分析知识库。大企业风险分析人员可参照相关内容提升业务水平，持续改进工作。

四、强化成果反馈考核，提升税收风险管理水平

反馈考核是大企业税收风险管理流程的终点，更是新一轮大企业税收风险管理流程的起点。良好的反馈考核机制、方法以及对反馈成果的应用对提升风险管理质量、优化大企业税收风险管理、构建良好税企关系、促进税企双方的税法遵从都具有积极的促进作用。

（一）建立严格规范的反馈考核机制

美国对大企业税收风险管理有一套成熟的业绩监控与评价体系，根据业绩目标设计出有效的业绩评价指标，并根据情况变化随时予以调整。我国在反馈和考核方面也分别建立了相关机制：

1. 风险应对反馈机制

省局、地（市）局风险应对主体负责将风险应对结果报送省局"风险办"，同时报送省局大企业税收管理部门；省局"风险办"负责将风险应对结果报送总局"风险办"；省局大企业税收管理部门负责对风险应对结果进行加工整理，形成个案分析报告和综合分析报告，一并报送国家税务总局大企业税收管理司，并且提出风险分析和应对工作工作建议。

2. 风险应对考核机制

一是建立一整套完善的绩效考核指标，根据国家税务总局大企业税收管理司各项工作职能及本年度绩效考核指标运行情况，更新完善系统绩效考核指标。二是建立跟踪监控机制，坚持按月将各地风险应对情况汇总成系统绩效考核台账，及时掌握各地绩效成绩。每年召开系统绩效考核座谈会，邀请绩效管理员参加，听取各地对绩效考核的意见建议、了解各地任务完成情况。三是客观汇总结果、根据绩效考核台账，客观汇总记录风险应对各项指标成绩，并按时录入绩效考核系统，发挥绩效考核"指挥棒"作用。

(二) 探索科学有效的反馈考核方法

美国、澳大利亚都建立了相应的信息系统，对风险分析和应对进行全程监控管理。我国也正在建立网络化的风险应对工作流平台，以信息化网络为基础，依托千户集团风险分析和应对平台，实现国家税务总局对风险应对工作流程的总览，对应对各层级和各环节的总控以及对风险应对成果的总评。全过程监控风险应对，防止风险应对流于形式，强化对各地应对的风险交叉核实。同时，加强应对绩效管理，严格责任考核，细化责任落实，确保取得实效。

(三) 深化和拓展反馈考核成果应用

新加坡等国对企业一些容易发生遵从风险的业务开展风险提示，并启动促进遵从的程序，促进企业遵从。我国目前也有相似的做法。

1. 以应对促分析

根据风险应对反馈结果，及时优化风险分析工具，更新税收风险特征库和大企业基础信息库。针对风险应对中发现的新情况、新问题，及时提出加强和改进税收征管的意见和建议，完善征管措施。

2. 以应对促法制

大企业部门整理税收风险管理中心发现的税收法律和政策问题，通过"风险办"及时告知相关税政部门、提出完善税收立法、调整税收政策的意见建议，并协助有关部门尽快从政策层面加以完善解决，可以有效提升税收法制水平。

3. 以应对促内控

将应对成果反馈给企业，帮助企业发现自身税务管理上存在的问题，更好地帮助企业增强税务风险内控水平。有效解决同类风险在同一企业、同一集团、同一行业重复发生的问题。

第三节　提升大企业纳税服务水平

随着以合作遵从理论为核心的大企业税收管理理论体系的逐渐确立，世界发达国家的大企业税收管理也从税务机关"一手抓"逐步过渡到税企共治的"两手硬"，纳税服务在其中的重要地位日渐凸显。通过大企业纳税服务，构建税企共同参与的税务治理生态圈，提升大企业纳税人的税法遵从度和满意度，是当下大企业税收管理的发展方向。国家税务总局发布的《深化大企业税收服务与管理改革实施方案》（税总发

〔2015〕157号),提出"平衡治理,合作遵从"的管理理念,要求各级税务部门坚持服务和管理并重,通过优化大企业纳税服务预防和消除税收风险,注重在税收风险管理中满足大企业个性化服务需求。在这方面,美国、澳大利亚、英国、荷兰等国在长期探索中,开发和应用了一系列针对大企业纳税人的个性化服务产品,建立了较为完善的争议处理机制,对我国进一步优化大企业个性化服务具有一定的借鉴意义。

一、合理规划,做好大企业纳税服务顶层设计

大企业经营全球化、业务复杂化、管理信息化、需求个性化的特点,使其往往实行自上而下的管理模式。鉴于大企业对社会和经济发展具有重大的影响,税务机关必须调整管理模式,从大企业的个性化需求入手,合理规划,做好顶层设计,建立自上而下的大企业纳税服务体系。

(一)提高认识,找准发展方向

美国没有设立专门的大企业纳税服务机构,而是将大企业纳税服务融合在对大企业的税收管理工作中。通过将大企业纳税服务区别于普遍性纳税服务并与税收管理融为一体,使大企业税收管理人员专注于大企业纳税人的高端服务需求,从服务和管理两方面更为全面地了解大企业、管理大企业涉税事项,值得我们借鉴。目前我国在普遍性纳税服务与个性化高端纳税服务的界限划分方面,以及服务和管理深度融合的手段和方式上,还有所欠缺,应积极寻找合适的切入点,寓管理于服务,以服务促管理,建立服务与管理并重且有机衔接的工作机制。

(二)统筹安排,明确服务事项

美国已形成独具特色、引领世界的纳税服务经验,由最高税务管理部门统筹谋划,确定服务事项。按照申报前、申报后划分,提供申报前协议、行业税收政策问题解决、遵从保证程序、不确定税收事项申报、个别信函裁定、快速解决机制等个性化服务措施,确保大企业纳税人的权益得到充分的保护。

目前,在国家税务总局层面,重点是制定大企业纳税服务规划、协调解决全国性的重大事项;省局及以下层面,结合当地实际开展服务工作,创建本土化的大企业服务产品。具体服务内容上,在涉税事项发生前,为大企业提供政策解读、重大涉税政策辅导等服务;涉税事项发生时,提供涉税诉求处理等服务。同时,通过税企合作签订遵从协议、引导大企业建立健全税务风险内控体系等创新型的服务方式,集事前、事中、事后为一体,全面防范涉税风险,提高大企业的自我遵从能力。

二、强化管理，优化大企业纳税服务工作环境

大企业纳税服务作为一项工作，必须加强管理，确保该项工作规范顺畅地开展。结合本国实际情况，建立适合本国的大企业纳税服务工作机制，优化大企业纳税服务工作环境，已经是世界各国的共识。

（一）健全机制，明确服务岗位职责

澳大利亚税务局根据适用范围的不同，建立了一套较为完善的纳税服务机制以满足大企业纳税人的多样化需求；美国虽然没有设置专门的大企业纳税服务机构，但通过纳税人减负工作办公室、纳税服务委员会、纳税人援助服务司这三个机构的职责划分，互为补充，在不同的方面满足大企业的服务需求。

我国也十分重视大企业纳税服务工作机制建设。按照工作事项，逐步建立了许多行之有效的工作机制。例如，建立了重大涉税事项协调会议制度，对特别重大或具有行业共性的涉税问题，召开专题会议进行研究，必要时还邀请外部专家参加，帮助纳税人及时解决涉税问题。此外，还有一些地方特色的服务实践，如北京针对本市总部企业集中的特点，推出大企业办税绿色通道，涵盖十余项工作内容，受到大企业的一致好评；上海市税务局主动联系第三方政府机构，建立协同服务工作机制，针对大企业的不同涉税诉求，邀请其他机构提供数据等各方支持，以更加快捷地为大企业解决实际问题。这些探索，都取得了一定的成效。

（二）完善制度，规范服务工作流程

规范化、标准化的服务流程不仅有利于大企业纳税人的诉求能够及时得到统一的响应和处理，更有利于大企业税收管理部门内部资源的优化配置，以及执法风险的规避。世界各国均按照工作职责的划分，将规范的服务流程和方式内嵌在服务产品之中，以更好地适应实际工作需要。美国颁布了《执业律师、注册会计师、税务师、审计师业务规则》，正式确立了税务代理制度，并不断加强对税务代理业、税收志愿服务组织的服务与监管。澳大利亚税务局面向大企业发布了一系列指引和公告，包括《大企业公告》《大企业和依法纳税》《大企业积极遵从手册（所得税）》《聚焦遵从》和《行业战略》等，使大企业能够更为详尽地了解大企业税收服务和管理工作的要求及开展情况等。

2011年国家税务总局发布了《大企业税收服务和管理规程（试行）》（国税发〔2011〕71号），初步明确了"遵从引导→遵从管控→遵从应对→遵从引导"的闭环管

理和服务方式。作为税务系统内部工作流程,该文件重在规范各级税务机关(大企业税收管理部门)的工作内容、工作方式。其中,"遵从引导"部分即为大企业纳税服务的理论基础。2013年,国家税务总局印发了《关于进一步加强大企业个性化纳税服务工作的意见》(税总发〔2013〕145号),初步搭建了以税企沟通、诉求解决、服务创新、内控建设为主要内容的大企业纳税服务业务体系框架,并提出了一系列具体服务内容。与此同时,我国大企业税收管理部门与时俱进,积极开展调研和理论研究,不断完善现有的工作制度和规范,以适应不断发展变化的大企业税收服务工作环境。例如,国家税务总局与IMF(国际货币基金组织)开展项目合作,了解大企业纳税服务的国际最新发展趋势,听取专家对我国大企业纳税服务工作的建议。

(三)成效评价,持续改进服务体系

英国大企业税收管理部门尤为重视大企业纳税服务工作的绩效考核,通过客户满意度、遵从成本、领导的期望、行政效率四个方面,设置具体绩效考核指标,全面评价大企业纳税服务工作成效,督促从业人员在工作中不断取得进步,提高服务水平,促进税法遵从。美国国内收入局也引入了私有部门的管理技术和方法,如绩效评估、服务推广方法等,以提高税务部门的行政效率;通过大企业纳税人满意度调查等方式,全面了解大企业纳税服务工作的成果,并提出改进措施,不断优化服务体系。

目前,我国将大企业纳税服务工作列为绩效考核的内容,将其融入税务系统全面绩效考核中。但是,尚缺乏更为有效和持久的评价方式。借鉴英、美等国的成功经验,我国应从客户满意度、遵从成本、行政效率等多维度构建对大企业纳税服务工作一整套评价指标体系。

三、丰富内容,建立大企业纳税服务业务体系

提供有针对性的、丰富的大企业个性化服务内容是优化资源配置效率、提高个性化服务效果的根本措施。以大企业纳税人实际需求为导向,立足于解决问题,通过税企双方都能接受的服务手段,才能达到长效管理的目的。澳大利亚、美国、英国、加拿大等国家均针对不同风险等级的大企业纳税人开发了一系列个性化的服务产品,积累了大量的实践经验,值得我国学习和借鉴。

(一)加强沟通,夯实服务基础

英国、加拿大、荷兰等国大企业税收管理部门设立了客户经理制度,为每个大企业客户指定了一位客户经理,为大企业纳税人提供专业化的全过程服务,具体职责包

括提供税收建议、进行风险评估，提供反馈渠道、向专家咨询等内容。

我国高度重视与大企业纳税人的沟通互动这一基础性工作，从税企沟通渠道、沟通方式和沟通层级等多方面进行了尝试，建立大企业联络员制度，明确联络员的工作职责和内容，建立联络员与各层级大企业税收管理部门的工作协调机制，畅通税企沟通渠道，提升服务质量和效率。建立大企业工作小组制度，根据大企业的具体情况和相关工作事项，按行业或集团成立工作小组，研究企业集团组织架构、行业特点、业务环节，交流税收服务和管理的做法和经验，分析税收工作中的重点和难点问题，探索科学有效的解决方案。建立常态化走访工作机制，保持与大企业的联系，了解大企业生产经营及重大涉税事项变化情况，密切跟踪涉税诉求的处理情况。建立税企高层对话机制，结合税收工作重点议题，举办税企高层对话，交流税企双方的观点和情况，增进税务机关对大企业的认知与了解，提升大企业高层对税务工作及税务风险内控体系建设的重视程度，促进税企互信合作。近几年，还积极探索运用"互联网＋"思维，突破空间和层级的限制，开发税企之间、税务机关各层级之间的移动、实时沟通工具，或多方公用的服务平台，提升税企之间沟通的效率，尽量减少信息多层级传递过程中的衰减。如浙江省构建网站、微信、微博、手机 APP 软件四位一体的云服务平台，做好分层次、分重点的税收宣传和政策指导；四川省开通的税企网络视频对话系统，具有发布税收政策法规、回复企业涉税诉求、预警企业税收风险、税企高层对话四大功能，将纳税人与主管税务机关一对一联系拓展为税企间多层级立体交流，实现了"足不出户，沟通无限"。

（二）政策确定，抓住服务重点

大企业经济业务活动复杂多变，税法由于其天然滞后性，往往对于许多新兴经济业务缺乏明确的适用性解释。一直以来，政策适用确定性和执行统一性，是大企业最本质的需求。针对大企业涉税争议各国都建立了健全的税务争议解决机制，并拥有较为完善的法律体系作为支撑。如澳大利亚税务争议解决机制包括调解、早期中立评估、庭外会议、仲裁等多种形式；美国国内收入局在传统的争议解决机制基础之上，针对大企业纳税人推出了"快速解决机制"。快速解决机制由大企业和国际税收管理局、行政复议司共同参与，复议人员作为中间人，应用复议权和调停技巧，在当事各方平等参与的情况下，为有争议的问题提供一次独立复议的机会，以达到解决问题的目的。

针对大企业集团提出的复杂涉税事项，我国通过重大事项协调会议制度，打通了横向各业务部门的联系，以"一个窗口"对外，统筹应对大企业的涉税问题；通过大企业涉税诉求快速响应机制，实现纵向联动，提升大企业涉税事项的应对质效。但是，就具体事项的标准化流程，我国尚有待提升。此外，可以收集、整理大企业疏于税务风险防控而导致权益受损的案例，在保守商业秘密的前提下，汇编发布涉税风险典型案例,发挥反面案例的警示作用。

(三) 拓展产品,丰富服务内容

大企业的发展日新月异、服务需求也不断变化,因此,大企业税收管理部门应时刻关注大企业的需求变化,创新服务产品和服务方式,以适应不断变化的新形势。美国大企业税收管理局建立了"不确定事项报告制度",要求大企业纳税人在申报纳税时一并申报,同时加强海外涉税财会事项报告制度,对总部在美国的企业的海外经营财务税务事项进行风控管理。英国税务与海关总署成立了预先协议管理部门,与英国的大企业签订预先协议,为企业提供延期申报、制定更新大企业税收管理指南、制定新的大企业转让定价调查方法等服务。荷兰推行"遵从合作项目",税法遵从协议在自愿原则上签订,许多企业将之视作一种财富,激发了大企业自身的遵从意愿。澳大利亚税务局向大企业提出披露重要纳税情况的要求,以促进大企业就最具争议和最重要的纳税情况与税务部门进行实时沟通。它要求纳税人在纳税申报的同时报送"应报告的纳税情况单",报告可能存在争议的税务情况。这些理念和做法,都值得我国大企业纳税服务工作借鉴。

2012年开始,国家税务总局和各省市税务机关开始开展与大企业签订《税法遵从合作协议》或《税法遵从合作备忘录》,通过约定税企双方责任和义务引导企业遵从。同时,各地因地制宜,先行先试,创新开展大企业纳税服务工作,涌现出许多好的做法。如江苏推出了大企业申报前政策辅导专项服务,通过 EMS 向大企业发放税收风险提醒,引导大企业对涉税风险进行自我评估和纠正;山西利用"互联网 + 大企业应用",开发出大企业集团一户式档案信息系统,实现大企业涉税事项通知提醒、涉税咨询及反馈、大企业常见涉税风险剖析及风险防控建议推送、收集纳税人办税意见及建议并适时反馈等功能;青岛以开发区为试点,制定了《大企业特定事项预约服务管理办法》对辖区内大企业全面开展了涉税事项的事先裁定。这些服务品牌的创立和发展,受到大企业的一致欢迎。

(四) 引导遵从,推进企业内控

提升大企业的自我遵从能力,降低税企双方的涉税成本,提高大企业纳税人的满意度,一直是大企业纳税服务的核心工作目标。在大企业自愿的基础上,引导大企业建立健全税务风险内控机制,是提升大企业税法遵从的有效做法。近年来,OECD 等国际组织也将推进大企业税务风险内部控制机制建设作为控制大企业涉税风险的重要工作内容。

目前,我国在引导大企业建立健全税务风险内控机制建设方面,也做了许多努力。

一是积极研究大企业税务风险内控制度与大企业整体内控制度结合的路径和方法。2016年，国家税务总局组织编写了《大企业税务内部控制框架》，以企业的管理活动和业务活动为基础，倡导企业把税务风险管理作为公司治理的重要组成部分，建立自上而下的税务风险控制，通过与税务机关建立互信、合作、遵从的关系，构建公平、透明、合作共赢的税务治理体系，有效控制税务风险；二是开展大企业税务风险内控调查和测试有关工作。制定《大企业税务风险内部控制调查表》《大企业税务风险内控测试指标体系汇总表（试行版）》。

第四节　强化大企业人才队伍保障

发达国家从大企业税收管理改革伊始，就在尝试建立与之配套的人力资源管理制度，无论是有序的人才选拔培养还是合理的人力资源调配，都给大企业税收管理工作带来新的活力。因此，在充分考虑我国现阶段主要国情基础上，吸收借鉴发达国家在大企业税收人力资源管理上的先进经验，建立符合税收管理现代化要求的大企业人力资源管理制度十分必要。

一、注重人才选拔培养

人才的选拔引进和培养提升关乎整个大企业税收管理人才队伍的素质，是强化大企业税收管理人才保障的关键。

（一）拓展视野，加大人才选拔引进力度

我国大企业税收行业服务与管理工作开展以来，尽管已经在国家税务总局层面建立了大企业税收领军人才、行业人才库，在基层建立了专业人才团队，以适应日益繁重的工作需要，但在数量及质量上还不能满足工作需求。因此，必须加强人才选拔力度，发挥行业专家、企业高管、中介人才等各方力量，提升大企业税收服务与管理水平。

1. 明确标准，加强人才选拔力度

美国在人才选拔和晋升上有一套完整的机制，明确只有获得会计、法律、税收等专业学士学位及以上的人员才有资格参加由大企业和国际税务管理局组织的选拔考试；国内收入局职员级别达到12级才可以从事大企业税收管理业务，大企业税收管理局员工中13级以上的税务专员占总人数的75%以上。随着我国大企业税收服务与管理改革的推进，亟须在全国各级大企业税收管理部门建立一套科学、高效的人才选拔机制。

明确选拔标准,吸收具有会计、管理、经济、法律等专业背景的人员充实到大企业税收管理岗位。丰富选拔方式,采取考试、实践演练、组织推荐相结合的方式,进行定量和定性测评,打破部门、年龄、层级限制,吸收更多优秀人才到大企业税收管理队伍中来,为大企业税收服务与管理发展提供更多的人力资源保障。

2. 拓宽渠道,外聘专家人才

英国皇家税务与海关总署加强对专业人才的培养和引进,公司高层管理人员、中介机构专业人员、其他政府部门资深官员等均是引进的对象。荷兰大企业税收管理局的工作人员,绝大部分是从中型企业管理人员中择优挑选的,50%以上的人员接受过管理、法律、财务会计和抽样审计方面的高等教育。澳大利亚、美国依托现有的税收研究机构、学术团体等,建立税务机关自有与社会聘用相结合的经济专家、行业专家和专业人才库。我国大企业税收服务与管理工作,可在发挥自身人才优势的同时,考虑外聘大专院校、行业协会、中介机构的专家人才,组成大企业税收管理顾问团队,通过合作、外包等方式,开展大企业税收管理技术手段研发和相关项目研究,提升大企业税收服务和管理水平。

(二) 注重实效,完善人才培养机制

近年来,我国大企业税收管理部门教育培训得到强化。国家税务总局举办了处长培训班、大企业专业人才库培训班和千户集团税收风险分析工作培训班,还专门安排人员出国培训;各地也根据实际采取多种形式开展专项培训,干部队伍专业水平得到了提升。但是,还不能完全满足日益复杂的大企业税收管理工作的需要。为了不断提高大企业税收管理人员的职业技能,大多数国家制定了完整的大企业税收管理人员培训和实践机制,旨在培养素质高、能力强、善作战的管理团队,对我国大企业税收人才培养具有一定借鉴意义。

1. 制定培训计划

英国皇家税务与海关总署制定了综合性计划,鼓励税务人员参加各种外部资格考试、加大内部培训和交流力度、选派人员到企业锻炼,培养其商业和经济意识。加拿大在研讨会的举办上具有成功的经验,每年会制定计划举办政治、经济、财税等多个专题的研讨。荷兰税务与海关管理局对大企业税收管理人员制定培训方案,定期参与税收保证、公司财务等培训课程。我国各级大企业税收管理部门应在每年年初制定培训计划,明确培训目标、时间、对象、细化培训方案,进一步提升培训的针对性。在全国范围定期召开研讨会,就目前风险分析和经济分析、数据管理、信息化建设等前沿问题展开富有成效的讨论,以此培养干部分析问题的能力,调动干部学习、钻研业务的积极性。

2. 丰富培训内容

加拿大税务局制定的培训内容丰富、针对性强,通过大企业项目审计学习路径,

可以在20多个综合学习产品中挑选课程，而且针对不同人员的不同需求，开发了一系列专业化课程，定期邀请不同行业、养老金和信息管理等非税务领域专家讲授课程，举办学术报告会。考虑到大企业税收服务与管理工作涉及行业知识广、综合性强，因此，我国各级大企业税收管理部门在规划培训课程时既要充分包括法律、财会、计算机、审计等各专业内容，也要拓展经济、管理、心理学等多学科领域。培训的内容不能过于理论化，要紧密结合工作实际，真正做到学以致用。并且，根据大企业税收管理工作的特点和岗位需求，实施分级分类分行业培训，不断提高大企业税收管理人员的知识、技能水平和团队素养。

3. 拓宽培训路径

荷兰税务与海关管理局为从事大企业税收管理的人员提供了良好的培训和学习机会，定期送到国内著名大学学习有关专业知识，邀请四大会计师事务所以及大企业的CEO或CFO与工作人员进行研讨等。我国大企业税收管理培训应依托各大高校、培训机构、会计师事务所等专业机构，选取优秀师资开展培训。通过采取与企业合作交流的方式，选派税务干部到大型企业、中介机构实践，学习行业经营流程和管理特点，掌握企业基本业务性质、组织架构和运转环节，增强对企业的了解，提升服务与管理水平。

二、合理调配人力资源

世界上所有设立大企业税收管理部门的国家，都为大企业税收管理部门配备了充分的人力资源，开展大企业税收服务与管理工作，确保大企业纳税人的税法遵从。各国的实践经验表明，合理调配人力资源应以专业化团队管理模式为依托，充分发挥专业人才优势，提升大企业税收服务与管理的效率。鉴于此，我国大企业税收服务与管理改革需要加强人才的集约化管理，合理调配人力资源。

（一）优化人力资源配置

世界上所有设立大企业税收管理部门的国家，无不致力于优化人力资源配置。美国国内收入局大企业和国际税务管理部门有员工5 100人左右，约占国内收入局总人数的5.8%；在大企业和国际税务部门的员工中，行政人员数量占比10%，其余90%人员都分布在管理一线各个行业分局工作小组，其中直接从事税务审计的人员达4 900人，占该部门总人数的78.5%。澳大利亚上市公司和国际税收管理局在人力资源配置上有一套成熟的机制，对于占全国税收70%以上的上市公司和外国企业，投入更多人力资源和财力保障。

为有效提高大企业税收服务与管理质效，全国各级大企业税收管理部门应进一步加强人力资源配置，按照分级分类管理要求，不断充实大企业税收管理专业化人才队伍，实现税收管理资源与千户集团税收管理工作要求相匹配。从基层税务部门选派优秀人才到总局或省、市级大企业税收管理部门进行实践锻炼，充分释放"高、精、尖"人才的管理经验和专业优势。

（二）提升团队管理水平

1. 组建专业化工作团队

从世界各国来看，澳大利亚上市公司和国际税收管理局围绕遵从管理，从法律、经济、税种、行业及国际税收业务等方面设置了相应政策部门，成立了专门的专家团队。法国国际国内税务审计办公室按照不同行业组建了25个税务审计大队，其中银行业、保险业、石油化工业审计大队是最大的三个审计团队。目前，我国大企业税收管理司已经在这方面进行了一些探索。各地大企业税收管理部门应遴选各类优秀人才，以工作事项或行业管理为重点，融合法律、会计、管理等各专业人才，建立各级大企业税收管理专业化工作团队，必要时聘请外部专家参与，充分发挥团队优势，形成工作合力。

2. 强化团队管理

美国大企业和国际税务管理局建立了科学的团队管理制度，内设多个层次的管理团队，包括研究分析团队、审计团队、绩效评估监控团队、管理层以及外聘专家团队等。各个团队分工明确，相互协作，为大企业税收风险管理工作提供保障。我国大企业税收管理部门应通过建立科学的管理制度，优化团队管理手段，加强上下联动、明确工作方式、细化考核标准，使团队管理有章可循。

（三）发挥人才专业优势

近年来，我国各级大企业税收管理部门进一步发挥专业人才优势，以千户集团风险分析为平台，汇集多批次专业人才参与大企业税收风险分析工作，在风险指标校验、数据采集加载、经济分析等重大工作中既锻炼了队伍，又提升了工作质效。在今后的大企业税收管理与服务中，建议因才施策，强化专业人才队伍建设，如建立有财会、经济、税收等特长的人才队伍专注与风险分析、风险应对、及经济分析工作；有计算机程序开发特长的人才队伍专注于数据管理、信息化建设；有法律特长的人才队伍重点把握税法的适用和政策的解读等，从而进一步发挥各类专业人才的优势，不断提升我国大企业税收服务与管理工作效能。

第三部分

大企业税收管理的数据与支撑

第五章　大企业数据管理

第一节　千户集团名册管理

为贯彻落实《深化国税、地税征管体制改革方案》精神，税务总局下发了《深化大企业税收服务与管理改革实施方案》，明确以全国千户集团和各省确定的大企业为服务与管理对象。

2015 年，总局在原有 45 户定点联系企业的基础上，进一步扩大了专业化管理范围。按照企业集团年纳税额 3 亿元以上的标准，选取全国营业收入和缴纳税额排名靠前，且具有行业代表性的一定数量的企业集团，作为深化大企业税收服务与管理的对象。此次，确定将全国范围内的 1 062 户集团纳入管理名单，也就是"千户集团"。

2017 年底，为进一步落实党中央"放管服"工作要求，对年纳税额 1 亿元以上、尚未列入千户集团管理范围的企业集团纳税人，由省级大企业税收管理部门比照千户集团服务和管理模式实施统一管理。该项工作简称为千户集团扩围。此次扩围，全国核实上报并经总局审核备案的年纳税额 1 亿元以上扩围集团接近 1 000 户。

一、千户集团的定义

千户集团是指年度缴纳税额达到国家税务总局管理服务标准的企业集团。其中，年度缴纳税额为集团总部及其境内外全部成员企业境内年度缴纳各项税收总额，不包括关税、船舶吨税以及企业代扣代缴的个人所得税，不扣减出口退税和财政部门办理的减免税。目前，总局确定的千户集团年纳税额标准为 1 亿元以上。

加强千户集团名册管理，了解、掌握集团内部管理层级、资产关联关系、地区分布等情况，有助于税务机关明确服务管理范围，提高税收服务管理水平；有助于企业防范税收风险，提升纳税遵从水平。

为了了解、掌握一些企业的组织结构、基本财务等情况，加强相应的服务与管理，对全部中央企业、中央金融企业不论年度缴纳税额多少，均纳入千户集团范围。另外，还明确单一的法人企业，即虽然不是企业集团，如果年度缴纳税额达到国家税务总局管理服务标准的，也可纳入千户集团范围。

二、千户集团名册管理范围

千户集团名册管理范围分内资企业集团、外资企业集团。内资企业集团为纳入企业合并会计报表范围,或虽未编制合并会计报表,但为集团控制且办理了工商或税务登记的中国境内各级分公司和子公司、控股的境外公司以及其他涉税组织机构。其中,集团控制是指投资方拥有对被投资方的权力,通过参与被投资方的相关活动而享有可变回报,并且有能力运用对被投资方的权利影响其回报金额。外资企业集团为全球总部控股并在中国境内办理了工商或税务登记的各级分公司和子公司以及其他涉税组织机构。

三、千户集团名册信息

千户集团名册信息包括企业名称、纳税人识别号、统一社会信用代码、集团名称、上一级企业名称及其他涉税信息等项目。国家税务总局根据实际需要,适时修订千户集团名册信息项目内容。

四、千户集团名单

千户集团名单由国家税务总局确定,按年度发布。根据千户集团税收风险分析及税收经济分析工作需要,千户集团名单保持总体稳定、个别调整,实行动态管理。当年新增符合条件的千户集团,由各省、自治区、直辖市和计划单列市税务机关(以下简称"省税务机关")提出,并组织集团总部按照要求填报集团名册信息,经省税务机关审核后于每年6月30日前汇总上报国家税务总局。合并重组、破产、注销或年度缴纳税额连续五年未达到国家税务总局管理服务标准的企业集团,应从名册管理范围内调出。因上述原因需要调出名册管理范围的千户集团,由省税务机关核实,并于每年6月30日前汇总上报国家税务总局。

千户集团按年确定其成员企业。集团总部按照税务机关要求组织填报集团成员企业名册信息,并于每年10月纳税申报期结束前报送省税务机关。省税务机关交叉比对内外部信息,通过千户集团名册管理系统核实成员企业名册信息的准确性、完整性,并于每年10月31日前上报国家税务总局。省税务机关对总部在本省的集团,核实集团总部及该集团在本省的成员企业名册信息;对总部不在本省的集团,核实该集团在本省的成员企业名册信息。对应报未报、提供虚假名册信息或拒绝报送名册信息的企业集团,省税务机关应及时上报国家税务总局。情节严重的,按照《税收征管法》及其实施细则等有关规定对集团总部及相应成员企业进行处理。对存在上述情形的集团总部及成员企业，税务机关记录相关纳税信用信息，相关信息用于纳税信用评价。

五、千户集团名册管理工作中的主要职责

第一，国家税务总局在千户集团名册管理工作中的主要职责：制定、完善千户集团名册管理办法；确定、调整千户集团名单和千户集团名册信息项目；协调集团总部所在地的省税务机关和成员企业所在地的省税务机关的名册核实工作；建立、完善千户集团名册管理系统并提供技术支持；开展千户集团名册管理工作组织绩效考评；其他名册管理工作。

第二，省税务机关在千户集团名册管理工作中的主要职责包括：核实、推荐本省符合千户集团入选标准的企业集团，提出企业集团调整建议，协助国家税务总局确定千户集团名单；组织总部在本省的集团报送成员企业名册信息；审核并补充完善本省的成员企业名册信息；评价总部在本省的集团报送的名册质量，向企业集团反馈评价结果；总结名册管理工作开展情况，提出工作建议；其他名册管理工作。

第三，列入千户集团名单的企业集团名册管理工作主要职责包括：按照税务机关要求，组织开展名册信息填写、审核和报送；根据税务机关反馈的核实结果，组织开展名册信息校正；开展集团内部名册管理工作培训，对成员企业提供指导；其他名册管理工作。

六、千户集团名册信息核实

（一）工作流程

各省税务机关将本省千户集团成员企业名册信息与金税三期核心征管系统相应信息比对、核实，重点核实集团填报的成员企业名称、纳税人识别号、统一社会信用代码和主管税务机关等在征管系统中是否正确。如发现成员企业名册信息填报错误的，督促相关企业及时更正；发现成员企业漏报的，督促漏报企业及时补报，并核实补报信息。

（二）工作方式

千户集团成员企业名册采集核实工作，主要通过千户集团名册信息采集系统（以下简称名册采集网络版）开展。确因互联网使用条件受限等，无法使用名册采集网络版的集团，可使用千户集团名册信息采集单机版软件（以下简称名册采集单机版）填报名册信息。

（1）名册采集网络版方式。使用名册采集网络版的集团总部及其成员企业，通过互联网登录名册采集网络版，在网页中填写"千户集团名册信息表"。

（2）名册采集单机版方式。使用名册采集单机版的集团，向集团总部所在省税务机关报告备案，相关省汇总后报大企业管理司，并作为相关集团制作名册采集单机版数据包。集团总部所在省税务机关下载名册采集单机版及数据包，分发给相应集团。相关集团总部及其成员企业在名册采集单机版中填写"千户集团名册信息表（单机版）"。填写完成后，集团总部将名册采集单机版生成的数据包导入名册采集网络版，或通过集团总部所在省税务机关上报大企业管理司。

（三）工作要求

为了提高千户集团成员企业名册的完整性、准确性，各级税务机关要指导集团完整填报集团全部成员企业，切实避免成员企业出现漏报、错报；指导集团及其成员企业按照填表说明数据口径准确填报相关信息，严格审核成员企业合计缴纳税额与集团缴纳税额差异，切实提高企业报送数据的准确性。

要深入加强税企沟通，及时协调解决企业在名册填报过程中遇到的问题；集团总部所在省与成员企业所在省大企业管理部门要加强信息互通和工作协同，共同督促企业及时更正、补充信息；大企业管理部门要加强与征管部门、信息部门沟通协调，确保名册核实工作高效开展。

要进一步提高保护企业信息安全意识，严格名册信息使用范围和使用途径，切实加强名册信息安全管理。

第二节 千户集团数据管理概述

一、千户集团数据管理的意义

随着大数据、云计算与社会经济领域深度融合，纳税人征纳双方由"面对面"演变为"屏对屏"，距离仅为"一键之遥"，这对新时期的税收治理能力提出了新的挑战。用数据说话，用数据决策，用数据管理，用数据创新，用数据服务，实现数据控税，数据管税，数据强税，使"互联网＋"大数据成为提升税收治理能力的重要抓手。因此，千户集团数据管理具有重要意义。

首先，千户集团数据管理是贯彻落实《深化国税、地税征管体制改革方案》（以下简称《改革方案》）的内在要求。《改革方案》明确提出，要顺应大数据和"互联网＋"时代潮流，推进业务与技术的深度融合，积极实现大数据对大企业税收服务与管理的支撑作用。加强数据管理就是要求抓住千户集团这一"关键少数",加快数据管理重要领域和关键环节的改革步伐,积极探索、勇于创新,采取切实措施,确保《改革方案》落实。

其次,千户集团数据管理是开展税收风险分析和经济分析的重要基础。税收数据是经济发展的"晴雨表",是大企业税收风险分析、经济分析的生命线和主要依托,它能透视未来经济发展趋势和税收运行态势。加强数据管理就是要求找准数据使用过程中的关键问题,研究提出整体提升千户集团数据质量的解决方案,并在此基础上统筹推进、狠抓落实,为税收风险分析和经济分析工作提供可靠支撑和保障。

最后,千户集团数据管理还是提升大企业纳税服务水平的有效途径。数据是开展大企业纳税服务工作不可或缺的要素,并已成为推动大企业纳税服务可持续发展的动力之源。加强数据管理就是要求依托海量数据,在深入分析的基础上,对纳税人进行精准"画像",研究提出更具系统性和针对性的服务举措,在更广范围、更深程度、更高层次服务大企业纳税人,不断增强大企业纳税人的获得感。

二、千户集团数据管理的指导思想、主要目标

千户集团数据管理的指导思想是认真贯彻党中央、国务院关于运用大数据加强对市场主体服务和监管的总体部署,按照《改革方案》确定的基本原则和目标任务,围绕"理清方向、搭建框架、抓住重点、分步实施"的总体要求,以大企业税收服务和管理需求为导向,以数据有效供给为目标,以信息技术手段为依托,实现千户集团数据规范化、标准化、专业化管理。

通过加强千户集团数据管理,构筑"采集有考评、治理有反馈、使用有监控"的管理闭环;形成"纵向联动、横向协同、税企互动"的工作格局;建立"规范统一、科学高效、立足长远"的保障机制,实现数据采集规范高效、数据内容完整准确、数据应用安全可控。

三、千户集团数据管理的整体规划

按照"一年构筑基础、两年大见成效、三年整体跨越"的目标,有计划、分步骤地推进数据管理工作。

2017年主要建立数据管理的制度框架,制定数据管理总体规划,整合现有的数据应用系统,初步建立数据业务标准体系,落实数据安全管控措施,统筹规划,协同推进,基本建立千户集团税务端、企业端、第三方的各类基础数据,实现千户集团数据管理从无到有。2018年主要结合数据管理岗责制度建设,进一步优化数据业务标准体系,拓展数据来源渠道,升级改进数据应用系统,全面落实数据质量管控和考核评价

制度，通过上下联动、齐抓共管，不断增强数据的准确性、完整性、时效性，做到千户集团数据管理从有到良。2019年主要通过提升数据管理人才专业能力，创新数据应用手段，全面、深入开展数据挖掘和增值利用，充分发挥数据在税收决策和治理中的关键作用，加强理论研究与实践探索，努力创建富有部门特色、具有示范效应、与国际接轨的数据管理模式，推进千户集团数据管理从良到优。

四、千户集团数据管理重点工作

（一）做好数据规划

以提高千户集团数据质量为核心，通过整体规划，进一步明确数据采集范围、采集内容和采集方式，细化明确具体管理措施，逐步构筑采集有考评、治理有反馈、使用有监控的管理闭环，建立规范统一的保障机制，实现数据管理规范高效、数据内容完整准确、数据应用安全可控。

（二）推进名册管理

核实、确认本地千户集团名册信息；审核、补充本地千户集团成员企业名册信息；进一步强化千户集团名册信息管理，避免出现企业信息漏报、误报等情况。

（三）强化税务端数据归集

根据千户集团及成员企业名单，从金税三期、增值税发票管理等信息系统中抽取、加工相关税收征管数据，做好相关数据的"一户式"加载存储和分析应用。配合总局完成千户集团税收快报数据的归集、加工和审核等工作。

（四）规范企业端数据采集

落实千户集团及成员企业在征管系统中的标记工作，采集、审核、抽取千户集团及成员企业附报数据。按月（季）做好千户集团企业直报数据的收集、审核、报送和汇总工作。落实千户集团涉税电子财务数据常态化采集机制，按时、保质保量地完成千户集团涉税电子财务数据采集、检测和加载工作，配合总局做好数据抽取工作。做好数据采集软件的业务保障，进一步加强数据采集过程中的审核校对，确保数据采集完整准确、及时有效。

(五) 加强第三方数据获取

积极推进千户集团第三方数据的采集、交换和共享。做好分析过程中相关互联网涉税数据收集、整理等工作。指导下级大企业服务和管理部门开展千户集团的第三方数据交换、获取、应用等工作。

(六) 抓好数据联络员管理

根据总局千户集团数据联络员管理办法的相关要求，抓好本地千户集团数据联络员日常管理、业务培训等工作任务的落实。

第三节 千户集团数据采集

国家税务总局局长王军曾说过："大数据时代，谁能掌握好数据、谁能利用好数据，谁就能提高洞察力、占领制高点"。在大数据背景下，如何将大数据思维引入千户集团税收风险管理，对于开展新一轮改革的重要意义不言而喻。数据采集是千户集团工作的起点，只有全面、准确、强大的信息采集才能确保千户集团税收风险管理工作的有效开展。

一、工作要求

各级税务机关大企业税收管理部门及主管税务机关应按照统一标准，开展对企业涉税信息的采集和整理、处理及应用工作，构建大企业税收管理信息系统，实现信息共享。

税务机关大企业税收管理部门可以通过从征管系统集中抽取、基层税务机关报送、向企业采集、协作互助等方式采集企业涉税信息，包括企业基础信息、税务风险内控信息、税法遵从信息、行业特征信息、第三方信息等企业涉税信息。

二、职责分工

各级税务机关以金税三期为基础，按照千户集团税收管理需要，集成现有各类应用系统涉税数据。

国家税务总局确定千户集团数据采集范围、标准和时限，收集和加载省税务机关报送的企业端数据。省税务机关根据税务总局要求，组织采集、审核、报送本省千户集团企业端数据。

国家税务总局与国务院有关部门沟通协调，完善数据交换共享工作机制。各地税务机关与本级政府相关部门、行业协会等单位沟通联系，获取千户集团相关涉税信息。省税务机关应当充分利用现代科技手段，从互联网、报刊杂志等媒体发布的公开信息中，获取千户集团涉税信息，重点关注企业重组、股权转让、关联交易等重大事项信息。省税务机关大企业税收管理部门会同技术部门对涉及千户集团的第三方信息进行整理、清洗和加载，并按要求上报税务总局（大企业税收管理司）。

三、工作内容

数据采集的类型包括企业端数据、税务端数据和第三方数据。

（一）税务端数据

国家税务总局王军局长强调："我们坐拥数据的'金山银库'，要切实发挥它们的作用，不能让数据躺在仓库里睡大觉。如何唤醒这些数据，关键不在于做数据原料的提供者，而在于整合利用，做数据资源的集成者。"

税务端数据采集通过金税三期系统完成。金税三期系统以统一协同、全面互联、开放共享、深度应用为集成管理理念，实现了整个系统低成本、高效率、优性能、可扩充和可扩展的目标，推进了税收数据与信息技术应用的自动集成。全国税务机关自2016年10月起统一使用金税三期系统。有了统一平台后，经过对业务链条的梳理、优化、完善和重构，推动表证单书和数据项的整合简并，从而实现了数据源头的全面统一、规范，也为税务端数据采集提供了基础。

各地大企业管理部门通过在金税三期系统中植入千户集团企业名单，每月按时抽取数据，完成了千户集团税收快报报送，为开展收入分析和税收经济分析工作提供了保障。在各地大企业税收管理部门的共同努力下，国家税务总局归集了全国增值税发票、千户集团入库税款、金税三期决策一包等数据，完成了39个金税三期已上线省、市税务局申报、征收和财务等核心征管数据的抽取，采集了京津冀、长江经济带、东北老工业基地等地区千户集团税收收入和资产负债表等数据，为区域经济税收形势和未来发展趋势的深入分析提供了数据支持。

（二）企业端数据

采集千户集团企业端数据，对查找税收管理薄弱环节，帮助企业防范税收风险，降低企业纳税成本，提高企业税收遵从度和满意度，具有重要意义；也是落实深化大企业税收服务和管理，推动大企业税收服务深度融合、执法适度整合、信息高度聚合的必要工作举措。

（1）千户集团按月（季）度报送相关基础涉税数（简称直报数据）。

①报送内容。

合并财务报表的集团总部报送营业收入、固定资产等基础涉税数据信息（列入合并范围的集团总部及其全部子公司各项合计数）。不编制合并财务报表的集团总部报送营业收入、固定资产等基础涉税数据的汇总数（集团总部及其全部成员企业各项合计数）。

②报送时限。

千户集团总部报送月度、季度相关基础涉税数据信息时间由原月度结束后20日内、季度结束后至次月月底前，统一调整为月度、季度结束后18日内。

省税务机关大企业部门应于千户集团报送期结束后2个工作日内（节假日顺延）将数据报送至税务总局大企业司。

总局大企业司实现了1个工作日内完成月度或季度企业直报数据的组织报送、审核工作，高效完成数据采集任务。

③工作要求。

省税务机关大企业部门按月、季度组织千户集团税收直报数据基础审核工作，通过电话、邮件、微信群等方式，及时解答千户集团、税务机关对企业直报数据口径等内容的疑问，及时将问题反馈千户集团进行修正，统一操作标准，确保数据质量可用，不断提升直报数据质量，为税收经济分析工作提供用力的数据支撑。

④报送指标：

时点数据为期末数，期间数据为当年累计数。实际缴纳税款、营业收入、新增固定资产等期间数据均为当年累计数，原则上不小于前期数值。

数据金额单位为亿元。职工人数单位为人，职工人数不得出现小数。填报单位为企业集团全称，不得填写企业简称或税务机关名称。

数据对比符合逻辑。如资产总计与负债合计、所有者权益两项之和应相一致；原则上实际缴纳税款与营业收入之比不应超过50%、净利润不应大于营业收入等。数据填写完整。所有指标（包括本期及上年同期财务指标，填报单位、报表期、填表人、联系电话等项目）均应按要求如实填写完整，对于无法及时、准确填写的指标项目，须在相应栏目内标注说明，原则上不得出现空项。

⑤相关口径说明。

根据《国家税务总局大企业税收管理司关于进一步做好按月（季）度报送相关基础涉税数据工作的通知》（税总企便函〔2017〕62号）规定，"实际缴纳税款"指标填报口径为集团总部及其成员企业实际缴纳的各项税款合计，不包括海关代征税收、关税、船舶吨税以及代扣代缴个人所得税等，不扣减出口退税和财政部门办理的减免税。其中，实际缴纳税款的期间为当期开始至结束实际缴纳入库的税款金额，而非按照税款所属期界定。例如，企业集团10月份报送前三季度直报数据时，"实际缴纳税款"数为该企业集团于1~9月份已缴纳入库的税款，不包含其在10月份缴纳的所属期为9月份的税款。

月（季）度报送数据，填报口径为企业集团总部及其成员企业相应指标的合计数，且为保证数据同期可比，本期报送合计数的上年同期数也要求为合计数。年度报送数据，填报口径仍为集团合并财务报表数据。

对于个别未能在报送期间内核算完成集团涉税数据的企业集团，可先行按照上年同期数据和可预计的变动情况，对数据指标进行合理估算，并在报送期间内报送。在数据核算完成后，可选择进行补充报送。

（2）涉税电子财务数据采集。

①采集对象：千户集团电子财务数据采集对象为千户集团（包括扩围集团）总部及其成员企业。其中，非独立核算的企业、集团境外成员的企业、挂靠经营的企业、采取手工记账方式的企业、注销、破产、关停并转的企业和非正常户、未正式运营等企业不纳入数据采集对象。

②采集方式：千户集团电子财务数据采集工作采取"成员企业对总部、总部对省税务机关、省税务机关对税务总局"的方式开展。

千户集团总部统一部署其合并财务报表范围内的成员企业开展电子财务相关数据采集工作。企业集团总部集中收集和校验各成员单位电子财务数据后，报送至企业集团总部所在省税务机关，企业集团总部所在省税务机关对企业电子财务数据在本地进行收集、加载、审核和利用。

千户集团电子财务数据经采集后暂存于各省税务机关，待金税三期全国数据集中渠道和环境准备到位后，再由税务总局统一抽取数据。

③时间安排：自2019年起，千户集团总部及其成员企业应于每年6月30日前，完成上一年度电子财务数据的采集报送工作。

每年9月30日前，集团总部所在省税务机关通过数据工具完成对企业电子财务数据在本地的收集、加载、审核。

④采集内容：采集内容包括会计核算类（重点是电子财务账套数据）、财务报表类、报告类等。

电子财务数据采集范围主要包括企业基本信息、会计核算信息、生产经营信息、内控制度等数据和第三方数据（含互联网数据）。企业填报数据包括分年度的企业会计科目与财政部标准会计科目对应关系，财务报表及编制规则以及其他财务资料等。

根据采集范围，税务总局大企业管理司制定了电子财务数据采集清单，包括"全行业数据采集清单"和8个"分行业数据采集清单"〔采矿业，制造业，建筑业，批发和零售业，交通运输、仓储和邮政业，信息传输、软件和信息技术服务业，金融业（货币金融服务业），房地产业〕。

⑤特殊事项：货币金融服务行业企业只采集财务系统的电子数据（包括科目余额

表等），暂不采集业务系统的数据。如分析工作中确有需要，集团总部所在省税务机关可补充采集。

批发和零售行业企业只采集企业财务系统的电子数据，不采集企业业务系统数据。军工类企业仅采集民用部分的电子财务数据；涉密类企业仅采集非涉密业务的电子财务数据；中国铁路总公司电子财务数据由各个地方路局所属省税务大企业部门协助采集，采集完成后由各路局上报至集团总部，由集团总部统一汇总后上报北京市税务局；境外上市或服务器在境外的企业，可延长电子财务数据采集时间，延长时间最长不超过3个月；由于涉案、财务人员更换频繁等原因导致财务数据无法及时采集的企业，可适当延长电子财务数据采集时间，延长时间最长不超过3个月；发生重组、筹备上市等重大事项的企业，电子财务数据采集时间可延长至重大事项完成后3个月内。存在上述情况的企业，需由其集团总部向总部所在省税务机关提出申请，经省税务机关同意，并报送税务总局大企业税收管理司备案后，可按照相应处理方式进行办理。

（3）千户集团及其成员企业附报财务会计报表（简称千户集团附报数据）。

①采集对象及周期：按照企业所得税法和总局相关公告规定，千户集团总部及其成员企业，在企业所得税季度（月度）预缴申报和年度汇算清缴纳税申报时，附报财务会计报表。季（月）度附报为每季（月）度一次，年度附报为每年一次，通过核心征管系统随同企业所得税纳税申报一同进行。境外成员企业暂不附报。

②采集内容：千户集团附报的内容是本级财务会计报表，包括资产负债表、利润表、现金流量表、所有者权益（股东权益）变动表和附注。编制合并财务报表的千户集团总部，还应在每年5月31日前附报上一年度的合并财务报表。

（二）第三方及互联网数据

税务机关积极参加地方政府牵头的税收共治领导机构，形成党政领导、税务主责、部门合作、司法保障、社会协同、公众参与的现代化税收共治格局。各级税务机关主动对接地方政府，制定对各部门、各社会组织具有法律效力的税收共治管理办法，细化工作流程，明确工作机制，借助绩效考核手段提高工作效率和各单位对该项工作的重视程度。开发税收协同共治工作平台，用于集中采集和传递各类第三方信息，能够避免繁杂而低效率的人工劳动，减少数据采集和传递的误差。第三方数据的采集和运用以数据需求为引导，税务机关广泛征求各职能处室的业务需求，以业务需求不断引导数据需求的更新，从而不断扩大数据采集面和数量，提升采集质量。数据需求需明确数据项名称、数据项类别、字段、格式、精度和长度、提供部门、数据提供的频度等关键信息，及时和提供部门取得联系，运用数据采集平台，实时定期采集和交换数据。建立信息交换机制，使第三方数据从采集、清洗、加工、运用、反馈的闭环运作机制有效运转。税务机关对于所采集的第三方数据，对数据开展清洗，形成可直接运用于税收征管和风险分析的有效数据。

互联网数据按数据格式类型分为结构化数据和非结构化数据。结构化数据是指由二维表结构来逻辑表达和实现的数据,严格地遵循数据格式与长度规范,主要通过关系型数据库进行存储和管理。这类数据采集后便能直接用于风险指标加工比对,例如上市公司披露的十大股东信息等。非结构化数据是指数据结构不规则或不完整,没有预定义的数据模型,不方便用数据库二维表逻辑来表现的数据。这类数据需要利用IT技术实现存储、检索、发布及利用。例如,金融界网每月能产生60 000余条原始数据,通过利用纳税人名称智能匹配、涉税事项分类筛选、涉税价值初步判定等技术,经筛选确认后,分配到一个地级市的涉税数据不到500条,实现了新闻类涉税数据有效筛选。再如,采用计算机算法提取正文,直接将纳税人名称以及主题关键字,由搜索引擎完成互联网数据采集工作。

目前,互联网数据采集主要通过购买服务和自建平台两种途径。在互联网数据采集发展阶段,它们互为补充,能有效促进整体利用水平。购买服务是指税务机关通过购买的方式,向第三方提供采集需求和业务指导。从第三方直接获取纯数据服务,能突破税务机关现有的技术水平、人力资源等瓶颈,帮助税务机关减轻数据采集清理压力,提高数据采集效率,加快分析成果转化。自建平台是指税务机关自主开发互联网数据采集平台,实现业务需求、业务主题、数据采集、数据集成、分析利用的闭环管理。其优点是回溯验证解决数据采集的准确性,实时扫描解决数据采集的完整性,随时拓展解决数据采集的灵活性,绝对掌握数据采集的主动性。在大数据时代下,自建平台是趋势。

四、法律依据

根据《中华人民共和国税收征收管理法》(2015年修订)和《国家税务总局关于贯彻〈中华人民共和国税收征收管理法〉及其实施细则若干具体问题的通知》(国税发〔2003〕47号)文件的相关规定,纳税人应按照要求编制并向社会披露企业财务会计报告和向税务机关附报财务有关资料,这是纳税人应尽的义务。

(一)《中华人民共和国税收征收管理法》

第二十五条规定,纳税人必须依照法律、行政法规规定或者税务机关依照法律、行政法规的规定确定的申报期限、申报内容如实办理纳税申报,报送纳税申报表、财务会计报表以及税务机关根据实际需要要求纳税人报送的其他纳税资料。

(二)《中华人民共和国企业所得税法》

第五十四条规定,企业在报送企业所得税纳税申报表时,应当按照规定附送财务会计报告和其他有关资料。

(三)《企业会计准则》

按照《企业会计准则》第四条规定,企业应当编制财务会计报告。财务会计报告的目标是向财务会计报告使用者提供与企业财务状况、经营成果和现金流量有关的会计信息,反映企业管理层受托责任履行情况,有助于财务会计报告使用者做出经济决策。财务报告使用者包括投资人、债权人、政府及其有关部门和社会公众等。

(四)《国家税务总局关于贯彻〈中华人民共和国税收征收管理法〉及其实施细则若干具体问题的通知》(国税发〔2003〕47号)

该文件第十六条规定,对采用电算化会计系统的纳税人,税务机关有权对其会计电算化系统进行查验。对纳税人会计电算化系统处理、存储的会计记录以及其他有关的纳税资料,税务机关有权进入其电算化系统进行检查,并可复制与纳税有关的电子数据作为依据。

第四节　数据治理

一、内涵和作用

数据治理是技术与管理相结合的一套持续改善管理机制,贯穿于数据管理的整个过程中,通常包括组织架构、政策制度、技术工具、数据标准、流程规范、监督及考核等,将其他几个数据管理职能贯穿、协同在一起,让一个组织的数据工作成为一个有机整体。数据治理涉及的IT技术主题众多,包括元数据管理、数据质量、数据集成、监控与报告等。

数据治理的目标是提高数据的质量(准确性和完整性),保证数据的安全性(保密性、完整性及可用性),实现数据资源在各组织机构部门的共享,推进信息资源的整合、对接和共享,从而提升部门的信息化水平,充分发挥信息化作用。

二、工作要求

建立标准、规范、充分、完备的数据库。从数据来源、内容、格式、口径、质量、应用等多方面实施数据治理,制定税收数据管理办法。不断拓宽数据来源、丰富数据内容、规范数据格式、统一数据口径、提高数据质量、强化数据利用,有效发挥税收数据在风险管理工作中的基础性作用。

三、实践经验

为加强税务总局管理服务的重点大企业集团风险管理和纳税服务工作,进一步提高大企业税收数据管理水平,根据《中华人民共和国税收征收管理法》及其实施细则等有关规定,税务总局大企业税收管理司制定了《千户集团数据联络员管理办法(试行)》,并制定了大企业税收数据管理省级示范基地建设标准。

(一)数据联络员

1. 数据联络员的概念及基本内容

千户集团数据联络员是指千户集团中负责配合税务机关,统筹协调集团总部及其成员单位开展数据采集、审核和报送等工作的人员。千户集团总部设置独立或兼职联络员1名,与税务机关大企业管理部门直接对接,是千户集团数据采集工作的主要责任人。联络员应保持相对稳定,变更联络员时,千户集团总部须将备选人员情况等报所在省税务机关大企业税收管理部门。

联络员的主要职责包括:负责落实和统筹本集团总部及其成员单位涉税数据采集、审核和报送工作;在税务机关提供的统一平台上组织完成数据采集工作;及时反馈千户集团数据采集工作的意见与建议;对税务机关布置的数据采集任务、数据内容负有安全保密责任;配合税务机关做好其他数据相关工作。

数据联络员应有较强的工作责任心,爱岗敬业;有扎实的财会理论知识基础,熟悉会计和税收业务;有一定的数据信息处理能力;具备较好的沟通协调能力。

2. 数据联络员管理中的工作职责

税务总局大企业税收管理司每年对千户集团数据报送情况、数据质量等进行通报,并告之企业集团。对于在数据采集过程中出现不报、漏报、瞒报、错报等情况的企业集团,税务总局大企业税收管理司将责成企业集团所在地税务机关根据税收相关法律法规、制度等进行处理,并作为企业信誉等级评定的重要依据。

省级税务机关负责联络员制度的落实和数据采集工作,主要职责包括:对联络员人选进行审核把关;组织联络员培训,及时更新业务知识;定期对企业报送的涉税数据进行审核。对于在数据采集过程中持续出现不报、漏报、瞒报、错报等情况的企业集团,省级税务机关大企业部门要及时核实原因,责成所在地税务机关及时调整联络员。

千户集团可根据实际需要在集团总部及成员单位增设内部数据联络员,并可参照本办法，制定集团内部数据联络员管理办法。

(二) 省级数据示范基地

为进一步提升大企业税收管理数据治理水平，总局制定了《大企业税收数据管理省级示范基地建设标准》，旨在指导开展省级示范基地建设，以示范基地带动大企业税收数据质量总体提升，有效支撑和推动大企业税收服务和管理工作。

1. 人员到岗

①机构设置健全。设立专职数据管理科（组），负责统筹规划和组织实施全省大企业税收数据管理工作。②人员配备充实。选优配强数据专业团队，数量规模较大省份配备5人（含）以上，规模较小省份配备2人（含）以上。③职责分工明确。做到岗位设置科学、任务分工合理，确保数据获取、存储、使用和监控有序进行，工作运转协调。④专业水平过硬。配备熟练掌握信息化技术、责任心强、综合素质全面的专业人员，原则上要求具有信息化经历的人员不低于50%，精通大企业税收业务的人员至少1人。⑤人员培训到位。每年开展不少于2次专项培训，持续提升数据管理人员履职能力。

2. 制度健全

①制度体系全。建立健全涉及数据联络员、名册管理、涉税数据直报、财务报表附报、电子财务账套、第三方数据等内容，涵盖数据获取、传递、存储、使用和安全管理等环节的数据管理体系、业务流程办法和工作制度规范。②质量标准高。制度制定应遵循基本规范和有关流程，符合总局统一要求，并贴合本省实际，易于基层税务机关和企业理解、执行。不得自行降低、变通执行总局统一的规范和要求。③督导考核严。制定清晰、严格、多维度、可量化的数据管理考核评价标准；建立健全高效、规范、易考核的督导落实机制，确保数据管理各项制度、流程全面落实到位。

3. 采集完整

①户数齐全。应采集相关数据的企业集团及其成员企业均采集到位，无漏报、瞒报等情况。②类型全面。应采集的企业端、税务端和第三方数据均采集到位，无数据缺失、类型不全等情况。③要素完备。应采集的数据项目和具体要素均采集到位，无内容不完整、要素不具备等情况。④采集及时。严格把握时间节点，按时按要求完成采集工作，无迟报、未报等情况。

4. 质量达标

①准确合规。应用技术手段和检测方法，确保获取的各类数据合格率达到规定标准。②逻辑严密。数据逻辑关系符合质量标准要求，不存在逻辑错误。③口径标准。数据的结构满足要求、格式统一规范、口径符合标准。

5. 存储规范

①集成装配。全面收集、系统归集、有效整合大企业各类涉税数据，建设大企业

税收数据集市。②分户存储。按照企业集团一户式对税收数据实施分类加工，实现集团数据分户存储。③资源到位。配备足够的服务器存储设备；数量规模较大省份预留容量不低于20T，规模较小省份预留容量不低于5T，冗余存储空间不低于30%，并可动态扩展。

6. 管理严格

①依规合规操作。严格按照总局及各省数据管理相关制度办法和工作流程，规范开展数据管理工作。统筹制定数据管理工作计划，要求内容明确，任务突出，并按规定流程抓好落实，不得随意调整。②严格落实内控。按照《大企业税收风险管理内部控制制度（试行）》（税总发〔2018〕177号）关于数据管理的各项内控规定和具体措施，实现对大企业税收数据管理工作的有效制约和监督，提升管理的质量和效率。③动态痕迹管控。依分级分类权限做好过程审批，实施痕迹化管理，全程监控工作流程。明确责任主体，加强内部管理，不出现重大工作失误。④加强考核督导。发挥绩效考核指挥棒作用，实现考核对数据管理工作的全覆盖，注重考核结果运用。

7. 使用便捷

①多维度展示。实现按集团、行业、区域、税种、登记注册类型、风险事项等不同维度进行数据展示和统计分析。②分项目统计。实现对纳税情况、销售情况、取票情况、开票情况等不同项目进行数据展示和统计分析。③分时段对比。实现分月、季、年等不同时段对相关数据进行同比、环比等数据展示和统计分析。④多指标分析。实现行业税负、经济增速、经济结构、经济热点、经济动力等数据展示和统计分析。⑤标准化导出。实现查询、统计、分析数据的标准化导出，能够按照分析模块的组合应用生成标准格式报告。

8. 共享到位

①共享内容丰富。根据部门工作需要，实现企业名册、涉税数据、直报、附报、电子财务账套和第三方数据等内容的共享。②共享方式灵活。依据业务需求事项和数据类型，可采用依申请、定期推送等相结合的方式，实现分类、分级、分层的数据共享。③共享结果充分。根据业务工作需要，实现横向部门间数据分类互通、授权共享，打破数据壁垒；纵向部门间数据分层按权限提供，强化数据应用深度和广度。

9. 安全可控

①签署数据保密协议。税务人员、第三方运维支持人员在访问或使用大企业税收数据时必须签署数据安全保密协议，不得出现擅自复制、转移、对外公开数据的情形。②注重数据存储安全。数据存储介质专储专用，存储介质不需使用须进行销毁处理。数据在进行内外网交换时须有杀毒防控、加密措施。③注重数据传递安全。数据通过介质进行传递时建立数据传递台账、过程留痕，无数据丢失事件发生。④注重数据使用安全。访问系统数据需经过授权审批手续，并通过安全认证，记录安全日志，关键数据使用时应配备U盾、指纹识别等安全防护设备。⑤加强安全保密培训。每年的大

企业服务和管理岗位培训课程中须安排数据安全保密知识有关课程。

10. 税企和谐

①畅通沟通机制。落实大企业数据联络员管理制度,加强与数据联络员的日常沟通联络。②快速响应诉求。对企业所提出的数据问题,建立台账,跟踪办理,及时反馈。③开展专题交流。通过座谈、沙龙等形式组织企业相关人员开展数据专题交流,每年不少于1次。④强化人员培训。定期组织企业数据联络员、财务人员、系统管理员等相关工作岗位人员培训,每年不少于1次。⑤防控负面舆情。在数据管理过程中加强正面宣传引导,做好相关解释工作,避免出现负面舆情。

第六章　大企业税收管理系统

第一节　背景介绍

国际通行经验表明，信息化系统是大企业税收服务和管理工作的重要支撑。俄罗斯、澳大利亚、美国、法国等国大企业税收管理部门较早启动了信息化系统建设，采集管理纳税人涉税信息数据，开发应用风险识别分析工具，集成税收信息系统，为大企业税收管理的现代化提供支撑保障。

我国的税务审计软件自 2005 年立项以来，为大企业税收管理工作提供了有力的信息化支撑，全国千户集团税收服务和管理工作启动以后，大企业服务和管理对象的数量迅速扩大，涉税事项日益复杂，大企业税收风险管理和税收经济分析等业务工作对信息系统的支撑作用和保障能力提出了更高要求。

2016 年，国家税务总局领导在全国大企业税收管理工作会议上指示，要建立全国统一的大企业税收管理系统，涵盖数据中心、决策中心、指挥中心和分析中心四大功能。根据总局领导的指示精神，大企业税收管理司将"做优平台"，实现"工作平台化"作为"五做七化"总体工作布局的重要内容，在金税三期工程的框架内，依托原有税务审计软件，升级完善了千户集团税收风险管理相关业务功能。2018 年 4 月 1 日，大企业税收管理系统（税务审计软件）全国上线试运行，为大企业税收服务和管理提供了良好的系统支撑。

第二节　系统功能

一、数据中心

数据中心主要是采集千户集团及其成员企业的各类海量数据并进行加工装配。一是建立包括税务端、企业端、第三方等数据的千户集团数据集市。二是根据千户集团服务和管理需要，建立涵盖采集、验证、反馈、加载等功能的千户集团数据工具。三是实现千户集团财务报表、企业电子账套、纳税申报、发票管理、第三方、日常管理等数据的标准化转换和整合，按集团、地区、行业等维度进行加工和归集。

二、决策中心

决策中心利用千户集团各行业、集团等重要数据,开展税收决策和治理。一是根据千户集团税收服务和管理需要,实现大企业集团概况、税源监控、经济运行、风险预警等税收经济监控功能。二是构建领导驾驶舱、聚焦宏观经济走势和税源税收变动趋势,实现千户集团决策信息集中展示。三是按照集团"一户式"的方式归集全部成员企业企业端数据,税务端数据和第三方数据,实现集团信息全景展示。四是从资本结构、资产运营能力、成长能力、盈利能力、偿债能力等维度综合评价企业财务状况和发展潜力,实现监控指标综合评价。五是实现风险扫描一键触发,研发集团"一户式"风险预警功能,实现风险扫描一键触发,建立税收经济监控与风险分析的功能纽带。

三、分析中心

分析中心是利用千户集团的大数据集中进行各类分析,走出一条高效分析之路。一是实现千户集团指标管理、模型管理、算法管理等职能。二是实现千户集团风险特征库、政策法规库、行业知识库、案例库等功能。三是实现按集团、行业、区域等维度进行风险分析和扫描功能。四是实现对单个千户集团成员企业的风险扫描和人工专业复评功能。五是实现包含综合分析、个性化分析等功能的集成分析工具。

四、指挥中心

指挥中心是统筹协调全国大企业税收管理专业团队、实施分头把关、统一作战。一是根据千户集团税收服务和管理改革的要求,建立完善大企业税收风险分析、服务、评审、应对、反馈管理流程,做到上下联动、过程留痕、考核有据,实现在总局统一指挥协调下,各地大企业管理部门有序高效开展千户集团税收风险分析工作。二是在安全可控的前提下,实现千户集团数据共享、风险分析模型共享、风险分析结果共享。三是与税收总局风控中心对接,实现千户集团风险任务在总局、省、市、县的逐级推送和应对反馈。

第三节 用户角色及工作职能

大企业税收管理系统(税务审计软件)涉及多个流程和环节,如风险任务建立、风险识别、人工专业复评、风险推送、应对反馈等，需要由多个不同部门的税务人员共同参与，协作完成。省局主要涉及的角色及主要职能如下：

1. 省局综合业务

建立省局自主风险分析管理任务，确定各环节处理人员及任务、时间，进行风险管理任务下发和上报。

2. 复评统筹

负责对总局下发的风险复评任务进行组织安排，将风险分析任务分配给主评人员进行下一步操作；对主评人员初审通过的人工复评结果进行复审；跟踪管理总省联动风险分析任务进度，查看风险分析成果的统计信息。

3. 主评

负责对总局下发的风险复评任务进行分工，组织开展风险分析；对辅评人员提交的辅评结果进行初审。

4. 辅评

对主评人员分配的风险企业开展风险人工复评工作，提交复评结果。

5. 省局应对管理

接收总局评审质控人员推送的企业涉税风险点，组织省内税务人员开展企业涉税风险点应对和反馈工作，将企业涉税风险点分工给风险应对工作的主应对人员，并对主应对人员完成初审的风险应对结果报送复审。

6. 省局主应对

对省局应对管理岗分配的企业涉税风险点进行分工，并对风险应对处理工作负责，跟踪风险应对处理情况进度并对风险应对结果进行审核。

7. 省局辅应对

对省局主应对人员分配的企业涉税风险点开展风险应对处理，录入风险分析任务的应对结果，根据工作需要，调整更新风险应对结果。

8. 通用查询

税务人员对获得数据查询权限的集团、成员企业开展一户式查询和集成分析白板工作。

9. 省局用户管理

负责新增用户权限申请单，向总局用户管理人员提出省局人员功能权限授权申请；对省内已有税务人员功能权限进行查询。

10. 数据授权申请

负责维护用户数据权限申请单，对本税务机关的税务人员申请千户集团的数据查询权限。填写数据授权申请单，对非本省纳税人数据提出授权申请。

11. 异地协作

使用异地协作发起和异地协作接收模块，从而发起异地协作任务，或是接收并辅助其他省完成异地协作任务。

12. 年度计划任务省局选户

负责省局在线选户工作并将选户结果提交给年度计划任务管理人员进行审核，上报税务总局。

13. 数据联络员

按照总局要求定期通过千户集团数据工具税务端，导出本省账套数据准备情况，由各省数据联络人员通过大企业税收管理系统导入并浏览账套数据准备情况。

第四节 业务场景和流程说明

一、千户集团税收风险分析（总省联动）

（一）业务描述

风险分析是千户集团税收风险管理"数据采集——风险分析——推送应对——反馈考核"中的第二个环节，总省联动风险分析指总局根据年度分析计划，依托平台进行计算机风险识别，与省局联动对风险识别结果开展人工专业复评，总局对分析成果审核后形成风险应对任务。

（二）涉及岗位

（1）复评统筹岗。
（2）主评岗。
（3）辅评岗。

（三）业务流程

1. 制定分析计划

（1）制定分析集团名单。总局年度计划制定经办人员在大企业税收管理系统中发起年度计划任务，由风险识别经办人员制定扫描方案，运用指标模型体系对千户集团进行风险扫描和等级排序，并结合税收规模、区域分布、近三年是否开展过税收风险管理等情况，制定分析集团名单。

（2）确定总局分析企业名单。税务总局负责选户的人员根据分析集团名单，选取总局开展税收风险分析的成员企业，并提交税务总局年度计划任务经办人员进行审核。

（3）确定省局分析企业名单。税务总局完成选户后，各省税务局根据本省实际，在税务总局下发的备选名单中选取开展分析的成员企业，提交税务总局。税务总局年度计划任务经办人员对各省税务局上报的分析企业名单审核确认。

（4）确定分析计划企业名单。税务总局年度计划任务经办人员完成分析企业名单的审核后，确定最终分析名单。

2. 风险识别

（1）制定扫描方案。税务总局税收风险识别经办人员通过设定风险扫描的指标模型、纳税人范围和时效等条件制定扫描方案。

（2）执行风险扫描。系统根据扫描方案对确定的企业名单进行风险扫描分析，自动生成风险识别报告。

（3）扫描结果浏览。税务总局税收风险识别经办人员查看风险扫描进度，生成和下载风险识别报告。

（4）提交识别结果。税务总局税收风险识别经办人员将风险识别报告提交至人工专业复评环节。

3. 人工专业复评

（1）风险复评下发。税务总局根据风险分析计划，将计算机自动风险扫描生成的风险识别报告下发到指定的复评单位，由复评单位开展人工专业复评。

（2）风险复评分工。复评单位的复评主审人员接到风险复评任务后，将任务分工给一个或多个复评辅审人员开展人工专业复评工作。

（3）风险人工复评。复评辅审人员可采取案头分析，与企业沟通、选取代表性企业开展典型调查等方法，结合企业的纳税人信息、申报表、财务报表和涉税电子财务数据等信息对风险识别报告中的风险点进行深入分析，形成风险分析报告，并提交至复评主审人员进行审核。

（4）复评结果审核。复评主审人员对提交的复评结果进行审核，审核通过后上报税务总局，审核不通过则退回至复评辅审人员进行补充完善。

4. 综合审核

（1）审核风险分析报告。税务总局综合审核人员对人工专业复评环节（含总省联动和省局自主风险分析）提交的风险分析报告进行审核，审核过程中可根据工作需要，修改完善风险分析报告内容。

（2）发送至评审质控。税务总局综合审核人员将审核通过的风险分析报告提交至评审质控人员进一步评审，审核未通过的报告则退回至风险复评人员补充完善。

（3）监控风险分析进度。税务总局综合审核人员可在系统中查看风险分析任务工作进度和完成情况。

（4）审核结果查询统计。对人工专业复评提交的风险分析成果情况进行查询统计，包括预估税款、调整留抵税额、调整应纳税所得额等信息。

5. 评审质控

总局评审质控人员通过对风险分析报告中的涉税风险事项的评审,实现质量控制。经评审后无异议风险,直接进入推送环节;经评审后存在异议的,可直接退回至综合审核环节,或修改完善后进入任务推送环节。评审通过的涉税风险点,若因工作需要暂不推送应对的,可转入暂缓推送库,暂不形成风险应对任务。

二、千户集团税收风险分析(省局自主)

(一)业务描述

省税务局在落实税务总局千户集团税收风险分析年度计划的基础上,结合本省工作实际,结合总局年度工作计划,自行选取集团及成员企业开展税收风险分析,上报税收风险分析报告。

(二)涉及岗位

(1)发起初评。
(2)复评统筹岗。
(3)主评岗。
(4)辅评岗。

(三)业务流程

1. 制定分析计划

(1)发起风险分析任务。省税务局根据风险管理工作安排,创建风险分析任务,确定风险分析任务名称及计划完成日期等。
(2)风险分析任务下发。省局综合业务人员确定风险分析对象,将风险任务下发给复评主审人员。

2. 开展风险分析

(1)风险分析分工。复评主审人员将风险分析任务分配给复评辅审人员开展风险分析工作。
(2)开展风险分析。复评辅审人员可采取案头分析,与企业沟通、选取代表性企业开展典型调查等方法,结合企业的纳税人信息、申报表、财务报表和涉税电子财务数据等信息对风险识别报告中的风险点进行深入分析,形成风险分析报告,并提交至复评主审人员进行审核。

(3) 分析结果审核。复评主审人员对复评辅审人员提交的分析结果进行审核。

3. 审核分析结果

(1) 审核分析报告。省税务局风险分析报告审核人员严格质量把控，对风险分析结果进行审核，确保风险点的分析准确无误。对审核不通过的，退回至复评辅审人员进行重新分析和调整。

(2) 终审确认上报。风险分析报告审核通过后，省税务局可将成效明显、具有推广价值的风险分析结果上报税务总局。

三、千户集团风险应对结果上报

(一) 业务描述

对总局下发的风险应对任务，省级大企业局在应对工作完成后，统筹组织开展应对结果的录入工作，在省局风险管理系统向风险办上报结果，应对人员按风险点逐一核对应对结果，在本系统向总局大企业司报送结果。

(二) 涉及岗位

(1) 省局应对管理岗。
(2) 省局主应对岗。
(3) 省局辅应对岗。

(三) 业务流程

1. 应对结果的反馈统筹

省局应对管理人员接收抄送大企业管理部门的风险应对任务，统筹组织开展应对结果的填报反馈工作，将需要录入应对结果的任务分派给省局主应对人员，由主应对人员进一步进行分工。

2. 应对结果的报送分工

省局主应对人员结合风险应对实际工作，对风险任务进行具体分工，将需录入应对结果的风险任务分派给具体开展风险应对工作的辅应对人员，由辅应对人员录入风险应对结果。

3. 应对结果的录入

辅应对人员根据风险应对开展情况，将风险应对结果录入大企业管理系统并提交主应对人员进行初审。辅应对人员可通过查看、修改风险点明细，对风险应对结果进行调整。

4. 应对结果的初审

省局主应对人员对辅应对人员上报的风险应对结果的质量、准确性进行初步审核，审核通过后推送给应对管理人员复审，如有问题退回至辅应对人员重新录入应对结果。

5. 应对结果的复审

省局应对管理人员对主应对人员上报的风险应对初审结果进行再次审核确认，审核通过后报送至总局，如有问题退回至主应对人员进行修改完善。

四、千户集团电子财务账套采集进度上报

（一）业务描述

按照总局要求，省局数据联络员定期上报账套数据的采集和核对进度，将千户集团数据工具税务端导出的日志文件导入本系统中，可自动上报相关集团账套数据的采集和核对进度，并浏览下载统计结果。

（二）涉及岗位

数据联络员岗

（三）业务流程

（1）在千户集团数据工具税务端软件中，将企业报送数据情况进行导出。

（2）导出"已采集、已核对"进度的日志文件在本系统进行导入。

五、千户集团跨区域数据权限申请

（一）业务描述

省内大企业局人员在日常工作开展过程中，如需查询本省权限之外的数据，可在系统中为本省用户向总局提出跨区域数据权限申请，经总局审批后，该用户获得相关数据查询权限。

（二）涉及岗位

数据授权申请岗

(三) 业务流程

(1) 省局数据授权管理员填写基本信息和申请说明,并将数据授权环节生成的清单导出为 PDF 格式文件,打印后进行签字、盖章,并扫描为电子文件进行上传,作为数据授权申请单的附件,一同提交到总局进行审批。

(2) 总局完成数据授权申请单的审批后,省局数据授权管理员对数据授权审批结果进行查询,如审批通过,被授权税务人员会具有授权纳税人的数据查询权限。

第四部分

我国大企业税收管理实践的"三驾马车"

第七章 大企业个性化纳税服务

第一节 大企业纳税服务概述

改革开放以来,我国经济飞速发展,市场经济逐步发展稳定,吸引了国内外大量优秀企业扩大规模进入市场。面对这种趋势,我国政府机关正面临着由管理型政府向服务型政府转型的挑战。而税务机关作为企业发展路上的得力帮手,一直把寓管理于服务之中作为对企业服务的首要理念。

随着全球经济迅猛发展,大企业及大集团不断发展壮大,成为我国国民经济的重要支柱,对他们的税收服务与管理一直以来都是税务管理的重点和难点,优化大企业税收管理与服务,对我国税收的管理与发展十分重要,对提高税收管理水平、降低税收成本、针对大企业特点提供个性化管理、提高税法的遵从具有重要意义。

2008年,国家税务总局内设机构改革时成立了大企业税收管理司,这标志着我国进行大企业税收管理改革迈出了实质性步伐。经过多年的努力,大企业税收专业化管理探索取得明显成效。

一、"大企业纳税服务若干工作措施"(十八条)出台的内涵和意义

深化大企业纳税服务,在千户集团管理阶段又有了新的内涵。这一阶段的大企业纳税服务强调以大企业需求为导向,通过提升税收服务层级、创新服务产品,为其提供更加便捷、规范、高效的个性化税收服务。不断强化创新升级的大企业服务体系,构建税企之间相互理解、相互支持、合作共赢的和谐征纳关系,引导、提升大企业自我遵从能力。

当前,深化大企业纳税服务有着十分重要的意义。一是有利于促进《深化国税、地税征管体制改革方案》的贯彻落实,推动管理服务的深度融合。二是有利于推进党中央、国务院关于"放管服"改革系列部署的落实,营造更加公平、透明、可预期的营商环境。三是有利于提升大企业管理与服务质效,切实解决大企业的痛点和痒点,实现涉税需求与纳税服务供给平衡发展,提升税收现代化治理能力。四是有利于贯彻落实总局领导指示精神的必然要求。

二、大企业纳税服务重点工作

千户集团管理阶段以来,全国大企业税收管理系统以强化服务意识、健全服务机制、优化纳税服务、提升大企业纳税服务质效为目标,由总局、省局直接面对纳税人涉税服务诉求,通过加强部门之间服务合作,不断深化对大企业的个性化纳税服务,服务内容与服务方法得到跨越式发展。在原有纳税服务产品的基础上,逐步升级形成以六大类纳税服务产品为核心的大企业纳税服务体系。

(一)大企业纳税服务理念

增强服务意识,转变服务理念。以大企业需求为导向,树立税企合作共治、服务与管理高度融合的理念。坚持风险管理和优质服务同步推进,防范税收风险和引导自觉遵从平行治理。树立积极有为的意识,促进服务创新,营造和谐营商环境。

(二)大企业纳税服务重点工作(六大类服务产品)

1. 强化税企沟通

畅通税企沟通渠道,加强税企信息交流。通过税企座谈会、税企沙龙、企业走访等多种方式,认真听取意见和建议,了解生产经营及重大涉税事项情况,及时收集和回应大企业关心的涉税问题,构建良好税企关系。

2. 开展政策辅导

完善大企业重组涉税事项纳税服务工作机制,依申请为大企业协调解决重组中的疑难事项。建立重大涉税事项政策辅导制度,对股权转让、关联交易、跨境投资等重大交易事项,提出税务风险建议。针对跨区域经营的企业集团各地税收政策理解、执行不一致问题,加强组织协调,提高政策确定性和执行统一性。

3. 实施风险提示

定期归集整理税收风险,适时推送,助力企业防范风险。针对重点企业,研究企业生产流程、整体架构、行业特征和核算特点,量身定制专门服务手册。收集整理企业风险防控典型案例,汇编成册,不定期发布。

4. 注重遵从引导

对辖区内重点行业税收风险事项进行细化研究,编制行业税收风险管理指引。选择符合条件的大企业,签订税收遵从合作协议或税收风险管理合作备忘录。对签约企业加强后续跟踪,建立工作台账,出具遵从评价报告。

5. 推进内控建设

开展内控调查,深入了解企业情况。分析企业关键涉税控制节点和内控薄弱环节,研究完善内控测试指标体系。有重点地测试企业内控制度实际执行情况，提出完善建议，推动企业提高遵从水平。

6. 助力专项服务

积极推动促进高遵从度企业绿色通道建设、自我遵从免查等专项服务落地。推进以集团为对象评定纳税信用等级，增强企业信誉意识。服务国家发展战略，梳理相关税收政策，定期开展政策辅导和风险提醒，降低"走出去"企业税收成本和涉税风险。

第二节 强化税企沟通

畅通税企沟通渠道，加强税企信息交流。通过税企座谈会、税企沙龙、企业走访等多种方式，认真听取意见和建议，了解生产经营及重大涉税事项情况，及时收集和回应大企业关心的涉税问题，构建良好税企关系。

一、拓展服务渠道，加强信息交流

运用"互联网+"思维，依托税务大数据，借助APP、微信、微博等网络平台，拓展服务渠道，加强税企之间的信息交流，消除税务机关与大企业之间的地域、层级限制，实现大企业纳税服务互联互通。

为打破税企之间地域、层级限制，各级大企业税收管理部门借助APP、微信、QQ、微博等网络工具，搭建了千户集团专属服务平台，实现税企之间互联互通，切实方便企业办理涉税业务，大企业对纳税服务的感知度、满意度得到增强。

政策依据：国家税务总局关于印发《深化大企业税收服务与管理改革实施方案》（税总发〔2015〕157号）"总局指导省局，借助手机APP、微信等互联网工具，为大企业提供政策咨询、业务交流等服务。"

工作案例：青岛市大企业局与海尔集团合作打造了"智税通"平台，通过规范数据接口，自动生成电子纳税申报表并实现自动申报。

二、强化日常沟通，及时回应诉求

完善大企业数据联络员制度，促进数据报送、诉求协调、风险管理等工作顺畅高效。不定期走访大企业，认真听取意见和建议，了解生产经营及重大涉税事项情况，及时回应涉税问题，做到沟通及时，处理快捷。

（一）千户集团数据联络员

千户集团数据联络员（以下简称联络员）是指千户集团中负责配合税务机关，统筹协调集团总部及其成员单位开展数据采集、审核和报送等工作的人员。

千户集团总部设置独立或兼职联络员1名，与税务机关大企业管理部门直接对接，是千户集团数据采集工作的主要责任人。

联络员的主要职责包括：①负责落实和统筹本集团总部及其成员单位涉税数据采集、审核和报送工作；②在税务机关提供的统一平台上组织完成数据采集工作；③及时反馈千户集团数据采集工作的意见与建议；④对税务机关布置的数据采集任务、数据内容负有安全保密责任；⑤配合税务机关做好其他数据相关工作。

省级税务机关负责联络员制度的落实和数据采集工作，主要职责包括：

（1）对联络员人选进行审核把关；

（2）组织联络员培训，及时更新业务知识；

（3）定期对企业报送的涉税数据进行审核。

税务总局大企业税收管理司每年对千户集团数据报送情况、数据质量等进行通报，并告之企业集团。对于在数据采集过程中出现不报、漏报、瞒报、错报等情况的企业集团，税务总局大企业税收管理司将责成企业集团所在地税务机关根据税收相关法律法规、制度等进行处理，并作为企业信誉等级评定重要依据。

（二）加强税企沟通，建立健全多层次沟通联系机制

建立大企业联络员制度。针对定点联系企业设立联络员，明确联络员的工作职责和工作内容，依托现行税收管理体制，建立联络员与各层级大企业税收管理部门的工作协调机制，畅通税企沟通渠道，提升服务质量和效率。

（三）建立常态化走访工作机制

根据工作需要统一规划走访的频率和层次，制定工作方案和调研提纲，提高走访工作的针对性和有效性。认真听取意见和建议，了解大企业生产经营及重大涉税事项变化情况，及时回应大企业提出的涉税诉求，密切跟踪涉税诉求的处理情况。

（四）探索"互联网+千户集团"试点应用

税务总局大企业税收管理司组织研发千户集团数据管理APP软件，为千户集团数

据联络员及各省大企业数据管理岗配置用户权限，通过软件推送数据管理任务；各省大企业税收管理部门负责软件推广应用，在线与企业沟通交流，反映企业涉税诉求，建立税企快速沟通渠道。

三、优化专项交流，解决热点问题

定期举办税企沙龙、恳谈会、联席会等，通报大企业关心的涉税问题，提高税企双方对涉税事项认识的一致性。结合税收热点难点问题，适时开展专题调研、高层对话，及时提出解决方案。建立行业税收工作小组，研究行业性涉税问题，探索有效对策建议。

工作案例：湖南大企业局联合邀请省内拟上市公司高管举办"税收风险防控研讨沙龙"，为企业排忧解难。黑龙江原国税、地税，辽宁大企业局联合探索设立驻企业服务组，通过服务组开展各项贴近式纳税服务。浙江省大企业局主动"请进来"，举办"浙江省国家税务局税企座谈会"，听取企业建议和意见，并现场为企业解决了部分涉税诉求；云南省大企业局携"五个一"，即"提供一套书、告知一个联系人，提供一封告知书，发放一张监督卡，记好一本账"，开展"总局定点联系企业走访活动"，为企业有针对性地解决问题奠定了基础。

（一）建立税企高层对话机制

结合税收工作重点议题，举办税企高层对话，交流税企双方的观点和情况，增进税务机关对大企业的认知与了解，提升大企业高层对税务工作及税务风险内控体系建设的重视程度，促进税企互信与合作。

工作案例：税务总局在2009年、2010年举办两次"雁栖税收论坛"，2011年税收风险管理征文颁奖，邀请定点联系企业和部分中介机构参加论坛活动，围绕大企业税收专业化管理、大企业税务风险控制、税收征管法中征纳双方的权利和义务等主题开展交流互动，产生了积极影响。2015年，青海省大企业局与15家定点联系企业召开税企高层座谈会，税企双方围绕行业发展、税企合作、大企业税收管理方式、纳税服务等问题进行了坦诚深入的沟通和交流。

（二）建立大企业工作小组制度

根据大企业的具体情况和相关工作事项，按行业或集团成立工作小组，研究企业集团组织架构、行业特点、业务环节、交流税收服务和管理的做法和经验，分析税收工作中的重点和难点问题，探索科学有效的解决方案。

工作案例：河南省大企业局吸收系统内外的税收专家组建优质服务团队，7×24小时在线解答纳税人各种涉税问题，加快交流频率，让纳税人全程畅享VIP服务"套餐"。

（三）健全大企业税收服务协调机制

总局、省局两级建立税企高层对话机制；改进大企业涉税事项处理机制，规范大企业涉税诉求的受理和回复工作，快速、准确地回应大企业涉税诉求；完善大企业涉税事项协调会议机制，及时解决重大、复杂涉税事项；推进国税、地税合作，联合为大企业提供个性化纳税服务，减轻大企业办税负担，实现征纳双方的良性互动。

（四）大企业涉税事项协调会议制度

1. 研究内容

大企业税收管理与服务中发现的总局定点联系企业的重大涉税事项，大企业反映比较集中的普遍性、行业性的具体涉税问题，以及局内相关单位在处理总局定点联系企业涉税事项中不能达成一致意见的具体涉税问题，由大企业税收管理司负责归集整理，提交大企业涉税事项协调会议研究。

2. 组成单位

大企业涉税事项协调会议由分管大企业税收管理司的局领导主持。大企业税收管理司为协调会议的牵头单位，成员单位包括办公厅、法规司、货物和劳务税司、所得税司、财产行为税司、国际税务司、规划核算司、纳税服务司、征管科技司、稽查局、督察内审司等总局相关职能业务部门。

3. 议事规则

（1）协调会议原则上每季度召开一次。特殊情况下，经局领导批准，可临时召开。

（2）大企业税收管理司根据拟研究的涉税事项确定会议议题及参加会议的成员单位。

（3）大企业税收管理司就会议议题作总汇报，主办单位汇报涉税事项的具体处理情况，参会成员单位发表意见，经研究讨论形成处理意见。

（4）大企业税收管理司根据会议情况，负责起草局领导专题会议纪要，会签参会成员单位后，报分管大企业税收管理司的局领导签发。

（5）办公厅负责协调会议议定事项的督办，大企业税收管理司跟踪了解相关情况。

（6）大企业涉税事项协调会议议定的相关涉税事项，需要向企业反馈的，由大企业税收管理司以适当方式统一回复企业。

政策依据：《国家税务总局办公厅关于完善大企业涉税事项协调会议制度及有关工

作机制的意见》(国税办发〔2010〕15号)

(五) 总局定点联系企业日常涉税文件处理工作程序

(1) 凡总局定点联系企业直接报送总局的文件,以及相关部门或各地税务机关针对总局定点联系企业具体事项的来文,办公厅在按现有公文处理程序分发相关司局办理的同时,分送大企业税收管理司。

(2) 大企业税收管理司根据掌握的相关信息,以适当方式对文件中有关总局定点联系企业涉税事项的处理过程进行跟踪了解,积极主动与主办单位沟通联系并协助办理。

(3) 总局相关单位办理针对总局定点联系企业具体事项的文件,应会签大企业税收管理司;正式下发的针对总局定点联系企业具体事项的文件,抄送大企业税收管理司。

(4) 其他部门会签总局的文件中,凡针对总局定点联系企业具体事项的,主办单位以书面形式正式征求大企业税收管理司的意见。

政策依据:《国家税务总局办公厅关于完善大企业涉税事项协调会议制度及有关工作机制的意见》(国税办发〔2010〕15号)。

第三节 开展政策辅导

完善大企业重组涉税事项纳税服务工作机制,依申请为大企业协调解决重组中的疑难事项。建立重大涉税事项政策辅导制度,对股权转让、关联交易、跨境投资等重大交易事项,提出税务风险建议。针对跨区域经营的企业集团各地税收政策理解、执行不一致问题,加强组织协调,提高政策确定性和执行统一性。

一、加强集团重组服务,提高政策确定性

针对涉及多地区或多税种的大企业重组涉税事项,建立大企业重组涉税事项纳税服务工作机制,规范工作程序,依申请为大企业协调重组中的疑难事项,提高政策确定性和执行统一性,解决大企业重组事项多头跑、多次跑问题。

(一) 大企业重组涉税事项纳税服务工作机制

1. 组织机构

为规范大企业重组涉税事项处理工作,增强税法适用的确定性和执行的统一性,

提升纳税人满意度和税法遵从度,税务总局决定建立大企业重组涉税事项纳税服务工作机制,成立大企业重组涉税事项领导小组(以下简称"领导小组"),下设大企业重组涉税事项办公室(以下简称"办公室"),办公室设在税务总局大企业税收管理司。

大企业税收管理司主要负责人任办公室主任,办公厅、政策法规司、货物和劳务税司、所得税司、财产和行为税司、国际税务司、征管和科技发展司各1名分管相关业务工作的司领导为办公室成员。

办公室负责大企业重组涉税事项的日常管理,协调各业务司局研究提出大企业重组涉税事项的处理意见。

2. 工作程序

大企业重组涉税事项纳税服务对象为千户集团企业。

(1)涉税事项来源。

(2)转办。

(3)审核。

(4)提出初步意见。

(5)形成最终意见。

(6)未决事项。

(7)存档。

(二)涉税诉求的受理和回复

(1)各级税务机关应及时受理辖区内成员企业提出的涉税诉求。税务总局可受理企业集团及其成员企业的涉税诉求,并根据不同情况决定直接办理或交由省以下税务机关办理。

(2)各级税务机关大企业税收管理部门根据本级的职责权限处理企业涉税诉求,遇有非本级职权范围事项的,应按规定向有权税务机关移送。

(3)各级税务机关大企业税收管理部门在处理需要征求其他部门意见的涉税诉求时,应先提出具体处理建议,再征求其他相关部门意见。大企业税收管理部门对企业涉税诉求的处理意见与其他相关部门意见一致的,由大企业税收管理部门直接回复企业;意见不一致的,由大企业税收管理部门提请召开大企业涉税事项协调会议,明确处理意见后及时回复企业。

(4)各级税务机关应建立大企业涉税事项协调会议制度,研究解决重大涉税事项以及企业反映的普遍性、行业性涉税问题。

政策依据:《国家税务总局大企业税收服务和管理规程(试行)》(国税发〔2011〕71号)第9、10、11、12条。

二、针对重大交易事项,提供专业辅导

对股权转让、关联交易、跨境投资等重大交易事项,建立重大事项辅导制度,提出税务风险建议,降低大企业重大事项涉税风险成本,充分享受现有税收政策红利。

(一)建立大企业重大事项报告制度

结合税收遵从合作协议的签订,明确大企业向税务机关报告与纳税义务有关的重大事项。确定报告的格式和时限,规范报告程序。对大企业报告的重大事项,要及时分析研究,提出服务和管理的意见建议,必要时进行跟踪了解,掌握大企业重大事项对税收管理工作的影响。建立大企业重大事项工作档案和资料库。

政策依据:《国家税务总局关于进一步加强大企业个性化纳税服务工作的意见》(税总发〔2013〕145号)。

(二)提升政策服务质量

加强重大涉税政策辅导,健全大企业重组涉税事项纳税服务工作机制,协助大企业集团落实好重组涉税政策。强化大企业跨区域涉税事项协调,提高各地税收政策执行和税收事项处理的统一性。依申请为大企业试行开展事先裁定。

政策依据:《国家税务总局大企业税收管理司关于印发〈2019年度大企业税收服务与管理重点工作任务〉的通知》(税总企便函〔2019〕8号)。

三、减少跨区域涉税争议,提高执行一致性

针对跨区域经营的企业集团各地税收政策理解、执行不一致问题,加强组织协调,提出解决方案,及时提请上级单位协调,提高各地政策执行一致性。

提供大企业税收政策确定性服务。总局指导省局,对大企业执行税收政策遇到的热点、难点问题,提供专业的政策解读,确保税法适用的确定性和税法执行的统一性;定期征集大企业意见建议,为完善税收政策和管理制度提供参考;随着相关法律法规修订,总局探索建立复杂涉税事项事先裁定制度,推进大企业税收事先裁定工作。

政策依据:《深化大企业税收服务与管理改革实施方案》(税总发〔2015〕157号)。

工作案例:税收政策的确定性与税法执行的统一性,一直是大企业税务管理人员的呼声。税务总局明确了关于烟草行业品牌合作生产"加工费"、电力行业传送煤炭栈桥等计征房产税、石油行业油气田"非生产性建筑物及构筑物"界定等各种行业性问

题，为企业提供了政策确定性和统一性，消除了企业潜在税务风险。

河北大企业局建立主动即时式大企业涉税诉求征询机制，以《大企业涉税诉求征询函》的形式主动征集企业诉求，并及时做出响应；湖北大企业局举办"税收政策信息获取策略研讨会暨服务大企业税法赠送仪式"，为20家大企业免费赠送一套《中华人民共和国税法（活页）》，并将定期补充更新活页内容。

第四节　实施风险提示

定期归集整理税收风险，适时推送，助力企业防范风险。针对重点企业，研究企业生产流程、整体架构、行业特征和核算特点，量身定制专门服务手册。收集整理企业风险防控典型案例，汇编成册，不定期发布。

一、定期归集整理税收风险，适时推送提醒到户

积极利用计算机扫描的风险成果，结合千户集团税收风险管理情况，定期归集日常风险，及时推送到户，督促企业自我评估、自我纠正，切实提高企业自我防范能力。纳税服务部门主要负责低等风险日常提示提醒工作。

政策依据：《国家税务总局关于印发〈深化大企业税收服务与管理改革实施方案〉》（税总发〔2015〕157号）"定期向大企业提示共性的、行业性的及有关重大事项的税收风险，突出事前预防。"

（一）优化千户集团纳税服务

1. 税务总局任务

（1）开展千户集团纳税服务调研，研究提出千户集团纳税服务举措，有针对性地开展共性服务，逐步完善纳税服务工作机制，帮助千户集团防控税务风险，促进千户集团税法遵从。

（2）研究千户集团税务内部控制有关制度，完善千户集团税收风险内控测试指标体系工作。

2. 省税务局任务

（1）创新千户集团个性化纳税服务方式，向当地千户集团提供个性化纳税服务。

（2）向千户集团提示共性的、行业性及涉及重大事项的税收风险，突出事前预防。

（3）及时征集千户集团在税收政策和税收征管方面的意见建议，为完善税制和改进征管提供参考。

（二）企业风险自查

风险自查是调动企业积极性、主动排除税务风险的一项有效措施。

税务总局组织企业集团总部及其成员企业，按照统一要求对税务风险进行自我排查纠错。各级税务机关应当加强与企业的合作互动，指导、帮助企业开展自查。

1. 组织自查

税务总局统一发函布置企业开展税务风险自查工作。各地应根据税务总局要求进行宣传辅导，帮助本地成员企业全面深入开展风险自查，及时研究解决自查中反映的问题，并将重大问题及时上报税务总局。

2. 督促整改

各地要督促企业进行问题整改，要求企业及时补缴税款及滞纳金，引导企业完善内部控制机制，帮助企业提升自我控制涉税风险的能力。自查结束后，要梳理归集企业自查情况和问题，编制企业自查情况报告，上报税务总局。

政策依据：《国家税务总局关于税务总局定点联系企业税收风险管理工作有关事项的通知》（税总发〔2014〕26号）。

二、汇编典型风险案例，激发企业增强防范意识

收集整理企业税务风险典型案例，汇编成册，不定期发布，引导企业规范涉税行为。收集整理大企业成功开展税务风险防控的案例、因疏于风险防控导致重大损失的案例，汇编成册，不定期发布，激发大企业税务遵从内在动力。同时将风险应对成果在同行业同性质企业中推广应用，推动成果增值转化利用；总结应对工作成果，提炼典型案例，加大经验复用力度。

第五节　注重遵从引导

对省内重点行业税收风险事项进行细化研究，编制行业税收风险管理指引。选择符合条件的大企业，签订《税收遵从合作协议》或《税收风险管理合作备忘录》。对签约企业加强后续跟踪，建立工作台账，出具遵从评价报告。

一、签订遵从协议，推动遵从合作

选择税务风险内控完善的企业集团，签订《税收遵从合作协议》或者《税收遵从

合作备忘录》,加强后续跟踪服务管理,建立工作台账,定期出具遵从评价报告,推动企业提高遵从水平。

(一) 税收遵从协议的签订

税务总局与企业集团在自愿、平等、公开、互信的基础上,签订税收遵从协议,共同承诺税企双方合作防控税务风险。

税务机关根据企业内控体系状况及税法遵从能力,经与企业协商,确定是否与企业签订税收遵从协议。

税企双方确定税收遵从协议签订意愿后,依序进行共同磋商、起草协议文本、签订协议等工作程序。

(二) 税收遵从协议的实施

税企双方签订税收遵从协议后,由税务总局负责通报有关税务机关。各级税务机关应当积极贯彻落实税收遵从协议。

各级税务机关应当积极贯彻落实税收遵从协议,并监控协议的执行情况,定期对执行情况进行评估,并向上一级税务机关报告。

省以下税务机关可与企业集团的成员企业签订税收遵从协议,协议内容不应与税务总局同企业集团签订的协议相冲突,协议文本及其执行情况应报税务总局备案。

政策依据:《国家税务总局关于印发〈国家税务总局大企业税收服务和管理规程(试行)〉的通知》(国税发〔2011〕71号) 第16、17、18、19、20、21条。

二、分年编写行业指引,揭示行业共性风险

研究行业风险特征,梳理行业政策规定,分析行业共性风险,细化风险控制方法,分门别类编写风险指引,引导企业加强防范。通过分行业编写大企业风险管理指引,聚焦行业特点和行业规律,梳理行业税收政策,细化大企业涉税风险点,揭示行业共性风险。四川国税建立金融、烟草、白酒、电子等14个行业管理中心,启动行业税收监控分析,完成《行业税务风险防控手册》并发放企业。湖北国税、地税通过整理税务稽查案卷、纳税评估档案等资料,分集团形成涉税风险管理建议书并送达企业,实现税收风险早提醒。

(一) 建立大企业税收风险管理指南

结合税收风险管理专项工作,分行业、分集团建立大企业风险管理指南,按照行

业或企业的生产经营流程和财务核算方式,聚焦行业特点和行业规律,梳理行业税收政策,细化大企业涉税风险点。完善大企业基础信息库和行业风险特征库。依托税务风险内控机制,制定大企业生产经营各环节税务风险防范和控制方法。

政策依据:《国家税务总局关于进一步加强大企业个性化纳税服务工作的意见》(税总发〔2013〕145号)。

(二) 精准实施风险提示

为大企业编制行业税收风险指引,引导大企业防范税收风险。深化千户集团税收风险分析运用机制,对大企业集团推送预警信息。探索开展个性化风险防控服务,帮助符合条件的企业集团制定税收风险防控手册,自上而下防范集团性风险,提高企业自我遵从能力。

三、编制年度遵从报告,增强企业信誉意识

汇总企业税收缴纳、信用评定和遵从情况,按年编制《千户集团年度报告》《千户集团年鉴》,推进企业集团信息共享,增强大企业信誉意识。通过大企业遵从情况的公开、共享和互认,帮助大企业社会认同度提升和大企业信誉度增强,促进大企业提升诚信守法意识。

(一) 编制遵从报告

(1) 税务机关按照统一规范内容对企业纳税遵从情况进行评价,形成遵从报告。遵从报告包括企业税务遵从责任报告和税务机关服务和管理总结以及对企业遵从评价报告,原则上按年度开展。也可针对专门事项,进行专项税收遵从评价。

(2) 税务总局负责组织开展年度遵从报告工作,收集企业集团的税务遵从责任报告。省以下税务机关按照统一部署组织开展辖区内成员企业税务遵从报告工作,收集成员企业的税务遵从责任报告。

(3) 税务机关按统一要求对重点企业进行遵从评价,形成遵从报告,由省税务机关汇总后上报税务总局。

(二) 出具遵从报告

税务机关应将遵从评价情况与企业的税务遵从责任报告进行汇总分析并处理。
税务总局以企业集团为单位结合集团责任报告和各级税务机关的遵从评价报告进

行综合遵从评价，反馈企业集团，并发布给各地税务机关。

政策依据：《国家税务总局关于印发〈国家税务总局大企业税收服务和管理规程（试行）〉的通知》（国税发〔2011〕71号）第44、45、46、47、48条。

第六节　推进内控建设

开展内控调查，深入了解企业情况。分析企业关键涉税控制节点和内控薄弱环节，研究完善内控测试指标体系。有重点地测试企业内控制度实际执行情况，提出完善建议，推动企业提高遵从水平。

一、完善风险内控制度，税企双方共同信守

推进内控建设是分析企业关键涉税控制节点和内控薄弱环节、研究完善内控测试指标体系、测试企业内控制度实际执行情况，提出完善建议，根据内控调查和内控测试的情况，出具大企业税务风险管理建议书，引导和推动大企业不断完善税务风险内控体系的建设。

大企业税收风险管理内部控制的内容主要包括：数据采集、风险分析等涉税事项的工作风险。

1. 数据采集主要风险点

（1）企业名册管理。

（2）企业涉税数据管理。

2. 风险分析主要风险点

（1）指标模型建设。

（2）风险分析。

政策依据：《国家税务总局关于印发〈大企业税收风险管理内部控制制度（试行）〉的通知》（税总发〔2018〕177号）第7、8、9条。

二、编研内控指标体系，加强企业内控建设

依据《大企业税务风险管理指引（试行）》规定的大企业税务风险内控机制的相关要素，进行认真研究，有重点地测试企业内控制度实际执行情况，提出完善建议，帮助企业加强内控建设。

（一）定期开展内控调查研究

（1）税务机关在出台重大税收政策和管理制度之前，应征求企业意见，并对意见

进行认真分析研究。

（2）税务机关在税收政策和管理制度公布实施以后，应及时通过多种方式做好宣传和辅导，做到公开透明，保证税法适用的确定性和统一性，引导企业的税收遵从。

（3）各级税务机关应定期收集企业的意见，为完善税收政策和管理制度提供参考。

（二）收集完善指标测试体系

（1）税务总局统筹协调企业意见收集反馈工作，并负责收集汇总企业集团总部和省级税务机关的意见。省以下税务机关按照税务总局的统一部署开展工作，收集本地区成员企业的意见，并将意见汇总报税务总局。

（2）研究制定大企业税务风险内控测试指标体系。对《大企业税务风险管理指引（试行）》规定的大企业税务风险内控机制相关要素进行认真研究，组建税务系统工作团队，借助中介机构及专家学者的力量，制定风险内控测试指标体系，明确测试指标的主要内涵和逻辑关系，确定测试指标的使用方法。

（3）深入开展大企业税务风险内控测试工作。根据大企业的特点和所处行业类型，采取问卷调查、现场访谈等形式开展大企业税务风险内控调查工作。采取符合性测试、实质性测试等方法开展大企业内控测试工作。根据内控调查和内控测试的情况，出具大企业税务风险管理建议书，引导和推动大企业不断完善税务风险内控体系。

政策依据：《国家税务总局关于印发〈国家税务总局大企业税收服务和管理规程（试行）〉的通知》（国税发〔2011〕71号）第7、8、9条；《国家税务总局关于进一步加强大企业个性化纳税服务工作的意见》（税总发〔2013〕145号）第12、13条。

三、引导企业内控调查健全风险内控体系

根据大企业的特点和所处行业类型，采取问卷调查、现场访谈等形式开展大企业税务风险内控调查工作。

（一）定期调查引导企业完善内控体系

各级税务机关应按照《大企业税务风险管理指引（试行）》对企业税务风险内控体系状况进行调查、评价，并根据企业实际情况采取相应措施，引导企业建立完善税务风险内控体系。

各级税务机关应定期调查和评价企业税务风险内控体系情况：
（1）企业内控制度及其运行情况；
（2）企业税务风险管理组织机构、岗位和职责；

(3) 企业税务风险识别和评估机制;
(4) 企业税务风险控制和应对机制;
(5) 企业税务信息管理体系和沟通机制;
(6) 税务风险管理的监督和改进机制;
(7) 与企业内控体系有关的其他情况。

(二) 调查分析评价和处理形成激励措施

各级税务机关大企业税收管理部门应分类处理企业税务风险内控体系评析结果,根据不同情况采取相应的税收服务和管理措施。

对未建立内控体系的企业,积极引导企业建立税务风险内控体系;对已建立内控体系的企业,重点监控其内控体系运行情况;对内控体系需要完善的企业,提出企业内控体系完善建议;对内控体系相对完善的企业,制定相应的激励措施。

税务总局统筹负责组织企业税务风险内控体系运行情况的调查分析评价和处理工作。省以下税务机关按照税务总局的统一要求和部署开展辖区内成员企业的内控体系调查评析工作。

政策依据:《国家税务总局关于印发〈国家税务总局大企业税收服务和管理规程(试行)〉的通知》(国税发〔2011〕71号)第13、14、15、16条。

四、试行大企业涉税事项事先裁定制度

以现行税收法律法规为依据,就大企业申请的关于未来可预期的特定事项应如何适用税法予以裁定,提升大企业防控税收风险的能力,推动大企业健全税务风险内控机制。建立健全事先裁定工作流程,完善工作机制,积累工作案例,增强税法适用的透明度和确定性。

政策依据:《国家税务总局关于进一步加强大企业个性化纳税服务工作的意见》(税总发〔2013〕145号)。

第七节 助力专项服务

积极推动促进高遵从度企业绿色通道建设、自我遵从免查等专项服务落地。推进以集团为对象评定纳税信用等级,增强企业信誉意识。服务国家发展战略,梳理相关税收政策,定期开展政策辅导和风险提醒,降低"走出去"企业税收成本和涉税风险。

一、建立绿色通道,提供专属服务

为符合条件的大企业提供绿色通道,提供发票直送、诉求升级、自我遵从免查等专属服务。针对大企业的个性化需求,尝试对接相关政府部门和行业协会,着力解决大企业遇到的各类问题。

(一) 建立绿色通道

对纳税信用评价为 A 级的纳税人,税务机关予以下列激励措施:连续 3 年被评为 A 级信用级别(简称"3 连 A")的纳税人,还可以享受由税务机关提供绿色通道或专门人员帮助办理涉税事项。

(二) 提供便捷服务

部分省、市大企业管理服务部门为符合条件的大企业提供绿色通道,提供发票直送、诉求升级、自我遵从免查等专属服务。同时针对大企业的个性化需求,积极对接相关政府部门和行业协会,着力解决大企业遇到的各类问题。

例如,北京大企业局联合制定《大企业联合走访工作管理办法》,为全市 2 000 多户列名大企业提供发票直送、诉求升级、风险提示、遵从免查、大企业专用微信服务号等事项的绿色办税通道。

政策依据:《国家税务总局关于发布〈纳税信用管理办法(试行)〉的公告》(2014 年第 40 号)第 29 条。

二、强化数据监测分析,提供便捷高效服务

积极利用互联网和大数据技术,探索开展大企业数据监测统计,及时掌握大企业税收波动情况和发展趋势,开展精准分析,为大企业提供便捷、高效服务。

大企业税收管理部门组建了专业税收经济分析团队,充分运用全国税收征管系统数据和互联网数据,开展专题税收经济分析。通过分析企业税收波动情况和发展趋势,向政府建言献策,配合政府优化社会营商环境。广东大企业局结合经济分析工作,联合高校等专业机构建立广东省税收先行指数和经济景气指数,以税收数据对全省经济形势进行分析预测。

(一) 数据监测分析

(1) 制订和完善企业税务风险管理制度和其他涉税规章制度；

(2) 参与企业战略规划和重大经营决策的税务影响分析，提供税务风险管理建议；

(3) 组织实施企业税务风险的识别、评估，监测日常税务风险并采取应对措施；

(4) 指导和监督有关职能部门、各业务单位以及全资、控股企业开展税务风险管理工作；

(5) 建立税务风险管理的信息和沟通机制；

(6) 组织税务培训，并向本企业其他部门提供税务咨询；

(7) 承担或协助相关职能部门开展纳税申报、税款缴纳、账簿凭证和其他涉税资料的准备和保管工作。

政策依据：《国家税务总局关于印发〈大企业税务风险管理指引（试行）〉的通知》（国税发〔2009〕90号）。

(二) 风险细化防控

完善大企业重组涉税事项纳税服务工作机制，依申请为大企业协调解决重组中的疑难事项。建立重大涉税事项政策辅导制度，对股权转让、关联交易、跨境投资等重大交易事项，提出税务风险建议。针对跨区域经营的企业集团各地税收政策理解、执行不一致问题，加强组织协调，提高政策确定性和执行统一性。

(1) 各级税务机关大企业税收管理部门对采集的企业风险管理信息进行整理，查找企业在税务登记、纳税申报、税款缴纳以及履行其他涉税义务过程中存在的涉税风险。

(2) 各级税务机关大企业税收管理部门和主管税务机关应定期按行业、集团、区域特点及特定涉税事项等标准选取风险识别对象，选择对应的风险特征库，通过税务风险管理信息系统进行计算机风险识别，并对识别出的结果进行人工比对校验，鉴别筛选出重要风险点。

(3) 税务总局负责开发维护企业税务风险识别系统，按统一标准统筹企业税务风险的识别工作；负责汇总企业相关风险信息，组织开展行业、集团、区域以及特定涉税事项的风险识别。

省以下税务机关大企业税收管理部门负责完成上级交办的风险识别工作；也可根据自身工作规划，通过汇总辖区内的成员企业相关风险信息，组织开展风险识别工作。主管税务机关负责完成上级交办的风险识别工作，并结合税收日常管理，开展对辖区内成员企业的风险识别工作。

(4) 各级税务机关应当对识别出的风险及其特征进行明确界定，确定风险发生的概率及频率，分析可能发生的风险产生的原因、条件及后果和影响，并进行风险等级排序，形成风险评估报告，提醒企业和主管税务机关防控可能发生的税务风险。

（5）风险评估采用计算机评估和人工评估、定量评估和定性评估、定期评估和临时评估、事后评估和实时评估相结合的工作方式。

（6）税务总局大企业税收管理司负责行业、集团、区域和特定涉税事项的风险评估工作。省以下税务机关大企业税收管理部门负责上级交办的风险评估工作；组织开展辖区内成员企业的风险评估工作。

主管税务机关负责完成上级交办的风险评估工作，并结合税收日常管理，开展对辖区内成员企业的风险评估工作。

政策依据：《国家税务总局关于印发〈国家税务总局大企业税收服务和管理规程（试行）〉的通知》（国税发〔2011〕71号）第28、29、30、31、32、33条。

三、聚焦企业生产流程，定制专门服务手册

针对重点风险企业，研究生产流程、整体架构、行业特征和核算特点，分析潜在风险，量身定制专门服务手册，提供针对性服务。

近年来，全国编制分行业、分税种、分集团的税收风险管理指南共73册，分发相关企业，助力其加强税务管理，预防税收风险。

（一）结合"便民办税春风行动"，向45户定点联系企业发出"致定点联系企业的一封信"，告知大企业"春风行动"系列服务活动，征集诉求

税务总局王军局长、宋兰副局长先后走访了中国烟草总公司、沃尔玛等企业，并与烟草总公司签署了《税收风险管理合作备忘录》，与中冶集团签署了《遵从合作备忘录》。2014年5月在总局网站举行在线访谈，就优化大企业个性化纳税服务进行税企互动交流，并解读大企业税收管理相关问题，广大网友踊跃参与，为历次总局访谈中在线网友参与人数最多的一次，得到了纳税人的普遍好评。各地税务机关也按照"便民办税春风行动"要求，结合本地实际积极开展税企高层交流、征集回应大企业涉税诉求、试行大企业涉税事项事先裁定、制定大企业相关行业税收风险管理指南等多项行动。

（二）签订税收遵从合作协议

2011年初，税务总局根据对部分企业开展风险评估所掌握的情况，选择内控制度相对比较健全的3户企业集团于2012年10月签订了《税收遵从合作协议》，并向系统下发了《税务总局办公厅关于做好〈税收遵从合作协议〉执行工作的通知》，要求各地做好协议执行工作。

(三) 提供大企业税收政策确定性服务

税收政策的确定性与税法执行的统一性,一直是大企业税务管理人员的呼声。税务总局明确了关于烟草行业品牌合作生产"加工费"、电力行业传送煤炭栈桥等计征房产税、石油行业油气田"非生产性建筑物及构筑物"界定等各种行业性问题,为企业提供了政策确定性和统一性,消除了企业潜在税务风险。各省大企业部门也积极响应企业诉求,提供政策确定性服务。

四、积极利用信用评价体系,提升总体信用水平

完善信用评价体系,建立企业集团总部与成员企业信用联动关系,探索以集团为口径评价纳税信用状况,引导企业集团和成员企业诚信水平总体提高。

税务机关按照守信激励、失信惩戒的原则,对不同信用级别的纳税人实施分类服务和管理。

政策依据:《国家税务总局关于发布〈纳税信用管理办法(试行)〉的公告》(2014年第40号)第28、29、30、31、32条。

五、优化"走出去"企业服务,助力国家发展战略

围绕"走出去"企业,梳理内外税收政策,跟踪征管问题,建立数据档案,收集整理大企业海外税收维权案例,定期开展政策辅导和税收提醒,强化"一对一"服务,降低"走出去"企业税收成本和涉税风险。

围绕"一带一路""供给侧结构性改革"等国家战略部署,大企业税收管理部门围绕"走出去"企业,梳理内外税收政策,编写税收法律法规和相关政策提示函,开展专题政策辅导服务;同时收集整理大企业海外税收维权案例,积极协调解决"走出去"大企业尤其是在"一带一路"沿线国家投资遇到的涉税问题。新疆大企业局翻译比较毗邻五国的税法,收集整理国别税收信息,初步形成毗邻国家税法体系。浙江省原国税、地税联合建立"一带一路"税收服务机制,为全省"一带一路"投资企业开展政策和风险防控宣讲,降低"走出去"大企业涉税风险。云南大企业局制作《"走出去"企业税收风险列表》,归纳税收风险111项,引导纳税人自我纠错,防范风险。

工作案例:

1. 基本情况

税企共治案例——某集团"税务云"

"税务云"是由某省国税局协助、C集团自主研发的一套自动生成税收数据的系

统,通过软件使用单位在平台录入财务原始数据,根据预先设定好的规则自动形成凭证、汇编财务报表、生成各税种申报表,并与税务金税三期对接,实现自动申报。这不仅免去了过去人工填写的繁琐,更重要的是避免了纳税人因税收政策掌握不准确导致申报信息有误等弊端,实现涉税信息管理的自动化和精准化,提高了纳税人涉税内控制度健全程度。

2. 主要做法

针对纳税人的难点和痛点制定服务措施是大企业纳税服务的主要工作方法,借助"便民办税春风行动"的开展,该省国税局积极到企业走访,开展税企高层对话。在了解了C集团建设企业信息端的需求后,主动与千户集团之一的C集团合作,协助该集团搭建跨组织、跨行业、跨区域的税企共治"税务云"平台。通过携手共建"税务云",实现了税企财务、税务信息的共享,做到了税收风险事前、事中的防控,同时也实现了税企合作共赢的局面,搭建起了税企共治的现代化平台,使得税收管理进入信息化、智能化时代。

在协助C集团建设"税务云"过程中,该省国税局从企业信息端建设着手,促进企业税收遵从管理。通过与C集团进行一系列座谈,就如何进一步做好"C系"企业的税收服务与管理、防范涉税风险等问题进行探讨。针对C集团"税务云"建设团队中缺乏涉税风险内控指标建设经验的情况,该省国税局主动与C集团对接,协助其设定、完善税收规则,完善内控指标,并将标准写入到"税务云"系统中,将"税务云"建设成为集多种税务管理功能于一体的税务管理平台和税收政策服务平台,最终实现涉税数据自动化生成和物联网时代的一站式智能税务遵从管理,使得税务遵从合规化和税务风险管控智能化。

"税务云"人人减轻了C集团财务部门的工作压力。随着"税务云"的推进,前期靠手工处理的纳税申报表生成、增值税发票校验、税务会计处理、报表报送等涉税操作和管理事项实现了自动化,有效地降低了人工成本,提高了工作效率。C集团涉及近70家子公司,每个公司都涉及到发票管理、纳税申报、税款缴纳、税务备案及各类信息报送等日常涉税事项,过去这些工作整个集团需要100多人,现在整个集团7个人就可以全部完成,极大地解放了基础涉税操作人员和税务管理人员的劳动力。

通过帮助C集团建立科学、规范和统一的税务管理标准,使得集团层面及其旗下所有成员企业的税务管理质量都提升到了一个相对较高的水平上。借助企业集团的数据共享和集中管理,大企业税收管理部门只需与C集团对接,重点关注其税收处理的业务规则就可以快速查找税收管理风险,税收管理半径就可以覆盖集团范围内的所有成员企业。

3. 案例启示

C集团"税务云"是一项重要的创新,不仅通过财务数据共享实现了涉税事项高效处理,而且把跨区域、跨部门、跨行业各个分支机构分散的税务事项上收到总部由高素质专业化团队集中管控，实时跟进税收政策调整，动态掌握集团税收状况，税收处理内控机制严谨、追溯便捷，有效防范了集团税务风险。通过借鉴C集团"税务云"的模式、推广"税务云"理念，增强大企业集团对税务风险信息的关注，增强大企业集团防范涉税风险能力；通过集团化的财务数据共享和税务事项集中处理，解决分支机构税务管理各自为战，财会人员素质参差不齐、管理粗放、难以有效防控税务风险的问题。同时，"税务云"也为大企业税收管理服务创造了便利条件。借助企业集团的数据共享和集中管理，税务机关与企业集团对接，这样，既可以减少对成员企业正常生产经营的打扰，又有助于破解跨区域经营大企业税收管理的难题。值得一提的是，通过对企业集团的税收政策专题解读和税收争议问题的协调处理，可以更高效地实现税收政策适用确定性和执行统一性，提升对大企业个性化纳税服务的质效。

大企业税收管理信息化、智能化已经是不可阻挡的趋势，以大企业需求为导向，积极树立税企合作共治的理念，加强税务部门和大企业的信息化建设，整合纳税服务资源，实现服务深度融合是大企业税收服务与管理的必然趋势。

第八章 大企业税收风险分析

各级税务机关结合计算机扫描生成的税收风险识别报告,依托相关数据信息,通过人工深入分析,开展人工专业复评,根据分析结果进行风险等级排序,汇总整理潜在的风险列表和企业风险等级排名,详细列示被分析企业可能存在的风险领域和具体的涉税风险点,形成分户税收风险分析报告,为风险应对提供依据。

第一节 工作流程及要求

一、确定名单

千户集团风险分析为两级统筹,税务总局统筹3亿元以上企业,省税务机关统筹1亿~3亿元企业。

(一)确定年度分析集团名单

总局大企业税收管理司制度规划处在广泛征求各省税务局大企业税收管理部门和北京市税务局第一税务分局(以下简称"北京市一分局")意见建议的基础上,统筹考虑千户集团风险等级排序、税收规模、区域分布等因素,结合税收风险管理开展情况,与稽查局等部门统筹,确定分析集团名单,制定下发千户集团税收风险分析年度计划。

(二)确定年度分析成员企业名单

北京市一分局和各省税务局大企业税收管理部门按照总局确定的集团名单和相关工作要求,制定本单位税收风险分析年度计划,确定分析成员企业名单,并报大企业税收管理司制度规划处。制度规划处汇总整理各单位报送的税收风险分析年度计划,形成《××××年税收风险分析计划企业名单》。

二、风险识别

统一进行税收风险识别。大企业税收管理司制度规划处将税收风险分析计划企业名单发送至北京市一分局进行计算机扫描。北京市一分局将计算机扫描生成的相关集团和成员单位的税收风险识别报告下发省税务局大企业税收管理部门，同时向大企业税收管理司制度规划处反馈识别报告下发情况。

三、人工复评

（一）开展人工专业复评

北京市一分局和各省税务局大企业税收管理部门结合计算机扫描生成的税收风险识别报告，依托相关数据信息，通过人工深入分析，开展人工专业复评，形成分户税收风险分析报告。

人工专业复评可以采取案头分析、与企业沟通、选取代表性企业开展典型调查等方式来开展。一是专业分析。专家诊断与风险团队会诊相结合。二是统筹开展。统筹税务机关层级间、内设部门间，结合专项调研、跟岗交流，联动开展风险分析。三是沟通协调集团总部。对同质性高、涉及面广的风险，税务总局协调集团总部所在税务机关，进行提示告知。

人工专业复评应当重点关注以下内容：

（1）企业所处的行业特点；

（2）企业适用的产业政策、税收政策、会计准则或会计制度；

（3）企业内部控制制度；

（4）企业财务报表、审计报告及相关鉴证报告；

（5）企业重组、股权转让、关联交易等复杂涉税事项；

（6）以前年度风险应对结论，包括纳税评估报告、稽查处理决定书等。

（二）上报风险分析报告

各省税务局大企业税收管理部门每季度终了后10日内将形成的税收风险分析报告提交大企业税收管理司制度规划处，第一分局每季度终了后10日内将税收风险分析完成情况报大企业税收管理司制度规划处，制度规划处将各省提交的税收风险分析报告情况进行整理，与第一分局税收风险分析情况汇总形成"××××年税收风险分析情况统计表",并于 5 日内转至北京市一分局进行初审。

四、风险推送

实施评审推送。建立分级评审制度,对风险分析报告进行审核,严格进行质量控制。将纳入总局统筹计划的企业风险分析报告报送总局,第一分局将收到的分析报告于 30 日内完成初审并报大企业税收管理司评审质控处,评审质控处 15 日内完成评审后提交司务会研究。经司务会同意后推送至各省税务局组织税收风险应对。对纳入本省统筹计划的企业风险分析报告形成风险应对任务推送本省应对。

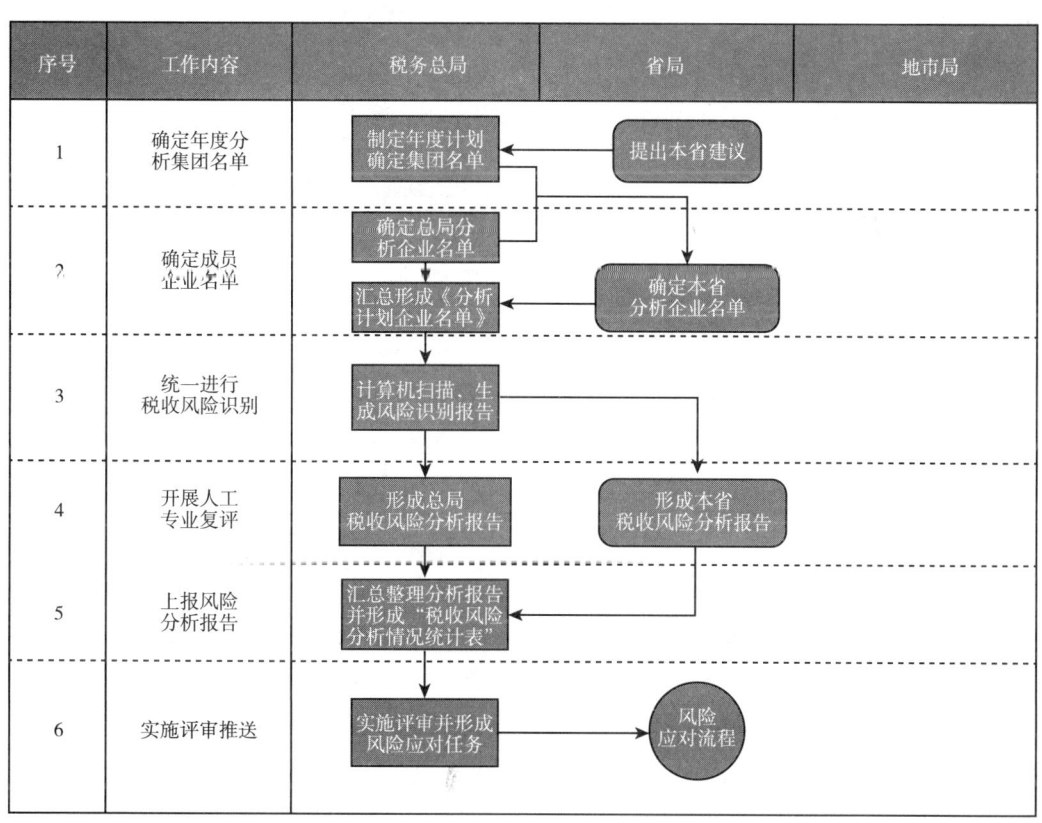

图 8-1　年纳税额 3 亿元以上企业集团税收风险分析流程图

省税务机关在落实税务总局千户集团税收风险分析年度计划的基础上,统筹考虑相关因素,结合本省工作实际,可以选择税务总局年度工作计划外的成员企业或集团自行开展税收风险分析,制定本省千户集团年度风险分析计划,确定集团及成员企业名单,并上报总局备案。

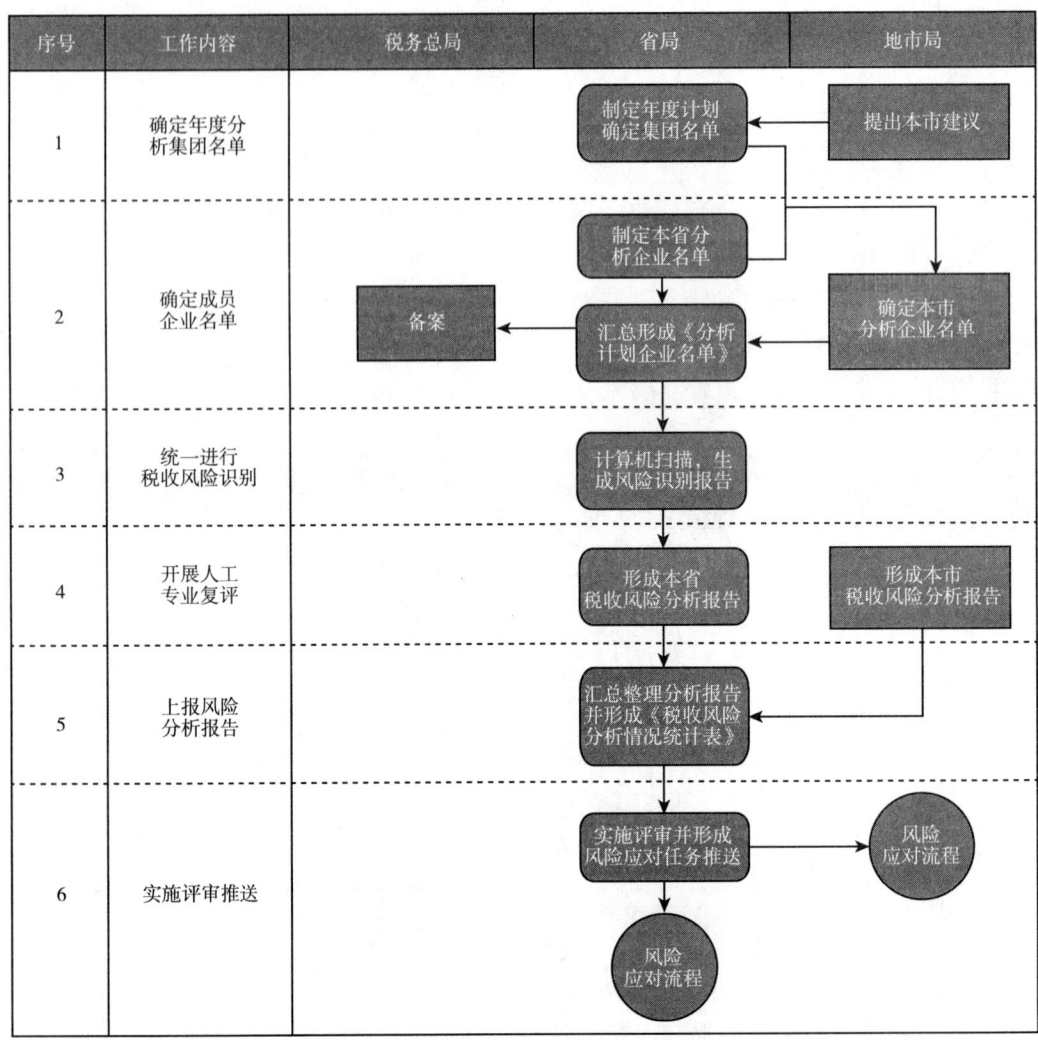

图8-2 年纳税额在1~3亿元企业集团税收风险分析流程图

第二节 通用税收风险识别

一、增值税风险

(一) 应税收入类风险

1. 应税行为未及时确认或少计收入风险

(1) 未按照增值税纳税义务发生时间确认收入风险。

风险描述：企业因增值税纳税义务发生时间的规定与会计确认收入时间的规定存

在差异，纳税人未按照增值税纳税义务发生时间确认收入。

（2）往来账期末余额较大、长期挂账隐匿收入风险。

风险描述：企业"预收账款""应收账款""其他应收款"等科目期末金额长期较大，可能将实现收入长期挂账、不确认收入，甚至账外循环，涉及少缴增值税风险。

（3）收取其他单位资金占用费未确认收入风险。

风险描述：企业在收取其他单位占用资金所支付的资金占用费时，将收取的资金占用费直接冲减财务费用或计入往来款等科目，未确认收入，未计提销项税额。

（4）非集团内企业之间资金拆借少计利息收入风险。

风险描述：企业将贷款资金借给其他单位和个人使用，自身列支贷款利息，不收取利息或收取利息不计收入，少缴增值税。

（5）限售股减持未按规定缴纳增值税的风险。

风险描述：上市公司股东减持上市公司因IPO、重大资产重组和股权分置改革形成的限售股，可能存在未及时申报或因适用计算方法错误少申报缴纳税款的情况。

2. 视同销售未确认收入风险

（1）将增值税应税产品用于集体福利或者个人消费、投资、分配给投资者、无偿赠送等行为未按规定申报，少缴税款风险。

风险描述：企业将增值税应税产品用于集体福利或者个人消费、投资、分配给投资者、无偿赠送未视同销售行为，未按规定申报纳税的风险。

（2）新产品试生产期间未计应税收入风险。

风险描述：新产品试生产期间形成的产品出售时，未计提销项税额少缴增值税风险。

（3）集团内非同一县（市）机构间移送存货用于销售未计应税收入风险。

风险描述：企业将原辅料、包装物、产成品等存货在集团机构非同一县（市）的机构间相互移送，可能存在未申报销售收入的风险。

（4）将政府无偿划拨的土地按评估价值投资入股未缴纳增值税风险。

风险描述：国有企业如果将改制前通过政府无偿划拨取得的土地用于投资入股，按评估价作为长期股权投资，可能存在未按规定计算缴纳增值税的风险。

3. 处置固定资产、原材料等少计收入风险

（1）销售使用过的固定资产未缴纳增值税或者计税方法适用错误风险。

风险描述：企业销售自己使用过的固定资产，如果是2014年5月31日及以前购进的，属于不得抵扣且未抵扣进项税额的固定资产，适用简易办法依照3%征收率减按2%征收增值税政策的，可以放弃减税，按照简易办法依照3%征收率缴纳增值税，并可以开具增值税专用发票；如果是2014年6月1日以后购进的且已抵扣进项税额的固定资产，按照一般计税方法依照13%税率（自2019年4月1日起执行）缴纳增值税。企业可能存在不计提增值税或者适用税率不正确的风险，或将依照简易办法3%征收率计算的应纳税款与一般计税办法计算的销项税额混淆少缴增值税的风险。

（2）废弃物下脚料处置未按规定缴纳增值税风险。

风险描述：企业存在对外销售下脚料和生产各环节产生的个别废品，未确认收入、未计提销项税额的风险。销售自己使用过的除固定资产以外的废旧包装物、废旧材料等未按正常税率申报缴纳增值税的风险。企业以废弃物处置收入抵减清理费用，造成少计销售收入，少缴增值税的风险；企业废弃物中仍有市场价值的商品，未按照市场价格确认收入并计提销项税额的风险；企业在处理废弃物过程中，替关联方支付相关费用，导致多抵扣进项税额或多列费用的风险。

4. 租赁收入少计收入风险

（1）少计设备类固定资产租赁收入风险。

风险描述：企业将自有设备类固定资产出租给其他单位使用，取得的租赁收入往往计入往来款项，可能存在隐瞒收入少缴增值税风险。

（2）对外转租资产未按规定缴纳增值税风险。

风险描述：企业将承租的场地、物品、设备等再转租给其他企业或个人的行为，未按税法规定缴纳增值税。

（3）隐瞒租金收入或收到实物、劳务及其他形式租金未缴纳增值税风险。

风险描述：企业可能存在不签订租赁合同隐瞒租金收入，或以物抵租少报租金收入，或收到以实物、劳务及其他形式支付的租金未计收入少缴增值税的风险。

（4）未按规定确认租金收入风险。

风险描述：根据税法规定，企业提供固定资产、包装物或者其他有形资产的使用权取得的收入应计算缴纳相关税金。企业提供固定资产、包装物的使用权取得的租金收入，可能存在未按照合同约定的应付租金的日期及金额全额确认收入。

5. 其他风险

（1）以非货币性资产对外投资的未按规定缴纳增值税风险。

风险描述：企业用非货币性资产对外投资，对外投资的资产未按照规定视同销售确认收入及计提税金，造成少缴纳税款的风险。

（2）企业转售水、电收入未按规定缴纳增值税风险。

风险描述：企业取得转供外单位和个人的水电费收入，可能存在未按规定申报缴纳增值税的风险。

（3）增值税税率适用错误风险。

风险描述：企业销售自产货物的同时提供服务不属于混合销售，应分别核算货物和服务销售额，分别适用不同税率或者征收率。

（4）价外费用和其他收入未按规定缴纳增值税风险。

风险描述：企业提供货物、劳务以及服务过程中可能存在向购买方收取的品牌使用费、手续费、补贴、基金、集资费、返还利润、奖励费、违约金、滞纳金、延期付款利息、赔偿金、代收款项、代垫款项、包装费、包装物租金、储备费、优质费、运输装卸费以及其他各种性质的价外收费，可能未全额申报缴纳增值税。但是对于符合条件的代为收取的政府性基金或者行政事业性收费不作为价外费用。

(5) 利用返利冲减当期销售收入少缴增值税风险。

风险描述：返利是一种商业行为，是指厂家或供货商为了刺激销售，提高经销商的销售积极性而采取的一种正常商业操作模式。企业可能存在利用给予代理商或经销商的现金返利、广告返利或实物返利，将返利计入市场营销费用、销售成本或"坐支"冲减当期销售收入，造成少计提增值税销项税。

（二）进项税抵扣类风险

1. 多计进项税额风险

(1) 混淆增值税一般计税方法和简易计税方法风险。

风险描述：适用一般计税方法的纳税人，兼营简易计税方法计税项目、免税项目而未划分清楚，将简易计税项目、免税项目取得的进项税额一并计入一般计税项目进行抵扣，多计进项税额。

(2) 通过取得增值税专用发票虚列成本费用，多抵扣进项税额风险。

风险描述：企业虚列各项未真实发生的采购成本及费用项目，通过取得增值税发票来多抵扣进项税额。

(3) 购进农产品单价不实或业务不实少缴增值税风险。

风险描述：生产企业购进的主要农产品，可能存在购进的单价差异过大，农产品价格不实的风险；在向农业生产者收购农产品自行填开《农产品收购统一发票》时，企业可能存在虚开收购单价，或者将装卸费计入农产品收购价格，造成在计算核定农产品进项税额时，多计算农产品进项税额的风险；部分生产企业在日常的农产品采购业务中，会向小规模纳税人（个体工商户）或者一般纳税人购买粮食，但可能存在不能取得卖方开具的发票或者对方不愿开具发票的情形，企业自己开具《农产品收购统一发票》，甚至让他人为自己开具《增值税专用发票》用于计算抵扣进项税额的风险。

(4) 购进农产品原材料未按核定扣除办法计算抵扣进项税额少缴增值税风险。

风险描述：自2012年7月1日起，以购进农产品为原料生产销售液体乳及乳制品、酒及酒精、植物油的增值税一般纳税人，纳入农产品增值税进项税额核定扣除试点范围，其购进农产品无论是否用于生产上述产品，增值税进项税额均按照《农产品增值税进项税额核定扣除试点实施办法》的规定抵扣。企业可能存在未按农产品增值税进项税额核定扣除办法计算抵扣进项税额，少缴税金的风险。

(5) 抬高买价虚增材料采购成本，多抵扣进项税额风险。

风险描述：根据相关规定，购进农产品为原料生产货物的，农产品增值税进项税额可按照投入产出法、成本法和参照法计算当期可以抵扣的增值税进项税额。适用农产品增值税进项税额核定扣除办法的企业，可能存在购进原材料单价和数量不真实，以虚增单耗扣除率、虚增"农产品平均购买单价"指标、虚增材料采购成本、虚抵进项税额的情况，少缴增值税的风险。

（6）将与贷款直接相关的投融资顾问费等对应增值税作为进项税额抵扣风险。

风险描述：企业向银行贷款，银行一般开增值税普通发票，因为企业接受贷款服务向贷款方支付的利息及与该笔贷款直接相关的投融资顾问费、手续费、咨询费等费用，均不得抵扣进项税额，如果开具增值税专用发票，其进项税额不得抵扣。企业存在购进贷款服务，抵扣增值税进项税额的风险。

2. 少计进项转出税额风险

（1）购买货物或者应税劳务、服务发生退货、中止未按规定转出进项税额风险。

风险描述：一般纳税人购进货物或者应税劳务、服务，取得增值税专用发票后发生退回，企业可能存在未按规定进行进项税额转出少缴纳增值税的风险。

（2）外购用于非增值税应税项目、简易计税方法计税项目、免征增值税项目、集体福利或个人消费，未按规定转出进项税额风险。

风险描述：企业将外购货物、加工修理修配劳务、服务、无形资产和不动产用于非增值税应税项目（相关行业"营改增"前适用，"营改增"后不适用）、简易计税方法计税项目、免征增值税项目、集体福利或者个人消费，其对应的进项税额不得抵扣。企业在采购环节可能存在发生上述事项但未按规定做进项税额转出，少缴增值税的风险。

（3）管理不善造成非正常损失的原材料、库存商品未按规定转出进项税额风险。

风险描述：由于管理不善造成货物被盗、丢失、霉烂变质，以及因违反法律法规造成原材料、商品被依法没收、销毁未按规定作进项税额转出，少缴纳增值税的风险。

（4）管理不善造成不动产以及该不动产所耗用的购进货物及服务非正常损失未按规定转出进项税额风险。

风险描述：企业可能存在已抵扣进项税额的不动产，发生非正常损失，未按规定转出进项税额的风险。

（5）管理不善造成在建工程非正常损失未按规定转出进项税额风险。

风险描述：在建工程发生非正常损失的，其所耗用的购进货物及应税服务已抵扣的进项税额未进行进项转出的风险。

（6）不予退还的质保金未按规定转出进项税额风险。

风险描述：企业为保证产品或材料质量，往往扣留材料供应单位一部分销售款或者材料款，待生产一定时期（按合同约定）后，如没有问题再将扣留的质保金退还给销售单位或材料供应单位；若质量有问题，则按合同约定没收全部或部分质保金，以弥补质量损失。质保金超过合同约定时间未退还给销售单位的应进行进项税额转出。

3. 增值税扣税凭证不符合规定风险

（1）取得虚开增值税扣税凭证风险。

风险描述：企业可能存在虚开农副产品收购发票，或扩大农产品范围，把非免税农产品开具成免税农产品；可能存在部分购进原材料无发票、从第三方取得发票或采用虚开运输发票解决成本入账问题；企业也可能通过各种渠道取得其他虚开增值税扣税凭证少缴纳税款的风险。

（2）取得增值税扣税凭证不符合相关规定风险。

风险描述：纳税人购进货物或者应税劳务，可能存在取得的增值税扣税凭证不符合法律、行政法规或者国务院税务主管部门有关规定的；可能存在发票项目填写不齐全、变更品名和金额；或未通过防伪税控系统开具"销售货物或者提供应税劳务清单"。

（三）增值税优惠类风险

（1）免税与应税业务收入划分不清或故意混淆少缴增值税风险。

风险描述：税收征管中企业应就免征增值税的经营项目到主管税务机关进行备案，且应分别核算应税收入与免税收入。企业可能存在未按规定进行减免税备案，未严格区分或故意混淆增值税应税收入和免税收入，少缴增值税。

（2）扩大免税范围不计提销项少缴增值税风险。

风险描述：将应税商品错误适用免税处理。

（3）国债、地方政府债转让收入混为持有期间利息收入少缴增值税风险。

风险描述：根据税法相关规定，国债、地方政府债利息收入属于增值税免税收入，转让收入则不享受税收优惠。企业可能存在未分别核算国债、地方政府债转让收入与利息收入，一并享受增值税免税优惠政策的风险。

（4）误将享受企业所得税税收优惠的铁路债券和高速公路债券利息收入一并计入增值税免税利息收入少缴增值税风险。

风险描述：根据所得税法相关规定，对企业投资者持有2016～2018年发行的铁路债券取得的利息收入，减半征收企业所得税。但增值税仅规定国债、地方政府债利息收入属于免税收入。企业可能存在误将享受企业所得税税收优惠的铁路债券和高速公路债券利息收入一并计入增值税免税利息收入致使少缴增值税的风险。

（5）统借统还业务中，向下属单位收取高于支付给金融机构借款利率水平的利息未按规定缴纳增值税风险。

风险描述：在统借统还业务实际操作中，企业集团或企业集团中的核心企业以及集团所属财务公司等统借方可能存在向企业集团或者集团内下属单位收取的利息高于支付给金融机构借款利率水平或者支付的债券票面利率水平的情况。财税〔2016〕36

号文规定,对这类情况不能享受免征增值税,应全额缴纳增值税。因此,企业可能存在未缴纳或未全额缴纳增值税的风险。

(6) 不当扩大零税率适用范围少缴增值税风险。

风险描述:根据《增值税暂行条例》第二条"(五)境内单位和个人跨境销售国务院规定范围内的服务、无形资产,税率为零",以及《关于全面推开营业税改征增值税试点的通知》(财税〔2016〕36号)附件4《跨境应税行为适用增值税零税率和免税政策的规定》"一、中华人民共和国境内(以下称境内)的单位和个人销售的下列服务和无形资产,适用增值税零税率:(一)国际运输服务。国际运输服务,是指:1.在境内载运旅客或者货物出境。2.在境外载运旅客或者货物入境。3.在境外载运旅客或者货物"。企业可能存在将不适用增值税零税率政策的业务计入零税率范围。

(7) 未按规定单独核算或合理划分资源综合利用增值税即征即退产品的进项税额,少缴增值税风险。

风险描述:纳税人应当单独核算适用增值税即征即退政策的综合利用产品和劳务的销售额和应纳税额。在计算资源综合利用即征即退增值税产品的应纳税额时,存在未单独核算进项税额,或进项税额划分不合理,导致多退还增值税的风险。

(8) 因违反税收、环境保护的法律法规受到处罚的企业违规享受资源综合利用增值税即征即退,多退增值税风险。

风险描述:纳税人违反税收、环境保护的法律法规受到处罚(警告、或单次1万元以下罚款除外)的,自处罚决定下达的次月起36个月内,不得享受资源综合利用增值税即征即退政策。纳税人受到处罚后未及时告知税务机关,仍违规享受增值税即征即退政策,多退增值税。

(9) 不符合享受涉农项目优惠政策条件而享受相关优惠政策,少缴增值税风险。

风险描述:根据相关规定,企业享受涉农优惠政策范围较广。企业优惠与非优惠项目是否分别核算的问题、产品的国家标准或行业标准在执行税收优惠政策过程中适用税率是否准确等问题,可能存在少缴税金的风险。

(10) 未按规定单独核算或合理划分资源综合利用增值税即征即退产品的进项税额,少缴增值税的风险。

风险描述:纳税人应当单独核算适用增值税即征即退政策的综合利用产品和劳务的销售额和应纳税额。在计算资源综合利用即征即退增值税产品的应纳税额时,存在未单独核算进项税额,或进项税额划分不合理,导致多退还增值税的风险。

二、消费税风险

(1) 完成销售未按规定确认收入风险。

风险描述:企业未按规定确认收入的风险主要表现为:一是不如实申报销售收入。

二是针对应税消费品在单一生产环节征收的特点,对产品销售价格进行不具有合理商业目的的安排,从而通过减少消费税计税价格的方式,实现少缴消费税税款的目的;三是企业通过挂预收账款延迟或隐匿收入的风险。企业销售货物,通常是先款后货,有大量的预收账款,先款后货纳税义务发生时间为货物发出的当天,企业可能存在发出商品不按规定申报纳税,将已实现的销售收入长期挂往来账户延迟或隐匿收入的风险。

(2)价外费用少计或不计收入风险。

风险描述:企业销售应税消费品时可能存在向购买方收取的品牌使用费、手续费、补贴、基金、集资费、返还利润、奖励费、违约金、滞纳金、延期付款利息、赔偿金、代收款项、代垫款项、包装费、包装物租金、储备费、优质费、运输装卸费以及其他各种性质的价外收费少计或不计收入,造成少缴纳税款的风险。

(3)将自产自用应税消费品用于非应税消费品等未视同销售风险。

风险描述:企业可能存在将自产应税消费品用于业务招待和发放职工福利,未视同销售计算缴纳税收的风险。同时可能存在将业务招待和发放职工福利应税消费品按照生产过程中的正常损失进行报损,从而隐匿应税收入,少缴消费税。

(4)委托加工产品收回后加价销售未补缴消费税的风险。

风险描述:消费税对委托加工的应税消费品实行了由受托方代收代缴委托方应纳税额的办法,这实际上是将应由委托方收回后销售时应纳的消费税提前到加工环节征收。这样规定后委托方将委托加工的产品收回后直接销售的,不再征收消费税。但在实际经营中,往往存在委托方将收回的应税消费品以高于受托方的销售价格出售而未就价格超过部分缴纳消费税的风险。

(5)将包装物价值从销售额中分离少缴消费税风险。

风险描述:应税消费品生产企业可能存在为了降低应纳税款,不按正常的生产程序和有关包装物核算管理规定进行会计成本核算和销售核算,将包装物价值从销售额中分离出来,分别开具两张发票,且包装物价值不计消费税或将包装过程转移到销售公司,另行核算,降低消费税计税依据;或将应税消费品和其他应税消费品组成套装出售,先销售后包装,分别核算销售额,逃避从高适用税率计税的风险。

(6)受托加工应税消费品未代收代缴消费税风险。

风险描述:企业受托在境内加工的应税消费品,未按税法规定在向委托方交货时代收代缴消费税。

(7)多抵扣用于连续生产的外购应税消费品已缴消费税风险。

风险描述:企业以外购应税消费品为原料在同一生产过程中既生产应税消费品又同时生产非应税消费品的,可能存在比例分摊错误,多抵扣已缴消费税税款的风险。

三、企业所得税风险

(一) 应税收入类风险

(1) 发生视同销售行为未按规定申报缴纳企业所得税风险。

风险描述:企业将资产移送他人用于市场推广或销售、交际应酬、职工奖励或福利、股息分配、对外捐赠和其他改变资产所有权属的,发生非货币性资产交换,以及将货物、财产、劳务用于捐赠、偿债、赞助、集资、广告、样品等,可能未按税法规定视同销售货物、转让财产或者提供劳务确认收入,或重复列支成本。

(2) 国债转让收入混为持有期间利息收入少缴企业所得税风险。

风险描述:企业存在将国债转让收入与国债利息收入一并作为免税收入申报,造成少缴纳企业所得税的风险。企业投资国债、并从国务院财政部门取得的国债利息收入,应以国债发行时约定应付利息的日期,确认利息收入的实现。转让国债,应在国债转让收入确认时确认免税国债利息收入的实现。企业到期前转让国债、或者从非发行者投资购买的国债,其持有期间尚未兑付的国债利息收入,按以下公式计算确定:
国债利息收入 = 国债金额 × (适用年利率 ÷ 365) × 持有天数

(3) 取得的专项用途财政资金不符合企业所得税不征税收入条件风险。

风险描述:取得的财政性资金不符合或部分不符合企业所得税不征税收入的条件,如不能提供专项用途的资金拨付文件、专门的资金管理办法或具体管理要求等,可能存在少确认应税收入的风险。

(4) 未支出且未缴回的专项用途财政资金未确认收入风险。

风险描述:企业将符合条件的财政性资金作不征税收入处理后,在5年(60个月)内未发生支出且未缴回财政或其他拨付资金的政府部门的部分,未按规定计入取得该资金第六年的应税收入总额。

(5) 取得的各项补贴收入未确认当期收入风险。

风险描述:企业取得的各种补贴收入(如:政府补贴、出口贴息、专项补贴、增值税即征即退、先征后退(返)、增值税加计抵减、其他税款返还、行政罚款返还、取得代扣代缴个人所得税手续费等),除国务院、财政部和国家税务总局规定不计入当期损益外,未按税法规定确认当期收入。

(6) 取得营业收入不入账或延迟入账少缴企业所得税风险。

风险描述:从事生产、经营(包括试生产、试经营)的企业,销售货物、提供劳务取得收入不及时入账、计入往来账目或长期挂账,销售收入直接冲减成本、费用,或将已实现的营业收入置于账外,未按照税法规定确认收入。

(7）处置废旧物、下脚料、副产品等不计或少计收入风险。

风险描述：企业对外销售下脚料、残次废产品、副产品未确认收入或计入往来账目，如以废弃物处置收入抵减清理费用，少计销售收入。

(8）资产处置未按规定申报缴纳企业所得税风险。

风险描述：企业通过变卖、报废等方式处置自己使用过的固定资产或其他资产直接计入所有者权益，未按规定确认收入。

(9）资产对外投资未按规定确认收入风险。

风险描述：企业利用资产对外投资时，存在有偿转让固定资产、有价证券、股权以及其他资产取得的收入未计入营业外收入、其他业务收入或者投资收益的风险。

(10）收取的利息、资金占用费未按规定确认收入风险。

风险描述：企业收取其他单位占用资金所支付的利息或资金占用费时，直接冲减财务费用或计入往来款等科目，未确认收入，少申报缴纳税款。

(11）隐瞒租金收入或收到实物等形式的租金未申报缴纳企业所得税风险。

风险描述：企业不签订租赁合同隐瞒租金收入，或以物抵租少报租金收入，或收到以实物、劳务及其他形式支付的租金，或将取得的租赁收入计入往来款项等，存在未计收入少缴企业所得税的风险。

(12）固定资产盘盈未按规定申报缴纳企业所得税风险。

风险描述：企业盘盈的固定资产，可能存在未按规定以同类固定资产的重置完全价值为计税基础，并确认收入的风险。

(13）不予返还的质保金、保证金未确认收入风险。

风险描述：企业为保证产品或材料质量，往往扣留材料供应单位一部分销售款或者材料款，待生产一定时期（按合同约定）后，如没有问题再将扣留的质保金退还给销售单位或材料供应单位；若质量有问题，则按合同约定没收全部或部分质保金，以弥补质量损失。质保金超过合同约定时间未退还给销售单位的应确认收入。同理，超过合同约定还款期确实无法偿还客户的消费保证金，逾期未返还的工程质保金等如果未做纳税调整，可能存在少缴企业所得税的风险。

(14）未按规定确认其他收入风险。

风险描述：《企业所得税法》规定的其他收入包括企业资产溢余收入、逾期未退包装物押金收入、确实无法偿付的应付款项、已作坏账损失处理后又收回的应收款项、债务重组收入、补贴收入、违约金收入、汇兑收益、代扣代缴个人所得税手续费、上交罚款、地方政府奖励款、保险赔款、卖标书款等。企业可能存在未将这类"其他收入"确认为应税所得缴纳企业所得税的风险。

(15）非货币性资产交换未按规定申报缴纳企业所得税风险。

风险描述：企业发生非货币性资产交换，可能存在未将用于交换的产品、未将处置固定资产、无形资产等利得计入应纳税所得额，计算缴纳企业所得税的风险；可能存在不具有商业实质或交换资产的公允价值不能可靠计量的非货币性资产交换，未按税法规定进行纳税调整的风险；可能存在混淆各种计税依据的确认，少缴企业所得税的风险。

（16）公允价值变动损益未按规定进行纳税调整风险。

风险描述：企业以公允价值计量的金融资产、金融负债以及投资性房地产等，持有期间公允价值变动不计入应纳税所得额，在实际处理或结算时，处置所得的价款扣除其历史成本后的差额计入处置或结算期间的应纳税所得额。因此，企业在计算应纳税所得额时，应在会计利润总额基础上对公允价值损益做纳税调整。

（17）法人合伙人未申报合伙企业当年留存收益风险。

风险描述：合伙企业未分配留存收益，法人合伙人未按分配比例申报留存收益，导致少缴企业所得税的风险。

（18）利息收入未按照合同约定债务人应付利息日期确认收入风险。

风险描述：债权性投资取得利息收入，包括存款利息、贷款利息、债券利息、欠款利息等形式的收入，未按照合同约定的债务人应付利息的日期确认收入的实现。

（19）收取租金未按合同约定日期确认收入风险。

风险描述：企业提供固定资产、包装物或者其他有形资产的使用权取得的租金收入，未按照交易合同或协议规定的承租人应付租金的日期及金额确认收入的实现。

（20）特许权使用费收入未按规定时间确认收入风险。

风险描述：企业提供专利权、非专利技术、商标权、著作权以及其他特许权的使用权取得的特许权使用费收入，未按照合同约定的特许权使用人应付特许权使用费的日期及金额全额确认收入。

（21）跨年工程未按完工进度或者完成的工作量确认收入风险。

风险描述：企业受托加工制造大型机械设备、船舶、飞机，以及从事建筑、安装、装配工程业务或者提供其他劳务等，持续时间超过12个月的，未按照纳税年度内完工进度或者完成的工作量确认收入的实现。

（22）其他未按纳税义务发生时间确认收入风险。

风险描述：企业以开票金额申报收入，未按照合同约定的付款时间及金额确认收入；销售商品采用托收承付方式的，未在办妥托收手续时确认收入；销售商品采取预收款方式的，未在发出商品时确认收入；企业在各个纳税期末，提供劳务交易的结果能够可靠估计的，未采用完工进度（完工百分比）法确认提供劳务收入。

（二）扣除类风险

1. 成本费用类风险

（1）未取得合法有效凭证的支出税前扣除风险。

风险描述：按规定，企业发生支出，应取得税前扣除凭证，作为计算企业所得应纳税所得额时扣除相关支出的依据。企业可能存在业务招待费、差旅费、会议费等项目未取得真实、合法、有效的凭证而税前扣除,且未作纳税调整,少缴企业所得税的风险。

(2) 与生产经营无关的支出税前扣除风险。

风险描述:按规定,企业实际发生的与取得收入有关的、合理的支出,包括成本、费用、税金、损失和其他支出,准予在计算应纳税所得额时扣除。企业可能存在列支离退休职工费用、个人学历教育费用、个人车辆燃油及维修费、员工家属区物业费用、员工子女教育费、商业保险等与生产经营无关的费用,税前未做纳税调整,少缴企业所得税的风险。

(3) 重复列支成本费用少缴企业所得税风险。

风险描述:除另有规定外,企业实际发生的成本、费用、税金、损失和其他支出,不得重复扣除。企业可能存在设立分支机构,将同一项支出在不同分支机构中重复列支;高管工资在总公司和分公司重复列支;利用同一张发票重复列支支出等风险。

(4) 其他不得扣除的支出项目未进行纳税调整风险。

风险描述:企业可能存在列支《企业所得税法》第十条规定的不得扣除的支出项目(向投资者支付的股息、红利等权益性投资收益款项、企业所得税税款、税收滞纳金、罚金罚款和被没收财物的损失、本法第九条规定以外的捐赠支出、非广告性质赞助支出、未经核定的准备金支出、与取得收入无关的其他支出)未做纳税调整,少缴企业所得税风险。

(5) 工资薪金支出未按规定税前扣除风险。

风险描述:按规定,企业发生的合理的工资、薪金支出,准予扣除。企业可能存在税前扣除已经计提但未实际发放的工资薪金,税前扣除的计税工资超过政府有关部门给予的限定数额未按规定进行调整,雇用季节工、临时工、实习生、返聘离退休人员、接受外部劳务派遣用工所实际发生的费用未区分为工资薪金支出和职工福利费支出,将职工福利费混入到工资薪金中进行税前扣除等风险。

(6) 职工福利费未按规定税前扣除风险。

风险描述:按规定,企业发生的职工福利费支出,不超过工资、薪金总额14%的部分,准予扣除。企业可能存在未按规定准确归集核算职工福利费支出,税前超额扣除福利费,将职工福利方面的支出计入其他费用全额列支等风险。

(7) 工会经费未按规定税前扣除风险。

风险描述:按规定,企业拨缴的工会经费,不超过工资、薪金总额2%的部分,准予扣除。企业可能存在将实际发生的工会经费直接计入管理费用,未冲减已计提的工会经费,造成重复列支;计提但未实际拨缴工会经费;超额缴付工会经费未做调整;未按规定取得工会组织开具的《工会经费收入专用收据》直接在所得税税前扣除等风险。

(8) 职工教育经费未按规定税前扣除风险。

风险描述：按规定，企业发生的职工教育经费支出，2018年1月1日前不超过工资薪金总额2.5%的部分，2018年1月1日起不超过工资薪金总额8%的部分，准予在计算企业所得税应纳税所得额时扣除；超过部分，准予在以后纳税年度结转扣除。企业可能存在未准确核算归集职工教育经费，将属于职工教育经费的支出列支在管理费用其他科目；将不属于职工教育经费的项目列支在职工教育经费科目；在经重分类调整后，企业实际发生金额可能超过扣除限额，未做纳税调整，少计税款等风险。

(9) 业务招待费未按规定税前扣除风险。

风险描述：按规定，企业发生的与生产经营活动有关的业务招待费支出，按照发生额的60%扣除，但最高不得超过当年销售（营业）收入的5‰。企业可能存在发生的业务招待费支出超过规定标准税前扣除；将营业外收入以及投资收益等项目计入扣除限额计算基数；将应归入业务招待费的项目计入其他费用等风险。

(10) 广告费与业务宣传费未按规定税前扣除风险。

风险描述：按规定，企业发生的符合条件的广告费和业务宣传费支出，除国务院财政、税务主管部门另有规定外，不超过当年销售（营业）收入15%的部分，准予扣除；超过部分，准予在以后纳税年度结转扣除。企业可能存在发生的广告费和业务宣传费不符合税法规定的条件未纳税调整，支出超过规定标准税前扣除；将营业外收入、投资收益等项目计入扣除限额计算基数；将广告费和业务宣传费项目计入其他费用科目；特殊企业，如化妆品制造与销售、医药制造和饮料制造、烟草企业是否按税法处理等风险。

(11) 公益性捐赠支出未按规定税前扣除风险。

风险描述：按规定，从2017年1月1日起，企业通过公益性社会组织或者县级（含县级）以上人民政府及其组成部门和直属机构，用于慈善活动、公益事业的捐赠支出，在年度利润总额12%以内的部分，准予在计算应纳税所得额时扣除；超过年度利润总额12%的部分，准予结转以后三年内在计算应纳税所得额时扣除。企业可能存在将直接向受赠人捐赠、未通过公益性社会团体或者县级以上人民政府及其部门的捐赠支出在企业所得税前列支、未将超过扣除限额的公益性捐赠结转至以后年度（三年内）税前扣除、未按规定扣除目标脱贫地区的扶贫捐赠支出等风险。

(12) 手续费及佣金支出未按规定税前扣除风险。

风险描述：按规定，企业发生与生产经营有关的手续费及佣金支出，不超过规定计算限额以内的部分，准予扣除；超过部分，不得扣除。（保险企业：财产保险企业按当年全部保费收入扣除退保费等后的余额的15%计算限额；人身保险企业按当年全部保费收入扣除退保费等后的余额的10%计算限额。其他企业：按与具有合法经营资格中介服务机构或个人所签订服务协议或合同确认的收入金额的5%计算限额）。企业可能存在发生的与经营有关的手续费及佣金支出未按限额税前扣除；支付的手续费及佣金不满足税法规定的支付对象、支付方式却在税前扣除；将手续费及佣金支出计入回扣、业务提成、返利、进场费等费用；支付的手续费及佣金直接冲减服务协议或合同金额；将为发行权益性证券支付给有关证券承销机构的手续费及佣金在税前扣除等风险。

（13）超标准列支五险一金风险。

风险描述：企业可能存在超过国务院有关主管部门或者省级人民政府规定的范围和标准，为职工缴纳基本养老保险费、基本医疗保险费、失业保险费、工伤保险费、生育保险费等基本社会保险费和住房公积金未纳税调增，少缴企业所得税的风险。

（14）超标准列支补充养老保险费、补充医疗保险费风险。

风险描述：按规定，企业为在本企业任职或者受雇的全体员工支付的补充养老保险费、补充医疗保险费，分别在不超过职工工资总额5%标准内的部分，在计算应纳税所得额时准予扣除；超过的部分，不予扣除。企业可能存在超标准列支该部分支出未纳税调增，少缴企业所得税的风险。

（15）为投资者或者职工支付的商业保险费税前扣除风险。

风险描述：按规定，除企业依照国家有关规定为特殊工种职工支付的人身安全保险费和国务院财政、税务主管部门规定可以扣除的其他商业保险费外，企业为投资者或者职工支付的商业保险费，不得扣除。企业可能存在为职工、高管投资者等购买商业保险税前扣除，未纳税调增，少缴企业所得税的风险。

（16）利息支出未按规定税前扣除风险。

风险描述：①企业通过统一贷款获取资金，拨付其下属独立核算子公司使用，未确认利息收入，并将产生的利息费用全部在母公司税前扣除，少缴企业所得税。②企业投资者在规定期限内未缴足其应缴资本额的，该企业对外借款所发生的利息税前扣除未纳税调整。

（17）预提费用税前扣除少缴税款风险。

风险描述：企业设置预提费用科目，税前列支已经计提但未实际发生的预估房租、水电费及预提的清算、预估的土地增值税等费用；年末应付工资贷方有余额，在汇算清缴期结束后仍未发放，未做纳税调增处理，可能存在少缴税款风险。

（18）租赁费及相关税费未按规定税前扣除风险。

风险描述：①企业以经营租赁方式租入固定资产未按照租赁期限均匀扣除，一次性列支租赁费的风险；②企业以融资租赁方式租入的固定资产，未按照规定计提折旧分期扣除的风险；③企业在租赁时发生的车辆保险费、车船使用税等，应由出租方承担的费用列入本企业管理费用，可能存在违规列支成本费用的风险。

（19）劳动保护支出未按规定税前扣除风险。

风险描述：企业发生的劳动保护支出是指确因工作需要为雇员配备或提供工作服、手套、安全保护用品、防暑降温用品等所发生的支出。非因工作需要的劳动保护支出或带有普遍福利性质的支出，不得作为劳动保护支出税前扣除。

（20）资产减值准备、风险准备金税前扣除少缴税款风险。

风险描述：按规定，不符合国务院财政、税务主管部门规定的各项资产减值准备、风险准备等准备金支出不得税前扣除。企业可能存在计提的不符合税法规定的各类减值准备、风险准备金在税前列支，未做纳税调整的风险。

（21）不征税收入对应的支出税前扣除风险。

风险描述：按规定，企业的不征税收入用于支出所形成的费用或者财产，不得扣除或者计算对应的折旧、摊销扣除。企业可能存在取得的财政拨款、行政事业性收费、政府性基金等不征税收入未计入收入总额但用于支出，形成的费用或者财产折旧、摊销未单独核算，税前扣除该部分支出，少缴企业所得税风险。

（22）股权激励的工资薪金支出未按规定税前扣除风险。

风险描述：对于股权激励计划实行后，需待一定服务年限或者达到规定业绩条件方可行权的，企业等待期内会计上计算确认的相关成本费用，在对应年度计算缴纳企业所得税时扣除。但税法规定，等待期内会计上计算确认的相关成本费用，不得在对应年度计算缴纳企业所得税时扣除，需在股权激励计划可行权后，方可根据该股票实际行权时的公允价格与当年激励对象实际行权支付价格的差额及数量，计算确定作为当年工资薪金支出，依照税法规定进行税前扣除。

（23）支付境外投资者股利产生的汇兑损失税前扣除风险。

风险描述：企业分配利润时，对外方投资者可分得利润以外币计量，支付时间与批准时间不一致往往会产生外币汇兑损益。根据税法规定，产生的汇兑损失不得在税前扣除，企业可能存在未作纳税调整的情况。

（24）企业为非居民企业承担的相关税金税前扣除风险。

风险描述：企业向境外非居民企业支付费用涉及扣缴企业所得税时，合同约定非居民企业取得所得在中国应缴纳的税款由境内企业承担，境内企业取得非居民企业开具的注明金额不包含代扣代缴税款的发票，将代扣代缴的相关税金作为企业成本或费用直接在计算企业所得税时税前扣除。

2. 资产类风险

（1）未按规定计提固定资产折旧风险。

风险描述：企业未按照税法规定的时间、范围和方法计提折旧；超出税法规定的范围，如对临时性施工设备、房屋建筑物外未使用的固定资产计提折旧；对与生产经营无关的资产计提折旧等。

（2）未按规定摊销无形资产风险。

风险描述：企业可能存在取得的土地使用权的摊销年限未按照税法规定进行摊销，人为缩短摊销年限，多计提当期摊销费用的风险；可能存在支付的土地出让金、土地权属登记费未作为无形资产进行摊销，在管理费用中一次性列支的风险；可能存在达到无形资产标准的管理系统软件,未按照规定进行摊销在管理费用中一次性列支的风险;可能存在将应计入无形资产原值的软件安装调试费在管理费用中列支等未按规定摊销无形资产的风险。

(3) 未按规定核算长期待摊费用风险。

风险描述:企业已足额提取折旧固定资产的改建支出、租入固定资产改良支出、固定资产大修理支出等发生的费用未按规定分摊,一次性税前列支;购建房屋时发生的装修费未按规定计入固定资产原值计提折旧,租入的营业用房等装修费未按规定年限平均摊销。

(4) 应资本化的利息支出一次性税前扣除风险。

风险描述:企业为购置、建造固定资产、无形资产和经过 12 个月以上的建造才能达到预定可销售状态的存货而发生的借款,在有关资产购置、建造期间发生的合理的借款费用,未作为资本性支出计入有关资产的成本,而直接作为财务费用税前扣除。

(5) 取得交易性金融资产的交易费用一次性税前扣除风险。

风险描述:企业将交易性金融资产取得时所发生的交易费用未按规定计入资产初始成本,直接计入当期损益一次性扣除,未进行纳税调整。

(6) 将固定资产或改建和大修理支出符合资本化条件的固定资产一次性在所得税税前扣除少缴纳税款的风险。

风险描述:企业按照价值认定和目录管理相结合的核算方式,将办公用具或其他用具等固定资产一次性进入低值易耗品等科目,或将应符合资本化条件的固定资产改建和大修理支出,一次性税前扣除的风险。

3. 损失类风险

(1) 资产损失未按规定申报扣除风险。

风险描述:企业发生的各项资产损失未按照税法规定申报扣除;在申报当年未进行会计处理,不符合扣除的条件。

(2) 资产减值准备等税前扣除风险。

风险描述:企业会计上确认资产的减值损失,计入当期损益,但并未实际发生损失,由于减值损失的税会差异导致企业多列损失,少计企业所得税。

(3) 资产损失相关证据资料不合规风险。

风险描述:2017 年度之前资产损失专项申报资料需到主管税务机关备案,2017 年度及以后将资料留存备查,企业可能存在留存资料不完整、不规范,存在不符合税前扣除条件的风险。

(4) 投资损失未按规定税前扣除风险。

风险描述:被投资企业出现破产清算、注销等情形,投资企业发生长期股权投资损失,可能存在多计投资损失,或被投资企业正常存续期间发生股权转让损失,未按规定进行所得税专项申报在所得税税前扣除的风险。

(5) 境外营业机构的资产损失在计算境内应纳税所得额时扣除风险。

风险描述：企业境内、境外营业机构发生的资产损失未分开核算，对境外营业机构由于发生资产损失而产生的亏损，汇总缴纳境内、境外应纳所得额，在计算境内应纳税所得额时扣除，造成少缴企业所得税的风险。

（三）企业所得税优惠类风险

（1）非权益性投资行为产生的收益作为免税收入风险。

风险描述：企业取得的兼具权益和债权双重特性的混合性投资行为产生的投资收益（永续债除外），或企业收取的保本理财产品利息收入，不符合享受股息红利免税收入的条件。

（2）将投资于非居民企业、合伙企业取得的权益性投资收益适用免税优惠风险。

风险描述：根据税法相关规定，符合条件的居民企业之间的股息、红利等权益性投资收益，是指居民企业直接投资于其他居民企业取得的投资收益。企业可能存在将投资于非居民企业、合伙企业取得的股息红利等投资性收益适用免税优惠，造成少缴纳企业所得税的风险。

（3）未按规定在被投资方宣告发放股利时确认股息、红利收入风险。

风险描述：企业权益性投资取得股息、红利等收入，应以被投资企业股东会或股东大会作出利润分配或转股决定的日期，确定收入的实现，并在同一年度申报享受免税收入优惠。部分企业可能存在晚确认收入问题，未按照规定时间申报享受优惠。

（4）持有股票不足12个月的投资收益作为免税收入风险。

风险描述：企业持有居民企业公开发行并上市流通的股票期间取得投资收益按照税法规定必须连续12月以上才能享受免税。企业可能存在一律视同符合条件的居民企业之间的权益性投资收益享受免税优惠造成少缴纳企业所得税的风险。

（5）取得永续债利息收入违规享受股息红利免税优惠风险。

风险描述：企业发行的永续债，发行方和投资方均为居民企业的，永续债利息收入可以适用《企业所得税法》规定的居民企业之间的股息、红利等权益性投资收益免征企业所得税的规定；同时，发行方支付的永续债利息支出不得在企业所得税税前扣除。可能存在永续债发行方作为利息支出税前扣除，或发行方和投资方不为居民企业，错误享受免税优惠。

（6）不符合条件而适用永续债债券利息政策风险。

风险描述：企业发行符合规定条件的永续债，可以选择按照债券利息适用企业所得税政策：被投资企业对该项投资具有还本义务；有明确约定的利率和付息频率；有一定的投资期限；投资方对被投资企业净资产不拥有所有权；投资方不参与被投资企业日常生产经营活动；被投资企业可以赎回，或满足特定条件后可以赎回；被投资企业将该项投资计入负债；该项投资不承担被投资企业股东同等的经营风险；该项投资的清偿顺序位于被投资企业股东持有的股份之前。企业可能存在不符合上述条件而适用债券利息政策，税务处理和会计处理不一致未进行纳税调整，造成少缴企业所得税的风险。

（7）取得铁路债券利息收入混为免税收入风险。

风险描述：企业根据合同约定收到中国铁路建设债券利息，符合规定可减半征收企业所得税，但企业将其全额作为免税收入。

（8）不符合《目录》范围规定申报享受税收优惠风险。

风险描述：核实企业所从事的项目是否符合《公共基础设施项目企业所得税优惠目录》（财税〔2008〕46号以下简称《目录》）规定，企业同时从事不在《目录》范围内的项目取得的所得，应与享受优惠的公共基础设施项目所得分开核算，并合理分摊期间费用，没有分开核算的，不得享受上述企业所得税优惠政策。

（9）延迟确认第一笔生产经营收入风险。

风险描述：第一笔生产经营收入，是指公共基础设施项目已建成并投入运营后所取得的第一笔收入。企业延迟确认取得第一笔生产经营收入时间，未从实际取得经营收入的年度起开始计算享受税收优惠。

（10）从事承包经营、承包建设和内部自建自用公共基础设施项目违规享受优惠风险。

风险描述：承包经营，是指与从事该项目经营的法人主体相独立的另一法人经营主体，通过承包该项目的经营管理而取得劳务性收益的经营活动。承包建设，是指与从事该项目经营的法人主体相独立的另一法人经营主体，通过承包该项目的工程建设而取得建筑劳务收益的经营活动。内部自建自用，是指项目的建设仅作为本企业主体经营业务的设施，满足本企业自身的生产经营活动需要，而不属于向他人提供公共服务业务的公共基础设施建设项目。企业从事承包经营、承包建设和内部自建自用《目录》规定项目的所得，不得享受税收优惠。

（11）企业违规以分批次建设单独计算所得的方式享受优惠风险。

风险描述：企业采用一次核准、分批次建设的，凡同时符合以下条件的，可按每一批次为单位计算所得，并享受企业所得税"三免三减半"优惠：不同批次在空间上相互独立；每一批次自身具备取得收入的功能；以每一批次为单位进行会计核算，单独计算所得，并合理分摊期间费用。

（12）企业搬迁未按规定进行税务处理，存在少缴企业所得税的风险。

风险描述：企业界定不清搬迁性质或将应属于企业自行搬迁或商业性搬迁等非政策性搬迁混淆为政策性搬迁享受税收优惠；企业可能取得搬迁补偿不确认所得，采取税务注销、走逃等手段逃避纳税；对于符合政策性搬迁条件的，企业未在搬迁完成年度进行搬迁清算，将搬迁所得计入当年企业应纳税所得额计算纳税；企业搬迁期间新购置的资产，未按税法规定计算确定资产的计税成本及折旧或摊销年限，而是将发生的购置资产支出从搬迁收入中扣除；除取得的搬迁补偿收入外，企业处置各类资产所取得的收入未计入企业的搬迁收入；虚列、多列搬迁费用支出。

(13) 超范围享受农产品初加工和项目所得优惠风险。

风险描述：享受税收优惠的农产品初加工范围是否符合《享受企业所得税优惠政策的农产品初加工范围（试行）》（财税〔2008〕149号）和《关于享受企业所得税优惠的农产品初加工有关范围的补充通知》（财税〔2011〕26号）的规定；企业从事农、林、牧、渔业项目，凡属于《产业结构调整指导目录（2011年版）》（国家发展和改革委员会令第9号）中限制和淘汰类的项目，不得享受优惠政策。

(14) 从事不同项目未按规定核算享受税收优惠风险。

风险描述：企业从事适用企业所得税减半优惠的种植、养殖项目，并直接进行初加工且符合农产品初加工目录范围的，企业应合理划分不同项目的各项成本、费用支出，分别核算种植、养殖项目和初加工项目的所得，并各按适用的政策享受税收优惠；企业同时从事适用不同企业所得税政策规定项目的，应分别核算，单独计算优惠项目的计税依据及优惠数额；分别核算不清的，可由主管税务机关按照比例分摊法或其他合理方法进行核定。

(15) 购进后直接销售，违规享受税收优惠风险。

风险描述：企业购买农产品后直接进行销售的贸易活动产生的所得，不能享受农、林、牧、渔业项目的税收优惠政策。

(16) 超出《目录》规定范围享受资源综合利用税收优惠风险。

风险描述：享受资源综合利用税收优惠时，《目录》内所列产品条件和技术标准、原材料占产品原料的比例应符合《目录》规定。企业从事不符合《企业所得税实施条例》和《目录》规定范围、条件和技术标准的项目，不得享受资源综合利用企业所得税优惠政策。

(17) 未单独核算资源综合利用产品收入风险。

风险描述：企业同时从事其他项目而取得的非资源综合利用收入，应与资源综合利用收入分开核算，没有分开核算的，不得享受优惠政策。

(18) 扩大享受农户小额贷款利息收入税收优惠政策风险。

风险描述：金融机构未按照税法规定，确认农户小额贷款的范围，享受农户小额贷款的利息收入不符合对于"农户"和"小额贷款"的界定，存在扩大享受金融机构农户小额贷款的利息收入优惠政策的风险。

(19) 未单独核算、准确计算农户小额贷款利息收入风险。

风险描述：金融机构应对符合条件的农户小额贷款利息收入进行单独核算，不能单独核算的不得适用本通知第一条、第二条规定的优惠政策。

(20) 不符合条件的保费收入违规享受税收优惠风险。

风险描述：保险企业的农险范围包含种植业、养殖业、森林保险等。根据税法规定,保险企业为种植业、养殖业提供保险服务,可享受企业所得税税收优惠,按90%计入收入总额。因此,保险企业可能存在将其他农险相关险种保费收入混入可享受税收优惠的为种植业、养殖业提供保险服务取得的保费收入的风险。此风险适用财产保险公司。

(21) 申报立项的研发项目不符合文件规定风险。

风险描述:企业申报立项的研发项目是否属于创造性运用科学技术新知识,或实质性改进技术、工艺、产品(服务)而持续进行的具有明确目标的研发活动。

(22) 研发费用的归集超范围或不规范风险。

风险描述:研发费用和日常运营费用未分别核算,未按规定设置辅助账,未能如实提供产研共用设备和人员使用记录,擅自扩大研发费用归集口径,造成研发费用支出归集不准确,将运营领用的材料、常规升级等计入研发费,将后勤辅助人员工资计入研发费,虚构外聘人员劳务费,扩大其他费用范围,存在多享受加计扣除税收优惠政策的风险。

(23) 科技型中小企业未取得国家级科技企业编号风险。

风险描述:企业在汇算清缴期内未取得国家级科技型中小企业登记编号的,仅取得省级或市级科技型中小企业编号,或企业更新信息后不再符合条件的,不得享受税收优惠政策。

(24) 负面清单行业纳税人违规享受税收优惠风险。

风险描述:根据文件规定,烟草制造业、住宿和餐饮业、批发和零售业、房地产业、租赁和商务服务业、娱乐业,不适用税前加计扣除政策。

(25) 特殊收入扣减处理不合规风险。

风险描述:企业当期取得的研发过程中形成的下脚料、残次品、中间试制品等特殊收入;不足扣减的,允许加计扣除的研发费用按零计算。企业研发活动直接形成产品或作为组成部分形成的产品对外销售的,研发费用中对应的材料费用不得加计扣除。

(26) 按不征税收入处理的政府补助所对应的研发费用加计扣除风险。

风险描述:企业取得作为不征税收入处理的财政性资金用于研发活动所形成的费用或无形资产,不得扣除或者计算对应的折旧、摊销等,也不得享受研发费用加计扣除。未作为不征税收入处理的财政性资金用于研发活动所形成的费用或无形资产,可按规定计算加计扣除。软件行业作为国家重点扶持行业,企业可能存在将政府补助既按照不征税收入处理,同时又将对应研发费用进行加计扣除,少缴企业所得税风险。

(27) 委托研发费用未按规定税前扣除风险。

风险描述:企业在生产经营过程中,可能存在委托外部机构或个人开展研发活动的情况。其中,对企业委托境内外部机构或个人开展研发活动发生的费用,可由委托方按照研发活动发生费用的80%作为基数进行加计扣除,受托方不得加计扣除;委托境外进行研发活动所发生的费用,按照费用实际发生额的80%计入委托方的委托境外研发费用，委托境外研发费用不超过境内符合条件的研发费用三分之二的部分，可以按规定在企业所得税前加计扣除。在实务中，由于财务人员对文件理解片面或操作不当，企业可能存在将不符合条件受托研发费用享受加计扣除、或将委托境外研发费用超过规定限额扣除，少缴企业所得税的风险。

（28）残疾人员工资加计扣除不符合规定风险。

风险描述：将不符合残疾人条件的员工工资计入残疾人实际发放工资基数，多列残疾人员工资并进行加计扣除，未按规定与每位残疾人签订1年以上劳动合同、未按规定足额缴纳社会保险，定期支付最低工资标准以上的工资，可能存在违规享受残疾人工资加计扣除优惠政策的风险。

（29）加计扣除残疾工资金额包含社会保险费、福利费等风险。

风险描述：根据文件规定，企业实际发放的工资薪金总和，不包括企业的职工福利费、职工教育经费、工会经费以及养老保险费、医疗保险费、失业保险费、工伤保险费、生育保险费等社会保险费和住房公积金。而工资薪金，按照《企业所得税法实施条例》规定，是企业每一纳税年度支付给在本企业任职或者受雇的员工的所有现金形式或者非现金形式的劳动报酬，包括基本工资、奖金、津贴、补贴、年终加薪、加班工资，以及与员工任职或者受雇有关的其他支出，因此，安置残疾职工工资不仅要符合上述定义同时还要符合加计扣除的四个条件。它不等同于企业会计上的职工薪酬。

（30）违规一次性扣除固定资产相关费用风险。

风险描述：根据相关规定，对所有行业企业2014年1月1日后新购进的专门用于研发的仪器、设备，单位价值不超过100万元的，允许一次性计入当期成本费用在计算应纳税所得额时扣除，不再分年度计算折旧。企业可能存在将2014年1月1日以前购入的或者用于其他项目的科研活动的研发设备一次性计入当期成本进行扣除，少缴企业所得税的风险。

（31）其他形式（除购进）取得的固定资产违规加速折旧风险。

风险描述：固定资产的取得包括外购、自行建造、投资者投入、融资租入等多种方式。根据文件规定，"购进"是指以货币购进的固定资产和自行建造的固定资产。除购进形式外取得的固定资产不得享受加速折旧。5 000元以下固定资产一次性扣除除外。

（32）购置节能节水等设备不符合抵免条件风险。

风险描述：企业购置节能节水、环境保护、安全生产设备不属于《目录》规定，核实设备是否已投入使用，申请抵免的起始年度与购入并实际投入使用年度是否一致，少缴纳企业所得税的风险。

（33）扩大专用设备抵免投资额风险。

风险描述：购置专用设备已抵扣进项税额的，在抵免投资额时，包含增值税，未按规定减除有关退还的增值税税款以及设备运输、安装、调试等费用，企业利用财政拨款购置专用设备的投资额，可能存在多抵免投资额的风险。

（34）专用设备转让、出租未按规定补缴税款风险。

风险描述：企业购置并实际投入使用、已开始享受税收优惠的环境保护、节能节水、安全生产专用设备，如从购置之日起 5 个纳税年度内转让、出租的，应在该专用设备停止使用当月，停止享受企业所得税优惠，并补缴已经抵免的企业所得税税款。

（35）未取得高新技术企业和科技型中小企业资格而延长亏损弥补年限风险。

风险描述：企业当年未取得高新技术企业资格或被取消高新技术企业资格，则以前年度未弥补亏损不得延长结转年限为 10 年。

（36）不符合条件而享受技术先进型服务企业优惠税率风险。

风险描述：企业享受技术先进型服务企业优惠税率时各项指标不符合认定条件，可能存在少缴企业所得税风险。

（37）未按规定归集研发费用或违规取得高新技术企业资格风险。

风险描述：企业混淆生产性成本费用与研究开发费用，扩大研发费用范围，违规取得高新技术企业资格认定，享受高新技术企业税收优惠少缴企业所得税。

（38）高新技术企业认定不符合规定风险。

风险描述：高新技术产品（服务）收入占企业当年总收入比例未达到标准，企业主要产品（服务）收入占高新技术产品（服务）收入比例未达到标准；企业科技人员占职工总数未达到规定比例；企业为零售行业，购进商品后直接对外销售，不符合规定。

（39）来自境外的投资所得违规适用优惠税率风险。

风险描述：如企业有境外子公司，采取独立核算方式，其收入、费用、利润等指标不与母公司合并，不属于文件规定的享受优惠的境外所得范围，因此可能存在境外所得错误适用高新技术企业优惠税率的风险。

（40）错误享受西部大开发税收优惠风险。

风险描述：企业总收入中不包含有关部门认定的西部地区鼓励类主营业务收入，但企业却享受了税收优惠，可能存在少缴企业所得税的风险。

（41）不符合条件的从事污染防治的第三方企业享受 15% 优惠税率风险。

风险描述：第三方防治企业连续从事环境污染治理设施运营实践的年限、从业人员数量及职称、从事环境保护设施运营服务的年度营业收入占总收入的比例等指标不符合规定，税务部门依法开展后续管理过程中，可转请生态环境部门进行核查，生态环境部门可以委托专业机构开展相关核查工作。

（42）未取得非营利组织免税资格而享受免税优惠风险。

风险描述：从事非营利的组织，除按税法规定的非营利组织企业所得税免税收入外，有些组织还存在着一些经营性收入，这部分非免税收入没有申报缴纳企业所得税。一些非营利公益性的组织，往往认为其是公益非营利性的，但未取得企业所得税免税资格，存在少缴纳企业所得税的风险。

（四）其他风险

（1）向非居民企业支付股息、利息、特许权使用费等未代扣代缴企业所得税风险。

风险描述：对非居民企业取得来源于中国境内的股息、红利等权益性投资收益和利息、租金、特许权使用费所得、转让财产所得以及其他所得应当缴纳的企业所得税，实行源泉扣缴，对非居民企业直接负有支付相关款项义务的单位或者个人未代扣代缴企业所得税。

（2）企业常年不分配利润或未分配利润不当风险。

风险描述：外商投资企业未分配利润金额较大，长期不分配利润，或未分配利润不当减少，可能存在少代扣代缴企业所得税的风险。

（3）非居民企业滥用税收协定少缴税款风险。

风险描述：非居民企业在中国境内有所得，按税收协定适用优惠税率扣缴企业所得税时，不符合"受益所有人"条件，存在非居民企业滥用税收协定，造成不该享受而自行享受税收协定待遇的风险。

（4）境外企业来华提供服务未按照常设机构缴纳税款风险。

风险描述：境外企业派雇员来华提供服务，其提供劳务的场所符合常设机构判定条件，与其所设机构、场所有实际联系的所得，应按规定缴纳企业所得税。若未按规定判定为常设机构，可能存在少缴企业所得税风险。

（5）外国企业常驻代表机构核算不健全少缴税款风险。

风险描述：根据规定，外国常驻代表机构应当按照有关法律、行政法规和国务院财政、税务主管部门的规定设置账簿，根据合法、有效凭证记账，进行核算，并应按照实际履行的功能和承担的风险相配比的原则，准确计算其应税收入和应纳税所得额。对账簿不健全，不能准确核算收入或成本费用，以及无法据实申报的代表机构，税务机关有权采取核定征收方式。但是在实际操作中，可能存在代表机构的收入总额和经费支出核算不健全，未执行核定征收方式，少缴企业所得税的风险。

（6）境外缴纳所得税在境内超限额抵免风险。

风险描述：境内企业直接作为纳税人就其境外所得在境外缴纳的所得税超限额在应纳所得税额中进行抵免。

（7）境外机构亏损抵减境内机构盈利少缴税款风险。

风险描述：居民企业在境外投资设立不具有独立纳税地位的分支机构，其来源于境外的所得，以境外收入总额扣除与取得境外收入有关的各项合理支出后的余额为应纳税所得额。企业在汇总计算缴纳企业所得税时，其境外营业机构的亏损不得抵减境内营业机构的盈利。

四、个人所得税风险

(一) 职工工薪薪金所得风险

(1) 股权激励未按规定代扣代缴个税风险。

风险描述:企业对员工实施股权激励,授予员工股票期权、股权期权、限制性股票和股权奖励,未按规定代扣代缴个人所得税。

(2) 以免费旅游或以发票报销方式为员工报销费用发放津贴、补贴、奖金,未按规定并入工资薪金所得代扣代缴个税风险。

风险描述:企业以免费旅游方式提供对职工的奖励,职工以凭票报销的形式取得的旅游费用未并入职工工资薪金所得,未扣缴个人所得税的风险;或以油票、修理费、办公费、飞机票、通讯费等报销形式,发放职工奖金,隐匿个人所得,少申报个人所得税的风险。

(3) 将自产产品用于职工福利、奖励、分配给投资者未代扣代缴个税风险。

风险描述:企业将自产产品用于职工福利、奖励、分配给投资者未按规定代扣代缴个人所得税。

(4) 职工取得多处工资薪金所得未按规定合并申报风险。

风险描述:集团企业职工在不同成员企业中取得所得,可能存在发放所得单位代扣代缴了个人所得税后,个人没有按规定合并所得申报少缴个人所得税。此风险在个人所得税法修订前适用。

(二) 自然人股东所得风险

(1) 分配利润未代扣代缴自然人股东个税风险。

风险描述:企业向个人股东分配利润时,未按规定代扣代缴个人所得税的风险。

(2) 未分配利润、盈余公积、资本公积转增注册资本(股本)未按规定代扣代缴自然人股东个税风险。

风险描述:企业以未分配利润、盈余公积、资本公积转增实收资本(股本),未按照"利息、股息、红利所得"项目代扣代缴自然人股东个人所得税。

(3) 自然人股东借用企业资金长期挂账未按规定代扣代缴个税风险。

风险描述:个人股东借用企业资金长期挂账,既不归还,又未用于企业生产经营的,企业未按规定代扣代缴个人所得税。

(4) 为自然人股东、职工购买房屋、汽车及其他财产未按规定代扣代缴个税风险。

风险描述:企业为个人股东、职工购买房屋、汽车及其他财产,未按规定代扣代缴个人所得税。

(三) 其他人员所得风险

(1) 支付董事、监事董事费、监事费未按规定代扣代缴个税风险。

风险描述：企业向在公司任职的董事、监事支付董事费、监事费，未按规定代扣代缴个人所得税。

(2) 个人以专利技术投资入股未按规定申报个税风险。

风险描述：企业存在个人以软件著作权等专利技术投资入股的情况（如软件和信息技术服务行业）。按照政策规定，个人在转让非货币性资产、取得被投资企业股权时，应确认非货币性资产转让收入，缴纳个人所得税。

(3) 向个人借款所付的利息未代扣代缴个税风险。

风险描述：企业为筹集经营资金，向员工或其他个人集资借款，并支付利息，企业未按规定代扣代缴利息所得个人所得税。

(4) 促销活动向个人发放礼品未代扣代缴个税风险。

风险描述：企业在销售产品的过程中，通常会举办一些营销活动，在活动中向个人派发礼品。企业向个人派发礼品，存在未代扣代缴个人所得税的风险。

五、土地增值税风险

(1) 转让房屋、在建工程、土地使用权未申报缴纳土地增值税风险。

风险描述：企业转让房屋、在建工程、土地使用权时可能因收入、成本、税金等核算不准确，存在未按规定进行土地增值税清算的风险。

六、房产税风险

(一) 从价计征风险

(1) 房产原值未包含房屋附属设备和配套设施的价值，少缴房产税风险。

风险描述：对按照房产原值计税的房产，无论会计上如何核算，房产原值均应包含地价以及与房屋不可分割的各种附属设备或一般不单独计算价值的配套设施，企业可能存在对房屋附属设备和配套设施等未按规定计入房产原值计算缴纳房产税的风险。

(2) 土地价值未合并到房产原值计征房产税风险。

风险描述：按照房产原值计税的房产，无论会计上如何核算，房产原值均包含地价，包括为取得土地使用权支付的价款、开发土地发生的成本费用等。企业在核算房产原值时可能存在未包含地价,计税依据不准确的风险。

(3) 未按纳税义务发生时间缴纳房产税风险。

风险描述:企业可能存在未入账房产、推迟交付的新购房屋、办理验收手续前已使用或出租、出借的新建房屋,未按规定的纳税义务发生时间缴纳房产税的风险。

(4) 新建、改造、翻建的房屋未按规定申报缴纳房产税风险。

风险描述:新建、改造、翻建的房屋,已办理验收手续或未办理验收手续已经使用的,未按税法规定期限申报纳税的风险。

(5) 无租使用其他单位房产未按规定代为缴纳房产税风险。

风险描述:企业无租使用其他单位房产,未按照规定按房产余值代缴房产税。

(6) 免收租金期间未按规定缴纳房产税风险。

风险描述:企业签订带有免租期的出租合同,免收租金期间,作为产权所有人未按照房产原值缴纳房产税。

(7) 具备房屋功能的地下建筑未按规定申报缴纳房产税风险。

风险描述:凡在房产税征收范围内的具备房屋功能的地下建筑,包括与地上房屋相连的地下建筑以及完全建在地面以下的建筑、地下人防设施等,均应当依照有关规定征收房产税。上述具备房屋功能的地下建筑是指有屋面和维护结构,能够遮风避雨,可供人们在其中生产、经营、工作、学习、娱乐、居住或储藏物资的场所。

(8) 融资租赁房产未申报缴纳房产税风险。

风险描述:企业利用融资租赁的房产进行生产经营,未按规定申报缴纳房产税。

(9) 属于资本化的固定资产装修费、改良支出未计入房产原值,存在少缴税款的风险。

风险描述:属于资本化的固定资产装修费、改良支出未计入房产原值存在少缴税款的风险。

(10) 企业出租房产未以租金收入为计税依据计算缴纳房产税风险。

风险描述:将自有房产出租给其他企业使用,收取的租金较高,仍以房产余值申报缴纳房产税的风险。房产税,可能存在少申报房产税的风险。

(11) 向关联企业出租自有房产未按公允价值收取租金,少缴房产税风险。

风险描述:将自有房产出租给关联企业使用,收取的租金明显偏低且无正当理由,未按市场价格计算房产税的风险。

七、契税风险

(1) 土地出让金减免部分未按规定计入契税计税依据风险。

风险描述:企业取得土地使用权时,政府部门对其应缴纳的土地出让金给予部分或全额减免,企业按减免后实际缴纳的土地出让金计算缴纳契税,存在少缴契税的风险。

(2) 房屋相关附属设施未计入契税计税依据风险。

风险描述：企业承受与房屋相关的附属设施（包括停车位、汽车库、自行车库、顶层阁楼以及储藏室），可能存在未按规定申报缴纳契税。

(3) 土地补偿费、安置补助费、地上附着物和青苗补偿费、拆迁补偿费等未计入契税计税依据风险。

风险描述：企业以协议方式出让土地的，未按成交价格（包括土地补偿费、安置补助费、地上附着物和青苗补偿费、拆迁补偿费）申报缴纳契税。

(4) 因改变土地用途而补缴的土地收益金及补缴政府的其他费用未按规定申报缴纳契税风险。

风险描述：企业以转让方式取得土地用途为"工业用地"或"商业用地"等非房地产开发用地进行房地产开发，需要签订土地使用权出让合同变更协议或者重新签订土地使用权出让合同，因改变土地用途补缴的土地收益金及补缴政府的其他费用未按规定申报纳税，存在少缴契税的风险。

（二）从租计征风险

(1) 出租持有投资性房地产未按规定申报缴纳房产税风险。

风险描述：企业持有投资性房地产期间，出租房产取得房产租金收入，可能存在少缴房产税风险。

(2) 企业在资产重组过程中未按规定缴纳契税的风险。

风险描述：企业集团在资产重组过程中土地、房屋权属的转移，如不符合减免契税条件的是否按规定缴纳契税。

八、印花税风险

(1) 实收资本和资本公积增加，少计印花税风险。

风险描述：实收资本和资本公积增加，未按规定申报缴纳资金账簿印花税，存在少缴印花税的风险。

(2) 借款合同少计印花税风险。

风险描述：签订借款合同未按规定申报缴纳借款合同印花税，存在少缴印花税的风险。

(3) 购销合同少计印花税风险。

风险描述：销售商品（产品）、购进商品、原料、辅料和资产时，相关合同或合同性凭证未按规定申报缴纳购销合同印花税。

(4) 财产租赁合同少计印花税风险。

风险描述：发生出租、承租房产、设备、机器等业务并签订租赁合同，未按规定申报缴纳租赁合同印花税。

(5) 财产保险合同少计印花税风险。

风险描述：发生购买财产保险业务签订合同，未按规定申报缴纳保险合同印花税。

(6) 建筑安装工程承包合同少计印花税风险。

风险描述：企业发生建造房屋、工程施工、设备安装等业务时，与承建商签订的工程建造合同、设备安装合同，未按规定申报缴纳建筑安装工程承包合同印花税。

(7) 广告合同少计印花税风险。

风险描述：发生广告支出并签订广告合同，未按规定申报缴纳加工承揽合同印花税。

(8) 加工承揽合同少计印花税风险。

风险描述：企业委托或接受委托加工，所签订的合同或合同性凭证（含电子形式），未按规定申报缴纳加工承揽合同印花税。

(9) 货物运输合同少计印花税风险。

风险描述：企业发生货物运输收入或货物运输支出业务，未按规定申报缴纳货物运输合同印花税。

(10) 股权受让或转让少计印花税风险。

风险描述：购买或转让股权时签订的合同或协议，未按规定申报缴纳产权转移书据印花税。

(11) 不动产转让少计印花税风险。

风险描述：发生房屋、土地转让业务，未按规定申报缴纳产权转移书据印花税。

(12) 集团内部或总分机构之间签订应税合同或具有合同性质的凭证未按规定贴花的风险。

风险描述：企业集团内部或总分机构之间签订应税合同或具有合同性质的凭证未按规定贴花。

(13) 签订无金额的框架合同时未贴印花税或仅贴5元印花，实际结算时未按规定补贴印花税的风险。

风险描述：存在签订无金额的框架合同时，未贴印花税或仅贴5元印花，实际结算时存在未按规定补贴印花税的现象。

(14) 以电子形式签订的各类应税凭证未按规定缴纳印花税的风险。

风险描述：以电子形式签订的各类应税凭证未按规定缴纳印花税。

九、城镇土地使用税风险

(1) 未按实际使用的土地面积申报缴纳土地使用税风险。

风险描述：未按实际使用的土地面积申报，少缴土地使用税。

（2）与其他单位和个人共用的土地未准确计算缴纳土地使用税风险。

风险描述：企业使用的土地与其他单位和个人共用的，未按企业实际使用的土地面积占总面积的比例准确计算缴纳土地使用税。

（3）职工宿舍未申报或少申报缴纳土地使用税风险。

风险描述：职工宿舍未申报或少申报城镇土地使用税。

（4）实际使用或代管在征税区域范围内土地使用权的企业，未按规定申报缴纳土地使用税的风险。

风险描述：由于拥有土地使用权的企业不在土地所在地，而实际使用或代管在征税区域范围内土地使用权的纳税人，未按税法规定由代管人或实际使用人申报缴纳城镇土地使用税。

（5）企业实际使用应税集体土地未申报缴纳土地使用税的风险。

风险描述：企业实际使用应税集体所有建设用地、但未办理土地使用权流转手续的，未缴纳土地使用税。

（6）实际使用人因权属纠纷未按规定申报缴纳土地使用税的风险。

风险描述：企业无土地权证，却实际使用在征税区域范围内土地使用权未确定或权属纠纷未解决的土地，可能存在未按税法规定由实际使用人申报缴纳城镇土地使用税的风险。

（7）未投入使用的土地未申报缴纳土地使用税风险。

风险描述：企业取得地块后暂未进行实质性开发，可能存在未按规定申报缴纳城镇土地使用税的风险。

（8）土地使用税应税面积、单位税额适用错误等少缴税款风险。

风险描述：企业可能存在混淆不同地段的土地使用税税率；土地等级调整后，纳税申报时未作相应调整；纳税单位使用免税单位的土地，未履行纳税义务；征免界限划分不清等少缴纳城镇土地使用税的风险。

（9）地下建筑未申报缴纳土地使用税的风险。

风险描述：对在城镇土地使用税征税范围内单独建造的地下建筑用地，按规定征收城镇土地使用税。其中，已取得地下土地使用权证的，按土地使用权证确认的土地面积计算应征税款；未取得地下土地使用权证或地下土地使用权证上未标明土地面积的，按地下建筑垂直投影面积计算应征税款。企业在征税范围内单独建造的地下建筑，可能存在未按规定缴纳城镇土地使用税的风险。

（10）租用集体土地未申报缴纳土地使用税风险。

风险描述：企业租用城镇土地使用税征收范围内的集体所有建设用地未缴纳土地使用税。

（11）取得土地使用权但未按规定申报缴纳土地使用税风险。

风险描述：取得土地使用权，已申报缴纳契税，未按规定的时限申报缴纳土地使用税的风险。

（12）企业的荒山、林地、湖泊等占地未按规定申报缴纳土地使用税风险。

风险描述：根据相关规定，对已按规定免征城镇土地使用税的企业范围内荒山、林地、湖泊等占地，自2014年1月1日至2015年12月31日，按应纳税额减半征收城镇土地使用税；自2016年1月1日起，全额征收城镇土地使用税，核查企业是否已按相关规定申报缴纳。

十、资源税

（1）运杂费用未取得相应凭据或不能与销售额分别核算少缴纳资源税风险。

风险描述：资源税应税产品从坑口或洗选（加工）地到车站、码头或购买方指定地点的运输费用、建设基金以及随运销产生的装卸、仓储、港杂费用，可能存在未取得相应凭据或不能与销售额分别核算的情形，未与应税产品销售额一并计征资源税。

（2）共伴生矿与主矿产品销售额未分开核算少缴纳资源税风险。

风险描述：纳税人开采销售共伴生矿，共伴生矿与主矿产品销售额分开核算的，对共伴生矿暂不计征资源税；没有分开核算的，共伴生矿按主矿产品的税目和适用税率计征资源税。企业可能存在共伴生矿与主矿产品销售额未分开核算，产生未按主矿产品的税目和适用税率计征资源税的风险。

（3）纳税人将其开采的原煤发生视同销售行为，不计或少计收入风险。

风险描述：纳税人将其开采的原煤，自用于连续生产洗选煤的，在原煤移送使用环节不缴纳资源税；自用于其他方面的，视同销售原煤，依照有关规定确定销售额，计算缴纳资源税。

十一、城市维护建设税及教育费附加风险

入库的流转税税额、增值税免抵税额大于城建税计税依据，少缴税费风险。

风险描述：同一税款所属期企业入库的流转税税额（增值税、消费税、营业税）、审批的增值税免抵税额合计大于城建税计税依据，存在少缴城建税及附加税费的风险。主要原因在于企业未将出口免抵的应纳增值税额作为计算城建税和教育费附加的计税依据。

十二、车船税

在企业厂区内部行驶的车辆未按规定缴纳车船税的风险。

风险描述：企业为节约成本费用，在厂区内部行驶的车辆，未在车船登记管理部

门进行登记，未购买车辆强制保险，可能存在未按规定计提申报缴纳车船税的风险。

第三节 行业风险识别

本节重点介绍千户集团十个行业税收风险分析指引，指引中的风险点为各行业特殊的风险点。

一、白酒行业税收风险分析指引

1. 企业应取得而未取得增值税扣税凭证少缴纳税款的风险

涉及税种：增值税、城市维护建设税及附加。

风险描述：白酒生产企业在 2012 年 7 月 1 日以前，购进农产品应根据增值税扣税凭证抵扣增值税进项税额；2012 年 7 月 1 日后，根据《财政部 国家税务总局关于在部分行业试行农产品增值税进项税额核定扣除办法》（财税〔2012〕38 号）规定，白酒生产企业购进农产品不再凭增值税扣税凭证抵扣增值税进项税额，企业可能存在购进农产品时没有取得农产品收购发票或增值税发票，而直接通过投入产出法直接核定其进项税额，造成少缴增值税的风险。

2. 将外购酒及酒精生产的产品作为基数计算抵扣农产品进项税额的风险

涉及税种：增值税、城市维护建设税及附加。

风险描述：白酒生产企业将外购的酒及酒精生产的产品销售后，可能存在计入当期自产产品销售数量，在计算当期允许抵扣农产品增值税进项税额时多抵扣进项税额的风险。

3. 未按照最终销售单位对外销售价格核定消费税最低计税价格，少缴纳税款的风险

涉及税种：消费税、企业所得税、城市维护建设税及附加。

风险描述：白酒生产企业利用消费税在生产环节征收的特点，可能存在通过设立独立核算的销售公司，把一个产销过程人为地划分为工业生产和商业销售两个环节，生产环节通过各种手段剥离生产成本，降低产品成本，从而将白酒低价销售给销售公司，销售公司再以高价对外销售，侵蚀消费税税基的风险。风险的主要表现形式有：转移成本核算对象，降低生产成本（生产成本外剥离）；将包装材料划归销售单位核算，不结转本公司产品成本；利用销售单位有挑选、分级包装的功能，生产企业把本单位购买、使用且应当由本单位核算的泡沫、包装盒、包装箱等包装材料成本纳入销售单位的账簿进行核算，既规避了生产企业的消费税，又增大了销售单位的成本、费用，降低了企业所得税负担；或将生产企业应支付和核算的管理费用、财务费用等划归销售公司支付和核算，从而增加生产企业利润，避免生产企业出现低利润或亏损引

起纳税评估和税务检查的风险。

改变核算方法,降低产品成本(生产成本内剥离)。主要包括将工资及对应费用、机械设备折旧、燃料及动力、包装劳务费和劳务费等应作为生产成本或制造费用核算的内容以费用方式核算,年末直接冲减本年利润。企业在具体账务处理上,将生产工人工资及五险一金、机械设备折旧、燃料和动力、包装劳务费和劳务费直接作为"损益类"科目,而不是"成本类"进行会计核算,从产品生产成本中剥离,使得产品成本项目基本组成部分,即:直接材料、直接人工、直接费用中少了直接人工和部分直接费用,减少了产品生产成本,并以此为基数加上利润,达到规避消费税的目的。

将本单位基本生产业务外包(基本业务外剥离)。变"先包装后销售"为"先销售后包装"。生产企业低价将散装白酒卖给关联生产企业,由关联生产企业购入酒瓶、纸盒等包装材料进行灌装、贴标、包装,规避消费税。关联生产企业则以未生产散装白酒,只进行灌装、贴标、包装为由,不申报缴纳消费税。或采用"大集团、小配套"的方式,将生产企业的原材料、半成品、机械设备(如灌装生产线、包装生产线等)、厂房等资产以"一体化"形式租赁给关联企业进行管理,由关联企业按生产企业的要求,对其提供的散酒、酒瓶、包装盒等进行灌装、包装生产,关联企业在提供劳务的同时又自产"其他酒",按10%缴消费税,可能存在混用原材料将粮食白酒酒基产品作"其他酒"核算,少缴消费税的风险;通过发出委托加工业务,降低产品成本。将散装白酒以低价发出委托其他生产企业进行加工,以"低价成本+加工费+包装材料"为基础被代收代缴消费税收回后,再以低价向一级销售单位销售,侵蚀消费税税基的风险;

其他规避消费税的情况。将包装辅助材料如防震泡沫等,在开具发票时改变为促销用于提袋、水杯等,降低成品酒成本,存在规避消费税的风险。

4. 酒糟销售未按规定申报纳税或者符合免税条件的酒糟未计算应转出进项税额,少缴纳税款的风险

涉及税种:增值税、企业所得税、城市维护建设税及附加。

风险描述:白酒制造企业的副产品酒糟可能存在未计入应税收入,或者酒糟销售符合免税条件的,未计算分摊应转出的进项税额的风险。

5. 销售新产品未按规定核定最低计税价格,少缴消费税的风险

涉及税种:消费税、城市维护建设税及附加。

风险描述:企业每年都有各类新品种酒、定制酒或特供酒,其消费税计税价格可能低于销售单位对外销售价格(不含增值税)70%以下,但企业并未即时按规定报送税务机关核定消费税最低计税价格的风险。

6. 价格发生变化未按规定重新核定最低计税价格,少缴消费税的风险

涉及税种:消费税、城市维护建设税及附加。

风险描述:已核定最低计税价格的白酒,其销售单位对外销售价格持续上涨或下降时间达到 3 个月以上、累计上涨或下降在 20%（含）以上的白酒，应按规定报送税务机关重新核定最低计税价格。企业可能存在未即时报送重新核定价格，导致价格上涨 20% 以上的白酒仍按旧的核定价格计算缴纳消费税的风险。

7. 销售价格高于最低计税价格未按规定缴纳消费税的风险

涉及税种：消费税、城市维护建设税及附加。

风险描述：酒类生产企业销售产品时，已核定最低计税价格的白酒，实际销售价格高于消费税最低计税价格的，按实际销售价格申报纳税。企业可能存在已核定价格产品全部按照核定计税价格计算缴纳消费税，未按实际高于已核定价格申报纳税的风险。

8. 粮食白酒按其他酒申报少缴纳消费税的风险

涉及税种：消费税、城市维护建设税及附加。

风险描述：酒类消费税适用税率按原料划分为不同税率，粮食白酒和其他酒存在差异，白酒税率从价 20% 加从量 0.5 元/500 克（或者 500 毫升），其他酒税率从价 10%。白酒生产企业为达到少缴消费税目的，有时故意将税目、税率混用，典型的就是白酒品种界定不清、高税率的采用低税率计税等，可能存在将粮食白酒混用为其他酒适用消费税税率的风险。

9. 销售外购同类应税消费品未缴纳消费税的风险

涉及税种：消费税、城市维护建设税及附加。

风险描述：白酒生产企业购进与自产应税消费品同样的应税消费品进行销售的，应按规定缴纳消费税，企业可能存在少缴纳消费税的风险。

10. 白酒销售公司承担加工、包装业务未按规定缴纳消费税的风险

涉及税种：消费税、城市维护建设税及附加。

风险描述：白酒制造企业为规避消费税，部分销售公司承担了白酒加工、包装业务，购进了包装物和生产环节使用的固定资产，其实质已经由纯粹销售公司转变为加工销售一体的生产企业，对外销售白酒应全额缴纳消费税，企业可能存在未缴纳消费税的风险。

11. 白酒销售公司承担与经营无关的支出少缴纳税款的风险

涉及税种：增值税、企业所得税、城市维护建设税及附加。

风险描述：部分销售公司承担包装物和生产环节使用的固定资产，如生产白酒的窖池、机器设备或厂房等，造成多抵扣进项税，并计提折旧在所得税前列支的风险。

12. 未正确核算返工酒少缴纳税款的风险

涉及税种：增值税、企业所得税、城市维护建设税及附加。

风险描述：企业因成品酒或基酒返回生产环节，或因质量不合格退回生产环节等因素致返工酒账列金额异常，有可能存在将已销售酒类产品成本再次计入生产成本，多列成本、少计销售收入的风险；在营业外支或管理费用列支返工酒、成品酒或基酒

的盘亏毁损，有可能是因管理不善造成被盗、丢失、霉烂变质的损失，该进项税额未作进项税额转出的风险。

13. 企业将销售的基酒作为正常损耗少缴纳税款的风险

涉及税种：增值税、消费税、企业所得税、城市维护建设税及附加。

风险描述：企业在原酒储存过程中，原酒损耗率异常或损耗超过行业平均标准值，有可能将已销售酒记入基酒损耗，漏计销售，少申报销售收入的风险。

[典型案例]

一、企业基本情况

某省 A 酿酒有限公司，成立于 200×年 11 月，注册资金 2 057 万元，主营生产、销售白酒、其他酒（配制酒）、矿泉水、粮食收购及相关进出口业务；酒类技术咨询服务。该公司为增值税一般纳税人，适用税率 17%，风险分析年度 2014 年至 2015 年。

二、风险指标分析情况

分析人员认为可能存在以下涉税风险：

1. 未按照销售单位对外销售价格核定消费税最低计税价格，少缴消费税的风险

该酒厂设立三级销售公司，消费税计税价格仅按照一级销售公司对外销售价格的 60% 来核定，未核定价格的产品出厂售价也仅是维持在第一级销售公司对第二级销售公司价格的 70% 以上。该公司的三级销售公司 2014 年对外销售收入 281 376.68 万元，2015 年对外销售收入 307 771.75 万元。但该公司 2014 年从价计征消费税 20 008.26 万元（不含其他酒），2015 年缴纳从价计征消费税 19 992.36 万元（不含其他酒）。该公司存在通过设置多级销售公司，少缴消费税的风险。

2. 纳税人申报的增值税收入和消费税收入不匹配，两税申报应税收入差异过大

2014 年，该企业增值税申报收入 107 727.12 万元，消费税申报应税收入 102 893.92 万元，两者相差 4 833.20 万元。

2015 年该企业增值税申报收入 106 732.86 万元，消费税申报应税收入 101 906.19 万元，两者相差 4 826.67 万元。

因两年增值税和消费税两税收入差异较大，可能存在少计消费税收入，少缴消费税的风险。

3. 生产浓香型白酒出酒率低于 35% 预警值

2014 年该公司生产领用粮食用于酿酒 61 683 930 公斤，共生产 60.5 度基酒 21 660 040.05 公斤，折合 65 度基酒 19 740 960.50 公斤，出酒率为 32%。

2015 年该公司生产领用粮食用于酿酒 57 933 370 公斤，共生产 60.5 度基酒 21 355 278.07 公斤，折合 65 度基酒 19 463 200.43 公斤，出酒率为 33.60%。

分析两年出酒率均低于 35% 预警值，可能存在多抵扣农产品进项税额，或农产品进项抵扣正常，但基酒产量有少计产量从而少申报销售，少计增值税、消费税的

风险。

三、二次分析情况

分析人员采集企业2014年至2015年电子账套，通过对企业财务数据进行分析，排除部分风险并发现新的涉税风险：

1. 排除申报的增值税收入大于消费税收入，少缴消费税的风险

2014年、2015年差异主要原因是酒类以外的其他货物销售，包括：曲药销售收入、销售包装物收入、运输收入、内部售电收入、转售其他物资。这类货物和服务只涉及增值税，无需缴纳消费税，造成增值税收入大于消费税收入的差异。

剔除以上原因后，增值税销售收入与消费税销售收入一致，该风险排除。

2. 销售丢糟等下脚料，未按规定计提销项税额的风险

该公司在巨潮资讯网上《社会责任报告》公告信息反映：2014年，公司废气排放量10 453万标立方米，废水排放量为30.75万吨，废水、废气全部达标排放；废渣产生量（煤渣、丢糟）3.45万吨，全部综合利用变废为宝。2015年，酿酒废弃物（丢糟）用于生产蛋白饲料，煤渣（灰）用于生产建筑材料。从账务上看，该公司2014年和2015年度仅反映了下脚料运费，无销售收入。可能存在销售丢糟等下脚料未计收入、未计增值税的风险。

3. 自产产品用于业务招待或职工福利，混入正常损耗，未视同销售的风险

该公司2014年在"管理费用—其他"中列支产品报损1 120 482.25元，报损白酒43 781瓶，2015年在同一科目列支产品报损1 625 974.99元，报损白酒118 002瓶。虽然报损金额占其全部出库产品的比例不高，但报损产品种类过度集中在中高端白酒，有可能将业务招待或职工福利用酒混入正常损耗中，存有未视同销售缴纳增值税和消费税的风险。

4. 未按规定抵扣大额固定资产进项税额的风险

该公司2014年购进大额固定资产抵扣2 870 938.30元，2015年购进大额固定资产抵扣3 529 739.04元，企业在正常生产经营情况下，大量购进机械设备并申报抵扣进项税额，需核实企业是否存在未按规定抵扣进项税额的情况。

四、纳税约谈

针对风险指标分析和财务数据二次分析发现的疑点，分析组人员分别与企业财务负责人、会计进行了纳税约谈。约谈了解情况如下：

针对出酒率较低的问题，企业人员解释白酒出酒率受多种因素影响，主要是温度、酸度、水份、淀粉含量等，公司出酒率基本在30%到36%之间，属于正常的出酒率。据了解，大酒厂大曲酒出酒率大致在34%正负4%浮动，按照此标准，公司两年的出酒率基本正常。针对损耗问题，企业财务人员介绍，都是按照车间上报的报损表来进行核算，均是正常损失，不涉及增值税问题。

通过约谈，企业人员仅对两项风险进行了说明，其余风险点还需要进一步核实。

五、实地核实

针对约谈未排除的风险点，分析人员到企业进行实地核实。

1. 未按照销售单位对外销售价格核定消费税最低计税价格，少缴消费税的风险

2014年，该公司白酒（不含消费税率为10%的其他酒）的销售额为100 041.29万元，缴纳消费税22 630.93万元（其中，从量计征消费税2 622.67万元，从价计征消费税20 008.26万元），第一级销售环节实现白酒销售124 672.08万元，第三级最终销售环节对社会经销商销售白酒17 899.58万元。如按终端销售环节对社会销售额的60%测算，该公司2014年需缴纳的从价计征消费税为21 383.95万元，公司通过设置关联企业销售环节少缴消费税1 375.69万元。

2015年，该公司白酒（不含消费税率为10%的其他酒）销售额为99 961.79万元，缴纳消费税22 670.91万元（其中从量计征消费税2 678.5万元，从价计征消费税19 992.36万元），第一道销售环节实现白酒销售126 869.91万元，第三级最终销售环节对社会经销商销售白酒180 719.92万元（扣除给白酒经销商的折扣额）。如按终端销售环节对社会销售额的60%测算，该公司2015年需缴纳的从价计征消费税将为21 686.39万元，该公司通过设置关联企业销售环节少缴消费税1 694.03万元。

应补税款：分析人员分品种将该公司出厂价与销售公司分品种平均销售价格的60%进行比对，低于60%的，按照销售公司价格的60%来确定消费税计税价格，高出部分按企业实际价格计税。经计算，该公司2014年应补消费税11 386 610.97元；2015年应补消费税12 021 309.76元。

2. 用于抵偿劳务费的煤灰等下脚料，未按规定计提销项税额的风险

经核实，该公司2015年在账簿上反应了下脚料的运费，但无销售收入（包括丢糟、煤渣和蛋白饲料）反映。该公司提供的《鲜糟处理协议》《合同》和《检查情况说明》表明该公司与其余两家公司签订协议，由对方公司负责处理丢糟、灰渣等下脚料，该公司不收取相关费用，也不支付任何费用，为公司节约了高额清运费支出。

通过查看相关运输数据和记录，清理出该公司2014年处理煤灰3 900吨，煤渣2 200吨，丢糟25 013.50吨；2015年处理煤灰4 400吨，煤渣2 600吨，丢糟30 796.50吨。应补税款：经互联网查询，煤灰价格为30~40元/吨，煤渣10~20元/吨，高粱白酒酒糟价格为240~300元/吨。按处理下脚料数量和互联网查询的最低单价计算，该公司2014年应补增值税710 834.81元，2015年应补增值税873 267.71元。

3. 自产产品用于业务招待或职工福利，未视同销售计算缴纳增值税的风险

分析人员首先抽查了"管理费用－其他"中报损业务的记账凭证，但记账凭证所附的原始凭证较为简单，仅有其车间上报的产品报损表，简单记载了报损品种和数量，报损原因统一为质量不合格产品。从报损表上也可以看到，报损数量最大的仍然是该公司的中高端白酒，报损原因存疑。评估人员随即前往上报报损表的酒厂包装中心，对包装中心的原始资料进行查看。通过查看包装中心的出入库记录，评估人员发现该

公司将部分中高端白酒直接以样酒的名义领用出库,每月多达上千瓶。带着疑问,评估人员对包装中心负责人进行了约谈。这部分酒都是用于公司平时的业务招待和赠送,和正常损耗混在一起做了报损处理。

应补税款:通过清理该企业2014年损失中列支业务招待和赠送用酒3 165 636.50元,按照对外销售价格计算总金额5 907 825.50元,其中2014年1 698 745.00元,32 181斤;2015年4 209 080.50元,97 572斤。2014年应补增值税288 786.65元,消费税355 839.50元;2015年应补增值税715 543.69元,消费税890 602.10元。

4. 购进用于不动产构筑物或非增值税应税项目的货物,抵扣进项税额的风险。

(1) 经核实,该公司2015年12月28日认证专用发票00016276、00029715、00010914号,从××电梯销售有限公司购入电梯设备三台,抵扣进项税额分别为:14 384.62元、14 239.32、14 384.62元,合计43 008.56元,未作进项税额转出。(2) 该公司2015年窖池密封装置项目(酿2015D-47)购进钢材抵扣进项税额2 779 336.87元。窖池代码前两位为03的构筑物,用于窖池的钢材不得抵扣进项税额,因此应作进项税额转出2 779 336.87元。

应补税款:以上两项合计应补增值税2 822 345.43元。

六、应对结果

该公司2014年应补缴增值税999 621.46元,消费税11 742 450.47元,城建税891 945.04元,教育费附加382 262.16元,地方教育附加254 841.44元;2015年应补缴增值税4 411 156.83元,消费税12 911 911.86元,城建税1 212 614.81元,教育费附加519 092.06元,地方教育附加346 461.37元。该公司已补缴入库并加收滞纳金。

二、电信行业税收风险分析分析指引

1. 电信业务收入未按照不同税率分开核算,从低适用税率少缴增值税的风险

风险描述:电信业业务种类繁多适用税率不同,其中,基础电信服务税率为9%,增值电信服务税率为6%,销售终端等货物税率为13%,有形动产租赁服务税率为13%,简易征收业务征收率为3%,企业可能混淆业务种类从低适用税率少缴增值税。

2. 电信企业转售水、电收入未按规定申报缴纳增值税的风险

风险描述:电信企业取得转供外单位和个人的水电费收入,可能存在未按规定申报缴纳增值税的风险。

3. 电信企业分支机构未按规定申报预缴增值税的风险

风险描述:采取增值税预缴方式的电信企业分支机构提供电信服务及其他应税服务,按照销售额、预收款和预征率计算应预缴税额,按月向主管税务机关申报纳税。分支机构预缴税款时可能存在销售额计算不准确、预收款项未全部纳入、汇总纳税信息传递单上销售收入、预收款金额、进项税额等数据填写不准确的风险,造成少预缴增值税。

4. 套餐业务收入未合理分摊造成少缴增值税的风险

风险描述：电信企业将两种或两种以上的通信业务或服务打包成套餐提供给客户，并按月收取固定使用费。"营改增"之后，套餐内容涵盖的基础电信业务税率为9%、增值电信业务税率为6%，需要按照不同税率进行业务收入分摊，以准确计算各业务事项的应税收入额和增值税税额。具体分摊收入时，可能存在不合理加大增值电信业务的分成比例，少缴增值税。

5. 电信企业向客户提供通讯服务附带赠送货物或服务未分别核算，适用税率错误的风险

风险描述：电信企业提供电信服务附带赠送用户识别卡、电信终端等货物或者追加电信服务时，未对取得的全部价款和价外费用合理划分、分别核算，可能从低适用税率计算缴纳增值税。

6. 通过手机短信为公益性机构接受捐款提供服务少记销售额的风险

风险描述：电信企业及其成员单位通过手机短信公益特服号为公益性机构接受捐款服务，应按照捐款人支付的全部价款和价外费用扣除支付给公益性机构捐款后的余额开具增值税发票。可能存在销售额的确认不准确或者开具给捐款人的增值税发票金额不准确的风险。

7. 国际业务结算未按规定代扣代缴增值税的风险

风险描述：电信企业与国外电信运营商合作，互相使用网络、服务等资源，会产生国际网间结算、国际业务技术支撑费、国际电路及网元租赁费等成本费用的结算。企业在进行国际业务对外支付结算资金时，可能未按规定代扣代缴增值税。

8. 收回以前年度已税前扣除各种损失未确认收入少缴企业所得税的风险

风险描述：电信企业已经税前扣除的各种损失，在以后纳税年度又全部收回或者部分收回时未计入当期的应纳税所得税，存在未按规定缴纳企业所得税的风险。

9. 手续费及佣金未按规定税前扣除的风险

风险描述：电信企业手续费及佣金支出，仅限于电信企业在发展客户、拓展业务等过程中因委托销售电话入网卡、电话充值卡所发生的手续费及佣金支出，超过企业当年收入总额5%的部分，未作纳税调整少缴企业所得税。

10. 电信企业直接支付外部劳务派遣用工的费用未按规定代扣代缴个人所得税的风险

风险描述：电信企业直接支付给劳务派遣员工个人的费用，可能存在未按照"工资薪金所得"项目代扣代缴个人所得税的风险。

11. 支付自然人代办点销售手续费、佣金未按规定代扣代缴个人所得税的风险

风险描述：电信企业支付给自然人的佣金（含向境外个人支付佣金属于来自境内的所得）可能存在未按"劳务报酬所得"代扣代缴个人所得税的风险。

12. 向大客户的业务特定联系人赠送礼品未按"其他所得"代扣代缴个人所得税的风险

风险描述：电信企业向大客户的业务特定联系人直接赠送的礼品，可能存在未按"其他所得"代扣代缴个人所得税的风险。

13. 派发现金网络红包未按规定代扣代缴个人所得税的风险

风险描述：电信企业无条件向个人通过网络派发现金红包，可能未按照"偶然所得"项目代扣代缴个人所得税。

14. 扩大加计抵扣增值税进行税额的风险

风险描述：电信企业未按照现行规定从销项税额中加计抵扣进项税额，造成少缴增值税的风险。

[典型案例]

一、企业基本情况

××有限公司为中国某通信有限公司全资子公司，主要经营基础电信业务、增值电信业务、移动通信业务等。该企业财务核算实行省内两级核算体系，省公司财务部负责会计核算、汇总申报、档案管理、报表编制、资金支付、业务支撑、数据存储等；分支机构为报账制单位，负责业务初审、原始凭证采集、就地纳税申报等。企业所使用的财务软件为 SAP 财务管理系统，账簿凭证资料在省公司保存。

该企业 2014 年实现营业收入 221.54 亿元，实现利润 51.79 亿元，缴纳企业所得税 12.69 亿元；2015 年实现营业收入 228.66 亿元，实现利润 59.15 亿元，缴纳企业所得税 14.38 亿元。该企业自 2014 年 6 月 1 日起实行"营改增"，增值税汇总纳税部分由省公司按季全额申报，2014 年 6~12 月缴纳增值税 7.83 亿元。

企业适用 11%、6% 两档增值税税率，企业所得税适用 25% 的税率。

二、风险分析情况

经抽取该公司 2014~2015 年的财务数据和相关税收数据进行风险分析，共发现 15 个涉税风险事项，具体如下：

1. "营改增"试点后延迟取得劳务进项发票多抵扣进项税额的风险

经查看××有限公司 2014 年 6 月份"应交税费——应交增值税（进项税额）""主营业务成本——维修费""主营业务成本——业务支撑网""主营业务成本——网络支撑网""主营业务成本——传输网数据网"等科目，发现"主营业务成本——维修费""主营业务成本——业务支撑网""主营业务成本——网络支撑网""主营业务成本——传输网数据网"增长较快，企业可能存在抵扣实际业务发生在"营改增"以前的购入劳务，2014 年 6 月再取得专用发票抵扣。如果情况属实，应做进项税额转出。

2. "营改增"试点后延迟取得货物进项发票抵扣进项税额的风险

经查看××有限公司 2014 年 6 月以后"应交税费——应交增值税（进项税额）"

"主营业务成本——综合配套""库存材料""固定资产"等科目,发现"库存材料""固定资产"科目骤增,企业可能存在抵扣实际业务发生在"营改增"以前的购入材料或者设备业务,2014年6月实行营改增后取得增值税专用发票抵扣。如果情况属实,应做进项税额转出。

3. 取得不符合规定增值税专用发票抵扣进项税额的风险

经查看××有限公司2014年度"应交税费——应交增值税(进项税额)"科目,营改增刚刚试点,可能存在取得不符合规范发票申报抵扣进项税的风险。

4. 转售水、电收入未按规定申报缴纳增值税的风险

××有限公司2014年6~12月"其他业务收入——水电费收入""预收账款——代销商预存款""其他应收款""应交税费"等科目,可能存在企业取得转供外单位和个人水电费1 094 600.56元,其中,水费514 181.96元,电费580 418.60元,未计提销项税额。

5. 企业发生视同销售行为未按规定缴纳增值税的风险

查看该公司2014年"销售费用"中促销费、客户服务费、广告费、业务宣传费、社会渠道手续费、社会渠道服务费、展览费、咨询费、业务费明细项目,发现有发出手机、服装、红瓷茶具、杯子、笔、商务礼盒等,企业可能存在通过推广会等活动,将购进的手机、服装、红瓷茶具、杯子、笔、商务礼盒货物无偿赠送给其他单位或者个人,未视同销售,少缴增值税的风险;也可能是企业将上述物品用于业务捆绑销售,应分别核算、分别缴纳增值税。

6. 销售使用过的固定资产未缴纳增值税或者计税方法适用错误的风险

在××有限公司2014年4月的"固定资产清理""营业外收入"科目中发现,记录有处置2台2008年以前购入未抵扣进项税额的闲置车辆,取得收入80 800元,可能未按简易计税方法计提增值税销项税额。

7. 预提性质费用未按规定税前扣除的风险

查看××有限公司2014年末"预提费用"科目,贷方余额389 180.61元,一直未进行支付,可能没有调增企业当年的应纳税所得额。

8. 不能税前扣除的费用未做纳税调整的风险

2014年度,××有限公司在"管理费用——其他"科目中列支价格调节基金20 574 911.84元,金额较大,应重点关注该基金是否符合审批规定,如不符合税前扣除标准应进行纳税调整。

9. 未按规定列支捐赠支出、非广告性赞助支出的风险

××有限公司2014年在"管理费用——其他"科目中列支支付街道、社区的农村工作经费、综合治理经费等活动经费1 025 820.00元,可能属于直接赞助性质的支出,也可能属于企业利用社区活动进行企业宣传推广等,应查明情形后区别处理。

10. 企业税前扣除应由个人或其他单位负担费用的风险

2014年,××有限公司在"管理费用""销售费用""其他业务成本"科目中列支

应由员工或者客户个人负担的个人所得税1 304 051.92元;在职工教育经费科目中列支应由职工个人负担的学历、学位教育费用359 900.00元;在职工福利费、管理费用、销售费用中列支部分退休人员费用717 116.83元。三项合计2 381 068.75元,可能未进行纳税调整。

11. 赠送货物、劳务未按规定进行企业所得税处理的风险

××有限公司在2014年"销售费用——客户服务费——其他、大客户经费、促销费——其他、客户服务费VIP俱乐部"科目中,有赠送给关键人用于维系协调大客户的各种支出110 274 092.00元,对特定对象的支出应按业务招待费处理,可能存在超扣除限额可能未作纳税调整的风险。

12. 企业为投资者或者职工支付的商业保险费税前扣除的风险

××有限公司2014年"管理费用"中,有一笔为投资者或者职工支付的家庭财产保险费支出787 361.89元,属于商业保险,不能税前扣除,未做纳税调整。

13. 实际占用的土地未按规定缴纳城镇土地使用税的风险

××有限公司2012年底取得位于××市××区××路××号12 135.83m²的土地使用权(属于市区五类地区,每平方米年税额12元),该宗土地于2013年12月办理了变更手续,变更后的土地使用面积为12 544.72m²,2014年企业未进行相应的纳税调整,可能存在少计城镇土地使用税的风险。

14. 与房屋不可分割的附属设施未按规定计入房产原值少缴纳房产税的风险

××有限公司固定资产账簿记载原值为27 172 138.52元的YY营运中心中央空调,会计科目为"固定资产——原值——经营和管理用动力空调设备",单独计价,可能未列入房产原值从价计征房产税。

15. 向员工发放各类奖金、津贴、补贴未按规定代扣代缴个人所得税的风险

××有限公司2014年拥有员工511人,发放员工工资及奖金124 671 042.70元,为员工缴纳补充养老保险金1 334 764.29元,在"管理费用——其他——交通费"科目发放累计交通补助6 717 489.65元、劳动保护费330 421.21元、福利费12 725 523.07元;可能未将这些支出并入员工的工资薪金支出代扣代缴个人所得税。

三、风险应对情况

应对人员深入企业,对风险分析阶段发现的风险点逐一进行实地核查。通过重点审阅企业的申报资料、相关合同、记账凭证和其他涉税资料,并对企业财务主管和部分采购人员进行询问调查,确认企业有未按规定申报抵扣增值税进项税额、视同销售不作收入处理、转售水电不作收入、固定资产处置不计提税金等15个税收风险事项,具体应对情况如下:

1. 针对风险1

应对人员对××有限公司"应交税费——应交增值税(进项税额)"明细科目,

对比企业合同约定的服务提供时间与企业取得的红字增值税进项发票的开具时间，企业接受维保、质保等技术服务时间为2014年5月，发现取得2014年6月1日以后开具的进项发票，抵扣进项税额946 695.82元，未作进项税额转出。应补增值税946 695.82元，应补城市维护建设税及附加94 669.58元，相应调减当年企业所得税应纳税所得额1 041 365.40元。

2. 针对风险2

××有限公司购买设备，取得实际业务发生在"营改增"2014年6月1日以前的进项税额5 889 201.19元，其进项税额不应该抵扣，应作进项税额转出。应补交增值税5 889 201.19元，应补城市维护建设税及附加588 920.12元，相应调减企业所得税应纳税所得额1 177 840.24元（假设备按10年摊销）。

3. 针对风险3

2014年度取得一份增值税专用发票，其销货清单未通过防伪税控系统开具，抵扣增值税进项税额10 379.66元，未作进项转出。应补增值税10 379.66元。应补城市维护建设税及附加1 037.97元，相应调减企业所得税应纳税所得额11 417.63元。

4. 针对风险4

2014年6～12月，××有限公司取得外单位和个人转供水电费1 094 600.56元，其中水费514 181.96元，电费580 418.60元，挂往来未作收入处理。应补增值税143 488.00元，应补城市维护建设税及附加14 348.80元，相应调增应纳税所得额936 763.76元。

计算过程：$514\ 181.96/(1+13\%)\times 13\% + 580\ 418.60/(1+17\%)\times 17\% = 59\ 153.67 + 84\ 334.33 = 143\ 488.00$元。

5. 针对风险5

2014年，××有限公司通过推广会等促销活动，将购进的手机、服装、红瓷茶具、杯子、笔、商务礼盒等价值2 547 151.30元的货物无偿赠送给其他单位或者个人，未视同销售。应补交增值税：$2\ 547\ 151.30/(1+17\%)\times 17\% = 370\ 098.9$元，应补城市维护建设税及附加37 009.89元，相应调减应纳税所得额37 009.89元。

6. 针对风险6

在××有限公司2014年4月的"营业外收入"科目中发现，记录有处置2台2008年以前购入未抵扣进项税额的闲置车辆，取得收入80 800元，未计提销项税额。应补增值税1 553.85元。应补城市维护建设税及附加155.39元，相应调减应纳税所得额1 709.24元。

7. 针对风险7

查看该公司"预提费用"明细账，2014年末余额为389 180.61元，摘要为电信设备租赁费，至2014年汇算清缴结束前仍未支付且未取得发票，也未调增××有限公司当年的应纳税所得额。应调增2014应纳税所得额389 180.61元，应补缴企业所得税97 295.15元。

8. 针对风险 8

2014 年度，企业在"管理费用——其他"科目中列支价格调节基金 20 574 911.84 元，未进行纳税调整。经核实该基金由县政府批准国土规划部门收取的，不符合在所得税前扣除的规定。应调增应纳税所得额 20 574 911.84 元，应补缴企业所得税 5 143 727.96 元。

9. 针对风险 9

××有限公司 2014 年在"管理费用——其他"科目中列支支付街道、社区的农村工作经费、综合治理经费等活动经费 1 025 820.00 元，经核实，属于直接赞助性质的支出，未作纳税调整。应调增应纳税所得额 1 025 820.00 元，应补缴所得税 256 455 元。

10. 针对风险 10

经核实，2014 年，在"管理费用""销售费用""业务成本"等科目中列支应由员工或者客户个人负担的个人所得税 1 304 051.92 元；在"职工教育经费"科目中列支应由职工个人负担的学历、学位教育费用 359 900.00 元；在职工福利费、管理费用、销售费用中列支部分退休人员费用 717 116.83 元。三项合计 2 381 068.75 元未进行纳税调整。应调增应纳税所得额 2 381 068.75 元，应补缴企业所得税 595 267.19 元。

11. 针对风险 11

××有限公司在"销售费用——客户服务费——其他、大客户经费、促销费——其他、客户服务费 VIP 俱乐部"等科目中赠送给关键人、领导人等用于维系协调大客户的业务招待费支出 110 274 092.00 元；超扣除限额 48 035 862.41 元，未作纳税调整。应调增应纳税所得额 48 035 862.41 元，应补缴所得税 12 008 965.60 元。

12. 针对风险 12

××有限公司 2014 年"管理费用"中列支的为投资者或者职工支付的家庭财产保险费支出 787 361.89 元，属于商业保险，不能税前扣除，未做纳税调整。应调增 2014 年应纳税所得额 787 361.89 元，应补缴所得税 196 840.47 元。

13. 针对风险 13

××有限公司 2012 年底取得位于××市××区××路××号 12 135.83m^2 的土地使用权（属于市区五类地区，每平方米年税额 12 元），该宗土地于 2013 年 12 月办理了变更手续，变更后的土地使用面积为 12 544.72m^2，2014 年企业未进行相应的纳税调整。应补缴城镇土地使用税 4 906.68 元。

14. 针对风险 14

××有限公司账簿记载原值为 27 172 138.52 元的××营运中心中央空调（会计科目为"固定资产——原值——经营和管理用动力空调设备"），未列入房产原值从价计征房产税。应补缴房产税 260 852.53 元。

15. 针对风险 15

××有限公司 2014 年拥有员工 511 人，发放员工工资及奖金 124 671 042.70 元，为员工缴纳补充养老保险金1 334 764.29元，在"管理费用——其他——交通费"科目发放累计交通补助6 717 489.65元（已扣除公务用车补贴部分）、劳动保护费330 421.21元，福利费12 725 523.07元；应申报代扣代缴个人所得税13 593 577.13元，已申报缴纳个人所得税12 763 570.01元；少代扣代缴个人所得税830 007.12元。应补扣、解缴个人所得税830 007.12元。

四、处理结果

经过应对人员的政策辅导，依规定性，风险问题水落石出，公司财务人员同意进行应纳税额调增并补缴税款，共应补缴增值税7 361 417.42元，城市维护建设税及附加736 141.75元，企业所得税17 898 966.91元，个人所得税830 007.12元，城镇土地使用税4 906.68元，房产税260 852.53元，并加收相应的滞纳金。

三、房地产行业税收风险分析指引

1. 注册资金没有按要求全部到账，对外借款利息全额在税前扣除，存在少缴企业所得税的风险

涉及税种：企业所得税。

风险描述：实收资本没有按营业执照注册资本金额全部到账，对外借款支付利息全额在税前扣除，存在少缴企业所得税的风险。

2. 收到政府部门的土地出让金返还未按规定申报纳税，存在少交税款的风险

涉及税种：企业所得税、土地增值税。

风险描述：国家对土地出让实行招拍挂方式，房地产企业在取得土地后，收到政府部门对其缴纳的土地出让金给予一定比例的返还。企业收到土地出让金返还款后，计入"专项应付款""资本公积""其他应付款""长期应收款"等科目，在土地增值税清算没有冲减取得土地的成本，存在少缴纳土地增值税的风险。在企业所得税纳税申报未做收入处理的，存在企业所得税未缴纳的风险。

3. 转让未开发销售项目的自然人股权未按规定代扣代缴税款，存在少缴个人所得税的风险

涉及税种：个人所得税。

风险描述：未开发销售项目由于无收入有支出，未分配利润一般为负数，企业以此为由将自然人持有股权进行所谓平价转让，账上记载的低于双方实际成交的交易价格，存在未按规定代扣代缴个人所得税的风险。

4. 企业缴纳或减免市政建设配套费未按规定申报纳税，存在少缴契税的风险

涉及税种：契税。

风险描述：房地产企业取得土地使用权后，按规定缴纳相应的市政建设配套费，才能办理《建设施工许可证》，开始房地产项目开工建设。企业缴纳或减免市政建设配套费后，未按规定申报缴纳相应的契税，存在少缴契税的风险。

5. 混淆成本核算对象，未按配比原则归集产品成本的风险

涉及税种：企业所得税、土地增值税。

风险描述：企业未根据开发项目的特点及实际情况确定成本核算对象，所有开发项目成本都在一个开发成本账户中核算，无法确认当期单项工程开发成本。

6. 一次性列支应由各期分摊的土地成本，存在少缴税款的风险

涉及税种：企业所得税、土地增值税。

企业取得的土地较大，分期开发建设销售，一次性列支应由各期分摊的土地成本（含土地附属成本）。

7. 分期开发土地成本未按配比原则归集产品成本，存在少缴税款的风险

涉及税种：企业所得税、土地增值税。

风险描述：分期开发的项目将同一土地使用权价值在多个开发项目间没有明确分配比例和正确计算具体金额。

8. 征地、拆迁支出未按配比原则归集产品成本，存在少缴税款的风险

涉及税种：企业所得税、契税、土地增值税。

风险描述：由企业负责项目征地、拆迁支出，未按规定进行归集分摊，涉及分片分期开发的，未在各个项目进行合理分摊。

9. 企业各期成本核算混乱，提前列支后期项目的成本，存在少缴税款的风险

涉及税种：企业所得税、土地增值税。

风险描述：企业各期成本划分有误，会计核算内容混乱，提前列支下期项目的成本。

10. 没有移交的公共配套设施发生建造支出计入可售房屋开发成本，存在少缴税款的风险

涉及税种：企业所得税、土地增值税、房产税。

风险描述：企业开发项目建造公共配套设施没有移交，开发企业转为自己使用，所发生建造支出全部计入可售房屋开发成本。

11. 自用配套设施的成本只分摊建筑安装工程费，存在少缴税款的风险

涉及税种：企业所得税、土地增值税、房产税。

风险描述：企业单独核算自用配套设施的成本只分摊建筑安装工程费，而土地成本、前期工程费、基础设施费、借款利息等费用在已售房屋中分摊。开发企业将公共配套设施转为自己使用时，未按照规定申报缴纳房产税。

12. 将购进土地进行三通一平后评估计入开发成本，存在少缴税款的风险

涉及税种：企业所得税、土地增值税。

风险描述：企业取得的土地资产不按规定计价；擅自扩大或减少土地资产的价值，将购进土地进行三通一平后，进行资产评估，虚增土地成本，计入开发成本。

13. 虚增列支大市政配套费，存在少缴税款的风险

涉及税种：企业所得税、土地增值税。

风险描述：虚增列支大市政配套费，包括红线外"三通一平"等的建造费和管线铺设费。

14. 虚增拆迁补偿费，存在少缴税款的风险

涉及税种：增值税、企业所得税、城市维护建设税及附加、土地增值税、契税、城镇土地使用税。

风险描述：企业虚增拆迁户数，多列拆迁补偿费或虚增补偿金额，多列拆迁补偿费。

15. 征用土地、拆迁安置等实际支出明显超计划，存在少缴税款的风险

涉及税种：增值税、企业所得税、城市维护建设税及附加、土地增值税、契税、城镇土地使用税。

风险描述：位于城乡结合部的开发项目存在征用土地、拆迁安置等实际支出，明显超过向政府提交的计划现象。

16. 签订虚假单项合同，取得虚开发票，加大建安工程费，存在少缴税款的风险

涉及税种：企业所得税、土地增值税。

风险描述：开发企业与施工企业虚构业务内容，或增加业务内容，签订虚假单项合同，取得虚开发票，加大建安工程费。

17. 人为提高材料价格或分包费用，存在少缴税款的风险

涉及税种：企业所得税、土地增值税。

风险描述：从有关联关系的贸易公司购进材料，向关联企业发包或分包工程，人为提高材料价格或建安费用，虚增成本，转移利润。

18. 甲供材重复列支开发成本，存在少缴税款的风险

涉及税种：企业所得税、土地增值税。

风险描述：企业采取包工不包料方式发包工程，在开发企业提供的材料、水电和其他物资已凭发票计入开发成本的情况下，让施工企业按劳务费和材料价款的合计金额再次开具发票，并负担其多开部分的税款，重复列支开发成本。

19. 借款利息直接列入当期成本费用，减少当期应纳税所得额，存在少缴企业所得税的风险

涉及税种：企业所得税。

风险描述：开发产品完工前的借款利息，未按规定资本化，一次性计入当期损益，提前列支税前支出。

20. 样板房的装修费用及购置配套物资等费用直接计入当期费用，存在少缴税款的风险

涉及税种：企业所得税、房产税。

风险描述：企业样板房装修费用及购置配套物资等费用未按规定计入开发产品计

税成本，在产品完工销售实际结转销售成本时在企业所得税税前扣除。

21. 预提费用未按规定处理，存在少缴企业所得税的风险

涉及税种：企业所得税。

风险描述：企业对不符合税法规定的预提费用未按照规定进行纳税调整。目前税法规定仅有三种情形可以预提费用作为计税成本，其余计税成本均应为实际发生的成本。

22. 以开发产品换取土地使用权未按规定申报，存在少缴税款的风险

涉及税种：增值税、企业所得税、城市维护建设税及附加、土地增值税。

风险描述：企业发生以开发产品换取土地使用权视同销售行为，存在未按规定申报纳税的风险。

23. 以开发产品抵顶材料款、工程款、广告费、银行贷款本息、动迁补偿费等债务未按规定申报，存在少缴税款的风险

涉及税种：增值税、企业所得税、城市维护建设税及附加、土地增值税。

风险描述：企业发生以开发产品抵顶材料款、工程款、广告费、银行贷款本息、动迁补偿费等债务视同销售行为，存在未按规定申报纳税的风险。

24. 将开发产品用于捐赠、赞助、广告、样品、职工福利、奖励、分配给投资者未按规定申报，存在转移少缴税款的风险

涉及税种：增值税、企业所得税、城市维护建设税及附加、土地增值税。

风险描述：企业将开发产品用于捐赠、赞助、广告、样品、职工福利、奖励、分配给投资者未视同销售行为，存在未按规定申报纳税的风险。

25. 将公共配套设施移交或无偿赠与未按规定申报纳税，存在少缴税款的风险

涉及税种：增值税、企业所得税、城市维护建设税及附加、土地增值税。

风险描述：企业将具有会所、物业管理场所、电站、热力站、水厂、文体场馆、幼儿园以及邮电通讯、学校、医疗设施等配套设施进行移交或无偿赠与时，根据税收文件规定符合收入确认条件，未按规定申报纳税。

26. 取得的预售收入包括收取的定金、违约金、诚意金等未按规定及时确认收入，存在少缴税款的风险

涉及税种：营业税或增值税、企业所得税、城市维护建设税及附加、土地增值税。

风险描述：在开发产品完工前，取得的预售收入，包括收取的定金、违约金、诚意金等，将预售收入计入"预收账款"以外的往来科目，长期挂账不申报纳税。

27. 收取的手续费、基金、集资费、代收款项、代垫款项以及其他各种性质的价外收费，未按规定确认收入，存在少缴税款的风险

涉及税种：营业税或增值税、企业所得税、城市维护建设税及附加、土地增值税。

风险描述：收取的手续费、基金、集资费、代收款项、代垫款项以及其他各种性

质的价外收费等，未按规定确认收入。

28. 收入未按规定确认，存在少纳税款的风险

涉及税种：增值税、企业所得税、城市维护建设税及附加、土地增值税。

风险描述：将售房款冲减成本、费用或直接转入关联单位，或将售房款打入个人储蓄账户或信用卡账户，未按规定入账。

29. 收到银行按揭款不计预售收入，存在少缴税款的风险

涉及税种：增值税、城市维护建设税及附加、土地增值税、企业所得税。

风险描述：以银行按揭方式销售开发产品，开发企业在收到首付款，银行按揭贷款到账后，没按规定计算预计毛利并申报；收到的按揭款项以银行贷款等名义记入"短期借款"账户，不计预收账款。

30. 完工产品按预计毛利率预交企业所得税，未按规定及时、准确确认收入的风险

涉及税种：增值税（营业税）、企业所得税、城市维护建设税及附加。

风险描述：企业产品完工后未及时、准确结算其计税成本并计算此前销售收入的实际毛利额，同时将其实际毛利额与其对应的预计毛利额之间的差额，计入当年度本项目的应纳税所得额。

31. 已完工开发项目跨年度未按规定及时、准确确认收入的风险

涉及税种：增值税（营业税）、企业所得税、城市维护建设税及附加。

风险描述：企业对于跨年度房地产开发项目的已完工出售部分，未按权责发生制原则确认收入或故意推迟实现房屋销售收入。

32. 已经办理使用的开发产品未按规定及时、准确确认收入的风险

涉及税种：增值税、企业所得税、城市维护建设税及附加。

风险描述：企业已经办理开发产品的交付手续和入住手续，或已经开始实际投入使用，利用法律上不具备交付条件为由，不按照开发产品已经完工进行处理，达到规避纳税义务的目的。

33. 采用分期付款方式销售商品房未按规定确认计税收入，存在少缴税款的风险

涉及税种：增值税、企业所得税、城市维护建设税及附加、土地增值税。

风险描述：采用分期付款方式销售商品房的未按销售合同或协议约定的价款和付款日确认收入的实现。付款方提前付款的，未在实际付款日确认收入的实现。

34. 采用视同买断方式代销和采取基价（保底价）并实行超过基价双方分成方式委托销售开发产品的未按规定确认计税收入，存在少缴税款的风险

涉及税种：增值税、企业所得税、城市维护建设税及附加、土地增值税。

风险描述：采用视同买断方式代销和采取基价（保底价）并实行超过基价双方分成方式委托销售开发产品的，未区分具体合同约定和实际销售价格统一按照约定较低的价格开具发票确认计税收入，超过约定价格的房款由经销商收取并开具发票或收据，未计入房地产开发企业计税收入。

35. 销售规划外的开发产品未确认收入，存在少缴税款的风险

涉及税种：增值税、企业所得税、城市维护建设税及附加、土地增值税。

风险描述：私改规划增加销售面积的收入，由于不开销售发票或不办产权手续未按规定入账，未按规定申报缴纳相关税费。

36. 销售无产权的开发产品未确认收入，存在少缴税款的风险

涉及税种：增值税、城市维护建设税及附加、土地增值税、企业所得税。

风险描述：销售阁楼、停车位、地下室以及精装房装修部分单独开具收款收据，取得的收入没有按规定入账。

37. "以租代售"车位取得收入未按规定申报纳税，存在少缴税款的风险

涉及税种：增值税、企业所得税、城市维护建设税及附加。

风险描述：房地产开发企业采取"以租代售"的方式将无法取得独立产权的车位通过与小区住户签订长期或永久租赁协议的方式转让车位使用权并预先收取租金，签订协议与开发项目土地年限一致的，存在未按照"销售不动产"申报不动产转让所得的增值税和企业所得税风险，签订协议少于开发项目土地年限，存在收入未按照"不动产租赁"申报缴纳增值税和企业所得税的风险。

38. 未按照规定划分可税前扣除土地出让金，存在少缴增值税的风险

涉及税种：增值税、城市维护建设税及附加。

风险描述：部分房地产企业存在"一次拿地、分次开发"的情况，未按照各项目所占土地面积对土地出让金进行划分固化，在某个开发项目中未能准确按照当期销售面积与可供销售面积之比计算确定当期可税前扣除的土地出让金的情况，存在提前扣除土地出让金、人为调节增值税税负的风险。

39. 超过规定限额税前列支委托境外销售佣金，未代扣代缴境外机构税款，存在少缴税款的风险

涉及税种：增值税、企业所得税。

风险描述：部分房地产企业委托境外机构销售开发产品，支付给境外机构的销售佣金超过委托销售金额的10%且将销售佣金全额计入销售费用在税前扣除，存在超额列支销售佣金的风险，未代扣代缴境外机构增值税、企业所得税。

40. 无偿转让回迁安置房未按规定申报缴纳，存在少缴税款的风险

涉及税种：营业税或增值税、城市维护建设税及附加、土地增值税。

风险描述：企业按照取得土地使用权时签订的合同或协议的规定，向土地原居民无偿转让回迁安置房，未缴纳销售不动产营业税或增值税、土地增值税，存在少缴营业税或增值税、土地增值税的风险。

41. 样板房装修费冲减售房收入，存在少缴税款的风险

涉及税种：营业税或增值税、城市维护建设税及附加、土地增值税。

风险描述：将样板房装修费用直接冲减售房收入，存在少计售房收入，少缴营业

税或增值税、土地增值税的风险。

42. 预缴土地增值税适用税率错误，存在少缴土地增值税的风险

涉及税种：土地增值税。

风险描述：企业预缴土地增值税时，未区分普通住宅、别墅、其他非普通住宅、写字楼、商铺、车位等不同房产项目，全部按普通住宅的预征率预缴土地增值税，存在少预缴土地增值税的风险。

43. 违规税前扣除折旧费用，存在少缴税款的风险

涉及税种：企业所得税、房产税。

风险描述：企业将开发产品转为自用后又对外销售，自用时间未超过12个月，将自用期间的折旧费用在税前扣除，存在少缴企业所得税的风险。

44. 开发的房产自用存在少缴房产税的风险

涉及税种：房产税。

风险描述：企业将其开发的房产作为售楼部、样板房使用，未申报缴纳房产税，存在少缴房产税的风险。

45. 房产移交购房者之前存在少缴城镇土地使用税的风险

涉及税种：城镇土地使用税。

风险描述：企业在收取购房者房产全款未将房产移交之前，已停止缴纳土地使用税，存在少缴土地使用税的风险。

46. 土地增值税应清算未清算，存在少缴土地增值税的风险

涉及税种：土地增值税。

风险描述：房地产项目达到应进行土地增值税清算的条件，存在未按规定时间进行土地增值税清算的风险。

47. 未合理分摊土地成本，存在少缴土地增值税的风险

涉及税种：土地增值税。

风险描述：企业取得的土地开发多期项目，计算每期可扣除的土地成本时，未按照合理的方法分摊土地成本，存在少缴土地增值税的风险。

48. 扣除不符合规定的利息支出，存在少缴土地增值税的风险

涉及税种：土地增值税。

风险描述：申报土地增值税清算时，利息支出采用据实扣除方式，将不属于金融机构的借款利息支出进行扣除，存在多扣除利息支出的风险。

49. 持有投资性房地产期间未按规定申报纳税，存在少缴税款的风险

涉及税种：增值税、城市维护建设税及附加、房产税。

风险描述：企业持有投资性房地产期间，出租房产取得房产租金收入，未从租计算缴纳增值税、房产税，未出租房产未从价计算缴纳房产税，存在少缴增值税、房产税的风险。

50. 经营性租赁或融资租赁未按规定核算租金收入，存在少缴款税的风险

涉及税种：营业税或增值税、企业所得税、城市维护建设税及附加、房产税。

风险描述：企业将待售开发产品转作投资性房地产，先以经营性租赁方式租出或以融资租赁方式租出以后再出售的，租赁期间取得的价款未按租金确认收入，出售时未按销售资产确认收入。

51. 以租抵债未按规定核算，存在少缴款税的风险

涉及税种：增值税、企业所得税、城市维护建设税及附加、房产税。

风险描述：房地产企业将待售开发产品转作投资性房地产，出租收入抵顶工程款、抵顶银行贷款利息，未确认收入。

52. 待售开发产品以明显低于市场的价格出租给关联企业，存在少缴税款的风险

风险描述：企业将待售开发产品以明显低于市场的价格出租给关联企业，未按规定确认收入和计算缴纳税款。

53. 将投资性房地产（待出售）转回开发成本或开发产品时，虚增开发成本或开发产品，存在少缴企业所得税的风险

涉及税种：企业所得税。

风险描述：企业将投资性房地产转回开发成本或开发产品时，将持有期间的公允价值变动一并转入，虚增开发成本或开发产品，存在少缴企业所得税的风险。

54. 自建固定资产建设期发生的工程物资盘亏、报废、损毁的净损失未按规定计入在建工程直接在当期税前列支，存在少缴税款风险

涉及税种：增值税、企业所得税。

风险描述：自建固定资产建设期发生的工程物资盘亏、报废、损毁的净损失未按规定计入在建工程直接在当期税前列支风险。其中，工程物资属于非正常损失的部分未做进项转出。

55. 将会所、物业管理场所等配套设施转为自用，未按照相关的规定处理，存在少缴税款的风险

涉及税种：企业所得税、房产税、土地增值税。

风险描述：房地产企业将会所、物业管理场所等配套设施转为自用时，未在次月开始按自用固定资产原值计算申报缴纳房产税，年终企业所得税汇算清缴未做纳税调整，土地增值税清算扣除未做纳税调整。

56. 将产权属于本企业房屋投入使用前金额较大的装修费一次性直接计入当期费用，存在少缴企业所得税的风险

涉及税种：企业所得税。

风险描述：将产权属于本企业房屋投入使用前的装修费一次性直接计入当期费用，存在少缴企业所得税的风险。

57. 样板房、售楼部装修费未计入房产原值，存在少缴房产税的风险

涉及税种：房产税。

风险描述：企业如样板房、售楼部装修费未计入房产原值缴纳房产税，存在少缴房产税的风险。

58. 产权归属开发企业的公建配套设施未纳入固定资产管理，存在少缴税款的风险

涉及税种：企业所得税、房产税。

风险描述：在开发小区内建造的会所、售楼部、停车场库、物业管理场等产权归开发企业所有的，未按固定资产进行账务处理。部分产权归属开发企业的公建配套未单独作为成本核算对象，其开发成本由其他开发商品分摊。

59. 将土地使用权作价对外投资取得其他公司股权时未根据转出土地使用权的公允价值确认收入，存在少缴税款的风险

涉及税种：增值税、企业所得税、城市维护建设税及附加、土地增值税。

风险描述：房地产企业将土地使用权作价对外投资取得其他公司股权时，未根据转出土地使用权的公允价值计算增值税风险。

60. 以开发产品作为分配，合作开发建房分配开发产品时不确认收入的风险

涉及税种：增值税、企业所得税、城市维护建设税及附加。

风险描述：企业以本企业为主体联合其他企业、单位、个人合作或合资开发房地产项目，且该项目未成立独立法人公司的，开发合同或协议中约定向投资各方（即合作、合资方）分配开发产品的，分配开发产品时未按规定申报纳税的风险。

61. 以分配利润作为分配形式，合作开发建房税前扣除不符合规定

涉及税种：企业所得税。

风险描述：企业以本企业为主体联合其他企业、单位、个人合作或合资开发房地产项目，且该项目未成立独立法人公司的，开发合同或协议中约定分配项目利润的，存在税前分配项目利润和将接受投资方投资额而在成本中摊销或在税前扣除相关的利息支出的风险。

62. 房地产企业以换取开发产品为目的，将土地使用权投资其他房地产开发项目未形成股权时，土地使用权转让收益和开发产品入账成本未能准确核算

涉及税种：增值税、企业所得税、城市维护建设税及附加、土地增值税。

风险描述：①土地使用权转让未按取得的开发产品的公允价值与土地使用权的账面价值的差额来确认转让收益。②对取得开发产品的成本未按其公允价值确认并对与会计核算上按土地使用权的公允价值确认的差额计入递延所得税资产或负债。③因税法与会计对于换出土地使用权收入确认时间存在差异，房地产企业可能存在未根据税法规定对换出土地使用权取得收入进行相应纳税调整的风险。

63. 其他企业以换取开发产品为目的，将土地使用权投资于房地产开发项目公司未形成股权时，房地产公司对于土地入账成本和换出开发产品收入未能准确核算的风险

涉及税种：增值税、企业所得税、城市维护建设税及附加、契税、土地增值税。

风险描述：①未按应分出开发产品（包括首次分出的和以后应分出的）的市场公

允价值和土地使用权转移过程中应支付的相关税费确认其换入土地的计税成本。②对分出的开发产品未按公允价值确认收入并计税。

[典型案例]

广东 LH 集团有限公司风险管理案例

一、企业基本情况

广东 LH 集团有限公司（以下简称"广东 LH 公司"）成立于 1992 年 12 月 14 日，登记注册类型：（港澳台商）独资经营公司，注册资金 10 000 万元，主行业：房地产业，主要经营项目是开发销售商品房。

（一）信息分析

广东 LH 公司在海珠区属于中小型房地产开发企业，房地产销售定价主要参考市场价格，结合楼盘综合因素进行定价。房地产开发企业会计核算行业特征明显，开发产品的建设周期长，建设过程中的预售收入作为预收账款处理，并在项目完工后结转为销售收入，开发建设中的支出计入开发成本在项目完工后结转为销售成本。

税务人员采集了该公司 2010～2012 年度的企业所得税年度报表、汇算清缴报告等资料数据（单位：万元），如表 8-1 所示。

表 8-1

项 目	2010 年	2011 年	2012 年
主营业务收入	25 813.23	6 346.94	264.07
主营业务成本	15 366.13	2 517.92	136.08
销售毛利率	40.47%	60.32%	48.46%
销售费用	1 832.11	2 161.65	809.68
管理费用	7 220.88	8 551.47	6 053.63
财务费用	1 045.77	4 544.88	4 685.15
其中：利息支出	1 218.76	459 487.56	4 699.12
销售利润率	5.17%	-197.20%	-4 330.00%
利润总额	-2 001.22	-13.565.35	-14 765.34

该企业近三年处于亏损状态，销售利润率逐年下降，筹款费用支出变动率较大。

二、风险分析

（一）税务内控制度

1. 税务内控机构及制度情况

广东 LH 公司及下属成员企业均以财务部为税务风险管理部门，主要采用了"财务部+税务岗"管理模式，财务负责人即是税务负责人，税务岗由会计岗兼任对外税务工作。企业内控制度中除单独设立了"税务管理"一章对税务筹划、税务日常管理、发票管理、涉税案件管理等方面进行了规范外，无其他章节涉及税务风险的控制，而事实上税务风险存在于企业的经营管理全流程。

（二）制度执行情况

尽管广东 LH 公司初步设置了税务内控风险防范制度，但是，实际工作过程中存在执行不到位的问题。总体来看，集团领导层及中层干部具有遵从意愿，但税务风险控制制度建设及管理有待进一步全面加强，所存在的税务风险点主要是由于对税法理解的偏差、实务操作不规范、税收内控制度执行人员缺乏、机构职能设置不完备造成的，风险管理有待提升。

（三）案头审计

1. 问卷调查情况

税务人员设计了问卷调查环节，主要了解企业税务风险，制度建设、岗位设置等情况。经过前期的沟通，企业如实地完成了问卷。

2. 案头审核分析

根据采集的数据及问卷调查回复情况，税务人员开展了案头分析，发现企业存在风险点如下：

一是税务风险管理机构不健全。该公司未设立独立的税务风险管理机构，由财务部门负责人进行涉税报表审核等工作，仅有 1 名会计人员兼职税务工作。

二是制度建设及执行存在风险。该公司对税务风险的评估不足，没有设立定期的自我税务风险评估机制。公司除了按期申报纳税以外，主要是企业所得税汇算清缴的常规纳税调整，以及被列为税务稽查或者评估对象后，才在税务机关指导下进行自查，在日常工作中较少有计划地定期进行企业自我的专项纳税风险评估。此外，部分内控制度中税务风险管理也流于形式。

三是涉税指标风险。根据采集的数据，结合我省房地产行业指标平均值进行分析，发现该企业存在销售费用率变动异常、利息支出变动率较大、销售利润率逐年下降等涉税风险点。

（四）现场审计

1. 岗位访谈

针对房地产企业的经营特点，结合案头分析情况和问卷调查结果，税务人员制定了详细的访谈方案，访谈涉及的岗位包括会计岗、出纳岗、销售岗，访谈内容如下：①会计岗主要访谈内容。主要包括负责核算内容，工作流程，内控实现方式，特殊科目包括预收、预付等的处理，发票如何开具以及何时开具等。②出纳岗主要访谈内容。主要包括工作流程，签字流程，如何对账，工作改进建议等。③销售岗主要访谈内容。主要包括工作流程，销售如何确认，工资及奖金如何计算，目前销售情况，库存情况等。

2. 抽样调查

（1）利息支出的抽查。针对该企业利息支出变动率异常的情况，税务人员抽取了合同金额 1 亿元以上的借款合同进行了解。发现两份合同存在疑点，2010 年 10 月，广东 LH 公司与广州农村商业银行股份有限公司白云支行签订两笔贷款合同，贷款金额共 6 亿元。两笔贷款产生"银行财务顾问业务手续费"1 000 万元。此两笔贷款的书面合同上的用途为"置换广西 LH 房地产开发有限公司'LH 亚洲国际项目'存量他行贷款"，该借款利息及相关费用广东 LH 公司是否能列支成本，税务机关存在疑问。

（2）销售收入的核查。针对销售利润率异常问题，税务人员进行了询问，经了解，截至 2012 年 12 月 31 日，广东 LH 公司某项目的预收款总额为 24 693.4 万元，已入账可扣除税前成本是 14 632.54 万元，毛利金额为 10 060.86 万元。按税法规定，公司已按 15% 的毛利率计算的毛利额 3 704.01 万元（24 693.4 万元×15% 毛利率）缴纳企业所得税。因行业特性限制，成本入账时间滞后，未及时结转收入和成本，2012 年应调增应纳税所得额 6 356.85 万元。

（3）成本支出的抽查。税务人员对企业"开发成本"科目的部分凭证进行抽查，发现有 5 笔装修费支出，经与公司财务人员询问了解，该支出为企业对售楼部和样板房进行装修的费用支出，2010 年至 2012 年共发生售楼部和样板房装修费 365.2 万元。同时发现 6 笔市政建设配套费支出，金额为 824.11 万元。

（4）对销售费用的抽查。税务人员对企业"销售费用"科目的部分凭证进行抽查，发现有 1 628 笔营销礼品支出，经与公司财务人员询问了解，该支出为企业在售房的营销活动中向个人派发的小礼品，2010 年至 2012 年共发生营销礼品支出 106 万元。

（5）对往来款项的抽查。税务人员对企业"其他应付款"科目的部分凭证进行抽查，发现有 2 笔交易存在异常，金额为 2 351 万元。可能存在将收取的售房款暂挂其他应付款、未及时确认收入问题。

（五）内控测试

结合抽查情况，为详细了解企业存在的风险点，税务人员组成内控测试小组，对广东 LH 公司开展了穿行性测试。根据税务人员对房地产行业的了解，拟订了测试项目、可能涉及的一些风险点等，在税企沟通良好的基础上，实施了穿行性测试方案。

通过穿行性测试，发现企业还存在如下问题：

（1）部分利息费用支出不合理。广东 LH 公司向广东银达典当有限公司（不属于金融机构）的短期贷款金额 1 000 万元，期限 2 个月，相关利息费用为 70 万，已列入当年财务费用。

（2）股权交易价格不合理。2012 年 9 月，广东 LH 公司将其持有的"弘升建筑"的 80% 股权转让给其关联公司广州 LH 房地产开发有限公司，转让价格为 1 600 万元，明显低于企业账面价值。

（3）未缴纳建安合同印花税。广东 LH 公司开发的房地产项目，负责建安工程的企业为广州市 A 建筑工程有限公司，广东 LH 公司与 A 建筑公司签订的建安合同未缴纳印花税。

三、风险应对
(一) 实质性测试
针对风险分析过程中发现的涉税风险点,税务人员开展了核实工作。情况如下:

(1) 利息及相关手续费支出的初步意见。经核实,该两笔贷款的资金流入了广西 LH 房地产开发有限公司,广东 LH 公司无法证明为该贷款的实际使用人。此外,合同上资金的使用用途为独立核算的广西 LH 房地产开发有限公司。因此,税务人员初步认为其贷款的用途与广东 LH 公司开发项目无关,其利息支出共计 8 068.45 万元应不予税前列支。其中:2010 年应调增应纳税所得额 458.05 万元,2011 年应调增应纳税所得额 3 810.05 万元,2012 年应调增应纳税所得额 3 800.35 万元。

(2) 未及时结转售房预收款收入的初步处理意见。该公司 2012 年度未及时结转售房预收款收入 24 693.4 万元,已入账可扣除税前成本是 14 632.54 万元,毛利金额为 10 060.86 万元,扣除已预缴税毛利额 3 704.01 万元,未缴税毛利额为 6 356.85 万元。根据国家税务总局《房地产开发经营业务所得税处理方法》的规定,应调增当年度应纳税所得额 6 356.85 万元。

(3) 向非金融企业借款支付利息税前扣除超标准的初步处理意见。税务人员认为广东 LH 公司向"广东银达"贷款,按规定,非金融企业向非金融企业借款的利息支出,不超过按照金融企业同期同类贷款利率计算的数额的部分。2012 年 6 月 8 日公布的 1 年期贷款利率为 6.31%,企业无法提供金融企业同类贷款利率的情况下,税前可列支相关财务费用为 10.52 万元,故对其超出金融企业同期同类贷款利率的 59.48 万元,应调增 2012 年度应纳税所得额 59.48 万元。

(4) 关联交易股权价格的初步处理意见。独立核算的关联企业之间发生的股权转让行为应该以公允价值确定相应的转让收入,应将转让价格调整为 2 295.28 万元,调增应纳税所得额 695.28 万元。

(5) 售房收入挂账其他应付款的初步处理意见。税务人员认为广东 LH 公司收取购房者的款项,计入其他应付款科目,未及时确认收入。按照税法规定,应按 15% 的毛利率计算调整 2012 年应纳税所得额 352.65 万元,补缴营业税及附加 131.66 万元,补缴土地增值税 47.02 万元。

(6) 售楼部和样板房未缴房产税的初步处理意见。广东 LH 公司共有售楼部 2 个,样板房 15 套,开发成本为 732.3 万元,装修费用 365.2 万元,应补缴房产税 18.44 万元。

(7) 市政建设配套费未缴纳契税的初步处理意见。广东 LH 公司共缴纳市政建设配套费 824.11 万元,应补缴契税 24.72 万元。

(8) 派发礼品未代扣代缴个人所得税的初步处理意见。广东 LH 公司在营销活动中共向个人派发礼品 106 万元,应补缴个人所得税 21.2 万元。

(9) 建安合同未缴印花税的初步处理意见。广东 LH 公司与广州市 A 建筑工程有限公司签订的建安合同总金额为 15 364.5 万元，应补缴印花税 4.61 万元。

（二）税企交换意见

现场审计工作基本完成后，内控测试小组发起召开了审计工作交流会，税务人员就税企争议的主要问题进行了耐心细致的解释，取得了企业认同，顺利完成了审计工作。

四、处理结果

（一）出具风险报告

该企业 2010~2012 年度共应调增应纳税所得额 16 545.23 万元，弥补亏损后应补缴企业所得税 84.28 万元。其中：2010 年度应调增当年度应纳税所得额 458.05 万元，弥补亏损后应补缴企业所得税 84.28 万元。2011 年度共应调增当年度应纳税所得额 4 810.05 万元，企业弥补亏损。2012 年度共应调增当年度应纳税所得额 11 277.13 万元，企业弥补亏损。2010~2012 年应补缴营业税及附加 131.66 万元，土地增值税 47.02 万元，个人所得税 21.2 万元，房产税 18.44 万元，契税 24.72 万元，印花税 4.61 万元。

（二）内控制度完善建议

结合工作过程中发现的问题，税务人员提出了完善该企业内控风险管理制度的建议。

1. 建立专业的风险管理机构

建议建立专业化税务部门，由集团总裁级领导直接领导税务部门，税务部门主管应参与公司各项业务的决策，在领导层的大力支持下，负责整个集团税务管理工作组织、筹划，增进与其他部门的沟通与合作。

2. 人员的配备和知识储备

集团业务多、数据量大，纳税事务管理无论是汇缴税款还是税务事务协调均面临较大压力，充足的税务人员配置是有效防范企业税务风险的基础，集团内应加强专职税务人员的配备。此外，应重视和加强税务的审核工作，安排专人对税务处理的合规性、计算的准确性、申报的及时性等多方面进行全方位的监督和审核，以有效减少税务差错。

3. 管控制度的完善

税务风险存在于企业的经营管理全流程，税务问题不只是税务或财务部门的事情，企业各个部门都应重视税务风险问题。各业务部门发生应税行为，财务、税务部门核算并缴纳税收，税务处理的依据主要是合同与业务。因此，集团及成员企业应不断完善内控制度，增强业务部门与财务部门、税务部门的系统衔接，使企业规划、销售等部门及时了解税务风险点，以便配合风险管理部门有效执行税务风险控制制度。建议完善税务管理流程，形成税务管理手册，提升集团税务管理整体水平。

4. 制度执行的监控和反馈

税务风险内部控制制度的建立、健全是一个不断完善的动态过程，其不断改进需要完善的监控和反馈机制。建议集团建立如下税务风险管理监控与反馈机制：

（1）明确税务相关信息的收集、处理和传递程序，确保公司税务部门内部、公司税务部门与其他部门、公司税务部门与董事会、管理层的沟通和反馈，发现问题应及时报告并采取应对措施。

（2）根据业务特点和成本效益原则，在条件成熟的情况下将信息技术应用于税务风险管理的各项工作，建立涵盖风险管理基本流程和内部控制系统各环节的风险管理信息系统，利用计算机系统和网络技术，对具有重复性、规律性的涉税事项进行自动控制。

（3）定期对税务风险的内部控制制度的合理性和有效性进行评估审核，据此发现企业税务风险内部控制的缺陷和薄弱环节，从而有针对性地提出改进意见和建议，不断改进和完善税务风险内部控制制度。

四、建筑行业税收风险分析指引

1. 未按规定缴纳建设工程勘察和设计合同印花税的风险

涉及税种：印花税。

风险描述：企业签订的建设工程勘察和设计合同错按"建筑安装工程承包合同"税目，少贴花。

2. 未足额申报建筑工程承包合同印花税的风险

涉及税种：印花税。

风险描述：建筑企业未足额申报建筑工程承包合同印花税，未包括总包合同和分转包合同。

3. 在前期竞标阶段收取的陪标费，未计收入的风险

涉及税种：企业所得税。

风险描述：建筑企业在前期工程竞标阶段，往往找同行业兄弟单位参与陪标，陪标单位会向中标单位收取一定的陪标费，陪标单位通常未将该部分计入收入，存在少缴企业所得税风险。

4. 企业支付与取得收入无关的费用，未做纳税调增处理的风险

涉及税种：企业所得税。

风险描述：建筑企业在争取项目的过程中，普遍存在大量的交际应酬、请客送礼现象，这部分费用企业往往变通为施工成本或费用，税前未按规定做纳税调增处理，从而少缴企业所得税。

5. 非法取得农产品发票多抵进项税额和虚增成本的风险

涉及税种：增值税、城市维护建设税及附加、企业所得税。

风险描述：建筑企业中的园林绿化存在非法取得农产品销售发票，在增值税方面

多抵苗木、花卉、木材等农产品进项税，同时虚增工程项目成本。

6. 非法取得建筑主材发票多抵进项税额和虚增成本的风险

涉及税种：增值税、城市维护建设税及附加、企业所得税。

风险描述：企业从享受即征即退增值税优惠政策的水泥生产企业、和富余票较多的钢材等建筑主材批发企业取得虚开的发票，造成多抵扣进项税，虚增工程项目成本。

7. 取得虚开的劳务发票增加成本的风险

涉及税种：增值税、城市维护建设税及附加、企业所得税。

风险描述：企业通过多取得劳务发票，多抵扣进项税，虚增成本或将其他与生产经营活动无关费用通过劳务项目列支，造成企业少缴企业所得税。

8. 虚构业务通过税务机关代开发票和购买虚开的普通发票虚增成本的风险

涉及税种：企业所得税。

风险描述：建筑企业由于多种原因向部分个体供应商购买材料等无法取得发票，或本身无业务单，为增加企业所得税税前扣除力度，部分企业通过从税务机关代开发票、甚至接受虚开和假发票，达到税前扣除的目的。

9. 暂估入账的原材料、工程物资成本、劳务成本，税前未做纳税调整

涉及税种：企业所得税。

风险描述：企业支付了工程款、原材料采购款和劳务款未及时取得发票，成本按合同或预算暂估入账，在汇算清缴前未取得发票，未按规定进行纳税调整。

10. 混淆一般计税和简易计税项目，未按规定抵扣进项税的风险

涉及税种：增值税、城市维护建设税及附加。

风险描述：企业分项目核算程序不够明晰、严谨，存在把一些简易计税项目购进物资取得的增值税进项税抵扣凭证用在一般计税项目中进行抵扣。

11. 建筑工程承包合同未按规定足额申报印花税的风险

涉及税种：印花税。

风险描述：建筑企业未足额申报建筑工程承包合同印花税，未包括总包合同和分转包合同。

12. 合同金额增加部分未足额缴纳印花税的风险

涉及税种：印花税。

风险描述：企业对合同金额增加部分未足额缴纳印花税。

13. 向分包工程企业收取分包管理费，未计收入的风险

涉及税种：增值税、城市维护建设税及附加、印花税。

风险描述：大型建筑企业将工程分包给部分施工企业，向分包企业收取分包款项的同时，收取一定比例的分包工程管理费，直接冲减"工程施工"成本，未按规定计算增值税收入，存在少缴增值税、城市维护建设税及附加、印花税的风险。

14. 处置边角废料收入,未按规定计提销项税额的风险

涉及税种:增值税、城市维护建设税及附加。

风险描述:企业在施工过程中,处理建筑材料边角废料收入未申报缴纳增值税、城市维护建设税及附加。

15. 税前多列支未实际支付的款项的风险

涉及税种:企业所得税。

风险描述:企业按照工程进度和实际发生量结转劳务成本,但后期实际支付劳务费时,由于工程质量等客观原因,可能未全额支付劳务费,也没有及时冲减劳务成本。

16. 工程成本中列支业务招待费,税前未做纳税调整的风险

涉及税种:企业所得税。

风险描述:企业在工程施工项目的成本中列支烟、酒、餐费等属于业务招待费性质的支出。

17. 将一般计税项目改为简易计税项目,少交增值税的风险

涉及税种:增值税、城市维护建设税及附加。

风险描述:企业在部分较难取得进项税抵扣凭证的项目中,将适用一般计税的项目"转变为"简易计税项目,少交增值税。

18. 用于简易计税项目的进项税额,未做进项税转出的风险

涉及税种:增值税、城市维护建设税及附加。

风险描述:企业固定资产、无形资产、不动产项目的进项税额,专用于简易计税方法计税项目的,未做进项税转出。

19. 取得预收工程款,未按规定预缴增值税的风险

涉及税种:增值税、城市维护建设税及附加。

风险描述:企业将收取的入场费等款项计入"预收账款"以外的往来科目,长期挂账不申报纳税,或账外循环,将预收款项打入个人账户,等工程完工一并结算,延迟增值税税款缴纳时间。

20. 收取的与工程有关的其他收入与价外费用,未按规定计提销项税的风险

涉及税种:增值税、城市维护建设税及附加。

风险描述:企业取得与工程有关的额外收入如质量奖、提前竣工奖、延期付款利息等未按规定计提销项税。

21. 企业之间资金拆借,少计利息收入的风险

涉及税种:增值税、城市维护建设税及附加、企业所得税。

风险描述:企业将贷款资金借给其他单位和个人使用,自身列支贷款利息,不收取利息或收取利息不计收入,少缴企业所得税和增值税。

22. 收到垫资施工利息未确认增值税收入的风险

涉及税种:增值税、城市维护建设税及附加。

风险描述：企业垫资从事工程施工收到对方付给的利息，未作为收入的价外费用，而是红字冲减财务费用，存在未缴纳增值税、城市维护建设税及附加的风险。

23. 少计机械施工设备等固定资产租赁收入的风险

涉及税种：增值税、城市维护建设税及附加、企业所得税、印花税。

风险描述：大型建筑企业将自有机械施工设备等固定资产出租给其他单位使用，取得的租赁收入往往计入往来款项，可能存在隐瞒收入，少缴企业所得税与增值税风险。

24. 转让、置换土地使用权未及时确认收益的风险

涉及税种：增值税、城市维护建设税及附加、企业所得税、土地增值税、印花税、契税。

风险描述：企业参与政府主导的土地连片改造，用部分土地使用权与城市开发投资公司置换商业地产或其他土地，换取的资产暂估入账，未按税法规定及时确认转让相关土地使用权收益，存在少缴增值税、企业所得税、城建税及教育费附加、土地增值税、契税、印花税等风险。

25. 处置抵债资产未做销售的风险

涉及税种：增值税、企业所得税、城市建设维护税及附加、土地增值税、印花税。

风险描述：经营过程中，施工企业将收到的冲抵工程款的资产（房屋或其他资产）转让给他人，直接冲减应收账款，未做销售处理，存在少缴增值税、城建及教育费附加、企业所得税、土地增值税、印花税的风险。

26. 收到房屋等抵债资产大于债务部分未计收入的风险

涉及税种：企业所得税、印花税、城镇土地使用税、房产税。

风险描述：工程竣工验收后，施工企业收到甲方冲抵工程款的房屋建筑物等固定资产，直接冲减往来款项，未做收入，存在少缴企业所得税、城镇土地使用税、房产税、契税、印花税的风险。

27. BT、BOT、PPP项目未分别核算各服务项目收入的风险

涉及税种：增值税、城市建设维护税及附加。

风险描述：建筑企业纳税人投资BT、BOT、PPP项目，项目建成移交后，未按照实际运营中取得的全部价款和价外费用，根据实际提供的服务项目所对应的征收率或者税率计算缴纳增值税。

[典型案例]

××建设集团有限公司风险分析案例

一、企业基本情况

××建设集团有限公司创建于1958年，是一家以建筑安装施工、市政基础设施建

设为主营业务,融房地产开发、投资等多元化经营为一体的现代企业集团。注册资本40.09亿元;2014年完成产值48.3亿元,纳税总额2.01亿元;2015年完成产值54.6亿元,纳税总额2.12亿元;2016年完成产值56.7亿元,纳税总额2.23亿元。

二、风险分析

针对企业规模较大,在建项目较多的情况,联合检查组在充分分析讨论的基础上,初步制定了"广泛采集信息,做精案头分析,选准项目突破"的查前工作思路。

(一) 广泛采集信息

利用企业门户网站,充分搜集企业内部组织架构信息,企业内部管理动态信息;利用关键字搜索,获取企业宣传报道信息,项目建成完工投产信息等第三方信息;通过金税三期系统,搜集企业纳税申报信息,财务报表附报信息。

(二) 做精案头分析

对搜集到的所有信息,分门别类进行归集,采用"分散+集中"的分析模式,开展案头分析。"分散"就是所有检查组成员对搜集到的信息各自进行案头分析,找出认为企业可能存在的风险点;"集中"就是在每位成员分析过后,大家集中讨论,集思广益,更好地发挥每位组员的才智和特长,最后形成一个完整的案头分析报告。

(三) 选准项目突破

根据前期搜集到的信息,了解到该企业信息系统建设较为完备,实现了工程项目的业务、财务、资金一体化管理,因此,把该集团财务部作为本次风险评估的重点;根据搜集到的第三方信息,选取网上报道的于近期完工的"××快速路"项目部和正在建设的"××路东延线"项目部,作为现场分析应对的重点;根据搜集到的企业纳税申报信息,把企业海外项目施工业务作为此次风险评估重点。在对以上项目重点评估的基础上,对发现的共性问题,督导企业全面开展自查,引导企业实现自我遵从。

通过前期案头分析,发现企业可能存在下列风险疑点:

(1) 该企业下设幼儿园、职工医院、市政分公司、第一分公司、海外建设公司等19家内设机构,置业公司、物业管理公司、装饰公司、混凝土公司等13家子公司,企业有可能存在关联企业之间业务往来未按照独立企业交易原则进行的税收风险。

(2) 企业"无形资产"账载金额10.09亿元,通过第三方查询,企业有多块土地使用权储备,在房地产市场火热的今天,有可能存在企业转让土地收益未及时确认收益,少缴相关税款的风险。

(3) 企业在建施工项目110多个,有可能存在未按税法规定按工程进度确认收入的税收风险。

(4) 该企业在建工程项目较多,而企业员工仅有2 200人,肯定大量存在工程分包、转包的现象,对企业收取的分包、转包费有可能存在未及时入帐,少缴相关税收的风险。

(5) 有可能存在列支成本费用不真实,所附票据不符合规定的风险。

(6) 企业2016年账载海外施工收入金额仅为578万元,有可能存在境外所得未按时依法申报造成少缴、延迟缴纳企业所得税的风险。

三、风险应对

针对前期所做的案头风险分析和确认的风险核查重点,分析评估组选派两名对企业电子账操作较为熟练的组员,到企业集团本部对公司本部电子账务进行全面核查;利用江苏税软开发的纳税评估软件,全面采集企业4个合同金额较大项目部电子账套信息,进行全面评析;到企业实地对网上报道的于近期完工的"××快速路"项目部和正在建设的"××路东延线"项目部相关账簿、凭证进行核查,以更加直观的了解企业项目部财务核算的真实性和所附票据的合规性。

风险评估组初步发现企业存在以下涉税问题:

(一)增值税

1. 未按税法规定确认工程施工收入

风险描述:经查看企业账簿、凭证、合同和在建工程项目"工程进度(月度)结算单",发现该企业存在未严格按照税收法律、法规规定确认工程施工收入的税收风险。如:××快速路项目部合同价款3.34亿元,该项目已于2016年3月完工,企业账簿确认工程施工收入3.11亿元,少确认收入0.23亿元;根据"工程进度(月度)结算单"显示,正在建设的"××路东延线"项目部截至2016年12月,累计完成工程进度1.88亿元,而企业按开票金额确认工程施工收入1.56亿元,少确认收入0.32亿元。

2. 转让土地使用权未及时确认收益

风险描述:该企业于2014年8月,与"××城市开发建设投资有限公司"签订了连片改造合作协议,企业以116亩土地交由对方开发,置换商业写字楼及临街商铺65 000平方米。机关2016年12月凭证显示,连片改造安置商业写字楼暂估入账2.68亿元,减少"无形资产——土地使用权"1.21亿元,增加"资本公积——其他资本公积"1.47亿元,未确认转让相关土地使用权收益。

3. "营改增"后收取分包管理费未按规定计提增值税

风险描述:企业在2016年5月1日实行"营改增"后,收取分包工程管理费直接冲减"工程施工"成本,未按规定计提增值税。如一分公司2016年5~12月共分6笔收取分包工程管理费836 464.39元,未计提增值税。

4. 处理使用过固定资产未按规定计提增值税

风险描述:该企业机关2016年1月凭证显示,该企业处置车辆收取现金5.7万元,5月凭证显示,处置车辆抵分红款6万元,未按规定计提增值税。

5. 处置边角废料收入,未计收入,少缴增值税

风险描述:通过核查企业"××快速路项目部"和"××路东延线项目部"账簿、凭证,均未发现企业有处理边角废料收入,经询问项目负责人,承认有处理边角

废料收入未入账的问题，大致金额4.5万元。

（二）企业所得税

1. 未按税法规定确认工程施工收入

风险描述：经查看企业账簿、凭证、合同和在建工程项目"工程进度（月度）结算单"，发现该企业存在未严格按照税收法律、法规规定确认工程施工收入的税收风险。如：××快速路项目部合同价款3.34亿元，该项目已于2016年3月完工，企业账簿确认工程施工收入3.11亿元，少确认收入0.23亿元；正在建设的"××路东延线"项目部截至2016年12月，根据"工程进度（月度）结算单"显示，累计完成工程进度1.88亿元，而企业按开票金额确认工程施工收入1.56亿元，少确认收入0.32亿元。

2. 境外施工项目收入核算不准确，未及时进行纳税申报

风险描述：经核对该企业在商务部门"走出去"企业登记备案数据和《"走出去"企业税收管理台账》，了解到企业2016年在泰国、越南境外承包工程进度应为4 827万元，有4 249万元未申报收入。

3. 转让土地使用权未及时确认收益

风险描述：该企业于2014年8月份，与"××城市开发建设投资有限公司"签订了连片改造合作协议，企业以116亩土地交由对方开发，置换商业写字楼及临街商铺65 000平方米。机关2016年12月凭证显示，连片改造安置商业写字楼暂估入账2.68亿元，减少"无形资产——土地使用权"1.21亿元，增加"资本公积——其他资本公积"1.47亿元，未确认转让相关土地使用权收益。

4. 处置边角废料收入，未计收入，少缴企业所得税

风险描述：通过核查企业"××快速路项目部"和"××路东延线项目部"账簿、凭证，均未发现企业有处理边角废料收入，经询问项目负责人，承认有处理边角废料收入未入账的问题，大致金额4.5万元。

5. 税前列支未实际支付款项的风险

风险描述：该企业下属第一分公司2016年5月凭证显示，企业按照工程进度和实际发生量结转个人劳务成本192.7万元，但后附发票金额为190万元，差额2.7万元，没有及时冲减劳务成本。

6. 列支与生产经营无关支出

风险描述：该企业机关2016年1月凭证显示，"职工福利费"列支退休职工春节福利费26.36万元。

7. 工程施工成本中列支业务招待费，税前未做纳税调整

风险描述：该企业在工程施工成本中列支烟、酒3.8万元等属于业务招待费性质的支出，未在税前作纳税调整。

8. 职工工会经费的税前扣除不符合规定

风险描述：该企业2016年计提工会经费期末贷方余额92.3万元，在次年汇算清缴

期前,一直未拨缴,未作纳税调整。

(三)土地增值税、契税、印花税等

转让土地使用权未及时确认收益

风险描述:该企业于2014年8月份,与"××城市开发建设投资有限公司"签订了连片改造合作协议,企业拿116亩土地交由对方开发,置换商业写字楼及临街商铺65 000平方米。机关2016年12月凭证显示,连片改造安置商业写字楼暂估入账2.68亿元,减少"无形资产——土地使用权"1.21亿元,增加"资本公积——其他资本公积"1.47亿元,未确认转让相关土地使用权收益,存在少缴增值税、企业所得税、城建税及教育费附加、土地增值税、契税、印花税等的风险。

(四)个人所得税

离退休人员从原任职单位取得的退休工资或养老金以外各类补贴、奖金、实物,未按规定代扣代缴个人所得税

风险描述:2016年1月、2月凭证显示,该企业支付离退休人员慰问费、春节福利费共57.6万元,未按规定代扣代缴个人所得税。

四、处理结果

根据对企业本部、第一分公司、2个项目部的核查,发现企业存在增值税风险点5个,应补缴增值税835.86万元;企业所得税风险点8个,应补缴企业所得税6 151.9万元;应补缴城建及教育附加83.59万元,土地增值税2 296.76万元,印花税13.4万元,个人所得税4.9万元。对上述风险点企业应补缴税款合计9 386.41万元。

针对该公司发现的现有问题,联合检查组要求企业就同类型问题,在集团内部各分公司、各项目部开展税收自查,联合检查组在企业自查后将对企业自查情况进行抽查,并要求企业制定切实有效的整改措施,防范类似税收风险事项在今后的工作中发生。

五、行业延伸

根据住房和城乡建设部、中国建筑业协会公布的《2016年建筑业发展统计分析》显示,截至2016年底,全国建筑企业共有83 017个,其中:特级、一级资质企业7 711个,占全部建筑企业的9.28%,实现建筑业总产值11.36万亿,占全国建筑业总产值19.35万亿的58.7%。大型建筑企业在生产经营方面有以下特点:承接高端、复杂建设项目的主力军;具有布局全国的大战略,项目"遍地开花";实施"走出去"战略的开拓者;更多社会责任的承担者。

对大型建筑企业的税收管理建议:

第一,加大对大型建筑企业的政策辅导力度,引导企业实现自我遵从。当前大型建筑企业大都是以建筑施工安装为主营业务,投资经营多元化的现代企业集团,就建筑企业本身主营业务就涵盖了建筑施工、安装、设计、装饰等多项业务,投资经营涉及"PPP"等新的融资经营模式,企业还积极响应国家"走出去"战略,到海外承揽工程项目,这些都要求我们税务部门要加强对企业的政策辅导,对企业所涉及的经营

领域，要实时进行政策跟进服务，确保企业执行政策准确，实现自我遵从。

第二，积极响应企业涉税诉求，为企业"走出去"保驾护航。针对企业大型建筑企业经营多样，涉税问题较为复杂的实际情况，各级税务部门要通过召开联席会议等多种形式，快速响应企业提出的涉税诉求，为企业排忧解难。税务部门还应组织"走出去"企业涉税辅导，加强境外投资税收政策宣传和咨询辅导工作，成立专家组，对企业在"走出去"过程中遇到的跨境投资、企业并购和重组、关联交易等复杂涉税事项提供事前指导。

五、保险行业税收风险分析指引

1. 对境外标的物提供的保险服务少缴增值税的风险

涉及税种：增值税、城市维护建设税及教育费附加。

风险描述：境内保险企业对境外标的物提供保险服务，虽然标的物在境外，但提供服务的销售方在境内，属于在境内提供保险服务，应当按照规定缴纳增值税。因此，保险企业可能存在对境外标的物提供的保险服务少缴增值税的风险。此风险适用财产保险公司。

2. 将收取的混合合同中非保险合同部分的初始费用直接冲减手续费佣金，未计提销项税额，未计入企业所得税收入的风险

涉及税种：增值税、企业所得税、城市维护建设税及教育费附加。

风险描述：部分保险企业在核算混合合同非保险合同部分时，将收取的初始费用直接冲减"其他业务支出——手续费及佣金"，而未按照会计准则要求，将其确认为"其他业务收入——初始费用"。因此，存在未按增值税相关规定计提销项税额和未按企业所得税相关规定计入收入总额的风险。此风险适用人寿保险公司。

3. 免税险种未到税务机关备案，自行申报免税；或将非免税险种混入免税险种自行申报免税的风险

涉及税种：增值税、城市维护建设税及教育费附加。

风险描述：营改增后，人身保险企业的免税险种为一年期以上人身保险，具体为保险期间为一年期及以上返还本利的人寿保险、养老年金保险，以及保险期间为一年期及以上的健康保险。财产保险企业的免税险种有出口货物相关保险服务、出口信用保险。征管中要求保险企业对免税险种独立核算，并到主管税务机关进行免税备案。纳税人未按规定履行备案手续的，不能减免。保险企业可能存在免税险种未到税务机关备案，自行申报免税；或将非免税险种混入免税险种自行申报免税的风险。

4. 享受税收优惠的为种植业、养殖业提供保险服务取得的保费收入，是否符合企业所得税法规定

涉及税种：企业所得税。

风险描述：保险企业的农险范围包含种植业、养殖业、森林保险等。根据税法规定，保险企业为种植业、养殖业提供保险服务，可享受企业所得税税收优惠，按90%计入收入总额。因此，保险企业可能存在将其他农险相关险种保费收入混入可享受税收优惠的为种植业、养殖业提供保险服务取得的保费收入的风险。此风险适用财产保险公司。

5. 通过虚构业务或利用不合规发票报销变相发放营销员奖金、津贴的风险

涉及税种：企业所得税。

风险描述：保险企业的业务部门可能存在通过虚构业务或利用不合规发票进行报销，套取资金变相为营销员发放额外奖金、津贴的情况。由于财务部门工作分工所限，有时很难发现此类问题，因此也未对这类费用进行纳税调整，造成少缴企业所得税的风险。

6. 对非企业雇员以外的其他营销人员业绩进行奖励（包括实物、有价证券等），存在未作为营销人员当期的劳务收入，未按照"劳务报酬所得"项目扣缴个人所得税的风险

涉及税种：个人所得税。

风险描述：保险企业会对非本企业雇员之外的其他营销人员通过以培训班、研讨会、工作考察等名义组织旅游活动，免收差旅费、旅游费等形式发放的营销业绩奖励（包括实物、有价证券等），应当按照税法相关规定将所发生费用全额计入营销人员当期应税的劳务收入，按照"劳务报酬所得"项目征收个人所得税。

7. 对保险营销员、保险代理人的佣金收入存在未按月代扣代缴个人所得税的风险

涉及税种：个人所得税。

风险描述：保险企业向保险营销员、保险代理人支付的佣金收入，按照税法相关规定，应当将一个月的收入作为一次按照"劳务报酬项目"计算征收个人所得税。部分保险企业可能按每次或者按合同上约定的分次金额计算并代扣代缴个人所得税。因此，保险企业存在可能未按照规定计算代扣代缴个人所得税的风险。

8. 在计算佣金手续费扣除限额时扩大计算基数致使手续费佣金支出超额在企业所得税税前扣除的风险

涉及税种：企业所得税。

风险描述：财税〔2009〕29号文规定佣金、手续费税前扣除限额的计算基数为"当年全部保费收入扣除退保金等后余额"，部分保险企业可能存在扩大扣除限额计算基数从而扩大佣金手续费税前扣除额的风险。

9. 保险直销业务违规提取手续费用于其他用途支出，计入当期损益并税前扣除的风险

涉及税种：企业所得税。

风险描述：保险企业通过与中介公司（保险代理公司、保险经纪公司）合谋，通

过假业务、假人员、假费用等方式，为直销业务实现的保费收入套取手续费。在补充中介公司相关税费及一定比例的"好处费"后，变相用于支付营销员奖金、银行保险销售渠道手续费或其他用途等。违规提取的手续费计入当期损益并税前扣除，导致少缴企业所得税的风险。

10. 保险企业发生退保业务未及时冲减销项税额的风险

涉及税种：增值税。

风险描述：保险公司发生退保业务后，在冲减保费收入或确认退保金的同时，应及时冲减相应的销项税额。在营业税时期，从账务处理上无论是冲减保费收入还是确认退保金，均不与税金直接挂钩，营改增后，对于退保业务应同时考虑销项税额的冲减。

11. 财产保险合同发生正常退保冲减保费收入时，存在冲减印花税计税依据，少申报缴纳印花税的风险

涉及税种：印花税。

风险描述：依照印花税暂行条例规定，合同签订时即应贴花，履行完税手续。因此，不论合同是否兑现或能否按期兑现，都一律按照规定贴花。保险合同发生退保冲减保费时，不再退还印花税。此风险适用财产保险公司。

12. 采取其他票据报销方式列支未实际发生的防预费，或者虚增无法取得票据的防预费在税前扣除的风险

涉及税种：企业所得税。

风险描述：防预费是保险企业必要支出，但实际生产经营中由于行业特点防预费很难取得发票等税法规定可以税前扣除的合法有效凭证。如财产保险公司的部分防灾防损费，入账的凭证为被保险人购买防灾防损设备的发票复印件（发票名头为被保险人）；寿险公司非指定体检机构的"核保体检费"的入账凭证为被保险人体检的收据或发票复印件（发票名头为被保险人）。因此，保险企业可能存在使用其他票据报销方式列支防预费的风险。

13. 应付未付保单红利计入当期损益未做纳税调整的风险

涉及税种：企业所得税。

风险描述：应付保单红利是保险企业因分红险业务对被保险人的一项债务。保险企业在做出分红决定后，一方面确认保单红利支出进入当期损益，另一方面确认负债。由于保单红利支出的确认时间与保险企业实际支付保单红利的时间存在差异，不符合企业所得税所称实际发生的原则，因此，应在企业所得税汇算清缴时对未支付部分做纳税调整。

14. 处置损余物资未缴纳增值税的风险

涉及税种：增值税、城市维护建设税和教育费附加。

风险描述：损余物资主要是财产保险中，保险公司承担赔付责任后取得的原保险

标的受损后的财产,发生保险事故后,保险标的转移至保险公司,保险公司将该物资处置后冲抵赔付支出。由于损余物资的管理与处置一般由综合部门或理赔部门负责,财务部门对于损余物资处置缺乏控制,因此,可能存在处置损余物资未缴纳增值税的风险。此风险点财产保险公司适用。

15. 保险企业履行赔付义务后,取得向第三方追偿的权利,并追回全部或者部分款项,存在未按照税法规定冲减相应期间赔付支出的风险

涉及税种:企业所得税。

风险描述:保险企业履行赔付义务后,取得向第三方追偿的权利,追回全部或者部分款项,部分保险企业冲减相应赔付支出,但部分保险公司重开赔案,将取得的追偿款冲减取得期间的赔付支出。保险公司将取得的追偿款冲减取得期间的赔付支出不符合企业所得税的权责发生制原则,存在税款延迟的风险。

16. 保险企业应付未付的赔付支出税前扣除未纳税调整的风险

涉及税种:企业所得税。

风险描述:应付赔付支出是保险企业对被保险人赔付过程中形成的一项负债。保险企业确定赔付后,一方面确认赔付支出进入当期损益,另一方面确认负债。由于赔付支出的确认时间与保险企业实际支付赔偿金的时间可能涉及不同会计期间,因此,应在企业所得税汇算清缴时对未支付部分做纳税调整。

17. 保险公司小额现金赔付未取得发票且无法证明业务真实性而税前扣除的风险

涉及税种:企业所得税。

风险描述:按照保监会《保险小额理赔服务指引(试行)》规定,财产保险公司对车辆损失金额2 000元以下的,根据与消费者确认的损失结果,可减免汽车维修发票直接赔付给消费者(代领赔款的除外)。寿险公司对个人医疗保险小额理赔时减免索赔单证和意外事故证明。然而,税法规定税前扣除的成本费用应具有合法有效凭据。因此,保险公司的小额现金赔付业务存在既无法取得合法有效凭据又不能证明其业务真实性而直接进行税前扣除的风险。

18. 保险企业将计提的"理赔费用准备金"在企业所得税税前扣除,少缴纳企业所得税的风险

涉及税种:企业所得税。

风险描述:理赔费用准备金是指为尚未结案的赔案可能发生的费用而提取的准备金。其中:为直接发生于具体赔案的专家费、律师费、损失检验费等而提取的为直接理赔费用准备金;为非直接发生于具体赔案的费用而提取的为间接理赔费用准备金。在会计核算上,"理赔费用准备金"为"未决赔款准备金"的下级科目,对直接理赔费用准备金,应当采取逐案预估法提取;对间接理赔费用准备金,采用比较合理的比率分摊法提取。保险企业可能存在将计提的"理赔费用准备金"在企业所得税税前扣除,少缴纳企业所得税的风险。

19. 保险企业计提的"坏账准备"税前扣除，少缴企业所得税的风险

涉及税种：企业所得税。

风险描述：财产保险企业在采用分期收取保费方式开展保险业务和分保等业务开展过程中，使用"应收保费""应收分保账款"等科目核算应收但尚未收到的保费。期末，保险企业根据账龄及实际情况对这些应收项目进行估计，计提的"坏账准备"通过"资产减值损失——坏账准备"科目计入当期损益。保险企业存在将计提的坏账准备税前扣除，未做纳税调整，少缴企业所得税的风险。

20. 保险企业将应收款项坏账损失税前扣除未按规定专项申报的风险

涉及税种：企业所得税。

风险描述：财产保险企业在业务开展的过程中，由于保费金额相对较大，客户有时会提出分期支付保费的要求。针对这类情况，保险企业一般在收到第一批保费的时候，按照合同约定保险生效，并全额确认保费收入。然而，在实际经营中，有些客户看保险期间过半，未产生风险，便产生拖延或拒绝支付剩余保费的情况。保险企业针对这类情况，除向客户追偿剩余保费外，在会计核算上，预估坏账，在满足一定条件后，经公司批准核销坏账。保险企业可能存在将应收款项类资产损失税前扣除，但不符合税法所规定专项申报要求的风险。

21. 保险企业税前扣除的未决赔款准备金——已发生已报告部分超过企业所得税规定的标准，造成少缴纳企业所得税的风险

涉及税种：企业所得税。

风险描述：根据保监会的规定，保险企业对已发生已报案未决赔款准备金，应当采用逐案估计法、案均赔款法以及中国保监会认可的其他方法谨慎提取。保险公司在评估已发生已报案未决赔款准备金时，不得扣减为相应赔案所预付的赔款。然而，税法规定对于已发生已报案未决赔款准备金应按最高不超过当期已经提出的保险赔款或者给付金额的100%提取。保险企业可能存在税前扣除的未决赔款准备金——已发生已报告部分超过企业所得税规定的标准但未纳税调整，造成少缴纳企业所得税的风险。

22. 保险企业税前扣除的未决赔款准备金——已发生未报告部分超过企业所得税规定的标准，造成少缴纳企业所得税的风险

涉及税种：企业所得税。

风险描述：根据保监会的规定，保险企业对已发生未报案未决赔款准备金，应当根据险种的风险性质、分布、经验数据等因素至少采用链梯法、案均赔款法、准备金进展法和B—F法等其他合适的方法中两种方法进行谨慎评估，并根据评估结果的最大值确定最佳估计值提取。然而，税法规定允许税前扣除的已发生未报案未决赔款准备金应按不超过当年实际赔款支出额的8%提取。保险企业税前扣除的未决赔款准备金——已发生未报告部分超过企业所得税规定的标准，造成少缴纳企业所得税的风险。

23. 保险企业计提的交强险救助基金未取得税前扣除合法有效凭证，计入当期损益税前列支，未纳税调整，造成少缴企业所得税风险

涉及税种：企业所得税。

风险描述：根据相关部门的要求，保险公司按照交强险保费收入2%每年计提交强险救助基金。计提的款项要缴纳至各地交强险救助基金管理部门。然而在实务中，各地大多未能成立交强险救助基金管理部门，保险企业缴费无门，也就无法取得税前扣除合法有效凭证。由于保险公司汇总纳税，总部对分支机构是否取得交强险救助基金缴纳凭证情况并不直接掌握，因此，可能存在将计提的未取得税前扣除合法有效凭证的交强险救助基金计入当期损益税前列支，未做纳税调整，少缴企业所得税风险。

24. 保户质押贷款业务未及时确认收入存在少缴增值税的风险

涉及税种：增值税、城市维护建设税和教育费附加。

风险描述：保险企业的保户质押贷款等业务由于贷款时间短（一般为6个月）、金额相对较小，一般按照收付实现制确认利息收入，存在未按税法规定及时确认收入，存在少缴增值税的风险。此风险适用人寿保险公司。

25. 保险企业取得交易性金融资产所发生的交易费用计入当期损益未纳税调整的风险

涉及税种：企业所得税。

风险描述：根据《企业会计准则》规定，交易性金融资产取得时所发生的交易费用直接计入当期损益，不得计入资产成本，而《企业所得税法》则规定，这部分交易费用应计入资产初始成本，不得计入当期损益税前扣除。保险企业可能存在将交易费用计入当期损益未纳税调整，少缴企业所得税的风险。

26. 免税投资业务未到税务机关备案，自行申报免税的风险

涉及税种：增值税、城市维护建设税及教育费附加。

风险描述：金融同业往来利息收入等免税业务要到税务机关及时备案，企业可能存在未备案或未及时备案自行申报免税的风险。

27. 保险企业向保险集团支付的管理费在税前扣除的风险

涉及税种：企业所得税。

风险描述：部分保险集团存在对下属的保险企业收取管理费情况。在对外报送财务报告时，下属寿险公司和财产险公司均合并到集团报表对外报告，在报表合并中，管理费项目会合并抵消掉。然而，在纳税主体上，保险集团和下属保险公司各自为独立纳税人，在下属保险公司的财务报表中依旧存在上缴管理费作为企业费用进入当期损益的情况。在实务中，有些管理费与集团对下属公司提供的服务相关，有些管理费则为集团从下属公司提取费用，二者在税务处理时应分别对待。对于后者的情况，保险企业可能存在将向保险集团支付的管理费税前扣除的风险。

28. 将其对境内标的物承保的保险服务向境外再保险人办理分保业务，支付给境外保险公司的分出保费未代扣增值税的风险

涉及税种：增值税、城市维护建设税、教育费附加。

风险描述：对于保险企业与境外再保险人发生分保业务判定分保业务是否属于境内征税范围，增值税应采用与原保险服务一致的政策。保险企业承保的以境内标的物为保险业务属于增值税应税保险服务，其分给境外再保险人的分保业务也属于在我国境内提供应税服务。因此，保险企业存在将其对境内标的物承保的保险业务向境外再保险人办理分保业务时，支付给境外保险公司的分出保费未代扣代缴增值税的风险。

[典型案例]

××保险公司风险分析及应对案例

一、企业基本情况

A 财产保险股份有限公司大连分公司成立于 2003 年 2 月，是 A 财产保险股份有限公司下设的 33 家省级分公司之一，主营保险业，险种涵盖机动车辆保险、企业财产保险、责任保险、保证保险等 12 个大类。该公司财务使用 SAP 系统，主要功能为账务处理，通过收付系统实现与业务系统的对接。

分析期间纳税人主要财务数据和纳税情况如表 8-2 所列：

表 8-2　　　　　　　　　　　　　　　　　　　　　　　　　　　　单位：万元

项　　目	2013 年	2014 年	2015 年
营业收入	12 711	14 626	15 937
营业支出	10 249	12 193	14 331
分摊企业所得税	336	898	1 128

二、风险分析

通过对其整体情况进行综合分析，查找出可能存在的 2 个典型风险点：

1. 为员工投保商业性意外险未代扣代缴个人所得税

该公司除基本五险一金以外，为员工投保了商业性意外险，2012 年保费金额 18 076.32 元，2013 年保费金额 28 948.30 元，2014 年保费金额 44 559.80 元，合计 91 584.42 元。通过分析"应付职工薪酬"科目下与个人所得税相关科目合计金额测算该单位应交个人所得税，并与"应交税费——应交个人所得税"科目金额比较，该公司可能没有就这一事项代扣代缴员工的个人所得税。

2. 财险公司提取的计入当期损益的交强险救助基金，既未取得税前扣除合法有效凭证，又未做纳税调整，造成少缴企业所得税

通过往来科目分析，发现该公司"其他应付款——交强险救助基金"科目只有贷

方发生额和期末贷方余额，其对应科目为"提取交强险救助基金"，核算提取的交强险救助基金计入当期损益的金额。2013年交强险救助基金的提取金额合计5 631 223.55元，2014年提取金额合计6 454 871.06元，2015年提取金额合计7 040 822.47元。由于"其他应付款—救助基金"科目无借方发生额，即意味着既没有实际支付，也没有通过债务重组等方式进行支付。因此，计入业务管理费的交强险救助基金可能存在未取得合法有效扣除凭证的风险。

三、风险应对

通过约谈财务人员，利用企业财务管理系统调取账簿、凭证和报表，查阅行业相关文件等方式，就发现的疑点问题与企业进行了沟通。财务人员表示，对于一些政策理解有偏差的、工作疏漏造成少缴税款的问题能够认可，对于一些行业性问题，则提出异议，在风险应对人员对政策辅导下，最终补缴税款。

1. 针对疑点一

利用企业SAP财务管理系统，以"员工团意险"为关键字搜索，找到对应的凭证，并对企业讲明政策"对企业为员工支付各项免税之外的保险金或商业性补充养老保险，应分别在企业向保险公司缴付时（即该保险落到被保险人的保险账户）和在办理投保手续时并入员工当期的工资收入，按'工资、薪金所得'项目计征个人所得税，税款由企业负责代扣代缴。"企业积极配合补缴个人所得税合计9 503.61元。同时，企业也指出，为员工投保商业性意外保险属于行业性行为，该风险属于行业性风险。

2. 针对疑点二

询问企业财务人员交强险救助基金的计提流程，得知交强险救助基金的计提是由保险企业的财务系统每月自动从业务系统中提取交强险保费收入，按照2%的比例计算计入当期损益，并自动生成会计凭证。相关文件规定，交强险救助基金应在提取后上缴至当地交强险救助基金管理部门，取得行政事业性收费收据或相应发票，并作为企业一项费用，计入当期损益。由于大连地区交强险救助基金管理部门至今尚未成立，致使保险企业提取的交强险救助金无法上缴。

风险应对人员向企业财务人员指出关于交强险救助基金的风险点，并要求提供相应的账簿、凭证、企业上报给总部的企业所得税纳税调整工作底稿等资料，并责成企业联系总部，提供总部的所得税申报表和纳税调整项目明细。

在确定总部未对此项进行纳税调整后，风险应对人员向企业解释此风险点为税会时间性差异，并讲明政策依据，企业积极配合补缴税款4 781 729.28元。同时，企业也指出，交强险救助基金无法上缴属于行业性行为，该风险属于行业性风险。

四、处理结果

根据《国家税务总局关于单位为员工支付有关保险缴纳个人所得税问题的批复》（国税函〔2005〕318号）和《财政部国家税务总局关于个人所得税有关问题的批复》（财税〔2005〕94号）的规定，补征个人所得税合计9 503.61元。

根据《中华人民共和国企业所得税法》第八条、《关于印发〈进一步加强税收征管若干具体措施〉的通知》（国税发〔2009〕114号）第六条的规定，补征2013年企业所得税1 407 805.89元，2014年企业所得税1 613 717.77元，2015年企业所得税1 760 205.62元。合计补征企业所得税4 781 729.28元。

五、行业延伸

（一）潜在风险企业范围

针对风险一，属于金融保险等高收入行业存在的共性问题，在征管中应引起重视。针对风险二，交强险救助基金未取得合法有效凭证税前扣除是财产保险公司普遍面临的税收风险。此外，此风险点存在地区差异，已成立交强险救助基金管理部门的地区并不存在此税收风险。但是由于保险公司为企业所得税汇总纳税，纳税调整由公司总部参考各地分支机构上报情况，统一完成，总部是否能够全面掌握各地分公司关于交强险救助基金的实际缴纳情况，并根据不同情况进行纳税调整，是值得关注的风险点。

（二）具体核查路径

针对风险一，利用企业的会计电算化系统，设置关键字（如商业险）查询相应凭证信息，调取保单明细结合分析。

针对风险二，关注"其他应付款——交强险救助基金""系统内往来"等科目是否只有贷方发生额和贷方余额，分析是否存在计提费用进入当期损益，而未实际支付，无合法有效扣除凭证的情况。

六、煤炭开采及洗选业税收风险分析指引

1. 全面推开营业税改征增值税前开拓巷道抵扣进项税额的风险

涉及税种：增值税、城市维护建设税及附加。

风险描述：2015年11月1日前，企业可能存在用于建设和掘进开拓巷道的应税货物、劳务和服务抵扣增值税进项税额的风险。

2. 筹办期间计算为亏损年度的风险

涉及税种：企业所得税。

风险描述：可弥补亏损年度为企业开始生产经营的年度，企业从事生产经营之前进行筹办活动期间发生筹办费用支出，不得计算为当期的亏损。

3. 销售工程煤未计收入少缴纳税款的风险

涉及税种：增值税、资源税、企业所得税、城市维护建设税及附加。

风险描述：矿井建设期、技术改造期所生产的工程煤，在销售过程中采取账外现金交易，未冲减工程成本，隐瞒收入，特别是向私营及个体货场、焦化厂销售用煤，不需开具销售发票，企业可能存在未计收入的风险。

4. 材料采购成本核算不准确造成少缴企业所得税的风险

涉及税种：企业所得税。

风险描述：企业可能存在将发生的业务费用、运输途中发生的非正常损失、采购回扣等不属于材料采购成本记入采购成本；提高生产领用计价而高转成本；将不属于材料采购的运输费用计入材料成本；不及时调整估价入库材料，重复入账、以估价入账代替正式入账情况。

5. 季节工、临时工等人员实际发生的费用未按规定在企业所得税税前扣除的风险

涉及税种：企业所得税。

风险描述：煤炭企业由于行业特殊性，临时用工人员数量较多，因雇用季节工、临时工、实习生、返聘离退休人员以及接受外部劳务派遣用工所实际发生的费用，可能存在未区分为工资薪金支出和职工福利费支出，扩大企业所得税前扣除的风险。

6. 应计入职工福利费支出而计入成本费用直接进行税前扣除，少缴企业所得税的风险

涉及税种：企业所得税。

风险描述：与其他行业相比，煤炭开采及洗选业涉及职工福利项目支出较多，如为职工卫生保健、生活、住房、交通等所发放的各项补贴和非货币性福利，包括企业向职工发放的因公外地就医费用、未实行医疗统筹企业职工医疗费用、职工供养直系亲属医疗补贴、供暖费补贴、职工防暑降温费、职工困难补贴、救济费、职工食堂经费补贴、职工交通补贴、丧葬补助费、抚恤费、安家费、探亲假路费等。企业在核算中可能存在将职工福利费计入成本费用项目直接税前列支的风险。

7. 预提的维简费和安全生产费用在税前扣除少缴企业所得税的风险

涉及税种：企业所得税。

风险描述：煤矿企业实际发生的维简费支出和高危行业的安全生产费用支出，属于收益性支出的，可直接作为当期费用在税前扣除，属于资本性支出的，应计入有关资产成本，并按《企业所得税法》规定计提折旧或摊销费用在税前扣除，企业可能存在未正确区分收益性支出、资本性支出；预提的维简费和安全生产费在税前扣除，少缴纳企业所得税的风险。

8. 企业购入固定资产未按规定在企业所得税前扣除的风险

涉及税种：企业所得税。

风险描述：企业可能存在购入的固定资产采用分次付款、分次开票的形式计入存货类资产账，或把固定资产化整为零，作为低值易耗品、修理用备件入账，提前税前扣除的风险。

9. 煤炭集团产销量差异较大未按期或少缴税款的风险

涉及税种：增值税、资源税、企业所得税、城市维护建设税及附加。

风险描述：部分煤炭集团企业单独设立运销公司统一销售产品，可能存在运销公司销量与各生产公司汇总产量不符的情况。

10. 销售副产品未按规定确认收入少缴纳税款的风险

涉及税种：增值税、资源税、企业所得税、城市维护建设税及附加。

风险描述：洗选环节中产生的煤矸石、煤泥等副产品对外销售，可能存在不确认收入的少缴纳税款的风险。

11. 企业取得各种形式的价外费用未确认收入少缴纳税款的风险

涉及税种：增值税、资源税、企业所得税、城市维护建设税及附加。

风险描述：煤炭运销公司在销售商品时收取手续费、补贴、奖励费等价外费用，企业可能存在收取的价外费用未确认收入的风险。

12. 自产煤炭发生视同销售行为，不计或少计收入的风险

涉及税种：增值税、资源税、企业所得税、城市维护建设税及附加。

风险描述：将自产煤炭用于非应税项目、作为投资、分配给股东或者投资者、无偿赠送或集体福利或个人消费，如：用于内设的食堂、澡堂、宿舍、宾馆、医院、托儿所、学校、俱乐部、家属社区等部门，不计或少计收入的风险。

13. 同一项支出在不同分支机构中重复列支少缴企业所得税的风险

涉及税种：企业所得税。

风险描述：煤炭集团企业存在大量分支机构，可能存在一项支出在不同分支机构中重复列支的风险。

14. 特殊情况销售应税产品资源税计税依据不准确少缴税款的风险

涉及税种：资源税。

风险描述：纳税人销售应税产品有如下情况：纳税人开采应税产品由其关联单位对外销售的；纳税人将应税产品自用于除连续生产应税产品以外的其他方面的；纳税人将其开采的应税产品直接出口的，资源税可能存在计税依据不准确的风险。

15. 收购未税矿产品未代扣代缴资源税少缴纳税款的风险

涉及税种：资源税。

风险描述：收购未税矿产品的单位，可能存在未代扣代缴资源税的风险。

16. 单独估价作为固定资产入账的土地计提折旧少缴纳企业所得税的风险

涉及税种：企业所得税。

风险描述：根据企业所得税法规定，单独估价作为固定资产入账的土地不得计算折旧税前扣除。部分国有煤炭企业可能存在将土地单独估价作为固定资产入账，计提折旧并在税前扣除的风险。

17. 彩钢房未按规定计征缴纳房产税的风险

涉及税种：房产税。

风险描述：中小型露采煤矿的开采行为具有临时性质，办公住宿多为彩钢房，企业普遍存在彩钢房未按规定计征缴纳房产税的风险。

18. 向全资子公司划转股权或资产未按账面价值净值确定计税基础多计折旧少缴纳税款的风险

涉及税种：企业所得税。

风险描述：煤炭集团企业因其集团管理的特殊性，决定了其往往拥有众多子公司。企业向100%直接控制的子公司划转股权或资产，可能存在未按原账面净值确定计税基础的风险。

19. 将政府无偿划拨的土地按评估价值投资入股未计算缴纳税款的风险

涉及税种：增值税、土地增值税、企业所得税、城市维护建设税及附加。

风险描述：国有煤炭企业如果将改制前通过政府无偿划拨取得的土地，按评估价作为长期股权投资，可能存在未按规定计算缴纳增值税、评估增值所得未依法计算缴纳企业所得税、未按规定进行土地增值税清算的风险。

[典型案例]

A煤业集团公司风险分析案例

一、企业基本情况

A煤业集团公司，成立于1988年10月。经营范围：煤炭的开采、加工、储存；煤炭产品销售、运输；货物装卸服务；煤炭行业投资、其他产业投资；固体矿产勘查；煤炭高效燃烧技术与装置；经济信息咨询；进出口业务。该集团公司下设煤矿、洗选、运输、物资供应及机械制修等分支机构。

本次风险分析主要针对2016纳税年度开展。

二、风险分析

根据风险分析工作要求，我们对该集团公司风险分析年度整体情况进行综合分析，筛选出以下可能存在的涉税风险点：

1. 维简费支出未区分用途直接扣除

查看企业"预提费用"科目，企业2016年度提取维简费3 521.2万元，当年实际支出2 053.60万元。进一步查看企业所得税年度申报表，该支出全部在本年度税前扣除。可能存在未区分权益性支出与资本性支出，多列支出，少计企业所得税的风险。

2. 长期股权投资重复扣除成本

查看"营业外支出"科目，企业于2016年10月更正会计差错补调营业外支出1 278.63万元，同时，另发生营业外支出953.06万元，业务摘要均为向某房地产公司投资调账。可能存在重复扣除投资成本少计企业所得税的风险。

3. 购进货物取得不合规增值税专用发票抵扣进项税、列支成本的风险

增值税防伪税控系统提取数据显示，企业取得失控发票抵扣进项税335.1万元。可能存在取得不符合规定发票抵扣进项税、税前列支成本，从而少缴增值税、企业所得税的风险。

4. 用于建造职工宿舍的外购钢材抵扣进项税

查看"原材料"科目，2016年8～9月分次购进钢材共计2 060.10万元，抵扣进

项税350.20万元。钢材去向全部由后勤部在建工程领用,当期企业后勤部大型在建工程仅有职工宿舍的建造。可能存在外购材料用于职工福利抵扣进项税的风险。

5. 固定资产报废发生的损失未按规定进行专项申报,直接税前扣除

查看"固定资产清理"及"营业外支出"科目,企业2016年度因固定资产报废发生损失980.66万元;进一步查看企业所得税年度纳税申报表及附列资料,未发现财产损失申报资料,可能存在将未按规定申报的财产损失直接税前扣除的风险点。

6. 运销系统数据与发票开具信息不匹配

核对企业洗煤厂运销系统数据,与开票数据统计结果相比较,洗选加工并出库煤泥102 560吨,而开票数量仅为63 560吨,开票数量较出库数量少39 000吨。可能存在销售产品少计收入、少缴税金风险。

7. 关联企业间提供应税劳务不计收入

查看"其他应收款"科目,记载应收各子公司款项364.20万元,经核对明细,其中有223.50万元为内部修理厂向各子公司的应收款项。可能存在关联企业间提供服务不计收入,少缴增值税、企业所得税的风险。

8. 一项支出在总、分机构间重复列支

查看"管理费用"科目,2016年集团列支信息管理费625.66万元,同时各分公司也分别列支信息管理费合计为398.80万元。集团相关制度规定,信息管理维护工作由集团统一负责,发生费用由集团按相关标准分配各分支机构,因此集团与分公司同时列支信息管理费可能存在重复列支管理费用的风险。

9. 新增房产未按规定缴纳房产税

查阅财务报表显示,该企业2016年度在建工程项目增加9 570万元,查看"在建工程"科目明细账,该企业存在新建办公楼一栋。但房产税增加不是很高,可能存在少缴房产税的风险。

10. 财产保险合同少缴印花税

2016年企业财产保险合同未帖花(此类合同全年合计应缴纳印花税66.21万元),可能存在少缴印花税的风险。

三、风险应对

针对风险分析结果,风险应对人员就上述风险点与企业财务负责人及相关人员进行了约谈,并根据约谈情况进一步查看了企业相关会计账簿、记账凭证及其他相关资料。应对结果如下:

1. 针对疑点一

进一步查看维简费支出明细,用于固定资产大修、应予资本化支出1 112.53万元,收益性支出941.07万元,应调应纳税所得额1 112.53万元。

2. 针对疑点二

经核对企业长期股权投资及对外投资资料,同时向企业相关人员了解,该业务是

企业在2013年用未取得土地证书的土地经评估后作为对价向某房地产公司投资，并将评估的土地价格计入长期股权投资的初始成本和营业外收入。后因未取得土地证书的原因，2016年撤销了该项长期股权投资份额，企业将前期的营业外收入对应的营业外支出进行了对冲。而早在2013年企业已对该资产进行处置，将大部分股权转让，转让后企业的持股比例已从33.54%下降到8.54%，下降比例为74.54%，结转土地使用权对应的长期股权投资成本953.06万元在税前扣除。因此，上述调账的营业外支出1 278.63万元，其中有953.06万元已在2015年税前扣除，不得在2016年度重复税前扣除，应调增应纳税所得额953.06万元。

3. 针对疑点三

经查看"原材料""应交税费"科目明细账，调取该购进业务相关的记账凭证，重点查看"货物流""发票流""资金流""运输流"，并询问该项购进业务采购经办人员及财务部门人员，证实该业务属于公司直接采购坑木，未从销售方取得抵扣凭证，采购经办人员从其他渠道取得增值税专用发票入账，该项购进业务的进项税额335.1万元不得抵扣，该项购进原材料成本不得在企业所得税前扣除，应调增当年应纳税所得额2 577.69万元。

4. 针对疑点四

查看"在建工程"明细账及项目部当期项目立项情况，当期企业后勤部大型在建工程仅有一项，即职工宿舍的建造；同时查看原始领料单，确定该批购进钢材全部用于职工宿舍建造，用于集体福利的购进货物的进项税不得从销项税额中抵扣，应转出已抵扣的进项税350.20万元。

5. 针对疑点五

经进一步查看固定资产卡片，报废的固定资产未达到使用年限意外报废。在查看纳税申报资料并向财务人员了解后确定，企业未按照规定以专项申报的方式向税务机关申报该项损失，自行税前扣除，该项损失不得在税前扣除，应调增当年的应纳税所得额980.66万元。

6. 针对疑点六

进一步了解企业销售控制流程，查看生产台账、销售台账、合同以及磅单等原始资料，煤泥的差额部分39 000吨实际已对外销售，企业对此部分销售未开发票未计收入未申报纳税，按照当期煤泥单价50元/吨计算，少计收入195万元，调增应纳税所得额195万元，应补增值税33.15万元。

7. 针对疑点七

到对应的子公司查看账册及凭证，同时根据向子公司财务人员询问情况并查看集团公司相关文件，核实223.50万元为修理厂为各子公司提供修理劳务应收取的款项，各子公司已凭内部结算单计入相关费用。核对修理厂纳税申报表，修理厂并未就上述提供内部的应税劳务申报纳税，少缴增值税、企业所得税，对修理厂另进行处理。

8. 针对疑点八

分别查看集团与分公司相关会计凭证、账簿，检查记账原始凭证及费用支付凭证。经核实，此项支出是集团同时为集团与分公司采购相关办公设备所发生，集团根据内部相关规定已列支管理费用，设备发放后，分公司又根据设备调拨单重复列支费用。应调增当年应纳税所得额398.80万元。

9. 针对疑点九

查看"在建工程"明细科目，有在建办公楼项目6 237.08万元；根据项目工程决算资料等判断，该项目已竣工，进一步实地查看房屋确已建成并已使用。询问相关人员得知，该部分项目虽已在2016年4月竣工，但并未决算，因此未结转固定资产。该企业新建房屋虽未结转固定资产，但实际已投入使用，应按规定计算缴纳房产税34.93万元。

10. 针对疑点十

经查看"管理费用""其他应付款"科目，并询问财务人员，财产保险合同是因工作疏忽未贴花，少缴纳印花税66.21万元。

四、处理结果

风险应对人员通过大量的查看资料及审核分析，对涉税风险点分别依法依规分析定性，再次与企业进行沟通反馈，对企业仍有疑问的问题再次有理有据的进行政策辅导，最终取得共识，企业同意进行纳税调整，补缴各税共计2 316.07万元，其中：增值税718.45万元，企业所得税1 424.64万元，印花税66.21万元，房产税34.93万元，城市建设维护税35.92万元，教育费附加21.55万元，地方教育费附加14.37万元。

七、融资租赁行业税收风险分析指引

1. 统借统还业务中，向下属单位收取高于支付给金融机构借款利率水平的利息未按规定缴纳增值税的风险

涉及税种：增值税、城建税、教育费附加。

风险描述：在统借统还业务实际操作中，企业集团或企业集团中的核心企业以及集团所属财务公司等统借方可能存在向企业集团或者集团内下属单位收取的利息高于支付给金融机构借款利率水平或者支付的债券票面利率水平的情况。财税〔2016〕36号文规定，对这类情况不能享受免征增值税，应全额缴纳增值税。因此，企业可能存在未缴纳或未全额缴纳增值税的风险。

2. 金融商品转让负差跨年度结转的风险

涉及税种：增值税、城建税、教育费附加。

风险描述：企业以卖出价扣除买入价后的余额为金融商品转让销售额，当年末出现负差时，将负差转入下一个会计年度进行扣除，少缴纳增值税的风险。

3. 基于租赁合同收取的手续费、咨询费未按对应税目缴纳增值税风险

涉及税种：增值税、城建税、教育费附加。

风险描述：增值税的销售额，是指纳税人发生应税行为取得的全部价款和价外费用。融资租赁企业提供租赁服务的增值税销售额应为租赁收入及基于租赁合同收取的手续费、咨询费等费用。在实务中，融资租赁企业可能存在未将基于租赁合同收取的手续费、咨询费等收入作为价外费用计入到租赁收入，而是独立于租赁合同分别按照手续费、咨询费对应税目缴纳增值税的风险。

4. 融资租赁合同届满，融资租赁企业处置租赁标的物未按适用税率计提销项税额的风险

涉及税种：增值税、城建税、教育费附加。

风险描述：融资租赁合同届满时，可能会发生租赁标的物转让或处置的事项。从业务实质上讲，租赁标的物不属于自己使用过的固定资产，因此，融资租赁企业处置租赁标的物时可能存在按照销售自己使用过的固定资产缴纳增值税，未按适用税率缴纳增值税的风险。

5. 经营租赁业务按融资租赁业务计算缴纳增值税的风险

涉及税种：增值税、城建税、教育费附加。

风险描述：融资租赁企业兼营经营租赁业务和融资租赁业务，存在未分别按照各自税务处理方式进行核算，将融资租赁业务适用的增值税税收优惠政策应用到经营租赁业务中，导致少缴纳增值税的风险。

6. 享受免税优惠的融资租赁服务未按规定进项税额转出的风险

涉及税种：增值税、城建税、教育费附加。

风险描述：融资租赁企业购进货物、服务等用于开展标的物在境外使用的有形动产融资租赁业务，已享受增值税免税政策，其取得的相关货物、服务等进项税额不得抵扣。企业可能存在抵扣已享受免税优惠服务所对应进项税额，未作进项税额转出的风险。

7. 采用简易计税方法计税的融资租赁项目抵扣租赁标的物等进项税额的风险

涉及税种：增值税、城建税、教育费附加。

风险描述：融资租赁企业在纳入营改增试点之日前签订的尚未执行完毕的有形动产融资租赁合同、不动产融资租赁合同选用简易计税方法计税的，存在抵扣租赁标的物等进项税额，未按规定做进项税额转出，少缴增值税的风险。

8. 已进行差额备案但实收资本未达1.7亿元进行差额扣除的风险

涉及税种：增值税、城建税、教育费附加。

风险描述：全面营改增实施前，融资租赁企业已做差额征税备案，但营改增实施后其实收资本在规定时间内仍未达到1.7亿元，却进行差额扣除，存在少缴增值税的风险。

9. 融资租赁业务差额扣除计算错误的风险

涉及税种：增值税、城建税、教育费附加。

风险描述：融资租赁企业以借款方式进行融资时，支付的费用包括利息以及利息性质的费用，在进行差额扣除时，企业存在将利息性质的费用（如：手续费、咨询费）连同利息一并扣除，少缴纳增值税的风险。

10. 融资租赁业务违规享受即征即退优惠政策的风险

涉及税种：增值税。

风险描述：融资租赁企业在享受即征即退政策时存在如下风险：一是商务部授权的省级商务主管部门和国家经济技术开发区批准的从事融资租赁业务和融资性售后回租业务的试点纳税人中的一般纳税人，租赁试点融资租赁企业实收资本未达1.7亿元，未进行资格备案即享受优惠政策的风险；二是在申报增值税时未按照规定在即征即退申报栏次填报数据的风险；三是在对增值税实际税负进行计算时，未按规定将纳税人当期提供应税服务取得的全部价款和价外费用作为分母，而是将扣除了借款利息、发行债券利息以及车辆购置税后的金额作为分母，提高实际税负的风险。除上述涉税风险以外，对于按照有形动产融资租赁项目征收增值税的售后回租业务在对增值税实际税负进行计算时，企业还存在分母除扣除借款利息、发行债券利息以外，同时对本金部分进行了扣除，提高实际税负，从而超额获取即征即退税款的风险。

11. 融资租赁出口合同未执行完毕退租，未退还出口退税款的风险

涉及税种：增值税、城建税、教育费附加。

风险描述：融资租赁企业作为出租方以融资租赁方式将标的物租赁给境外承租方且租赁期限在5年（含）以上，按规定享受融资租赁出口退税政策，但承租期未满而发生退租时，融资租赁企业未及时主动向税务机关报告并退还出口退税款。

12. 对外支付利息未按规定扣缴税款的税收风险

涉及税种：增值税、城建税、教育费附加。

风险描述：向境外非居民企业支付利息的融资租赁企业作为增值税扣缴义务人，未对非居民企业取得来源于中国境内的利息代扣代缴增值税。

13. 对外支付服务费用未按规定扣缴税款的风险

涉及税种：增值税。

风险描述：境外非居民企业在中华人民共和国境内向融资租赁企业提供律师咨询、审计等服务，境内融资租赁企业未对非居民企业取得的应税销售额代扣代缴增值税。

14. 跨期支付房屋租金一次性税前扣除的风险

涉及税种：企业所得税。

风险描述：企业提前一次性支付房屋租金且租赁期限跨年度的，存在将房屋租金一次性列支，未按权责发生制分期在税前扣除的风险。

15. 手续费及佣金支出未按规定税前扣除的风险

涉及税种：企业所得税。

风险描述：企业发生的与经营有关的手续费及佣金支出，未按照合同金额5%的限额税前扣除；或企业支付的手续费及佣金不满足税法规定的支付对象、支付方式却在税前扣除。

16. 取得交易性金融资产所发生的交易费用一次性税前扣除的风险

涉及税种：企业所得税。

风险描述：企业将交易性金融资产取得时所发生的交易费用未按规定计入资产初始成本，直接计入当期损益一次性扣除，未进行纳税调整。

17. 交易性金融资产持有期间的公允价值变动损益未做纳税调整的风险

涉及税种：企业所得税。

风险描述：企业未遵循历史成本原则，将持有期间浮盈浮亏形成的公允价值变动损益计入当期损益构成应纳税所得额，未做纳税调整，造成多缴或少缴企业所得税的风险。

18. 即征即退增值税税款未确认收入的风险

涉及税种：企业所得税。

风险描述：即征即退税款不属于企业所得税所称不征税收入。因此，享受增值税即征即退优惠政策的融资租赁企业可能存在收到退税款项未确认收入，未计入应纳税所得额的风险。

19. 跨年度收取租金未按纳税义务发生时间确认收入的风险

涉及税种：企业所得税。

风险描述：租金收入，应按交易合同或协议规定的承租人应付租金的日期确认收入的实现。对于跨年度应收未收租金，企业未在交易合同或协议规定的应付租金的日期进行收入确认，而是在实际收到租金日确认收入的实现，造成推迟缴纳企业所得税的风险。

20. 未按规定计提贷款损失准备金税前扣除的风险

涉及税种：企业所得税。

风险描述：融资租赁行业中，除金融租赁公司可以计提贷款损失准备金以外，其他租赁公司税前列支的坏账准备属于《企业所得税法》所称未经核定的准备金支出，不得税前扣除。此外，金融租赁公司计提贷款损失准备金时，可能存在超过标准税前扣除贷款损失准备金未作纳税调整的风险。

准予当年税前扣除的贷款损失准备金 = 本年末准予提取贷款损失准备金的贷款资产余额 ×1% − 截至上年末已在税前扣除的贷款损失准备金的余额

21. 关联企业借款利息超过规定债资比税前扣除的风险

涉及税种：企业所得税。

风险描述：融资租赁企业关联方之间债资比超过规定标准（金融租赁公司适用债资比 5∶1；其他融资租赁企业适用债资比 2∶1），其超出部分借款利息未按规定税前扣除。

22. 借款利率超过金融企业同期同类贷款利率的利息支出税前扣除的风险

涉及税种：企业所得税。

风险描述：融资租赁企业向非金融企业借款利息支出超过按照金融企业同期同类贷款利率计算的数额，并全额在税前扣除。

23. 应收融资租赁款损失未按规定税前扣除的风险

涉及税种：企业所得税。

风险描述：融资租赁企业发生的应收融资租赁款损失，未按规定在企业所得税年度汇算清缴时向主管税务机关进行专项申报，直接进行税前扣除。

24. 境内融资租赁企业承担的非居民企业相关税金在企业所得税前扣除的风险

涉及税种：企业所得税。

风险描述：融资租赁企业向境外非居民企业支付费用涉及扣缴企业所得税时，合同约定非居民企业取得所得应纳中国税金由境内融资租赁企业承担，境内企业取得非居民企业开具的注明金额不包含代扣代缴税款的发票，将代扣代缴的相关税金作为企业成本或费用直接在计算企业所得税时税前扣除。

25. 融资租赁企业未按规定税前扣除企业高管出境考察、培训的费用的风险

涉及税种：企业所得税。

风险描述：按照财建〔2006〕317号第三条第（十）项的要求，对于企业高层管理人员的境外培训和考察，其一次性单项支出较高的费用应从其他管理费用中支出，避免挤占日常的职工教育培训经费开支。因此，融资租赁企业可能存在将高管出境培训费通过差旅费等科目直接在管理费用中列支并税前扣除，而非计入职工教育经费按税法规定限额扣除的风险。

26. 非居民企业向境内融资租赁企业提供的经营租赁业务被其按照融资租赁业务代扣代缴企业所得税的风险

涉及税种：企业所得税。

风险描述：在中国境内未设立机构的非居民企业，以融资租赁方式将设备租给境内融资租赁企业使用，租赁期满后设备所有权归中国境内融资租赁企业，该业务模式为融资租赁业务，允许非居民企业以租赁费扣除设备后的余额，作为贷款利息所得，由境内融资租赁企业代扣代缴企业所得税。实务中，易出现境内融资租赁企业在代扣代缴企业所得税时，将境外企业提供的经营租赁服务按照融资租赁服务进行税务处理，少代扣代缴税款的风险。

[典型案例]

A融资租赁公司风险分析案例

一、企业基本情况

A公司成立于2013年4月17日，是经某省级商务主管部门批准成立的融资租赁公

司，其注册资本及实收资本均为15 000万元。该公司2016年5月1日认定为增值税一般纳税人，2016年6月16日追加资本至20 000万元并在当月进行了增值税差额扣除资格备案。

A公司自成立至2016年12月，共开展3项融资租赁业务：

业务一：直租合同签订于2016年4月19日，合同约定A公司每月收取本金1 000万元、利息200万元，同年5月20日取得与此笔直租合同相关的进项税额170万元并在当月进行了抵扣；

业务二：售后回租合同m签订于2016年4月27日，合同约定A公司每月收取本金1 500万元、利息300万元、咨询费100万元，全面营改增后该项目选按有形动产融资租赁服务申报缴纳增值税；

业务三：售后回租合同n签订于2016年6月17日，合同约定承租方按季付息、一次还本，A公司每季收取利息1 200万元。

A公司融资租赁资金来源于两笔贷款：向境内Y银行贷款，用于直租项目和售后回租m项目，合同约定A公司自2016年5月每月支付利息400万元、手续费10万元；向境外×银行贷款专用于售后回租n项目，合同约定A公司自2016年6月每月对外支付贷款利息89.22万元并负担代扣代缴税费。

二、风险分析

依据风险识别结果，我们从金三系统提取该企业"增值税申报表"、"年度企业所得税申报表"等信息，利用税务审计软件提取企业电子账套，采取表表核对、账表核对等方法对其整体情况进行综合分析，找出可能存在的9个风险点：

1. 收取预收款未按纳税义务发生时间计算缴纳增值税

2016年4月21日，A公司预收直租项目5月份租金1 200万元，存在未按增值税纳税义务发生时间确认收入的可能。

2. 简易计税方法计税的预收款对应的进项税额未做转出

2016年6月12日，A公司申报2016年5月属期增值税时，存在未将直租项目4月份以简易计税方法（小规模）确认预收款对应的进项税额170万元做进项税额转出的可能。

3. 实收资本未达1.7亿进行差额扣除

2016年5月份，A公司注册并实收资本15 000万元，其不具备差额扣除资格，存在差额扣除的可能。

4. 融资租赁项目扩大差额扣除范围

2016年6月至12月，A公司申报差额扣除利息、手续费，存在超范围差额扣除的可能。

5. 无合法有效凭证差额扣除

2016年5月至12月，在售后回租合同m执行过程中，A公司未取得承租方开具的本金发票，存在无合法有效凭证差额扣除的可能。

6. 基于租赁合同收取的手续费、咨询费未按对应税目缴纳增值税

在售后回租合同 m 执行过程中，A 公司 2016 年 5 月至 12 月共收取利息 2 400 万元、咨询费 800 万元，A 公司存在未按对应税目缴纳增值税的可能。

7. 跨年度收取利息未按纳税义务发生时间确认收入

2016 年 12 月，A 公司收取售后回租合同 n 第三期自 2016 年 12 月至 2017 年 2 月利息 1 200 万元，存在未按规定确认企业所得税相关利息收入的可能。

8. 计提贷款损失准备金税前扣除

A 公司非金融租赁公司，2016 年以年末两笔贷款资产余额 20 000 万元计提贷款损失准备金 200 万元，存在税前扣除未进行纳税调整的可能。

9. 未按规定扣缴营销礼品支出及外籍高管个人所得税

A 公司"销售费用"科目有 8 笔营销礼品支出，2013 年至 2016 年共发生营销礼品支出 60 万元。

调取个人所得税入库信息，发现该企业 2013 年度比上年度税款增加 180 万元，增幅达 55.57%，而 2014 年 1~10 月，税款为 92.23 万元，出现个人所得税回落的异常情况。通过分析对外付汇信息，了解到该企业 2013 年 9 月向境外支付加班费。需与企业核实该款项的经济内容，并进一步核实该企业对于外籍个人是否有隐性福利未缴纳个人所得税。在查看该企业制度，如《出差管理政策》，发现该企业对员工有 2 元/公里的里程补贴，需核实此项补贴以何种形式发放，且是否缴纳个人所得税。鉴于该企业有外籍员工任总经理等高管的情况，拟对照外籍员工在主管税务机关办理房租费用等优惠备案内容，进一步核实该企业为外籍员工负担的住房补贴、伙食补贴、洗衣费、搬迁费、子女教育费、语言训练费、探亲费用、社会保险费用、其他相关费用和海外保险情况。

三、风险应对

1. 针对疑点一

进一步核实 A 公司"预收账款""主营业务收入""应交增值税"科目以及"增值税纳税申报表主表""本期销售情况明细表"，确认 A 公司 2016 年 4 月预收直租项目 5 月份租金 1 200 万元未做增值税纳税申报。2016 年 4 月，A 公司尚未认定一般纳税人，适用简易计税方法计证增值税。其 2016 年 5 月份以一般计税方法申报收入 1 200 万元应开具红字发票冲回。共预收租金 1 200 万元，应以征收率 3% 补缴增值税 36 万元，并加征 2016 年 5 月 16 日至 2016 年 6 月 12 日间的滞纳金。

2. 针对疑点二

进一步核实 A 公司"应交增值税"科目以及"增值税纳税申报表主表""本期进项税额明细表""本期抵扣进项税额结构明细表"，确认 A 公司 2016 年 5 月增值税纳税申报时，未转出 4 月份以简易计税方法确认预收租金 1 200 万元对应的进项税额 170 万

元,应做进项税额转出170万元。

3. 涉税疑点三

进一步核实A公司"实收资本""银行存款"科目以及资产负债表、验资报告,2016年5月,A公司实收资本未达1.7亿,不具备差额扣除资格。2016年5月,其申报差额扣除的400万元利息和10万手续费,应对410万元收入补征增值税595 726.50元。

4. 涉税疑点四

进一步核实A公司融资租赁业务合同,"财务费用""银行存款"科目以及"增值税纳税申报表主表""本期销售情况明细表""差额扣除项目清单",确认A公司2016年6月至12月每月申报差额扣除手续费10万元,手续费不属于差额扣除项目,A公司应将差额扣除的手续费确认为其对应期间收入,合计补征增值税101 709.40元。

5. 涉税疑点五

进一步核实A公司融资租赁业务合同,"主营业务收入""应收融资租赁款""银行存款"科目以及"增值税纳税申报表主表""本期销售情况明细表""差额扣除项目清单",发现A公司2016年6月至12月,在售后回租合同m执行过程中,无合法有效凭证差额扣除本金,A企业应补充本金发票。否则,逐期确认本金收入,还原各期增值税申报,如产生应纳税额应补缴税款并加征滞纳金。2016年5月份,A公司不具备差额扣除资格,其应申报未申报本金收入1 500万元,补缴增值税2 179 487.18元。

6. 涉税疑点六

进一步核实A公司融资租赁业务相关合同,"主营业务收入""应收账款""应交增值税""银行存款"科目以及"增值税纳税申报表主表""本期销售情况明细表",确认A公司在售后回租合同m执行过程中,自2016年5月至12月共收取咨询费800万元未准确确认收入,此部分收入为租赁合同的价外费用,A公司应以税率差11%逐期确认收入并进行更正申报,合计补征增值税709 562.97元。

7. 涉税疑点七

进一步核实A公司融资租赁业务合同,"主营业务收入""应收账款""银行存款"科目以及"企业所得税月(季)度预缴纳税申报表""企业所得税年度纳税申报表""一般企业收入明细表",确认A公司2016年12月收取售后回租合同n第三期自2016年12月至2017年2月利息1 200万元,其仅申报所得400万元,A公司应调增2016年应纳税所得额800万元,补征企业所得税200万元。

8. 涉税疑点八

核实A公司从事融资租赁业务的批复、审计报告,"应收账款""资产减值准备""资产减值损失"科目以及"企业所得税年度纳税申报表""纳税调整项目明细表",确认A公司是金融租赁公司以外的融资租赁公司,2016年税前扣除贷款损失准备金200万元,A公司应调增2016年应纳税所得额200万元,补征企业所得税50万元。

9. 涉税疑点九

经与公司财务人员询问了解，企业在营销活动中向个人派发的小礼品，相关支出计入销售费用，未代扣代缴个人所得税，在营销活动中向个人派发礼品60万元补缴个人所得税12万元。

通过检查管理费用等科目，发现企业列支了Cigna（信诺）保险费。Cigna（信诺）保险是一家美国知名保险企业，专营员工福利，服务对象为美国与全球的个人和企业。经过询问该企业财务、人事部门，核实该保险是为外籍个人缴纳的境外商业保险，且未缴纳个人所得税。其中，由中方公司直接雇佣的外籍员工5人，9人为境外派遣员工，涉及金额1 364 028.76元，应补缴个人所得税613 812.94元。

四、处理结果

经过分析，A公司共补缴增值税4 936 923.08元，所得税250万元，个人所得税733 812.94元。

八、石油石化行业税收风险分析指引

1. 企业税前扣除利用安保基金返还款所形成的资产折旧、摊销或费用化支出少缴企业所得税的风险

涉及税种：企业所得税。

风险描述：企业在计提和上缴安保基金时，已作为当期费用税前扣除。下属企业收到总公司安监局按比例返还的安保基金应冲减相应费用或作为收益计入当期所得。同时，返还的安保基金应按规定开支范围和比例使用。安保基金返还款用于形成资产的，其资产的折旧或摊销不得作为成本费用在税前重复扣除，企业支出安保基金返还款形成的成本费用也不得在税前重复扣除。

2. 利用安保基金返还款支付费用支出，直接税前扣除少缴企业所得税的风险

涉及税种：企业所得税。

风险描述：安保基金返回款用于有税前扣除标准规定的支出，未与相关费用合并计算，直接税前扣除，导致超标准部分未做纳税调整。如用上级返还的安保基金直接发奖金或补助未计入工资薪金总额计算纳税调整；用上级返还的安保基金直接列支职工教育经费，造成实际列支的职工教育经费支出超标，超过部分未作调整。

3. 预提的安保基金未按规定税前扣除少缴企业所得税的风险

涉及税种：企业所得税。

风险描述：集团总部企业收到预提的安全生产费用，未按照当年实际使用情况做纳税调整处理，下属企业收到总部返还的安全生产保证基金进行挂账处理，未实际支出的安全生产费，未调增应纳税所得额。

4. 应税成品油收率偏低，未按规定缴纳消费税的风险

涉及税种：消费税、城市维护建设税及附加。

风险描述：消费税产品产出率偏低，非消费税产品产出率偏高，企业可能存在变换油品名称，将应纳消费税油品擅自列入非应税油品、化工产品，如将燃料油列入非应税油品沥青，少缴消费税；应税油品，如汽柴油收率降低，免税油品如石脑油、航空煤油收率上升，可能存在将应税油品变为免税油品销售，少缴消费税；高税率油品如汽油、石脑油、溶剂油、润滑油等收率偏低，低税率油品如柴油、燃料油等收率偏高，可能存在将高税率油品变为低税率产品销售，少缴消费税的风险。

5. 未按规定抵扣用于连续生产的外购油品消费税的风险

涉及税种：消费税、城市维护建设税及附加。

风险描述：企业以外购石脑油、燃料油为原料在同一生产过程中既生产应税消费品又同时生产非应税消费品的，可能存在外购石脑油、燃料油未缴纳消费税，或用于抵扣的已缴消费税税款分摊错误的风险。

6. 自产自用石脑油用于连续生产乙烯、芳烃类以外化工产品未按规定缴纳消费税

涉及税种：消费税、城市维护建设税及附加。

风险描述：企业将自产石脑油用于连续生产除乙烯、芳烃类以外的化工产品或其他用途的，于移送使用时未缴纳消费税。

7. 进口时改变成品油品名少缴消费税的风险

涉及税种：消费税、城市维护建设税及附加。

风险描述：以未列入消费税征税范围的"混合芳烃""稀释沥青"的名义变相进口汽油、燃料油以少缴消费税的风险。

8. 成品油子税目和税率适用错误少缴消费税的风险

涉及税种：消费税、城市维护建设税及附加。

风险描述：现行文件规定符合汽油、柴油、石脑油、溶剂油、航空煤油、润滑油和燃料油征收规定的，无论以何种名称对外销售或用于非连续生产应征消费税产品，均应按相应的汽油、柴油、石脑油、溶剂油、航空煤油、润滑油和燃料油的规定征收消费税。纳税人以原油或其他原料生产加工的在常温常压条件下（25°C／一个标准大气压）呈液态状（沥青除外）的产品，产品名称虽不属于成品油消费税税目列举的范围，但外观形态与应税成品油相同或相近，且主要原料可用于生产加工应税成品油的产品，视同石脑油征收消费税。

9. 未按规定享受资源综合利用税收优惠少缴企业所得税的风险

涉及税种：企业所得税。

风险描述：享受资源综合利用税收优惠时，《目录》内所列资源占产品原料的比例应符合《目录》规定的技术标准。企业从事不符合实施条例和《目录》规定范围、条件和技术标准的项目，不得享受资源综合利用企业所得税优惠政策。

10. 企业销售副产品适用税率错误少缴增值税的风险

涉及税种：增值税、城市维护建设税及附加。

风险描述：石油石化企业的副产品有自产水蒸汽、加工水（例如：冷凝水、循环水、除氧水、化学水、盐水等）。《中华人民共和国增值税暂行条例》正列举了适用低税率货物，除此之外的其他货物应当区分具体情况按照适用税率征收。企业可能存在销售副产品时适用税率错误少缴增值税的风险。

11. 适用原油、天然气的计税依据及税率不准确少缴税款的风险

涉及税种：资源税。

风险描述：对于企业销售开采或生产应税原油、天然气应缴纳的资源税，在计税依据、适用税率和优惠政策上均有特殊规定，企业可能存在未按规定计算计税依据、适用税率和优惠申报的风险。

12. 未按规定扩大自用原油、天然气免税范围少缴资源税的风险

涉及税种：资源税。

风险描述：税法规定对油田范围内运输稠油过程中用于加热的原油、天然气免征资源税，对于用于非生产项目和生产非应税产品两部分的自产自用产品应当征收资源税。企业可能存在未将非免税的自用原油、天然气与免税范围内的部分分别核算，一并适用免税少缴资源税的风险。

[典型案例]

A公司风险分析案例

一、企业基本情况

A公司成立于1982年，主要从事石油炼制及石化产品的加工生产和销售，是××集团旗下的千万吨级原油加工基地之一，拥有炼油、水煤浆、热电等40余套大型生产装置，原油加工能力达1 800万吨/年，生产石油产品近70种，2016年入库各类税款达85.9亿元，是重点关注的千户集团企业。

原油加工企业原材料采购和产品销售数量巨大，交易金额高，业务发生频繁，同时企业产品生产流程长，工艺复杂，各环节投入的生产原料种类繁多，水、电、气等能源消耗量大。为满足生产经营的核算要求，行业内普遍使用ERP系统进行内部管理。

二、风险分析

风险分析团队结合专业特长，发挥"工匠精神"，全方位、多角度扫描透视A公司经营情况和风险点，并结合以前年度应对情况开展深度分析。

从石化行业产业链看，上游部分为油气开采、中游部分为石油炼制和化工产品制造、下游部分为成品油和化工产品销售。A公司作为产业链中游的龙头企业之一，在中国石化产业中长期处于举足轻重的地位。石化集团企业生产经营过程繁杂，导致税收风险多发：采购过程、生产过程、销售过程、资产管理过程中如果内控不完善，流程不规范，权责不明确，都有可能产生税收风险；集团企业关联交易普遍存在，关联交易的合理商业目的、定价方法、关联方往来款项的结算方式等方面都极易滋生税收风险；日益增长的投融资业务涉及政策广泛加大了税收风险的复杂性。

风险分析团队充分利用数据资源的强大支撑，建立纳税遵从风险评价模型对 A 公司进行二次深度分析：通过广泛获取数据，导入分析模型；计算三类指标，分析四种能力；做好人机结合评分，精准风险排序。经过数据深度挖掘，分析团队筛查出 A 公司各税种共计 12 个风险点：

1. 未按规定抵扣在建工程进项税额少缴增值税的风险

分析企业 2014~2016 年的企业所得税年度申报表及资产负债表，发现企业 2014~2016 年在建工程项下依次新增的金额分别为 5 683.55 万、7 683.23 万元、4 987.25 万元，但增值税年度进项转出金额均未超过 20 万，企业可能存在用于在建工程的物资的进项税额应转出未转出的风险。

2. 未按规定确认个人所得税手续费收入少缴企业所得税的风险

石化企业职工众多，年度支付的工资薪金总额较大，税务部门通常会对企业财务部门的代扣代缴进行手续费的返还，返还的代扣代缴手续费应确认收入缴纳企业所得税。审阅企业所得税申报表纳税调整表及鉴证报告，未发现关于个税手续费收入的确认或纳税调整情况。

3. 未按规定享受资源综合利用税收优惠少缴企业所得税的风险

分析人员通过审阅企业三年的企业所得税申报表及鉴证报告，发现企业每年均享受较大金额的资源综合利用减计收入税收优惠，金额依次为 457 万、349 万、671 万。石化企业产品复杂，且连续生产，各种产品、中间体在设备内实现移送和连续生产，企业可能利用其资源综合利用的产品难以获得实物验证来超范围享受该项优惠。

4. 企业发生的职工福利费未按规定税前扣除少缴企业所得税的风险

分析人员通过企业的所得税申报表纳税调整表，发现企业连续三年的职工福利费发生金额依次为 2 376.43 万、2 599.45 万、2 756.12 万，均未超过 14% 的限额。分析人员依据企业账套中防暑降温费等凭证，发现企业未将该类费用计入职工福利费。企业可能存在将应计入福利费而未计入的情况。

5. 视同销售行为未按规定缴纳税款的风险

石化企业由于生产的需要，为降低成本，电力、用水、用气通常自产自用。由于石化企业职工数量多，通常为职工提供职工宿舍，分析人员在分析企业账套时，通过关键字检索方式，发现企业职工福利费项下存在耗电、耗水、耗气等明细内容。通过数据平台中的上下游发票信息系统，未发现企业有购进电力、水及气的进项票据，企业可能存在将自产产品用于职工福利未视同销售的问题。

6. 未按规定计算缴纳印花税的风险

该公司 2016 年度资产负债表反映期末长期借款金额为 40 000 万元，期末短期借款金额为 80 000 万元，期初长期借款金额为 0 元，期初短期借款金额为 0 元，申报"借款合同"印花税为0元。按公式：[（长期借款本期年末数－长期借款本期年初数）+（短期借款本期年末数－短期借款本期年初数）]×5‰－当期实际缴纳"借款合同"印花税，计算"借款合同"印花税可能少申报缴纳6万元。

7. 企业自建（购置）房屋、建筑物未按规定缴纳房产税的风险

该公司2013年12月新增房屋建筑物203.33万元，2014年12月固定资产改造工程完工结转固定资产441.08万元，2015年12月在建工程结转固定资产302.15万元。经系统查询，该公司2014~2016年从价计征房产税分别为43.94万元、43.94万元、43.94万元，三年无增减变化，存在少申报缴纳房产税风险。

8. 未按地段单位税额标准申报缴纳城镇土地使用税的风险

该公司2016年度拥有ABC三块土地，其中：A块地属于一等土地，面积为87 000m²；B块地属于二等土地，面积为120 000m²；C块地属于三等土地，面积为56 000m²。当地地方政府规定，城镇土地使用税单位税额：一等土地12元/m²，二等土地10元/m²，三等土地8元/m²。该公司2016年度应申报缴纳城镇土地使用税269.2万元，实际入库城镇土地使用税245.2万元，可能少缴纳城镇土地使用税24万元。

9. 发放奖金、过节费及非货币福利少扣缴个人所得税的风险

该公司2014年通过"应付职工薪酬"科目发给职工的绩效奖293.00万元、兑现奖169.05万元、综合奖1 496.33万元、中层奖250.42万元、运行值奖118.41万元、运动服1.58万元、中秋食品131.70万元、春节食品131万元、酒173.66万元等，存在少代扣代缴个人所得税的风险。

该企业2015年通过"应付职工薪酬"科目发给职工的绩效奖475.09万元、兑现奖207.12万元、综合奖1 516.67万元、中层奖404.93万元、运行值奖74.34万元、过年费128.32万元、端午节39.60万元等，存在少代扣代缴个人所得税的风险。

该企业2016年通过"应付职工薪酬"科目发给职工的兑现奖619.88万元、绩效奖303.80万元、综合奖1 773.91万元、中层奖430.31万元、运行值奖70.63万元等，存在少代扣代缴个人所得税的风险。

10. 赠送客户礼品、礼金未按规定缴纳税款的风险

2015年度，该公司"营业费用——促销费"中发生促销费用429.59万元，其中，发生以自有商品或者外购商品赠送客户促销支出约147.21万元，可能少申报其他所得个人所得税；2016年度"营业费用——促销费"发生额111.19万元，其中以自有商品、外购商品作为礼品促销约43.09万元，可能少申报其他所得个人所得税。

11. 受让土地使用权未按规定缴纳契税的风险

从当地政府网站查询，该公司2016年从一级市场通过竞拍取得一块土地使用权，拍卖价为1.8亿元，可能有未足额缴纳契税的风险。

三、风险应对

分析人员根据发现的疑点问题，确定重点评估方向，实地核实，层层深入。

1. 针对疑点一

分析企业总账科目行项目——在建工程——具体项目——材料费用等

在企业物料收发存（MM 模块——MB5B）、PS 模块——具体项目、FI 模块——总账——科目明细账——选取项目（进项税金）——抽查单笔凭证追溯。通过数据导出与企业出入库单比对，结合企业税金计提方式的设定，应对团队发现 A 公司在建工程领用材料进项税额转出环节并未在 ERP 系统中设置关键控制节点，ERP 系统导出部分证据截图如图 8-3 所示：

项目名称	项目代码	代码	材料金额
30 万吨/年催化汽油加氢装置	QJ-LA09AAOLY001	30 万工程电气设备	365 164.11
		30 万工程电气材料	49 204.95
		30 万工程给排水材料	229 352.24
		30 万工程建筑材料	1 882 705.26
罐区防雷接地改进	QJ-LC09CBOLY002	接地电气设备	216 524.22
		接地电气材料	96 579.04
增设可燃气体报警器等设施	QJ-LC09CBOLY002	电气设备	35 475.70
低压电动机自起动功能改造	QJ-LC09CBOLY003	电气设备	567 224.36
		电气设备	227 200.00
		电气材料	86 708.78
消防水及消防泡沫系统改进	QJ-LC09CBOLY004	给排水安装材料	3 155 582.93
		给排水安装	1 017 011.39
大学生公寓安装监控	QJ-LC09CBOLY005	大学生公寓监控系统安装	8 119.66

图 8-3 "在建工程进项税额转出"风险项目部分证据截图

企业在建工程发生的建筑物、构筑物、土地附着物及其附属设施、配套工程项目的材料费用，不得抵扣进项税额，应相应做进项转出处理。该企业 2014~2016 年在建工程中应做进项税额转出额为 5 414.47×0.17=920.46 万元。

2. 针对疑点二

通过 SAP 电子账查询代扣代缴个人所得税取得的手续费收入，发现企业将收到的收入挂在往来账上核算，未计入其他业务收入，三年依次挂账：38.44 万、39.76 万和 41.22 万，均未计入当年的"其他业务收入"，且核对当年度申报表，未发现对其进行纳税调整，企业收到的代扣代缴个人所得税手续费应确认收入并计算缴纳企业所得税。2014~2016 年三年合计挂账金额为 119.42 万元，应合计补征企业所得税 119.42×0.25=29.86 万元。

3. 针对疑点三

通过查询 SAP 电子账中主营业务收入、其他业务收入情况，发票清单查询情况，核对企业报送的资源综合利用减计收入企业所得税优惠政策专项报告，并对相关人员进行了约谈。发现企业在2014~2016年将蒸汽、可燃气、热量、丙烯、乙烯、丙烷等资源内部使用收入作为减计收入基数,企业二甲苯烟气工业余热回收项目产生的热量、火炬气项目产生的可燃气、IPP装置D206尾气回收项目产生的丙烯、7万吨/年硫磺回收项目产生的蒸汽、2PP装置M304尾气回收产生的丙烯和丙烷、IPE尾气送烯烃厂回收项目产生的乙烯和丙烯都采用不对外开具发票,以内部互供价格结算销售收入,享受所得税优惠政策,资源综合利用内部使用收入不能享受资源综合利用减计收入的企业所得税优惠。三年合计应调增收入334.94万元,补缴企业所得税额83.74万元。

4. 针对疑点四

通过SAP电子账和报表系统查询,核实应付福利费金额构成情况,发现企业没有把职工防暑降温费、体检费用、班车费用、食堂费用、生活区的物业管理费、福利设施的折旧费、福利设施的维修费等具有福利性质的费用调整到福利费用中。企业2014年福利费综合调整后应调增应纳税所得额711.05万元;2015年福利费综合调整后应调增应纳税所得额898.32万元;2016年福利费综合调整后应调增应纳税所得额764.50万元,三年合计应调增应纳税所得额2 373.87万元,补征企业所得税593.47万元。同时,要求企业将福利部门人员的薪金、五险一金等人工费用、通讯补贴等具有福利性质的费用进一步调整到福利费中核算。

5. 针对疑点五

通过SAP电子账调取企业三年的职工福利费的明细,按月归集统计后发现,三年累计用于职工宿舍、食堂、浴室等福利项目的电、水、气依次发生金额为253.76万元、278.23万元、301.23万元,企业的计价依据为其对石化园区内其他企业供电、供水、供气的价格,检查人员又核实了企业向宿舍区移送电、水、气的台账,认定企业的计量价格和数量基本真实合理。根据《增值税暂行条例实施细则》第四条第(五)项的规定,合计计提销项税额111.04万元,需调整视同销售收入833.22万元。

6. 针对疑点六

通过查阅该单位借款合同台账,确认该公司在2016年6月分别与中国交通银行、中信银行签订了40 000万元、80 000万元借款合同,应补缴2016年度借款合同印花税6万元。

7. 针对疑点七

经审阅该公司固定资产明细账、相关建筑安装合同及竣工验收报告,确认该公司2013年12月新增房屋建筑物203.33万元,2014年12月房屋固改工程完工结转固定资产441.08万元,2015年12月在建工程房屋结转固定资产302.15万元。补征2014年度房产税203.33万×70%×1.2%=1.71万元;补征2015年度房产税(203.33万+441.08万)×70%×1.2%=5.41万元;补征2016年度房产税(203.33万+441.08万+302.15万)×70%×1.2%=7.95万元;合计补征2014年至2016年度房产税15.07万元。

8. 针对疑点八

通过比对该公司的土地使用证以及纳税申报表，2016 年度应申报缴纳城镇土地使用税 87 000×12+120 000×10+56 000×8=269.2（万元），实际入库城镇土地使用税 245.2 万元，补征城镇土地使用税 120 000×10-120 000×8=24 万元。

9. 针对疑点九

经查阅该公司"应付职工薪酬"科目明细账，抽查会计凭证，确认该公司 2014 年 "应付职工薪酬"科目发给职工的绩效奖 293.00 万元、兑现奖 169.05 万元、综合奖 1 496.33 万元、中层奖 250.42 万元、运行值奖 118.41 万元、运动服 1.58 万元、中秋 食品 131.70 万元、春节食品 131 万元、酒 173.66 万元等。

该企业 2015 年通过"应付职工薪酬"科目发给职工的绩效奖 475.09 万元、兑现 奖 207.12 万元、综合奖 1 516.67 万元、中层奖 404.93 万元、运行值奖 74.34 万元、过 年费 128.32 万元、端午节 39.60 万元。

该企业 2016 年通过"应付职工薪酬"科目发给职工的兑现奖 619.88 万元、绩效 奖 303.80 万元、综合奖 1 773.91 万元、中层奖 430.31 万元、运行值奖 70.63 万元，应 补征个人所得税 191.18 万元。

10. 针对疑点十

审核该公司"营业费用"明细账，抽查了会计凭证，确认 2015 年度该公司"营业 费用——促销费"中发生促销费用 429.59 万元，其中，发生以自有商品或者外购商品 赠送客户促销支出约 147.21 万元；2016 年度"营业费用——促销费"发生额 111.19 万元，其中以自有商品、外购商品作为礼品促销约 43.09 万元，补征 2015 年度个人所 得税 147.21 万×20%=29.44 万元、2016 年度个人所得税 43.09 万×20%=8.62 万 元；合计补征个人所得税 38.06 万元。

11. 针对疑点十一

调阅了该公司土地拍卖合同、无形资产明细账、会计凭证等资料，确认该公司 2015 竞 拍取得一块工业用地支付土地出让金 1.8 亿元，补征该公司契税 1.8 亿×3%=540 万元。

四、处理结果

经过分析应对人员的政策辅导，依规定性，疑点问题水落石出，公司财务人员同 意进行应纳税额调整，补缴税款，共补缴增值税 1 031.50 万元，消费税 890.59 万元， 城市维护建设税 134.55 万元，教育费附加 57.66 万元，企业所得税 831.63 万元，印花 税 6 万元，房产税 15.07 万元，城镇土地使用税 24 万元，个人所得税 229.24 万元，契 税 540 万元。（本案例为直观反映各风险点的分析应对过程，未考虑相关税费调整对企 业所得税的综合影响）

五、行业延伸

（一）潜在风险企业范围

除石油石化行业外，其他带有国家垄断属性的资源类行业，均可能存类似相关问题,如煤化工行业、有色金属(稀土)的采掘加工销售行业等。这些行业一是具有天然的自然资源约束,二是长产业链模式下,行业内的企业众多,普遍采用集团运营模式。

(二)具体核查路径

一是需要依据"血缘关系"详细解剖一家行业内具有典型代表意义的集团企业,勾画整个行业的生产经营业态;二是选取行业内的典型企业群体,纵合横通地深入挖掘行业性的风险特征,达到以点带面全面突破的行业税收管理效果。

九、医药制造业税收风险分析及应对

1. 设立分支机构虚增费用支出的风险

涉及税种:企业所得税。

风险描述:通过在各地设立销售分公司、办事处以办公经费、销售费用和人员费用等形式虚增费用支出,少缴企业所得税。

2. 违规列支广告费的风险

涉及税种:企业所得税。

风险描述:企业税前列支不符合税前扣除条件的广告费,造成多列费用支出,少缴企业所得税。

3. 虚列会议费支出的风险

涉及税种:企业所得税。

风险描述:会议费报销凭据不符合发票管理办法的要求,相关材料不能证明业务真实发生,将医药销售公司返利、医药代表提成、医院好处费,以组织终端客户开产品推广会或组织医院专家召开研讨会的形式,虚列会务费增加费用并进行税前扣除,违规列支不符合规定的会议费。

4. 将自产或者委托加工的药品配送下属医院未确认应税收入的风险

涉及税种:增值税、企业所得税、城市维护建设税及附加。

风险描述:设有内部职工医院的企业,将自产的药品配送给其职工医院,未按照税法规定确认当期应税收入,少计提销项税,少确认应税所得。

5. 资产评估增值部分计提的折旧税前扣除的风险

涉及税种:企业所得税。

风险描述:企业改制发生的资产评估增值,并按评估价值调整相关账户有关资产的账面价值,并据此计提折旧或摊销的,评估增值部分对应的折旧或摊销,违规进行税前扣除。

6. 利用税负差将利润转移到实际税负低的关联企业少缴企业所得税的风险

涉及税种:企业所得税。

风险描述：集团财务统筹集团的成本和利润核算，利用关联交易将利润转移到享受优惠政策的企业或在盈利与亏损企业之间调剂，调整利润推迟或减少企业所得税的实现。

7. 企业未分配利润金额较大长期未分配，延迟缴纳预提所得税

涉及税种：企业所得税。

风险描述：企业将税后利润长期挂账，并且金额较大，有可能已经将资金转移出企业，未按照税法规定代扣代缴企业所得税。

[典型案例]

××医药有限公司风险分析案例

一、企业基本情况

××药业有限公司隶属于××集团股份有限公司，纳税人识别号：130×××××××，成立于2000年5月1日，是中外合资企业，拥有自营进出口权。经营范围：生产青霉素类、头孢菌素类粉针剂、片剂、硬胶囊剂、颗粒剂、冻干粉针剂、无菌原料药、原料药药用中间体、MAP、药用中间体、医药产品研发、制药技术的研究开发、开发生物制品、生物技术产品。

二、风险分析

通过金三系统提取该企业增值税申报表、年度企业所得税申报表等信息，利用税务审计软件拷取企业SAP电子账套，SAP电子账套不分二级科目，没有摘要，凭证编号是系统自动形成的电子编码，与手工凭证编号无法对应。针对SAP系统特殊的账套设置，分析人员设计相应表格，要求公司财务人员对涉税的相关信息进行补充填报，并采取表表核对、账表核对等方法，结合企业的生产经营情况，对其整体情况进行综合分析，有的放矢、使分析更加全面，效果更加明显，发现可能存在以下10个风险点：

1. 购进货物、劳务、服务等用于增值税免税项目，所对应的已抵扣进项税额未做转出

2013~2016年每月"增值税申报表"（适用于增值税一般纳税人）第8行（免税及劳务销售额）第1列数据300 000.00元；"增值税申报表附表——增值税减免税申报明细表"中免税性质代码及名称栏为"污水处理费免征增值税优惠"，第1列、第2列数据均为300 000.00元；"增值税纳税申报表附表二——本期进项税额明细表"第14行（本期进项税转出额，其中：免税项目用）第1列数据为0元。有可能存在污水处理购进材料、电费、燃气费等进项税额未转出。

2. 已实现的收入长期挂往来款项或置于账外而不确认收入的情况

2016年年末"预收账款"科目贷方余额3 824 886.64元，贷方余额较大，有可能存在已符合增值税纳税义务确认条件，而未确认收入，未计提销项税额，少缴增值税。

3. 不符合商品折扣情形，不按规定开具发票，违规冲减销售额

2016年电子账中"产品销售收入"科目，摘要记录销售产品及折扣，折扣比例10%~80%不等，折扣比例高，有可能存在销售折扣业务不真实，违规冲减销售额，造成少计销项税。

4. 不符合高新技术企业认定条件享受高新技术企业优惠政策、超范围列支研发费、多列支残疾人工资并加计扣除

（1）企业申请高新技术企业的材料中显示，2013~2015各年度研发费发生额分别为：2013年度35 810 018.31元，2014年度43 765 404.6元，2015年度54 410 203.79元。2013~2015各年度销售收入分别为：2013年度1 523 830 566.42元，2014年度1 998 420 301.82元，2015年度1 922 622 041.90元。研发费增长较快，可能存在为了申请高新技术企业，而多列研发费用。

（2）企业2016年研发费用加计扣除266 255 71.94元，加计扣除金额较大，可能存在归集不准确、超范围加计扣除、发生委托外部研发的费用全额计入研发费进行加计扣除等风险。

（3）2016年"销售费用——工资""管理费用——工资"科目中列支10名残疾人员工资4 607 484.02元，可能存在多列支残疾人工资，并享受残疾人工资加计扣除优惠。

5. **违规列支会务费、业务宣传费**

2016年"企业所得税年度申报表（A类）"第4行（销售费用）第1列数据257 595 458.77元，电子账中会务费科目余额（发生额）107 623 382.67元，会务费占销售费用的比例为41.78%；"企业所得税年度申报表（A类）"附表三——"A104000期间费用明细表"第5行（广告费和业务宣传费）第1列数据63 188 166.04元，业务宣传费占销售费用的比例为24.53%，发生的会务费、业务宣传费金额和占比都较大，可能存在将给医药销售公司的返利、医药代表的提成、给医院的好处费，以组织终端客户（卫生院、小诊所）开产品推广会、医院大夫召开研讨会、药店搞促销活动发放赠品的形式，多列支会务费、业务宣传费，增加销售费用进行企业所得税税前扣除的问题。

6. 不符合不征税收入条件，按照不征税收入处理，未做纳税调整

企业于2012年从省财政厅取得现代物流业均衡转移支付资金6 500 000.00元，专项用于现代物流业项目建设，无专门的资金管理办法或具体管理要求。2013年从科技局取得科研经费1 700 000.00元，用于完成其与科学技术局签订的《医疗行业物资流通管理信息系统开发》课题，此项收入无资金拨付文件、无专门的资金管理办法或具体管理要求，可能不符合不征税收入条件。

7. 发生债务重组利得未确认应税所得

"固定资产清理"科目明细中"别克商务车抵债"，借方发生额为164 087.07元，贷方发生额570 048.54元；"营业外收入"科目未见"别克商务车抵债收入"；2016年

"企业所得税年度申报表（A类）"附表———"A101010一般企业收入明细表"第19行（债务重组利得）第1列数据为0，可能存在债务重组利得未确认应税所得的问题。

8. 借款给集团内关联企业使用，未按独立交易原则确认利息收入

企业账套显示"其他应付款——××关联单位"借方发生额232 822 730.17元，"财务费用——利息收入"贷方发生额1 667 708.00元，均为企业的存款利息。可能存在借款给集团内关联企业未按独立企业交易原则确认利息收入。

9. 组织免费旅游所发生的费用未按规定代扣代缴个人所得税

该企业"福利费"科目列支"旅游费"66 000.00元，"个人所得税"科目未见对应的代扣税款，可能少记个人所得税。

10. 企业新增加的房产未从房产交付使用次月缴纳房产税

该单位2015年10月已投入使用的房屋通过"在建工程"核算，未转入固定资产，未申报缴纳房产税。

三、风险应对

应对人员根据发现的风险点，列出约谈提纲，明确约谈重点，与公司财务主管及相关人员进行约谈。为了使约谈顺利进行，风险应对人员讲究谈话策略，尽量营造轻松和谐的氛围，与被约谈人拉家常，聊公司的经营情况、行业的市场发展趋势、企业的经营困难等，拉近与被约谈人的距离，淡化被约谈人的自我保护意识，尽量多地从被约谈人的叙述中捕捉一些涉税的相关信息，为进行实质性交谈做好铺垫。经过反复沟通，财务人员表示，对于一些政策理解有偏差的、工作疏漏造成少缴税款的问题认可，对于一些行业性的潜规则导致的税收问题，不愿意接受。于是应对人员根据发现的风险点以及约谈情况，确定重点核查方向，制定了实施核查工作方案，对该公司进行了实地核查。

1. 针对疑点一

进一步查看该单位的"其他业务收入"明细账，发现每月收到关联企业××公司污水处理费300 000.00元，进一步抽取部分凭证核实该业务，为外单位提供免税劳务时耗用购进的材料、电费、燃气等，其进项税额已抵扣，应转出而未转出，应进项税转出1 058 120.89元，城市维护建设税74 068.46元，教育费附加31 743.63元。

2. 针对疑点二

核实企业的存货明细表、产品性质、销售合同、产品出库单、发货单等相关资料，准确判断商品收入确认的时点和金额。其中，2 538 462.71元产品已发出、与产品有关的所有权已发生转移，已达到确认收入的条件，应补缴增值税431 538.66元，城市维护建设税30 207.71元，教育费附加12 946.16元，应补缴企业所得税634 615.68元。

3. 针对疑点三

抽取企业部分发票存根联发现折扣比例10%~80%不等，尤其折扣比例较大的，销售额明显偏低，企业不能提供相关合同以证实折扣业务的真实发生情况，虽然销售

额和折扣额是在同一张发票上开具，其折扣额也不应从销售额中减除，应补缴增值税 298 561.23 元，城市维护建设税 20 899.29 元，教育费附加 8 956.84 元，应补缴企业所得税 439 060.63 元。

4. 针对疑点四

（1）核实申请高新技术企业时研发费相关资料，具体情况如下：

2013 年度该公司"研发支出"合计 35 810 018.31 元，收入总额 1 523 830 566.42 元，研发费占收入的比例 2.35%，未达到 3% 的比例。2014 年度该公司"研发支出" 43 765 404.61 元，收入总额 1 998 420 301.82 元，研发费占收入的比例 2.19%，未达到 3% 的比例。2015 年度该公司"研发支出" 54 410 203.79 元，收入总额 1 922 622 041.90 元，研发费占收入的比例 2.83%，未达到 3% 的比例，该公司未达到高新技术企业规定的条件，提请认定机构复核。如果复核后确认不符合认定条件，由认定机构取消其高新技术企业资格，并通知税务机关追缴其不符合认定条件年度起已享受的税收优惠。应追缴其已减免的企业所得税税款 13 338 677.30 元，应按 25% 的所得税税率计算缴纳企业所得税。

（2）通过对企业提供的有关研发人员的工资、薪金支出，研发活动直接消耗的材料、燃料等，核实发现研发费加计扣除时归集的不准确，属于资本化支出的通过费用化支出税前列支，应调增应纳税所得额 1 854 200.00 元，应补缴企业所得税 463 550.00 元。

（3）核实该企业残疾人员的残疾证，以及人事部门的用工合同，员工的考勤记录等，发现该企业实际残疾人员有六人，四人的工资不能税前扣除，并且不能加计扣除，应补缴企业所得税 460 748.40 元。

5. 针对疑点五

通过核实"销售费用"明细账，发现会务费占销售费用的 80% 左右，进一步查看相关凭证，发现该单位在全国设有多个办事处，并由办事处组织终端客户（卫生院、小诊所）开产品推广会或组织医院医生开学术研讨会，而且都是异地开会，所附资料不真实，连续几个月参会人员名单完全一致，组织者同一时间出现在不同会议场所，一个酒店一天召开多个医药推广会，超出了酒店的接待能力，最终确定企业将医药销售公司的返利、医药代表的提成、给医院的好处费，以组织终端客户开产品推广会、组织医院大夫召开研讨会的形式消化掉，应补缴所得税 1 124 563.24 元。

该公司异地采购大量毛巾、洗发水、雨伞等，并取得大量手工普通发票，经网上查询发票的验旧信息显示，该发票验旧日期为 2013 年 10 月 8 日，而发票开具日期为 2014 年 5 月 13 日，明显为套用票号的假票；通过网上查询发票流向，以及拨打当地 12366 电话核实，发现发票号码为税务局发售的企业千元版衔头发票，而企业取得的发票为没有企业冠名的万元版普通发票，明显是假票，应补缴企业所得税 1 020 727.95 元。

6. 针对疑点六

进一步核实从省财政厅、科技局取得的财政性资金，①企业不能够提供规定资金专项用途的资金拨付文件，②财政部门或其他拨付资金的政府部门对该资金的专门资金管理办法或具体管理要求；③企业对该资金以及以该资金发生的支出未单独进行核算，应调增应纳税所得额 8 300 000.00 元，应补缴企业所得税 2 075 000.00 元。

7. 针对疑点七

进一步核对有关"别克商务车"的抵债合同，发现该企业用此车 164 087.07 元（净值）抵顶其应付"××公司"的货款 570 048.54 元，该企业实现债务重组利得 405 961.47 元，未计入当期应税所得，应调增应纳税所得额 405 961.47 元，应补缴企业所得税 101 490.37 元。

8. 针对疑点八

详细查阅了集团内关联单位之间的借款明细，借款合同、协议，核实借款金额，应补缴增值税 308 741.73 元，应补缴企业所得税 1 286 423.87 元。

9. 针对疑点九

经核实为该企业对上半年销售业绩排名前十的销售人员，由企业组织"新马泰"免费旅游，所有费用都由企业直接支付给旅游公司，旅游公司开据了发票，未代扣个人所得税，应补缴个人所得税 12 390.00 元。

10. 针对疑点十

核实"固定资产""在建工程"等账户发生额及固定资产明细账，将其与"房产税纳税申报表"进行核对，核实申报数是否账表相符；结合实地查看，发现是否有已投入使用未申报缴纳房产税的情况，应补缴房产税 41 190.38 元。

四、处理结果

经过应对人员的政策辅导，依规定性，疑点问题水落石出，公司财务人员同意进行应纳税额调增，补缴税款，共应补缴增值税 2 096 962.51 元，城市维护建设税 125 175.46 元，教育费附加 53 646.63 元，企业所得税 20 944 857.44 元，个人所得税 12 390 元，房产税 41 190.38 元，并加收相应的滞纳金。

十、银行业税收风险分析指引

1. 向我国银行境外分行支付的代收利息未按规定扣缴企业所得税的风险

涉及税种：企业所得税、增值税。

风险描述：境外分行即我国银行在境外设立的不具备所在国家（地区）法人资格的分支机构。境外分行在银团贷款中行使牵头行职能，由于据以产生利息的债权属于境外非居民企业，境外分行为境外非居民企业代收利息，因此该笔利息收入的实际取得方是境外的非居民企业。此种情况下，境内机构向境外分行支付利息时，未依法扣缴企业所得税。如银行境外分行为实际取得利息时，由于境外分行和属于中国境内法人分支机构，不需要代扣代缴企业所得税。

2. 国债转让收入作为持有期间利息收入，存在少缴企业所得税的风险

涉及税种：企业所得税。

风险描述：银行存在将国债转让收入作为企业所得税免税收入，造成少缴纳企业所得税的风险。银行投资国债并从国务院财政部门取得的国债利息收入，应以国债发行时约定应付利息的日期，确认利息收入的实现。转让国债，应在国债转让收入确认时确认免税国债利息收入的实现。企业到期前转让国债、或者从非发行者投资购买的国债，其持有期间尚未兑付的国债利息收入，按以下公式计算确定：

$$国债利息收入 = 国债金额 \times (适用年利率 \div 365) \times 持有天数$$

3. 企业持有股票不足12个月的收益作为免税收入的风险

涉及税种：企业所得税。

风险描述：企业持有居民企业公开发行并上市流通的股票期间取得投资收益按照税法规定必须连续12月以上才能享受免税。企业可能存在一律视同符合条件的居民企业之间的权益性投资收益享受免税优惠造成少缴纳企业所得税的风险。

4. 收取贷款相关滞纳金、罚金等未计增值税的风险

涉及税种：增值税、企业所得税。

风险描述：银行存在未按利息收入的全额（包括罚金、滞纳金、赔偿金等）计征增值税的风险。银行收取罚金、滞纳金、赔偿金在实际业务中有多种情形，包括贷款逾期、交易履行有瑕疵或交易未履行等多种情况，应区分具体业务情形判定，不应一概按照价外费用征收增值税。这里所称此需要缴纳增值税的罚金、滞纳金、赔偿金，是指与银行收取贷款利息相关的，且具有利息属性的罚金、滞纳金、赔偿金。比如，贷款还款违约的罚息。

5. 对逾期贷款利息未按规定确认利息收入，少缴增值税风险

涉及税种：增值税。

风险描述：对逾期贷款逾期后发生的应收利息，未按照增值税纳税义务发生时间缴纳增值税。

6. 对实际收到的逾期90天贷款利息未按规定确认利息收入，少缴纳企业所得税的风险

涉及税种：企业所得税。

风险描述：在表外核算的已冲减了利息收入的应收未收利息，以后年度收回（或虽未实际收回，但会计上已恢复确认收入）时未计入当期应纳税所得额计算纳税。

7. 结息日起90天内的应收未收利息未按照规定缴纳增值税的风险

涉及税种：增值税。

风险描述：银行自结算日起未超过90天的应收未收利息是否按照规定申报缴纳增值税。

8. 扩大享受金融机构农户小额贷款的利息收入优惠政策的风险

涉及税种：营业税、增值税、企业所得税、城建税、教育费附加。

风险描述：银行未按照财税〔2017〕44号等相关文件规定，确认农户小额贷款的范围，享受农户小额贷款的利息收入不符合对于"农户"和"小额贷款"的界定，存在扩大享受金融机构农户小额贷款的利息收入优惠政策的风险。

9. 扩大境内金融机构同业往来利息收入免税范围的风险

涉及税种：增值税、城建税、教育费附加。

风险描述：银行将不符合增值税同业往来的业务作为同业往来业务处理，未申报缴纳增值税的风险。

10. 跨境金融机构间资金往来不符合联行往来业务的利息收入作为免税处理的风险

涉及税种：增值税、城建税、教育费附加。

风险描述：财税〔2016〕70号对于跨境金融机构间进行资金往来可作为免税同业往来的情形进行了规定，明确为境内银行与其境外的总机构、母公司之间，以及境内银行与其境外的分支机构、全资子公司之间的资金往来业务属于财税〔2016〕36号文附件三《过渡政策的规定》第一条第二十三款第2项所称的银行联行往来业务。可能存在将不符合财税〔2016〕70号列举情形的收入，也作为免税的同业收入的风险

11. 抵债资产取得、持有期间以及处置未缴纳流转税的风险

涉及税种：增值税、城建税、教育费附加。

风险描述：抵债资产若为不动产，存在未缴纳增值税的风险。银行处置抵债资产（动产部分）存在未申报缴纳增值税的风险。

12. 金融商品转让价差计算错误或跨年度结转金融商品转让负差的风险

涉及税种：增值税、城市维护建设税和教育费附加。

风险描述：根据增值税相关规定，金融商品转让按照卖出价扣除买入价后的余额为销售额。转让金融商品出现的正负差，按盈亏相抵后的余额为销售额。若相抵后出现负差，可结转下一纳税期与下期转让金融商品销售额相抵，但年末时仍出现负差的，不得转入下一个会计年度。在实务中，金融商品转让差价一般是由资管公司提供或投资部的投资系统计算生成后导入财务系统，财务部门无法对金融商品转让差价计算是否符合税法规定进行控制。因此，银行可能存在转让价差计算有误、跨年度结转金融商品转让负价差等少缴纳增值税的风险。

13. 手续费收入适用逾期90天贷款利息收入进行税务处理的风险

涉及税种：企业所得税。

风险描述：将逾期90天仍未收回的非利息收入（如为客户提供各种服务而取得的费用和佣金收入，包括手续费、信托收入、融资租赁收入及表外业务收入等）冲减当期应纳税所得额。

14. 向境外支付服务费未按规定扣缴增值税的风险

涉及税种：增值税。

风险描述：银行向境外支付的相关服务费用（如 Swift 等网络或系统的使用费）等支出，是否代扣代缴相关增值税。

15. **手续费及佣金收入核算不全的风险**

涉及税种：增值税、企业所得税、城建税、教育费附加。

风险描述：除受托收款业务外，手续费收入应在每一个环节按手续费全额作为应税收入，不得扣减支付下一环节的手续费支出。全部收入中包括价外费用。银行在申报增值税和企业所得税时，用手续费收入扣减支付给其他合作商户的手续费支出；只开具了业务结算单据，而未计入手续费收入。

16. **或有事项在税前扣除的风险**

涉及税种：企业所得税。

风险描述：银行对于或有事项（商业票据背书或贴现、未决诉讼、未决仲裁）预计的损失未进行纳税调整，直接进行企业所得税前扣除。

17. **扩大计提贷款损失准备金基数的风险**

涉及税种：企业所得税。

风险描述：银行对于不属于税法规定的准予提取贷款损失准备的贷款资产范围的资产，可能计提了贷款损失准备并在税前扣除，存在少缴纳企业所得税风险。

18. **叠加享受涉农贷款和中小企业贷款损失准备金税前扣除政策与一般贷款损失准备金税前扣除政策的风险**

涉及税种：企业所得税。

风险描述：银行针对涉农贷款和中小企业贷款按照"关注类、次级类、可疑类、损失类"各自对应计提比例计提准予税前扣除贷款损失准备，存在同时对"正常类"比照一般贷款按照 1% 计提贷款损失准备金并税前扣除，少缴纳企业所得税的风险。

19. **贷款损失税前扣除存在未按相关规定报送备案资料或者履行相关程序的风险**

涉及税种：企业所得税。

风险描述：银行未按照《财政部 国家税务总局关于金融企业涉农贷款和中小企业贷款损失准备金税前扣除有关问题的通知》（财税〔2015〕3 号）规定执行金融企业涉农贷款和中小企业贷款的分类标准；未按《国家税务总局关于发布〈企业资产损失所得税税前扣除管理办法〉的公告》（国家税务总局公告 2011 年第 25 号）有关规定计算确认损失进行税前扣除。

[典型案例]

××银行股份有限公司风险分析案例

一、企业基本情况

A 银行股份有限公司，注册资本为 2 000 亿元人民币。登记注册类型是股份有限公司。机构类型为总机构,分支机构为 A 银行股份有限公司北京市分行等。经营范围是:"吸收人民币存款;发放短期、中期和长期贷款;办理结算;办理票据贴现;发行金融债券;代理发行、代理兑换、承销政府债券;买卖政府债券;从事同业拆借;提供信用证服务及担保;代理收付款项;提供保管箱服务;外汇存款;外汇贷款;外汇汇款;外币兑换;国际结算;同业外汇拆借;外汇票据的承兑和贴现;外汇借款;外汇担保;结汇、售汇;发行和代理发行股票以外的外币有价证券;买卖和代理买卖股票以外的外币有价证券;自营外汇买卖;代客外汇买卖;外汇信用卡的发行和代理国外信用卡的发行及付款;资信调查、咨询、见证业务;组织或参加银团贷款;国际贵金属买卖;海外分支机构经营当地法律许可的一切银行业务;在港澳地区的分行依据当地法令可发行或参与代理发行当地货币;经 A 银行业监督管理委员会等监管部门批准的其他业务;保险兼业代理"。

财务软件为 A 银行统一设置开发的财务系统。

二、风险分析

调取了该企业 2012～2014 年度的增值税纳税申报表、企业所得税纳税申报表、营业税申报表、财务报表、纸质财务明细账、凭证等资料,通过增值税防伪税控系统对企业抄报税、认证信息进行了查询,并对有关人员进行了询问,并通过外网对企业基本情况进行了解,结合企业行业特点、业务特点,对企业涉税疑点进行分析,并逐项核实。

1. 买入返售金融资产不应税前计提准备金问题

该企业将买入返售金融资产当作贷款资产处理,并按照买入返售金融资产总额 1% 的比例计提了贷款损失准备金并在税前扣除。该企业 2012 年末买入返售金融资产准备金余额 714 839 294.07 元;2013 年末买入返售金融资产准备金余额 2 509 875 027.62 元;2014 年末买入返售金融资产准备金余额 781 996 797.71 元。

2. 中小涉农贷款未按规定比例税前计提准备金问题

该企业对涉农贷款和中小企业贷款划分为正常、关注、次级、可疑、损失五类。2011 年至 2013 年期间对五类贷款全部余额按 1% 比例计提贷款损失准备金在企业所得税前进行扣除;又对其中的非正常类(关注、次级、可疑、损失)贷款余额按非正常类贷款按对应比率补充计提(1%、24%、49%、99%)贷款损失准备金又在企业所得税前扣除。

三、风险应对

根据发现的疑点问题,以及约谈情况,确定重点分析方向,进一步深入核查。

1. 针对疑点一

通过约谈财务人员,查看企业情况说明、计算分析"买入返售金融资产明细表""对照税款预缴入库情况表""预缴税收缴款书"等原始凭证进一步分析疑点。买入返售金融资产不应该提取贷款损失准备金并在税前扣除,应调增应纳税所得额。在调整方法上，建议采取分别调整存量与增量的方式，即2012年末按买入返售金融资产准备金的余额调增2012年度应纳税所得额，在2013、2014年度分别按照当年买入返售金融资产准备金变动额调整当年的应纳税所得额。该企业按照买入返售金融资产总额1%的比例计提贷款损失准备金，调整该企业应纳税所得额。

2. 针对疑点二

通过约谈财务人员，查看企业情况说明、计算分析涉农贷款和中小企业贷款明细、对照税款预缴入库情况表、预缴税收缴款书等原始凭证进一步分析疑点。

该企业2014年10月就该事项选择将涉农贷款和中小企业贷款中按正常类贷款年末余额对应计算的损失准备金在企业所得税前扣除，将补充计提的非正常类贷款损失准备金进行纳税调增。

该企业2014年对涉农贷款和中小企业贷款选择只按正常类贷款余额依1%比例计提贷款损失准备金，不再补充计提非正常类贷款损失准备金。

该银行2012~2013年度内涉农和中小企业贷款中的正常类贷款和非正常类贷款不允许同时计提贷款损失准备金，正常类贷款已按1%计提的准备金应予纳税调增，非正常类贷款计提准备金应予纳税调减。

四、处理结果

1. 针对问题一

2012年调增应纳税所得额714 839 294.07元；2013年调增应纳税所得额 = 2 509 875 027.62 - 714 839 294.07 = 1 795 035 733.55元；2014年调减应纳税所得额 = 2 509 875 027.62 - 781 996 797.71 = 1 727 878 229.91元。合计调整应纳税所得额净额为781 996 797.71元。应补缴企业所得税合计净额为195 499 199.43元，其中：2012年补缴企业所得税178 709 823.52元；2013年补缴企业所得税448 758 933.39元；2014年应退企业所得税431 969 557.48元。

2. 针对问题二

涉及补缴企业所得税569 521 697.14元。

五、行业延伸

（一）潜在风险企业范围

计提贷款资产减值准备是银行风险拨备的核心内容，也是企业所得税税前扣除重要项目。企业确认的准予税前提取贷款损失准备金的贷款资产范围是否准确是企业所得税的重大税收风险。政策性银行、商业银行、财务公司、城乡信用社和金融租赁公司等金融机构提取的贷款损失准备金的企业所得税税前扣除都可能涉及上述风险，应该予以高度关注。

（二）具体核查路径

核实金融机构计算税前扣除贷款损失准备金的贷款资产的性质，是否均属于税法规定的"准予税前提取贷款损失准备金的贷款资产"的范围，重点关注是否包含委托贷款、代理贷款、国债投资、应收股利等。

约谈并查看金融机构信贷系统对于涉农和中小企业贷款的界定，每年更新情况，对涉农和中小企业贷款的管理规则。审核涉农和中小企业贷款准备金的计提基础是否符合税法规定。重点核查金融机构对涉农贷款已经按照财税〔2015〕3号文规定按四级风险分类分别计算可税前扣除准备金的，对于其"正常类"涉农贷款和中小企业贷款，是否按其金额的1%作为贷款损失准备金在税前计算扣除。

第四节　特殊事项风险识别

一、企业重组

1. 债务重组利得未计应税收入的风险

涉及税种：增值税、消费税、企业所得税、城市维护建设税及附加。

风险描述：企业以非货币资产清偿债务，符合一般性税务处理条件的，应当分解为转让相关非货币性资产、按非货币性资产公允价值清偿债务两项业务；企业重组的税务处理可能存在未区分不同条件分别适用一般性税务处理规定和特殊性税务处理规定的风险；发生债权转股权的，应当分解为债务清偿和股权投资两项业务，确认有关债务清偿所得。企业发生债务重组，未分别确认相关资产的所得、债务重组利得，可能造成少缴企业所得税风险。非货币性资产为实物、不动产、无形资产的，还可能存在转让未计入增值税、土地增值税应税收入的风险。应税消费品生产企业将全部或者部分实物资产及其相关联的债权、债务及劳动力一并转让，可能存在未计算缴纳应税消费品产品的消费税风险。

2. 债务重组不符合条件却适用特殊性税务处理少缴当期企业所得税风险

涉及税种：企业所得税。

风险描述：企业债务重组不符合特殊性税务处理条件，重组确认的应纳税所得额为未占该企业当年应纳税所得额50%以上，可能存在不符合特殊性税务处理条件而少缴企业所得税的风险。企业在重组交易中，收购比例、股份支付比例未达到规定标准，可能存在不符合特殊性处理条件的风险；企业接受重组资产以及股东投资的计税基础未按公允价值为基础确定；企业未按公允价值处置资产或股权，按照其原账面价值确定计税基础的风险；被合并、分立后不再存续的企业或其股东未按清算进行所得税处理，被分立、合并企业之间的亏损相互弥补，企业重组未按规定时间确认重组日，重组前连续12个月内存在与该重组相关的其他股权、资产交易，构成分步交易，未作为一项企业重组业务进行处理。

3. 企业可适用特殊性税务处理，但非股权支付部分未确认所得风险

涉及税种：企业所得税。

风险描述：企业可适用特殊性税务处理，对非股权支付仍应在交易当期确认相应的资产转让所得或损失，并调整相应资产的计税基础。

4. 居民企业划转资产不符合条件却适用特殊性税务处理少缴当期企业所得税风险

涉及税种：企业所得税。

风险描述：居民企业划转资产或股权不属于100%直接控制的居民企业之间，以及受同一或相同多家居民企业100%直接控制的居民企业之间按账面净值划转股权或资产，可能存在不符合特殊性税务处理，少缴企业所得税的风险。

5. 重组后资产或股权计量税会差异未调整到位，造成日后对外转让少缴税款风险

涉及税种：企业所得税。

风险描述：企业资产重组后，会计上按公允价值确认资产，与税法处理不一致的，可能存在后续多计提折旧或摊销的风险，在以后年度转让或处置重组资产（股权）时，未按原计税基础确认转让收益，可能存在少缴企业所得税的风险。

6. 企业重组中实物资产转让不符合条件却适用不征税政策少缴增值税风险

涉及税种：增值税、城建税、教育费附加。

风险描述：企业在资产重组过程中，通过合并、分立、出售、置换等方式，将全部或者部分实物资产以及与其相关联的债权、负债和劳动力一并转让给其他单位和个人，不属于增值税的征税范围。若仅有货物转让、不动产与土地使用权转让行为，可能存在少缴增值税的风险。

7. 改制重组任意一方为房地产开发企业的，原企业发生房地产转移未缴纳土地增值税风险

涉及税种：土地增值税。

风险描述：企业重组中任意一方为房地产开发企业，发生房地产转移的，不符合暂不征收土地增值税的规定。

8. 企业、事业单位改制承受土地、房产权属不符合条件却适用契税免税规定少缴税款风险

涉及税种：契税。

风险描述：企业改制原投资主体存续并在改制（变更）后的公司所持股权比例超过75%，或事业单位改制为企业，原投资主体存续并在改制后企业中出资（股权、股份）比例超过50%的，承受原企业（单位）土地、房产的，按规定免征契税，企业或事业单位在改制中可能存在不符合免征规定但享受了免征契税的风险。

9. 改制后新成立企业未按规定申报缴纳资金账簿印花税风险

涉及税种：印花税。

风险描述：公司制企业改制或以合并、分立方式成立的新企业，其新启用的资金

账簿记载的资金，未贴花的部分和以后新增加的资金未按规定贴花。

10. 企业重组后，承受房产、土地一方未按规定申报缴纳房产税、城镇土地使用税风险

涉及税种：房产税、土地增值税。

风险描述：企业重组后，承受房产、土地一方未及时进行房产、土地税源登记，存在未按规定申报缴纳房产税、土地使用税风险。

11. 房产原值发生变化未按规定调整原值少缴房产税风险

涉及税种：房产税。

风险描述：在发生合并、分立、股权重组、接受资产投资等情况下，按会计规定调整房产原值的，可能存在未按调整后原值计算缴纳房产税的风险。企业固定资产在决算之前投入使用，其缴纳房产税的计税原值评估过低，且决算后未及时调整少缴纳房产税的风险。

12. 企业重组中房产、土地的置换价格偏低、存在少缴税款的风险

涉及税种：契税。

风险描述：企业一般性重组过程中，房产和土地的交换应按所交换房地产的差额缴纳契税，企业可能存在所交换土地使用权、房屋价格的差额明显不合理，导致少缴契税的风险。

13. 债务重组损失未进行专项申报的风险

涉及税种：企业所得税。

风险描述：部分建筑企业发生债务重组损失后，没有向主管税务机关进行专项申报，直接在企业所得税年度汇算清缴时进行了税前扣除。

14. 债转股不符合采取特殊性税务处理条件的风险

涉及税种：企业所得税。

风险描述：企业发生债转股形式的债务重组，存在实际不符合特殊性税务处理条件，即未能满足债务清偿和股权投资两项暂不确认债务清偿所得或损失的条件，却按照特殊性税务处理方式处理债务重组业务的风险。

15. 重组合并时间点确认错误的风险

涉及税种：企业所得税。

风险描述：企业重组合并后得到政府主管部门批准，但被合并企业未作税务注销登记，存续企业申报所得税时仍继续享受被合并企业的税收优惠政策。

二、关联交易

1. 关联企业业务往来不符合独立交易原则的风险

涉及税种：增值税、企业所得税、城建税、教育费附加。

风险描述：企业与其关联方之间的业务往来，不符合独立交易原则而减少企业或者其关联方应纳税收入或者所得额的，或企业与其关联方共同开发、受让无形资产，或者共同提供、接受劳务发生的成本，在计算应纳税所得额时未按照独立交易原则进行分摊，存在少缴纳企业所得税的风险；关联企业间发生增值税应税行为价格明显偏低或者偏高且不具有合理商业目的，或者发生视同销售行为而无销售额，存在少缴增值税的风险。

2. 关联企业通过虚构管理费、服务费转移利润的风险

涉及税种：企业所得税。

风险描述：企业在没有真实提供管理咨询、技术支持等服务的情况下，虚构名目向关联企业收取管理费、服务费，存在通过转移利润、少缴企业所得税的风险。

3. 关联企业之间资金占用少缴税款风险

涉及税种：增值税、企业所得税。

风险描述：企业占用关联企业资金但未按独立交易原则支付利息，存在少缴企业所得税、增值税的风险。例如：在有偿占用资金的情况下，若利息明显偏低，一方面出借方存在少缴增值税的风险，另一方面存在关联企业转移利润少缴企业所得税的风险；若利息明显偏高，则超过按照金融企业同期同类贷款利率计算的数额的部分不能在企业所得税税前扣除；此外，企业实际支付给关联方的利息支出，可能超过关联方接受债权性投资与权益性投资比例的规定标准（金融企业为5：1，其他企业为2：1），存在少缴企业所得税的风险。

三、涉及境外企业、境外项目风险

1. 境外项目收入核算不准确，未及时进行纳税申报的风险

涉及税种：企业所得税。

风险描述：企业境外项目所得未进行纳税申报，或并入境内项目一并申报，可能存在的税收风险：一是未按时依法申报境外所得少缴、延迟缴纳企业所得税；二是境外亏损延期申报，延长了亏损弥补期；三是不分国别核算，用境内所得弥补境外亏损，少缴企业所得税。

2. 境外费用税会差异调整不规范的风险

涉及税种：企业所得税。

风险描述：企业进行企业所得税纳税申报时，境外项目发生的成本费用未按照税法规定进行税会差异调整，或者未按照分国不分项的原则，而是对境内、境外各项费用统一汇总调整形成的税收风险；境内、境外项目限额列支计算不准确，影响当期应纳税所得额计算。

3. 虚列境外成本费用的风险

涉及税种：企业所得税。

风险描述：境外项目中多列成本、费用，虚增境外应纳税所得额的扣除额，表现为：企业境外项目累计亏损，企业成本远高于合同预计成本。

4. 境外企业境内承包工程作业和提供劳务未申报的风险

涉及税种：企业所得税。

风险描述：境外企业入境后未进行纳税登记与纳税申报。部分境外企业境内项目工期较短，采用非付汇方式结算支付项目款，境内税务机关不易掌握，对无税收协定国家（地区）易形成漏征漏管。

5. 境内外关联企业资金占用的风险

涉及税种：企业所得税。

风险描述：企业集团公司境内外关联方之间通过长短期借款、担保、预付账款和延期收款等各种方式融通资金，将利润向税收优惠地区企业或避税地企业转移。同时如果国内公司付境外公司利息，需代扣代缴非居民企业所得税。

6. 境内外关联企业管理费、服务费支付的风险

涉及税种：企业所得税。

风险描述：境内外关联企业在没有真实服务、没有提供人员管理、技术支持的情况下，通过虚构名目收取管理费、服务费等项目转移利润。例如，母公司或者股东没有提供服务收取管理费，或者支付给避税地空壳公司，造成少缴企业所得税风险。

7. 境内外费用未进行准确划分

涉及税种：企业所得税。

风险描述：企业将境外项目相关的费用在境内列支。如境外项目相关的差旅费等管理费用在境内列支，境外项目应分摊的研发费、技术费等未向境外分摊，境外项目周转资金占用的借款费用利息未让境外承担。存在风险：冲减境内应纳税所得额，虚增境外应纳税所得额，使得境内税收转移境外，侵蚀国内企业的企业所得税税基。

8. 部分境外企业隐瞒应税项目划分的风险

涉及税种：企业所得税。

风险描述：部分境外企业在境内施工项目未构成 PE（常设机构）免征企业所得税，但合同中包含有特许权使用费、利息等项目，企业未从施工劳务收入中区分核算，也未向税务部门申报相关收入，造成少缴、漏缴预提所得税。

四、股权转让

1. 股权转让有关企业所得税风险

涉及税种：企业所得税。

风险描述：企业发生股权转让，可能存在未按规定时点计算缴纳企业所得税；在计算股权转让所得时，可能存在未按税法规定确认转让收入、转让成本，造成不正确计算转让所得的风险；企业转让的股权在持有期间，可能存在未就因减值准备计提、权益法核算等情况造成的税会差异进行税务调整的风险。

2. 股权转让为股份（股票）转让时增值税风险

涉及税种：增值税、城建税、教育费附加。

风险描述：企业之间股份（股票）转让，属于增值税应税范围，按照差额征税。因此，需关注转让价格和转让成本是否按固定计算。综合考虑转让之前发生转股、配股、限售股解禁、增发和可转债等情况，查看企业是否按规定足额缴纳增值税。

五、土地使用权转让

转让土地使用权、房产未缴或少缴税款的风险

涉及税种：增值税、企业所得税、土地增值税、印花税城建税教育费附加。

风险描述：企业由于发展战略和经营布局原因，可能将持有的土地使用权、房产进行转让，或用部分土地使用权置换商业地产或其他土地。企业可能存在未按税法规定及时确认转让相关土地使用权收益，未如实计算取得的增值额少缴土地增值税；未将转让房地产的全部价款及有关的经济收益全部确认应税收入，少缴增值税和企业所得税；存在少缴纳产权转移书据印花税的情形。

第九章 大企业税收风险应对

第一节 风险应对工作规范

一、税收风险应对的概念

税收风险应对是指税务机关对纳税人和扣缴义务人纳税申报的真实性、准确性进行分析，通过查阅案头资料、税务约谈和实地核实等方法对其存在的涉税风险进行核实，从而做出定性、定量判断，并采取进一步征管措施的管理行为。税收风险应对作为税收风险管理的重要环节，具有税收程序法定、技术方法多样、影响因素复杂、征管资源较为集中等特点。在税收风险管理流程中，税收风险应对是对税收风险分析识别、等级排序结果做出核实、处理的环节。这一环节要求税务机关通过对纳税人涉税风险行为的理性分析，选择适当的应对策略，实施有效的应对措施，是一种相对柔性的税收管理手段，其目的在于引导纳税人完善税务风险内控体系，提高税务风险防控能力，促进纳税人对税法的自觉遵从。

二、税收风险应对的特点

确立以风险管理为导向的大企业税收管理理念，逐步建立以税务审计为核心的遵从应对模式，帮助纳税人改进税务风险内部控制体系，实现以税务审计促遵从，提高管理质量和效率。千户集团在国民经济重要行业与战略新兴产业中处于领头地位，在承载经济转型升级、实现价值链攀升过程中发挥不可替代的作用，是真正的"关键少数"。因此，千户集团管理阶段的税收风险应对具有集团化、专业化、数字化以及合作化等特点。

（一）集团化应对

千户集团具有组织架构庞大、信息化程度高、业务相对复杂、跨国跨地区经营、税收筹划意识强等特点。因此，不同于一般大企业，千户集团的风险应对以企业集团为风险应对对象，通过对整个集团的风险梳理和防控，达到规范一个集团，甚至引导一个行业税收遵从的目的。

（二）专业化应对

与传统的风险应对模式相比，千户集团风险应对的区别在于：理念上侧重于提升纳税人的税法遵从度；方式上侧重于风险管理为导向的分工与协作方式；机制上侧重于信息管税方式下涉税风险事项推送的流程管理模式；资源配置上侧重于根据风险高低有区别、有重点地配置管理资源。

（三）数字化应对

顺应大数据和"互联网+"时代潮流，推进业务与技术的深度融合，充分发挥大数据技术对千户集团风险应对的支撑作用。以数据为核心，利用现代化采集、分析工具，运用移动终端、高速网络、视音频处理等技术，建立电子证据管理系统，推进外部数据交换平台的互联互通。

（四）合作化应对

加强税企合作，构建平等、互信、合作的新型税企关系。通过税企高层对话、涉税风险提醒、事后跟踪辅导等方式，共同防控税务风险，降低税收征纳成本，提升企业获得感，提高税法遵从度。

三、税收风险应对职责

（一）税务总局任务

（1）大企业税收管理部门对审定通过的年纳税额3亿元以上的千户集团税收风险分析报告，通过税务总局风险办统一推送至各省税务局应对。

（2）大企业税收管理部门对各地的千户集团税收风险应对情况进行督导、评估；配合税务总局风险办指导各地做好税收风险应对工作。

（3）针对税收风险应对中出现的税企争议问题，必要时税务总局风险办组织由企业集团总部、总部所在地税务机关及相关税务机关、相关企业参加的协调会议，通报相关情况，要求各方积极协调配合，推进工作开展。

（4）针对省税务局风险办反馈的在风险应对中发现的普遍性税收政策不明确问题，根据工作需要，由税务总局风险办牵头，组织相关业务司局，尽快明确政策执行口径。

（5）对千户集团税收风险应对结果进行综合分析，改进分析方法，优化指标模型，更新千户集团税收风险特征库，完善业务需求。

（6）根据千户集团税收风险应对结果，提出完善税收政策、强化税收征管的意见建议。

（二）省税务局任务

（1）大企业税收管理部门主动对接省税务局风险办，一是共同研究税务总局推送的年纳税额3亿元以上的千户集团税收风险应对任务；二是推送已在税务总局备案的年纳税额在1~3亿元千户集团税收风险应对任务；形成处理意见，由省税务局风险办按照风险等级推送给相应税务机关，开展差别化风险应对。

（2）协调处理千户集团税收风险应对工作中的具体问题。

（3）对各级应对主体报送的千户集团税收风险应对情况进行汇总、整理，按照要求报送相关统计报表及应对报告。

（4）对千户集团税收风险应对中查实确定的税收风险点，督促企业进行整改，对查实的税款及时组织入库。

（5）对本省范围内税务总局推送的千户集团税收风险任务应对情况进行跟踪检查、分析评价和绩效考核。

（6）针对本省范围内千户集团税收风险状况，及时改进征管工作措施，明确有关税收政策；指导企业增强风险防控，构建长效监管机制。

四、税收风险应对要求

以"统筹兼顾、科学高效、提升层级、优化效能"为原则，在税收风险应对工作中突出以下几个工作重点：

（一）突出分类分级

根据不同风险等级，确定不同的风险应对方式。对于预估税款高、涉税事项重大复杂、具有行业典型性的高等级风险点，由省级大企业税收服务和管理部门组织工作团队直接开展应对；对于预估税款较高、事项较为复杂的中等级风险点，由省市两级分工合作，以市级大企业税收服务和管理部门为主开展应对；对于事项较为简单的低等级风险点，可以以风险提示方式推送企业，引导督促大企业对税收风险自我梳理、自我纠正。省级大企业服务和管理部门加强监督管控，强化风险应对过程的专业指导、风险应对结果的分析评价，做好跨区域风险应对事项的统筹协调。

（二）组织实施应对

研究风险应对任务，制定应对方案。以风险分析报告为基础，了解企业生产经营情况、行业特点、相关税收政策等，按照《千户集团税收风险管理工作规程（试行）》要求，组织实施风险应对，做到事实清楚、证据充分，处理得当。

（三）推动争议解决

与本级法规、税政、征管等部门建立争议事项协调工作机制，及时研究解决风险应对中的税企争议问题，经本级税务机关研究后仍无法解决的，提请上级大企业服务和管理部门研究解决。

（四）强化增值应用

根据风险应对成果，及时优化风险分析工具，更新税收风险特征库。分析企业税务管理的薄弱环节，及时提出加强企业内部税务管理的意见建议，指导企业完善税务风险内控体系。针对税收风险管理中发现的税收法律和政策问题，提出完善税收立法、调整税收政策的意见建议。

第二节 风险应对工作流程

大企业税收风险应对流程主要分为5个阶段：任务发起、风险应对、风险处理、任务执行、总结归档。

一、任务发起

税务总局大企业税收管理司将风险应对任务通过总局风险办统一推送至省局风险办，并抄送相关省税务机关大企业税收管理部门。

省税务机关大企业税收管理部门应当主动对接省局风险办，认真研究税务总局推送的千户集团税收风险应对任务并形成应对方案，以省、市税务机关为主，实施专业化应对。

对于重大或复杂涉税事项的风险应对任务，由省税务机关组织开展应对。

二、风险应对

风险应对人员开展风险应对任务前，应当以风险分析报告为基础，了解企业的生产经营情况、所属行业特点、财务会计制度和会计核算软件，熟悉相关税收政策。通过查阅案头资料，依据不同风险等级，确定不同的风险应对方式。对于风险高的企业，如发现纳税人有逃避缴纳税款、骗取出口退税或其他需要立案查处的税收违法行为嫌疑的，或发现纳税人有需要反避税部门处理的特别纳税调整问题等，应移交稽查等其他部门进行风险应对。中、低风险的，采取企业自查、税务约谈或实地核实方式进行税收风险应对。

企业税收自查后，仍未排除税收疑点的，可采取税收约谈或实地核实方式排除税收疑点。开展税务约谈时，应当向纳税人出具"税务事项通知书"，由两名以上风险应对人员共同参加，并制作《千户集团税收风险应对工作底稿》。风险应对人员通过查阅案头资料、税务约谈等方法，对风险分析报告中的涉税风险点进行核实，核实过程中发现必须到纳税人生产经营现场了解情况的，应当按照相关规定统筹进行实地核实。实地核实过程中发现纳税人其他税收风险点的，应当一并进行处理。

风险应对人员在实地核实过程中发现纳税人有逃避缴纳税款、骗取出口退税或其他需要立案查处的税收违法行为嫌疑的，应当将发现的问题及相关资料，制作"移交税务稽查情况表"或制作"移交反避税情况表"等，移交同级税务稽查部门或同级反避税管理部门等进行处理。

在税收风险应对过程中，遇到税收风险争议的，应积极与本级法规、税政、征管等部门建立争议事项协调工作机制，及时研究解决风险应对中的税企争议问题，经本级税务机关研究后仍无法解决的，提请上级大企业服务和管理部门研究解决。

在税收风险应对结束后，针对移交稽查等其他部门进行风险应对、风险排除、风险确认和风险争议事项，都要形成《千户集团风险应对工作报告》（附件5）。该报告主要内容包括：总体情况、风险确认情况、新增风险情况、风险应对具体做法以及问题与建议。风险应对具体做法应包括确认风险点、争议风险点以及排除风险点的具体核实过程。

三、风险处理

风险应对处理环节设置了风险应对报告审议节点，对提交的《千户集团风险应对工作报告》进行集体审议，做出集体审议结论。规范了报告审议的内容，提高了应对的质量，强调了过程的管理，降低了执法的风险。

四、任务执行

对风险应对中确认的税收风险点，风险应对部门应当督促纳税人进行整改，对涉及补缴税款、滞纳金的，及时督促纳税人补缴税款和滞纳金，做好组织税款入库工作。移交稽查等其他部门的风险应对案件，主动与稽查等其他部门进行沟通，做好情况反馈工作。

五、总结归档

通过风险排除、税收风险确认、移交稽查等其他部门处理、经省级税务机关研究仍无法解决的税收风险应对案件都要形成风险应对工作报告及风险应对情况表，上报上级税务机关。针对税收风险应对整体过程，形成税收风险应对工作总结。做好风险应对工作中的资料收集整理并归档工作。

为了能直观体现税收风险应对流程，税收风险应对流程图如图 9-1 所示：

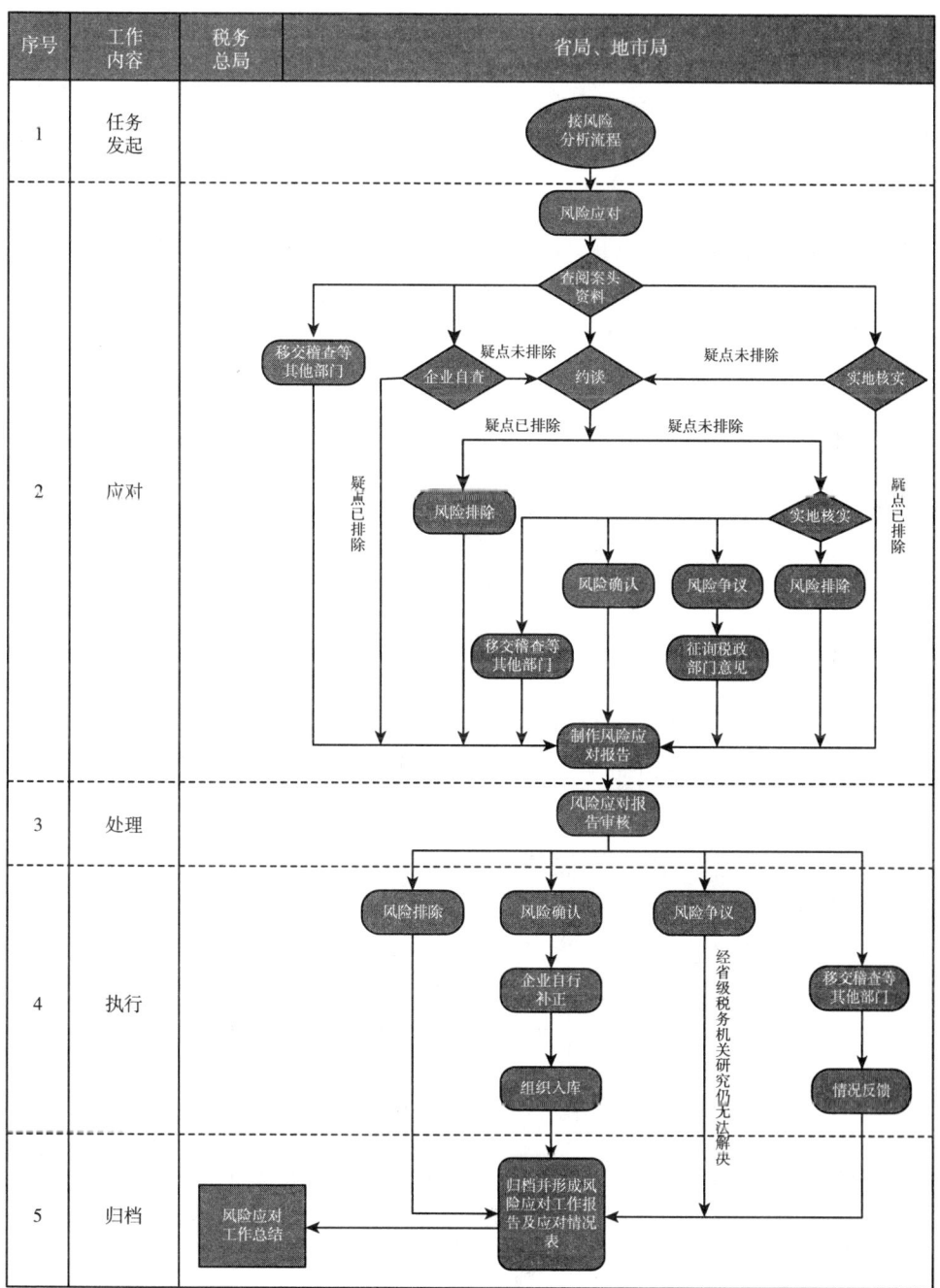

图 9-1 税收风险应对流程图

第三节 反馈考核与增值利用

一、反馈考核

(一) 反馈风险应对成果

省税务机关大企业税收管理部门应当及时汇总本省千户集团税收风险应对情况,向税务总局(大企业税收管理司)报送《千户集团税收风险应对工作报告》(附件1)以及"千户集团税收风险应对情况表",并通过省局风险办向总局风险办反馈风险应对成果。

(二) 反馈税企争议问题

各地税务机关大企业税收管理部门应当与本级法规、税政、征管等部门充分沟通协作,及时研究解决风险应对中的税企争议问题,经省税务机关研究后仍无法解决的,向税务总局(大企业税收管理司)报告。

(三) 监督考核

税务总局通过督导调研、限时督办等形式对各省税务机关上报的风险应对结果进行跟踪指导和后续监督,并对重大税收风险点进行专项评估。

税务总局制定并持续优化千户集团风险管理绩效考核指标,对省税务机关千户集团风险管理工作进行绩效考核。省税务机关根据本省工作需要,针对风险管理工作质量开展绩效考核。

二、增值利用

(一) 建立完善企业税收内控体系,提升纳税遵从

各级税务机关大企业税收管理部门根据风险应对成果,分析企业税务管理的薄弱环节,及时提出加强企业内部税务管理的意见建议,并对企业进行跟踪管理,辅导和监督企业及时改进,指导企业完善税务风险内控体系。选择符合条件的大企业,开展谈签税收遵从协议、出具税收管理建议书、税收风险管理合作备忘录等个性化服务,提升企业税收风险防控能力。对签约企业加强后续跟踪,建立工作台账,出具遵从评

价报告，不断提高企业自我遵从水平。

（二）完善税收政策，强化税收征管

各级税务机关大企业税收管理部门根据风险应对成果，针对发现的税收法律和政策问题，提出完善税收立法、调整税收政策的意见建议，反馈给税收法规和政策部门，促进完善税收政策。反馈给一线征管部门，持续改进日常税务管理。对持续、反复出现同类遵从问题的，应及时调高企业风险等级，调整风险应对策略，并会同税务机关相关部门实施重点管理。

（三）推广应对经验，优化指标模型

省以下税务机关大企业税收管理部门应及时归纳成员企业风险应对中共性问题和行业特征，并反馈给税务总局。税务总局将定期汇总处理各地反馈情况，及时更新风险特征库和行业风险指引，复制推广系统性、行业性风险分析应对经验。及时优化指标模型，增强指标模型的准确性和有效性，统筹和指导下级大企业税收管理部门开展千户集团指标模型研发、验证、应用工作。

千户集团税收风险应对工作报告

国家税务总局大企业税收管理司：

按照税务总局工作部署，现将我单位（　　）年第批千户集团税收风险应对工作情况报告如下：

一、总体情况

本批次税收风险应对工作中，我单位共接收风险应对任务（　　）个，预估税款（　　）万元，涵盖（　　）个行业的（　　）个企业集团。截至目前，我单位共完成风险应对任务（　　）个，核实应补税款（　　）万元，入库税款（　　）万元，滞纳金（　　）万元，调增应纳税所得额（　　）万元。风险应对任务完成率为（　　）%，核实应补税款占预估税款比重为（　　）%，税款入库率为（　　）%。

本批次税收风险应对工作中，我单位共新增风险应对任务（　　）个，新增任务核实应补税款（　　）万元，入库税款（　　）万元，滞纳金（　　）万元。

二、风险确认情况

本批次推送风险应对任务中，确认应对任务（　　）个，占比（　　）%，环比增（减）（　　）%；争议应对任务（　　）个，占比（　　）%，环比增（减）（　　）%；排除应对任务（　　）个，占比（　　）%，环比增（减）（　　）%。其中，核实应补税款最高的风险应对任务为：（　　），其预估税款为（　　）万元，核实应补税款（　　）万元，现已入库税款（　　）万元，滞纳金（　　）万元。该任务核实应补税款占预估税款比重为（　　）%，占本单位核实应补税款总额的比重为（　　）%。每项风险应对任务具体核实情况如下：

（一）确认风险应对任务

1. 风险

核实情况：

2. ……

（二）争议风险应对任务

1. 风险

核实情况：

争议政策问题：

2. ……

（三）排除风险应对任务

1. 风险

核实情况：

排除原因：

2. ……

三、新增风险情况

本批次新增风险应对任务中，确认应对任务（　　）个，占比（　　）%；争议应对任务（　　）个，占比（　　）%；排除应对任务（　　）个，占比（　　）%。其中，核实应补税款最高的风险应对任务为：（　　），其核实应补税款（　　）万元，现已入库税款（　　）万元，滞纳金（　　）万元。每项风险应对任务具体核实情况如下：

（一）确认风险应对任务

1. 风险

核实情况：

2. ……

（二）争议风险应对任务

1. 风险

核实情况：

争议政策问题：

2. ……

（三）排除风险应对任务

1. 风险

核实情况：

排除原因：

2.……

四、风险应对具体做法

本批次税收风险应对工作中，我单位主要开展了以下工作：

（一）

（二）

五、问题与建议

（一）主要问题

目前，我单位在风险应对工作中主要面临以下问题：

1.……

2.……

（二）工作建议

为更好地开展税收风险应对工作，特提出以下建议：

1.……

2.……

六、其他

国家税务总局××税务局

20 年 月 日

第十章 大企业税收经济分析

第一节 大企业税收经济分析概述

一、税收经济分析的意义和要求

2018年12月10日,国家税务总局下发了《国家税务总局关于全面加强税收经济分析工作的意见》(税总发〔2018〕183号),意见指明了开展税收经济分析工作的重要意义,即:全面加强税收经济分析工作是税务部门提升站位、服务大局的重要体现,是国税地税征管体制改革的重要任务,是服务决策、促进经济社会发展、推动税收现代化建设的重要举措,是打造税务部门话语体系、传播税务声音的重要手段。国税地税征管体制改革后,征管资源深度整合,信息资源高度聚合,税务部门大数据的"金山银库"挖掘潜力巨大,税收经济分析空间广阔、大有可为。通过挖掘税收大数据蕴含的价值,反映政策执行效果,反映税务部门工作成效,反映经济社会发展状况及趋势,更好地发挥税收在国家治理中的基础性、支柱性、保障性作用。

税收经济分析的总体要求是:以习近平新时代中国特色社会主义思想为指导,全面贯彻党的十九大和十九届二中、三中全会精神,坚持税收经济分析工作高起点开局、高质量推进,充分发挥税务部门以税咨政的职能作用,形成一套科学规范、顺畅高效的工作机制,培养一支业务精湛、勇于创新的人才队伍,建立一个数据完备、共享便捷的应用系统,打造一批"人无我有、人有我优"的拳头产品。

二、税收经济分析的工作原则

(1)坚持服务大局。始终站在全局高度考虑问题、谋划工作,强化分析成果应用,为党中央、国务院和地方各级党委政府提供决策参考。(2)坚持发挥优势。充分发挥税务部门大数据的独特优势,立足从税收观察经济的独特视角,深入开展经济税源分析;着眼于反映税务部门工作成效,不断强化政策效应分析。(3)坚持精品为要。深入研究税收经济分析基础理论,不断提升分析报告质量,形成一批有分量、有大影响的分析产品。(4)坚持人才引领。着力建立精心挑选、梯队培养、实战磨练、团队攻关的多层次人才选拔、培育体系。

三、税收经济分析的主要分类

（一）经济税源分析

深入研究税务部门的各类数据与经济运行的关系，深刻反映经济税源发展状况，进而总结规律、查找问题，提出有助于宏观经济决策和社会管理的意见建议。主要包括：

1. 重大发展战略分析

以国家或地区出台的产业结构调整、区域协同发展、功能重新定位等重大发展战略为研究对象，通过观察战略出台前和实施后的经济发展变化，客观反映重大发展战略实施情况，提出深入推进战略实施的意见建议。

2. 区域比较分析

对经济规模、结构或地理区位相近地区开展国内或国际比较，进行优势、劣势、机会和挑战分析，为各地区发挥比较优势、找准发展方向的战略选择提出意见建议，进而促进形成分工合理、特色鲜明、优势互补的区域发展格局。

3. 新旧动能转换分析

以新技术、新产业、新业态、新模式等经济社会发展新动力以及传统旧动能为研究对象，反映经济结构转型升级进程和供给侧结构性改革成果。

4. 重点行业分析

持续跟踪和深入分析在国民经济中占有重要战略地位、带来主要税收经济效益、事关国计民生的重点行业、龙头企业，为本地区充分发挥行业规模化发展的集聚效应和带动作用提出意见建议。

5. 经济运行风险分析

通过对税收经济指标的监控分析和预警识别，及早发现经济社会运行中的结构性、苗头性、倾向性问题，及时建言献策，提高防范化解重大风险的能力。

6. 涵养税源分析

深入分析地方经济税源状况和增长潜力，特别是对地方重大发展战略、重点项目税源状况进行跟踪分析，发现税源发展中存在的问题，进而提出培植税源、涵养税源、促进税源健康发展的意见建议。

（二）政策效应分析

量化分析重大税制改革和税收政策调整对经济和生态的作用效应，跟踪评估税务部门优化营商环境、促进经济社会发展的工作成效。主要包括：

1. 重大税制改革效应分析

采取定性和定量相结合的多种分析方法，对重大税制改革进行事前测算和事后评估，全面反映税制改革的实施情况，及对经济社会和生态环境的影响，为提升财税政策改革方案的科学性提供支撑，同时为进一步完善政策提供决策参考。

2. 减免税政策效应分析

通过对享受税收优惠政策企业的类型、户数、税负变化、优惠规模等数据统计，分析减免税政策对企业生产经营及产业上下游的影响变化，对优惠政策落实是否到位、预期目标是否实现等进行评估，进而提出完善政策的意见建议。

3. 优化营商环境措施效应分析

对税务部门优化营商环境、加强税费征管等各项管理和服务措施的实施效果进行分析，反映税务部门在服务地方经济社会发展方面的工作成效。

4. 税收负担及收入分配分析

运用税收、财务、经济等数据对宏观税负、微观税负、企业成本等进行分析，得出客观准确的结论报送党中央、国务院和各级党委政府，回应社会关切。通过分析中央与省市县等各级政府间的收入分配及财力状况，反映地方财政收入运行状况，剖析存在的问题，提出促进收入稳定增长和收入质量不断提高的意见建议。

四、大企业税收经济分析的重点工作

（一）提升选题站位

围绕党中央、国务院和国家税务总局重点聚焦的全局性和战略性问题，结合本地区经济社会发展和税收运行的具体特点，选取当地党委、政府关注的热点、焦点和难点领域，精准选题，深入开展千户集团及列名企业的税收经济分析工作。

（二）打造拳头产品

综合利用千户集团直报数据、附报数据、第三方数据，全面反映经济税收各方面的运行成效、亮点和问题，拓展经济分析的广度和深度，着力提升税收经济分析质效，打造大企业税收经济分析拳头产品。

（三）加强联动协作

加强联动分析，探索开展税务机关与外部门之间的合作分析，按照主要行业、重点区域、重大发展战略等维度组建分析小组，广泛开展联合分析。

五、大企业税收经济分析的层级

（一）税务总局

搭建千户集团税收经济分析体系框架，建立工作机制，完善分析方法；定期开展税收形势分析，提出加强集团企业税收管理的意见建议；开展宏观经济分析，利用集团企业涉税数据反映经济发展现状，揭示经济社会发展中值得关注的重大问题；开展税收经济专项分析，研究重大热点问题；与高等院校、科研机构合作，挖掘千户集团涉税数据，研究构建 Top1000 税收经济指数；梳理各类与经济发展密切相关的税源、税收指标，建立千户集团税源监控指标体系。从集团、行业、地区等维度监控千户集团纳税情况，查找并分析税收运行中的异常情况。

（二）省税务局

配合税务总局做好税收经济分析和税收经济指数相关工作；深入挖掘本省千户集团数据信息，开展税收经济分析工作；跟踪本省范围内千户集团总部、成员单位的税源税收情况，跟踪分析税源发展变化趋势。及时上报异常情况及其原因分析；开展税源分析、税收收入进度分析等工作，并将结果反馈至税务总局。

（三）市税务局

依据全省年度税收经济分析计划，制定具体实施方案，撰写上报税收经济分析报告，跟踪反馈税收经济分析工作质效。

第二节 如何写大企业税收经济分析

一、大企业税收经济分析方法

大企业税收分析方法包括对比分析、因素分析以及数理统计分析等方法。

（一）对比分析法

对比分析法，是将实际数与基数进行对比，计算实际数与基数的差异，分析形成差异的原因,借以了解经济活动的成绩和问题的一种分析方法。

分析时,对比的指标可以是绝对数,也可以是相对数,比较标准包括本期计划数、实际完成数、国内外同行业企业同类指标的先进水平或平均水平等。对比分析法只适用于同质指标的对比。从税收上看,常见做法主要是通过各项税收指标之间或者税收与经济指标之间的对比来描述税收形势、揭示收入中存在的问题。税收数据的对比分析通常包括规模、结构、增减、进度、关联税种等方面的对比分析,税收与经济的对比分析主要采用税负和弹性两种方法。

(二) 因素分析法

因素分析法是从数量方面研究计算经济现象变动中诸因素的影响程度的一种分析方法。从经济、政策、征管以及特殊因素等方面对税收、税源进行分析。其中,经济因素包括经济规模、产业结构、企业效益以及产品价格等变化情况;政策因素主要是指税收政策调整对税收、税源的影响;征管因素主要包括加强税源管理和各税种管理、清理欠税、查补税款等对税收收入的影响;特殊因素主要是一次性、不可比的增收、减收因素。

因素分析法是统计分析方法之一,是指当某经济指标同时受两个或两个以上因素变动影响时,分析各因素对该指标变动的影响方向和程度,以便找出主要因素,抓住主要矛盾。因素分析法在税收分析中有着非常重要的作用。

首先,可及时反映经济变化对税收收入的影响程度;其次,用因素分析法进行税收分析,可以确定税收收入增长和减少的主要原因;最后,利用因素分析法可以从众多影响税收收入的税源因素中找出主要因素。

(三) 数理统计分析法

数理统计分析法,是运用相关分析、一元或多元回归分析、时间序列分析等数理统计理论和方法,借助先进统计分析工具,利用历史数据,建立税收分析预测模型,对税收与相关影响因素的相关关系进行量化分析的方法。

1. 相关分析

相关分析是指两个事物之间存在一定关系,这种关系可能是同向关系,也可能是反向关系,可以是确定性相关,也可以是关联相关。

两个事物间的相关性可以通过制作散点图来大致判定是线性相关还是非线性关系。对其相关强度可以通过相关系数来进行数量测定,通常说相关系数是相关分析的测度工具。

2. 一元线性回归分析

进行回归分析时,首先需要确定哪个变量是因变量,哪个变量是自变量。在回归分析中，被预测或被解释的变量称为因变量，用 Y 表示。用来预测或解释因变量的一个或多个变量称为自变量，用 X 表示。当回归中只涉及一个自变量时称为一元回归，若因变量 Y 与 X 之间为线性关系，则称为一元线性回归。

二、大企业税收经济分析指标

（一）常用宏观经济指标

（1）消费者物价指数（Consumer Price Index），英文缩写为 CPI，是反映与居民生活有关的产品及劳务价格统计出来的物价变动指标，通常作为观察通货膨胀水平的重要指标。

（2）生产者物价指数（Producer Price Index）英文缩写为 PPI，是衡量工业企业产品出厂价格变动趋势和变动程度的指数，是反映某一时期生产领域价格变动情况的重要经济指标，也是制定有关经济政策和国民经济核算的重要依据。

（3）国内生产总值 GDP（Gross Domestic Product）是指一个国家或地区在一定时期内国民经济各部门增加值的总额。该指标是宏观经济中最受关注的经济统计数字，因为它被认为是衡量国民经济发展情况最重要的一个指标。

（4）第一产业、第二产业、第三产业占国内生产总值的比例。第一产业是指种植业与养殖业。也就是通常讲的"大农业"；第二产业是指采掘业、制造业（工业）、建筑业；第三产业是指除第一、二产业以外的其他行业，包括：交通运输、仓储和邮政业，信息传输、计算机服务和软件业，批发和零售业，住宿和餐饮业，金融业，房地产业，租赁和商务服务业，居民服务和其他服务业，教育、卫生、社会保障和社会福利业等。

（5）固定资产投资额是以货币表现的建造和购置固定资产活动的工作量，它是反映固定资产投资规模、速度、比例关系和使用方向的综合性指标。全社会固定资产投资按经济类型可分为国有、集体、个体、联营、股份制、外商、港澳台商、其他等。按照管理渠道，全社会固定资产投资总额分为基本建设、更新改造、房地产开发投资和其他固定资产投资四个部分。

（6）社会消费品零售总额（Social Retail Goods）指各种经济类型的批发零售贸易业、餐饮业、制造业和其他行业对城乡居民和社会集团的消费品零售额和农民对非农业居民零售额的总和。其反映一定时期内人民物质文化生活水平的提高情况，反映社会商品购买力的实现程度，以及零售市场的规模状况。是研究人民生活水平、社会零售商品购买力、社会生产、货币流通和物价的发展变化趋势的重要资料。

（7）货币存量或者说流通量。M0 = 流通中的现金；狭义货币（M1）= M0 + 企业活期存款＋机关团体部队存款＋农村存款＋个人持有的信用卡类存款；广义货币（M2）＝M1＋城乡居民储蓄存款＋企业存款中具有定期性质的存款＋信托类存款＋其他存款。M1反映着经济中的现实购买力；M2不仅反映现实的购买力，还反映潜在的购买力。若M1增速较快，则消费和终端市场活跃，出现通货膨胀；若M2增速较快，则投资和中间市场活跃，出现资产泡沫。

（8）外汇储备（Foreign Exchange Reserve），又称为外汇存底，指一国政府所持有的国际储备资产中的外汇部分，即一国政府保有的以外币表示的债权，是一个国家货币当局持有并可以随时兑换外国货币的资产。狭义而言，外汇储备指一个国家的外汇积累；广义而言，外汇储备是指以外汇计价的资产，包括现钞、黄金、国外有价证券等。外汇储备是一个国家国际清偿力的重要组成部分，同时对于平衡国际收支、稳定汇率有重要的影响。

（9）投机性短期资本，又称游资（Refugee Capital）或热钱（Hot Money）或不明资金，只为追求最高报酬以最低风险而在国际金融市场上迅速流动的短期投机性资金。在外汇市场上，由于此种投机性资金常自有贬值倾向货币转换成有升值货币倾向的货币，增加了外汇市场的不稳定性，因此，只要预期的心理存在，唯有让升值的货币大幅波动或实行外汇管制，才能阻止这种投机性资金的流动。

（10）外商直接投资FDI（Foreign Direct Investment）是一国的投资者跨国境投入资本或其他生产要素，以获得利润或稀缺生产要素为目的的投资活动。

（11）贸易顺差（Favorable Balance of Trade）或逆差。在一定的时间里（通常按年度计算），贸易的双方互相买卖各种货物，甲方的出口金额大过乙方的出口金额，或甲方的进口金额少于乙方的进口金额，其中的差额，对甲方来说，就叫作贸易顺差，对乙方来说，就叫作贸易逆差。

（12）工业增加值，是指工业企业在报告期内以货币形式表现的工业生产活动的最终成果；是工业企业全部生产活动的总成果扣除了在生产过程中消耗或转移的物质产品和劳务价值后的余额；是工业企业生产过程中新增加的价值。各部门增加值之和即是国内生产总值，它反映的是一个国家（地区）一定时期内所生产的和提供的最终产品和服务的市场价值的总和。

（二）常用税收经济指标

（1）市场主体数量：新增企业数量、注销企业数量。

（2）市场主体行为：销售预期、动力燃料采购、原材料采购、固定资产投资、劳动力人数、应收账款。

（3）企业能力指标：偿债能力指标、盈利能力指标、发展能力指标、产销状况指标、盈亏与成本费用状况指标。

（4）弹性系数指标：税收与营业收入弹性系数、税收与增加值弹性系数、税收与资产总额弹性系数税收弹性系数。

（5）税收分析指标：行业税收集中度、行业税收贡献率、税种税收贡献率。

三、大企业税收经济分析工具

（一）SAS

SAS（全称 STATISTICAL ANALYSIS SYSTEM，简称 SAS）是全球最大的软件公司之一，是由美国北卡罗来纳州立大学1966年开发的统计分析软件。1976年 SAS 软件研究所（SAS INSTITUTE INC）成立，开始进行 SAS 系统的维护、开发、销售和培训工作。期间经历了许多版本，并经过多年来的完善和发展，SAS 系统在国际上已被誉为统计分析的标准软件，在各个领域得到广泛应用。它由数十个专用模块构成，功能包括数据访问、数据储存及管理、应用开发、图形处理、数据分析、报告编制、运筹学方法、计量经济学与预测等等。

（二）MATLAB

MATLAB 是美国 MathWorks 公司出品的商业数学软件，用于算法开发、数据可视化、数据分析以及数值计算的高级技术计算语言和交互式环境，主要包括 MATLAB 和 Simu-link 两大部分。

MATLAB 是 matrix&laboratory 两个词的组合，意为矩阵工厂（矩阵实验室）。是由美国 MathWorks 公司发布的主要面对科学计算、可视化以及交互式程序设计的高科技计算环境。它将数值分析、矩阵计算、科学数据可视化以及非线性动态系统的建模和仿真等诸多强大功能集成在一个易于使用的视窗环境中，为科学研究、工程设计以及必须进行有效数值计算的众多科学领域提供了一种全面的解决方案，并在很大程度上摆脱了传统非交互式程序设计语言（如 C、Fortran）的编辑模式，代表了当今国际科学计算软件的先进水平。MATLAB 和 Mathematica、Maple 并称为三大数学软件。它在数学类科技应用软件中在数值计算方面首屈一指。MATLAB 可以进行矩阵运算、绘制函数和数据、实现算法、创建用户界面、连接其他编程语言的程序等，主要应用于工程计算、控制设计、信号处理与通讯、图像处理、信号检测、金融建模设计与分析等领域。

MATLAB 的基本数据单位是矩阵，它的指令表达式与数学、工程中常用的形式十分相似，故用 MATLAB 来解算问题要比用 C、FORTRAN 等语言完成相同的事情简捷得多，并且 MATLAB 也吸收了像 Maple 等软件的优点，使 MATLAB 成为一个强大的数学软件。

在新的版本中也加入了对 C、FORTRAN、C++、JAVA 的支持。MATLAB 产品族可以用来进行以下各种工作：

- 数值分析
- 数值和符号计算
- 工程与科学绘图
- 控制系统的设计与仿真
- 数字图像处理技术
- 数字信号处理技术

MATLAB 在通讯系统设计与仿真的应用：

- 通讯系统设计与仿真
- 财务与金融工程
- 管理与调度优化计算（运筹学）

（三）Eviews

Eviews 是 Econometrics Views 的缩写，直译为计量经济学观察，通常称为计量经济学软件包。它的本意是对社会经济关系与经济活动的数量规律，采用计量经济学方法与技术进行"观察"。另外 Eviews 也是美国 QMS 公司研制的在 Windows 下专门从事数据分析、回归分析和预测的工具。使用 Eviews 可以迅速地从数据中寻找出统计关系，并用得到的关系去预测数据的未来值。Eviews 的应用范围包括：科学实验数据分析与评估、金融分析、宏观经济预测、仿真、销售预测和成本分析等。

应用领域：应用经济计量学、总体经济的研究和预测、销售预测、财务分析、成本分析和预测、蒙地卡罗模拟、经济模型的估计和仿真、利率与外汇预测

（四）SPSS

SPSS（Statistical Product and Service Solutions），"统计产品与服务解决方案"软件。最初软件全称为"社会科学统计软件包"（SolutionsStatistical Package for the Social Sciences），但是随着 SPSS 产品服务领域的扩大和服务深度的增加，SPSS 公司已于 2000 年正式将英文全称更改为"统计产品与服务解决方案"，标志着 SPSS 的战略方向正在做出重大调整。为 IBM 公司推出的一系列用于统计学分析运算、数据挖掘、预测分析和决策支持任务的软件产品及相关服务的总称 SPSS，有 Windows 和 Mac OS X 等版本。

1984 年，SPSS 总部首先推出了世界上第一个统计分析软件微机版本 SPSS/PC+，开创了 SPSS 微机系列产品的开发方向，极大地扩充了它的应用范围，并使其能很快地

应用于自然科学、技术科学、社会科学的各个领域。世界上许多有影响的报刊杂志纷纷就 SPSS 的自动统计绘图、数据的深入分析、使用方便、功能齐全等方面给予了高度的评价。

四、大企业税收经济分析思路

省级大企业税收管理部门的经济分析工作还有待加强，要盯住本地支柱产业、重点区域、关键企业，加大经济分析力度，打造具有本省特色的经济分析精品，不仅要为省委、省政府及相关职能部门的决策做参考，还要向服务大企业发展的方向努力，让这些经济发展的关键少数也能借力而为。

（一）善于站位"决策者"的视角

大企业税收分析工作的服务对象为党委政府和局领导，要注重文章的可读性和精炼性。要善于用新理念去审示、用新视角去分析，要善于发现新情况、新问题，提出新思路、新方法。要善于归纳总结、善于挖掘特色，将枯燥繁杂的数据转化成生动形象的图表，将深邃的原理和深奥的模型转化为简明扼要的语句，提炼出"能抢眼"的观点，吸引读者的注意。

（二）充分了解"需求侧"的需要

一是完成收入任务。党委政府既需要税务部门收足税，确保完成任务，增强财力，又需要收好税，确保收入没水分、企业没怨言、舆论没反映。

二是发挥调控职能。税务部门只有运用好税收杠杆调控经济，做到减、免、缓、抵、退精准到位，释放政策效应，促进经济发展，影响才会放大，党委政府才会更加重视。

三是做好税政参谋。党委政府需要大企业税务部门跟进经济运行发展变化，主动作为，分析问题，依法合规提出具有时代性、针对性、前瞻性税政建议，发挥参谋助手作用。

（三）着力提升"供给侧"的质量

一是围绕党委政府的工作重点。新时代各级党委、政府工作的重心将有新变化，大企业税务部门要及时跟进，围绕党委、政府谋划的重大战略，如推进供给侧结构性改革、加快制造业优化升级、改善民生、脱贫攻坚等方面，深入分析，主动发声，提出税收建议，服务决策。

二是把握党委政府的兴奋点。大企业税务部门要积极参与党委政府发展战略制定，融入党委政府决策部署过程，发挥好部门职能优势，要在开辟税源、挖掘潜力、增强地方财力上出主意、找方向、提措施。

三是聚焦破解经济社会发展中的难点。大企业税务部门要着力从党委政府推进工作的难点上开展分析，努力挖掘经济运行中的深层次问题和矛盾，在诸如降成本、化解过剩产能中的"僵尸企业"处置、企业兼并重组中的股权转让、注销清算，以及扶持科技创新企业和中小微企业发展等方面下功夫，通过深度专题分析，提出意见建议。

四是跟踪社会关注的热点。要时刻关注社会各界的声音，通过税收分析工作宣传税收的政策、化解社会的矛盾。如：一是税负轻重。税务部门要积极引导和疏导，讲清税负实际情况，做好宣传解读工作。二是执法公正。提高执法公信力，才能彰显税法权威，提高税法遵从。三是纳税便捷。纳税人满意度越高，大企业税务部门才能赢得更多认可。

第三节 税收经济分析工作文章选编

例文一

河南省房地产业发展的税务研究与建议

2018 年以来，房地产业税收、经济数据显示，在国家系列宏观调控政策实施的大背景下，我省房地产行业整体保持健康发展，税收增长趋于平稳。与此同时，房地产企业资产负债率居高不下，利润指标持续下滑，税收增长后劲不足等问题也需关注。

一、我省房地产业现状

（一）房地产业税收主体地位稳固

2015 年至今税收收入数据显示，我省房地产业税收收入占税务部门总体税收的二成，仅次于制造业，居于行业第二位，税收主体地位稳固。受国家系列宏观调控政策影响，我省房地产业税收收入总体规模虽然不断增加，但是税收增速出现较大波动，2017 年税收增速仅为 9.84%，跌入谷底。

（二）房地产企业供给侧改革成效显现

2018 年以来，房地产企业通过加速行业重组并购、加大长期股权投资和积极布局海外市场等多元化手段积极应对宏观调控影响，成效显著。税收数据显示，今年元至 8 月，我省房地产业税收收入累计同比增长 17.10%，比 2017 年税收增速高出 7.26 个百分点，税收增幅逐步趋稳。

二、我省房地产业发展面临的问题

（一）商品房库存持续减少，税收增长后劲不足

在房地产宏观调控政策影响下，房地产企业土地购置意愿下降，审慎房地产项目

开发，加速销售已有商品房，加快资金回笼，大幅减少商品房库存，以期达到规避风险的目的。随着商品房库存的减少，待售面积的负增长，结合房地产施工周期较长的特性，将给税收增长带来压力，间接造成税收增长后劲不足。据河南省统计局数据显示，2018 年 1~7 月，我省房地产开发投资 3 664.12 亿元，同比增长 2.9%，增速比 2017 年 12 月回落 11.8 个百分点；房地产开发企业土地购置面积 430.81 万平方米，同比下降 7.0%；商品房待售面积 2 624.17 万平方米，同比减少 12%。

（二）房地产企业资产负债率居高不下，杠杆化程度较高

多年来，河南房地产企业主要以扩充投资的模式发展，在长期宽松的银行信贷支持下，开发商不断扩大规模，这种粗放型经营模式导致大部分房地产企业资产负债率居高不下。从税务部门内部数据看，我省本土房地产企业，建业住宅集团（中国）有限公司、郑州绿都地产集团股份有限公司、河南瀚宇置业有限公司等房地产企业资产负债率均高于 75% 的行业整体水平，且同比呈现增长趋势，企业杠杆率处于历史高位，房地产企业去杠杆力度仍需要加强。

（三）房地产企业净利润和净利润率呈现下行趋势，现金流面临较大压力

自 2016 年下半年楼市调控以后，房地产业土地交易成本上涨的同时，房价受到严格控制，企业盈利空间压缩，行业净利润与净利润率逐渐进入下行通道，我省本土房地产企业反映明显。税务部门数据显示，2018 年上半年，我省本土房地产企业仅建业住宅集团（中国）有限公司净利润实现增长，其他我省本土房地产企业净利润和净利润率同比均呈下降趋势。同时，房地产企业资产负债率居高不下，销售回款速度又呈现放缓趋势，再加上融资渠道受限，将致使企业面临较大现金流压力，需谨慎防范未来系统性风险。

（四）三四线城市房地产市场升温，消费者购房需求两极分化

目前，社会闲余资本缺乏投资渠道，房地产投资仍是当下投资的首选。郑州市限购后，购房难度和成本挤压投机者利润空间，投机行为不断向投资潜力大、限制措施少的热门三四线城市转移，造成三四线城市房地产交易升温，量价齐升。同时，三四线商品房销售市场呈现两极分化，高出均价 30% 左右的中高端房产得到消费者追捧，普通房产低价却遭到冷落。究其原因，一方面对于刚需和改善性购房者而言，大型房地产企业具有行业口碑、建筑质量、户型设计、物业管理等优势，能满足民众对住房的个性化需求。另一方面对于投资者而言，中高端房产增值率高、变现率高，而且大部分三四线城市仍在实施去库存优惠举措，可大幅降低投资者投机成本。

（五）房地产企业规模和融资能力差异加大，企业两级分化趋势凸显

我省房地产企业之间的分化趋势日趋明显，呈现出强者愈强的格局。一是龙头房企由于资金实力和品牌影响力，获取土地的能力远高于其他房企，充足且合理的土地储备确保了龙头房企未来更高的增长速度。二是龙头房企具有更多、更畅通的融资渠道，融资成本低于中小房企。三是中小型企业在资源、人才储备方面相对落后，同时

限于企业规模,在品牌建设、布局战略等方面也受到影响,市场份额逐年被挤压。

三、促进房地产业科学健康发展建议

(一)探索拓展房地产企业投融资渠道

一是构建多元化融资体系。在传统金融银行融资的基础上,加入资本市场融资、外部融资等多样性融资方式,优化资金配置,提高资金使用效率,降低财务成本,推进金融生态环境改善。二是大力发展住房债券、住房产业投资基金、房地产信托等融资工具。降低房地产融资成本,灵活募集资金,灵活调整资金利率。三是充分利用社会资金,探索兼具商业性与政策性的住房融资运作机制和模式,保障房地产开发投资规模的健康增长,进而推动河南省经济的长效增长。

(二)优化房地产业开发投资结构

一是政府部门应积极引导房地产业转型发展,推进文化与环境相结合,不追求速度,重视质量和品质,围绕城市更新、特色小镇、长租公寓等内容发展。加速转型为民生保障性产业,转型为集约型运行模式,转型为节能省地型运作形态。二是积极引导房地产开发企业优化调整产业结构,通过兼并、收购、重组等形式,对房地产业进行有效整合,助推其由量的增长转变为质的提升。三是引导有资信和品牌优势的房地产开发企业资金转向金融、养老、医疗保险、文化娱乐、高科技行业,采取以租代售模式,发展现代商业综合体。

(三)加大对房地产业的监管力度

税务部门应加强对该行业的监管力度,在确保房地产业健康发展的同时,促进税收收入科学增长。一是在政府主导下,强化部门协作,整治房地产市场乱象以及侵害消费者利益的行为。税务部门牵头,发改、国土、住建等多部门配合,建立房地产业税源信息共享体系,加强房地产行业税源监管,坚决打击炒房、虚假信息、中介违规销售等违法行为。二是税务部门开展房地产业风险分析与应对,通过行业风险特征的总结和利用,锁定高风险企业并加强管理,完善企业风险内控机制,促进企业健康发展。

(四)加快推进产业结构战略性调整

我省税收收入过度依赖房地产业税收,产业结构战略调整迫在眉睫,必须加快推进产业结构合理化,推进产业结构升级。一是大力发展先进制造业,着力调高技术水平、调强制造能力、调长产业链条,壮大装备制造、食品制造、新型材料制造、电子制造、汽车制造等五大主导产业,增加劳动者充分就业机会,推进经济社会协调发展。二是大力发展现代服务业,重点推进现代物流、现代金融、信息服务、文化旅游、健康养老等产业发展,推进冷链物流产业整合发展,加快快递业发展,持续"引金入豫",壮大"金融豫军",实现经济增长方式转变,推动居民可支配收入增长,提升我省综合竞争实力。

(五)加快推进中原城市群建设

以"一带一路"建设为契机,围绕郑州国家中心城市的定位,重点打造郑州大都市区，构建"一核四轴四区"的空间分布格局，加快促进中部崛起，推进新型城镇化建设，拓展经济发展空间。一是要打造中原城市发展新增长极。高标准规划，合理布局生产、生活、生态空间，推动城市功能整合和产业布局优化，形成网络化、多中心、组团式、集约型大都市区空间结构，进一步强化土地、房地产、人口等管控举措，实现土地性质的合理配比，商品房、保障性住房、人才住房的合理配比，充分吸引高端企业、高级人才入驻，构建网络化、开放式、一体化发展新格局。二是政府要在规划编制、项目安排、资金投入、土地保障方面加大协调支持力度。严格调控房地产市场，加快构建市场配置与政府保障、自主购买与市场租赁相结合的住房体系，支持机构化、规模化租赁企业发展。三是要坚持住房的居住属性，严加防范炒地炒房投机行为，防止房价不断攀升，使房地产行业成为政府吸引人才、资金的重要手段，以房地产业带动教育、医疗、就业等资源优化配置，打造具有影响力的中心城市和发展新高地。

例文二

夯实交通运输业税基　助推经济高质量发展

河南地处中原，承东启西、连贯南北，综合交通优势突出。省会郑州被国家确立为国际性综合交通枢纽，跃身至全国综合交通枢纽空间体系布局的顶端。在"铁公机"三网融合以及"四路协同"的有利条件下，河南交通运输业正在加快转型升级、提质增效。

一、河南交通运输业基本情况

近五年税收经济数据显示，河南省交通运输业税收占交通运输业GDP的变化趋势与全国趋势基本一致，但我省行业税负始终不足全国交通运输业行业税负的一半。2017年，河南交通运输业税收在中部六省中排第3位，与中部六省中交通运输业税收最高的安徽省相差33亿元，且行业税负比安徽省低8.82个百分点。

在河南铁路、道路、航空三类交通运输方式中，道路运输业税收占我省交通运输业税收的76%，占比高于全国平均水平；铁路运输业税收行业占比仅11%，占比低于全国平均水平，与河南铁路枢纽地位不匹配；航空运输业税收占比不足5%，不及全国平均水平的三分之一。

二、河南交通运输业存在问题

（一）航空运输总部经济较弱，税收收入提供能力弱

河南航空运输业税收明显低于山东，原因在于我省仅有一家航空运输企业分支机构，没有航空总部，而在山东省有一家航空总部，且在山东设立分公司的航空企业有三家。税收政策规定"航空运输企业实行总部统一汇总申报，分支机构按1%预征率在当地缴纳增值税"，总部企业缺失，分支机构较少，直接导致我省航空运输业实现税收能力较弱。

(二)缺少地方性投资铁路,税收分配比例小

河南与山西相比,铁路货运周转量占其八成,铁路客运周转量是其五倍,运营里程比山西长,但铁路税收仅是山西的五分之一。原因是我省铁路建设投资以中央铁路为主,缺乏地方跨省合资铁路。中央铁路税收收入由中央财政分配,分配比例均在10%以下,实现税收收入能力明显弱于地方跨省合资铁路。以太原铁路局控股的"大秦铁路"为例,山西可分得"大秦铁路"税收收入的52.5%,而我省目前还没有正式投入运营的跨省合资铁路,在周边省份中处于劣势。

(三)道路运输大型龙头企业少,创新能力弱

河南周边六省中,河南道路货运周转量是安徽的1.3倍,货运车辆是安徽的1.5倍,但道路运输税收只占安徽的72%。究其原因,一是经营小而分散难以形成合力。我省公路物流市场进入门槛低,零申报企业占75.77%,经营主体规模小、数量多,经营分散难以形成合力,涉税风险较大。二是交通运输业研究开发费用投入呈现下行趋势,创新动力不足。我省交通运输业高新技术企业少,对于自动化、智能化、集约化的运输设备投入不足,难以形成高效率运作系统和货运组织方式,竞争力薄弱。三是税收净流出。根据2017年我省交通运输企业开具发票金额和接收金额测算,净流出增值税约15亿元。究其原因,我省交通运输企业规模和承运能力无法满足本省运输需求,导致税收净流出。

三、促进交通运输业健康发展的建议

(一)引进培育龙头企业,发挥先行带动作用

一是引进知名交通运输企业。鼓励国内外知名航空、快递、电商物流企业在我省设立总部或分支机构,依据投资规模享受招商引资奖励政策。建立省、市级税务局和邮政局物流快递企业销售收入数据比对机制,确保企业申报数据真实可靠。二是培育品牌龙头企业。重点加强政策引导,鼓励并支持创新驱动和品牌发展深度融合,在金融、科技、财税等方面出台相关扶持政策,营造有利于品牌发展的市场环境。三是加强上下游配套企业引进。有效延伸和提升产业链,逐步把相关上下游产业打造为具有核心竞争优势的产业集群,为创新要素的汇聚打造洼地空间。

(二)政府引导建设省级智慧物流平台,推动道路运输业转型升级

一是做好智慧物流发展的顶层设计。政府主导,引进阿里巴巴、腾讯等大型云计算服务商作为省政府战略合作伙伴,利用"互联网+交通物流"思路重构整合原有"小散乱弱"的道路运输业,促进交通、物流等相应基础设施智能化升级。二是鼓励支持发展无车承运人,进一步完善相关配套政策。无车承运人利用互联网手段和组织模式创新,有效促进货运市场的资源集约整合和行业规范发展,对于促进物流货运行业的转型升级和提质增效具有重要意义。税务部门应主动做好政策对接,降低道路运输业纳税人涉税风险。三是发展高附加值产业。将冷链物流、快递物流、电商物流作为主攻方向。依托我省"双汇""三全""思念"等大型食品加工龙头企业,加快形成现

代冷链物流体系；发挥河南自贸区优势，建设辐射全国、联通世界、绿色智慧的快递物流服务体系；利用我省区位交通优势，吸引大型电商企业在我省建立现代化货仓，构建布局合理、衔接顺畅、运作高效的电商物流体系，带动交通运输业素质全面提升。

（三）加大地方跨省合资铁路投资建设

一是积极鼓励社会资本投资铁路建设，推广政府和社会资本合作（PPP）模式。政府要进一步鼓励社会资本投资铁路建设，充分发挥各方积极性，多渠道、多元化筹措资金。同时，要抓紧健全完善实施细则，科学统筹PPP试点项目，提高全生命周期经营管理能力，促进竞争、激励创新，达到提高公共服务质量、实现公共利益最大化目的。二是推行集装箱标准运输，大力发展"海铁"联运、"公铁"联运。新建铁路场站要发挥综合交通枢纽优势，通过建设无水港，发展海铁连运，推动陆海相通，实现向东与海上丝绸之路链接。三是提升铁路物流服务水平。加快铁路物流基地建设，重点加强进厂、进园、进港铁路专用线建设，按需开行货物列车，推动解决铁路运输"最后一公里"问题。

（四）加快完善中原城市群分级交通圈

在中原城市群发展中，构建分级交通体系是必然选择。中原城市群作为中国的内陆城市群，交通发展可对标同样未处于沿海地区的北美五大湖城市群，郑州可对标其最大城市芝加哥。北美五大湖城市群发展经验证明高度完善便捷分级的交通体系是区域经济发展的纽带。因此按照"核心带动、轴带发展、节点提升、对接周边"的总原则，增强郑州的辐射效应，依靠交通干线将核心城市与其他城市间紧密互联，交通支线打通毛细血管，构建以郑州为中心、地区性中心城市和县城为节点的向心布局、网状辐射、开放式中原城市群分级交通圈，形成区域内有密切联系的产业功能网络，实现区域发展一体化。

例文三

科技信息化下的千户集团装备制造业

科技信息化浪潮席卷全球，以云计算、大数据、区块链、人工智能、物联网为代表的新一代信息技术与制造业深度融合，正在引发影响深远的制造业产业变革。我国正处于全面提升智能制造创新能力的关键时期，装备制造业作为制造业中专门为国民经济和国防建设提供生产技术装备的行业，是制造业的核心，是两化融合的主要领域，亦是中美贸易战的主战场。千户集团数据显示，我国装备制造业在转型升级的过程中，愈发重视与信息技术服务业的互融互通、协同发展，带动国民经济健康稳定发展。

一、"三驾马车"走势疲软，装备制造业和信息技术服务业逆势上扬

拉动经济增长的"三驾马车"略显乏力，动力呈现下行趋势。今年上半年，投资方面，我国投资增速下降为6%，近十年来首次低于GDP增长（上半年GDP增速为

6.8%）；出口方面，受中美贸易战等多方因素影响，千户集团非金融企业出口营业收入同比仅增长4.88%，低于2017年12%的增长水平；消费方面，社会消费品零售总额同比增长9.0%，处于历史低位。

在"三驾马车"增长乏力的同时，受创新驱动、供给侧改革等政策红利影响，装备制造业和信息技术服务业跨界融合进展顺利，总体发展态势良好。总局服务管理的2 050户重点企业集团（以下简称"千户集团"）数据显示，2018年上半年，装备制造业、信息技术服务业营业收入同比增长10.49%、12.92%，均高于千户集团9.68%的总体增幅，对千户集团营收增长贡献率分别为17.37%、4.4%，比2017年全年提高2.36、0.42个百分点。

二、装备制造业与软件和信息技术服务业深度融合，协同发展

（一）产业融合逐步深化，跨产业交流日趋紧密

随着互联网技术和信息技术的迅速发展，我国装备制造业在转型升级的过程中，高度重视与这些领域的协同发展，良性互动。装备制造业在接受技术和信息服务的同时，也为信息技术服务企业提供硬件设备支撑。增值税专用发票数据显示，2017年装备制造业购进信息技术服务金额合计3 027.78亿元，增幅达17.55%，占制造业购入信息技术服务金额的78%；装备制造业向科学研究和技术服务企业开出的发票销售额达到5 672.18亿元，同比增长34.59%。

（二）产业深度融合催动装备制造业转型升级

大数据、互联网、人工智能在制造行业中广泛运用，推动装备制造业生产环节信息化，提高产业资源配置效率。千户集团中，航天科工集团打造"航天云网"平台，汇集行业大数据，实现资源开放共享，上线一年来成交额达97.65亿元；长安汽车建立全球分布式在线协同研发平台机制，搭建PDM（产品数据管理）系统，实现全球全流程协同数据驱动研发；海尔集团打造的创新交互社区Hope平台，有效解决创新创业来源和创新转化的资源配置难题，引领全球创新成果和用户体验。

（三）产业融合为信息技术创新发展提供新动力

在装备制造业转型升级的同时，以互联网、大数据、云计算、人工智能为依托的互联网企业和科技类企业呈现爆发式增长，成为经济新动能的引擎。2018年上半年，互联网和相关服务、软件和信息技术服务业缴纳税收同比分别增长20.41%和27.33%，远高于千户集团平均水平。典型企业集团中，"BAT"（百度、阿里巴巴和腾讯）三家集团2017年合计缴纳税款、营业收入和净利润同比增幅分别达21.07%、52.09%和47.24%；在全球无人机细分市场占有绝对优势的大疆科技集团2017年缴纳税款、实现营业收入和净利润同比分别增长62.39%、64.05%和102.10%。

三、中美贸易战下，产业发展问题凸显

2018年以来，中美双方贸易摩擦不断升级，美国直接挑战"中国制造2025"战略规划，装备制造业成为这场贸易战的主战场。再加上，我国在工业化还未完成的时候迎来了信息化发展的浪潮，面临着实现工业化和加快信息化的双重历史使命。这给装备制造业和信息技术服务业融合发展带来了挑战。

（一）企业自主创新能力弱，关键核心技术受制于人

我国装备制造业大而不强，自主创新能力弱，关键核心技术与高端装备对外依存度高。现阶段，我国70%的高端数控机床、75%的精密减速器、80%的伺服驱动器需要进口。同时，在全球基础软件市场上，以微软、甲骨文为代表的美国企业处于垄断地位，我国芯片自给率只有8%，核心技术严重依赖进口，受制于人。千户集团数据显示，美国对于中兴通讯的制裁导致其2018年1~5月缴纳税款、实现营业收入和净利润同比大幅下降33.36%、21.74%和88.52%，直接暴露出我国关键核心技术受制于人的短板与软肋。同时，核心技术的落后直接影响了我国装备制造企业在国际市场上的议价能力，加剧了外国企业对我国装备制造企业的利润侵蚀。

（二）企业融资成本较高，金融服务实体经济力度有待增强

当前，制造业反映最多的问题是融资难、融资贵。据清华大学金融研究中心测算，2017年中国社会融资成本中企业平均融资成本为7.16%，高于同期发达国家融资成本。同时，商业银行、非银行金融机构及债权市场出于风险防范和经营成本考虑，导致中小民营企业和初创企业融资成本高于大中型国有企业。尤其是进入2018年，受央行宏观审慎评估体系考核、金融监管加强等影响，货币市场利率和风险溢价逐步上升，导致企业融资难度和融资成本进一步上升。今年上半年千户集团非金融业企业实际发生的利息费用同比增长12.08%，占营业收入的比重达2.17%，其中，民营企业利息费用占营业收入的比重为2.41%，高于国有企业和外资企业0.08和1.46个百分点。

（三）高科技行业就业容量偏小，行业职工薪酬差距拉大

近年来，高端装备制造业和信息技术行业发展迅速，一方面行业企业吸纳就业人员主要集中在研究开发、互联网和计算机技术等高科技领域，行业就业重质不重量，就业容量偏小。在千户集团中，百度、阿里、腾讯、京东四家大型科技集团2017年净利润合计1 828亿元，与工商银行、国家电网净利润指标接近，但吸纳就业人员仅为工商银行三分之一，不及国家电网的五分之一。另一方面，行业职工薪酬差距拉大，将导致人才倾向于高薪酬行业，不利于装备制造业就业结构优化，进而制约产业升级。千户集团数据显示，装备制造业年度人均职工薪酬为13.73万元，比信息技术服务业低10.22万元，比资本市场服务业低10.95万元，行业薪酬差距加大将导致装备制造业缺乏高端复合型人才。

（四）信息技术产业地域分布失衡，东强西弱不利于区域经济协调发展

我国信息技术服务业集中于东部地区，且集中分布于沿海地带，中部和西部地区高科技产业分布稀少，信息产业布局失衡，不利于我国区域经济协调发展。数据显示，千户集团中，软件和信息技术服务业共23家，其中22家企业位于我国东部地区，且集中分布在我国沿海地带，仅有1家分布在中部地区，西部地区分布更是为零。

(五）世界政治经济环境日益复杂，对产业发展形成双向挤压

一方面多国税改争夺资本投资。去年年底，特朗普签署《减税和就业法案》，大幅降低美国公司所得税，使之从最高税率的国家之一变为最低税率的国家之一，促使海外资本投资回归本土。同时，澳大利亚、英国、法国等相继实施减税政策，争夺国际资本投资，这对我国吸引产业资本形成持续压力。另一方面全球制造业竞争程度上升，对我国装备制造业发展带来挑战。国际金融危机发生后，发达国家纷纷实施"经济再平衡、再工业化"战略，重塑制造业竞争新优势，加速推进新一轮全球贸易投资新格局。同时，一些发展中国家也在积极参与全球产业再分工，承接产业及资本转移，拓展国际市场空间。我国制造业尤其是装备制造业面临发达国家和其他发展中国家"双向挤压"的严峻挑战。

四、持续深化供给侧结构性改革，增强行业综合竞争力

当前我国经济正处于转型升级的关键时期，面对严峻的国际政治经济环境，应持续深化供给侧结构性改革，充分关注产业发展中问题，弥补产业短板，全面助推产业健康发展。

（一）深化财税制度改革，降低企业税费成本

全国税收数据显示，今年前三季度全国税务部门组织税收收入（已扣减出口退税）11.2万亿，同比增长13.2%，其中，第三季度仅同比增长8%，比二季度增速回落5.1个百分点。以上数据显示，我国前期推出的一系列减税降费措施产生的政策效应正在加速释放，同时，减税降费仍有空间，继续加大减税降费措施必将进一步激发企业活力。一是加快完善增值税税制，并三档税率为两档。当前我国多档并存的增值税税率抑制增值税中性作用发挥，给税收征管和纳税遵从带来一定难度。同时，复杂的增值税税率结构会扭曲生产和消费决策，干扰市场对资源配置，不利于行业、企业间公平竞争，因此应尽快实施增值税税率三档并两档。二是考虑当前世界各国税改情况，下调企业所得税税率。目前我国企业所得税税率为25%，符合条件的高新技术企业实行15%税率，小微企业实行20%税率。与美国税改后的21%、瑞士的20.6%相比，我国企业所得税税率存在下调空间，税率下调导致的减收可通过提高利润率较高的国有企业利润上缴比例进行弥补，让民营企业享受更多减税红利。三是社保费统一由税务部门征收后，考虑企业尤其是中小企业税费负担，应考虑下调社保费率，并出台配套措施，降低中小企业、民营企业负担。

（二）创新融资方式，降低企业融资成本

创新融资方式，拓宽企业直接和间接融资渠道，引导民间资本进入装备制造业，盘活资金市场。一是积极鼓励发展互联金融、金融租赁、众筹众包等新型融资方式，引导民间资本参与企业技术改造、关键基础设施建设等，缩短企业融资链条，减低企业融资成本。同时，保持稳定利率水平，创新符合企业需求的直接融资渠道与产品，提高国家融资担保基金、产业投资基金运行效率。二是加强政府部门间的协同，优化

金融资源配置，建立重点企业和重点项目需求清单，支持金融机构根据不同制造业企业发展特点制定差别化的信贷政策，以金融资本助推实体经济发展。三是借鉴德国等绿色金融发展成熟国家的经验，积极发展绿色融资、节能减排融资、合同能源管理未来收益权质押等绿色金融服务。

（三）增强技术自主创新能力，增加国际市场竞争力

坚持创新驱动发展，增强核心技术创新能力，改变核心技术和零部件受制于人的局面，是增强行业国际竞争力的根本所在。一是制定鼓励企业创新发展的相关政策，加强对企业技术创新的扶持力度，引导企业壮大研发力量。二是鼓励和支持企业牵头建立创新中心、产业创新联盟等，整合政产学研用资源，积极联合高校、科研院所、行业协会及其他企业，开展关键共性技术攻关。三是落实国家对科研人员的各项激励措施，鼓励企业通过股权、分红等激励方式，调动科研人员创新积极性。四是合理引导科技创新成果有效转化，完善科技成果使用、处置、收益管理制度，加快科技成果转化应用。

（四）加速中部地区崛起，提升中部产业竞争力

千户集团企业和产业集中分布在我国东部地区，中部地区产业相对贫瘠，成为制约区域发展的短板，因此需加速中部地区崛起，促进区域经济协调发展。一是中部地区要不断提升工业基础能力，建设一批制造业创新中心和工业设计中心，打造具有全球竞争力的精品原材料产业基地，并实施质量品牌升级，打造一批国际知名品牌。二是中部地区要稳妥有序发展金融业和现代物流业，规范要素交易市场、新型投融资等平台建设，为产业发展提供资本和物流支持。三是中部地区要深入推进战略性新兴产业发展，把握产业发展方向，承接产业梯次转移。支持新一代信息技术、绿色低碳、高端制造等领域的产业发展壮大，不断拓展新兴产业增长空间，抢占科技竞争制高点。四是中部地区在深化发展中，要将生态环境保护放在优先地位，加强生态环境协同监管和综合治理，健全生态补偿机制和环境保护市场化机制，提高资源利用效率，为人民群众创造宜居宜业的良好环境。

（五）抓住"一带一路"建设契机，推动产业链全球布局

在高端装备、新一代信息技术等重点领域，针对发达国家和"一带一路"沿线国家制定不同推进方式和实施路径，推动产业链资源优化整合。支持企业、行业协会和商会、地方政府和部门创新方式开展国际合作，推动国内企业、中外企业组团共同开拓国际市场，支持产业链"走出去"，将"走出去"获得的优质资产、技术、管理经验反哺国内，形成综合竞争优势。推动高端装备、新一代信息技术等领域龙头企业海外拓展，与国际大企业开展更高层次合作，实现优势互补、共赢发展。

后　记

　　大家好，我是中国财税战士：王战。

　　书，真是一个好物件儿。它可以清楚地将作者的思想意会给读者。大学毕业至今已有20年。20年，一份工作，也成了一份事业。

　　对于"税"，我有着深深的情结，也早有写本书的愿望。有了写书的想法后，我便开始收集和整理相关素材，包括数十篇各行业"大企业财税环境"原创调研报告"、上千篇原创财税实务操作博文、各类财税报纸、杂志、网站发表的文章等。万事俱备，只欠东风（动笔的决心）。这已是数月前的事儿了。

　　近期，我总会时不时想起这个事儿，不知如何进行"开写典礼"。刚刚，在睡觉前看了一会儿电视，北京卫视"我是演说家"栏目，听了几位嘉宾的演讲，有老红军、航天员、铁路工人……看完后，我的情绪久久不能平静（我的泪点比较低）。我寻思着，趁这个激动劲，赶紧把此刻的想法记录下来，作为我将要开写的《大企业税收管理应知应会读本》的后记。

　　目前，我是一名小企业家，虽然做得并不好，但我一直在努力，我希望能够成为一个优秀的企业家。在实务工作中，企业家要面对和处理很多事情，需要与各方进行沟通。这其中，会遇到很多问题。有时候，会非常迷茫。这种迷茫，至今我遇到过三次。

　　第一次是在备考注册会计师、注册税务师的时候。考试很难，每天要投入很大的精力，想尽一切办法调动各种积极因素，我甚至为此戒了钟爱的辣椒、茶长达一年，因为辣椒和茶可能会破坏我的生物钟，影响我休息。下了这么"狠"的功夫，但那时的我对前途颇感迷茫，不知道自己能不能考过，甚至一次次地做着模拟试题，一次次地经受着打击，苦不堪言。那种感觉，好似一直在朝着一个漫无目的的方向不停地在奔跑，不知道为什么要这样努力，原本可以下了班以后跟同事、同学、朋友们一起去喝喝酒、玩一玩，干嘛要受这个罪呢！后来，顺利通过考试后，我发现，自己有了一个可以干一辈子的职业、一个可以为之奋斗的事业，一切都是值得的。这就是我的第一次迷茫。

后来，我做了一名执业注册税务师，在一家税务师事务所工作，那几年，我经常写文章，在《中国税务报》发表。起初我是不敢写的，总觉得《中国税务报》在税收界如此高大上，怎么可能会刊登我这么一个小菜鸟的文章！但写文章已成为我心中难以磨灭的"星星之火"。于是，工作中，我开始留意写作素材。人的注意力到哪儿，就会在哪儿出成绩。在多位老师的鼓励下，我终于在《中国税务报》发表了第一篇署名文章《票据交换：不是筹划是偷税》（［N］.中国税务报，2007-11-19009.）。"处女作"的发表，对我来说是一个莫大的鼓励。犹记得那时，做实务的时候，只要有一点点想法，我都会拿一片儿纸把它记下来，我称之为"稿苗"，我会把"稿苗"小心翼翼地放在裤布袋里，晚饭后，我就开始写作。我的写作速度比较快，一般每晚两三个小时就可以写完一篇或两篇文章，然后投稿给《中国税务报》，慢慢我发表的文章就比较多了。在这里，我要真诚地感谢我的爱人，因为当时孩子只有一两岁，老婆没有任何怨言，承包了所有的家务活，我得以全身心地写文章。但是，写了很多文章以后，我再次陷入了迷茫，我费劲写这么多文章，又有谁会知道我呢？这是我的第二次迷茫。现在看，当时看似漫无目的奔跑（写文章），让我得到了很多裨益。

再后来，我创立了自己的事务所。当了所长之后，我身上仿佛有用不完的劲儿，"拼命三郎"一般不断去拓展业务、钻研业务、处理业务。现在想想，有些事情简直不可思议——曾经有一天，从早上天不亮直至深夜，我开车跑了五个城市、办了五件事。不懈努力之下，所里的业务当然是红红火火。最近，我叒进入了迷茫——我像"疯子"一样，跑了近八年业务，蓦然回头，突然发觉这不是一个人就能做好的事情，需要一个团队。但是，这些年不知道为什么，造成了现在的状态——只是我一个人在奔跑，却没有带好团队，没有发挥团队的力量。所以，我现在需要不断反思。

因此，当你作为一名企业家，从企业发展战略的设计和执行，到与内外部各方的沟通，到市场的反应，再到企业的壮大……会面临很多困难，会有方方面面的声音，可能你也会感到迷茫。但是，请相信我，这个时候你应该让自己沉静下来，这些看似没有目的的努力和付出，终有一天，当你取得阶段成功的时候，回头再看，你会发现，你已经走过了很长的路。

　　我认为一个人要想做成一件事，应该具备三点，这三点缺一不可。首先，要有正确的心态，做事不要过分追求利和名，因为过于势利的想法可能会影响一个人的初心，让浮云遮住双眼。以一个正确的心态去做一件事情的时候，你会发现，这样能把事情看得更透。有些人在做事情的时候初心不正，尽管短期看也取得了一些成果，占了一些便宜，但从长远来看，他们会付出更大的代价。第二，要有一定的能力，只有好的心态，没有相应的能力也是做不成事情的。而这些能力，可以用一个词来概括"无名之知"，这种能力有时难以具体形容，是在奔跑（实践）中不断的总结和思考逐渐积累下来的。有了正确的心态和一定的能力呢，也不一定会马上成功，还要有第三点，即持之以恒的毅力，有了以上三点——心态、能力加持之以恒的毅力，我认为一个人已经离成功不远了。

　　以上就是我在观看了"我是演说家"节目后的即时感慨，姑且将这些感慨作为本书的后记。

　　祝我们伟大祖国里每一位不甘平凡的你，都能够拥有一个美好的未来！谢谢大家！

中国财税战士：王战

2019年3月6日夜

全国税务干部大企业管理应知应会推荐培训用书

大企业税收管理
应知应会读本
（下册）

王 战 编著

中国财经出版传媒集团
中国财政经济出版社

序 言

在经济全球化的今天，我国经济发展呈现出跨区域经营、市场覆盖面广、内部结构复杂、信息化程度高的大企业越来越多的态势。大企业是一国经济的重要支柱，也是国家税收的主要来源。国际经验表明，占纳税人总数1%的大企业纳税人通常贡献国家60%~70%的税收收入。随着经济全球化不断发展和科技创新能力的不断提升，企业的经营模式和核算方式发生了巨大变化，越来越多的大企业采用集团化运作，跨地区甚至跨国经营，呈现出内部交易和财务核算复杂、总部控制力强等特点。这些特点使得其涉税事项相对复杂，纳税服务需求较高，易产生系统性税收风险。这样一种新形势对传统的税收征管模式产生了很大冲击，如何强化大企业尤其是对跨国大企业的税收管理，已成为世界各国税务机关共同面临的一个难题。

我国大型企业在征税过程中，一方面存在税收体制不配套、税收模式有待改进、缺少对大型企业税收风险的关注以及税收信息化建设程度较低等问题；另一方面我国在大企业税收专业化管理方面起步较晚，与发达国家存在不小的差距。

目前我国大企业税收管理上的难点与问题突出表现在：

第一，我国大企业税收管理的不足，管理理念与认识存在偏差。管理职责不明晰，与基层税源管理部门的关系不明晰，与同级征管、稽查、税政、纳税服务等部门的关系不明晰，大企业税收管理部门自身的职责履行问题。

第二，信息化管理不完善。信息采集、运用分析等方面都远远不足。

第三，管理模式有待调整、深化。到目前为止，我国还没有形成一套完整的大企业税收征管办法，影响了大企业税收管理向深层次、多角度、专业化的方向发展。

第四，管理人员队伍素质有待提高以应对专业化管理。税收政策需有人来执行，因此，针对大企业组织结构复杂化，经营业务多元化、信息技术通用化等特点，税务机关应加大税务人员专业化培训，使其能熟练掌握比较复杂的财务会计知识、信息技术知识，使其能读懂各项业务合同，把握交易实质，从而更好地应对大企业税收专业化管理。

对大企业实行分类、有效的税收专业化管理成为当务之急。他山之石，可以攻玉。积极借鉴世界各国大企业税收管理的成功经验，对于改进和优化我国大企业税收管理工作，提升大企业税收服务与管理质效具有积极意义。

本书由专注服务纳税人二十余年、中翰中国税务集团合伙人、河南中翰盛胜税务师事务所所长王战编著而成，其针对我国大企业税收管理实践中存在的管理理念与认识偏差、信息化管理不完善、管理模式有待调整和深化、人员队伍素质有待提高等难点和问题，强调以风险管理为导向、业务流程为基础，解决大企业税收管理的共性问题和不确定性问题，旨在提供一本高质量的税务培训管理教材。全书分为上、下册，上册为大企业税收管理相关知识，包括大企业税收管理的起步和发展沿革、大企业税收管理的体制机制构建、大企业税收管理的数据与支撑、大企业税收管理实践的"三驾马车"四个部分；下册为与大企业税收管理相关的习题集，包括国外税收概览练习题、制度汇编练习题、税收政策解析专辑练习题、风险应对练习题、综合测试题库共五部分，涉及单选、多选、判断、简答、计算等多种题型，并配有习题讲解，涵盖纳税服务、法规制度、税务辑核、风险应对等多方面内容。

当前，为贯彻落实国家税务总局"练兵比武"活动工作部署，确保各地大企业税收服务和管理系统"练兵比武"活动取得实效，有效提升专业队伍能力素质，各级税务机关制定了具体方案。在全国税务系统开展"岗位大练兵、业务大比武"活动，是税务系统素质提升"115"工程的重要组成部分，是健全人才梯次培养机制，提升税务干部队伍综合素质和专业能力的重要举措。本次活动首次把大企业税收管理专业岗位能力列入练兵比武范围，是全国省市两级大企业税收服务和管理实体化机构全面到位后，第一次全条线的练兵比武活动，是贯彻改革精神，推进改革落实的重要举措，是提升大企业管理部门税务干部素质的重要抓手，也是展现新机构、新班子、新团队良好的精神风貌和团队精神的重要契机。各级大企业税收服务和管理部门要充分认识开展练兵比武的重要意义，统一思想，加强领导，及早谋划，深入落实，确保活动开展顺利，成绩优异。

为配合本次活动，笔者通过长时间的研究、分析、收集和整理，在各界领导、老师的帮助下完成本书。由于时间有限，水平有限，书中疏误和偏颇之处在所难免，恳请读者批评指正。

编著者

2019 年 7 月

目 录

第一章　国外税收概览练习题 1
　　一、单选题 1
　　二、多选题 12
　　三、判断题 23

第二章　制度汇编练习题 30
　　一、单选题 30
　　二、多选题 34
　　三、判断题 40

第三章　税收政策解析专辑练习题 45

第四章　风险应对练习题 82
　　一、银行业 82
　　二、保险业 92
　　三、融资租赁业 99
　　四、白酒业 102
　　五、电信业 104
　　六、房地产业 107
　　七、煤炭开采及洗选业 113
　　八、医药制造业 116
　　九、建筑业 119
　　十、石油石化行业 126

第五章　综合测试题库 127
　　一、单选题 127

二、多选题 ·· 194
三、判断题 ·· 229
四、简答题 ·· 242
五、计算题 ·· 258
六、案例分析 ·· 272
一、单选题 ·· 277
二、多选题 ·· 291
三、判断题 ·· 295
四、简答题 ·· 307
五、计算题 ·· 341
六、案例分析 ·· 353

后记 ·· 357

第一章 国外税收概览练习题

一、单选题

1. 从大企业税收管理机构的职能定位来看，美国大企业税收管理模式属于（　　）的集中管理模式，它的管理体系功能非常全面并高度集中，大企业和国际税收管理局总部设在华盛顿，国内各区域设有分支机构，负责对所在区域的大型企业进行日常征收管理。将纳税咨询和辅导、纳税申报和税款征收、税务审计和强制执行等所有纳税服务和执法功能都集中在一起，由大企业税收管理机构统一管理。

　　A. 全功能型　　　　B. 多功能型　　　　C. 部分功能　　　　D. 单一功能

　　答案：A

　　解析：全功能型机构，是将纳税咨询和辅导、纳税申报和税款征收、税务审计和强制执行等所有纳税服务和执法功能都集中在一起，由大企业税收管理机构统一管理。如美国大企业税收管理模式就属于全功能型的集中管理模式，它的管理体系功能非常全面并高度集中，大企业和国际税收管理局（LM&I）总部设在华盛顿，国内各区域设有分支机构，负责对所在区域的大型企业进行日常征收管理。

2. 面对大企业税收管理集团化人才集约化的比较优势，世界主要国家纷纷组建大企业税收管理团队与之对应。根据不同的情况，团队应该配备有会计师、律师、审计师、经济师、国家税收专家、行业分析专家、计算机工程师等专业人才，在条件允许的情况下，还可以配有（　　）。

　　A. 警察　　　　　　　　　　　　　　B. 法官

　　C. 谈判专家　　　　　　　　　　　　D. 地方政府党政负责人

　　答案：C

　　解析：面对大企业财务人员的相对优势，税务干部的"单打独斗"往往显得"力不从心"，因此发挥管理团队的作用就显得非常有必要。发挥团队作用，一是合理配置团队成员，根据不同的情况，团队应该配备有会计师、律师、审计师、经济师、国家税收专家、行业分析专家、计算机工程师等专业人才，在条件允许的情况下，还可以配有谈判专家。

3. 预约定价安排是指（　　）按照规定的条款和条件，预先确认合适的转让定价方法以解决跨境交易中的非公平交易问题。

　　A. 关联企业　　　B. 税务机关　　　C. 政府部门　　　D. 仲裁机构

答案：B

解析：预约定价安排是指税务机关按照规定的条款和条件，预先确认合适的转让定价方法以解决跨境交易中的非公平交易问题。

4. 澳大利亚税务局（ATO）寻求与大企业合作，并为其提供服务，下列不是其为大企重点提供服务的是（　　）。

  A. 简化遵守税法工作　　　　　　B. 帮助降低遵从成本

  C. 确保足额纳税　　　　　　　　D. 协助企业盈利

  答案：D

  解析：ATO寻求与大企业合作，并为其提供服务，重点围绕简化遵守税法工作、帮助降低遵从成本、确保足额纳税，改善面向大企业的税收制度的运行。

5. 澳大利亚税务局致力于通过（　　）的方式，强化与大企业的沟通，开展大企业服务工作。澳大利亚税务局开展面向大企业的意见征求工作，发布了一份确定磋商原则的协议，涵盖了诸如信息保密、利益冲突处理和及时性等问题。

  A. 税务稽查　　　B. 友好磋商　　　C. 预约定价　　　D. 纳税评估

  答案：B

  解析：ATO致力于通过友好磋商的方式，强化与大企业的沟通，开展大企业服务工作。ATO开展面向大企业的意见征求工作，发布了一份确定磋商原则的协议，涵盖了诸如信息保密、利益冲突处理和及时性等问题，将其作为改进澳大利亚税收制度管理的途径。

6. 澳大利亚税务局致力于更加透明化，面向大企业发布更多的信息，下列哪本刊物按季发布，包含现有服务、立法和政策变化通报、即将发生的重大事件或对纳税人有关事宜的日期提醒等内容。（　　）。

  A.《大企业公告》　　　　　　　　B.《大企业和依法纳税》

  C.《聚焦遵从》　　　　　　　　　D.《大企业积极遵从手册（所得税）》

  答案：A

  解析：ATO致力于更加透明化，面向大企业发布更多的信息。具体形式包括：《大企业公告》《大企业和依法纳税》刊物，《大企业积极遵从手册（所得税）》《聚焦遵从》《行业战略》等。

（1）《大企业公告》按季发布，包含现有服务、立法和政策变化通报、即将发生的重大事件或对纳税人有关事宜的日期提醒等。

（2）《大企业和依法纳税》刊物每年进行更新，包含以下几方面的信息：ATO大企业部门处理遵从问题的方法、良好治理的窍门和清单、合作性遵从、ATO如何管理大企业部门的风险、ATO对待积极遵从的方法、争端解决方法。

（3）《大企业积极遵从手册（所得税）》就ATO如何与大企业就以下两个方面开展积极遵从工作提供了实际指导：一是所得税申报后风险检查与审计；二是申报前遵从

检查（PCR）。手册也可以供税务机关工作人员连同《大企业和依法纳税》刊物一起使用。其中包含了对工作人员的更详细指导，包括遵从管理实践、介绍执法实践、介绍案例管理制度中详述的工作流程。

（4）《聚焦遵从》每年发布一次，提供 ATO 上一年工作结果和来年焦点领域的信息。

7. 澳大利亚税务局（ATO）为大企业提供一般服务、各类提醒和指导服务。下列不属于一般服务的是（   ）。

A. 应对所有疑问在 ATO 的信息平台上都有单一的咨询点，并且有专门人员负责协调和解决问题

B. 响应优先处理建议和协助请求。税务机关会组建专门的服务团队，为大企业提供与所有税收和所有行政问题相关的服务

C. 涉及解读法律的服务。此类需求会在必要时转至专业部门处理和回复，但是服务团队的工作人员会继续跟进负责协调服务

D. 设置客户关系经理。在上市公司和国际业务部门，纳入重要纳税人管理范畴的大企业都安排了客户关系经理，对纳税人提出裁定申请，免责诉求，涉税申报服务

答案：D

解析：ATO 还为大企业提供一些一般服务、各类提醒和指导服务。

大企业可获得的一般服务如下：一是应对所有疑问在 ATO 的信息平台上都有单一的咨询点，并且有专门人员负责协调和解决问题。二是响应优先处理建议和协助请求。税务机关会组建专门的服务团队，为大企业提供与所有税收和所有行政问题相关的服务。三是涉及解读法律的服务。此类需求会在必要时转至专业部门处理和回复，但是服务团队的工作人员会继续跟进负责协调服务。

8. 澳大利亚税务局在企业申报前提供的一套服务产品，这些产品可以发挥服务和威慑的双重效果，防患于未然，在企业发生风险之前加以避免，有效地减少征税成本，提升服务水平，以下不是澳大利亚税务局在企业申报前提供的服务产品的是（   ）。

A. 公共裁定　　　　　　　　　B. 具有约束力的个别裁定
C. 预约定价协议　　　　　　　D. 纳税评估

答案：D

解析：ATO 在企业申报前提供的一套服务产品，主要包括：公共裁定、具有约束力的个别裁定、预约定价协议、年度遵从安排、保证研讨班、申报前遵从检查和应报告的纳税情况等。这些产品可以发挥服务和威慑的双重效果，防患于未然，在企业发生风险之前加以避免，有效地减少征税成本，提升服务水平。

9. 澳大利亚税务局管理的大企业由 6 个主要行业集团组成，每个集团下面有大量子行业；超过半数的大企业和国际部门集团为上市公司；超过三分之一的大企业和国际部门集团为外商独资；大企业和国际部门还负责 76 个养老金的征收，下列不是其主

要行业集团的是（　　）。

　　A. 能源和资源业　　B. 银行和金融业　　C. 养老金　　D. 旅游业

答案：D

解析：ATO 管理的大企业由 6 个主要行业集团组成：能源和资源业、银行和金融业、保险、养老金、制造业以及销售和服务，每个集团下面有大量子行业；超过半数的大企业和国际部门集团为上市公司；超过三分之一的大企业和国际部门集团为外商独资；大企业和国际部门还负责 76 个养老金的征收。

10. 澳大利亚税务局现阶段需要应对的大企业常见税收风险包括：并购、债务、转让定价、并表（准入和退出）/改组/资产定价、特许权资产、资本弱化、私募股权、外汇、资本利得和损失、合订集团、税收目的财务安排等，其中的重中之重是（　　）的风险。

　　A. 利润转移　　B. 偷税漏税　　C. 虚开发票　　D. 法律滞后

答案：A

解析：ATO 现阶段需要应对的大企业常见税收风险包括：并购、债务、转让定价、并表（准入和退出）/改组/资产定价、特许权资产、资本弱化、私募股权、外汇、资本利得和损失、合订集团、税收目的财务安排等，其中的重中之重是利润转移的风险。

11. 《ISO 31000：2009 风险管理——原则和指南》在澳大利亚、新西兰之前的标准上发展而来，是国际通行的一般性风险管理标准。该标准包括五个部分，下列选项中不属于该标准的是（　　）。

　　A. 加强风险管理宣传　　　　B. 建立风险管理背景
　　C. 识别风险　　　　　　　　D. 应对风险

答案：A

解析：《ISO 31000：2009 风险管理——原则和指南》在澳大利亚、新西兰之前的标准上发展而来，是国际通行的一般性风险管理标准。该标准包括五个部分：一是建立风险管理背景；二是识别风险；三是分析风险；四是评估风险；五是应对风险。

12. 澳大利亚税务局为了充分保障纳税人的合法权益。颁布（　　），告知纳税人在税收业务方面有哪些权利和义务，纳税人不满意可以如何做。

　　A.《纳税人宪章》　　　　　B.《年度遵从计划》
　　C.《国内收入法典 1939》　　D.《大企业税法遵从手册》

答案：A

解析：充分保障纳税人的合法权益。颁布《纳税人宪章》，告知纳税人在税收业务方面有哪些权利和义务，纳税人不满意可以如何做。发布《年度遵从计划》和《大企业税法遵从手册》告知大企业，税企双方如何安排业务往来。

美国联邦一级的税收的基本法律是 1939 年制定的《国内收入法典》，1954 年、1986 年分别作了修改。

13. 2014年债务保理在澳大利亚达到600亿澳元，而1996年这一数字还不到5亿澳元。下列不是澳大利亚涉足债务保理安排的主要行业的是（　　）。

A. 制造业　　　B. 矿业和建筑业　　C. 房地产业　　D. 零售业

答案：D

解析：2014年债务保理在澳大利亚达到600亿澳元，而1996年这一数字还不到5亿澳元。在澳大利亚涉足债务保理安排的主要行业为制造业、矿业和建筑业、房地产业以及批发业。

14. 澳大利亚税务局在大企业税收管理体制、税法遵从风险管理和服务、业务流程创建、国际税收、信息化建设等方面的制度构架和运行中，充分体现了（　　）的治税理念。

A. 合作遵从　　　B. 依法治税　　　C. 国际合作　　　D. 信息管税

答案：A

解析：ATO在大企业税收管理体制、税法遵从风险管理和服务、业务流程创建、国际税收、信息化建设等方面的制度构架和运行中，充分体现了合作遵从的治税理念。

15. 美国对大企业纳税人的认定采用的是（　　）标准。

A. 资产规模　　　　　　　　B. 纳税总额
C. 员工数量　　　　　　　　D. 上述标准的组合

答案：A

解析：美国对大企业纳税人的认定采用的是资产规模标准。IRS将资产超过1 000万美元的公司、股份子公司、合伙公司认定为大中型企业，由LB&I负责管理。

16. 美国大企业与国际税务管理局的职责涉及到了税收管理的所有方面，以下不是其职责的是（　　）。

A. 制定税收法律　　　　　　B. 税收风险评估
C. 帮助大企业了解税法　　　D. 开展国际交流

答案：A

解析：LB&I的职责涉及到了税收管理的所有方面，包括负责制定并实施各项税收征管工作计划、对大企业的税收风险进行评估、帮助大企业了解税法并提高其税法遵从度、开展其他业务（例如与各类专家联系、国际交流等）。

17. 为了更好地开展风险审计，美国国内收入局大企业和国际税务管理局内设五个层次的管理团队，主要负责下列事项：①研究、制定审计计划；②实施个案的审计；③定期对审计工作进行绩效评估，跟踪管理；④提交审计案件，对各个岗位绩效进行绩效评定；⑤根据需要外聘会计公司参与审计工作，提供专业指导。下列哪项不是其团队构成（　　）。

A. 研究分析团队　　　　　　B. 财务支持和技术保障团队
C. 绩效评估监控团队　　　　D. 管理层

答案：B

解析：IRS 大企业和国际税务管理局内设 5 个层次的管理团队，一是研究分析团队，主要负责研究、制定审计计划，对审计对象进行归类，发出工作指令。二是审计团队，负责实施个案的审计，主要由审计专业人员、审计小组、项目负责人负责。三是绩效评估监控团队，定期对审计工作进行绩效评估，跟踪管理，实时调整资源配置，提供支持，制定改进办法。四是管理层，负责管理提交审计案件，对各个岗位绩效进行绩效评定。五是在实际工作中，根据需要外聘会计公司参与审计工作，提供专业指导。

18. 在美国，有效的审计选案系统必须考虑许多先决条件，在项目开发、实施、后期运行和维护方面都要考虑很多方面的问题，下列哪项不是需要考虑的问题（　　）。

A. 政策　　　　　　B. 组织　　　　　　C. 技术　　　　　　D. 数据

答案：A

解析：有效的审计选案系统必须考虑许多先决条件。在项目开发、实施、后期运行和维护方面都要考虑组织、技术、数据、程序四个方面的问题。

19. 美国国内收入局战略规划中最重要的目标就是通过改善纳税服务，使纳税人更好地自我遵从税法。成立了三个纳税服务机构，请找出下列错误的选项（　　）。

A. 纳税人减负工作办公室　　　　　　B. 纳税服务委员会
C. 纳税人援助服务司　　　　　　　　D. 纳税人诉讼赔偿委员会

答案：D

解析：①IRS 于 2002 年 1 月设立了纳税人减负办公室（The Office of Taxpayer Burden Reduction，简称 OTBR），旨在从组织机构设置上进一步落实为纳税人减负这一战略。②纳税服务委员会（Services Committee）在 IRS 内部行使重大服务投资和管理决策的职能。③纳税人援助服务司（Taxpayer Advocate Service，简称 TAS）是国内收入局内部的一个独立机构，其主要职责是为以下几类纳税人提供援助：一是那些正经受经济上损害（economic harm）的纳税人；二是那些寻求解决本应由 IRS 通过正规途径解决但没有解决的涉税问题的纳税人；三是那些认为税收制度和程序的执行偏离了其本意的纳税人。

20. 以下不是美国国内收入局大企业和国际税收管理部门的个案管理系统主要组成的是（　　）。

A. 问题管理系统

B. 报告生成系统

C. 彭博社美国国家事务出版公司企业法人税收分析器

D. GoogleChrome 系统

答案：D

解析：（美国）国内收入局大企业和国际税收管理部门的个案管理系统主要由以下

三个系统组成：

（1）问题管理系统（IMS）；

（2）报告生成系统（RGS）；

（3）彭博社美国国家事务出版公司企业法人税收分析器（BNA）。

21. 减轻纳税人办税负担，是各国税务当局共同关注的问题。美国国内收入局专门设立（   ）这一职位，作为美国国内收入局内部纳税人减负工作唯一联络人，以确保减负工作始终处在优先地位并在内部决策过程中实现制度化。

　　A. 减负高级顾问　　B. 减负全权代表　　C. 减负经理　　D. 减负专员

答案：A

解析：减轻纳税人办税负担，是各国税务当局共同关注的问题。IRS 专门设立"减负高级顾问"这一职位，作为 IRS 内部纳税人减负工作唯一联络人，以确保减负工作始终处在优先地位并在内部决策过程中实现制度化，另外还充当 IRS 与外部利益相关方在纳税人减负方面的联络员、推动者角色。

22. 2010 年，加拿大对大企业遵从管理进行了全面变革，大企业遵从管理改革后，加拿大税务局将大企业风险评估划分为三个环节，选项中哪一项不属于评估环节（   ）。

　　A. 主税种风险评估系统　　　　B. 综合风险评估系统

　　C. 全国风险评估模型　　　　　D. 标准审计风险评估模型

答案：A

解析：大企业遵从管理改革后，CRA 将大企业风险评估划分为三个环节。

23. 英国大企业税收管理部门认为，如果能够基于企业的经营情况和所处的商业环境去考虑企业的涉税问题，将有利于大企业税收管理部门做出更明智的涉税决定，从而为客户提供更好的服务，使税法遵从管理更加有效。英国大企业税收管理部门通过多种方式加深对客户的理解，请选出你认为错误的选项（   ）。

　　A. 在企业实习一周

　　B. 增强合作关系项目

　　C. 企业财务经理与税务人员互换身份一天

　　D. 邀请税务专家参观企业的生产车间

答案：C

解析：LBS（Large Business Services）通过以下三种方式加深对客户的理解：

（1）在企业实习一周。HMRC（英国皇家税务和海关总署）启动了"企业一周"活动，目的就是加强客户经理们对企业所处商业环境的理解。这项活动让客户经理对客户的经营压力和服务需求有了第一手的感性认识。在 LBS，行业部门领导和客户经理都要参加这项活动。

（2）增强合作关系项目。这是一项由 LBS 和私人部门共同参与的个人发展项目。

他们通过参加这个项目中的个人发展和战略项目,来改善 LBS 和客户之间的合作关系。这个项目会提高 LBS 人员的商业敏感度,加深他们对客户的需求和期望的认识,加强税企双方的沟通和交流,在开放的、建设性的对话环境中加强对税法遵从的引导和管理。

(3) 共同努力,提高 LBS 对客户的认识。很多客户投入了大量的时间和精力帮助 LBS 的税务专家更好地理解企业所处的商业环境,例如,邀请 LBS 的税务专家参观企业的生产车间等。

24. 英国皇家税务和海关总署(HMRC)认为,(　　)是政府鼓励投资、开办企业和开展工作的一项重要制度。为了保证(　　)的有效性,每个人需要依法纳税并有权利得到应得的税收减免。

A. 减税　　　　　　B. 税法　　　　　　C. 公平　　　　　　D. 税制

答案:D

解析:HMRC 认为,税制是政府鼓励投资、开办企业和开展工作的一项重要制度。为了保证税制的有效性,每个人需要依法纳税并有权利得到应得的税收减免。

25. 针对企业的避税行为,英国大企业税收管理部门会采取很多的防范措施,但一般不会做出下列哪项反应机制(　　)。

A. 审计　　　　　　　　　　　　　B. 战略性反应

B. 法律建议　　　　　　　　　　　D. 和英国皇家警察合作

答案:D

解析:LBS 针对企业的避税行为可能做出如下反应:

(1) 战略性反应:对披露的避税行为采取快速、严格、系统的应对措施,同时排查其他的高风险。

(2) 项目组工作:为了增强一致性和有效性,采用项目组的管理方法来应对重要的全国性风险或者跨行业风险。

(3) 机动反应:根据风险和工作重点的变化灵活机动的调整资源配置——对遵从的客户降低干扰程度,对不遵从的客户提高干预检查水平。

(4) 审计:和 LBS 的审计专家共同对客户涉税会计账目进行以风险为导向的审计,审计涵盖所有税种。

(5) 和其他专家合作:和 HMRC 其他部门的专家合作,例如反避税或转让定价专家,以确保 LBS 能够胜任对客户的干预检查。

(6) 法律建议:针对税法的空白或者缺陷,LBS 会提出法律建议。

(7) 诉讼:如果有必要,LBS 会采取诉讼的手段,并且向公众公布诉讼的结果。

(8) 信息力量:如果在限期内从客户那里不能取得相关信息,或者对客户税法遵从的承诺有质疑,那么 LBS 会利用法定权利取得必要的信息。

(9) 罚款:LBS 可以依法对错报或漏报税款进行处罚。

（10）对偷逃税款的处理：LBS 会和 HMRC 负责调查偷逃税案的专家密切合作，以保证这类案件能够快速地被查破并由法庭追回税款。

26. 在风险审查阶段，通过"了解纳税人情况"，有助于修订风险假设和制定客户风险检查规划。通过"确定与核查风险"来确认或完善现有风险假设，并可能查明新的风险。下列不是英国皇家税务和海关总署希望运用风险审查达到目的的是（　　）。

　　A. 增加对税务部门的理解　　　　B. 检验所提供服务的水平
　　C. 帮助人企业遵从　　　　　　　D. 识别并解决大企业的任何涉税问题
　　答案：A
　　解析：HMRC 希望运用风险审查达到以下目的：
　　（1）增加对大企业的理解；
　　（2）检验所提供服务的水平；
　　（3）通过与大企业分享各自对风险因素的不同看法来完善风险评估；
　　（4）针对风险最高的领域实施干预；
　　（5）帮助大企业遵从；
　　（6）识别并解决大企业的任何涉税问题；
　　（7）为大企业提供影响 HMRC 干预（例如审计或质询）的机会（例如通过积极对话）。

27. 英国皇家税务和海关总署与客户就风险评估及评级互相交换意见，进行坦诚的讨论。讨论涉及的内容可包括客户的税收策略、税收对其业务的影响（反之亦然），以及如何管理风险。企业风险评级一旦达成，将限于（　　）知晓。

　　A. 英国皇家税务和海关总署与客户　　B. 英国皇家税务和海关总署内部
　　C. 客户　　　　　　　　　　　　　　D. 英国国内
　　答案：A
　　解析：HMRC 与客户就风险评估及评级互相交换意见，进行坦诚的讨论。讨论涉及的内容可包括客户的税收策略、税收对其业务的影响（反之亦然），以及如何管理风险。企业风险评级一旦达成，将只限于 HMRC 与客户知晓，不对外公开。

28. 风险管理理论在 2002 年美国的（　　）中得到了充分诠释。（　　）是在美国安然、世通、泰科丑闻后出台的，主要目的用于杜绝高管股票套现和伙同会计师造假粉饰财务报表等误导和欺骗投资者的行为。

　　A.《英联邦国家打击非正当得利法案》
　　B.《遵从风险管理：管理和改善税法遵从 2004、2009》
　　C.《欧盟成员国风险管理规程》
　　D.《萨班斯法》
　　答案：D
　　解析：风险管理理论在 2002 年美国萨班斯法（Sarbanes – Oxley Act 2002）中得到了充分诠释。《萨班斯法》是在美国安然、世通、泰科丑闻后出台的，主要目的用于杜绝高管股票套现和伙同会计师造假粉饰财务报表等误导和欺骗投资者的行为。

29. 荷兰对大企业的主要纳税服务是，更快捷地反馈企业涉税诉求，一般意义上的纳税服务不包括（　　）。

A. 与其他政府部门合作，减轻纳税人的行政管理负担

B. 设立咨询台，开通税务热线

C. 简化税收法律法规，让纳税人更容易掌握

D. 客户经理制度

答案：D

解析：NTCA（荷兰税务与海关管理局）纳税服务的核心理念是促进纳税人自觉遵从。对大企业的主要纳税服务是：更快捷地反馈企业涉税诉求，给予大企业涉税事项确定性。一般意义上的纳税服务主要包括：简化税收法律法规，让纳税人更容易掌握；与其他政府部门合作，减轻纳税人的行政管理负担；对工作流程和信息系统进一步标准化；设立咨询台，开通税务热线；在税务申诉中更多与纳税人面对面接触；在网站上提供下载表格或纳税指南等资料；开展网上咨询，提供网上申报和网上支付功能；采取开放性标准等。对大型企业而言，税务局也实行了一些有特色的纳税服务手段，如客户经理制度、签订税收遵从协议、帮助企业构建税控系统等。

30. 荷兰税务部门对纳税人的管理与服务理念比较超前，旨在与纳税人构建相互信任、相互尊重和合作透明的关系。讲究企业的自我税法遵从，税务部门对待企业也从管理转向服务，运用多种手段来加强企业自身的风险防控，下列哪项不是其采取的手段（　　）。

A. 外部审计　　B. 内部审计　　C. 企业自我约束　　D. 税务稽查

答案：D

解析：荷兰税务部门对纳税人的管理与服务理念比较超前，旨在与纳税人构建相互信任、相互尊重和合作透明的关系。讲究企业的自我税法遵从，税务部门对待企业也从管理转向服务，从企业自我的内部控制、内部审计、自我约束和外部审计等手段来加强企业自身的风险防控。

31. 法国税收由经济与财政部的财政部门负责，该部门是政府中直接向内阁总理负责的第一大部，是法国政府最重要的综合经济管理部门，集中了法国政府大部分的经济管理权力，总职责是预测、管理、监督法国全国的经济、财政、金融情况。法国税收国内法主要执行（　　）制定的税收法律，包括宪法和税收通用法典。

A. 总理内阁　　B. 经济与财政部　　C. 议会　　D. 欧盟

答案：C

解析：法国税收国内法主要执行议会制定的税收法律，包括宪法和税收通用法典；由总理内阁制定的税收行政法令；以及由行政机关制定的行政通函。

32. 法国的税收争议可以通过独立的仲裁人以仲裁裁决的方式解决，仲裁人必须是

独立的,且要经税务机关和法庭双方同时授权,纳税人可以同意进行仲裁,但不能授权。仲裁人可以是自然人,一般是(   )。

　　A. 律师　　　　　　B. 法官　　　　　　C. 税务人员　　　　D. 政府官员

　　答案:A

　　解析:税收争议可以通过独立的仲裁人以仲裁裁决的方式解决,仲裁人必须是独立的,且要经税务机关和法庭双方同时授权,纳税人可以同意进行仲裁,但不能授权。仲裁人可以是自然人,一般是律师。

33. 法国认为如果不设立大企业局进行统一的税收管理,对企业来说不方便,对国家来说没效率。下列不是大企业局的基本职责是(   )。

　　A. 作为企业办税的唯一窗口,面对纳税人办理需要向税务机关办理的所有涉税事务
　　B. 对企业进行持续的评估和测定,开展税收风险分析
　　C. 建立完善的税务机关内部控制体系
　　D. 协助纳税人进行合理的避税

　　答案:D

　　解析:法国认为如果不设立大企业局进行统一的税收管理,对企业来说不方便,对国家来说没效率。大企业局的基本职责是:作为企业办税的唯一窗口,面对纳税人办理需要向税务机关办理的所有涉税事务;对企业进行持续的评估和测定,开展税收风险分析,可以针对具体问题到企业进行核实和开展案头审计,但不对企业进行全面的实地审计;建立完善的税务机关内部控制体系,对税务系统本身和各项工作,开展各种类别的分析、检测、评价,达到对程序和质量的良好控制。

34. 大企业是国家经济增长的主要驱动力,如淡马锡控股公司(Temasek Holdings)是一家(   )政府的投资公司,(   )财政部对其拥有100%的股权。曾有媒体估算,淡马锡控股所持有的股票市值占到整个(   )股票市场的47%。

　　A. 美国　　　　　　B. 法国　　　　　　C. 新加坡　　　　　D. 马来西亚

　　答案:C

　　新加坡大企业是新加坡政府一直依赖的国家经济增长的主要驱动力,如淡马锡控股公司(Temasek Holdings)是一家新加坡政府的投资公司,新加坡财政部对其拥有100%的股权。曾有媒体估算,淡马锡控股所持有的股票市值占到整个新加坡股票市场的47%,可以说是几乎主宰了新加坡的经济命脉。

35. 税务咨询日的目的是鼓励自愿税法遵从。在(   )税务咨询日(即每月第三个星期二),所有税务人员在地方税务署提供咨询服务,以便帮助纳税人解决他们的涉税困难,并进一步以其反映对税收管理的意见。

　　A. 中国　　　　　　B. 韩国　　　　　　C. 阿根廷　　　　　D. 美国

　　答案:B

36. 阿根廷是联邦制国家,全国划分为24个行政单位,由23个省和1个联邦首都

(布宜诺斯艾利斯)组成,实行代议制,议会是国家最高立法机构。国会分参、议两院,税法由(　　)通过后付诸实施。

A. 国会　　　　B. 参议院　　　　C. 众议院　　　　D. 总统

答案:A

解析:阿根廷是联邦制国家,全国划分为 24 个行政单位,由 23 个省和 1 个联邦首都(布宜诺斯艾利斯)组成,实行代议制,议会是国家最高立法机构。国会分参、议两院,税法由国会通过后付诸实施。

37. 阿根廷联邦税务局每年动态划定国家级大企业,多属跨国公司或个人纳税大户。所有纳税大户均实行自行申报,使用由税务局统一开发的申报软件编制申报表,并以(　　)方式提交给税务局,由税务人员受理读取申报数据。

A. 书信　　　　B. 电子邮件　　　　C. 公文　　　　D. 磁盘

答案:D

解析:所有纳税大户均实行自行申报,使用由税务局统一开发的申报软件编制申报表,并以磁盘方式提交给税务局,由税务人员受理读取申报数据。

二、多选题

1. 自 2013 年起,通过"请进来"和"走出去"相结合的方式,国家税务总局与国际货币基金组织开展了包括专家团咨询、专家短期访问和赴澳大利亚培训等形式的大企业税收管理国际交流合作,合作项目涵盖大企业税务审计、部分重点行业税务审计、(　　)等内容,旨在学习美、英、澳等国的大企业税收管理先进经验和做法,为我国的大企业税收管理现代化提供有益借鉴。

A. 大企业信息系统　　　　B. 大企业个性化服务
C. 大企业数据管理　　　　D. 电子底账系统

答案:ABC

解析:为借鉴国际大企业税收管理成功经验,国家税务总局与国际货币基金组织(IMF)签订了大企业税收管理技术合作协议,自 2013 年起,通过"请进来"和"走出去"相结合的方式,国家税务总局与 IMF 开展了包括专家团咨询、专家短期访问和赴澳大利亚培训等形式的大企业税收管理国际交流合作,合作项目涵盖大企业税务审计、部分重点行业税务审计、大企业信息系统、大企业个性化服务、大企业数据管理和大企业税收风险分析等内容,旨在学习美、英、澳等国的大企业税收管理先进经验和做法,为我国的大企业税收管理现代化提供有益借鉴。

2. 目前,无论是大企业还是大企业税收管理,国际上并没有一个统一概念,但是世界大多数税务机关建立了清晰、具体的标准用以认定大企业纳税人。以下属于税收征管上常见的判定大企业的标准的是(　　)。

A. 年营业额或销售额　　　　　　B. 贷款总额
C. 总资产规模　　　　　　　　　D. 年纳税总额（包括所有税种）

答案：ACD

解析：目前，无论是大企业还是大企业税收管理，国际上并没有一个统一概念，但是世界大多数税务机关建立了清晰、具体的标准用以认定大企业纳税人。在一些国家，这些标准已经在税收程序法中体现。税收征管上常见的判定大企业的标准包括：（1）年营业额或销售额；（2）总资产规模；（3）年纳税总额（包括所有税种）；（4）属于特定经营领域（例如：银行、保险、矿产、石油）；（5）跨国经营或由外资控制；（6）员工数量；（7）上述标准的组合。

3. 分类管理理论是伴随全球行政管理改革而生的。现代行政管理不断朝着优化服务、提高效率、减少成本的方向转变。税收分类管理作为现代行政管理改革的产物，要求税收管理体现以下哪些原则。（　　）。

A. 税收效益原则　　　　　　　B. 税收收入最大化原则
C. 税收法定原则　　　　　　　D. 税收风险原则

答案：ABD

解析：分类管理是对税收管理三大原则（①税收效益原则，②税收收入最大化原则，③税收风险原则）的体现。

税收法定原则是指由立法者决定全部税收问题的税法基本原则，即如果没有相应法律作为前提，政府则不能征税，公民也没有纳税的义务。

4. 在大企业税收管理的雏形阶段，我国税收征管模式经历了从"一员进户，各税统管"模式，"征、管、查分离"模式，"申报、代理、稽查三位一体"模式到现行"以纳税申报和优化服务为基础，以计算机网络为依托，（　　）"的34字征管模式的变化。

A. 集中征收　　B. 重点稽查　　C. 加强管理　　D. 加速立法

答案：ABC

解析：在大企业税收管理的雏形阶段，我国税收征管模式经历了从"一员进户，各税统管"模式，"征、管、查分离"模式，"申报、代理、稽查三位一体"模式到现行"以纳税申报和优化服务为基础，以计算机网络为依托，集中征收，重点稽查，加强管理"的34字征管模式的变化。

5. 2011年7月，总局印发《国家税务总局大企业税收服务和管理规程（试行）》（国税发〔2011〕71号），将税务机关实施大企业税收专业化管理的基本业务体系明确为（　　）个主要组成部分。

A. 遵从引导　　B. 遵从管控　　C. 遵从应对　　D. 遵从守法

答案：ABC

解析：2011年7月，总局印发《国家税务总局大企业税收服务和管理规程（试行)》(国税发〔2011〕71号),将税务机关实施大企业税收专业化管理的基本业务体系明确为遵从引导、遵从管控、遵从应对三个主要组成部分。

6. 随着大企业和国际税收业务的自然发展,融合是未来的发展趋势。在业务协同的基础上,大企业和国际税收在( )、系统建设方面全方位的融合,将是一种必然选择。

A. 机构　　　　B. 人员　　　　C. 业务　　　　D. 管理

答案:ABCD

解析:随着大企业和国际税收业务的自然发展,融合是未来的发展趋势。在业务协同的基础上,大企业和国际税收在机构、人员、业务、管理、系统建设方面全方位的融合,将是一种必然选择。

7. 对于大企业遵从管理应区分风险类别,针对大企业纳税人的风险特征和不遵从发生的可能性将大企业划分为( ),对不同类型的纳税人采取差异化的遵从管理战略。

A. 高风险纳税人　　　　　　　B. 中等风险纳税人
C. 低风险纳税人　　　　　　　D. 无风险纳税人

答案:ABC

解析:针对大企业纳税人的风险特征和不遵从发生的可能性将大企业划分为高风险、中等风险和低风险纳税人三类,对不同类型的纳税人采取差异化的遵从管理战略。

8. 公共裁定是澳大利亚税务部门对其实施的税法的解读,主要表达税务部门对法律的解释,不属于法律范畴,但对澳大利亚税务部门的行为具有约束力,类似于我国的( )。

A. 税法补充性说明　　　　　　B. 规范性文件
C. 国务院制定的税务行政法规　　D. 全国人大常委会制定的法律

答案:AB

解析:公共裁定是澳大利亚税务部门对其实施的税法的解读,主要表达税务部门对法律的解释,不属于法律范畴,但对澳大利亚税务部门的行为具有约束力,类似于我国的税法补充性说明和规范性文件。

9. 国际上比较通行的税收风险管理中的税收风险主要是指税法遵从风险。根据OECD在《遵从风险管理:管理和改进税法遵从》中的定义:税法遵从风险是指,在税收管理中对提高税法遵从产生负面影响的各种可能性和不确定性,主要是由纳税人的( )行为造成税法不遵从而可能导致的税收流失的风险。

A. 无知　　　　B. 疏漏　　　　C. 移民　　　　D. 故意

答案:ABD

解析:国际上比较通行的税收风险管理中的税收风险主要是指税法遵从风险。根据OECD在《遵从风险管理:管理和改进税法遵从》中的定义:税法遵从风险是指，在税收管理中对提高税法遵从产生负面影响的各种可能性和不确定性，主要是由纳税人的三种行为——无知、疏漏和故意造成税法不遵从而可能导致的税收流失的风险。

10. 目前澳大利亚税务局与纳税人的交流有下列几种常用渠道（　　）。

A. 网站　　　　　B. 电话　　　　　C. 信件/传真　　　D. 面对面

答案：ABCD

解析：目前 ATO 与纳税人的交流有 5 种常用渠道：网站、邮件、电话、信件/传真、面对面交流。

11. 澳大利亚税务局（ATO）使用的风险管理框架和标准主要包括（　　）。

A. 国际风险管理标准和指南

B. 澳大利亚联邦风险管理纲要（政策草案 V1.9）

C. ATO 全面风险管理框架

D. 欧盟国家风险管理协议

答案：ABC

解析：ATO 使用的风险管理框架和标准主要包括三部分内容：国际风险管理标准和指南、澳大利亚联邦风险管理纲要（政策草案 V1.9）和 ATO 全面风险管理框架等。

12. 澳大利亚税务局为保证税务机关有足够的能力和效率征收税款，建立了较完备的税法体系，在确定纳税人自主申报制度的基础上，赋予税务机关哪些强大有力的刚性执法权力？（　　）

A. 税收评定　　　B. 税务调查　　　C. 税收违法处罚　　D. 违法起诉

答案：ABCD

解析：为保证税务机关有足够的能力和效率征收税款，建立了较完备的税法体系，在确定纳税人自主申报制度的基础上，赋予税务机关收集信息、证据获取、税收评定、税务调查、税收违法处罚、违法起诉等十分强大有力的刚性执法权力。

13. 澳大利亚税务局的税收风险的分析主要有以下过程（　　）。

A. 将纳税人的信息进行收集、整理

B. 对信息进行分析

C. 对税收风险的判定与对策

D. 对风险点高的纳税人进行实地核查审计

答案：ABC

解析：ATO 的税收风险的分析主要有以下过程：一是将纳税人的信息进行收集、整理，二是对信息进行分析，三是对税收风险的判定与对策。

14. 澳大利亚税务局对税收影响大且遵从意愿低的高风险及重点纳税人采取个案管理，其核心目的是矫正大企业各项税收不遵从行为，并对所确定的重点纳税人采取端对端实时干预的工作形式，运用（　　）等多种特定的方法，发现并解决大企业的违法问题,促使其与税务局全面合作,最终提高大企业税法遵从度。

A. 风险分析　　　　B. 风险假设　　　　C. 风险复评　　　　D. 税务审计

答案:ABCD

解析:所谓个案管理,是ATO对税收影响大且遵从意愿低的高风险及重点纳税人采取的一系列管理措施的总称,是项目管理制度的体现。其核心目的是矫正大企业各项税收不遵从行为,并对所确定的重点纳税人采取端对端实时干预的工作形式,运用风险分析、风险假设、风险复评及税务审计等多种特定的方法,发现并解决大企业的违法问题,促使其与ATO全面合作,最终提高大企业税法遵从度。

15. 风险假设产生与纳税人相关的问题,成为风险管理的导向标,帮助税务人员理解需要什么样的信息?哪里有?怎样获取?好的风险假设的要素是( )。

A. 简练、清晰地描述问题疑点

B. 基于观察和了解提出

C. 可以通过有目的的询问来验证

D. 可以清楚地显示可能受到不良影响的方面

答案:ABCD

解析:风险假设产生与纳税人相关的问题,成为风险管理的导向标,帮助税务人员理解需要什么样的信息?哪里有?怎样获取?好的风险假设四要素是:首先要简练、清晰地描述问题疑点;还要基于观察和了解提出;可以通过有目的的询问来验证;可以清楚地显示可能受到不良影响的方面。

16. 澳大利亚税务局认为,税务人员以一种税收筹划者的角度看待问题,考虑纳税人为什么要这样交易?相关的法律是否合适?这有助于税务人员发现企业税收风险。下列属于税务筹划的目的的是( )。

A. 降低应税所得　　　　　　　　B. 增加扣除和抵消项目

C. 降低税率和推迟税收缴纳　　　D. 转移收入

答案:ABCD

解析:ATO认为:税务人员以一种税收筹划者的角度看待问题,考虑纳税人为什么要这样交易?相关的法律是否合适?这有助于税务人员发现企业税收风险。税务筹划的目的一般来讲有四个:降低应税所得,增加扣除和抵消项目,降低税率和推迟税收缴纳,转移收入。

17. 跨国企业会更多地将某些功能、资产和风险转移至低税地,交易的独特性造成风险管理的复杂性,由于很难找到可比交易和价格,因此要利用各种方法进行分析,方法包括( )。

A. 可比非受控价格法　　　　　　B. 再销售价格法

C. 成本加成法　　　　　　　　　D. 交易净利润法

答案:ABCD

解析：交易的独特性造成风险管理的复杂性，由于很难找到可比交易和价格，因此要利用各种方法进行分析，方法包括：可比非受控价格法、再销售价格法、成本加成法、交易净利润法以及利润分割法。

18. 债务保理可能面临非独立交易原则、以较低的税率纳税、转移利润等税收风险。在识别债务保理税收风险时，应综合以下因素统筹考虑（　　）。

A. 安排是否具有商业性　　　　　B. 谁承担坏账风险
C. 集团架构是否利用低税地或无税地　　D. 折现系数是否符合独立交易原则

答案：ABCD

解析：债务保理可能面临如下税收风险：一是支付的保理折扣可能不符合独立交易原则，不能税前扣除；二是海外公司取得的保理折扣所得可能以较低的税率纳税；三是保理费如果高于独立交易价格，在澳大利亚的利润可能转移到其他国家。在识别债务保理税收风险时，应综合以下因素统筹考虑：安排是否具有商业性；谁承担坏账风险；交易各方存在哪些功能；集团架构是否利用低税地或无税地；了解集团全球融资架构，保理安排是否与全球融资战略一致；折现系数是否符合独立交易原则。

19. 下列属于澳大利亚的国际税收法律体系构成的有（　　）。

A. 法庭相关判例　　　　　　　B. 《所得税评估法（1936）》
C. 《国际税收协定法（1953）》　　D. 国际税收协定

答案：ABCD

解析：澳大利亚的国际税收法律体系主要由法庭相关判例、《所得税评估法（1936）》《所得税评估法（1997）》《国际税收协定法（1953）》和国际税收协定等组成。

20. 澳大利亚税务局大企业税收管理部门信息系统主要包括（　　）。

A. 信息接收系统　　　　　　　B. 登记系统
C. 税表和缴款处理系统　　　　D. 12366纳税服务平台系统

答案：ABC

解析：澳大利亚税务局大企业税收管理部门信息系统主要包括信息接收系统、登记系统、税表和缴款处理系统、客户账户系统等四个系统。

21. 澳大利亚税务局高度重视涉税信息数据管理，法律赋予其充分的信息获取权，拥有纳税人（　　），还具备单一综合核心处理信息系统（ICP）等技术支撑，把握住了税收管理的信息主动权。

A. 申报　　　B. 纳税　　　C. 交易及个人信息　　D. 商业机密

答案：ABC

解析：ATO高度重视涉税信息数据管理，法律赋予其充分的信息获取权，拥有纳税人申报、纳税、交易及个人信息以及第三方数据，还具备单一综合核心处理信息系统（ICP）等技术支撑，把握住了税收管理的信息主动权。

22. 美国大企业与国际税务管理局除了管理资产规模较大的大中企业之外，也负责以下纳税人的税收管理（　　）。

  A. 居住在美国的难民　　　　　　　B. 在海外保持账目和记录的企业

  C. 非居民外国人和公司　　　　　　D. 放弃公民身份并移居外国的美国人

  答案：BCD

  解析：除了管理资产规模较大的大中企业之外，LB&I 也负责以下纳税人的税收管理，包括：第一，居住在外国或美国领地的美国公民和合法永久居民；第二，在海外保持账目和记录的企业；第三，非居民外国人和公司；第四，放弃公民身份并移居外国的美国人；第五，存在税收协定问题或者其他国际特征的个人。

23. 美国大企业与国际税务管理局的风险识别和评分采取两种方式：一是使用自动化的风险识别工具，二是依靠人工方式进行识别，其中自动化的风险识别工具包括下列哪些系统（　　）。

  A. DAS 系统　　　B. DOS 系统　　　C. SWC 系统　　　D. LINUX 系统

  答案：AC

  解析：LB&I 的风险识别和评分采取两种方式：一是使用自动化的风险识别工具：一个是 DAS 系统，另一个是 SWC 系统。二是依靠人工方式进行识别。DOS、LINUX 均为计算机操作系统。

24. 美国的税务机关一旦决定开始对纳税人进行审计，就需要着手进行一些支持审计开展的准备活动。这些活动不仅仅是单纯的 IT 系统支持，主要包括以下几项内容（　　）。

  A. 与纳税人讨论审计小组的工作安排　　　B. 计算机审计专家在审计中的作用

  C. 审计员使用的审计工具　　　　　　　　D. 审计小组的日常工作

  答案：ABCD

  解析：税务机关一旦决定开始对纳税人进行审计，就需要着手进行一些支持审计开展的准备活动。这些活动不仅仅是单纯的 IT 系统支持，主要包括以下几项内容：一是与纳税人讨论审计小组的工作安排；二是计算机审计专家在审计中的作用；三是审计员使用的审计工具；四是审计小组的日常工作。

25. 在美国，开发审计选案系统需要一个强有力的项目团队，而不是某一个人。但是，项目开始前一定要取得团队成员的共识。并且项目团队中至少要有一个成员具备以下的某项素质（　　）。

  A. 良好的主题理解力

  B. 良好的知识和对现有数据的理解力

  C. 出色的统计学和数据挖掘方法知识

  D. 应用模型和监测结果所需的编程技能和理解能力

  答案：ABCD

解析：开发审计选案系统需要一个强有力的项目团队，而不是某一个人。但是，项目开始前一定要取得团队成员的共识。并且项目团队中至少要有一个成员具备以下的某项素质：良好的主题理解力，能理解要解决的问题、制定项目目标并就结果提出建议；良好的知识和对现有数据的理解力；出色的统计学和数据挖掘方法知识；以及应用模型和监测结果所需的编程技能和理解能力。

26. 美国国内收入局战略规划中最重要的目标就是通过改善纳税服务，使纳税人更好地自我遵从税法。该目标有以下哪几个层面内容（ ）。

    A. 通过与纳税人良性互动，改善税企关系

    B. 让纳税人熟悉国内收入局的纳税服务体系，进一步加快为纳税人解决问题的流程

    C. 为纳税人提供及时的税法指导，以便消除纳税人对税法的不同理解

    D. 与帮助纳税人准备申报材料的第三方顾问加强联系，开展业务辅导，以提高纳税申报的准确性

    答案：ABCD

    解析：美国国内收入局（IRS）战略规划中最重要的目标就是通过改善纳税服务，使纳税人更好地自我遵从税法。该目标有四个层面内容：一是通过与纳税人良性互动，改善税企关系；二是让纳税人熟悉国内收入局的纳税服务体系，进一步加快为纳税人解决问题的流程；三是为纳税人提供及时的税法指导，以便消除纳税人对税法的不同理解；四是与帮助纳税人准备申报材料的第三方顾问加强联系，开展业务辅导，以提高纳税申报的准确性。

27. 加拿大以直接税为主体，实行（ ）分税制度。

    A. 联邦　　　　　B. 省（或属地）　　　　C. 地方　　　　D. 村镇

    答案：ABC

    解析：加拿大以直接税为主体，实行联邦、省（或属地）和地方三级分税制度。

28. 英国的大企业税收管理模式采取的是全功能型管理模式，负责（ ）的征收管理。

    A. 私营企业房地产税　　　　　　　　B. 外国个人养老保险
    C. 大企业所得税　　　　　　　　　　D. 大企业雇员个人所得税

    答案：CD

    解析：英国的大企业税收管理模式采取的是全功能型管理模式，负责大企业所得税和大企业雇员个人所得税的征收管理。

29. 为大企业提供优质纳税服务和高效的管理，英国设立"客户经理"，负责管理企业和英国皇家税务和海关总署各部门间的沟通协调，包括与来自大企业税收管理部门之外的专家沟通协调，处理和企业相关的税收问题。下列哪些选项是客户经理的工作内容（ ）。

A. 提供税收建议　　B. 进行风险评估　　C. 代理企业记账　　D. 改善税务审计

答案：ABD

解析：帮助企业履行纳税义务可能是客户经理最重要的职责所在，客户经理可以在以下方面对企业提供帮助：

（1）提供税收建议，客户经理会确保在相关法律和行为准则的框架范围内，及时处理企业提出的建议和需求；

（2）进行风险评估，客户经理将本着分享对税收风险的认识、联合进行干预检查的目的主导风险评估程序（后文将做详细介绍）；

（3）提供反馈渠道，客户经理乐于倾听客户对英国税制各方面的意见和建议，并将客户的意见和建议反馈给 HMRC 相关部门；

（4）向专家咨询，客户经理将为客户向 HMRC 相关的专家咨询提供便利条件，例如转让定价、资产评估、会计和审计等方面的专家咨询，帮助企业尽快解决税收问题；

（5）评估税收流程，客户经理将协助安排对企业税务系统的评估，重点对企业涉税的各个流程进行评估；

（6）改善税务审计，LBS 的计算机审计员能够帮助企业确认企业新的会计系统是否按照税法遵从的规定研发实施，以便降低 LBS 对企业的审计程度。

30. 风险评估这一概念来自于新遵从程序，是英国大企业税收管理部门提供纳税服务和确保遵从的基石，该部门期望通过风险评估达到以下目的（　　）。

A. 加深对企业经营情况的了解　　B. 衡量大企业税收管理部门服务的水平
C. 针对高风险领域进行税收检查　　D. 帮助客户实现税法遵从

答案：ABCD

解析：风险评估这一概念来自于新遵从程序，是 LBS 提供纳税服务和确保遵从的基石。LBS 期望通过风险评估达到以下目的：

（1）加深对企业经营情况的了解；

（2）衡量 LBS 服务的水平；

（3）通过分享各方对风险因素的认识，改善风险评估的流程；

（4）针对高风险领域进行税收检查；

（5）竭力帮助客户实现税法遵从；

（6）识别和解决客户的涉税问题；

（7）为客户提供机会（例如建设性的对话）来配合 LBS 的税收检查（例如税务审计或质询）。

31. 荷兰税务与海关管理局认为运用风险管理的手段，更多的是为了减少工作量，是在精确性与税收征管成本之间的一个平衡点。风险管理关注的主要内容包括大企业的（　　）。

A. 财务策略　　　　B. 人事安排　　　　C. 经营风险　　　　D. 控制措施
答案：ACD
解析："风险管理"手段，更多的是为了减少工作量，是在精确性与税收征管成本之间的一个平衡点。风险管理关注的主要内容包括大企业的财务策略、经营风险、控制措施和记录的可复核性。

32. 法国税收由经济与财政部的财政部门负责，是法国政府最重要的综合经济管理部门，集中了法国政府大部分的经济管理权力，总职责是预测、管理、监督法国全国的经济、财政、金融情况。经济与财政部主要设有以下部门（　　），其部长直接对经济和财政部长负责。

A. 警察部　　　　B. 预算部　　　　C. 监狱部　　　　D. 社会经济部
答案：BD
解析：法国是中央集权的半议会半总统制国家，中央机关的各大部门的内设机构，常常因内阁的影响而调整。经济与财政部主要设有两大部门，即预算部和社会经济部，这两个部的部长，直接对经济和财政部长负责。

33. 法国将纳税人分为哪几类（　　）。
A. 大企业　　　　B. 中小企业　　　　C. 外国企业　　　　D. 个人纳税人
答案：ABD
解析：法国将纳税人分为三大类，第一类是大企业，第二类是中小企业，第三类是个人纳税人（与有些国家不同，有的国家将规模大的个人纳税人也列为大企业）。

34. 日本国税厅成立于1949年，为财务省的直属机构，负责国内税收的评定和征收。国税厅管理着全国12个地区国税局（包括冲绳税务办公室）和524个税务署，作为税务管理的决策机构，监督和审查地区（　　）的管理工作。

A. 国税局　　　　B. 地税局　　　　C. 税务所　　　　D. 税务署
答案：AD
解析：日本国税厅成立于1949年，为财务省的直属机构，负责国内税收的评定和征收。国税厅管理着全国12个地区国税局（包括冲绳税务办公室）和524个税务署。国税厅（见图2-8-2），作为税务管理的决策机构，监督和审查地区国税局、税务署的管理工作。

35. 韩国国家税务厅对大企业开展固定年限的审计工作，基本是每五年开展一次。通过评价被审计纳税人的纳税历史、经营类型和规模、税赋分析、偷漏税情况等，税务审计将区别对待，分为（　　）。

A. 通用审计　　　　B. 离职审计　　　　C. 部分审计　　　　D. 简化审计
答案：ACD
解析：通过评价被审计纳税人的纳税历史、经营类型和规模、税赋分析、偷漏税情况等，税务审计将区别对待，分为通用审计、部分审计和简化审计。

离任审计,或称任期终结审计,是指对法定代表人整个任职期间所承担经济责任履行情况所进行的审查、鉴证和总体评价活动。

36. 2009年8月,韩国国税总局新设立了全国纳税人保护官员,以更好地保护纳税人权益。全国纳税人保护官员代表纳税人的利益,避免纳税人在税收征管中权益受到侵害。下列属于全国纳税人保护官员职责的是( )。

A. 处理纳税人投诉　　　　　　B. 改进纳税人投诉处理系统
C. 执行预评估过程　　　　　　D. 援助小微纳税人

答案:ABCD

解析:2009年8月,韩国国税总局新设立了全国纳税人保护官员,以更好地保护纳税人权益。全国纳税人保护官员代表纳税人的利益,避免纳税人在税收征管中权益受到侵害。

全国纳税人保护官员不仅保护纳税人权益,也处理纳税人投诉,改进纳税人投诉处理系统,执行预评估过程和援助小微纳税人。

37. 韩国国税厅引入了授予模范纳税人并使其获益的体系。符合遵从度高的纳税人,特别是大企业可被评定为模范纳税人。模范纳税人可通过自荐或由所辖税务署或第三人推荐产生。其评选标准为( )。

A. 持续经营5年以上　　　　　B. 最近3年盈利
C. 持续3年申报相对高收入　　D. 3年内无欠税

答案:ABCD

解析:韩国国税厅引入了授予模范纳税人并使其获益的体系。符合遵从度高的纳税人,特别是大企业可被评定为模范纳税人。模范纳税人可通过自荐或由所辖税务署或第三人推荐产生。

(一)评选标准

▷持续经营5年以上

▷最近3年盈利

▷三年内无不正当税收票据行为记录

▷持续3年申报相对高收入

▷3年内无欠税

▷未发生漏报

▷未过度抵扣

38. 韩国国税厅的IT系统,包括中央税收综合系统(Tax Integrated System,TIS),互联网服务,遵从分析系统,以及内部任务支持系统。其中,TIS是一个核心的IT系统,收集/利用第三方数据和纳税人的交易信息,并处理有关( )信息。

A. 纳税申报　　B. 税务审计　　C. 税收征管　　D. 企业账务

答案:ABC

解析：国税厅的 IT 系统，包括中央税收综合系统（Tax Integrated System，TIS）、互联网服务，遵从分析系统，以及内部任务支持系统。

TIS 是一个核心的 IT 系统，收集/利用第三方数据和纳税人的交易信息，并处理有关纳税申报、税务审计和税收征管信息。

三、判断题

1. 大企业是国民经济的重要支柱，也是税收的主要来源。国际经验表明，低于 1% 的大企业纳税人贡献了 60%~70% 的税收收入（ ）

答案：√

2. 风险管理的核心是，在建立在互信的基础上，通过加强税企合作，确保税法遵从，实现共治共赢的税收管理工作目标（ ）

答案：×

解析：风险管理的核心是，如何以最有效的方式分配现有资源，以获得最佳结果。

合作遵从理论的主要思想是在建立在互信的基础上，通过加强税企合作，确保税法遵从，实现共治共赢的税收管理工作目标。

3. 根据实施主体不同，学界将涉税风险分为税收风险管理和税务风险管理。其中税收风险是指税收政策变动、纳税人行为不当等因素可能导致纳税义务履行的风险，其实施主体是纳税人，对象是企业内部的涉税活动，是税务方面的不确定性（ ）

答案：×

解析：根据实施主体不同，学界将涉税风险分为税收风险管理和税务风险管理。税收风险是指在征税过程中，由于制度方面的缺陷，政策、管理方面的失误，以及种种不可预知和控制的因素所引起的税源状况恶化、税收调节功能减弱、税收增长乏力、最终导致税收收入不能满足政府实现职能需要的一种可能性。税收风险管理主体是税务机关，对象是纳税人。税收风险管理力求把风险导致的各种不利后果减少到最低程度，使之正好符合有关方在时间和质量方面的要求。

税务风险是指税收政策变动、纳税人行为不当等因素可能导致纳税义务履行的风险，其实施主体是纳税人，对象是企业内部的涉税活动，是税务方面的不确定性。税务风险管理是对税务不确定性进行管理。

4. 多边的税务合作是国际税收工作的重要内容，国际税收的核心问题就是实施双重征税和双重不征税。（ ）

答案：×

解析：国际税收的核心问题就是避免双重征税和避免双重不征税，多边的税务合作是国际税收工作的重要内容，BEPS（税基侵蚀和利润转移）问题被提出后，ATO 对多边税收合作的重视程度大幅提升。

5. 对于大企业纳税服务，澳大利亚税务局着重于在申报后通过稽查审计的方式"发现"和"阻止"纳税人的税收风险，采用预防第一、纠正第二的方法。（　　）

答案：×

解析：对于大企业纳税服务，ATO着重于在申报前"发现"和"阻止"纳税人的税收风险，而不是在纳税申报之后"处理"税收风险，即采用预防第一、纠正第二的方法。通过为纳税人提供更多的纳税服务，尽量在申报前降低企业税收风险，减少申报后所要做的工作。

6. 澳大利亚税务局建立了独立检查职能，如果纳税人反对《审计报告》中的内容，那么他们可以在收到声明后提出独立检查请求。独立检查员会审查的内容可以超出《审计报告》范围，针对纳税人拿出新事实、新证据，向审计小组提出建议，要求其对纳税人提出的存在的具体争议的领域重新考虑。（　　）

答案：×

解析：ATO建立了独立检查职能。审计小组在形成《审计报告》时会考虑税企意见不一致的地方，随后会向纳税人传达声明中的信息。如果纳税人反对《审计报告》中的部分或所有内容，那么他们可以在收到声明后的10个工作日内提出独立检查请求。

独立检查员会对相关事实的理解和解读以及法律的应用问题提出看法，并向纳税人和审计小组提出建议，但针对的内容仅限于《审计报告》公布后仍存在的具体争议的领域。独立检查只进行一次，并且不考虑新信息——例如纳税人在请求进行独立检查或在其进行过程中拿出新事实、证据或论据，这些将会移交审计小组考虑。

7. 预约定价协议是具有约束力的安排，是事先确定一套适当标准（例如：方法、可比情况、对未来事件的重大假设），用于确定今后所有时期内交易的转移定价。（　　）

答案：×

解析：预约定价协议（APA）是具有约束力的安排，是事先确定一套适当标准（例如：方法、可比情况、对未来事件的重大假设），用于确定一段固定时期内交易的转移定价。

8. 年度遵从安排是澳大利亚税务局在企业申报前提供的服务，是定义并管理遵从关系的行政性安排，对税务局及纳税人双方均具有法律约束力。（　　）

答案：×

解析：年度遵从安排（ACA）是定义并管理遵从关系的行政性安排，对税务局没有约束力。它是一种自愿性的遵从协议，通过实时讨论并解决税收风险，可以给纳税人提供一定程度的确定性，对其他产品形成补充。

9. 当澳大利亚税务局与纳税人争端时，其解决原则有两条：一是尽可能由法官促

成法庭调解协议，避免判决不利于税务部门；二是提高争端解决效率，尽可能减少成本。（ ）

答案：×

解析：ATO 有针对所有联邦政府争端解决的政策，不仅适用于 ATO，还适用于其他政府部门。根据联邦政府总的政策，每个相关部门都要制订相应的政策来解决争端。争端解决原则。一是尽可能在上法庭前解决争端；二是提高争端解决效率，尽可能少成本。

10. 澳大利亚税务局大企业税收风险管理理论体系体现在三大方面：一是大企业遵从管理战略；二是大企业纳税人关系管理；三是信息技术支持。（ ）

答案：√

11. 所谓个案管理，是澳大利亚税务局对税收影响大且遵从意愿低的高风险及重点纳税人采取的一系列管理措施的总称，是项目管理制度的体现。（ ）

答案：√

12. 澳大利亚通过相关法律，要求政府各部门及相关公共管理部门、金融、保险等机构有义务向 ATO 无条件（仅限税收用途条款）提供其所掌握的涉税情报。（ ）

答案：√

13. 大企业税收风险检查是澳大利亚税务局大企业税收风险分析、评价和应对的重要方式手段之一，目的是确定并量化任何实质性的税务风险。（ ）

答案：√

解析：大企业税收风险检查是澳大利亚税务局大企业税收风险分析、评价和应对的重要方式手段之一，并取得了明显成效。

税收风险检查处于大企业风险管理工作的枢纽地位，承上启下。它是在大企业自我评估申报纳税后，对企业的评估结果进行比较深入核实的一项活动，包括：对大面积的风险焦点区域进行广泛的风险评估（综合风险评估），对纳税人业务中一个特定事件产生的问题进行复评（特定风险检查），对一个特定焦点区域进行简明扼要的评估。风险检查有助于税务局判断是否存在遵从风险，是否需要进行深度调查和审计。风险检查的目的是确定并量化任何实质性的税务风险，一般需要 3 到 8 个月的时间来完成。风险检查的一个重要作用是了解企业和其所从事的行业，通常以纳税人呈交给税务局审查小组的纳税人情况介绍为起始。

14 澳大利亚税务局对大企业进行税收风险检查分为规划案例、了解企业情况、确定和核查风险、评估风险、结束核查/升级到审计等五个阶段。（ ）

答案：√

15. 银行与金融业国际税收风险主要体现在：常设机构和分支机构、资本弱化、转让定价、离岸银行机构制度、金融安排的税收以及合并纳税等方面。（ ）

答案：√

16. 澳大利亚税务局当前开展的国际税收风险审查和税务审计，重点关注 5 类风险，分别为跨境利润人为转移、债务倾销、税基侵蚀、无形资产不合理转移、国际交易重构。（　　）

答案：√

17. 澳大利亚税务局鼓励纳税人通过预约定价来涵盖所有的国际关联方交易，预防相关风险，为纳税人纳税义务提供确定性。（　　）

答案：√

18. 目前，在多边税收合作方面，经合组织（OECD）税务征管论坛和 E6 多国协作小组项目是中国比较成功的两项工作。2014 年，中国倡导建立了由 6 个国家共同参与的 E6 组织，加强多边合作，主要在数字经济全球化背景下开展跨国公司税收分析。

答案：×

解析：目前，在多边税收合作方面，经合组织税务征管论坛和 E6 多国协作小组项目是澳大利亚比较成功的两项工作。2014 年，澳大利亚倡导建立了由 6 个国家共同参与的 E6 组织，加强多边合作，主要在数字经济全球化背景下开展跨国公司税收分析。

经济合作与发展组织，简称经合组织（OECD），共有 35 个成员国，它们是：澳大利亚、奥地利、比利时、加拿大、智利、捷克、丹麦、爱沙尼亚、芬兰、法国、德国、希腊、匈牙利、冰岛、爱尔兰、以色列、意大利、日本、韩国、拉脱维亚、卢森堡、墨西哥、荷兰、新西兰、挪威、波兰、葡萄牙、斯洛伐克、斯洛文尼亚、西班牙、瑞典、瑞士、土耳其、英国、美国。

19. 美国国内收入局负责制定审计目标并向其上级机构——大企业和国际税收管理部备案。（　　）

答案：×

解析：大企业和国际税收管理部门的上级机构是国内收入局，后者负责制定审计目标。

20. 美国国内收入局的电子纳税申报数据都被储存在"现代化纳税申报数据库"中，电子纳税申报数据为 PPT 格式。其中包含所有 PPT 格式的电子纳税申报数据及所有附件。

答案：×

解析：整个国内收入局的电子纳税申报数据都被储存在"现代化纳税申报数据库"中，电子纳税申报数据为 xml 格式。其中包含所有 xml 格式的电子纳税申报数据及所有附件。

PPT 是微软公司推出的一个演示文稿软件。PPT 适用于工作汇报、企业宣传、产品推介、婚礼庆典、项目竞标、管理咨询、教育培训等领域，并具有相册制作、文稿合并、运用母板、图片运动、动画控制等功能。

21. 在数据采集方面，纳税申报表是美国国内收入局最主要的数据来源，美国法律

规定,汤森路透、标准普尔等商业公司有义务无偿向美国国内收入局提供商业数据资源,该信息只能用于税务方面,严禁外泄。( )

答案:×

解析:除了纳税申报表是最主要的数据来源外,IRS每年都向邓白氏、律商联讯、汤森路透、标准普尔等商业公司付费订阅一些商业数据资源。

22. 美国大企业税收风险模型由税法遵从建模小组建立,经遵从战略委员会批准后,才能在系统中使用新的税收风险模型,因经济与科技发展迅猛,税收风险模型需要经常变动。( )

答案:×

解析:上述税收风险模型和评分机制并不会经常变动,主要原因有:一是研究和分析税收风险模型和评分机制的时间耗时较长,一般要经过数月的准备、程序设计和测试;二是新的税收风险模型(或指标、公式)在CSC批准前都要经过实际检验,使用以前年度的数据进行测算,判断新的指标、模型是否合理和科学。

23. 数据挖掘是采用各种"非参数"方法发现数据之间的复杂关系,并支持根据数据进行决策的过程("非参数"的意思是该方法不对数据的分布做任何假设)。数据挖掘的目的是找出数据的模式(规律),以得出一个具体的结果。

答案:√

24. 美国国内收入局应用于税务审计选案的数据挖掘方法,分别为决策树分析和神经网络分析。其中,神经网络尝试用类似人脑工作的方式来解决问题——包括许多模型的交叉使用。使用该方法的前提是关注网络的预测能力而非模型的解释能力。

答案:√

25. 美国大企业税收管理的核心内容是以风险管理为导向的税务审计,其职责完全由美国大企业和国际税收管理局承担。( )

答案:√

26. 英国皇家税务和海关总署负责对全国范围内税款的征收,但其并没有直属的分支机构,只在各地区设置办事机构和地区办公室,大多日常税务工作是由地方税务办公通过网络实施。( )

答案:√

27. 英国皇家税务和海关总署认为,按照风险影响程度的不同,可以将税收风险划分为战略风险和战术风险两类。( )

答案:×

解析:按照风险影响程度的不同,可以将税收风险划分为战略风险和业务风险两类。

28. 英国皇家税务和海关总署依风险审查结论,将大企业客户从总体上划分为低风险客户、中风险客户、高风险客户、超高风险四类,分别采取不同的应对方法。( )

答案：×

解析：HMRC 依据风险审查结论，将大企业客户从总体上划分为低风险客户和非低风险客户两类，分别采取不同的应对方法。

29. 荷兰税务局对大企业并没有分行业的税收风险评估模型，而是通过一些普遍适用的模型，利用各方信息和数据，运用科学的方法和手段，从内到外，从表面到实质，涵盖企业的所有管理环节。（ ）

答案：√

30. 在风险管理模式和税务审计措施的共同作用下，荷兰税务局不再设置税务稽查机构，强制措施是由税务法院做最后的裁决。（ ）

答案：√

31. 法国现行税制十分复杂，比较常用的主要税种有 100 多个，税收由 4 大类税种构成，即直接税、间接税、注册税、其他税收。（ ）

答案：√

32. 日本的地区国税局大企业检查部通常按行业设置内设机构或管理团队，每个管理团队负责具体行业的大企业的管理和检查工作。（ ）

答案：√

33. 新加坡于1940 年设立独立的大企业税收管理部门（IRAS），为大企业提供个性化纳税服务、纳税评估与征收，确保大企业的税法遵从。（ ）

答案：×

解析：IRAS 没有设立独立的大企业税收管理部门，但在公司税和货物与劳务税部门中成立了大企业税收管理团队。

20 世纪 50 年代，日本为确保高收入个人和公司法人缴纳的税收收入，最早提出了对大企业实行专业化管理的理念。20 世纪 90 年代，随着公共管理理论在税收领域的应用和发展，发达国家开始将管理问题作为税制改革的核心，形成了与大企业税收管理相适应的税收理论体系，并从机构职能、人才建设、信息化支持等方面进行了有益的探索和实践，积累了宝贵的经验。

1824～1942 年新加坡为英国海外殖民地，1965 年新加坡正式独立。

34. 在韩国，当纳税人与税务机关发生纳税争议时，必须先依照税务机关的纳税决定缴纳税款及滞纳金或者提供相应的担保，向地方税务署长官进行上诉，若对判决不服，可向国税厅长官提请上诉或直接向国家法院上诉。（ ）

答案：×

解析：纳税人可以选择向地方税务署长官或大区税务局长官进行上诉。当纳税人决定越过地方税务署和大区税务局或者不同意前两者的判决时，也可以选择向国税厅长官或税务审理委员会（The Tax Tribunal）提请上诉。如对判决仍不满意，纳税人可向国家法院上诉。

《中华人民共和国税收征收管理法》第八十八条规定：纳税人、扣缴义务人、纳税担保人同税务机关在纳税上发生争议时，必须先依照税务机关的纳税决定缴纳或者解缴税款及滞纳金或者提供相应的担保，然后可以依法申请行政复议；对行政复议决定不服的，可以依法向人民法院起诉。

35. 韩国的转移定价委员会由地方税务局组成，按照国际遵从标准推动公正和合理的工作。（　　）

答案：√

36. 2008年10月1日，韩国国税厅推出的"事先裁定制度"，对纳税人的特定交易提供清晰、可预期的裁定，一般是针对大企业的特定交易。（　　）

答案：√

37. 阿根廷联邦税务局（AFIP）对纳税人实行分类管理，将纳税人按缴税多少划分为大、中、小三类，其中，大户25万户、中户200万户、小户100万户，缴纳税款分别占税收总量的1%、19%和80%。（　　）

答案：×

解析：AFIP对纳税人实行分类管理，将纳税人按缴税多少划分为大、中、小三类，其中大户25万户、中户200万户、小户100万户，缴纳税款分别占税收总量的80%、19%和1%。

第二章 制度汇编练习题

一、单选题

1. 下列关于大企业税收服务和管理工作的说法,错误的是(   )。

   A. 对一般性风险事项,由省级以下大企业服务和管理部门组织实施风险应对

   B. 对纳入年度风险分析计划的本省千户集团及列名企业,以税收风险指标模型体系为基础,进行计算机扫描,形成相关集团及成员企业的税收风险识别报告

   C. 对风险应对中的税企争议问题,经本级税务机关研究后仍无法解决的,提请上级大企业服务和管理部门研究解决

   D. 根据各级"三定"暂行规定内容,结合工作重点,大企业服务和管理部门应当根据编制数和人员到位情况对现有工作职能进行合理划分,科学配置内设部门

   答案:A

   解析:根据《国家税务总局大企业税收管理司关于印发〈关于加强大企业税收服务和管理工作的指导意见〉的通知》(税总企便函〔2018〕67号),对一般性风险事项,由市(地)级以下大企业服务和管理部门或属地税务机关组织实施风险应对。

2. 下列不属于大企业纳税服务工作中强化税企沟通方式的是(   )。

   A. 税企座谈会　　　B. 企业风险提示　　　C. 企业走访　　　D. 税企沙龙

   答案:B

   解析:根据税总企便函〔2018〕67号,强化税企沟通。畅通税企沟通渠道,加强税企信息交流。通过税企座谈会、税企沙龙、企业走访等多种方式,认真听取意见和建议。

3. 下列不属于千户集团数据管理工作的是(   )。

   A. 推进名册管理　　　　　　　　　B. 强化税务端数据归集

   C. 加强平台有机衔接　　　　　　　D. 抓好数据联络员管理

   答案:C

   解析:根据税总企便函〔2018〕67号(三)千户集团数据管理:①做好数据规划;②推进名册管理;③强化税务端数据归集;④规范企业端数据采集;⑤加强第三方数据获取;⑥抓好数据联络员管理。

4. 千户集团数据采集流程中数据加工清洗工作由(   )完成。

   A. 总局　　　　　B. 省局　　　　　C. 地市局　　　　　D. 县区局

答案：B

解析：根据税总企便函〔2018〕67号附件：千户集团重点工作业务流程图（二）千户集团数据采集流程图。

5. 年纳税额1亿~3亿元企业集团年度分析集团名单由（　　）确定。

   A. 总局　　　　B. 省局　　　　C. 地市局　　　　D. 县区局

   答案：B

   解析：根据税总企便函〔2018〕67号附件：千户集团重点工作业务流程图（四）年纳税额1亿~3亿元企业集团税收风险分析流程图。

6. 大企业税收风险管理内部控制，是指以（　　）为导向，通过查找、梳理、评估大企业税收风险管理工作中的各类风险，制定、完善并有效实施一系列制度、流程、方法和标准，对大企业税收风险管理工作风险进行事前防范、事中控制、事后监督和纠正的动态管理过程和机制。

   A. 风险识别　　B. 风险分析　　C. 风险防控　　D. 风险应对

   答案：C

   解析：根据《国家税务总局关于印发〈大企业税收风险管理内部控制制度（试行）〉的通知》（税总发〔2018〕177号）第三条，本制度所称大企业税收风险管理内部控制，是指以风险防控为导向，通过查找、梳理、评估大企业税收风险管理工作中的各类风险，制定、完善并有效实施一系列制度、流程、方法和标准，对大企业税收风险管理工作风险进行事前防范、事中控制、事后监督和纠正的动态管理过程和机制。

7. 企业涉税数据管理工作主要风险点不包括（　　）。

   A. 未按规定采集企业涉税数据　　B. 未按规定报送企业涉税数据
   C. 未按规定对采集数据进行审核　　D. 未按规定保存和使用企业涉税数据

   答案：B

   解析：根据税总发〔2018〕177号第八条，数据采集主要风险点：（二）企业涉税数据管理①未按规定采集企业涉税数据；②未按规定对采集数据进行审核；③未按规定保存和使用企业涉税数据。

8. 税务机关应积极开展税收风险分析工作，及时识别和应对风险纳税人，但在同一年度内对同一户纳税人的税务检查原则上不超过（　　）次。

   A. 1　　　　B. 2　　　　C. 3　　　　D. 4

   答案：A

   解析：根据《国家税务总局关于规范并减少税务检查的通知》（税总发〔2017〕149号），税务机关应积极开展税收风险分析工作，及时识别和应对风险纳税人，但在同一年度内对同一户纳税人的税务检查原则上不超过1次。

9. 税务总局制定的《深化大企业纳税服务若干工作措施》中共有（　　）项。

   A. 14　　　　B. 16　　　　C. 18　　　　D. 20

答案：C

解析：根据《国家税务总局办公厅关于印发〈深化大企业纳税服务若干工作措施〉的通知》（税总办发〔2017〕170号），《深化大企业纳税服务若干工作措施》共十八项。

10. 2017年千户集团共（ ）户。
   A. 1 054　　　　B. 1 058　　　　C. 1 062　　　　D. 1 066
   答案：C

解析：根据《国家税务总局大企业税收管理司关于调整千户集团相关基础涉税数据报送对象范围的通知》（税总企便函〔2018〕22号），2017年千户集团共1 062户集团。

11. 年纳税额1亿元以上的扩围集团共（ ）户。
   A. 968　　　　　B. 978　　　　　C. 988　　　　　D. 998
   答案：C

解析：根据税总企便函〔2018〕22号，年纳税额1亿元以上的扩围集团共988户集团。

12. 千户集团和扩围集团总部应在月度、季度结束后（ ）日内，报送年初至本月末、本季度末累计相关基础涉税数据信息。
   A. 10　　　　　B. 15　　　　　C. 18　　　　　D. 20
   答案：C

解析：根据税总企便函〔2018〕22号，千户集团和扩围集团总部应在月度、季度结束后18日内，报送年初至本月末、本季度末累计相关基础涉税数据信息。

13. 省税务机关大企业税收管理部门应于集团报送期结束后（ ）个工作日内（节假日顺延）将千户集团和扩围集团相关基础涉税数据报送至税务总局大企业税收管理司。
   A. 2　　　　　　B. 3　　　　　　C. 5　　　　　　D. 10
   答案：A

解析：根据税总企便函〔2018〕22号，省税务机关大企业税收管理部门应于集团报送期结束后两个工作日内（节假日顺延）将数据报送至税务总局大企业税收管理司。

14. 合并重组、破产、注销或年度缴纳税额连续（ ）年未达到国家税务总局管理服务标准的企业集团，应从千户集团名册管理范围内调出。
   A. 2　　　　　　B. 3　　　　　　C. 4　　　　　　D. 5
   答案：D

解析：根据《国家税务总局关于发布〈千户集团名册管理办法〉的公告》（国家税务总局公告2017年第7号）第八条，合并重组、破产、注销或年度缴纳税额连续五年未达到国家税务总局管理服务标准的企业集团，应从名册管理范围内调出。

15. 千户集团按年确定其成员企业。集团总部按照税务机关要求组织填报集团成员企业名册信息,并于每年(　　)月纳税申报期结束前报送省税务机关。

A. 4　　　　　B. 7　　　　　C. 10　　　　　D. 12

答案:C

解析:根据国家税务总局公告2017年第7号第九条,千户集团按年确定其成员企业。集团总部按照税务机关要求组织填报集团成员企业名册信息,并于每年10月纳税申报期结束前报送省税务机关。

16. 千户集团总部所在省税务机关,将集团全部成员企业合计缴纳税额与集团缴纳税额进行比对。集团全部成员企业合计缴纳税额比集团缴纳税额增加或减少超过(　　)的,相关省税务机关应逐个集团说明具体情况。

A. 5%　　　　B. 10%　　　　C. 15%　　　　D. 20%

答案:B

解析:根据《国家税务总局大企业税收管理司关于开展2017年千户集团成员企业名册采集核实工作的通知》(税总企便函〔2017〕90号),集团全部成员企业合计缴纳税额比集团缴纳税额增加或减少超过10%的,相关省税务机关应逐个集团说明具体情况。

17. 下列说法错误的是(　　)。

A. 千户集团名册管理范围分内资企业集团、外资企业集团

B. 千户集团名册信息包括企业名称、纳税人识别号、统一社会信用代码、集团名称、上一级企业名称及其他涉税信息等项目

C. 当年如新增符合条件的千户集团,由国家税务总局提出

D. 国家税务总局开展千户集团名册管理工作组织绩效考评

答案:C

解析:根据《国家税务总局关于发布〈千户集团名册管理办法〉的公告》(国家税务总局公告2017年第7号),当年如新增符合条件的千户集团,由省税务机关提出。

18. 下列说法错误的是(　　)。

A. 国家税务总局和千户集团应建立名册管理工作沟通联络机制

B. 国家税务总局建立、完善千户集团名册管理系统并提供技术支持

C. 省税务机关为千户集团提供咨询辅导

D. 省税务机关审核并补充完善本省的成员企业名册信息

答案:A

解析:根据国家税务总局公告2017年第7号,省税务机关和企业集团应建立名册管理工作沟通联络机制。

19. 下列说法错误的是(　　)。

A. 国家税务总局根据工作需要,适时修订千户集团名册信息项目内容

B. 国家税务总局制定、完善千户集团名册管理办法

C. 省税务机关对总部在本省的集团，核实集团总部及该集团在本省的成员企业名册信息

D. 省税务机关应根据实际工作情况不定期开展千户集团重点行业或重点企业的专项分析

答案：D

解析：根据国家税务总局公告2017年第7号，省税务机关应根据实际工作情况定期开展千户集团重点行业或重点企业的专项分析。

20. 2018年退还增值税期末留抵税额的行业不包括（　　）。

A. 通用设备制造业　　　　　　B. 软件和信息技术服务业

C. 生态保护和环境治理业　　　D. 公共设施管理业

答案：D

解析：根据《财政部　税务总局关于2018年退还部分行业增值税留抵税额有关税收政策的通知》（财税〔2018〕70号）附件：2018年退还增值税期末留抵税额行业目录，不包括公共设施管理业。

21. 2018年退还期末留抵税额的行业企业范围中，按照国民经济行业分类，装备制造等先进制造业和研发等现代服务业共包括（　　）个大类行业。

A. 16　　　　　B. 18　　　　　C. 20　　　　　D. 22

答案：B

解析：根据财税〔2018〕70号，按照国民经济行业分类，装备制造等先进制造业和研发等现代服务业包括专用设备制造业、研究和试验发展等18个大类行业。

22. 对境外机构投资境内债券市场取得的债券利息收入暂免征收企业所得税和增值税的政策截止日期是（　　）。

A. 2021年11月1日　　　　　B. 2021年11月6日

C. 2021年11月18日　　　　 D. 2021年11月30日

答案：B

解析：根据《财政部　税务总局关于境外机构投资境内债券市场企业所得税、增值税政策的通知》（财税〔2018〕108号），自2018年11月7日起至2021年11月6日止，对境外机构投资境内债券市场取得的债券利息收入暂免征收企业所得税和增值税。

二、多选题

1. 对于大企业税收经济分析工作，我们要（　　）。

A. 提升选题站位　　B. 打造拳头产品　　C. 加强联动协作　　D. 强化增值应用

答案：ABC

解析：根据《国家税务总局大企业税收管理司关于印发〈关于加强大企业税收服务和管理工作的指导意见〉的通知》（税总企便函〔2018〕67号）（八）大企业税收经济分析：①提升选题站位；②打造拳头产品；③加强联动协作。

2. 大企业税收服务和管理工作的基本原则是（　　）。

A. 统筹兼顾　　　B. 科学高效　　　C. 提升层级　　　D. 优化效能

答案：ABCD

解析：根据税总企便函〔2018〕67号（二）基本原则：统筹兼顾、科学高效、提升层级、优化效能。

3. 下列关于大企业纳税服务工作的说法正确的是（　　）。

A. 针对跨区域经营的企业集团各地税收政策理解、执行不一致问题，加强组织协调，提高政策确定性和执行统一性

B. 收集整理企业风险防控典型案例，汇编成册，定期发布

C. 推进以集团为对象评定纳税信用等级，增强企业信誉意识

D. 全面地测试企业内控制度实际执行情况，提出完善建议，推动企业提高遵从水平

答案：AC

解析：根据税总企便函〔2018〕67号，收集整理企业风险防控典型案例，汇编成册，不定期发布；有重点地测试企业内控制度实际执行情况，提出完善建议，推动企业提高遵从水平，BD错误。

4. 大企业税收服务和管理工作中，制度规划建设工作包括（　　）。

A. 科学配置业务部门　　　　　B. 建立健全各类制度

C. 强化工作统筹规划　　　　　D. 加强内控机制建设

答案：BCD

解析：根据税总企便函〔2018〕67号（二）制度规划建设：①建立健全各类制度；②强化工作统筹规划；③加强内控机制建设。

5. 千户集团指标模型的建设思路包括（　　）。

A. 研发　　　　B. 验证　　　　C. 优化　　　　D. 应用

答案：ABD

解析：根据税总企便函〔2018〕67号，落实千户集团指标模型"研发、验证、应用"三位一体的建设思路。

6. 按照总省联动、省省互动的业务要求，税务总局大企业税收管理司和各省级大企业税收服务和管理部门之间要实现（　　）。

A. 数据互联　　　B. 模型共享　　　C. 风险互推　　　D. 服务直达

答案：ABCD

解析：根据税总企便函〔2018〕67号，按照总省联动、省省互动的业务要求，积

极推进总局、省局两级大企业信息化平台的有效衔接,实现税务总局大企业税收管理司和各省级大企业税收服务和管理部门之间的数据互联、模型共享、风险互推和服务直达。

7. 组织实施风险应对,要做到( )。

A. 事实清楚　　B. 证据充分　　C. 处理得当　　D. 税款入库

答案:ABC

解析:根据税总企便函〔2018〕67号,组织实施风险应对,做到事实清楚、证据充分,处理得当。

8. 大企业税收风险管理内部控制制度适用于各级税务机关对( )的税收风险管理工作。

A. 千户集团总部及其成员企业　　B. 重点税源企业

C. 定点联系企业　　D. 本省列名企业

答案:AD

解析:根据《国家税务总局关于印发〈大企业税收风险管理内部控制制度(试行)〉的通知》(税总发〔2018〕177号)第二条,本制度适用于各级税务机关对千户集团总部及其成员企业、本省列名企业的税收风险管理工作。

9. 大企业税收风险管理内部控制的目标是:通过( ),形成运转高效、规范有序的管控制度,实现对大企业税收风险管理工作的制约和监督,提升管理的质量和效率。

A. 健全机制　　B. 规范流程　　C. 明确岗责　　D. 完善措施

答案:ABCD

解析:根据税总发〔2018〕177号第五条,大企业税收风险管理内部控制的目标是:通过健全机制、规范流程、明确岗责、完善措施,形成运转高效、规范有序的管控制度,实现对大企业税收风险管理工作的制约和监督,提升管理的质量和效率。

10. 指标模型建设工作主要风险点包括( )。

A. 未按开发、验证、应用程序进行指标模型建设

B. 未经授权更改指标模型内容

C. 未按规定优化指标模型

D. 未按规定保存和使用指标模型

答案:ABD

解析:根据税总发〔2018〕177号第九条,风险分析主要风险点:(一)指标模型建设:①未按开发、验证、应用程序进行指标模型建设;②未经授权更改指标模型内容;③未按规定保存和使用指标模型。

11. 建立严密高效的税收风险管理运行机制,统筹优化税收风险应对方式,树立大风险理念,( )都是风险应对的重要手段。

A. 纳税评估　　　B. 税务审计　　　C. 反避税调查　　　D. 税务稽查

答案：ABCD

解析：根据《国家税务总局关于转变税收征管方式提高税收征管效能的指导意见》（税总发〔2017〕45号），统筹优化税收风险应对方式，树立大风险理念，纳税评估、税务审计、反避税调查、税务稽查都是风险应对的重要手段。

12. 省税务机关大企业税收管理部门应当及时汇总本省千户集团税收风险应对情况，向税务总局（大企业税收管理司）报送（　　）。

A.《千户集团税收风险分析报告》　　B.《千户集团税收风险应对工作报告》
C.《千户集团税收风险应对工作底稿》　　D.《千户集团税收风险应对情况表》

答案：BD

解析：根据《国家税务总局关于印发〈千户集团税收风险管理工作规程（试行）〉的通知》（税总发〔2017〕128号），省税务机关大企业税收管理部门应当及时汇总本省千户集团税收风险应对情况，向税务总局（大企业税收管理司）报送《千户集团税收风险应对工作报告》《千户集团税收风险应对情况表》。

13. 人工专业复评主要包括（　　）。

A. 常规风险分析　　B. 行业重点剖析　　C. 税收经济分析　　D. 重大事项分析

答案：ABD

解析：根据税总发〔2017〕128号，人工专业复评主要包括常规风险分析、行业重点剖析和重大事项分析。

14. 税务总局、省税务机关应当加强风险应对结果的增值利用，主要方式包括（　　）。

A. 优化指标模型，增强指标模型的准确性和有效性
B. 建立和更新千户集团风险特征库、典型案例库和行业风险指引，复制推广系统性、行业性风险分析应对经验
C. 提出完善税收政策、强化税收征管的建议
D. 开展谈签税收遵从协议、出具税收管理建议书等个性化服务，提升企业税收风险防控能力

答案：ABCD

解析：根据税总发〔2017〕128号，税务总局、省税务机关应当加强风险应对结果的增值利用，主要方式包括：（一）优化指标模型，增强指标模型的准确性和有效性；（二）建立和更新千户集团风险特征库、典型案例库和行业风险指引，复制推广系统性、行业性风险分析应对经验；（三）提出完善税收政策、强化税收征管的建议；（四）开展谈签税收遵从协议、出具税收管理建议书等个性化服务，提升企业税收风险防控能力。

15. 千户集团税收风险管理，按照（　　）环节，实施全流程闭环管理。

A. 数据采集　　　　B. 风险分析　　　　C. 推送应对　　　　D. 反馈考核

答案：ABCD

解析：根据税总发〔2017〕128号，千户集团税收风险管理，以防范税收风险为导向，按照"数据采集——风险分析——推送应对——反馈考核"四个环节，实施全流程闭环管理。

16. 千户集团年度缴纳税额为集团总部及其境内外全部成员企业境内年度纳税额合计，不包括（　　）。

A. 关税
B. 车船税
C. 企业代扣代缴的个人所得税
D. 船舶吨税

答案：ACD

解析：根据《国家税务总局关于发布〈千户集团名册管理办法〉的公告》（国家税务总局公告2017年第7号）第二条，年度缴纳税额为集团总部及其境内外全部成员企业境内年度纳税额合计，不包括关税、船舶吨税以及企业代扣代缴的个人所得税。

17. 对（　　）的千户集团，省税务机关应及时上报国家税务总局。

A. 提供虚假名册信息
B. 应报未报
C. 报送名册信息有误
D. 拒绝报送名册信息

答案：ABD

解析：根据国家税务总局公告2017年第7号，对应报未报、提供虚假名册信息或拒绝报送名册信息的企业集团，省税务机关应及时上报国家税务总局。

18. 加强千户集团数据管理的主要任务包括（　　）。

A. 建立健全千户集团数据管理制度规范
B. 强化千户集团数据采集、管理和应用
C. 加强千户集团数据管理的信息化支撑
D. 加强数据管理专业化团队建设

答案：ABCD

解析：根据《国家税务总局大企业税收管理司关于加强千户集团数据管理工作的意见》（税总企便函〔2017〕23号），加强千户集团数据管理的主要任务：（一）建立健全千户集团数据管理制度规范；（二）强化千户集团数据采集、管理和应用；（三）加强千户集团数据管理的信息化支撑；（四）加强数据管理专业化团队建设。

19. 建立健全千户集团数据管理制度规范工作包括（　　）。

A. 建立健全千户集团数据联络员制度
B. 建立千户集团名册管理制度
C. 建立数据管理岗责制度
D. 建立千户集团数据质量管控和考核评价制度

答案：ABCD

解析：根据税总企便函〔2017〕23 号，建立健全千户集团数据管理制度规范：①建立健全千户集团数据联络员制度；②建立千户集团名册管理制度；③建立数据管理岗责制度；④建立千户集团数据质量管控和考核评价制度。

20. 加强千户集团数据管理的信息化支撑工作包括（　　）。
A. 优化千户集团数据采集工具和支持方式
B. 建立千户集团数据集市，统一数据应用平台
C. 探索"互联网＋千户集团"试点应用
D. 开展千户集团数据深度挖掘和应用
答案：ABC
解析：根据税总企便函〔2017〕23 号，加强千户集团数据管理的信息化支撑：（1）优化千户集团数据采集工具和支持方式；（2）建立千户集团数据集市，统一数据应用平台；（3）探索"互联网＋千户集团"试点应用。

21. 下列说法正确的是（　　）。
A. 千户集团数据联络员是指千户集团中负责配合税务机关，统筹协调集团总部及其成员单位开展数据采集、审核和报送等工作的人员
B. 千户集团总部应设置专职联络员 1 名，与税务机关大企业管理部门直接对接
C. 千户集团数据联络员要及时反馈千户集团数据采集工作的意见与建议
D. 千户集团数据联络员要有扎实的财会理论知识基础，熟悉会计和税收业务
答案：ACD
解析：根据《国家税务总局大企业税收管理司关于印发〈千户集团数据联络员管理办法〉的公告》（税总企便函〔2017〕9 号），千户集团总部设置独立或兼职联络员 1 名，与税务机关大企业管理部门直接对接。

22. 退还期末留抵税额纳税人的纳税信用等级为（　　）。
A. A 级　　　　B. B 级　　　　C. C 级　　　　D. D 级
答案：AB
解析：根据《财政部　税务总局关于 2018 年退还部分行业增值税留抵税额有关税收政策的通知》（财税〔2018〕70 号），退还期末留抵税额纳税人的纳税信用等级为 A 级或 B 级。

23. 《中国制造 2025》明确的重点领域包括（　　）。
A. 新一代信息技术　　　　　　　B. 海洋工程装备及高技术船舶
C. 电力装备　　　　　　　　　　D. 生物医药及高性能医疗器械
答案：ABCD
解析：根据财税〔2018〕70 号，《中国制造 2025》明确的新一代信息技术、高档数控机床和机器人、航空航天装备、海洋工程装备及高技术船舶、先进轨道交通装备、节能与新能源汽车、电力装备、农业机械装备、新材料、生物医药及高性能医疗器械

等 10 个重点领域。

24. 自 2018 年 9 月 1 日至 2020 年 12 月 31 日，对金融机构向（　　）发放小额贷款取得的利息收入，免征增值税。

A. 小型企业　　　B. 微型企业　　　C. 小规模纳税人　　D. 个体工商户

答案：ABD

解析：根据《财政部　税务总局关于金融机构小微企业贷款利息收入免征增值税政策的通知》（财税〔2018〕91 号），自 2018 年 9 月 1 日至 2020 年 12 月 31 日，对金融机构向小型企业、微型企业和个体工商户发放小额贷款取得的利息收入，免征增值税。

三、判断题

1. 大企业税收服务和管理部门要完善大企业重组涉税事项纳税服务工作机制，依职权为大企业协调解决重组中的疑难事项。（　　）

答案：×

解析：根据税总企便函〔2018〕67 号，完善大企业重组涉税事项纳税服务工作机制，依申请为大企业协调解决重组中的疑难事项。

2. 大企业税收服务和管理部门要不定期归集整理税收风险，适时推送，助力企业防范风险。（　　）

答案：×

解析：根据税总企便函〔2018〕67 号，定期归集整理税收风险，适时推送，助力企业防范风险。

3. 各省级大企业税收服务和管理部门制定本省千户集团年度风险分析计划，确定集团及成员企业名单后需上报总局备案。（　　）

答案：√

解析：根据税总企便函〔2018〕67 号，统筹考虑相关因素，制定本省千户集团年度风险分析计划，确定集团及成员企业名单，并上报总局备案。

4. 对纳入年度风险分析计划的本省千户集团及列名企业，以税收风险管理指引为基础，进行计算机扫描，形成相关集团及成员企业的税收风险识别报告。（　　）

答案：×

解析：根据税总企便函〔2018〕67 号，对纳入年度风险分析计划的本省千户集团及列名企业，以税收风险指标模型体系为基础，进行计算机扫描，形成相关集团及成员企业的税收风险识别报告。

5. 对重大或复杂涉税事项由省级大企业服务和管理部门直接组织实施风险应对。（　　）

答案：√

解析：根据税总企便函〔2018〕67号，对重大或复杂涉税事项由省级大企业服务和管理部门直接组织实施风险应对。

6. 大企业税收经济分析选题要围绕国家税务总局重点聚焦的全局性和战略性问题。（   ）

答案：×

解析：根据税总企便函〔2018〕67号，（八）大企业税收经济分析：①提升选题站位。围绕党中央、国务院和国家税务总局重点聚焦的全局性和战略性问题。

7. 大企业税收风险管理工作风险，是指税务机关及其工作人员在大企业税收风险管理工作过程中，因违反有关法律、法规、规章及相关规定，导致国家利益受损的税收执法风险以及由此产生的廉政风险。（   ）

答案：×

解析：根据《国家税务总局关于印发〈大企业税收风险管理内部控制制度（试行）〉的通知》（税总发〔2018〕177号），大企业税收风险管理工作风险，是指税务机关及其工作人员在大企业税收风险管理数据采集、风险分析、推送应对、反馈考核等风险管理工作过程中，因违反有关法律、法规、规章及相关规定，导致国家利益、纳税人和缴费人合法权益受损的税收执法风险以及由此产生的廉政风险。

8. 根据涉及事项或环节的重要程度、危害程度等因素，大企业税收风险管理工作风险分为四个等级。（   ）

答案：×

解析：根据税总发〔2018〕177号第四条，根据涉及事项或环节的重要程度、危害程度等因素，大企业税收风险管理工作风险分为高、中、低三个等级。

9. 大企业税收风险管理内部控制的内容主要包括：数据采集、风险分析、推送应对、反馈考核环节中的涉税事项的工作风险。（   ）

答案：√

解析：根据税总发〔2018〕177号第七条，大企业税收风险管理内部控制的内容主要包括：数据采集、风险分析、推送应对、反馈考核环节中的涉税事项的工作风险。

10. 开展大企业税收风险管理工作应当按照规定制作并完整保留各项工作底稿、相关税务文书及送达回证、证据资料、集体审议会议纪要等资料。（   ）

答案：√

解析：根据税总发〔2018〕177号，开展大企业税收风险管理工作应当按照规定制作并完整保留各项工作底稿、相关税务文书及送达回证、证据资料、集体审议会议纪要等资料。

11. 省以下税务机关大企业税收管理部门要向上级内部控制管理部门和大企业税收管理部门传递大企业税收风险管理内部控制情况。（   ）

答案：×

解析：根据税总发〔2018〕177号，省以下税务机关大企业税收管理部门负责本单位大企业税收风险管理内部控制工作的组织实施，指导下级单位开展大企业税收风险管理内部控制，向本级内部控制管理部门和上级大企业税收管理部门传递大企业税收风险管理内部控制情况。

12. 省以下税务机关应将大企业税收风险管理重大紧急事项报本单位领导研究解决并报上一级大企业税收管理部门。（　　）

答案：√

解析：根据税总发〔2018〕177号，省以下税务机关应将大企业税收风险管理重大紧急事项报本单位领导研究解决并报上一级大企业税收管理部门。

13. 税务机关实施税务检查后，应当按规定制作税务检查文书。（　　）

答案：×

解析：根据《国家税务总局关于规范并减少税务检查的通知》（税总发〔2017〕149号），税务机关实施税务检查前，应当按规定制作税务检查文书。

14. 税务机关掌握已实施税务检查的纳税人新的涉税违法线索，可以对其再次实施税务检查。（　　）

答案：√

解析：根据税总发〔2017〕149号，属于下列情况的，税务机关可以对已实施税务检查的纳税人再次实施税务检查，但需经县级以上（含）税务机关主要负责人批准：（一）税务机关已掌握该纳税人新的涉税违法线索。

15. 千户集团数据采集的内容包括企业端数据和税务端数据。（　　）

答案：×

解析：根据《国家税务总局关于印发〈千户集团税收风险管理工作规程（试行）〉的通知》（税总发〔2017〕128号），千户集团数据采集的内容包括企业端数据、税务端数据和第三方数据。

16. 税务总局大企业税收管理司将千户集团风险应对任务统一推送至相关省税务机关大企业税收管理部门。（　　）

答案：×

解析：根据税总发〔2017〕128号，税务总局大企业税收管理司将风险应对任务通过税务总局税收风险管理工作领导小组办公室（以下简称"总局风险办"）统一推送至省税务机关税收风险管理工作领导小组办公室（以下简称"省局风险办"），并抄送相关省税务机关大企业税收管理部门。

17. 实地核实过程中发现纳税人其他税收风险点的，应当一并进行处理。（　　）

答案：√

解析：根据税总发〔2017〕128号，实地核实过程中发现纳税人其他税收风险点的，应当一并进行处理。

18. 税务总局、省税务机关结合计算机扫描结果，开展人工专业复评，形成《千户集团税收风险应对工作报告》。（　　）

答案：×

解析：根据税总发〔2017〕128号，税务总局、省税务机关结合计算机扫描结果，开展人工专业复评，形成《千户集团税收风险分析报告》。

19. 大企业集团总部应直接向税务总局提出重组涉税事项书面咨询请求。（　　）

答案：×

解析：根据税总办发〔2017〕139号，大企业集团总部可以直接向税务总局提出重组涉税事项书面咨询请求，也可以通过所在地省税务机关向税务总局提出书面咨询请求。

20. 大企业重组涉税事项办公室负责登记大企业重组涉税事项。（　　）

答案：×

解析：根据税总办发〔2017〕139号，税务总局办公厅负责登记大企业重组涉税事项。

21. 千户集团按月（季）度报送相关基础涉税数据工作中，实际缴纳税款的期间按照税款所属期界定。（　　）

答案：×

解析：根据《国家税务总局大企业税收管理司关于明确千户集团按月（季）度报送相关基础涉税数据相关口径的紧急通知》（税总企便函〔2017〕107号），实际缴纳税款的期间为当期开始至结束实际缴纳入库的税款金额，而非按照税款所属期界定。

22. 千户集团按月（季）度报送相关基础涉税数据工作中，对部分需取自企业集团合并财务报表的月（季）度报送数据，填报企业集团总部及其成员企业相应指标的合计数。（　　）

答案：√

解析：根据税总企便函〔2017〕107号，对部分需取自企业集团合并财务报表的数据指标口径明确如下：（一）月（季）度报送数据，填报口径为企业集团总部及其成员企业相应指标的合计数。

23. 对于个别未能在报送期间内核算完成集团涉税数据的企业集团可申请延期报送。（　　）

答案：×

解析：根据税总企便函〔2017〕107号，对于个别未能在报送期间内核算完成集团涉税数据的企业集团，可先行按照上年同期数据和可预计的变动情况，对数据指标进行合理估算，并在报送期间内报送。在数据核算完成后，可选择进行补充报送。

24. 千户集团名单由国家税务总局确定，定期发布，实行静态管理。（　　）

答案：×

解析：根据《国家税务总局关于发布〈千户集团名册管理办法〉的公告》（国家税务总局公告 2017 年第 7 号），千户集团名单由国家税务总局确定，定期发布，实行动态管理。

25. 已入选千户集团名单的企业集团总部按年维护集团名册信息，每年应按照要求填报相关信息，于每年 6 月 30 日前报送省、自治区、直辖市、计划单列市税务机关。（   ）

答案：×

解析：根据国家税务总局公告 2017 年第 7 号，已入选千户集团名单的企业集团总部按年维护集团名册信息，每年应按照要求填报相关信息，于每年 5 月 31 日企业所得税汇算清缴结束前报送省、自治区、直辖市、计划单列市税务机关。

26. 对于税收风险程度较低的纳税人，正常供应发票，加强事中事后监管。（   ）

答案：×

解析：根据《国家税务总局关于进一步做好纳税人增值税发票领用等工作的通知》（税总函〔2019〕64 号），对于税收风险程度较低的纳税人，按需供应发票。

27. 自 2019 年 1 月 1 日至 2020 年 12 月 31 日，对企业集团内单位（含企业集团）之间的资金无偿借贷行为，免征增值税。（   ）

答案：×

解析：根据《关于明确养老机构免征增值税等政策的通知》（财税〔2019〕20 号），自 2019 年 2 月 1 日至 2020 年 12 月 31 日，对企业集团内单位（含企业集团）之间的资金无偿借贷行为，免征增值税。

第三章 税收政策解析专辑练习题

1. 【判断题】自 2019 年 1 月 1 日至 2022 年 12 月 31 日，对单位或者个体工商户将自产、委托加工或购买的货物通过公益性社会组织、县级及以上人民政府及其组成部门和直属机构，或直接无偿捐赠给目标脱贫地区的单位和个人，免征增值税。在政策执行期限内，目标脱贫地区实现脱贫的，不再适用适用上述政策。（　　）

解析：错误。《财政部　税务总局　国务院扶贫办关于扶贫货物捐赠免征增值税政策的公告》（财政部　税务总局　国务院扶贫办公告 2019 年第 55 号）第一条规定："在政策执行期限内，目标脱贫地区实现脱贫的，可继续适用上述政策。"

2. 【单选题】自 2019 年 1 月 1 日至 2022 年 12 月 31 日，对单位或者个体工商户将自产、委托加工或购买的货物通过公益性社会组织、县级及以上人民政府及其组成部门和直属机构，或直接无偿捐赠给目标脱贫地区的单位和个人，免征增值税。针对该税收政策，下列说法不正确的是（　　）。

A. 在 2015 年 1 月 1 日至 2018 年 12 月 31 日期间已发生的符合上述条件的扶贫货物捐赠，可追溯执行上述增值税政策

B. 政策公布前已征收入库的按上述规定应予免征的增值税税款，可抵减纳税人以后月份应缴纳的增值税税款

C. 政策公布前已征收入库的按上述规定应予免征的增值税税款，可办理税款退库

D. 已向购买方开具增值税专用发票的，应按规定开具红字专用发票后方可办理免税

解析：D。《财政部　税务总局　国务院扶贫办关于扶贫货物捐赠免征增值税政策的公告》（财政部　税务总局　国务院扶贫办公告 2019 年第 55 号）第三条规定："……已向购买方开具增值税专用发票的，应将专用发票追回后方可办理免税。无法追回专用发票的，不予免税。"

3. 【判断题】A 企业 2019 年 5 月 1 日与红十字会签订无偿捐赠意向书，约定 2019 年 12 月 31 日前向甲县捐款 100 万元用于扶贫捐赠（甲县属于财政部　税务总局　国务院扶贫办公告 2019 年第 49 号文件规定的目标脱贫地区），款项尚未实际支付，A 企业的该笔捐赠支出可以在计算企业所得税应纳税所得额时扣除。（　　）

解析：错误。《财政部　税务总局　国务院扶贫办关于企业扶贫捐赠所得税税前扣除政策的公告》（财政部　税务总局　国务院扶贫办公告 2019 年第 49 号）第一条规定"……准予在计算企业所得税应纳税所得额时据实扣除"。

4.【单选题】关于投资者取得中国铁路总公司发行的铁路债券利息收入有关所得税政策的说法，错误的是（   ）。

A. 对企业投资者持有2019～2023年发行的铁路债券取得的利息收入，减半征收企业所得税

B. 对个人投资者持有2019～2023年发行的铁路债券取得的利息收入，减按50%计入应纳税所得额计算征收个人所得税

C. 对个人投资者持有2019～2023年发行的铁路债券取得的利息收入，个人所得税税款由兑付机构在向个人投资者发行铁路债券时代收代缴

D. 铁路债券是指以中国铁路总公司为发行和偿还主体的债券，包括中国铁路建设债券、中期票据、短期融资券等债务融资工具

解析：C。根据《财政部 税务总局关于铁路债券利息收入所得税政策的公告》（财政部 税务总局公告2019年第57号）第二条："……税款由兑付机构在向个人投资者兑付利息时代扣代缴。"

5.【单选题】关于永续债企业所得税政策，下列说法正确的是（   ）。

A. 企业发行的永续债，适用股息、红利等权益性投资收益免征企业所得税的，要求发行方和投资方均为居民企业

B. 企业发行的永续债，适用股息、红利等权益性投资收益免征企业所得税的，发行方支付的永续债利息支出可以在企业所得税税前扣除

C. 企业发行符合规定条件的永续债，按照债券利息适用企业所得税政策的，发行方支付的永续债利息支出不得在其企业所得税税前扣除

D. 企业发行符合规定条件的永续债，按照债券利息适用企业所得税政策的，投资方取得的永续债利息收入免征企业所得税

解析：A。选项B、C、D错误，《财政部 税务总局关于永续债企业所得税政策问题的公告》（财政部 税务总局公告2019年第64号）第一条规定："……同时发行方支付的永续债利息支出不得在企业所得税税前扣除。"第二条规定："企业发行符合规定条件的永续债，也可以按照债券利息适用企业所得税政策，即：发行方支付的永续债利息支出准予在其企业所得税税前扣除；投资方取得的永续债利息收入应当依法纳税。"

6.【单选题】企业发行符合规定条件的永续债，可以按照债券利息适用企业所得税政策，对于这里的"条件"，下列选项表述不正确的有（   ）。

A. 有明确约定的利率和付息频率

B. 被投资企业将该项投资计入负债

C. 投资方参与被投资企业日常生产经营活动

D. 有一定的投资期限

解析：C。财政部 税务总局公告2019年第64号第三条规定："本公告第二条所

称符合规定条件的永续债,是指符合下列条件中 5 条(含)以上的永续债:……(五)投资方不参与被投资企业日常生产经营活动……"

7.【多选题】增值税一般纳税人购进农产品(未采用农产品进项税额核定扣除试点实施办法),可凭下列哪几种增值税扣税凭证抵扣进项税额?( )

　　A. 增值税专用发票　　　　　　B. 海关进口缴款书
　　C. 农产品收购发票　　　　　　D. 农产品销售发票

解析:ABCD。

8.【单选题】增值税一般纳税人 A 企业(未采用农产品进项税额核定扣除试点实施办法)2019 年 6 月购进一批玉米用于生产爆米花,取得合法扣税凭证,下列说法正确的是( )。

　　A. 纳税人应该按照 10% 的扣除率计算进项税额
　　B. 纳税人应该按照 9% 的扣除率计算进项税额
　　C. 纳税人生产爆米花领用玉米时按照 9% 的扣除率计算进项税额
　　D. 纳税人购进玉米时按照 10% 的扣除率计算进项税额

解析:A。《财政部　国家税务总局　海关总署关于深化增值税改革有关政策的公告》(财政部　税务总局　海关总署公告 2019 年 39 号)第二条规定:"纳税人购进农产品,原适用 10% 扣除率的,扣除率调整为 9%。纳税人购进用于生产或者委托加工 13% 税率货物的农产品,按照 10% 的扣除率计算进项税额。"购进时按照 9% 的扣除率计算进项税额,生产领用时加计扣除 1%。

9.【单选题】增值税一般纳税人 A 企业 2019 年 6 月购进一批榴莲用于直接销售,取得小规模纳税人开具的增值税专用发票,发票注明价款 100 万元,税额 3 万元。纳税人该笔业务的进项税额为( )。

　　A. 3 万元　　　　B. 13 万元　　　　C. 9 万元　　　　D. 11 万元

解析:C。《财政部　国家税务总局关于简并增值税税率有关政策的通知》(财税 2017 年 37 号)第二条规定:"……从按照简易计税方法依照 3% 征收率计算缴纳增值税的小规模纳税人取得增值税专用发票的,以增值税专用发票上注明的金额和 11% 的扣除率计算进项税额。"《财政部　国家税务总局　海关总署关于深化增值税改革有关政策的公告》(财政部　税务总局　海关总署公告 2019 年 39 号)第二条规定:"纳税人购进农产品,原适用 10% 扣除率的,扣除率调整为 9%。……"

10.【单选题】本次深化增值税改革对出口退税率进行了调整,下列关于出口退税率的执行时间及出口货物劳务、发生跨境应税行为的时间,说法正确的是( )。

　　A. 报关出口的货物劳务(保税区及经保税区出口除外),以货物离境时海关出具的出境货物备案清单上注明的出口日期为准
　　B. 非报关出口的货物劳务、跨境应税行为,以货物离境时海关出具的出境货物备案清单上注明的出口日期为准

C. 非报关出口的货物劳务、跨境应税行为,以海关出口报关单上注明的出口日期为准

D. 报关出口的货物劳务(保税区及经保税区出口除外),以海关出口报关单上注明的出口日期为准

解析:D。财政部 税务总局 海关总署公告2019年39号第三条第二款规定:"出口退税率的执行时间及出口货物劳务、发生跨境应税行为的时间,按照以下规定执行:报关出口的货物劳务(保税区及经保税区出口除外),以海关出口报关单上注明的出口日期为准;非报关出口的货物劳务、跨境应税行为,以出口发票或普通发票的开具时间为准;保税区及经保税区出口的货物,以货物离境时海关出具的出境货物备案清单上注明的出口日期为准。"

11.【判断题】本次深化增值税改革对境外旅客购物离境退税物品的退税率进行了调整,退税率的执行时间以退税物品增值税普通发票的开具日期为准。( )

解析:√。

12.【多选题】增值税一般纳税人A企业是一家服装生产企业,2019年对外销售一批连帽衫,3月20日发货,4月5日实际收到货款。关于这批连帽衫适用的税率下列说法正确的是( )。

A. 对于该笔交易,A企业与买方2019年3月1日签订了合同,合同约定买方应于2019年3月25日支付全部货款,则该批连帽衫应适用的税率为16%

B. 对于该笔交易,A企业与买方2019年3月1日签订了合同,合同约定买方应于2019年5月1日支付全部货款,则该批连帽衫应适用的税率为13%

C. 对于该笔交易,A企业与买方未签订合同,则该批连帽衫应适用的税率为16%

D. 对于该笔交易,A企业与买方未签订合同,则该批连帽衫应适用的税率为13%

解析:ABD。《营业税改征增值税试点实施办法》(财税〔2016〕36号附件1)第四十五条规定:"增值税纳税义务、扣缴义务发生时间为:(一)纳税人发生应税行为并收讫销售款项或者取得索取销售款项凭据的当天;先开具发票的,为开具发票的当天。收讫销售款项,是指纳税人销售服务、无形资产、不动产过程中或者完成后收到款项。取得索取销售款项凭据的当天,是指书面合同确定的付款日期;未签订书面合同或者书面合同未确定付款日期的,为服务、无形资产转让完成的当天或者不动产权属变更的当天。"《增值税暂行条例实施细则》第38条第一款规定:"采取直接收款方式销售货物,不论货物是否发出,均为收到销售款或者取得索取销售款凭据的当天。"选项A、B纳税义务发生时间为合同约定付款时间,选项C和D纳税义务发生时间为实际付款时间。

13.【单选题】增值税一般纳税人A企业2019年6月购进如下几项旅客运输服务,其进项税额不可以从销项税额中抵扣的是( )。

A. 增值税普通发票(非增值税电子普通发票)

B. 增值税电子普通发票

C. 注明旅客信息的大客车票

D. 通用定额发票

解析：D。通用定额发票上没有注明旅客信息，根据《财政部 国家税务总局 海关总署关于深化增值税改革有关政策的公告》（财政部 税务总局 海关总署公告2019年39号）第六条第一款："（一）纳税人未取得增值税专用发票的，暂按照以下规定确定进项税额：（1）取得增值税电子普通发票的，为发票上注明的税额；（2）取得注明旅客身份信息的航空运输电子客票行程单的，为按照下列公式计算进项税额：航空旅客运输进项税额＝（票价＋燃油附加费）÷（1＋9%）×9%；（3）取得注明旅客身份信息的铁路车票的，为按照下列公式计算的进项税额：铁路旅客运输进项税额＝票面金额÷（1＋9%）×9%；（4）取得注明旅客身份信息的公路、水路等其他客票的，按照下列公式计算进项税额：公路、水路等其他旅客运输进项税额＝票面金额÷（1＋3%）×3%"的规定，进项税额不能抵扣。

14. 一般纳税人 A 企业 2019 年 6 月 1 日购进旅客运输服务，取得注明旅客身份信息的航空运输电子客票行程单一张，其中，票价 1 000 元，燃油附加费 100 元，民航发展基金 100 元，则 A 企业该项业务可以抵扣的进项税额为（　　）。

  A. 82.57 元   B. 99.10 元   C. 90.83 元   D. 99.08 元

解析：C。《财政部 国家税务总局 海关总署关于深化增值税改革有关政策的公告》（财政部 税务总局 海关总署公告 2019 年 39 号）第五条第一款规定："……取得注明旅客身份信息的航空运输电子客票行程单的，为按照下列公式计算进项税额：航空旅客运输进项税额＝（票价＋燃油附加费）÷（1＋9%）×9%……"

15. 【多选题】一般纳税人 A 企业有因 2019 年 1 月购入写字楼形成的待抵扣进项税额 100 万元，A 企业下列做法中不正确的是（　　）。

  A. 在 2019 年 4 月所属期一次性转入进项税额进行抵扣

  B. 在 2020 年 2 月所属期一次性转入进项税额进行抵扣

  C. 在 2019 年 4 月所属期将待抵扣进项税额中的 60% 转入进项税额进行抵扣

  D. 在 2020 年 2 月所属期将待抵扣进项税额中的 40% 转入进项税额进行抵扣

解析：CD。《财政部 国家税务总局 海关总署关于深化增值税改革有关政策的公告》（财政部 税务总局 海关总署公告 2019 年 39 号）第五条规定："自 2019 年 4 月 1 日起，《营业税改征增值税试点有关事项的规定》（财税〔2016〕36 号印发）第一条第（四）项第 1 点、第二条第（一）项第 1 点停止执行，纳税人取得不动产或者不动产在建工程的进项税额不再分 2 年抵扣。此前按照上述规定尚未抵扣完毕的待抵扣进项税额，可自 2019 年 4 月税款所属期起从销项税额中抵扣。"

16. 【判断题】增值税加计抵减政策所称的生产、生活性服务业纳税人，是指提供邮政服务、电信服务、现代服务、生活服务取得的销售额占全部销售额的比重 100% 的

纳税人。（ ）

解析：错误。《财政部 国家税务总局 海关总署关于深化增值税改革有关政策的公告》（财政部 税务总局 海关总署公告2019年39号）第七条第一款规定："本公告所称生产、生活性服务业纳税人，是指提供邮政服务、电信服务、现代服务、生活服务（以下称四项服务）取得的销售额占全部销售额的比重超过50%的纳税人。"

17.【判断题】符合条件的纳税人在年度首次确认适用加计抵减政策时，只能通过电子税务局提交《适用加计抵减政策的声明》（ ）。

解析：错误。《国家税务总局关于深化增值税改革有关事项的公告》（国家税务总局公告2019年第14号）第八条规定："……适用加计抵减政策的生产、生活性服务业纳税人，应在年度首次确认适用加计抵减政策时，通过电子税务局（或前往办税服务厅）提交《适用加计抵减政策的声明》。"

18.【单选题】一般纳税人A企业适用加计抵减政策，2019年6月一般计税项目销项税额120万元，进项税额100万元，上期留抵税额10万元，上期结转加计抵减额余额5万元；简易计税项目销售额100万元（不含税），征收率3%。A企业2019年6月应缴纳的增值税为（ ）。

A. 3万元　　　　　B. 0万元　　　　　C. 20万元　　　　　D. 5万元

解析：A。《财政部 国家税务总局 海关总署关于深化增值税改革有关政策的公告》（财政部 税务总局 海关总署公告2019年39号）第七条第二款规定："纳税人应按照当期可抵扣进项税额的10%计提当期加计抵减额。按照现行规定不得从销项税额中抵扣的进项税额，不得计提加计抵减额；已计提加计抵减额的进项税额，按规定作进项税额转出的，应在进项税额转出当期，相应调减加计抵减额。计算公式如下：当期计提加计抵减额＝当期可抵扣进项税额×10%；当期可抵减加计抵减额＝上期末加计抵减额余额＋当期计提加计抵减额－当期调减加计抵减额。"

19.【多选题】下列对适用试行增值税期末留抵退税政策的条件表述正确的有（ ）。

A. 纳税信用等级为D级及以上

B. 自2019年4月1日起未享受即征即退、先征后返（退）政策的

C. 申请退税前36个月未发生骗取留抵退税、出口退税或虚开增值税专用发票情形的

D. 自2019年4月税款所属期起，连续六个月（按季纳税的，连续两个季度）增量留抵税额均大于零，且第六个月增量留抵税额不低于50万元

解析：BCD。财政部 税务总局 海关总署公告2019年39号第八条第一款规定："……2.纳税信用等级为A级或者B级……"

20.【多选题】符合增值税期末留抵税额退税制度的纳税人在计算允许退还的增量留抵税额时，公式中的进项构成比例的分子包括（ ）。

A. 海关进口增值税专用缴款书注明的增值税额

B. 农产品收购发票注明的增值税额

C. 因购进旅客运输服务取得的增值税电子普通发票上注明的增值税额

D. 解缴税款完税凭证上注明的增值税额

解析：AD。财政部 税务总局 海关总署公告2019年39号第八条第三款规定："……进项构成比例，为2019年4月至申请退税前一税款所属期内已抵扣的增值税专用发票（含税控机动车销售统一发票）、海关进口增值税专用缴款书、解缴税款完税凭证注明的增值税额占同期全部已抵扣进项税额的比重。"

21.【单选题】B公司是A公司在新加坡的全资子公司，2019年3月24日B公司无偿向A公司提供借款100万人民币，已知银行同期利率为1%，A公司需要代扣代缴的增值税为（　　）。

　　A. 600元　　　　　　　　　　　　B. 不需要代扣代缴增值税

　　C. 566.04元　　　　　　　　　　　D. 60 000元

解析：B。《财政部 税务总局关于明确养老机构免征增值税等政策的通知》（财税〔2019〕20号）第三条规定："自2019年2月1日至2020年12月31日，对企业集团内单位（含企业集团）之间的资金无偿借贷行为，免征增值税。"

22.【单选题】增值税小规模纳税人B按月申报，适用征收率为3%。2019年1月销售额（不含税）共16万元，其中货物销售额3万元，服务销售额3万元，销售不动产的销售额10万元。B企业应缴纳增值税为（　　）。

　　A. 1 800元　　　　B. 0　　　　C. 4 800元　　　　D. 3 000元

解析：D。《国家税务总局关于小规模纳税人免征增值税政策有关征管问题的公告》（国家税务总局公告2019年第4号）第一条规定："小规模纳税人发生增值税应税销售行为，合计月销售额未超过10万元（以1个季度为1个纳税期的，季度销售额未超过30万元，下同）的，免征增值税。小规模纳税人发生增值税应税销售行为，合计月销售额超过10万元，但扣除本期发生的销售不动产的销售额后未超过10万元的，其销售货物、劳务、服务、无形资产取得的销售额免征增值税。"

23.【多选题】增值税小规模纳税人B按月申报，2019年1月份全部销售9万元，下列税款中可以向主管税务机关申请退还的有（　　）。

A. 当期因开具增值税专用发票已经缴纳的税款

B. 当期因代开普通发票已经缴纳的税款

C. 当期因开具增值税专用发票已经缴纳的税款，已按规定开具红字专用发票

D. 因到异地建筑施工在预缴地缴纳的税款

解析：BC。国家税务总局公告2019年第4号第六条规定："按照现行规定应当预缴增值税税款的小规模纳税人，凡在预缴地实现的月销售额未超过10万元的，当期无需预缴税款。本公告下发前已预缴税款的，可以向预缴地主管税务机关申请退还。"，

第八条规定:"小规模纳税人月销售额未超过10万元的,当期因开具增值税专用发票已经缴纳的税款,在增值税专用发票全部联次追回或者按规定开具红字专用发票后,可以向主管税务机关申请退还。"第九条规定:"小规模纳税人2019年1月份销售额未超过10万元(以1个季度为1个纳税期的,2019年第一季度销售额未超过30万元),但当期因代开普通发票已经缴纳的税款,可以在办理纳税申报时向主管税务机关申请退还。"

24.【多选题】对于享受小型微利企业普惠性所得税减免政策的纳税人,下列说法中正确的是( )。

　　A. 应纳税所得额不超过100万元的部分,减按25%计入应纳税所得额,按20%的税率缴纳企业所得税

　　B. 对年应纳税所得额超过100万元但不超过300万元的部分,减按25%计入应纳税所得额,按20%的税率缴纳企业所得税

　　C. 应纳税所得额不超过100万元的部分,减按25%计入应纳税所得额,按10%的税率缴纳企业所得税

　　D. 对年应纳税所得额超过100万元但不超过300万元的部分,减按50%计入应纳税所得额,按20%的税率缴纳企业所得税

解析:AD。《财政部 税务总局关于实施小微企业普惠性税收减免政策的通知》(财税〔2019〕13号)第二条第一款规定:"对小型微利企业年应纳税所得额不超过100万元的部分,减按25%计入应纳税所得额,按20%的税率缴纳企业所得税;对年应纳税所得额超过100万元但不超过300万元的部分,减按50%计入应纳税所得额,按20%的税率缴纳企业所得税。"

25.【单选题】对于享受小型微利企业普惠性所得税减免政策的纳税人,下列说法中错误的是( )。

　　A. 小型微利企业无论按查账征收方式或核定征收方式缴纳企业所得税,均可享受上述优惠政策

　　B. 享受上述优惠政策的小型微利企业不得从事国家限制或禁止行业

　　C. 享受上述优惠政策的小型微利企业从业人数不超过300人,不包括企业接受的劳务派遣用工人数

　　D. 享受上述优惠政策的小型微利企业的资产总额不超过5 000万元

解析:C。《财政部 税务总局关于实施小微企业普惠性税收减免政策的通知》(财税〔2019〕13号)第二条第三款规定:"从业人数,包括与企业建立劳动关系的职工人数和企业接受的劳务派遣用工人数。……"

26.【多选题】对于原不符合小型微利企业条件的企业,如果在年度中间预缴企业所得税时按照相关规定判断符合小型微利企业条件的,下列做法中错误的是( )。

　　A. 按照截至本期申报所属期末累计情况计算享受小型微利企业所得税减免政策

B. 按照截至上期申报所属期末累计情况计算享受小型微利企业所得税减免政策

C. 当年度此前期间因不符合小型微利企业条件而多预缴的企业所得税税款，可在以后季度应预缴的企业所得税税款中抵减

D. 当年度此前期间因不符合小型微利企业条件而多预缴的企业所得税税款，可向主管税务机关申请退还

解析：BD。《国家税务总局关于实施小型微利企业普惠性所得税减免政策有关问题的公告》（国家税务总局公告2019年第2号）第四条第一款规定："原不符合小型微利企业条件的企业，在年度中间预缴企业所得税时，按本公告第三条规定判断符合小型微利企业条件的，应按照截至本期申报所属期末累计情况计算享受小型微利企业所得税减免政策。当年度此前期间因不符合小型微利企业条件而多预缴的企业所得税税款，可在以后季度应预缴的企业所得税税款中抵减。"

27.【单选题】自2019年3月1日起，属于自行开具增值税专用发票试点范围小规模纳税人的纳税人不包括（　　）。

A. 交通运输业　　　　　　　B. 租赁和商务服务业

C. 科学研究和技术服务业　　D. 住宿业

解析：A。《国家税务总局关于扩大小规模纳税人自行开具增值税专用发票试点范围等事项的公告》（国家税务总局公告2019年第8号）第一条第一款规定："扩大小规模纳税人自行开具增值税专用发票试点范围。将小规模纳税人自行开具增值税专用发票试点范围由住宿业，鉴证咨询业，建筑业，工业，信息传输、软件和信息技术服务业，扩大至租赁和商务服务业，科学研究和技术服务业，居民服务、修理和其他服务业。……"

28.【单选题】下列不属于我国耕地占用税纳税义务人的是（　　）。

A. 占用耕地建设农田水利设施的企业

B. 占用耕地建设农田水利设施的城市居民

C. 占用耕地建设商铺的企业

D. 在规定用地标准以内占用耕地新建自用住宅的农村居民

解析：B。《中华人民共和国耕地占用税法》第二条规定："在中华人民共和国境内占用耕地建设建筑物、构筑物或者从事非农业建设的单位和个人，为耕地占用税的纳税人，应当依照本法规定缴纳耕地占用税。占用耕地建设农田水利设施的，不缴纳耕地占用税。"

29.【判断题】耕地占用税的纳税义务发生时间为纳税人实际占用耕地的当日。（　　）

【解析】错误。《中华人民共和国耕地占用税法》第十条规定："耕地占用税的纳税义务发生时间为纳税人收到自然资源主管部门办理占用耕地手续的书面通知的当日。"

30.【多选题】下列免征耕地占用税的是（　　）。

A. 学校占用耕地　　　　　　　　B. 医院占用耕地
C. 军事设施占用耕地　　　　　　D. 水利工程占用耕地

解析：ABC。《中华人民共和国耕地占用税法》第七条规定："军事设施、学校、幼儿园、社会福利机构、医疗机构占用耕地，免征耕地占用税。铁路线路、公路线路、飞机场跑道、停机坪、港口、航道、水利工程占用耕地，减按每平方米二元的税额征收耕地占用税。"

31. 【多选题】下列情形应缴纳耕地占用税的是（　　）。
   A. 占用草地建设直接为农业生产服务的生产设施
   B. 占用渔业水域滩涂从事非农业建设
   C. 占用园地建设直接为农业生产服务的生产设施
   D. 占用养殖水面从事非农业建设

解析：BD。根据《中华人民共和国耕地占用税法》第十二条的规定："占用园地、林地、草地、农田水利用地、养殖水面、渔业水域滩涂以及其他农用地建设建筑物、构筑物或者从事非农业建设的，依照本法的规定缴纳耕地占用税。……占用本条第一款规定的农用地建设直接为农业生产服务的生产设施的，不缴纳耕地占用税。"

32. 【单选题】在计算车辆购置税时，关于应税车辆的计税价格，下列说法正确的是（　　）。
   A. 纳税人购买自用应税车辆的计税价格，为纳税人购车合同上注明的全部价款，不包括增值税税款
   B. 纳税人进口自用应税车辆的计税价格，为关税完税价格加上关税和消费税
   C. 纳税人自产自用应税车辆的计税价格，按照组成计税价格确定，不包括增值税税款
   D. 纳税人以受赠、获奖或者其他方式取得自用应税车辆的计税价格，按照市场同类应税车辆的销售价格确定，不包括增值税税款

解析：B。《中华人民共和国车辆购置税法》第六条规定："应税车辆的计税价格，按照下列规定确定：（一）纳税人购买自用应税车辆的计税价格，为纳税人实际支付给销售者的全部价款，不包括增值税税款；（二）纳税人进口自用应税车辆的计税价格，为关税完税价格加上关税和消费税；（三）纳税人自产自用应税车辆的计税价格，按照纳税人生产的同类应税车辆的销售价格确定，不包括增值税税款；（四）纳税人以受赠、获奖或者其他方式取得自用应税车辆的计税价格，按照购置应税车辆时相关凭证载明的价格确定，不包括增值税税款。"

33. 【多选题】下列免征车辆购置税的是（　　）。
   A. 设有固定装置的非运输专用作业车辆　　B. 城市公交企业购置的公共电车
   C. 排气量超过一百五十毫升的摩托车　　　D. 军队、武装警察部队专用的车辆

解析：AB。根据《中华人民共和国车辆购置税法》第九条的规定："下列车辆免

征车辆购置税：（一）依照法律规定应当予以免税的外国驻华使馆、领事馆和国际组织驻华机构及其有关人员自用的车辆；（二）中国人民解放军和中国人民武装警察部队列入装备订货计划的车辆；（三）悬挂应急救援专用号牌的国家综合性消防救援车辆；（四）设有固定装置的非运输专用作业车辆；（五）城市公交企业购置的公共汽电车辆。"

34.【多选题】关于发票领用分类分级管理，下列说法不正确的是（　　）。

A. 对于税收风险程度较低的纳税人，按需供应发票

B. 对于税收风险程度中等的纳税人，严格控制其发票领用数量和最高开票限额，并加强事中事后监管

C. 纳税信用 A 级的纳税人，可以一次领取不超过 3 个月的发票用量

D. 纳税信用 B 级的纳税人，可以一次领取不超过 1 个月的发票用量

解析：BD。《国家税务总局关于进一步做好纳税人增值税发票领用等工作的通知》（税总函〔2019〕64 号）第二条规定："对于税收风险程度较低的纳税人，按需供应发票；对于税收风险程度中等的纳税人，正常供应发票，加强事中事后监管；对于税收风险程度较高的纳税人，严格控制其发票领用数量和最高开票限额，并加强事中事后监管。……对于纳税信用 A 级的纳税人，按需供应发票，可以一次领取不超过 3 个月的发票用量。纳税信用 B 级的纳税人可以一次领取不超过 2 个月的发票用量。"

35.【多选题】增值税一般纳税人 A 公司从事医药产品的生产销售和批发、零售，2019 年 5 月 A 公司发生的下列业务，可选择按照简易办法依照 3% 征收率计算缴纳增值税的是（　　）。

A. 生产销售符合规定的抗癌药品，并对销售额进行单独核算

B. 生产销售符合规定的罕见病药品，并对销售额进行单独核算

C. 批发、零售符合规定的抗癌药品，未对销售额进行单独核算

D. 批发、零售符合规定的罕见病药品，未对销售额进行单独核算

解析：AB。《财政部　海关总署　税务总局　国家药品监督管理局关于抗癌药品增值税政策的通知》（财税〔2018〕47 号）第一条规定："自 2018 年 5 月 1 日起，增值税一般纳税人生产销售和批发、零售抗癌药品，可选择按照简易办法依照 3% 征收率计算缴纳增值税。上述纳税人选择简易办法计算缴纳增值税后，36 个月内不得变更。"第三条规定："纳税人应单独核算抗癌药品的销售额。未单独核算的，不得适用本通知第一条规定的简易征收政策。"

《财政部　海关总署　税务总局　药监局关于罕见病药品增值税政策的通知》（财税〔2019〕24 号）第一条规定："自 2019 年 3 月 1 日起，增值税一般纳税人生产销售和批发、零售罕见病药品，可选择按照简易办法依照 3% 征收率计算缴纳增值税。上述纳税人选择简易办法计算缴纳增值税后，36 个月内不得变更。"第三条规定："纳税人应单独核算罕见病药品的销售额。未单独核算的，不得适用本通知第一条规定的简易

征收政策。"

36.【单选题】对经营性文化事业单位转制为企业可以享受的税收优惠政策，下列说法错误的是（ ）。

A. 经营性文化事业单位转制为企业，自转制注册之日起五年内免征企业所得税。2018年12月31日之前已完成转制的企业，自2019年1月1日起可继续免征五年企业所得税

B. 由财政部门拨付事业经费的文化单位转制为企业，自转制注册之日起五年内对其自用房产免征房产税。2018年12月31日之前已完成转制的企业，自2019年1月1日起对其自用房产可继续免征五年房产税

C. 经营发行、印刷业务的党报、党刊文化企业，自注册之日起所取得的党报、党刊发行收入和印刷收入免征增值税

D. 对经营性文化事业单位转制中资产评估增值、资产转让或划转涉及的企业所得税、增值税、城市维护建设税、契税、印花税等，符合现行规定的享受相应税收优惠政策

解析：C。《财政部　税务总局　中央宣传部关于继续实施文化体制改革中经营性文化事业单位转制为企业若干税收政策的通知》（财税〔2019〕16号）第一条规定："一、经营性文化事业单位转制为企业，可以享受以下税收优惠政策：（一）经营性文化事业单位转制为企业，自转制注册之日起五年内免征企业所得税。2018年12月31日之前已完成转制的企业，自2019年1月1日起可继续免征五年企业所得税。（二）由财政部门拨付事业经费的文化单位转制为企业，自转制注册之日起五年内对其自用房产免征房产税。2018年12月31日之前已完成转制的企业，自2019年1月1日起对其自用房产可继续免征五年房产税。（三）党报、党刊将其发行、印刷业务及相应的经营性资产剥离组建的文化企业，自注册之日起所取得的党报、党刊发行收入和印刷收入免征增值税。（四）对经营性文化事业单位转制中资产评估增值、资产转让或划转涉及的企业所得税、增值税、城市维护建设税、契税、印花税等，符合现行规定的享受相应税收优惠政策。"

37.【判断题】保险公司开办一年期以上返还性人身保险产品，在列入财政部和税务总局发布的免征营业税名单或办理免税备案手续后，此前已缴纳营业税中尚未抵减或退还的部分，可抵减以后月份应缴纳的增值税。（ ）

解析：正确。参见《关于明确养老机构免征增值税等政策的通知》（财税〔2019〕20号）第四条（三）原文。

38.【单选题】下列说法中，不正确的是（ ）。

A. 境外教育机构与境内从事学历教育的学校开展中外合作办学，提供学历教育服务取得的收入，按照"教育服务"缴纳增值税

B. 航空运输销售代理企业提供境内机票代理服务，以取得的全部价款和价外费

用，扣除向客户收取并支付给航空运输企业或其他航空运输销售代理企业的境内机票净结算款和相关费用后的余额为销售额

C. 拍卖行受托拍卖取得的手续费或佣金收入，按照"经纪代理服务"缴纳增值税

D. 纳税人通过省级土地行政主管部门设立的交易平台转让补充耕地指标，按照销售无形资产缴纳增值税

解析：A。《国家税务总局关于明确中外合作办学等若干增值税征管问题的公告》（国家税务总局公告2018年第42号）第一条规定："一、境外教育机构与境内从事学历教育的学校开展中外合作办学，提供学历教育服务取得的收入免征增值税。……"

39.【多选题】自2018年11月7日起至2021年11月6日止，下列境外机构投资境内债券市场取得的债券利息收入不适用暂免征收企业所得税和增值税政策的是（　　）。

A. 境外机构在境内设立营业机构，且取得的债券利息收入与该办事机构有实际联系

B. 境外机构委托营业代理人在境内从事经营活动，且取得的债券利息收入与该营业代理人有实际联系

C. 境外机构在境内设立办事机构，且取得的债券利息收入与该办事机构有实际联系

D. 境外机构在境内设立管理机构，且取得的债券利息收入与该管理机构有实际联系

解析：ABCD。《财政部　税务总局关于境外机构投资境内债券市场企业所得税、增值税政策的通知》（财税〔2018〕108号）规定："自2018年11月7日起至2021年11月6日止，对境外机构投资境内债券市场取得的债券利息收入暂免征收企业所得税和增值税。上述暂免征收企业所得税的范围不包括境外机构在境内设立的机构、场所取得的与该机构、场所有实际联系的债券利息。"《中华人民共和国企业所得税法实施条例》（财税〔2018〕108号）第五条规定："企业所得税法第二条第三款所称机构、场所，是指在中国境内从事生产经营活动的机构、场所，包括：（一）管理机构、营业机构、办事机构；（二）工厂、农场、开采自然资源的场所；（三）提供劳务的场所；（四）从事建筑、安装、装配、修理、勘探等工程作业的场所；（五）其他从事生产经营活动的机构、场所。非居民企业委托营业代理人在中国境内从事生产经营活动的，包括委托单位或者个人经常代其签订合同，或者储存、交付货物等，该营业代理人视为非居民企业在中国境内设立的机构、场所。"

40.【单选题】关于动漫产业增值税政策，下列说法不正确的是（　　）。

A. 自2018年1月1日至2018年4月30日，对动漫企业增值税一般纳税人销售其自主开发生产的动漫软件，按照17%的税率征收增值税后，对其增值税实际税负超过3%的部分，实行即征即退政策

B. 自2018年5月1日至2020年12月31日，对动漫企业增值税一般纳税人销售其自主开发生产的动漫软件，按照16%的税率征收增值税后，对其增值税实际税负超过3%的部分，实行即征即退政策

C. 动漫软件出口免征增值税

D. 动漫软件进口免征增值税

解析：D。《财政部 税务总局关于延续动漫产业增值税政策的通知》（财税〔2018〕38号）第三条规定："动漫软件出口免征增值税。"

41.【单选题】下列关于宣传文化增值税优惠政策的说法中，正确的是（　　）。

A. 新华社的机关报纸和机关期刊在出版环节执行增值税先征后退50%的政策

B. 专为老年人出版发行的报纸和期刊，在出版环节按照16%的税率征收增值税后，对其增值税实际税负超过3%的部分，实行即征即退政策

C. 中小学的学生课本在出版环节执行增值税100%先征后退的政策

D. 科普单位的门票收入，按照17%的税率征收增值税后，对其增值税实际税负超过3%的部分，实行即征即退政策

解析：C。《财政部 税务总局关于延续宣传文化增值税优惠政策的通知》（财税〔2018〕53号）第一条规定："（一）对下列出版物在出版环节执行增值税100%先征后退的政策：1. 中国共产党和各民主党派的各级组织的机关报纸和机关期刊，各级人大、政协、政府、工会、共青团、妇联、残联、科协的机关报纸和机关期刊，新华社的机关报纸和机关期刊，军事部门的机关报纸和机关期刊。上述各级组织不含其所属部门。机关报纸和机关期刊增值税先征后退范围掌握在一个单位一份报纸和一份期刊以内。2. 专为少年儿童出版发行的报纸和期刊，中小学的学生课本。3. 专为老年人出版发行的报纸和期刊。4. 少数民族文字出版物。5. 盲文图书和盲文期刊。6. 经批准在内蒙古、广西、西藏、宁夏、新疆五个自治区内注册的出版单位出版的出版物。7. 列入本通知附件1的图书、报纸和期刊。"第三条规定："自2018年1月1日起至2020年12月31日，对科普单位的门票收入，以及县级及以上党政部门和科协开展科普活动的门票收入免征增值税。"

42.【单选题】下列货物在批发、零售环节征收增值税的是（　　）。

A. 图书　　　B. 芹菜　　　C. 草莓　　　D. 鸡蛋

解析：C。《财政部 税务总局关于延续宣传文化增值税优惠政策的通知》（财税〔2018〕53号）第二条规定："自2018年1月1日至2020年12月31日，免征图书批发、零售环节增值税。"

《财政部 国家税务总局关于免征蔬菜流通环节增值税有关问题的通知》（财税〔2011〕137号）第一条规定："对从事蔬菜批发、零售的纳税人销售的蔬菜免征增值税。"

《财政部 国家税务总局关于免征部分鲜活肉蛋产品流通环节增值税政策的通知》

（财税〔2012〕75号）第一条规定："对从事农产品批发、零售的纳税人销售的部分鲜活肉蛋产品免征增值税。……免征增值税的鲜活蛋产品，是指鸡蛋、鸭蛋、鹅蛋，包括鲜蛋、冷藏蛋以及对其进行破壳分离的蛋液、蛋黄和蛋壳。……"

43.【判断题】按固定期限纳税的小规模纳税人可以选择以1个月或1个季度为纳税期限，一经选择，36个月内不得变更。（　　）

解析：错误。《国家税务总局关于小规模纳税人免征增值税政策有关征管问题的公告》（国家税务总局公告2019年第4号）第三条规定："按固定期限纳税的小规模纳税人可以选择以1个月或1个季度为纳税期限，一经选择，一个会计年度内不得变更。"

44.【单选题】下列关于设备、器具一次性税前扣除政策的说法，恰当的是（　　）。

A. 企业在2018年1月1日至2020年12月31日期间新购进的设备、器具，单位价值不超过500万元的，允许一次性计入当期成本费用在计算应纳税所得额时扣除，不再分年度计算折旧

B. 企业在2018年1月1日至2020年12月31日期间新购进的设备、器具，单位价值超过500万元的，超过500万元部分可以适用加速折旧办法

C. 允许一次性计入当期成本费用的设备、器具包括房屋、建筑物

D. 允许一次性计入当期成本费用的设备、器具包括低值易耗品

解析：A。《财政部　税务总局关于设备器具扣除有关企业所得税政策的通知》（财税〔2018〕54号）规定："一、企业在2018年1月1日至2020年12月31日期间新购进的设备、器具，单位价值不超过500万元的，允许一次性计入当期成本费用在计算应纳税所得额时扣除，不再分年度计算折旧；单位价值超过500万元的，仍按企业所得税法实施条例、《财政部国家税务总局关于完善固定资产加速折旧企业所得税政策的通知》（财税〔2014〕75号）、《财政部国家税务总局关于进一步完善固定资产加速折旧企业所得税政策的通知》（财税〔2015〕106号）等相关规定执行。二、本通知所称设备、器具，是指除房屋、建筑物以外的固定资产。"

45.【多选题】下列关于设备、器具一次性税前扣除政策中设备、器具取得方式的说法中，恰当的是（　　）。

A. 设备、器具的取得方式包括以货币形式购进

B. 设备、器具的取得方式包括自行建造

C. 设备、器具的取得方式包括接受捐赠

D. 设备、器具的取得方式包括非货币性资产交换

解析：AB。《国家税务总局关于设备器具扣除有关企业所得税政策执行问题的公告》（国家税务总局公告2018年第46号）第一条规定："（一）所称设备、器具，是指除房屋、建筑物以外的固定资产（以下简称固定资产）；所称购进，包括以货币形式购进或自行建造，……"

46. 【单选题】适用设备、器具一次性税前扣除政策时，关于如何确认设备、器具的单位价值和购进时点，下列表述错误的是（　　）。

A. 以货币形式购进的固定资产，以购买价款和支付的相关税费以及直接归属于使该资产达到预定用途发生的其他支出确定单位价值

B. 自行建造的固定资产，以竣工结算前发生的支出确定单位价值

C. 以分期付款方式购进的设备、器具，按合同中约定的交货时间确认购进时点

D. 自行建造方式取得的设备、器具，按竣工结算时间确认购进时点

解析：C。《国家税务总局关于设备器具扣除有关企业所得税政策执行问题的公告》（国家税务总局公告2018年第46号）第一条规定："……（二）固定资产购进时点按以下原则确认：以货币形式购进的固定资产，除采取分期付款或赊销方式购进外，按发票开具时间确认；以分期付款或赊销方式购进的固定资产，按固定资产到货时间确认；……"

47. 【判断题】某企业于2018年12月购进了一项单位价值为300万元的设备并于当月投入使用，则该设备可在2018年一次性税前扣除。（　　）

解析：错误。《国家税务总局关于设备器具扣除有关企业所得税政策执行问题的公告》（国家税务总局公告2018年第46号）第二条规定："固定资产在投入使用月份的次月所属年度一次性税前扣除。"该企业应在次月所属年度，即2019年一次性税前扣除。

48. 【判断题】在2017年度及以后年度企业所得税汇算清缴时，企业不再需要向税务机关报送资产损失相关资料，仅需填报《资产损失税前扣除及纳税调整明细表》。（　　）

解析：正确。见《国家税务总局关于企业所得税资产损失资料留存备查有关事项的公告》（国家税务总局公告2018年第15号）。

49. 【判断题】自2018年1月1日起，企业发生的职工教育经费支出，不超过工资薪金总额8%的部分，准予在计算企业所得税应纳税所得额时扣除；超过部分，准予在以后纳税年度结转扣除。（　　）

解析：正确。见《关于企业职工教育经费税前扣除政策的通知》（财税〔2018〕51号）。

50. 【单选题】下列所得按纳税年度合并计算个人所得税的是（　　）。

A. 居民个人取得特许权使用费所得　　B. 非居民个人取得工资、薪金所得

C. 居民个人取得利息、股息、红利所得　　D. 非居民个人取得稿酬所得

解析：A。《中华人民共和国个人所得税法》第二条规定："下列各项个人所得，应当缴纳个人所得税：（一）工资、薪金所得；（二）劳务报酬所得；（三）稿酬所得；（四）特许权使用费所得；（五）经营所得；（六）利息、股息、红利所得；（七）财产租赁所得；（八）财产转让所得；（九）偶然所得。居民个人取得前款第一项至第四项

所得（以下称综合所得），按纳税年度合并计算个人所得税；非居民个人取得前款第一项至第四项所得，按月或者按次分项计算个人所得税。纳税人取得前款第五项至第九项所得，依照本法规定分别计算个人所得税。"

51.【单选题】下列各项个人所得，征收个人所得税的是（　　）。

A. 保险赔款
B. 残疾、孤老人员和烈属的所得
C. 国债利息
D. 诺贝尔文学奖奖金

解析：B。B项属于《中华人民共和国个人所得税法》第五条规定的可以减征个人所得税的所得。

52.【单选题】在计算居民个人综合所得的应纳税所得额时涉及的"专项扣除"包括（　　）。

A. 居民个人按照国家规定的范围和标准缴纳的失业保险
B. 居民个人按照国家规定的范围和标准缴纳的生育保险
C. 居民个人按照国家规定的范围和标准缴纳的健康保险
D. 居民个人按照国家规定的范围和标准缴纳的财产保险

解析：A。《中华人民共和国个人所得税法》第六条第二款规定："专项扣除，包括居民个人按照国家规定的范围和标准缴纳的基本养老保险、基本医疗保险、失业保险等社会保险费和住房公积金等。"

53.【单选题】在计算居民个人综合所得的应纳税所得额时涉及的"专项附加扣除"包括（　　）。

A. 个人购买符合国家规定的商业健康保险的支出
B. 抚养子女支出
C. 居民个人按照国家规定的范围和标准缴纳的住房公积金
D. 住房贷款利息支出

解析：D。《中华人民共和国个人所得税法》第六条第二款规定："专项附加扣除，包括子女教育、继续教育、大病医疗、住房贷款利息或者住房租金、赡养老人等支出。"

54.【多选题】在计算居民个人综合所得的应纳税所得额时涉及的"依法确定的其他扣除"包括（　　）。

A. 个人缴付符合国家规定的企业年金
B. 个人缴付符合国家规定的职业年金
C. 个人购买符合国家规定的商业健康保险的支出
D. 个人购买符合国家规定的税收递延型商业养老保险的支出

解析：ABCD。《中华人民共和国个人所得税法实施条例》第十三条规定："个人所得税法第六条第一款第一项所称依法确定的其他扣除，包括个人缴付符合国家规定的企业年金、职业年金，个人购买符合国家规定的商业健康保险、税收递延型商业养老保险的支出，以及国务院规定可以扣除的其他项目。"

55.【多选题】下列情形中，纳税人应当依法办理个人所得税纳税申报的是（　　）。

A. 取得来源于境外的劳务报酬所得

B. 因移居境外注销中国户籍

C. 居民个人在中国境内从两处以上取得工资、薪金所得

D. 取得综合所得需要办理汇算清缴

解析：ABD。《中华人民共和国个人所得税法》第十条规定："有下列情形之一的，纳税人应当依法办理纳税申报：（一）取得综合所得需要办理汇算清缴；（二）取得应税所得没有扣缴义务人；（三）取得应税所得，扣缴义务人未扣缴税款；（四）取得境外所得；（五）因移居境外注销中国户籍；（六）非居民个人在中国境内从两处以上取得工资、薪金所得；（七）国务院规定的其他情形。扣缴义务人应当按照国家规定办理全员全额扣缴申报，并向纳税人提供其个人所得和已扣缴税款等信息。"

56.【多选题】取得综合所得需要办理汇算清缴的情形包括（　　）。

A. 从两处以上取得工资、薪金所得

B. 取得劳务报酬所得、稿酬所得、特许权使用费所得中一项或者多项所得

C. 纳税年度内预缴税额低于应纳税额

D. 纳税人申请退税

解析：CD。《中华人民共和国个人所得税法实施条例》第二十五条规定："取得综合所得需要办理汇算清缴的情形包括：（一）从两处以上取得综合所得，且综合所得年收入额减除专项扣除的余额超过6万元；（二）取得劳务报酬所得、稿酬所得、特许权使用费所得中一项或者多项所得，且综合所得年收入额减除专项扣除的余额超过6万元；（三）纳税年度内预缴税额低于应纳税额；（四）纳税人申请退税。"

57.【多选题】下列所得中，不属于来源于中国境内的是（　　）。

A. 因任职、受雇、履约等在中国境内提供劳务取得的所得，支付地点在中国境内

B. 因任职、受雇、履约等在中国境内提供劳务取得的所得，支付地点在中国境外

C. 将财产出租给承租人在中国境内使用而取得的所得，支付地点在中国境外

D. 将财产出租给承租人在中国境内使用而取得的所得，支付地点在中国境内

解析：ABCD。《中华人民共和国个人所得税法实施条例》第三条规定"除国务院财政、税务主管部门另有规定外，下列所得，不论支付地点是否在中国境内，均为来源于中国境内的所得：（一）因任职、受雇、履约等在中国境内提供劳务取得的所得；（二）将财产出租给承租人在中国境内使用而取得的所得；（三）许可各种特许权在中国境内使用而取得的所得；（四）转让中国境内的不动产等财产或者在中国境内转让其他财产取得的所得；（五）从中国境内企业、事业单位、其他组织以及居民个人取得的利息、股息、红利所得。"

58.【判断题】专项扣除、专项附加扣除和依法确定的其他扣除，一个纳税年度扣除不完的，可以结转以后年度扣除。（ ）

解析：错误。《中华人民共和国个人所得税法实施条例》第十三条规定："专项扣除、专项附加扣除和依法确定的其他扣除，以居民个人一个纳税年度的应纳税所得额为限额；一个纳税年度扣除不完的，不结转以后年度扣除。"

59.【多选题】个人所得税法规定，财产转让所得，以转让财产的收入额减除财产原值和合理费用后的余额，为应纳税所得额。下列表述正确的是（ ）。

  A. 有价证券的原值为买入价以及买入时按照规定交纳的有关费用

  B. 土地使用权的原值为取得土地使用权所支付的金额、开发土地的费用以及其他有关费用

  C. 合理费用指买入和卖出财产时按照规定支付的有关税费

  D. 如果纳税人不能提供完整、准确的财产原值凭证，按市场价格确定财产原值

解析：AB。《中华人民共和国个人所得税法实施条例》第十六条规定："个人所得税法第六条第一款第五项规定的财产原值，按照下列方法确定：（一）有价证券，为买入价以及买入时按照规定交纳的有关费用；（二）建筑物，为建造费或者购进价格以及其他有关费用；（三）土地使用权，为取得土地使用权所支付的金额、开发土地的费用以及其他有关费用；（四）机器设备、车船，为购进价格、运输费、安装费以及其他有关费用。其他财产，参照前款规定的方法确定财产原值。纳税人未提供完整、准确的财产原值凭证，不能按照本条第一款规定的方法确定财产原值的，由主管税务机关核定财产原值。个人所得税法第六条第一款第五项所称合理费用，是指卖出财产时按照规定支付的有关税费。"

60.【多选题】居民个人同时从中国境内和境外取得所得，下列说法中正确的是（ ）。

  A. 居民个人从中国境内和境外取得的综合所得、经营所得，应当分别合并计算应纳税额

  B. 居民个人从中国境内和境外取得的综合所得、经营所得，应当分别单独计算应纳税额

  C. 居民个人从中国境内和境外取得的其他所得，应当分别单独计算应纳税额

  D. 居民个人从中国境内和境外取得的其他所得，应当分别合并计算应纳税额

解析：AC。《中华人民共和国个人所得税法实施条例》第二十条规定："居民个人从中国境内和境外取得的综合所得、经营所得，应当分别合并计算应纳税额；从中国境内和境外取得的其他所得，应当分别单独计算应纳税额。"

61.【单选题】纳税人申请退个人所得税，应当提供其在中国境内开设的银行账户，并在（ ）就地办理税款退库。

  A. 经常居住地 B. 所得来源地 C. 汇算清缴地 D. 户籍所在地

解析：C。《中华人民共和国个人所得税法实施条例》第二十五条规定："纳税人申请退税，应当提供其在中国境内开设的银行账户，并在汇算清缴地就地办理税款退库。"

62.【判断题】如果扣缴义务人未将扣缴的个人所得税税款解缴入库，纳税人按照规定申请退税，税务机关应在税款入库后办理退税。（　　）

解析：错误。《中华人民共和国个人所得税法实施条例》第三十一条规定："扣缴义务人未将扣缴的税款解缴入库的，不影响纳税人按照规定申请退税，税务机关应当凭纳税人提供的有关资料办理退税。"

63.【单选题】下列关于个人所得税专项附加扣除的说法中正确的是（　　）。

A. 子女教育支出指纳税人的子女接受国内全日制学历教育的相关支出

B. 纳税人在中国境内接受学历（学位）继续教育的支出，在学历（学位）教育期间按照每月 400 元定额扣除

C. 纳税人在主要工作城市没有自有住房，但其父母在该城市有自有住房，纳税人不能享受住房租金支出加计扣除

D. 赡养老人支出中的被赡养人是指年满 60 岁的配偶、父母、祖父母、外祖父母

解析：B。《个人所得税专项附加扣除暂行办法》第五条规定："纳税人的子女接受全日制学历教育的相关支出，按照每个子女每月 1 000 元的标准定额扣除。学历教育包括义务教育（小学、初中教育）、高中阶段教育（普通高中、中等职业、技工教育）、高等教育（大学专科、大学本科、硕士研究生、博士研究生教育）。年满 3 岁至小学入学前处于学前教育阶段的子女，按本条第一款规定执行。"第七条规定："纳税人子女在中国境外接受教育的，纳税人应当留存境外学校录取通知书、留学签证等相关教育的证明资料备查。"因此，子女教育支出还包括符合条件的学前教育，也不仅限中国境内，A 项不正确。

第十七条规定："纳税人在主要工作城市没有自有住房而发生的住房租金支出，可以按照以下标准定额扣除：……纳税人的配偶在纳税人的主要工作城市有自有住房的，视同纳税人在主要工作城市有自有住房。"因此 C 项不正确。

第二十三条规定："本办法所称被赡养人是指年满 60 岁的父母，以及子女均已去世的年满 60 岁的祖父母、外祖父母。"因此 D 项不正确。

64.【多选题】个人所得税专项附加扣除政策中涉及的"父母"包括（　　）。

A. 生父母

B. 继父母

C. 养父母

D. 父母之外担任未成年人的监护人的的其他人

解析：ABCD。《个人所得税专项附加扣除暂行办法》第二十九条规定："本办法所称父母，是指生父母、继父母、养父母。本办法所称子女，是指婚生子女、非婚生子

女、继子女、养子女。父母之外的其他人担任未成年人的监护人的，比照本办法规定执行。"

65.【判断题】关于纳税人享受符合规定的子女教育和继续教育个人所得税专项附加扣除时，其中的学历教育和学历（学位）继续教育的期间，包含因病或其他非主观原因休学但学籍继续保留的休学期间，以及施教机构按规定组织实施的寒暑假等假期。（　　）

解析：正确。见《个人所得税专项附加扣除操作办法（试行）》第三条。

66.【多选题】下列关于个人转让新三板挂牌公司股票有关个人所得税政策的说法中，正确的是（　　）。

A. 自2018年11月1日（含）起，对个人转让新三板挂牌公司非原始股取得的所得，暂免征收个人所得税

B. 个人转让新三板挂牌公司原始股取得的所得，暂免征收个人所得税

C. 自2019年9月1日（含）起，个人转让新三板挂牌公司原始股的个人所得税，以股票托管的证券机构为扣缴义务人，由股票托管的证券机构所在地主管税务机关负责征收管理

D. 自2019年9月1日（含）起，个人转让新三板挂牌公司原始股的个人所得税，以股票受让方为扣缴义务人，由被投资企业所在地税务机关负责征收管理

解析：AC。《财政部　税务总局　证监会关于个人转让全国中小企业股份转让系统挂牌公司股票有关个人所得税政策的通知》（财税〔2018〕137号）第二条规定："对个人转让新三板挂牌公司原始股取得的所得，按照'财产转让所得'，适用20%的比例税率征收个人所得税。"B项错误。第三条规定："2019年9月1日之前，个人转让新三板挂牌公司原始股的个人所得税，征收管理办法按照现行股权转让所得有关规定执行，以股票受让方为扣缴义务人，由被投资企业所在地税务机关负责征收管理。"

67.【多选题】下列关于创业投资企业个人合伙人所得税政策说法正确的是（　　）。

A. 创投企业可以选择按单一投资基金核算对其个人合伙人来源于创投企业的所得计算个人所得税应纳税额

B. 创投企业可以选择按创投企业年度所得整体核算对其个人合伙人来源于创投企业的所得计算个人所得税应纳税额

C. 创投企业选择按单一投资基金核算的，其个人合伙人从该基金应分得的股权转让所得和股息红利所得，按照20%税率计算缴纳个人所得税

D. 创投企业选择按年度所得整体核算的，其个人合伙人应从创投企业取得的所得，按照"经营所得"项目5%～35%的超额累进税率计算缴纳个人所得税

解析：ABCD。《财政部　税务总局　发展改革委　证监会关于创业投资企业个人合伙人所得税政策问题的通知》（财税〔2019〕8号）

68.【判断题】纳税人可以委托他人通过电子税务局、手机 APP、办税服务厅等渠道代为开具个人所得税《纳税记录》。（   ）

解析：错误。《关于个人〈税收完税证明〉（文书式）调整为〈纳税记录〉有关事项的公告》（国家税务总局公告 2018 年第 55 号）第三条规定："纳税人可以通过电子税务局、手机 APP 申请开具本人的个人所得税《纳税记录》，也可到办税服务厅申请开具。"第四条规定："纳税人可以委托他人持下列证件和资料到办税服务厅代为开具个人所得税《纳税记录》：（一）委托人及受托人有效身份证件原件；（二）委托人书面授权资料。"因此代开《纳税记录》的受托人必须到办税服务厅办理，其他渠道不提供代为开具服务，且受托人须提供本人和委托人有效身份证件原件以及委托人签发的书面授权，确保授权的真实性和合法性。

69.【单选题】关于创业投资企业和天使投资个人有关税收政策，下列说法错误的是（   ）。

A. 公司制创业投资企业采取股权投资方式直接投资于初创科技型企业的，可以按照投资额的 70% 在股权持有满 2 年的当年抵扣该公司制创业投资企业的应纳税所得额；当年不足抵扣的，可以在以后纳税年度结转抵扣

B. 天使投资个人投资多个初创科技型企业的，对其中办理注销清算的初创科技型企业，天使投资个人对其投资额的 70% 尚未抵扣完的，可自注销清算之日起 36 个月内抵扣天使投资个人转让其他初创科技型企业股权取得的应纳税所得额

C. 享受税收政策的天使投资个人投资后 2 年内，本人及其亲属持有被投资初创科技型企业股权比例合计应低于 50%

D. 要求初创科技型企业接受投资时，从业人数超过 500 人，其中具有大学本科以上学历的从业人数不低于 50%；资产总额和年销售收入均超过 5 000 万元

解析：D。《财政部　税务总局关于创业投资企业和天使投资个人有关税收政策的通知》（财税〔2018〕55 号）第二条规定："（一）本通知所称初创科技型企业，应同时符合以下条件：……2. 接受投资时，从业人数不超过 200 人，其中具有大学本科以上学历的从业人数不低于 30%；资产总额和年销售收入均不超过 3 000 万元……"

70.【单选题】符合条件的非营利性科研机构和高校根据《中华人民共和国促进科技成果转化法》规定，从职务科技成果转化收入中给予科技人员的现金奖励，可享受个人所得税税收优惠政策，关于该项政策下列说法中错误的是（   ）。

A. 可减按 50% 计入科技人员当月"劳务报酬所得"，依法缴纳个人所得税

B. 现金奖励是指非营利性科研机构和高校在取得科技成果转化收入三年（36 个月）内奖励给科技人员的现金

C. 科技成果转化是指非营利性科研机构和高校向他人转让科技成果或者许可他人使用科技成果

D. 非营利性科研机构和高校转化科技成果，应当签订技术合同，并根据《技术合

同认定登记管理办法》，在技术合同登记机构进行审核登记，并取得技术合同认定登记证明

解析：A。《关于科技人员取得职务科技成果转化现金奖励有关个人所得税政策的通知》（财税〔2018〕58号）第一条规定："一、依法批准设立的非营利性研究开发机构和高等学校（以下简称非营利性科研机构和高校）根据《中华人民共和国促进科技成果转化法》规定，从职务科技成果转化收入中给予科技人员的现金奖励，可减按50%计入科技人员当月'工资、薪金所得'，依法缴纳个人所得税。"

71.【单选题】保险保障基金公司根据《保险保障基金管理办法》取得的下列收入，不属于免征企业所得税的有（　　）。

A. 接受捐赠收入

B. 贷款利息收入

C. 境内保险公司依法缴纳的保险保障基金

D. 依法从撤销或破产保险公司清算财产中获得的受偿收入和向有关责任方追偿所得，以及依法从保险公司风险处置中获得的财产转让所得

解析：B。《财政部　税务总局关于保险保障基金有关税收政策问题的通知》（财税〔2018〕41号）第一条规定："一、对中国保险保障基金有限责任公司（以下简称保险保障基金公司）根据《保险保障基金管理办法》取得的下列收入，免征企业所得税：1.境内保险公司依法缴纳的保险保障基金；2.依法从撤销或破产保险公司清算财产中获得的受偿收入和向有关责任方追偿所得，以及依法从保险公司风险处置中获得的财产转让所得；3.接受捐赠收入；4.银行存款利息收入；5.购买政府债券、中央银行、中央企业和中央级金融机构发行债券的利息收入；6.国务院批准的其他资金运用取得的收入。"

72.【判断题】保险保障基金公司在对保险公司进行风险处置和破产救助过程中签订产权转移书据，对保险保障基金公司免征印花税，对签订上述产权转移书据的其他当事人照章征收印花税。（　　）

解析：正确。财税〔2018〕41号文第二条规定："对保险保障基金公司下列应税凭证，免征印花税：1.新设立的资金账簿；2.在对保险公司进行风险处置和破产救助过程中签订的产权转移书据；3.在对保险公司进行风险处置过程中与中国人民银行签订的再贷款合同；4.以保险保障基金自有财产和接收的受偿资产与保险公司签订的财产保险合同。对与保险保障基金公司签订上述产权转移书据或应税合同的其他当事人照章征收印花税。"

73.【单选题】下列对企业因委托境外进行研发活动所发生的费用适用税收政策的理解中，不正确的是（　　）。

A. 委托境外进行研发活动所发生的费用，按照费用实际发生额的80%计入委托方的委托境外研发费用

B. 委托境外研发费用不超过境内符合条件的研发费用三分之二的部分，可以按规定在企业所得税前加计扣除

C. 委托方与受托方存在关联关系的，发生的委托境外研发费不得在税前扣除

D. 委托境外进行研发活动应签订技术开发合同，并由委托方到科技行政主管部门进行登记

解析：C。《财政部 税务总局 科技部关于企业委托境外研究开发费用税前加计扣除有关政策问题的通知》（财税〔2018〕64号）第一条第二款规定："上述费用实际发生额应按照独立交易原则确定。委托方与受托方存在关联关系的，受托方应向委托方提供研发项目费用支出明细情况。"

74.【判断题】自2018年1月1日起，高新技术企业或科技型中小企业具备相关资格5年内发生的尚未弥补完的亏损，准予结转以后年度弥补，最长结转年限为10年。

解析：错误。《财政部 税务总局关于延长高新技术企业和科技型中小企业亏损结转年限的通知》（财税〔2018〕76号）第一条规定："自2018年1月1日起，当年具备高新技术企业或科技型中小企业资格（以下统称资格）的企业，其具备资格年度之前5个年度发生的尚未弥补完的亏损，准予结转以后年度弥补，最长结转年限由5年延长至10年。"具体来说，例如2018年具备资格的企业，无论2013年至2017年是否具备资格，其2013年至2017年发生的尚未弥补完的亏损，均准予结转以后年度弥补，最长结转年限为10年。2018年以后年度具备资格的企业，依此类推，进行亏损结转弥补税务处理。

75.【单选题】出口企业或其他单位出口货物劳务、发生增值税跨境应税行为，在哪几种情形下未收齐单证，无法在规定期限内申报的，可以提出延期申报申请。（　　）。

A. 自然灾害、社会突发事件等不可抗力因素

B. 出口退（免）税申报凭证被盗

C. 企业办税人员伤亡、突发危重疾病或者擅自离职，未能办理交接手续，导致不能按期提供出口退（免）税申报凭证

D. 买卖双方因经济纠纷，尚未取得生效判决或裁定

解析：D。《国家税务总局关于出口退（免）税申报有关问题的公告》（2018年第16号）第七条规定："出口企业或其他单位出口货物劳务、发生增值税跨境应税行为，由于以下原因未收齐单证，无法在规定期限内申报的，应在出口退（免）税申报期限截止之日前，向负责管理出口退（免）税的主管税务机关报送'出口退（免）税延期申报申请表'（附件3）及相关举证资料，提出延期申报申请。主管税务机关自受理企业申请之日起20个工作日内完成核准，并将结果告知出口企业或其他单位。……（四）买卖双方因经济纠纷，未能按时取得出口退（免）税申报凭证；……"。

76.【单选题】自2018年5月1日起，关于出口退（免）税申报相关说法中错误

的是（　　）。

A. 出口企业或其他单位办理出口退（免）税备案手续时，不再填报"出口退（免）税备案表"

B. 出口企业和其他单位申报出口退（免）税时，不再进行退（免）税预申报

C. 实行免抵退税办法的出口企业或其他单位在申报办理出口退（免）税时，不再报送当期"增值税纳税申报表"

D. 出口企业按规定申请开具代理进口货物证明时，不再提供进口货物报关单（加工贸易专用）

解析：A。《国家税务总局关于出口退（免）税申报有关问题的公告》（2018年第16号）第一条规定："一、出口企业或其他单位办理出口退（免）税备案手续时，应按规定向主管税务机关填报修改后的'出口退（免）税备案表'（附件1）。"

77. 【单选题】下列关于我国对外签订税收协定中的演艺人员和运动员条款的理解中错误的是（　　）。

A. 演艺人员活动不包括会议发言

B. 运动员活动包括电子竞技

C. 以演艺人员或运动员身份开展个人活动取得的所得包括开展演出活动取得的所得（例如出场费）

D. 以演艺人员或运动员身份开展个人活动取得的所得不包括与开展演出活动间接相关的所得（例如广告费）

解析：D。《国家税务总局关于税收协定执行若干问题的公告》（2018年第11号）第四条规定："……以演艺人员或运动员身份开展个人活动取得的所得包括开展演出活动取得的所得（例如出场费），以及与开展演出活动有直接或间接联系的所得（例如广告费）……"

78. 【单选题】有关合伙企业及其他类似实体适用税收协定的说法中错误的是（　　）。

A. 依照中国法律在中国境内成立的合伙企业，其合伙人为税收协定缔约对方居民的，该合伙人在中国负有纳税义务的所得被缔约对方视为其居民的所得的部分，可以在中国享受协定待遇

B. 依照外国（地区）法律成立的合伙企业，其实际管理机构不在中国境内，但在中国境内设立机构、场所的，或者在中国境内未设立机构、场所，但有来源于中国境内所得的，是中国企业所得税的非居民企业纳税人

C. 除税收协定另有规定的以外，非居民合伙企业在中国负有纳税义务的所得可以享受协定待遇

D. 当根据缔约对方国内法，合伙企业取得的所得被视为合伙人取得的所得，则缔约对方居民合伙人应就其从合伙企业取得所得中分得的相应份额享受协定待遇

解析：C。《国家税务总局关于税收协定执行若干问题的公告》（2018年第11号）第五条规定："……（二）依照外国（地区）法律成立的合伙企业，其实际管理机构不在中国境内，但在中国境内设立机构、场所的，或者在中国境内未设立机构、场所，但有来源于中国境内所得的，是中国企业所得税的非居民企业纳税人。除税收协定另有规定的以外，只有当该合伙企业是缔约对方居民的情况下，其在中国负有纳税义务的所得才能享受协定待遇……"

79.【单选题】下列不属于判定需要享受税收协定待遇的缔约对方居民（以下简称"申请人"）时的不利因素的是（　　）。

　　A. 缔约对方国家（地区）对有关所得不征税或免税，或征税但实际税率极低

　　B. 申请人从事的经营活动不构成实质性经营活动

　　C. 申请人有义务在收到所得的12个月内将所得的80%以上支付给缔约对方国家（地区）

　　D. 在利息据以产生和支付的贷款合同之外，存在债权人与第三人之间在数额、利率和签订时间等方面相近的其他贷款或存款合同

解析：C。《国家税务总局关于税收协定中"受益所有人"有关问题的公告》（国家税务总局公告2018年第9号）第二条规定："……（一）申请人有义务在收到所得的12个月内将所得的50%以上支付给第三国（地区）居民，"有义务"包括约定义务和虽未约定义务但已形成支付事实的情形……"

80.【单选题】下列哪项不属于享受税收协定待遇的缔约对方居民（以下简称"申请人"）从中国取得的所得为股息时，可不进行不利因素综合分析而直接判定申请人具有"受益所有人"身份的情形？（　　）

　　A. 申请人被缔约对方居民个人直接持有100%股份

　　B. 申请人为缔约对方国籍个人

　　C. 申请人为缔约对方居民且在缔约对方上市的公司

　　D. 申请人为缔约对方政府

解析：B。国家税务总局公告2018年第9号文第四条规定："下列申请人从中国取得的所得为股息时，可不根据本公告第二条规定的因素进行综合分析，直接判定申请人具有"受益所有人"身份：（一）缔约对方政府；（二）缔约对方居民且在缔约对方上市的公司；（三）缔约对方居民个人；（四）申请人被第（一）至（三）项中的一人或多人直接或间接持有100%股份，且间接持有股份情形下的中间层为中国居民或缔约对方居民。"

81.【判断题】依照规定需要准备主体文档的企业集团，如果集团内企业分属两个以上税务机关管辖，可以选择任一企业主管税务机关主动提供主体文档。（　　）

解析：正确。见《国家税务总局关于明确同期资料主体文档提供及管理有关事项的公告》（国家税务总局公告2018年第14号）

82.【单选题】下列关于环境保护税应税污染物的说法中，正确的是（   ）。
   A. 燃烧产生废气中的颗粒物，按照烟尘征收环境保护税
   B. 燃烧产生废气中的颗粒物，按照粉尘征收环境保护税
   C. 排放的扬尘、工业粉尘等颗粒物，按照烟尘征收环境保护税
   D. 排放的扬尘、工业粉尘等颗粒物，按照粉尘征收环境保护税

解析：A。《财政部　税务总局　生态环境部关于明确环境保护税应税污染物适用等有关问题的通知》第一条规定"燃烧产生废气中的颗粒物，按照烟尘征收环境保护税。排放的扬尘、工业粉尘等颗粒物，除可以确定为烟尘、石棉尘、玻璃棉尘、炭黑尘的外，按照一般性粉尘征收环境保护税。"

83.【单选题】下列对车船税税收优惠表述，正确的是（   ）。
   A. 符合条件的节能汽车免征车船税
   B. 符合条件的新能源汽车减半征收车船税
   C. 未标记"纯天然气发动机"字段主推进动力装置的船舶不能享受车船税减免优惠
   D. 纯电动乘用车和燃料电池乘用车不属于车船税征税范围，对其不征车船税

解析：D。《财政部　税务总局　工业和信息化部　交通运输部关于节能新能源车船享受车船税优惠政策的通知》（财税〔2018〕74号）第一条规定："对节能汽车，减半征收车船税"，第二条规定："对新能源车船，免征车船税。（一）免征车船税的使用新能源汽车是指纯电动商用车、插电式（含增程式）混合动力汽车、燃料电池商用车。纯电动乘用车和燃料电池乘用车不属于车船税征税范围，对其不征车船税。……"，第五条规定："对使用未标记'纯天然气发动机'字段主推进动力装置的船舶，船舶所有人或者管理人认为符合本通知新能源船舶标准的，在船舶年度检验时一并向船舶检验机构提出认定申请，同时提交支撑材料，并对提供信息的真实性负责。船舶检验机构通过审核材料和现场检验予以确认，符合本通知新能源船舶标准的，在船舶检验证书服务簿中标注'纯天然气动力船舶'字段。"

84.【多选题】企业因特殊原因获得外部凭证的，可凭其他资料证实支出真实性，其中必备的资料是（   ）。
   A. 货物运输的证明资料
   B. 无法补开、换开发票、其他外部凭证原因的证明资料
   C. 相关业务活动的合同或者协议
   D. 采用现金方式支付的付款凭证

解析：BC。《企业所得税税前扣除凭证管理办法》第十四条规定："企业在补开、换开发票、其他外部凭证过程中，因对方注销、撤销、依法被吊销营业执照、被税务机关认定为非正常户等特殊原因无法补开、换开发票、其他外部凭证的，可凭以下资料证实支出真实性后，其支出允许税前扣除：（一）无法补开、换开发票、其他外部凭证原因的证明资料（包括工商注销、机构撤销、列入非正常经营户、破产公告等证明

资料）；（二）相关业务活动的合同或者协议；（三）采用非现金方式支付的付款凭证；（四）货物运输的证明资料；（五）货物入库、出库内部凭证；（六）企业会计核算记录以及其他资料。前款第一项至第三项为必备资料。"

85.【判断题】企业所得税汇算清缴期结束后，税务机关发现企业应当取得而未取得发票、其他外部凭证，或者取得不合规发票、不合规其他外部凭证的，相应支出不得在发生年度税前扣除。（　　）

解析：错误。《企业所得税税前扣除凭证管理办法》第十五条规定："汇算清缴期结束后，税务机关发现企业应当取得而未取得发票、其他外部凭证或者取得不合规发票、不合规其他外部凭证并且告知企业的，企业应当自被告知之日起60日内补开、换开符合规定的发票、其他外部凭证。"

86.【多选题】无住所个人属于居民纳税人的，即使其按照税法规定为中国税收居民，也可以按照税收协定的规定，选择享受税收协定条款的优惠待遇。主要优惠待遇包括（　　）。

A. 受雇所得条款
B. 独立个人劳务或者营业利润条款
C. 董事费条款
D. 特许权使用费或者技术服务费条款

解析：ABCD。《财政部　税务总局关于非居民个人和无住所居民个人有关个人所得税政策的公告》（财政部税务总局公告2019年第35号）第四条。

87.【多选题】增值税一般纳税人可以在增值税发票选择确认平台勾选哪些增值税发票（　　）？

A. 增值税专用发票
B. 机动车销售统一发票
C. 旅客运输服务客票
D. 收费公路通行费增值税电子普通发票

解析：ABD。《国家税务总局关于扩大小规模纳税人自行开具增值税专用发票试点范围等事项的公告》（国家税务总局公告2019年第8号）第二条规定："扩大取消增值税发票认证的纳税人范围。将取消增值税发票认证的纳税人范围扩大至全部一般纳税人。一般纳税人取得增值税发票（包括增值税专用发票、机动车销售统一发票、收费公路通行费增值税电子普通发票，下同）后，可以自愿使用增值税发票选择确认平台查询、选择用于申报抵扣、出口退税或者代办退税的增值税发票信息。"

88.【单选题】《国家税务总局关于取消20项税务证明事项的公告》（国家税务总局公告2018年第65号）中取消的税收证明事项不包括（　　）。

A. 残疾人证明
B. 中国税收居民身份证明
C. 总分机构证明
D. 税收困难证明

解析：B。详见该文件附件《取消的税收证明事项目录》。

89.【多选题】对金融机构向小型企业、微型企业和个体工商户（下简称"小微企业"）发放小额贷款取得的利息收入适用的增值税税收政策，下列说法中正确的是（　　）。

A. 金融机构可以选择利率水平不高于人民银行同期贷款基准利率150%（含本数）的单笔小额贷款取得的利息收入，免征增值税；高于人民银行同期贷款基准利率150%的单笔小额贷款取得的利息收入，按照现行政策规定缴纳增值税

B. 金融机构可以选择单笔小额贷款取得的利息收入中，不高于该笔贷款按照人民银行同期贷款基准利率150%（含本数）计算的利息收入部分，免征增值税；超过部分按照现行政策规定缴纳增值税

C. 金融机构可以选择利率水平不高于人民银行同期贷款基准利率150%（含本数）的单笔小额贷款取得的利息收入，免征增值税；高于人民银行同期贷款基准利率150%的单笔小额贷款取得的利息收入，减半征收增值税

D. 金融机构可以选择单笔小额贷款取得的利息收入中，不高于该笔贷款按照人民银行同期贷款基准利率150%（含本数）计算的利息收入部分，免征增值税；超过部分减半征收增值税

解析：AB。《财政部 税务总局关于金融机构小微企业贷款利息收入免征增值税政策的通知》（财税〔2018〕91号）第一条规定："一、自2018年9月1日至2020年12月31日，对金融机构向小型企业、微型企业和个体工商户发放小额贷款取得的利息收入，免征增值税。金融机构可以选择以下两种方法之一适用免税：（一）对金融机构向小型企业、微型企业和个体工商户发放的，利率水平不高于人民银行同期贷款基准利率150%（含本数）的单笔小额贷款取得的利息收入，免征增值税；高于人民银行同期贷款基准利率150%的单笔小额贷款取得的利息收入，按照现行政策规定缴纳增值税。（二）对金融机构向小型企业、微型企业和个体工商户发放单笔小额贷款取得的利息收入中，不高于该笔贷款按照人民银行同期贷款基准利率150%（含本数）计算的利息收入部分，免征增值税；超过部分按照现行政策规定缴纳增值税。金融机构可按会计年度在以上两种方法之间选定其一作为该年的免税适用方法，一经选定，该会计年度内不得变更。"

90.【单选题】下列关于社保基金会管理的社保基金有关投资业务税收政策，下列说法中正确的是（   ）。

A. 对社保基金会、社保基金投资管理人在运用社保基金投资过程中，提供贷款服务取得的全部利息及利息性质的收入和金融商品转让收入，作为企业所得税不征税收入

B. 对社保基金取得的直接股权投资收益、股权投资基金收益，作为企业所得税不征税收入

C. 对社保基金会、社保基金投资管理人在运用社保基金投资过程中，提供贷款服务取得的全部利息及利息性质的收入和金融商品转让收入，按照现行政策规定缴纳增值税

D. 对社保基金取得的直接股权投资收益、股权投资基金收益，免征增值税

解析：B。《财政部 税务总局关于全国社会保障基金有关投资业务税收政策的通知》（财税〔2018〕94号）第一条规定："对社保基金会、社保基金投资管理人在运用社保基金投资过程中，提供贷款服务取得的全部利息及利息性质的收入和金融商品转让收入，免征增值税。"第二条规定："对社保基金取得的直接股权投资收益、股权投资基金收益，作为企业所得税不征税收入。"

91.【多选题】为支持企业改制重组，优化市场环境，下列关于改制重组有关土地增值税政策的说法中，正确的是（　　）。

A. 单位、个人在改制重组时以房地产作价入股进行投资，对其将房地产转移、变更到被投资的企业，暂不征土地增值税

B. 按照法律规定或者合同约定，两个或两个以上企业合并为一个企业，且原企业投资主体存续的，对原企业将房地产转移、变更到合并后的企业，暂不征土地增值税

C. 改制重组有关土地增值税政策适用于房地产开发企业的情形

D. 改制重组有关土地增值税政策要求企业改制重组前后出资人及出资人的出资比例不变

解析：AB。《财政部 税务总局关于继续实施企业改制重组有关土地增值税政策的通知》（财税〔2018〕57号）第五条规定："上述改制重组有关土地增值税政策不适用于房地产转移任意一方为房地产开发企业的情形。"第八条规定："本通知所称不改变原企业投资主体、投资主体相同，是指企业改制重组前后出资人不发生变动，出资人的出资比例可以发生变动；投资主体存续，是指原企业出资人必须存在于改制重组后的企业，出资人的出资比例可以发生变动。"

92.【多选题】下列关于企业事业单位改制重组有关契税政策的说法中，不正确的是（　　）。

A. 两个或两个以上的公司，依照法律规定、合同约定，合并为一个公司，且原投资主体存续的，对合并后公司承受原合并各方土地、房屋权属，免征契税

B. 公司依照法律规定、合同约定分立为两个或两个以上与原公司投资主体相同的公司，对分立后公司承受原公司土地、房屋权属，免征契税

C. 企业依照有关法律法规规定实施破产，债权人与原企业全部职工签订服务年限不少于三年的劳动用工合同的，对其承受所购企业土地、房屋权属，减半征收契税

D. 母公司以土地、房屋权属向其全资子公司增资，视同划转，免征契税

解析：C。《财政部 税务总局关于继续支持企业事业单位改制重组有关契税政策的通知》（财税〔2018〕17号）第五条规定："……企业依照有关法律法规规定实施破产，债权人（包括破产企业职工）承受破产企业抵偿债务的土地、房屋权属，免征契税；对非债权人承受破产企业土地、房屋权属，凡按照《中华人民共和国劳动法》等国家有关法律法规政策妥善安置原企业全部职工规定，与原企业全部职工签订服务年限不少于三年的劳动用工合同的，对其承受所购企业土地、房屋权属，免征契税；与

原企业超过30%的职工签订服务年限不少于三年的劳动用工合同的，减半征收契税。"

93.【单选题】下列关于印花税政策的理解中，错误的是（　　）。

A. 在融资性售后回租业务中，对承租人、出租人因出售租赁资产及购回租赁资产所签订的合同，不征收印花税

B. 自2018年5月1日起，对按件贴花5元的其他账簿减半征收印花税

C. 对与高校学生签订的高校学生公寓租赁合同，免征印花税

D. 2018年印花税票以"红色税收记忆"为题材，启用后以前年度发行的各版印花税票仍然有效

解析：B。《关于对营业账簿减免印花税的通知》规定："自2018年5月1日起，对按万分之五税率贴花的资金账簿减半征收印花税，对按件贴花5元的其他账簿免征印花税。"

94.【单选题】下列对境外投资者暂不征收预提所得税需要满足的条件理解，不正确的是（　　）。

A. 境外投资者以分得利润进行的直接投资，包括新增、转增、收购上市公司股份

B. 境外投资者分得的利润属于中国境内居民企业向投资者实际分配已经实现的留存收益而形成的股息、红利等权益性投资收益

C. 境外投资者用于直接投资的利润以现金形式支付的，相关款项从利润分配企业的账户直接转入被投资企业或股权转让方账户，在直接投资前不得在境内外其他账户周转

D. 境外投资者用于直接投资的利润以实物、有价证券等非现金形式支付的，相关资产所有权直接从利润分配企业转入被投资企业或股权转让方，在直接投资前不得由其他企业、个人代为持有或临时持有

解析：A。《财政部　税务总局　国家发展改革委　商务部关于扩大境外投资者以分配利润直接投资暂不征收预提所得税政策适用范围的通知》（财税〔2018〕102号）第一条第一项规定："境外投资者以分得利润进行的直接投资，包括境外投资者以分得利润进行的增资、新建、股权收购等权益性投资行为，但不包括新增、转增、收购上市公司股份（符合条件的战略投资除外）。"

95.【多选题】下列说法中，错误的是（　　）。

A. 自2018年7月1日至2020年12月31日，对中国邮政储蓄银行符合条件的县域支行，提供农户贷款、农村企业和农村各类组织贷款取得的利息收入，可以选择适用简易计税方法按照3%的征收率计算缴纳增值税

B. 对赞助企业及参与赞助的下属机构根据赞助协议及补充赞助协议向北京冬奥组委免费提供的，与北京2022年冬奥会、冬残奥会、测试赛有关的服务，免征增值税

C. 个人捐赠住房作为公租房，符合税收法律法规规定的，对其公益性捐赠支出未超过其申报的应纳税所得额12%的部分，准予从其应纳税所得额中扣除

D. 自 2019 年 1 月 1 日至 2020 年供暖期结束，对供热企业向企业和个人供热取得的采暖费收入免征增值税

解析：CD。《财政部 税务总局关于公共租赁住房税收优惠政策的公告》（财政部 税务总局公告 2019 年第 61 号）第五条规定："企事业单位、社会团体以及其他组织捐赠住房作为公租房，符合税收法律法规规定的，对其公益性捐赠支出在年度利润总额 12% 以内的部分，准予在计算应纳税所得额时扣除，超过年度利润总额 12% 的部分，准予结转以后三年内在计算应纳税所得额时扣除。个人捐赠住房作为公租房，符合税收法律法规规定的，对其公益性捐赠支出未超过其申报的应纳税所得额 30% 的部分，准予从其应纳税所得额中扣除。"《财政部 税务总局关于延续供热企业增值税、房产税、城镇土地使用税优惠政策的通知》（财税〔2019〕38 号）第一条规定："自 2019 年 1 月 1 日至 2020 年供暖期结束，对供热企业向居民个人（以下称居民）供热取得的采暖费收入免征增值税。"

96.【单选题】下列关于环保税应税污染物计税依据的说法，错误的是（   ）。

A. 应税大气污染物按照污染物排放量折合的污染当量数确定

B. 应税水污染物按照污染物排放量折合的污染当量数确定

C. 应税固体废物按照固体废物的排放量折合的污染当量确定

D. 应税噪声按照超过国家规定标准的分贝数确定

解析：C。《中华人民共和国环境保护税法》第七条规定："应税污染物的计税依据，按照下列方法确定：……（三）应税固体废物按照固体废物的排放量确定……"

97.【单选题】下列关于环保税税收优惠的说法，正确的是（   ）。

A. 纳税人排放应税大气污染物或者水污染物的浓度值低于国家和地方规定的污染物排放标准百分之三十的，减半征收环境保护税

B. 农业生产（不包括规模化养殖）排放应税污染物的，暂免征收环境保护税

C. 机动车、铁路机车、非道路移动机械、船舶和航空器等流动污染源排放应税污染物的，不征收环境保护税

D. 纳税人综合利用的废旧物资，符合国家和地方环境保护标准的，暂免征收环境保护税

解析：B。《中华人民共和国环境保护税法》第十二条规定："下列情形，暂予免征环境保护税：（一）农业生产（不包括规模化养殖）排放应税污染物的；（二）机动车、铁路机车、非道路移动机械、船舶和航空器等流动污染源排放应税污染物的；（三）依法设立的城乡污水集中处理、生活垃圾集中处理场所排放相应应税污染物，不超过国家和地方规定的排放标准的；（四）纳税人综合利用的固体废物，符合国家和地方环境保护标准的；（五）国务院批准免税的其他情形。前款第五项免税规定，由国务院报全国人民代表大会常务委员会备案。"第十三条规定："纳税人排放应税大气污染物或者水污染物的浓度值低于国家和地方规定的污染物排放标准百分之三十的，减按

百分之七十五征收环境保护税。纳税人排放应税大气污染物或者水污染物的浓度值低于国家和地方规定的污染物排放标准百分之五十的，减按百分之五十征收环境保护税。"

98.【判断题】2018年度及以后年度企业所得税汇算清缴，企业参加雇主责任险、公众责任险等责任保险，按照规定缴纳的保险费，准予在企业所得税税前扣除。（　　）

解析：正确。依据《国家税务总局关于责任保险费企业所得税税前扣除有关问题的公告》（国家税务总局公告2018年第52号）。

99.【单选题】某境外旅客2019年3月30日来我国游玩。3月31日，该旅客在江苏某退税商店购买了一把团扇，取得退税商店当天为其开具的增值税普通发票和退税申请单，发票注明税率16%，价税合计1160元。4月2日，该旅客在江苏某退税商店购买了两个苏绣枕套，取得退税商店当天为其开具的增值税普通发票和退税申请单，发票注明税率13%，价税合计2260元。2019年4月5日该旅客从江苏离境。如经审核无误，在不考虑退税代理机构手续费的情况下，该旅客可获得的退税额是（　　）元？

A. 390　　　　B. 376.2　　　　C. 420　　　　D. 480

解析：B。《财政部　税务总局　海关总署关于深化增值税改革有关政策的公告》（财政部税务总局　海关总署公告2019年第39号）第四条规定："适用13%税率的境外旅客购物离境退税物品，退税率为11%；适用9%税率的境外旅客购物离境退税物品，退税率为8%。2019年6月30日前，按调整前税率征收增值税的，执行调整前的退税率；按调整后税率征收增值税的，执行调整后的退税率。退税率的执行时间，以退税物品增值税普通发票的开具日期为准。"因此，本例中该旅客可取得的应退税额：＝团扇销售发票金额（含增值税）×退税率＋苏绣枕套销售发票金额（含增值税）×退税率＝1160×11%＋2260×11%＝376.2元。

100.【判断题】符合增值税留抵退税政策条件的纳税人同时符合加计抵减政策的，其当期加计抵减额在计算留底退税额可以申请留抵退税。（　　）

解析：错误。《财政部　税务总局　海关总署关于深化增值税改革有关政策的公告》（财政部税务总局　海关总署公告2019年第39号）第八条规定："……（三）纳税人当期允许退还的增量留抵税额，按照以下公式计算：允许退还的增量留抵税额＝增量留抵税额×进项构成比例×60%。进项构成比例，为2019年4月至申请退税前一税款所属期内已抵扣的增值税专用发票（含税控机动车销售统　发票）、海关进口增值税专用缴款书、解缴税款完税凭证注明的增值税额占同期全部已抵扣进项税额的比重。"加计抵减额并不是纳税人的进项税额，从加计抵减额的形成机制来看，加计抵减不会形成留抵税额，因而也不能申请留抵退税。

101.【单选题】下列对2019年5月1日开始新启用的增值税申报表说法正确的是（　　）。

A. 包括"营改增税负分析测算表"

B. 包括《适用加计抵减政策的声明》

C. 在原附表（四）税额抵减情况表中增加"加计抵减情况"相关栏次

D. 购进旅客运输和服务可抵扣的进项税额应全部填写在附表（二）本期进项税额明细 8b 栏"其他"中

解析：C。《国家税务总局关于调整增值税纳税申报有关事项的公告》（国家税务总局公告 2019 年第 15 号）第五条规定："本公告自 2019 年 5 月 1 日起施行，国家税务总局公告 2016 年第 13 号附件 1 中《增值税纳税申报表附列资料（五）》《国家税务总局关于营业税改征增值税部分试点纳税人增值税纳税申报有关事项调整的公告》（国家税务总局公告 2016 年第 30 号）、《国家税务总局关于调整增值税纳税申报有关事项的公告》（国家税务总局公告 2017 年第 19 号）、《国家税务总局关于调整增值税纳税申报有关事项的公告》（国家税务总局公告 2018 年第 17 号）同时废止。"B 项不是增值税申报表的组成部分，《国家税务总局关于深化增值税改革有关事项的公告》（国家税务总局公告 2019 年第 14 号）规定："按照《财政部 税务总局 海关总署关于深化增值税改革有关政策的公告》（财政部税务总局 海关总署公告 2019 年第 39 号）规定，适用加计抵减政策的生产、生活性服务业纳税人，应在年度首次确认适用加计抵减政策时，通过电子税务局（或前往办税服务厅）提交《适用加计抵减政策的声明》"D 项中，如果纳税人购进旅客运输服务取得的是增值税专用发票，应填写在第一栏"认证相符的增值税专用发票"中，未取得增值税专用发票的，以增值税电子普通发票注明的税额，或其他合法凭证按政策规定计算的可抵扣进项税额，填写在 8b"其他"中，同时，还需要填写第 10 栏"（四）本期用于抵扣的旅客运输服务扣税凭证"。

102.【单选题】某纳税人符合期末留抵退税条件，已抵扣的进项税额全部是增值税专用发票，2019 年 3 月末留抵税额 50 万，4～9 月留抵税额分别为 60 万元、55 万元、80 万元、70 万元、90 万元和 100 万元。下列说法正确的是（   ）。

A. 该纳税人可以在 10 月份纳税申报期结束后向主管税务机关提出留抵退税申请

B. 该纳税人允许退还的增量留抵税额为 30 万元

C. 该纳税人收到退税款后，无需对留抵税额进行调整

D. 如果该纳税人持续符合期末留抵退税，最快可以于 2019 年 11 月再次申请留抵退税

解析：B。《财政部 税务总局 海关总署关于深化增值税改革有关政策的公告》（财政部税务总局 海关总署公告 2019 年第 39 号）第八条规定："……纳税人应在增值税纳税申报期内，向主管税务机关申请退还留抵税额。……纳税人取得退还的留抵税额后，应相应调减当期留抵税额。按照本条规定再次满足退税条件的，可以继续向主管税务机关申请退还留抵税额，但本条第（一）项第 1 点规定的连续期间，不得重复计算"纳税人收到退税款后应对留抵税额进行调减，连续期间从 2019 年 10 月

开始重新计算满 6 个月，纳税人最快可以在 2020 年 4 月申请留抵退税。B 项允许退还的增量留抵税额 =（100 - 50）× 100% × 60% = 30 万元。

103.【单选题】企业与其关联方之间的业务往来，不符合独立交易原则而减少企业或者其关联方应纳税收入或者所得额的，税务机关有权按照合理方法调整，这些合理方法不包括（　　）。

A. 可比非受控价格法　　B. 再销售价格法
C. 预约定价安排　　　　D. 交易净利润法

解析：C。《中华人民共和国企业所得税法实施条例》第一百一十一条规定："企业所得税法第四十一条所称合理方法，包括：（一）可比非受控价格法，是指按照没有关联关系的交易各方进行相同或者类似业务往来的价格进行定价的方法；（二）再销售价格法，是指按照从关联方购进商品再销售给没有关联关系的交易方的价格，减除相同或者类似业务的销售毛利进行定价的方法；（三）成本加成法，是指按照成本加合理的费用和利润进行定价的方法；（四）交易净利润法，是指按照没有关联关系的交易各方进行相同或者类似业务往来取得的净利润水平确定利润的方法；（五）利润分割法，是指将企业与其关联方的合并利润或者亏损在各方之间采用合理标准进行分配的方法；（六）其他符合独立交易原则的方法。"

104.【单选题】某纳税人符合加计抵减政策条件，下列说法中正确的是（　　）。

A. 若纳税人有加计抵减额在 2021 年 12 月未抵减完，不可以结转下期继续抵减

B. 若纳税人 2022 年 1 月继续符合加计抵减政策相关条件，则可继续计提加计抵减额

C. 纳税人 2021 年 3 月通过办税服务厅提交《适用加计抵减政策的声明》，则纳税人从 2021 年 3 月开始计提加计抵减额

D. 纳税人 2021 年 3 月通过办税服务厅提交《适用加计抵减政策的声明》，2021 年 8 月开始四项服务占全部销售额的比重不足 50%，则该纳税人从 2021 年 8 月开始不再适用加计抵减政策，上期结转的加计抵减额可继续抵减应纳税额

解析：A。《财政部　税务总局　海关总署关于深化增值税改革有关政策的公告》（财政部税务总局　海关总署公告 2019 年第 39 号）第七条规定："自 2019 年 4 月 1 日至 2021 年 12 月 31 日，允许生产、生活性服务业纳税人按照当期可抵扣进项税额加计 10%，抵减应纳税额（以下称加计抵减政策）。……纳税人确定适用加计抵减政策后，当年内不再调整，以后年度是否适用，根据上年度销售额计算确定。纳税人可计提但未计提的加计抵减额，可在确定适用加计抵减政策当期一并计提。……加计抵减政策执行到期后，纳税人不再计提加计抵减额，结余的加计抵减额停止抵减。"

105.【单选题】A 公司是一家在中国境内没有机构场所的非居民纳税人，取得的下列所得中来源于中国境内的是（　　）。

A. 将所持有的在中国境内无机构场所的非居民企业 D 的股权转让给居民企业 C 取

得的收入

　　B. 将中国境内的一台汽车转让给居民企业 C 取得的收入

　　C. 将中国境内的一栋办公楼转让给在中国境内无机构场所的非居民企业 D 取得的收入

　　D. 因出租中国境内的一栋办公楼，从在中国境内无机构场所的非居民企业 D 取得的租金收入

　　解析：C。《中华人民共和国企业所得税法实施条例》第七条规定："企业所得税法第三条所称来源于中国境内、境外的所得，按照以下原则确定：……（三）转让财产所得，不动产转让所得按照不动产所在地确定，动产转让所得按照转让动产的企业或者机构、场所所在地确定，权益性投资资产转让所得按照被投资企业所在地确定；（四）股息、红利等权益性投资所得，按照分配所得的企业所在地确定；（五）利息所得、租金所得、特许权使用费所得，按照负担、支付所得的企业或者机构、场所所在地确定，或者按照负担、支付所得的个人的住所地确定……"

　　106.【单选题】A 先生为无住所个人（非高管），2020 年 1 月，A 先生同时取得 2019 年第四季度（公历天数 92 天）奖金和全年奖金。假设 A 先生取得季度奖金 20 万元，对应境内工作天数为 46 天；取得全年奖金 50 万元，对应境内工作天数为 73 天。两笔奖金分别由境内公司、境外公司各支付一半。（不考虑税收协定因素）A 先生当月取得数月奖金在境内应计税的收入额为（　　）万元。

　　A. 20　　　　　B. 10　　　　　C. 70　　　　　D. 35

　　解析：《财政部　税务总局关于非居民个人和无住所居民个人有关个人所得税政策的公告》（财政部税务总局公告 2019 年第 35 号）第一条规定："……无住所个人取得的数月奖金或者股权激励所得按照本条第（一）项规定确定所得来源地的，无住所个人在境内履职或者执行职务时收到的数月奖金或者股权激励所得，归属于境外工作期间的部分，为来源于境外的工资薪金所得；无住所个人停止在境内履约或者执行职务离境后收到的数月奖金或者股权激励所得，对属于境内工作期间的部分，为来源于境内的工资薪金所得。具体计算方法为：数月奖金或者股权激励乘以数月奖金或者股权激励所属工作期间境内工作天数与所属工作期间公历天数之比。……"第二条规定："……在一个纳税年度内，在境内累计居住不超过 90 天的非居民个人，仅就归属于境内工作期间并由境内雇主支付或者负担的工资薪金所得计算缴纳个人所得税。当月工资薪金收入额的计算公式如下（公式一）……"2020 年度，A 先生在中国境内居住天数不超过 90 天，为非居民个人，A 先生仅就境内支付的境内所得，计算在境内应计税的收入，即 10 万元。

　　107.【单选题】下列关于无住所个人境内工作天数的理解中，正确的是（　　）。

　　A. 境内工作天数不包括境内工作期间在境外享受的公休假

　　B. 境内工作期间按照个人在境内工作天数计算

C. 仅在境外单位任职的个人，出入境当天，按照0.5日计算境内工作天数

D. 境内工作天数不包括境内工作期间在境外接受培训的期间

解析：B。《财政部 税务总局关于非居民个人和无住所居民个人有关个人所得税政策的公告》（财政部税务总局公告2019年第35号）第一条规定："（一）关于工资薪金所得来源地的规定。个人取得归属于中国境内（以下称境内）工作期间的工资薪金所得为来源于境内的工资薪金所得。境内工作期间按照个人在境内工作天数计算，包括其在境内的实际工作日以及境内工作期间在境内、境外享受的公休假、个人休假、接受培训的天数。在境内、境外单位同时担任职务或者仅在境外单位任职的个人，在境内停留的当天不足24小时的，按照半天计算境内工作天数。无住所个人在境内、境外单位同时担任职务或者仅在境外单位任职，且当期同时在境内、境外工作的，按照工资薪金所属境内、境外工作天数占当期公历天数的比例计算确定来源于境内、境外工资薪金所得的收入额。境外工作天数按照当期公历天数减去当期境内工作天数计算……"

108.【单选题】下列关于在中国境内无住所的个人居住时间的理解中，正确的是（　　）。

A. 无住所个人一个纳税年度在中国境内累计居住满1年的，如果此前六年在中国境内每年累计居住天数都满183天而且没有任何一年单次离境超过30天，则该无住所个人是我国个人所得税居民纳税人

B. 无住所个人一个纳税年度在中国境内累计居住满183天的，如果此前六年在中国境内每年累计居住天数都满183天而且没有任何一年单次离境超过30天，则该无住所个人是我国个人所得税居民纳税人

C. 无住所个人出入境当天，按照1日计算中国境内居住天数

D. 无住所个人出入境当天，按照0.5日计算中国境内居住天数

解析：B。《关于在中国境内无住所的个人居住时间判定标准的公告》（财政部税务总局公告2019年第34号）第一条规定："无住所个人一个纳税年度在中国境内累计居住满183天的，如果此前六年在中国境内每年累计居住天数都满183天而且没有任何一年单次离境超过30天，该纳税年度来源于中国境内、境外所得应当缴纳个人所得税；如果此前六年的任一年在中国境内累计居住天数不满183天或者单次离境超过30天，该纳税年度来源于中国境外且由境外单位或者个人支付的所得，免予缴纳个人所得税。"第二条规定："无住所个人一个纳税年度内在中国境内累计居住天数，按照个人在中国境内累计停留的天数计算。在中国境内停留的当天满24小时的，计入中国境内居住天数，在中国境内停留的当天不足24小时的，不计入中国境内居住天数。"

第四章 风险应对练习题

一、银行业

1.【单选题】金融企业实际支付给关联方的利息支出,不超过其接受关联方债权性投资与其权益性投资比例(　　)的部分,准予扣除,超过的部分不得在发生当期和以后年度扣除。

A. 2∶1　　　　B. 3∶1　　　　C. 4∶1　　　　D. 5∶1

答案:D

解析:根据《财政部　国家税务总局关于企业关联方利息支出税前扣除标准有关税收政策问题的通知》(财税〔2008〕121号)规定:"在计算应纳税所得额时,企业实际支付给关联方的利息支出,不超过以下规定比例和税法及其实施条例有关规定计算的部分,准予扣除,超过的部分不得在发生当期和以后年度扣除。金融企业实际支付给关联方的利息支出,其接受关联方债权性投资与其权益性投资比例为5∶1。"

2.【单选题】除金融企业以外的其他企业实际支付给关联方的利息支出,不超过其接受关联方债权性投资与其权益性投资比例(　　)的部分,准予扣除,超过的部分不得在发生当期和以后年度扣除。

A. 2∶1　　　　B. 3∶1　　　　C. 4∶1　　　　D. 5∶1

答案:A

解析:根据《财政部　国家税务总局关于企业关联方利息支出税前扣除标准有关税收政策问题的通知》(财税〔2008〕121号)规定:"在计算应纳税所得额时,企业实际支付给关联方的利息支出,不超过以下规定比例和税法及其实施条例有关规定计算的部分,准予扣除,超过的部分不得在发生当期和以后年度扣除。企业实际支付给关联方的利息支出,除符合本通知第二条规定外,其接受关联方债权性投资与其权益性投资比例为:(一)金融企业,为5∶1;(二)其他企业,为2∶1。"

3.【判断题】企业同时从事金融业务和非金融业务,其实际支付给关联方的利息支出,没有按照合理方法分开计算的,不得在企业所得税税前进行扣除。(　　)

答案:×

解析:根据《财政部　国家税务总局关于企业关联方利息支出税前扣除标准有关税收政策问题的通知》(财税〔2008〕121号)规定:"企业同时从事金融业务和非金融业务,其实际支付给关联方的利息支出,应按照合理方法分开计算;没有按照合理方法分开计算的，一律按本通知第一条有关其他企业的比例计算准予税前扣除的利息支出。企业实际支付给关联方的利息支出，除符合本通知第二条规定外，其接受关联方债权性投资与其权益性投资比例为：（一）金融企业，为5∶1；（二）其他企业，为2∶1。"

4.【多选题】A银行常年使用国外M软件公司开发的财务软件，并每年向其支付软件使用费，其支付时应及时代扣代缴（   ）。

A. 增值税　　　　B. 企业所得税　　　C. 城市维护建设费　D. 教育费附加

答案：ABCD

解析：根据《中华人民共和国企业所得税法》第三十七条规定："对非居民企业取得本法第三条第三款规定的所得应缴纳的所得税，实行源泉扣缴，以支付人为扣缴义务人。税款由扣缴义务人在每次支付或者到期应支付时，从支付或者到期应支付的款项中扣缴。"

5.【多选题】银团贷款由获准经营贷款业务的一家或数家银行牵头，多家银行与非银行金融机构参加而组成的银行集团采用同一贷款协议，按商定的期限和条件向同一借款人提供融资的贷款方式。对于我国银行的境外分行在银团贷款中行使牵头行职能，下列选项中正确的是（   ）。

A. 当利息归属于境外分行时，不需要代扣代缴企业所得税

B. 当利息归属于境外分行时，需要代扣代缴企业所得税

C. 据以产生利息的债权属于境外非居民企业，境外分行代收利息收入，应扣缴增值税及附加和企业所得税

D. 据以产生利息的债权属于境外非居民企业，境外分行代收利息收入，不应扣缴增值税及附加和企业所得税

答案：AC

解析：《国家税务总局关于境内机构向我国银行的境外分行支付利息扣缴企业所得税有关问题的公告》（国家税务总局公告2015年第47号）规定："境外分行从境内取得的利息如果属于代收性质，据以产生利息的债权属于境外非居民企业，境内机构向境外分行支付利息时，应代扣代缴企业所得税。"

因此，境外分行在银团贷款中行使牵头行职能，当利息归属于境外分行时，由于境外分行和属于中国境内法人分支机构，不需要代扣代缴企业所得税；如果据以产生利息的债权属于境外非居民企业，境外分行代收利息收入的实际取得方是境外的非居民企业。此种情况下，境内机构向境外分行支付利息时，应依法扣缴增值税及附加和企业所得税。

6.【多选题】国债是由国家发行的债券，是中央政府为筹集财政资金而发行的一种政府债券。关于国债成本确定，下列选项正确的是（   ）。

A. 通过支付现金方式取得的国债，以买入价为成本

B. 通过支付现金方式取得的国债，以买入价和支付的相关税费为成本

C. 通过支付现金以外的方式取得的国债，以该资产的公允价值为成本

D. 通过支付现金以外的方式取得的国债，以该资产的公允价值和支付的相关税费为成本

答案：BD

解析：《国家税务总局关于企业国债投资业务企业所得税处理问题的公告》（国家税务总局公告 2011 年第 36 号）第三条："关于国债成本确定问题：（一）通过支付现金方式取得的国债，以买入价和支付的相关税费为成本；（二）通过支付现金以外的方式取得的国债，以该资产的公允价值和支付的相关税费为成本……"

7.【判断题】某商业银行将国债转让收入作为免税收入申报，存在少缴纳了增值税和企业所得税的税收风险。（　　）。

答案：√

解析：《国家税务总局关于企业国债投资业务企业所得税处理问题的公告》（国家税务总局公告 2011 年第 36 号）规定第一条第（一）项第 2 款规定："企业转让国债，应在国债转让收入确认时确认利息收入的实现。"

《财政部　国家税务总局关于全面推开营业税改征增值税试点的通知》（财税〔2016〕36 号）附件 3 第一条第（十九）项第 3 目规定："下列项目免征增值税……国债、地方政府债。"

8.【多选题】JS 商业银行持有多家居民企业公开发行并上市流通的股票，下列取得的投资收益中可以免征企业所得税的有（　　）。

项目	购入日期	出售日期	20×8 年度取得的分红（元）
A 股票	20×7 年 9 月 31 日	20×8 年 7 月 31 日	26 329.95
B 股票	20×7 年 6 月 01 日	20×8 年 7 月 31 日	205 000.00
C 股票	20×8 年 2 月 20 日	20×8 年 7 月 15 日	200 000.00
D 股票	20×8 年 1 月 31 日	20×9 年 2 月 20 日	34 500.00

A. A 股票　　　　B. B 股票　　　　C. C 股票　　　　D. D 股票

答案：BD

解析：依据《中华人民共和国企业所得税法》第二十六条第二项的规定："符合条件的居民企业之间的股息、红利等权益性投资收益为免税收入。"

依据《中华人民共和国企业所得税法实施条例》第八十三条的规定："企业所得税法第二十六条第（二）项所称符合条件的居民企业之间的股息、红利等权益性投资收益，是指居民企业直接投资于其他居民企业取得的投资收益。企业所得税法第二十六条第（二）项和第（三）项所称股息、红利等权益性投资收益，不包括连续持有居民企业公开发行并上市流通的股票不足 12 个月取得的投资收益。"

9.【多选题】PF 商业银行由于客户贷款逾期，对其贷款利息在原基础上上调 30% 作为罚息，并按日加收万分之五的滞纳金，贷款逾期 60 日后该客户偿还贷款利息、罚

息以及滞纳金,但在支付相应款项时,该客户未按商业银行要求的方式进行还款,造成 PF 商业银行产生损失,PF 商业银行要求客户支付一定金额的赔偿金。该商业银行针对该客户所取得的收入中,应缴纳增值税的有( )。

A. 贷款利息　　　　B. 罚息　　　　　　C. 滞纳金　　　　　D. 赔偿金

答案:ABC

解析:《财政部　国家税务总局关于全面推开营业税改征增值税试点的通知》(财税〔2016〕36 号)附件 1《营业税改征增值税试点实施办法附:销售服务、无形资产、不动产注释》第一条第(五)项第 1 目规定:"贷款,是指将资金贷与他人使用而取得利息收入的业务活动。各种占用、拆借资金取得的收入,包括金融商品持有期间(含到期)利息(保本收益、报酬、资金占用费、补偿金等)收入、信用卡透支利息收入、买入返售金融商品利息收入、融资融券收取的利息收入,以及融资性售后回租、押汇、罚息、票据贴现、转贷等业务取得的利息及利息性质的收入,按照贷款服务缴纳增值税。"

银行收取罚金、滞纳金、赔偿金在实际业务中有多种情形,应区分具体业务情形判定,不应一概按照价外费用征收增值税。按照税收规定需要缴纳增值税的罚金、滞纳金、赔偿金,是指与银行收取贷款利息相关的,且具有利息属性的罚金、滞纳金、赔偿金,该商业银行所收取的罚金、滞纳金与取得贷款利息存在直接关系,应缴纳增值税;但其收取的赔偿金与贷款利息没有直接关系,不应作为价外费用征收增值税。

10.【判断题】GF 商业银行客户贷款逾期已达 90 天,GF 商业银行仍对其贷款利息进行核算并计入当期损益,该笔逾期贷款利息应照常缴纳增值税。( )

答案:√

解析:《财政部　国家税务总局关于全面推开营业税改征增值税试点的通知》(财税〔2016〕36 号)附件三《营业税改征增值税试点过渡政策的规定》第四条规定:"金融企业发放贷款后,自结息日起 90 天内发生的应收未收利息按现行规定缴纳增值税,自结息日起 90 天后发生的应收未收利息暂不缴纳增值税,待实际收到利息时按规定缴纳增值税。"

11.【多选题】针对商业逾期贷款增值税问题,下列选项错误的是( )。

A. 贷款到期日支出逾期 90 天内,不缴纳增值税
B. 贷款逾期 90 日起至收到逾期贷款利息之前,暂不缴纳增值税
C. 贷款逾期 90 日起至收到逾期贷款利息之前,应缴纳增值税
D. 收到逾期贷款利息时,不缴纳增值税

答案:ACD

解析:《财政部　国家税务总局关于全面推开营业税改征增值税试点的通知》(财税〔2016〕36 号)附件三《营业税改征增值税试点过渡政策的规定》第四条规定:"金融企业发放贷款后,自结息日起 90 天内发生的应收未收利息按现行规定缴纳增值

税，自结息日起 90 天后发生的应收未收利息暂不缴纳增值税，待实际收到利息时按规定缴纳增值税。"

12.【单选题】PA 商业银行存在一笔 3 年期的贷款，按季度结息，每季度末当月 20 日为结息日，在首季履约付息后，客户发生严重的经营困难，自二季度起贷款逾期，PA 商业银行在逾期日将该笔贷款转为逾期贷款，在二季度逾期 90 天后将该笔贷款转为非应计贷款，该客户自首季后未再支付贷款利息。下列说法正确的是（　　）。

A. 自三季度起，该笔贷款不再缴纳增值税

B. 自三季度起，以后每个结息日起 90 天内发生的应收未收利息按现行规定缴纳增值税

C. 自三季度起到期日前，每个结息日产生的应收未收利息应全额缴纳增值税

D. 贷款到期日后，该笔贷款不再缴纳增值税

答案：B

解析：《财政部　国家税务总局关于全面推开营业税改征增值税试点的通知》（财税〔2016〕36 号）附件三《营业税改征增值税试点过渡政策的规定》第四条规定："金融企业发放贷款后，自结息日起 90 天内发生的应收未收利息按现行规定缴纳增值税，自结息日起 90 天后发生的应收未收利息暂不缴纳增值税，待实际收到利息时按规定缴纳增值税。"

因此，在税法上没有到期日这一概念，对于一个贷款应以合同约定的结息日表标准适用上述文件，对于该笔贷款虽然在二季度逾期时便转为逾期贷款，但其后的每一个结息日仍然存在，其每个结息日逾期 90 天内的应收未收利息仍应按现行规定缴纳增值税，选项 B 正确。

13.【多选题】PA 商业银行针对一笔逾期贷款，在到期日至逾期 90 日内将应收未收的利息收入计入当期损益，逾期 90 天时冲减利息收入，将该笔贷款转到表外进行核算，不再计入当期损益，在收取逾期利息时，转回为表内收入。其企业所得税的处理，正确的是（　　）。

A. 在到期日至逾期 90 日内，应缴纳企业所得税

B. 在逾期 90 天时冲减利息收入，准予抵扣当期应纳税所得额

C. 将该笔贷款转到表外进行核算，虽然不再计入当期损益，仍需缴纳企业所得税

D. 在收取逾期利息时，转回为表内收入，应缴纳企业所得税

答案：ABD

解析：根据《国家税务总局关于金融企业贷款利息收入确认问题的公告》（国家税务总局公告 2010 年第 23 号）第一条规定："属于逾期贷款，其逾期后发生的应收利息，应于实际收到的日期，或者虽未实际收到，但会计上确认为利息收入的日期，确认收入的实现。"第二条规定："金融企业已确认为利息收入的应收利息，逾期 90 天仍未收回，且会计上已冲减了当期利息收入的，准予抵扣当期应纳税所得额。"第三条规

定:"金融企业已冲减了利息收入的应收未收利息,以后年度收回时,应计入当期应纳税所得额计算纳税。"

因此,选项C错误,将该笔贷款转到表外进行核算,不再计入当期损益,未实际收到同时未会计上确认为利息收入,无需缴纳企业所得税。

14.【单选题】下列小额贷款收入中,不可以免征增值税的是(　　)。

A. 单笔授信110万元的农户　　　　B. 单笔授信120万元的微型企业
C. 单笔授信800万元的个体工商户　　D. 单笔授信550万元的小型企业

答案:A

解析:《财政部　税务总局关于支持小微企业融资有关税收政策的通知》(财税〔2017〕77号)规定:"自2017年12月1日至2019年12月31日,对金融机构向农户、小型企业、微型企业及个体工商户发放小额贷款取得的利息收入,免征增值税。""本通知所称小额贷款,是指单户授信小于100万元(含本数)的农户、小型企业、微型企业或个体工商户贷款"。

《财政部　国家税务总局关于金融机构小微企业贷款利息收入免征增值税政策的通知》(财税〔2018〕91号)规定:"自2018年9月1日至2020年12月31日,对金融机构向小型企业、微型企业和个体工商户发放小额贷款取得的利息收入,免征增值税。""本通知所称小额贷款,是指单户授信小于1 000万元(含本数)的小型企业、微型企业或个体工商户贷款"。

财税〔2018〕91号文件中的免税主体并没有农户,选项A有超过了财税〔2017〕77号所规定的小额贷款标准,因此A不可免征增值税。

15.【多选题】下列利息收入中,符合金融同业往来利息收入免征增值税的有(　　)。

A. 持有金融债券　　　　　　　　　B. 持有政策性金融债券
C. 质押式买入返售金融商品　　　　D. 买断式买入返售金融商品

答案:ABCD

解析:《财政部　国家税务总局关于进一步明确全面推开营改增试点金融业有关政策的通知》(财税〔2016〕46)规定:"金融机构开展下列业务取得的利息收入,属于《营业税改征增值税试点过渡政策的规定》(财税〔2016〕36号)第一条第(二十三)项所称的金融同业往来利息收入:(一)质押式买入返售金融商品。质押式买入返售金融商品,是指交易双方进行的以债券等金融商品为权利质押的一种短期资金融通业务。(二)持有政策性金融债券。政策性金融债券,是指开发性、政策性金融机构发行的债券。"

《关于金融机构同业往来等增值税政策的补充通知》(财税〔2016〕70号)规定:"金融机构开展下列业务取得的利息收入,属于《营业税改征增值税试点过渡政策的规定》(财税〔2016〕36号,以下简称《过渡政策的规定》)第一条第(二十三)项所称的金融同业往来利息收入：……（四）买断式买入返售金融商品。买断式买入返售金融商品，是指金融商品持有人（正回购方）将债券等金融商品卖给债券购买方（逆回购方）的同时，交易双方约定在未来某一日期，正回购方再以约定价格从逆回购方买回相等数量同种债券等金融商品的交易行为。（五）持有金融债券。金融债券，是指依法在中华人民共和国境内设立的金融机构法人在全国银行间和交易所债券市场发行的、按约定还本付息的有价证券……"

16.【判断题】商业银行间的转贴现业务收入，属于金融同业往来利息收入免征增值税。（　　）

答案：×

解析：《财政部　税务总局关于建筑服务等营改增试点政策的通知》（财税〔2017〕58号）第五条规定："自2018年1月1日起，金融机构开展贴现、转贴现业务，以其实际持有票据期间取得的利息收入作为贷款服务销售额计算缴纳增值税。此前贴现机构已就贴现利息收入金额缴纳增值税的票据，转贴现机构转贴现利息收入继续免征增值税。"因此，在2018年1月1日后，金融机构开展转贴现业务不再免征增值税。

17.【单选题】GS商业银行2017年7月20日取得一笔贴现收入，2017年9月20日将该贴现资产向NY银行进行转贴现，NY银行取得该贴现资产后持有至到期，2018年1月20日，该贴现资产到期。下列说法正确的是（　　）。

A. GS商业银行应针对贴现资产实际持有期间取得的收入缴纳增值税，NY银行取得的转贴现收入免征增值税

B. GS商业银行应针对贴现资产实际持有期间取得的收入缴纳增值税，NY银行根据实际持有贴现资产的时间取得的转贴现收入缴纳增值税

C. GS商业银行应在取得贴现收入时一次性缴纳增值税，NY银行取得的转贴现收入免征增值税

D. GS商业银行应在取得贴现收入时一次性缴纳增值税，NY银行根据实际持有贴现资产的时间取得的转贴现收入缴纳增值税

答案：C

解析：《财政部　税务总局关于建筑服务等营改增试点政策的通知》（财税〔2017〕58号）第五条规定："自2018年1月1日起，金融机构开展贴现、转贴现业务，以其实际持有票据期间取得的利息收入作为贷款服务销售额计算缴纳增值税。此前贴现机构已就贴现利息收入全额缴纳增值税的票据，转贴现机构转贴现利息收入继续免征增值税。"因此，GS商业银行取得该笔贴现收入的时间在2018年1月1日前，应对所取得的贴现收入全额缴纳增值税，因其已对该笔资产所产生的收入全额缴纳的增值税，因此，其后续的转贴现收入免征增值税。但如果该笔业务发生在2018年1月1日之后，根据财税〔2017〕58号文件的规定，GS商业银行以其实际持有票据期间取得的利息收入作为贷款服务销售额计算缴纳增值税，并没有就产生的全部贴现利息缴纳增值税，

则其后续的转贴现收入同样应根据实际使用票据的期间缴纳增值税。

18.【单选题】 GS 商业银行于 2018 年推出"天天盈"理财产品,"天天盈"理财产品的主要特点是承诺了到期本金可全部收回的投资收益,该理财产品持有期间所取得的收入,应( )。

A. 按"贷款服务"缴纳增值税　　　　B. 按"金融商品转让"缴纳增值税
C. 不征收增值税　　　　　　　　　　D. 免征增值税

答案：A

解析：《财政部　国家税务总局关于明确金融 房地产开发 教育辅助服务等增值税政策的通知》(财税〔2016〕140 号)第一条规定："《销售服务、无形资产、不动产注释》(财税〔2016〕36 号)第一条第(五)项第 1 点所称"保本收益、报酬、资金占用费、补偿金",是指合同中明确承诺到期本金可全部收回的投资收益。"因此,"天天盈"理财产品承诺了到期本金可全部收回的投资收益,属于取得保本收益,应按"贷款服务项目"缴纳增值税。

19.【多选题】 林峰到本市 A 商场购买电视机一台,使用 GF 银行(发卡行)的信用卡进行刷卡支付,A 商场的 POS 签约银行为 ZS 银行(收单行),关于该笔交易的增值税处理,下列选项正确的是( )。

A. 收单行以其向商户收取的收单服务费为销售额,并按照此销售额向商户开具增值税发票

B. 发卡行以其向收单行收取的发卡行服务费为销售额,并按照此销售额向收单行开具增值税发票

C. 清算机构以其向发卡行、收单行收取的网络服务费为销售额,并按照发卡行支付的网络服务费向发卡机构开具增值税发票,按照收单行支付的网络服务费向收单机构开具增值税发票

D. 清算机构从发卡行取得的增值税发票上记载的发卡行服务费,一并计入清算机构的销售额,并由清算机构按照此销售额向收单行开具增值税发票

答案：ACD

解析：《国家税务总局关于进一步明确营改增有关征管问题的公告》(国家税务总局公告 2017 年第 11 号)第六条规定："发卡机构、清算机构和收单机构提供银行卡跨机构资金清算服务,按照以下规定执行：

(一)发卡机构以其向收单机构收取的发卡行服务费为销售额,并按照此销售额向清算机构开具增值税发票。

(二)清算机构以其向发卡机构、收单机构收取的网络服务费为销售额,并按照发卡机构支付的网络服务费向发卡机构开具增值税发票,按照收单机构支付的网络服务费向收单机构开具增值税发票。

清算机构从发卡机构取得的增值税发票上记载的发卡行服务费,一并计入清算机

构的销售额,并由清算机构按照此销售额向收单机构开具增值税发票。

(三)收单机构以其向商户收取的收单服务费为销售额,并按照此销售额向商户开具增值税发票。"

20.【单选题】2018年,ZS商业银行通过公益性社会组织或者县级(含县级)以上人民政府及其组成部门和直属机构,用于慈善活动、公益事业的捐赠支出,在年度利润总额12%以内的部分,准予在计算应纳税所得额时扣除;超过年度利润总额12%的部分,( )。

A. 不得结转以后计算应纳税所得额时扣除

B. 准予结转以后三年内在计算应纳税所得额时扣除

C. 准予结转以后五年内在计算应纳税所得额时扣除

D. 准予结转以后十年内在计算应纳税所得额时扣除

答案:B

解析:《财政部 税务总局关于公益性捐赠支出企业所得税税前结转扣除有关政策的通知》(财税〔2018〕15号)第一条规定:"企业通过公益性社会组织或者县级(含县级)以上人民政府及其组成部门和直属机构,用于慈善活动、公益事业的捐赠支出,在年度利润总额12%以内的部分,准予在计算应纳税所得额时扣除;超过年度利润总额12%的部分,准予结转以后三年内在计算应纳税所得额时扣除。"

21.【单选题】JT商业银行的下列捐赠支出,不符合税法规定的捐赠支出的有( )。

A. 向某小学捐赠价值100万元的学生用品

B. 通过某符合资质公益性社会团体向地震灾区捐赠人民币500万元

C. 通过某乡政府捐赠人民币200万元

D. 向本行患重病的职工王某捐赠人民币10万元

答案:B

解析:《财政部 税务总局关于公益性捐赠支出企业所得税税前结转扣除有关政策的通知》(财税〔2018〕15号)第一条规定:"企业通过公益性社会组织或者县级(含县级)以上人民政府及其组成部门和直属机构,用于慈善活动、公益事业的捐赠支出,在年度利润总额12%以内的部分,准予在计算应纳税所得额时扣除;超过年度利润总额12%的部分,准予结转以后三年内在计算应纳税所得额时扣除。"A、C选项,直接捐赠支出不可以税前扣除;C选项,通过乡政府的捐赠支出不属于允许扣除的范围。

22.【多选题】下列选项中,错误的是( )。

A. 资管产品运营过程中发生的增值税应税行为,以资管产品管理人为增值税纳税人

B. 纳税人购入基金、信托、理财产品等各类资产管理产品持有至到期,不属于金融商品转让

C. 金融商品持有期间（含到期）取得的非保本的上述收益，不属于利息或利息性质的收入，不征收增值税

D. 保险公司自结息日起90天内发生的应收未收利息不缴纳增值税

答案：D

解析：《财政部 国家税务总局关于明确金融 房地产开发 教育辅助服务等增值税政策的通知》（财税〔2016〕140号）第三条规定："证券公司、保险公司、金融租赁公司、证券基金管理公司、证券投资基金以及其他经人民银行、银监会、证监会、保监会批准成立且经营金融保险业务的机构发放贷款后，自结息日起90天内发生的应收未收利息按现行规定缴纳增值税，自结息日起90天后发生的应收未收利息暂不缴纳增值税，待实际收到利息时按规定缴纳增值税。"

23. 【多选题】下列属于资管产品的有（　　）。

A. 银行理财产品　　　　　　B. 私募投资基金
C. 资产支持计划　　　　　　D. 养老保障管理产品
E. 财产保险产品

答案：ABCD

解析：《财政部 税务总局关于资管产品增值税有关问题的通知》（财税〔2017〕56号）第一条第3款规定："资管产品，包括银行理财产品、资金信托（包括集合资金信托、单一资金信托）、财产权信托、公开募集证券投资基金、特定客户资产管理计划、集合资产管理计划、定向资产管理计划、私募投资基金、债权投资计划、股权投资计划、股债结合型投资计划、资产支持计划、组合类保险资产管理产品、养老保障管理产品。"

24. 【判断题】资管产品管理人运营资管产品过程中发生的增值税应税行为，按照6%的税率缴纳增值税。（　　）

答案：×

解析：《财政部 税务总局关于资管产品增值税有关问题的通知》（财税〔2017〕56号）第一条第1款规定："资管产品管理人（以下称管理人）运营资管产品过程中发生的增值税应税行为（以下称资管产品运营业务），暂适用简易计税方法，按照3%的征收率缴纳增值税。"

25. 【判断题】对丁商业银行逾期90天后发生的应收未收手续费暂不缴纳增值税，待实际收到利息时按规定缴纳增值税。（　　）

答案：×

解析：手续费不属于与取得贷款收入相关的收入，应根据纳税义务发生时间缴纳增值税。

26. 【多选题】下列选项中，准予税前提取贷款准备金的贷款资产范围包括（　　）。

A. 担保贷款　　　　　　　　　　B. 银行承兑汇票垫款
C. 买入返售金融资产　　　　　　D. 应收融资租赁款

答案：ABD

解析：《财政部　国家税务总局关于金融企业贷款损失准备金企业所得税税前扣除有关政策的通知》（财税〔2015〕9号）第一条规定："准予税前提取贷款损失准备金的贷款资产范围包括：（一）贷款（含抵押、质押、担保等贷款）；（二）银行卡透支、贴现、信用垫款（含银行承兑汇票垫款、信用证垫款、担保垫款等）、进出口押汇、同业拆出、应收融资租赁款等各项具有贷款特征的风险资产；（三）由金融企业转贷并承担对外还款责任的国外贷款，包括国际金融组织贷款、外国买方信贷、外国政府贷款、日本国际协力银行不附条件贷款和外国政府混合贷款等资产。"

27.【单选题】GS银行对其涉农和中小企业贷款按照正常类、关注类、次级类、可疑类、损失类分为五级，并分别按照贷款余额的一定比例提取贷款损失准备金，所提取的贷款准备金不准予扣除的有（　　）。

A. 正常类贷款按1%比例扣除　　　B. 关注类贷款按2%比例扣除
C. 可疑类贷款按50%比例扣除　　 D. 损失类贷款按100%比例扣除

答案：A

解析：根据《财政部　国家税务总局关于金融企业涉农贷款和中小企业贷款损失准备金税前扣除有关问题的通知》（财税〔2015〕3号）规定："金融企业根据《贷款风险分类指引》（银监发〔2007〕54号），对其涉农贷款和中小企业贷款进行风险分类后，按照以下比例计提的贷款损失准备金，准予在计算应纳税所得额时扣除：（一）关注类贷款，计提比例为2%；（二）次级类贷款，计提比例为25%；（三）可疑类贷款，计提比例为50%；（四）损失类贷款，计提比例为100%。"

28.【判断题】GF商业银行由于工作人员操作失误，造成客户发生较大损失，目前案件仍在审理之中，GF商业银行预计很可能败诉，将赔偿客户100万元，因此提取预计负债计入当期损益允许在企业所得税税前扣除。（　　）

答案：×

解析：根据《中华人民共和国企业所得税法》第八条规定："企业实际发生的与取得收入有关的、合理的支出，包括成本、费用、税金、损失和其他支出，准予在计算应纳税所得额时扣除。"预计负债并没有实际发生，因此不得在企业所得税税前进行扣除。

二、保险业

29.【判断题】境内保险企业对境外标的物提供保险服务，不需要缴纳增值税。（　　）

答案：×

解析：《财政部 国家税务总局关于全面推开营业税改征增值税试点的通知》（财税〔2016〕36号）附件一第十二条规定："在境内销售服务、无形资产或者不动产，是指：（一）服务（租赁不动产除外）或者无形资产（自然资源使用权除外）的销售方或者购买方在境内。"境内保险企业对境外标的物提供保险服务，虽然标的物在境外，但提供服务的销售方在境内，属于在境内提供保险服务，应当按照规定缴纳增值税。

30.【单选题】下列各项准备金中，不属于保险企业原保险合同准备金的是（　　）。

A. 未到期责任准备金　　　　　　　B. 未决赔款准备金
C. 长期健康险责任准备金　　　　　D. 长期财产险责任准备金

答案：D

解析：根据《企业会计准则第25号——原保险合同》第十条规定："原保险合同准备金包括未到期责任准备金、未决赔款准备金、寿险责任准备金和长期健康险责任准备金。"

31.【单选题】对于保险企业在混合合同中收取的非保险合同初始费用，应计入（　　）。

A. 其他业务支出——手续费及佣金　　B. 其他业务支出——初始费用
C. 其他业务收入——手续费及佣金　　D. 其他业务收入——初始费用

答案：D

解析：对于保险企业在混合合同中收取的非保险合同初始费用，应计入其他业务收入——初始费用。

32.【单选题】保险公司开办的一年期以上人身保险产品取得的保费收入免征增值税，上述人身保险不包括（　　）。

A. 人寿保险　　B. 养老年金保险　　C. 健康保险　　D. 伤害保险

答案：D

解析：《财政部 国家税务总局关于全面推开营业税改征增值税试点的通知》（财税〔2016〕36号）附件三第一条第（二十一）项规定："一年期以上人身保险，是指保险期间为一年期及以上返还本利的人寿保险、养老年金保险，以及保险期间为一年期及以上的健康保险。"

33.【判断题】为出口货物提供的保险服务，包括出口货物保险和出口信用保险，免征增值税。（　　）。

答案：√

解析：《财政部 国家税务总局关于全面推开营业税改征增值税试点的通知》（财税〔2016〕36号）附件四第二条第（二）项规定："境内的单位和个人销售的下列服务和无形资产免征增值税，但财政部和国家税务总局规定适用增值税零税率的除外：……为出口货物提供的邮政服务、收派服务、保险服务。为出口货物提供的保险服务,包括出口货物保险和出口信用保险。"

34.【单选题】自2017年1月1日至2019年12月31日,对保险公司为种植业、养殖业提供保险业务取得的保费收入,在计算应纳税所得额时,按（　　）计入收入总额。

A. 60%　　　　B. 70%　　　　C. 80%　　　　D. 90%

答案：D

解析：《财政部　税务总局关于延续支持农村金融发展有关税收政策的通知》（财税〔2017〕44号）第三条规定："自2017年1月1日至2019年12月31日,对保险公司为种植业、养殖业提供保险业务取得的保费收入,在计算应纳税所得额时,按90%计入收入总额。"

35.【判断题】对印花税暂行条例中列举征税的各类保险合同,其计税依据为投保金额。（　　）

答案：×

解析：《国家税务局关于改变保险合同印花税计税办法的通知》（国税函发〔1990〕428号）第一条规定："对印花税暂行条例中列举征税的各类保险合同,其计税依据由投保金额改为保险费收入。"

36.【判断题】保险公司为捕捞业提供保险业务取得的保费收入,在计算应纳税所得额时,按90%计入收入总额。（　　）

答案：×

解析：《财政部　税务总局关于延续支持农村金融发展有关税收政策的通知》（财税〔2017〕44号）第三条规定："自2017年1月1日至2019年12月31日,对保险公司为种植业、养殖业提供保险业务取得的保费收入,在计算应纳税所得额时,按90%计入收入总额。"

37.【单选题】下列有关保险企业的选项,正确的是：

A. 对印花税暂行条例中列举征税的各类保险合同计算征收的适用税率为万分之零点三

B. 保险企业会对非本企业雇员之外的其他营销人员通过以培训班、研讨会、工作考察等名义组织旅游活动,免收差旅费、旅游费等形式发放的营销业绩奖励（包括实物、有价证券等）,应当按照税法相关规定将所发生费用全额计入营销人员当期应税的劳务收入,按照"工资薪金"项目征收个人所得税

C. 保险企业向保险营销员、保险代理人支付的佣金收入,按照税法相关规定,应当将一个月的收入为一次按照"劳务报酬项目"计算征收个人所得税

D. 保险合同发生退保冲减保费时,应退还印花税

答案：C

解析：A 选项，《国家税务局关于改变保险合同印花税计税办法的通知》（国税函发〔1990〕428 号）第二条规定："计算征收的适用税率，由万分之零点三改为千分之一。"

B 选项，根据《财政部 国家税务总局关于企业以免费旅游方式提供对营销人员个人奖励有关个人所得税政策的通知》（财税〔2004〕11 号），对商品营销活动中，企业和单位对营销业绩突出人员以培训班、研讨会、工作考察等名义组织旅游活动，通过免收差旅费、旅游费对个人实行的营销业绩奖励（包括实物、有价证券等），应根据所发生费用全额计入营销人员应税所得，依法征收个人所得税，并由提供上述费用的企业和单位代扣代缴。其中，对企业雇员享受的此类奖励，应与当期的工资薪金合并，按照"工资、薪金所得"项目征收个人所得税；对其他人员享受的此类奖励，应作为当期的劳务收入，按照"劳务报酬所得"项目征收个人所得税。

C 选项，根据《财政部关于个人所得税法修改后有关优惠政策衔接问题的通知》（财税〔2018〕164 号）第三条规定："保险营销员、证券经纪人取得的佣金收入，属于劳务报酬所得，以不含增值税的收入减除 20% 的费用后的余额为收入额，收入额减去展业成本以及附加税费后，并入当年综合所得，计算缴纳个人所得税。"

D 选项，印花税的纳税义务发生时间是应税凭证书立或领受时，即在合同签订时、书据书立时、账簿启用时和证照领受时贴花，不得延至合同或凭证生效时期贴花。因此，不论合同是否兑现或能否按期兑现，都一律按照规定在签订时贴花。贴花后也不得因合同签订后的变动性因素而申请退税。

38.【单选题】保险企业发生与生产经营有关的手续费及佣金支出，不超过以下规定计算限额以内的部分，准予扣除；超过部分，不得扣除。其中，财产保险企业按当年全部保费收入扣除退保金等后余额的（　　）计算限额；人身保险企业按当年全部保费收入扣除退保金等后余额的（　　）计算限额。

A. 10%，15%　　　B. 5%，10%　　　C. 15%，10%　　　D. 10%，5%

答案：C

解析：根据《财政部 国家税务总局关于企业手续费及佣金支出税前扣除政策的通知》（财税〔2009〕29 号）第一条规定："企业发生与生产经营有关的手续费及佣金支出，不超过以下规定计算限额以内的部分，准予扣除；超过部分，不得扣除。1. 保险企业：财产保险企业按当年全部保费收入扣除退保金等后余额的15%（含本数，下同）计算限额；人身保险企业按当年全部保费收入扣除退保金等后余额的10%计算限额。"

39.【判断题】保险企业佣金、手续费税前扣除限额的计算基数为当年全部保费收入。（　　）

答案：×

解析：根据《财政部 国家税务总局关于企业手续费及佣金支出税前扣除政策的通知》（财税〔2009〕29 号）第一条规定："企业发生与生产经营有关的手续费及佣金支

出，不超过以下规定计算限额以内的部分，准予扣除；超过部分，不得扣除。1.保险企业：财产保险企业按当年全部保费收入扣除退保金等后余额的15%（含本数，下同）计算限额；人身保险企业按当年全部保费收入扣除退保金等后余额的10%计算限额。"

40.【单选题】应付保单红利是保险企业因分红险业务对被保险人的一项负债，对于此项业务，保险公司会计和企业所得税处理正确的是（　　）。

　　A. 在做出分红决定时，确认保单红利支出进入当期损益，实际支付保单红利时，发生企业所得税纳税义务

　　B. 在做出分红决定时，确认保单红利支出进入当期损益，并同时发生企业所得税纳税义务

　　C. 实际支付保单红利时，确认保单红利支出进入当期损益，并同时发生企业所得税纳税义务

　　D. 在做出分红决定时，发生企业所得税纳税义务，实际支付保单红利时，确认保单红利支出进入当期损益

　　答案：A

　　解析：保险企业在做出分红决定后，一方面确认保单红利支出进入当期损益，另一方面确认负债。根据《企业所得税法》相关规定，企业实际发生的与取得收入有关的、合理的支出，包括成本、费用、税金、损失和其他支出，准予在计算应纳税所得额时扣除。因此，在做出分红决定时，确认保单红利支出进入当期损益，实际支付保单红利时，发生企业所得税纳税义务。

41.【单选题】某保险企业在一起交通事故中履行赔付义务10万元，并取得了向第三方追偿的权利，通过保险公司积极的追偿，追回用于抵债的资产处置后价值12万元，下列处理正确的是（　　）。

　　A. 冲减取得期间全部的赔付支出12万元

　　B. 冲减相应赔付支出10万元，确认营业外收入2万元

　　C. 确认营业外收入12万元

　　D. 确认主营业务收入12万元

　　答案：B

　　解析：保险企业履行赔付义务后，取得向第三方追偿的权利，追回全部或者部分款项，应冲减相应赔付支出，多出部分应确认为营业外收入。

42.【判断题】某财产保险公司对一般交通事故进行赔付，因车辆损失金额在2 000元以下，依据《保险小额理赔服务指引（试行）》相关规定，根据与消费者确认的损失结果，减免汽车维修发票直接赔付给消费者并作为成本费用在税前扣除。（　　）

　　答案：×

　　解析：根据《国家税务总局　关于发布〈企业所得税税前扣除凭证管理办法〉的

公告》（国家税务总局公告2018年第28号）第五条规定："企业发生支出，应取得税前扣除凭证，作为计算企业所得税应纳税所得额时扣除相关支出的依据。"保险公司的小额现金赔付业务如无法取得合法有效凭据又不能证明其业务真实性不得直接进行税前扣除。

43.【单选题】保险公司按国务院财政部门的相关规定提取的（　　），准予在税前扣除。

A. 未到期责任准备金　　　　B. 寿险责任准备金
C. 长期健康险责任准备金　　D. 理赔费用准备金

答案：D

解析：根据《财政部　国家税务总局关于保险公司准备金支出企业所得税税前扣除有关政策问题的通知》（财税〔2016〕114号）第三条规定："保险公司按国务院财政部门的相关规定提取的未到期责任准备金、寿险责任准备金、长期健康险责任准备金、已发生已报案未决赔款准备金和已发生未报案未决赔款准备金，准予在税前扣除。"

理赔费用准备金是指为尚未结案的赔案可能发生的费用而提取的准备金。其中为直接发生于具体赔案的专家费、律师费、损失检验费等而提取的为直接理赔费用准备金；为非直接发生于具体赔案的费用而提取的为间接理赔费用准备金。在会计核算上，"理赔费用准备金"为"未决赔款准备金"的下级科目，对直接理赔费用准备金，应当采取逐案预估法提取；对间接理赔费用准备金，采用比较合理的比率分摊法提取。根据税法规定，提取的"理赔费用准备金"不在文件列举的可税前扣除的准备金范围内，不得在税前进行扣除。

44.【单选题】已发生已报案未决赔款准备金，按最高不超过当期已经提出的保险赔款或者给付金额的（　　）提取；已发生未报案未决赔款准备金按不超过当年实际赔款支出额的（　　）提取。

A. 100%，8%　　B. 100%，10%　　C. 80%，8%　　D. 80%，10%

答案：A

解析：根据《财政部　国家税务总局关于保险公司准备金支出企业所得税税前扣除有关政策问题的通知》（财税〔2016〕114号）第三条第二款规定："已发生已报案未决赔款准备金，按最高不超过当期已经提出的保险赔款或者给付金额的100%提取；已发生未报案未决赔款准备金按不超过当年实际赔款支出额的8%提取。"

45.【判断题】保险企业承保的以境内标的物为保险业务属于增值税应税保险服务，其分给境外再保险人的分保业务也属于在我国境内提供应税服务，对于支付给境外保险公司的分出保费应代扣代缴增值税。（　　）

答案：√

解析：对于保险企业与境外再保险人发生分保业务判定分保业务是否属于境内征

税范围,增值税应采用与原保险服务一致的政策。保险企业承保的以境内标的物为保险业务属于增值税应税保险服务,其分给境外再保险人的分保业务也属于在我国境内提供应税服务。

46.【多选题】下列有关保险公司的涉税政策,正确的是(　　)。

A. 境内保险公司向境外保险公司提供的完全在境外消费的再保险服务,免征增值税

B. 保险企业向保险集团支付的管理费在企业所得税税前扣除

C. 保险企业将土地价值计入房产原值计算缴纳房产税

D. 保险公司金融商品转让按照卖出价扣除买入价后的余额为销售额。盈亏相抵后出现负差,结转至下一纳税期与转让金融商品销售额相抵,年末仍出现负差,继续结转至下一个会计年度

答案:AC

解析:A选项正确,根据《财政部　国家税务总局关于进一步明确全面推开营改增试点有关再保险不动产租赁和非学历教育等政策的通知》(财税〔2016〕68号)第一条第一款规定:"境内保险公司向境外保险公司提供的完全在境外消费的再保险服务,免征增值税。"

B选项错误,根据《国家税务总局关于母子公司间提供服务支付费用有关企业所得税处理问题的通知》(国税发〔2008〕86号)第四条规定:"母公司以管理费形式向子公司提取费用,子公司因此支付给母公司的管理费,不得在税前扣除。"

C选项正确,根据《财政部　国家税务总局关于安置残疾人就业单位城镇土地使用税等政策的通知》(财税〔2010〕121号)第三条规定:"对按照房产原值计税的房产,无论会计上如何核算,房产原值均应包含地价,包括为取得土地使用权支付的价款、开发土地发生的成本费用等。宗地容积率低于0.5的,按房产建筑面积的2倍计算土地面积并据此确定计入房产原值的地价。"

D选项错误,根据《财政部　国家税务总局关于全面推开营业税改征增值税试点的通知》(财税〔2016〕36号)附件二第一条第(三)项第3目规定:"金融商品转让,按照卖出价扣除买入价后的余额为销售额。转让金融商品出现的正负差,按盈亏相抵后的余额为销售额。若相抵后出现负差,可结转下一纳税期与下期转让金融商品销售额相抵,但年末时仍出现负差的,不得转入下一个会计年度。"

47.【判断题】企业投资者持有2016~2018年发行的铁路债券取得的利息收入,免征增值税。(　　)

答案:×

解析:企业投资者持有2016~2018年发行的铁路债券取得的利息收入,减半征收企业所得税。

三、融资租赁业

48.【多选题】 我国各类融资租赁公司都有专门的监管部门负责监管，主要包括（   ）。

A. 银保监会　　　B. 商务部　　　C. 国家税务总局　　　D. 中国人民银行

答案：ABC

解析：我国各类融资租赁公司都有专门的监管部门负责监管，其中：金融租赁公司由银监会监管，内资试点租赁公司由商务部及国家税务总局监管，外商投资租赁公司由商务部授权的省级商务主管部门和国家经济技术开发区监管。

49.【单选题】 下列选项中，不是我国融资租赁公司主要类型的是（   ）。

A. 金融类融资租赁公司　　　　　　　　B. 内资试点类融资租赁公司

C. 外商投资类融资租赁公司　　　　　　D. 企业集团融资租赁公司

答案：D

解析：从行业公司类型上来看，根据融资租赁公司设立审批和监管机构不同，可以将融资租赁公司分为：金融类融资租赁公司、内资试点类融资租赁公司和外商投资类融资租赁公司三种类型。

（1）金融类融资租赁公司。经银监会批准，以经营融资租赁业务为主的非银行金融机构。金融租赁公司名称中应当标明"金融租赁"字样。未经银监会批准，任何单位不得在其名称中使用"金融租赁"字样。

（2）内资试点类融资租赁公司。由中国境内企业或自然人依法设立的以经营融资租赁业务为主的工商企业。从审批权限来看，内资试点融资租赁公司由商务部和国家税务总局联合审批，具体由各省级商务委受理后转报商务部和国家税务总局确认。自2016年4月1日起，注册在自贸试验区的内资试点融资租赁企业由省级商务主管部门和同级国家税务局确认。

（3）外商投资类融资租赁公司。即外国公司、企业和其他经济组织（简称外国投资者）在中华人民共和国境内以中外合资、中外合作以及外商独资的形式从事融资租赁业务。自2010年6月10日起，由省级商务主管部门及国家级经济技术开发区辅助审批和管理。

50.【判断题】 融资租赁公司收取其他单位占用资金所支付的资金占用费时，将收取的资金占用费直接冲减财务费用或计入往来款等科目，无需缴纳增值税。（   ）

答案：×

解析：《财政部　国家税务总局关于全面推开营业税改征增值税试点的通知》（财税〔2016〕36号）附件一附件《销售服务、无形资产、不动产注释》第一条第（五）项规定："贷款，是指将资金贷与他人使用而取得利息收入的业务活动。各种占用、拆借资金取得的收入，包括金融商品持有期间（含到期）利息（保本收益、报酬、资金占用费、补偿金等）收入、信用卡透支利息收入、买入返售金融商品利息收入、融资融券收取的利息收入，以及融资性售后回租、押汇、罚息、票据贴现、转贷等业务取得的利息及利息性质的收入，按照贷款服务缴纳增值税。"

51.【多选题】关于统借统还增值税的免税条件，下列说法正确的是（　　）。

A. 在统借主体方面，统借方为企业集团或企业集团中的核心企业以及集团所属财务公司

B. 在利率水平方面，统借方向资金使用单位收取的利息，不应高于支付给金融机构借款利率水平或者支付的债券票面利率水平

C. 在资金来源方面，应为金融机构借款或对外发行债券取得资金

D. 在资金流向方面，企业集团中的核心企业取得资金后，将所借资金向上拨付给集团总部，再向下属单位收取本息

答案：ABC

解析：根据《财政部　国家税务总局关于全面推开营业税改征增值税试点的通知》（财税〔2016〕36号）附件3《营业税改征增值税试点过渡政策的规定》第一条第（十九）项第7款规定："企业集团或者企业集团中的核心企业向金融机构借款或对外发行债券取得资金后，将所借资金分拨给下属单位（包括独立核算单位和非独立核算单位，下同），并向下属单位收取用于归还金融机构或债券购买方本息的业务。"因此，对于企业集团或者企业集团中的核心企业为统借方的，对于资金流向有明确的要求，因此D选项错误。

52.【判断题】融资租赁企业提供融资租赁服务采取预收款方式的纳税义务发生时间为收到承租方预付款的当天。（　　）

答案：√

解析：《财政部　国家税务总局关于全面推开营业税改征增值税试点的通知》（财税〔2016〕36号）附件1《营业税改征增值税试点实施办法》第四十五条第（二）项规定："纳税人提供建筑服务、租赁服务采取预收款方式的，其纳税义务发生时间为收到预收款的当天。"

53.【判断题】融资租赁企业将基于租赁合同收取的手续费、咨询费收入按照手续费、咨询费对应税目缴纳增值税。（　　）

答案：×

解析：增值税的销售额，是指纳税人发生应税行为取得的全部价款和价外费用。融资租赁企业提供租赁服务的增值税销售额应为租赁收入及基于租赁合同收取的手续费、咨询费等费用。因此，融资租赁企业应将基于租赁合同收取的手续费、咨询费等收入作为价外费用计入到租赁收入。

54.【单选题】下列关于融资租赁公司的涉税处理中，正确的有（　　）。

A. 融资租赁合同提前终止，融资租赁企业处置租赁标的物时按照销售自己使用过的固定资产缴纳增值税

B. 融资租赁企业兼营经营租赁业务和融资租赁业务，其租赁业务均可适用融资租赁增值税税收优惠政策

C. 融资性售后回租按"租赁服务"税目缴纳增值税

D. 融资租赁企业购进货物、服务等用于开展标的物在境外使用的有形动产融资租赁业务，已享受增值税免税政策，其取得的相关货物、服务等进项税额不得抵扣

答案：D

解析：A选项错误，租赁标的物不属于自己使用过的固定资产，因此融资租赁企业处置租赁标的物不应按照销售自己使用过的固定资产缴纳增值税，应适用税率缴纳增值税。B选项错误，兼营经营租赁业务和融资租赁业务应分别进行核算。C选项错误，融资性售后回租应按"贷款服务"税目缴纳增值税。D选项正确。

55.【单选题】对开展融资租赁业务签订的融资租赁合同按（   ）的税率计税贴花。

A. 万分之零点五　　B. 万分之三　　C. 万分之五　　D. 万分之十

答案：A

解析：根据《财政部　国家税务总局关于融资租赁合同有关印花税政策的通知》（财税〔2015〕144号）第一条规定："对开展融资租赁业务签订的融资租赁合同（含融资性售后回租），统一按照其所载明的租金总额依照"借款合同"税目，按万分之零点五的税率计税贴花。"

56.【单选题】在融资性售后回租业务中，对承租人、出租人因出售租赁资产及购回租赁资产所签订的合同，（   ）印花税。

A. 不征收　　　　　　　　　　B. 按"借款合同"万分之零点五征收

C. 按"购销合同"万分之三征收　D. 按"财产租赁合同"万分之十征收

答案：A

解析：根据《财政部　国家税务总局关于融资租赁合同有关印花税政策的通知》（财税〔2015〕144号）第二条规定："在融资性售后回租业务中，对承租人、出租人因出售租赁资产及购回租赁资产所签订的合同，不征收印花税。"

57.【判断题】金融租赁公司开展售后回租业务，涉及承受承租方房屋、土地权属的，不征收契税。（   ）

答案：×

解析：根据《财政部　国家税务总局关于企业以售后回租方式进行融资等有关契税政策的通知》（财税〔2012〕82号）："对金融租赁公司开展售后回租业务，承受承租人房屋、土地权属的，照章征税。对售后回租合同期满，承租人回购原房屋、土地权属的，免征契税。"

四、白酒业

58.【判断题】购进农产品为原料生产销售酒及酒精的增值税一般纳税人，纳入农产品增值税进项税额核定扣除范围。（　　）

答案：×

解析：《财政部　国家税务总局关于在部分行业试行农产品增值税进项税额核定扣除办法的通知》（财税〔2012〕38号）第一条规定："自2012年7月1日起，以购进农产品为原料生产销售液体乳及乳制品、酒及酒精、植物油的增值税一般纳税人，纳入农产品增值税进项税额核定扣除试点范围，其购进农产品无论是否用于生产上述产品，增值税进项税额均按照《农产品增值税进项税额核定扣除试点实施办法》的规定抵扣。"

59.【单选题】下列选项中不属于农产品增值税进项税额核定方法的是（　　）。

A. 投入产出法　　B. 成本法　　C. 收入核定法　　D. 参照法

答案：C

解析：根据《农产品增值税进项税额核定扣除试点实施办法》第四条相关规定，农产品增值税进项税额核定方法包括投入产出法、成本法、参照法。

60.【多选题】下列有关农产品增值税进项税额核定扣除的做法，错误的是（　　）。

A. 将外购酒及酒精生产的产品作为基数计算抵扣农产品进项税额

B. 企业在实行农产品核定扣除后，期初库存农产品及库存半成品、产成品耗用农产品作进项税额转出

C. 企业根据实际产出情况对农产品单耗扣除率进行调整

D. 采用农产品增值税进项税额核定扣除的白酒生产企业，在购进农产品时无需取得农产品收购发票或增值税发票

答案：AD

解析：A选项错误，白酒生产企业将外购的酒及酒精生产的产品销售后，不应计入当期自产产品销售数量，在计算当期允许抵扣农产品增值税进项税额时抵扣。

D选项错误，根据《财政部　国家税务总局关于在部分行业试行农产品增值税进项税额核定扣除办法》（财税〔2012〕38号）规定，白酒生产企业购进农产品不再凭增值税扣税凭证抵扣增值税进项税额，但在购进农产品时仍需取得农产品收购发票或增值税发票。

61.【单选题】企业委托其他企业加工白酒，所签订的合同应按（　　）项目缴纳印花税。

A. 购销合同　　B. 加工承揽合同　　C. 仓储保管合同　　D. 产权转移书据

答案：B

解析：企业委托或接受委托加工白酒，所签订的合同或合同性凭证（含电子形式）应按"加工承揽合同"缴纳印花税。

62.【单选题】纳税人将委托加工收回的白酒销售给销售单位，消费税计税价格低于销售单位对外销售价格（不含增值税）（　　）以下的，核定消费税最低计税价格。

A. 80%　　　　B. 70%　　　　C. 60%　　　　D. 50%

答案：B

解析：根据《国家税务总局关于白酒消费税最低计税价格核定问题的公告》（国家税务总局公告2015年第37号）规定："纳税人将委托加工收回的白酒销售给销售单位，消费税计税价格低于销售单位对外销售价格（不含增值税）70%以下，属于《中华人民共和国消费税暂行条例》第十条规定的情形，应该按照《国家税务总局关于加强白酒消费税征收管理的通知》（国税函〔2009〕380号）规定的核价办法，核定消费税最低计税价格。"

63.【多选题】对增值税、消费税实行（　　）的企业，除另有规定外，对增值税、消费税随附征的城市维护建设税和教育费附加，一律不予退（返）还。

A. 直接减免　　B. 先征后返　　C. 先征后退　　D. 即征即退

答案：BCD

解析：《财政部　国家税务总局关于增值税、营业税、消费税实行先征后返等办法有关城建税和教育费附加政策的通知》（财税〔2005〕72号）规定："对增值税、消费税实行先征后返、先征后退、即征即退办法的，除另有规定外，对随"三税"附征的城市维护建设税和教育费附加，一律不予退（返）还。"

64.【单选题】已核定最低计税价格的白酒，其销售单位对外销售价格持续上涨或下降时间达到（　　）以上、累计上涨或下降在（　　）以上的白酒，应按规定报送税务机关重新核定最低计税价格。

A. 2个月，30%　　B. 3个月，20%　　C. 2个月，20%　　D. 3个月，30%

答案：B

解析：根据《国家税务总局关于加强白酒消费税征收管理的通知》（国税函〔2009〕380号）第十条规定："已核定最低计税价格的白酒，销售单位对外销售价格持续上涨或下降时间达到3个月以上、累计上涨或下降幅度在20%（含）以上的白酒，税务机关重新核定最低计税价格。"

65.【判断题】白酒生产企业实际销售价格高于消费税最低计税价格的，按实际销售价格申报纳税；实际销售价格低于消费税最低计税价格的，按平均价格申报纳税。（　　）

答案：×

解析：根据《国家税务总局关于加强白酒消费税征收管理的通知》（国税函

〔2009〕380号）第九条规定："已核定最低计税价格的白酒，生产企业实际销售价格高于消费税最低计税价格的，按实际销售价格申报纳税；实际销售价格低于消费税最低计税价格的，按最低计税价格申报纳税。"

66.【多选题】下列关于消费税的说法，正确的是（　　）。

A. 委托方将委托加工的产品收回后直接销售的，不再征收消费税

B. 委托方将收回的应税消费品以高于受托方的销售价格出售的，全额缴纳消费税

C. 白酒销售公司承担了白酒加工、包装业务，购进了包装物和生产环节使用的固定资产，对外销售白酒应全额缴纳消费税

D. 白酒生产企业购进与自产应税消费品同样的应税消费品进行销售的，应按规定缴纳消费税

答案：ACD

解析：A选项正确，根据《财政部　国家税务总局关于〈中华人民共和国消费税暂行条例实施细则〉有关条款解释的通知》（财法〔2012〕8号）规定："委托方将收回的应税消费品，以不高于受托方的计税价格出售的，为直接出售，不再缴纳消费税"

B选项错误，根据《财政部　国家税务总局关于〈中华人民共和国消费税暂行条例实施细则〉有关条款解释的通知》（财法〔2012〕8号）规定："委托方以高于受托方的计税价格出售的，不属于直接出售，需按照规定申报缴纳消费税，在计税时准予扣除受托方已代收代缴的消费税。"因此，委托方将收回的应税消费品以高于受托方的销售价格出售的应就价格超过部分缴纳消费税。

C选项正确，白酒制造企业为规避消费税，使销售公司承担了白酒加工、包装业务，购进了包装物和生产环节使用的固定资产，其实质已经由纯粹销售公司转变为加工销售一体的生产企业，对外销售白酒应全额缴纳消费税。

D选项正确，《国家税务总局关于消费税若干征税问题的通知》（国税发〔1997〕84号）第二条第一款规定："对既有自产应税消费品，同时又购进与自产应税消费品同样的应税消费品进行销售的工业企业，对其销售的外购应税消费品应当征收消费税，同时可以扣除外购应税消费品的已纳税款。"

五、电信业

67.【单选题】电信业提供基础电信服务和增值电信服务，税率分别为（　　）。

A. 9%，6%　　　B. 6%，9%　　　C. 9%，3%　　　D. 6%，3%

答案：A

68.【单选题】电信企业将两种或两种以上的通信业务或服务打包成套餐提供给客户，并按月收取固定使用费。套餐内容涵盖的基础电信业务与增值电信业务，（　　）。

A. 应适用9%的税率	B. 应使用6%的税率
C. 应分别计算适用税率	D. 应适用平均税率

答案：C

解析：电信企业将两种或两种以上的通信业务或服务打包成套餐提供给客户，并按月收取固定使用费。套餐内容涵盖的基础电信业务和增值电信业务的，需要按照不同税率进行业务收入分摊，以准确计算各业务事项的应税收入额和增值税税额。

69. 【判断题】电信企业及其成员单位通过手机短信公益特服号为公益性机构接受捐款服务，应按照捐款人支付的全部价款和价外费用的余额开具增值税发票。（　　）

答案：×

解析：电信企业及其成员单位通过手机短信公益特服号为公益性机构接受捐款服务，应按照捐款人支付的全部价款和价外费用扣除支付给公益性机构捐款后的余额开具增值税发票。

70. 【单选题】下列行为属于视同销售货物，应征收增值税的是（　　）。

A. 某商店为服装厂代销儿童服装
B. 某批发部门将外购的部分饮料用于职工福利
C. 某企业将外购的水泥用于基建工程
D. 某商场将外购的床单用于内部招待所

答案：A

解析：《增值税暂行条例实施细则》规定："销售代销货物"等八种行为应视同销售货物，征收增值税。税法规定，单位或个体工商户的下列行为，视同销售货物：

（1）将货物交付他人代销；
（2）销售代销货物；
（3）设有两个以上机构并实行统一核算的纳税人，将货物从一个机构移送其他机构用于销售，但相关机构设在同一县（市）的除外；
（4）将自产或委托加工的货物用于非应税项目；
（5）将自产、委托加工或购买的货物作为投资，提供给其他单位或个体工商户；
（6）将自产、委托加工或购买的货物分配给股东或投资者；
（7）将自产、委托加工的货物用于集体福利或个人消费；
（8）将自产、委托加工或购买的货物无偿赠送他人。"

选项BCD属于外购货物，其用途和上述规定不相符，所以不属于税法规定的视同销售项目。

71. 【单选题】下列不属于营改增后视同销售行为的是（　　）。

A. 单位向其他单位无偿提供服务	B. 个人向其他单位无偿转让无形资产
C. 个人向其他个人无偿转让不动产	D. 单位将无形资产用于公益事业

答案：D

解析：营改增新增的视同销售包括：

（1）单位或者个体工商户向其他单位或者个人无偿提供服务，但用于公益事业或者以社会公众为对象的除外；

（2）单位或者个人向其他单位或者个人无偿转让无形资产或者不动产，但用于公益事业或者以社会公众为对象的除外；

（3）财政部和国家税务总局规定的其他情形。

72.【多选题】以下关于无形资产的摊销，说法错误的是（　　）。

A. 对于使用寿命有限的无形资产应当自可供使用当月起开始摊销，处置当月不再摊销

B. 企业的无形资产摊销，全部计入管理费用

C. 无形资产的应摊销额为其成本扣除预计残值后的金额，已计提减值准备的无形资产，还应扣除已计提的无形资产减值准备累计金额

D. 当月增加的无形资产不计提摊销，当月减少的无形资产计提摊销

答案：BD

解析：企业自用的无形资产，其摊销金额计入管理费用；出租的无形资产，其摊销额计入其他业务成本。当月增加的无形资产计提摊销，当月减少的无形资产不计提摊销。

73.【单选题】企业安置残疾人员的，在按照支付给残疾职工工资据实扣除的基础上，可以在计算应纳税所得额时按照支付给残疾职工工资的（　　）加计扣除。

A. 75%　　　　B. 100%　　　　C. 150%　　　　D. 200%

答案：B

解析：详见《财政部　国家税务总局关于安置残疾人员就业有关企业所得税优惠政策问题的通知》

74.【单选题】企业为本企业任职或者受雇的全体员工支付的补充养老保险费、补充医疗保险费，分别超过职工工资总额（　　）部分在税前扣除。

A. 5%　　　　B. 8%　　　　C. 10%　　　　D. 15%

答案：A

解析：《财政部　国家税务总局关于补充养老保险费补充医疗保险费有关企业所得税政策问题的通知》（财税〔2009〕27号）规定："自2008年1月1日起，企业根据国家有关政策规定，为在本企业任职或者受雇的全体员工支付的补充养老保险费、补充医疗保险费，分别在不超过职工工资总额5%标准内的部分，在计算应纳税所得额时准予扣除；超过的部分，不予扣除。"

75.【单选题】企业"营业外支出"项目中的（　　）准予在企业所得税税前扣除。

A. 罚款支出　　B. 罚息支出　　C. 税收滞纳金　　D. 赞助支出

答案：B

解析：《中华人民共和国企业所得税法》第十条规定："在计算应纳税所得额时，下列支出不得扣除：

（1）向投资者支付的股息、红利等权益性投资收益款项；

（2）企业所得税税款；

（3）税收滞纳金；

（4）罚金、罚款和被没收财物的损失；

（5）本法第九条规定以外的捐赠支出；

（6）赞助支出；

（7）未经核定的准备金支出；

（8）与取得收入无关的其他支出。"

六、房地产业

76.【多选题】取得国有土地使用权的途径有（　　）。
A. 出让方式　　　B. 划拨方式　　　C. 转让方式　　　D. 其他方式
答案：ABCD

解析：取得国有土地使用权的途径有：出让方式、划拨方式、转让方式、其他方式和特殊方式。出让方式主要包括招标、拍卖、挂牌、协议，划拨方式主要包括经济适用房和廉租房用地，转让方式主要包括出售、交换和赠与，其他方式主要包括重组、联营、置换，特殊方式是指符合条件的集体土地流转。部分地区采用"限制地价竞拍配建"的土地竞价出让方式取得土地，注意红线内、红线外工程建设。

77.【单选题】下列固定资产不得计算折旧扣除的有（　　）。
A. 未投入使用的房屋、建筑物　　　B. 以经营租赁方式租出的固定资产
C. 以融资租赁方式租入的固定资产　　　D. 单独估价作为固定资产入账的土地
答案：D

解析：《中华人民共和国企业所得税法》第十一条规定：在计算应纳税所得额时，企业按照规定计算的固定资产折旧，准予扣除。

下列固定资产不得计算折旧扣除：

（1）房屋、建筑物以外未投入使用的固定资产；

（2）以经营租赁方式租入的固定资产；

（3）以融资租赁方式租出的固定资产；

（4）已足额提取折旧仍继续使用的固定资产；

（5）与经营活动无关的固定资产；

（6）单独估价作为固定资产入账的土地；

(7) 其他不得计算折旧扣除的固定资产。

78. 【判断题】自 2018 年 5 月 1 日起,对按万分之五税率贴花的资金账簿减半征收印花税,对按件贴花五元的其他账簿免征印花税。(   )

答案:√

解析:根据《财政部 税务总局关于对营业账簿减免印花税的通知》(财税〔2018〕50 号)规定:"自 2018 年 5 月 1 日起,对按万分之五税率贴花的资金账簿减半征收印花税,对按件贴花五元的其他账簿免征印花税。"

79. 【多选题】检查借款合同未按规定申报缴纳借款合同印花税,存在少缴印花税的风险,可以核查(   )科目。

A. 短期借款　　　B. 长期借款　　　C. 其他应收款　　　D. 其他应付款

答案:ABCD

解析:"其他应收款"科目贷方余额的情况下,可能存在短期借款。

80. 【单选题】某房地产企业注册资本 1 000 万元,截至 2018 年 12 月 31 日实缴出资 200 万元,同时,该企业对外借款 1 000 万元,平均利率 5%,该企业对外借款所发生的利息,允许扣除(   )万元。

A. 50　　　　　B. 40　　　　　C. 10　　　　　D. 0

答案:C

解析:根据《国家税务总局关于企业投资者投资未到位而发生的利息支出企业所得税前扣除问题的批复》(国税函〔2009〕312 号)规定:"根据《中华人民共和国企业所得税法实施条例》第二十七条规定,凡企业投资者在规定期限内未缴足其应缴资本额的,该企业对外借款所发生的利息,相当于投资者实缴资本额与在规定期限内应缴资本额的差额应计付的利息,其不属于企业合理的支出,应由企业投资者负担,不得在计算企业应纳税所得额时扣除。"该房地产企业出资人尚有 800 万出资未到位,其为缴足出资额的部分借款利息不得在企业所得税税前扣除,允许扣除的利息为 200×5%=10 万元。

81. 【单选题】通过招标、拍卖、挂牌方式取得的建设用地,(   )。

A. 自合同约定交付土地时间起满 1 年时开始缴纳城镇土地使用税

B. 自合同约定交付土地时间起满 2 年时开始缴纳城镇土地使用税

C. 从合同约定交付土地时间的当月起缴纳城镇土地使用税

D. 从合同约定交付土地时间的次月起缴纳城镇土地使用税

答案:D

解析:根据《国家税务总局关于通过招拍挂方式取得土地缴纳城镇土地使用税问题的公告》(国家税务总局公告 2014 年第 74 号)规定:"通过招标、拍卖、挂牌方式取得的建设用地,不属于新征用的耕地,纳税人应按照《财政部 国家税务总局关于房产税 城镇土地使用税有关政策的通知》(财税〔2006〕186 号)第二条规定,从合同约定交付土地时间的次月起缴纳城镇土地使用税；合同未约定交付土地时间的，从合同签订的次月起缴纳城镇土地使用税。"

82. 【判断题】对以零地价方式承受国有土地使用权的，免征契税。（　　）

答案：×

解析：《国家税务总局关于免征土地出让金出让国有土地使用权征收契税的批复》（国税函〔2005〕436号）规定："根据《中华人民共和国契税暂行条例》及其细则的有关规定，对承受国有土地使用权所应支付的土地出让金，要计征契税。不得因减免土地出让金，而减免契税。"

83. 【单选题】以协议方式出让的，其契税计税价格为成交价格。成交价格包括（　　）。

A. 土地补偿费　　B. 安置补助费　　C. 青苗补偿费　　D. 拆迁补偿费

答案：ABCD

解析：《财政部　国家税务总局关于国有土地使用权出让等有关契税问题的通知》（财税〔2004〕134号）第一条第一款规定："以协议方式出让的，其契税计税价格为成交价格。成交价格包括土地出让金、土地补偿费、安置补助费、地上附着物和青苗补偿费、拆迁补偿费、市政建设配套费等承受者应支付的货币、实物、无形资产及其他经济利益。"

84. 【单选题】关于取得土地使用权的契税计税价格，下列说法错误的是（　　）。

A. 对通过"招、拍、挂"程序承受国有土地使用权的，应按照土地成交总价款计征契税，允许扣除土地前期开发成本

B. 以竞价方式出让的，其契税计税价格，一般应确定为竞价的成交价格，土地出让金、市政建设配套费以及各种补偿费用应包括在内

C. 先以划拨方式取得土地使用权，后经批准改为出让方式取得该土地使用权的，应依法缴纳契税，其计税依据为应补缴的土地出让金和其他出让费用

D. 以协议方式出让的，其契税计税价格为成交价格。成交价格包括土地出让金、土地补偿费、安置补助费、地上附着物和青苗补偿费、拆迁补偿费、市政建设配套费等承受者应支付的货币、实物、无形资产及其他经济利益

答案：A

解析：A选项错误，《国家税务总局关于明确国有土地使用权出让契税计税依据的批复》（国税函〔2009〕603号）规定："对通过'招、拍、挂'程序承受国有土地使用权的，应按照土地成交总价款计征契税，其中的土地前期开发成本不得扣除。"

85. 【单选题】A房地产公司为融资需要，将写字楼销售给B金融租赁公司，销售款10 000万元，然后租回使用，每年支付租金1 500万元，十年后该写字楼产权由A公司以100万元购回。下列说法正确的是（　　）。（假设契税税率3%）。

A. A房地产公司缴纳契税300万元　　B. B金融租赁公司缴纳契税300万元

C. A 房地产公司缴纳契税 3 万元　　　D. B 金融租赁公司缴纳契税 3 万元

答案：B

解析：根据《财政部、国家税务总局关于企业以售后回租方式进行融资等有关契税政策的通知》（财税〔2009〕82 号）第一条规定："对金融租赁公司开展售后回租业务，承受承租人房屋、土地权属的，照章征税。对售后回租合同期满，承租人回购原房屋、土地权属的，免征契税。"因此，B 金融租赁公司承受写字楼时应按销售款缴纳契税 10 000×3%＝300 万元，A 房地产公司回购写字楼免征契税。

86.【判断题】对纳税人因改变土地用途而签订土地使用权出让合同变更协议或者重新签订土地使用权出让合同的，不征收契税。（　　）

答案：×

解析：根据《国家税务总局关于改变国有土地使用权出让方式征收契税的批复》（国税函〔2008〕662 号）规定，企业以转让方式取得土地用途为"工业用地"或"商业用地"等非房地产开发用地进行房地产开发，需要签订土地使用权出让合同变更协议或者重新签订土地使用权出让合同，因改变土地用途补缴的土地收益金及补缴政府的其他费用应缴纳契税。

87.【单选题】某房地产企业取得土地使用权后，按规定缴纳了相应的市政建设配套费，并在办理《建设施工许可证》后，开始房地产项目开工建设。随后由于政策变化，当地政府对市政建设配套费给予 30% 的减免，该房地产企业土地使用权缴纳的计税依据（　　）。

A. 包括市政建设配套费全额　　　B. 包括市政建设配套费的 70%

C. 包括市政建设配套费的 30%　　　D. 不包括市政建设配套费

答案：A

解析：《财政部　国家税务总局关于国有土地使用权出让等有关契税问题的通知》（财税〔2004〕134 号）第一条第一款规定："以协议方式出让的，其契税计税价格为成交价格。成交价格包括土地出让金、土地补偿费、安置补助费、地上附着物和青苗补偿费、拆迁补偿费、市政建设配套费等承受者应支付的货币、实物、无形资产及其他经济利益。"企业减免的市政建设配套费，同样应计入缴纳契税的计税依据。

88.【多选题】企业房地产开发经营业务包括土地的开发，建造、销售住宅、商业用房以及其他建筑物、附着物、配套设施等开发产品。除土地开发之外，其他开发产品符合（　　），应视为已经完工。

A. 开发产品竣工证明材料已报房地产管理部门备案

B. 开发产品已转入企业存货进行会计核算

C. 开发产品已开始投入使用

D. 开发产品已取得了初始产权证明

答案：ACD

解析：根据《国家税务总局关于印发〈房地产开发经营业务企业所得税处理办法〉的通知》（国税发〔2009〕31号）第三条规定："企业房地产开发经营业务包括土地的开发，建造、销售住宅、商业用房以及其他建筑物、附着物、配套设施等开发产品。除土地开发之外，其他开发产品符合下列条件之一的，应视为已经完工：

（一）开发产品竣工证明材料已报房地产管理部门备案。

（二）开发产品已开始投入使用。

（三）开发产品已取得了初始产权证明。"

89.【多选题】企业通过正式签订《房地产销售合同》或《房地产预售合同》所取得的收入，应确认为销售收入的实现，关于确认收入的时间，下列说法正确的是（　　）。

A. 采取一次性全额收款方式销售开发产品的，应于实际收讫价款或取得索取价款凭据（权利）之日，确认收入的实现

B. 采取分期收款方式销售开发产品的，应按销售合同或协议约定的价款和付款日确认收入的实现

C. 采取银行按揭方式销售开发产品的，应按销售合同或协议约定的价款确定收入额，其首付款应于合同约定日确认收入的实现

D. 采取银行按揭方式销售开发产品的，应按销售合同或协议约定的价款确定收入额，余款在银行按揭贷款办理转账之日确认收入的实现

答案：ABD

解析：根据《国家税务总局关于印发〈房地产开发经营业务企业所得税处理办法〉的通知》（国税发〔2009〕31号）第六条规定："采取银行按揭方式销售开发产品的，应按销售合同或协议约定的价款确定收入额，其首付款应于实际收到日确认收入的实现，余款在银行按揭贷款办理转账之日确认收入的实现。"因此，C选项错误。

90.【单选题】房地产开发企业企业将开发产品用于捐赠、赞助、职工福利、奖励、对外投资、分配给股东或投资人、抵偿债务、换取其他企事业单位和个人的非货币性资产等行为，应视同销售，如按开发产品的成本利润率确定。开发产品的成本利润率不得低于（　　）。

A. 10%　　　　B. 15%　　　　C. 20%　　　　D. 30

答案：B

解析：根据《国家税务总局关于印发〈房地产开发经营业务企业所得税处理办法〉的通知》（国税发〔2009〕31号）第七条第3款规定："按开发产品的成本利润率确定。开发产品的成本利润率不得低于15%，具体比例由主管税务机关确定。"

91.【多选题】房地产开发企业销售未完工开发产品的计税毛利率由各省、自治区、直辖市税务局按下列规定进行确定（　　）。

A. 开发项目位于省、自治区、直辖市和计划单列市人民政府所在地城市城区和郊

区的，不得低于15%

  B. 开发项目位于地及地级市城区及郊区的，不得低于10%

  C. 开发项目位于其他地区的，不得低于5%

  D. 于经济适用房、限价房和危改房的，不得低于1%

  答案：ABC

  解析：根据《国家税务总局关于印发〈房地产开发经营业务企业所得税处理办法〉的通知》（国税发〔2009〕31号）第八条规定："企业销售未完工开发产品的计税毛利率由各省、自治区、直辖市税务局按下列规定进行确定：

  （一）开发项目位于省、自治区、直辖市和计划单列市人民政府所在地城市城区和郊区的，不得低于15%。

  （二）开发项目位于地及地级市城区及郊区的，不得低于10%。

  （三）开发项目位于其他地区的，不得低于5%。

  （四）属于经济适用房、限价房和危改房的，不得低于3%"

92.【单选题】企业委托境外机构销售开发产品的，其支付境外机构的销售费用（含佣金或手续费）不超过委托销售收入（　　）的部分，准予据实扣除。

  A. 5%　　　　B. 10%　　　　C. 15%　　　　D. 20%

  答案：B

  解析：根据《国家税务总局关于印发〈房地产开发经营业务企业所得税处理办法〉的通知》（国税发〔2009〕31号）第二十条规定："企业委托境外机构销售开发产品的，其支付境外机构的销售费用（含佣金或手续费）不超过委托销售收入10%的部分，准予据实扣除。"

93.【单选题】房地产开发企业以本企业为主体联合其他企业、单位、个人合作或合资开发房地产项目，且该项目未成立独立法人公司的，开发合同或协议中约定分配项目利润。下列说法正确的是（　　）。

  A. 该项目形成的营业利润额并入当期应纳税所得额统一申报缴纳企业所得税

  B. 该项目所产生的利润可在税前进行分配

  C. 该项目接受投资方投资额可在成本中摊销

  D. 利息相关的支出可在税前进行扣除

  答案：A

  解析：《国家税务总局关于印发〈房地产开发经营业务企业所得税处理办法〉的通知》（国税发〔2009〕31号）第三十六条第二款规定："凡开发合同或协议中约定分配项目利润的，应按以下规定进行处理：企业应将该项目形成的营业利润额并入当期应纳税所得额统一申报缴纳企业所得税，不得在税前分配该项目的利润。同时，不能因接受投资方投资额而在成本中摊销或在税前扣除相关的利息支出。"

94.【单选题】房地产开发企业以本企业为主体联合其他企业、单位、个人合作或合资开发房地产项目,且该项目未成立独立法人公司的,凡开发合同或协议中约定分配项目利润的,投资方取得该项目的营业利润应视同( )进行相关的税务处理。

A. 经营所得　　　B. 利息　　　C. 股息、红利　　　D. 财产转让所得

答案:C

解析:《国家税务总局关于印发〈房地产开发经营业务企业所得税处理办法〉的通知》(国税发〔2009〕31号)第三十六条第二款规定:"凡开发合同或协议中约定分配项目利润的,应按以下规定进行处理:投资方取得该项目的营业利润应视同股息、红利进行相关的税务处理。"

七、煤炭开采及洗选业

95.【单选题】判断是否存在取得虚开扣税凭证,应核对( )三流是否一致。
A. 货物流　　　B. 资金流　　　C. 发票流　　　D. 合同流

答案:ABC

解析:判断是否存在取得虚开扣税凭证,应抽查核对物流、资金流、票据流是否一致,不一致的,采取外调等进一步措施。

96.【判断题】企业在筹建期间签订各项合同应按规定缴纳印花税。( )

答案:√

解析:企业在筹建期间签订的大型工程中签订的总承包、分包、转包合同,以及勘察设计、设备材料采购供应、货物运输等各项合同,应按规定缴纳印花税。

97.【多选题】煤炭采掘企业购进的下列项目,其进项税额允许从销项税额中抵扣的有( )。

A. 巷道附属设备及其相关的应税服务　　B. 巷道建设和掘进相关的应税服务
C. 巷道回填相关的应税劳务　　　　　　D. 露天煤矿生态恢复的应税货物

答案:ABCD

解析:《财政部 国家税务总局关于煤炭采掘企业增值税进项额抵扣有关事项的通知》(财税〔2015〕117号)规定:"煤炭采掘企业购进的下列项目,其进项税额允许从销项税额中抵扣:

(一)巷道附属设备及其相关的应税货物、劳务和服务;

(二)用于除开拓巷道以外的其他巷道建设和掘进,或者用于巷道回填、露天煤矿生态恢复的应税货物、劳务和服务。"

98.【判断题】对于企业签订的流动资金周转借款合同,按年签订,规定最高限额,借款人在规定的期限和最高限额内随借随还,按其实际借款金额缴纳印花税。( )

答案:×

解析：《国家税务局关于对借款合同贴花问题的具体规定》（国税地字〔1988〕第30号）第五条规定："关于对流动资金周转性借款合同的贴花问题。借贷双方签订的流动资金周转性借款合同，一般按年（期）签订，规定最高限额，借款人在规定的期限和最高限额内随借随还。为此，在签订流动资金周转借款合同时，应按合同规定的最高借款限额计税贴花。以后，只要在限额内随借随还，不再签新合同的，就不另贴印花。"

99.【判断题】对于企业集团内具有平等法律地位的主体之间自愿订立、明确双方购销关系、据以供货和结算、具有合同性质的凭证，应按规定征收印花税。对于企业集团内部执行计划使用的、不具有合同性质的凭证，不征收印花税。（　　）

答案：√

解析：《国家税务总局关于企业集团内部使用的有关凭证征收印花税问题的通知》（国税函〔2009〕9号）规定："对于企业集团内具有平等法律地位的主体之间自愿订立、明确双方购销关系、据以供货和结算、具有合同性质的凭证，应按规定征收印花税。对于企业集团内部执行计划使用的、不具有合同性质的凭证，不征收印花税。"

100.【多选题】企业因雇用（　　）所实际发生的费用，应区分为工资薪金支出和职工福利费支出，并按《企业所得税法》规定在企业所得税前扣除。

A. 临时工　　　　　　　　　B. 实习生
C. 返聘离退休人员　　　　　D. 接受外部劳务派遣

答案：ABC

解析：根据《国家税务总局关于企业所得税应纳税所得额若干税务处理问题的公告》（国家税务总局公告2012年第15号）第一条规定："企业因雇用季节工、临时工、实习生、返聘离退休人员所实际发生的费用，应区分为工资薪金支出和职工福利费支出，并按《企业所得税法》规定在企业所得税前扣除。"

根据《国家税务总局关于企业工资薪金和职工福利费等支出税前扣除问题的公告》（国家税务总局公告2015年第34号）第三条规定："企业接受外部劳务派遣用工所实际发生的费用，应分两种情况按规定在税前扣除：按照协议（合同）约定直接支付给劳务派遣公司的费用，应作为劳务费支出；直接支付给员工个人的费用，应作为工资薪金支出和职工福利费支出。其中属于工资薪金支出的费用，准予计入企业工资薪金总额的基数，作为计算其他各项相关费用扣除的依据。"

101.【判断题】煤炭企业职工参加的学历教育以及个人为取得学位而参加的在职教育，单位为其支付的费用应代扣代缴个人所得税。（　　）

答案：√

解析：煤炭企业职工参加的学历教育以及个人为取得学位而参加的在职教育，如大专学习、本科学习或MBA、EMBA，应由个人承担的费用，企业可能将个人的学历和学位教育挤占企业的职工教育培训经费，单位为其支付的费用应代扣代缴个人所得税。

102.【判断题】煤矿企业实际发生的维简费支出和高危行业企业实际发生的安全生产费用支出,允许在企业所得税税前扣除。(   )

答案:×

解析:根据《国家税务总局关于煤矿企业维简费和高危行业企业安全生产费用企业所得税税前扣除问题的公告》(国家税务总局公告 2011 年第 26 号)规定:"煤矿企业实际发生的维简费支出和高危行业企业实际发生的安全生产费用支出,属于收益性支出的,可直接作为当期费用在税前扣除;属于资本性支出的,应计入有关资产成本,并按企业所得税法规定计提折旧或摊销费用在税前扣除。企业按照有关规定预提的维简费和安全生产费用,不得在税前扣除。"

103.【单选题】纳税人改变占地用途,不再属于免税或减税情形的,应自改变用途之日起(   )内按改变用途的实际占用耕地面积和当地适用税额补缴税款。

A. 15 日　　　　B. 30 日　　　　C. 45 日　　　　D. 60 日

答案:B

解析:《中华人民共和国耕地占用税暂行条例》第十一条规定:"免征或者减征耕地占用税后,纳税人改变原占地用途,不再属于免征或者减征耕地占用税情形的,应当按照当地适用税额补缴耕地占用税。";

《中华人民共和国耕地占用税暂行条例实施细则》第二十一条规定:"纳税人改变占地用途,不再属于免税或减税情形的,应自改变用途之日起 30 日内按改变用途的实际占用耕地面积和当地适用税额补缴税款。"

104.【判断题】未经批准占用的耕地面积不计入耕地占用税的计税依据之内。(   )

答案:×

解析:《中华人民共和国耕地占用税暂行条例》第四条规定:"耕地占用税以纳税人实际占用的耕地面积为计税依据,按照规定的适用税额一次性征收。";

《中华人民共和国耕地占用税暂行条例实施细则》第五条规定:"条例第四条所称实际占用的耕地面积,包括经批准占用的耕地面积和未经批准占用的耕地面积。"

105.【判断题】纳税人临时占用耕地,应当依照本条例的规定缴纳耕地占用税。纳税人在批准临时占用耕地的期限内恢复所占用耕地原状的,不退还已经缴纳的耕地占用税。(   )

答案:×

解析:《中华人民共和国耕地占用税暂行条例》第十三条规定:"纳税人临时占用耕地,应当依照本条例的规定缴纳耕地占用税。纳税人在批准临时占用耕地的期限内恢复所占用耕地原状的,全额退还已经缴纳的耕地占用税。"

106.【单选题】临时占用耕地,是指纳税人因建设项目施工、地质勘查等需要,在一般不超过（　　　）内临时使用耕地并且没有修建永久性建筑物的行为。

A. 6 个月　　　　B. 1 年　　　　C. 2 年　　　　D. 3 年

答案：C

解析：《中华人民共和国耕地占用税暂行条例实施细则》第二十二条规定："临时占用耕地，是指纳税人因建设项目施工、地质勘查等需要，在一般不超过 2 年内临时使用耕地并且没有修建永久性建筑物的行为。"

八、医药制造业

107.【判断题】设有内部职工医院的企业将自产的药品配送给其职工医院，应确认当期应税收入，计提增值税销项税额并确认企业所得税应税所得。（　　　）

解析：√

108.【多选题】下列说法中，正确的是（　　　）。

A. 无租使用其他单位房产的应税单位和个人，依照房产余值代缴纳房产税

B. 产权出典的房产，由承典人依照房产余值缴纳房产税

C. 对出租房产，租赁双方签订的租赁合同约定有免收租金期限的，免收租金期间由产权所有人按照房产原值缴纳房产税

D. 对按照房产原值计税的房产，房产原值包含地价，包括为取得土地使用权支付的价款、开发土地发生的成本费用等。宗地容积率低于 0.5 的，按房产建筑面积的 2 倍计算土地面积并据此确定计入房产原值的地价。

答案：ABCD

解析：详见《财政部　国家税务总局关于房产税城镇土地使用税有关问题的通知》（财税〔2009〕128 号）、《财政部　国家税务总局关于安置残疾人就业单位城镇土地使用税等政策的通知》（财税〔2010〕121 号）。

109.【多选题】下列说法中，正确的是（　　　）。

A. 融资租赁的房产，由出租人自融资租赁合同约定开始日的当月起依照房产余值缴纳房产税

B. 融资租赁的房产，合同未约定开始日的，由承租人自合同签订的次月起依照房产余值缴纳房产税

C. 对在城镇土地使用税征税范围内单独建造的地下建筑用地，已取得地下土地使用权证的，按土地使用权证确认的土地面积计算应征税款。按应征税款的 50% 征收城镇土地使用税

D. 对在城镇土地使用税征税范围内单独建造的地下建筑用地，未取得地下土地使用权证或地下土地使用权证上未标明土地面积的，按地下建筑垂直投影面积计算应征税款。按应征税款的 50% 征收城镇土地使用税

答案：BCD

解析：《财政部　国家税务总局关于房产税　城镇土地使用税有关问题的通知》（财税〔2009〕128号）第三条规定："融资租赁的房产，由承租人自融资租赁合同约定开始日的次月起依照房产余值缴纳房产税。合同未约定开始日的，由承租人自合同签订的次月起依照房产余值缴纳房产税。"

110.【判断题】自2013年3月1日起，企业拥有的挂车不再投保机动车交通事故责任强制保险，因此挂车不需要缴纳车船税。（　　）

答案：×

解析：《中华人民共和国车船税法实施条例》第十五条规定："扣缴义务人已代收代缴车船税的，纳税人不再向车辆登记地的主管税务机关申报缴纳车船税。没有扣缴义务人的，纳税人应当向主管税务机关自行申报缴纳车船税。"

111.【多选题】为进一步鼓励创业创新，自2019年1月1日至2021年12月31日，对国家级、省级科技企业孵化器、大学科技园和国家备案众创空间向在孵对象提供孵化服务取得的收入，免征增值税。孵化服务包括（　　）。

A. 经纪代理服务　　B. 经营租赁服务　　C. 鉴证咨询服务　　D. 交通运输服务

答案：ABC

解析：《财政部　税务总局　科技部　教育部关于科技企业孵化器大学科技园和众创空间税收政策的通知》（财税〔2018〕120号）第一条规定："自2019年1月1日至2021年12月31日，对国家级、省级科技企业孵化器、大学科技园和国家备案众创空间自用以及无偿或通过出租等方式提供给在孵对象使用的房产、土地，免征房产税和城镇土地使用税；对其向在孵对象提供孵化服务取得的收入，免征增值税。本通知所称孵化服务是指为在孵对象提供的经纪代理、经营租赁、研发和技术、信息技术、鉴证咨询服务。"

112.【单选题】企业购置用于环境保护、节能节水、安全生产等专用设备（以下简称专用设备）的投资额，可以按一定比例实行税额抵免。下列说法中，正确的是（　　）。

A. 该专用设备的投资额的10%可以从企业当年的应纳税所得额中抵免

B. 享受该项税收优惠政策的企业必须实际购置并自身实际投入使用该专用设备

C. 企业购置上述专用设备在5年内转让的，以前年度不足抵免的额度可在转让当年一次性抵免

D. 企业购置上述专用设备在5年内出租的，企业可在租期内继续享受该项优惠政策

答案：B

解析：《企业所得税法暂行条例》第一百条规定："企业所得税法第三十四条所称税额抵免，是指企业购置并实际使用《环境保护专用设备企业所得税优惠目录》《节能

节水专用设备企业所得税优惠目录》和《安全生产专用设备企业所得税优惠目录》规定的环境保护、节能节水、安全生产等专用设备的，该专用设备的投资额的 10% 可以从企业当年的应纳税额中抵免；当年不足抵免的，可以在以后 5 个纳税年度结转抵免。享受前款规定的企业所得税优惠的企业，应当实际购置并自身实际投入使用前款规定的专用设备；企业购置上述专用设备在 5 年内转让、出租的，应当停止享受企业所得税优惠，并补缴已经抵免的企业所得税税款。"

113.【多选题】关于企业所得税税前扣除，下列说法中，正确的是（　　）。

A. 银行企业内营业机构之间支付的利息可以税前扣除

B. 银行企业内营业机构之间支付的特许权使用费可以税前扣除

C. 非银行企业内营业机构之间支付的租金可以税前扣除

D. 非银行企业内营业机构之间支付的管理费可以税前扣除

答案：AD

解析：《企业所得税法暂行条例》第四十九条规定："企业之间支付的管理费、企业内营业机构之间支付的租金和特许权使用费，以及非银行企业内营业机构之间支付的利息，不得扣除。"

114.【单选题】下列按"其他所得"征收个人所得税的是（　　）。

A. 企业对累积消费达到一定额度的个人按消费积分反馈礼品

B. 通信企业对个人购买手机赠话费、入网费，或者购话费赠手机

C. 企业对累积消费达到一定额度的顾客，给予额外抽奖机会，个人的获奖所得

D. 企业在业务宣传、广告等活动中，随机向本单位以外的个人赠送礼品

答案：D

解析：《财政部 国家税务总局关于企业促销展业赠送礼品有关个人所得税问题的通知》（财税〔2011〕50 号）第一条规定："企业在销售商品（产品）和提供服务过程中向个人赠送礼品，属于下列情形之一的，不征收个人所得税：1. 企业通过价格折扣、折让方式向个人销售商品（产品）和提供服务；2. 企业在向个人销售商品（产品）和提供服务的同时给予赠品，如通信企业对个人购买手机赠话费、入网费，或者购话费赠手机等；3. 企业对累积消费达到一定额度的个人按消费积分反馈礼品。"第二条规定："企业向个人赠送礼品，属于下列情形之一的，取得该项所得的个人应依法缴纳个人所得税，税款由赠送礼品的企业代扣代缴：1. 企业在业务宣传、广告等活动中，随机向本单位以外的个人赠送礼品，对个人取得的礼品所得，按照'其他所得'项目，全额适用 20% 的税率缴纳个人所得税。2. 企业在年会、座谈会、庆典以及其他活动中向本单位以外的个人赠送礼品，对个人取得的礼品所得，按照'其他所得'项目，全额适用 20% 的税率缴纳个人所得税。3. 企业对累积消费达到一定额度的顾客，给予额外抽奖机会，个人的获奖所得，按照'偶然所得'项目，全额适用 20% 的税率缴纳个人所得税。"

九、建筑业

115.【单选题】 A 建筑公司于 2019 年 5 月 12 日与 B 房地产公司签订建筑合同 1 000 万元;与 C 建筑公司签订分包协议 218 万元(注明工程款 200 万元,增值税 18 万元);与 D 设计公司签订建筑设计合同 10 万元,以上金额均为含税金额,请问 A 建筑公司本月应纳的印花税为( )元。

A. 2 450　　　　B. 3 630　　　　C. 3 650　　　　D. 3 704

答案:C

解析:与 B 签订建筑合同:1 000 万元 × 3‰ = 3 000 元

与 C 签订建筑合同:200 万元 × 3‰ = 600 元

与 D 签订建设工程勘察设计合同:10 万元 × 5‰ = 50 元

根据 2016 年国家税务总局视频会议解读中明确表示,合同中所载金额和增值税如果分别注明的,按照不包含增值税的合同金额确定计税依据,若没有分别注明的,则需要以价税合计数为缴纳印花税的计税依据。

116.【判断题】 对外投资过程中,若被投资企业发生的经营亏损,由被投资企业按规定结转弥补,投资企业须将其确认为当年的投资损失。( )

答案:×

解析:国家税务局关于企业所得税若干问题的公告(国家税务总局公告〔2011〕第 34 号)第五条第二款:被投资企业发生的经营亏损,由被投资企业按规定结转弥补;投资企业不得调整减低其投资成本,也不得将其确认为投资损失。

117.【单选题】 2016 年 1 月 1 日,天津 A 建筑公司与沈阳房地产公司签订施工合同,施工地点位于沈阳铁西区,合同约定工程于 2016 年 4 月 1 日开工,合同金额 10 000 万元,2019 年 5 月份收到验工计价工程款 1 133 万元(含分包给 B 建筑队的 103 万元,已在当月全额支付给 B 建筑队),A 建筑公司选择适用简易计税方法,以上均为含税金额,请问 A 建筑公司应在沈阳缴纳增值税( )万元。

A. 30　　　　B. 33　　　　C. 20.41　　　　D. 20.79

答案:A

解析:应预缴增值税 =(1 133 - 103)÷(1 + 3%)× 3% = 30 万元。

政策依据:国家税务总局关于发布《纳税人跨县(市、区)提供建筑服务增值税征收管理暂行办法》的公告(国家税务总局公告 2016 年第 17 号)第三条:《建筑工程施工许可证》未注明合同开工日期,但建筑工程承包合同注明的开工日期在 2016 年 4 月 30 日前的建筑工程项目,属于财税〔2016〕36 号文件规定的可以选择简易计税方法计税的建筑工程老项目。第五条:纳税人跨县(市、区)提供建筑服务,按以下公式计算应预缴税款:(二)适用简易计税方法计税的,应预缴税款 =(全部价款和价外

费用 - 支付的分包款) ÷ (1 + 3%) × 3%。

118.【单选题】因施工需要,中铁三局集团有限公司向其下属的中铁三局集团物资公司(独立法人单位)预定一批价值 1 000 万元(不含税)的钢材,并签订购销协议,该笔业务双方共应缴纳(　　)元印花税。

A. 3 000　　　　B. 6 000　　　　C. 10 000　　　　D. 0

答案:B

解析:1 000 万元 × 3‰ × 2 = 6 000 元

《国家税务总局关于企业集团内部使用的有关凭证征收印花税问题的通知》(国税函〔2009〕9 号)对于企业集团内具有平等法律地位的主体之间自愿订立、明确双方购销关系、据以供货和结算、具有合同性质的凭证,应按规定征收印花税。对于企业集团内部执行计划使用的、不具有合同性质的凭证,不征收印花税。

119.【单选题】2019 年 3 月,A 建筑集团与 B 市签订河岸改造工程施工协议,明确了开竣工日期、监理、施工进度、赔偿、奖励、结算方式等条款,双方约定合同总价款在施工过半后根据情况再行确定,据 A 建筑集团经理介绍,该工程预计价值 1 000 万元,而据当地新闻媒体报道,该合同金额 2 000 万元,此项业务 A 建筑集团 2019 年 3 月应纳印花税(　　)元。

A. 0　　　　B. 5　　　　C. 3 000　　　　D. 6 000

答案:B

解析:根据《国家税务总局关于印花税若干具体问题的规定》(国税地字〔1988〕25 号):有些技术合同、租赁合同等,在签订时不能计算金额的,如何贴花?对这类合同,可在签订时先按定额 5 元贴花,以后结算时再按实际金额计税,补贴印花。

120.【单选题】A 建筑公司(一般纳税人)截至 2019 年 3 月有两个施工项目,其中,一个项目于 2015 年 12 月签订,选择适用简易计税方法,另一个项目于 2018 年 2 月签订。本月购进一批办公用品,取得增值税专用发票税额 1 000 元,并验证通过,下列说法正确的是(　　)。

A. 允许 1 000 元作为进项税额抵扣

B. 1 000 元全额做进项转出处理

C. 按当期简易计税收入与当期全部收入的占比做进项税额转出

D. 按老项目合同总金额与全部合同金额的占比做进项税额转出

答案:C

解析:《财政部 国家税务总局关于全面推开营业税改征增值税试点的通知》(财税〔2016〕36 号)附件 1《营业税改征增值税试点实施办法》第二十七条:"下列项目的进项税额不得从销项税额中抵扣:(一)用于简易计税方法计税项目、免征增值税项目、集体福利或者个人消费的购进货物、加工修理修配劳务、服务、无形资产和不动产。"第二十九条:"适用一般计税方法的纳税人,兼营简易计税方法计税项目、免征增值税项目而无法划分不得抵扣的进项税额，按照下列公式计算不得抵扣的进项税额：不得抵扣的进项税额＝当期无法划分的全部进项税额×（当期简易计税方法计税项目销售额＋免征增值税项目销售额）÷当期全部销售额"。

121.【判断题】纳税人提供建筑服务取得预收款，应在收到预收款时，以取得的预收款扣除支付的分包款后的余额，按照规定的预征率预缴增值税。（　　）

答案：√

解析：《财政部　税务总局关于建筑服务等营改增试点政策的通知》（财税〔2017〕58号）第三条："纳税人提供建筑服务取得预收款，应在收到预收款时，以取得的预收款扣除支付的分包款后的余额，按照本条第三款规定的预征率预缴增值税。"

122.【判断题】建设单位根据合同约定向施工单位支付的提前竣工奖，属于额外支付的款项，不属于增值税应税范围。（　　）

答案：×

解析：《财政部　国家税务总局关于全面推开营业税改征增值税试点的通知》（财税〔2016〕36号）附件1《营业税改征增值税试点实施办法》第三十七条："销售额，是指纳税人发生应税行为取得的全部价款和价外费用，财政部和国家税务总局另有规定的除外。价外费用，是指价外收取的各种性质的收费，但不包括以下项目：（一）代为收取并符合本办法第十条规定的政府性基金或者行政事业性收费。（二）以委托方名义开具发票代委托方收取的款项。"

123.【判断题】甲建筑公司为乙饮料厂建设新厂房，该厂房主体中包含建筑公司自产的钢结构件，该行为既涉及服务又涉及货物，根据《营业税改征增值税试点实施办法》（财税〔2016〕36号）第四十条规定，该行为属于混合销售行为。

答案：×

解析：《国家税务总局关于进一步明确营改增有关征管问题的公告》（国家税务总局公告2017年第11号）第一条："纳税人销售活动板房、机器设备、钢结构件等自产货物的同时提供建筑、安装服务，不属于《营业税改征增值税试点实施办法》（财税〔2016〕36号）第四十条规定的混合销售，应分别核算货物和建筑服务的销售额，分别适用不同的税率或者征收率。

124.【判断题】甲建筑公司在基建工地修建了为基建工地服务的工棚、办公室、食堂等临时性房屋，应自投入使用的次月起缴纳房产税。（　　）

答案：×

解析：《关于房产税若干具体问题的解释和暂行规定》（财税地字〔1986〕第008号）第二十一条："凡是在基建工地为基建工地服务的各种工棚、材料棚、休息棚和办公室、食堂、茶炉房、汽车房等临时性房屋，不论是施工企业自行建造还是由基建单位出资建造交施工企业使用的，在施工期间，一律免征房产税。但是，如果在基建工程结束以后，施工企业将这种临时性房屋交还或者估价转让给基建单位的，应当从基建单位接收的次月起,依照法规征收房产税。"

125.【多选题】下列应征收房产税的有( )。

A. 位于市区的居民自用住房　　　B. 位于县城的地下人防设施
C. 位于工矿区的地下仓库　　　　D. 位于农村的厂房

答案:BC

解析:《中华人民共和国房产税暂行条例》(国发〔1986〕90号)第五条:"下列房产免纳房产税:四、个人所有非营业用的房产。"

《财政部 国家税务总局关于具备房屋功能的地下建筑征收房产税的通知》(财税〔2005〕181号)第一条:"凡在房产税征收范围内的具备房屋功能的地下建筑,包括与地上房屋相连的地下建筑以及完全建在地面以下的建筑、地下人防设施等,均应当依照有关规定征收房产税。"

《中华人民共和国房产税暂行条例》(国发〔1986〕90号)第一条:"房产税在城市、县城、建制镇和工矿区征收。"

126.【判断题】对于更换房屋附属设备和配套设施的,在将其价值计入房产原值时,可扣减原来相应设备和设施的价值;对附属设备和配套设施中易损坏、需要经常更换的零配件,更新后不再计入房产原值。( )

答案:√

解析:参见《国家税务总局关于进一步明确房屋附属设备和配套设施计征房产税有关问题的通知》(国税发〔2005〕173号)

127.【单选题】辽宁省本溪市A公司位于市区自有一间门市房,房产原值100万元,从1月1日到12月31日提供给B公司使用,合同约定前4个月为免租期间,后8个月每个月租金为1万(不含税),下列说法正确的是( )。

A. A公司全年应纳房产税9 600元　　　B. A公司全年应纳房产税13 600元
C. A公司全年应纳房产税12 400元　　　D. A公司全年应纳房产税14 400元

答案:C

解析:A公司前4个月应纳房产税 = 100万元 × (1 − 30%) × 1.2% ÷ 12 × 4 = 2 800元

A公司后8个月应纳房产税 = 1万元 × 8 × 12% = 9 600元

《辽宁省房产税实施细则》(辽政发〔1987〕97号)第四条:"房产税依照房产原值一次减除30%后的余值计算缴纳。"

《中华人民共和国房产税暂行条例》(国发〔1986〕90号)第四条:"房产税的税率,依照房产余值计算缴纳的,税率为1.2%;依照房产租金收入计算缴纳的,税率为12%。"

《财政部 国家税务总局关于安置残疾人就业单位城镇土地使用税等政策的通知》(财税〔2010〕121号)第二条:"对出租房产,租赁双方签订的租赁合同约定有免收租金期限的，免收租金期间由产权所有人按照房产原值缴纳房产税。"

128.【单选题】沈阳市某工厂购置一宗土地，占地 2 000 平方米，每平方米地价 1 万元，自行建造厂房，房屋建筑面积 800 平方米，全部建造成本费用 3 400 万元，厂房已投入使用，该工厂月应纳房产税（　　）元。

A. 23 800　　　　B. 35 000　　　　C. 37 800　　　　D. 34 300

答案：B

解析：通过计算可知该宗地容积率为 0.4，因此，计入房产原值的地价 = 应税房产建筑面积 × 2 × 土地单价 = 800 平方米 × 2 × 1 万元/平方米 = 1 600 万元。

年应纳房产税 =（3 400 + 1 600）万元 ×（1 - 30%）× 1.2% = 42（万元）。

《辽宁省房产税实施细则》（辽政发〔1987〕97 号）第四条："房产税依照房产原值一次减除 30% 后的余值计算缴纳。"

《财政部　国家税务总局关于安置残疾人就业单位城镇土地使用税等政策的通知》（财税〔2010〕121 号）第三条："对按照房产原值计税的房产，无论会计上如何核算，房产原值均应包含地价，包括为取得土地使用权支付的价款、开发土地发生的成本费用等。宗地容积率低于 0.5 的，按房产建筑面积的 2 倍计算土地面积并据此确定计入房产原值的地价。"

129.【判断题】企业取得的来源于政府及其有关部门的财政补助、补贴、贷款贴息，以及其他各类财政专项资金，准予作为不征税收入，在计算应纳税所得额时从收入总额中减除。

答案：×

解析：《财政部　国家税务总局关于财政性资金行政事业性收费政府性基金有关企业所得税政策问题的通知》（财税〔2008〕151 号）第一条："（一）企业取得的各类财政性资金，除属于国家投资和资金使用后要求归还本金的以外，均应计入企业当年收入总额。（二）对企业取得的由国务院财政、税务主管部门规定专项用途并经国务院批准的财政性资金，准予作为不征税收入，在计算应纳税所得额时从收入总额中减除。（三）纳入预算管理的事业单位、社会团体等组织按照核定的预算和经费报领关系收到的由财政部门或上级单位拨入的财政补助收入，准予作为不征税收入，在计算应纳税所得额时从收入总额中减除，但国务院和国务院财政、税务主管部门另有规定的除外。

本条所称财政性资金，是指企业取得的来源于政府及其有关部门的财政补助、补贴、贷款贴息，以及其他各类财政专项资金，包括直接减免的增值税和即征即退、先征后退、先征后返的各种税收，但不包括企业按规定取得的出口退税款；所称国家投资，是指国家以投资者身份投入企业、并按有关规定相应增加企业实收资本（股本）的直接投资。"

130.【单选题】辽宁省规定，实行公务用车制度改革的单位，其职工以现金或实报实销方式取得的车改补贴收入，均扣除（　　）的公务费用后并入"工资、薪金所得"计征个人所得税。

　　A. 80%　　　　　B. 70%　　　　　C. 50%　　　　　D. 30%

答案：B

解析：《辽宁省地方税务局、辽宁省财政厅关于进一步明确公务用车制度改革后个人所得税政策的通知》（辽地税发〔2009〕76号）第三条："实行公务用车制度改革的单位，其职工以现金或实报实销方式取得的车改补贴收入，均扣除70%的公务费用后并入"工资、薪金所得"计征个人所得税。"

131.【单选题】老王去年12月份办理了退休手续，今年1月原任职单位因被评为省级重点企业，于是对所有人员（包括退休人员）发放了10 000元现金奖励，下列说法正确的是（　　）。

　　A. 属于退休工资不需要缴纳个人所得税

　　B. 应全额按"偶然所得"应税项目缴纳个人所得税

　　C. 应全额（不扣除费用标准）按"工资、薪金所得"应税项目缴纳个人所得税

　　D. 应在减除费用扣除标准后，按"工资、薪金所得"应税项目缴纳个人所得税

答案：D

解析：《国家税务总局关于离退休人员取得单位发放离退休工资以外奖金补贴征收个人所得税的批复》（国税函〔2008〕723号）："离退休人员从原任职单位取得的各类补贴、奖金、实物，应在减除费用扣除标准后，按"工资、薪金所得"应税项目缴纳个人所得税。"

132.【单选题】某地税务局对A企业检查时发现，该单位去年年底发放奖励，购进80只纯金戒指（每只重10克）奖励全体员工每人一只（共有80名员工），对方出具发票显示金额2万元，下列说法正确的是（　　）。

　　A. 非现金所得，不需代扣代缴个人所得税

　　B. 按发票金额除以80，以此为依据代扣代缴每名员工的个人所得税

　　C. 按成本利润率核定应纳税所得额

　　D. 参照市场价格核定应纳税所得额

答案：D

解析：《中华人民共和国个人所得税法实施条例》（国务院令第707号）第八条："个人所得的形式，包括现金、实物、有价证券和其他形式的经济利益；所得为实物的，应当按照取得的凭证上所注明的价格计算应纳税所得额，无凭证的实物或者凭证上所注明的价格明显偏低的，参照市场价格核定应纳税所得额。"

133.【单选题】个人根据国家有关政策规定缴付的年金个人缴费部分，在不超过本人缴费工资计税基数的（　　）标准内的部分，暂从个人当期的应纳税所得额中扣除。

　　A. 2%　　　　　B. 3%　　　　　C. 4%　　　　　D. 5%

答案：C

解析：《财政部 人力资源社会保障部 国家税务总局关于企业年金 职业年金个人所得税有关问题的通知》（财税〔2013〕103号）第一条第二款："个人根据国家有关政策规定缴付的年金个人缴费部分，在不超过本人缴费工资计税基数的4%标准内的部分，暂从个人当期的应纳税所得额中扣除。"

134. 【判断题】房屋产权所有人将房屋产权无偿赠与配偶、父母、子女、兄弟姐妹，对当事双方不征收个人所得税。（   ）

答案：√

解析：《财政部、国家税务总局关于个人无偿受赠房屋有关个人所得税问题的通知》（财税〔2009〕78号）第一条："以下情形的房屋产权无偿赠与，对当事双方不征收个人所得税：（一）房屋产权所有人将房屋产权无偿赠与配偶、父母、子女、祖父母、外祖父母、孙子女、外孙子女、兄弟姐妹。"

135. 【单选题】个人所得税法第四条第四款规定，福利费、抚恤金、救济金免征个人所得税，下列哪项符合该条款所说福利费标准（   ）。

A. 对个别职工的临时性生活困难补助　　B. 支付给全体职工的生活困难补贴
C. 给个别困难职工购买住房发生的费用　　D. 因职工死亡给家属发放的费用

答案：A

解析：《中华人民共和国个人所得税法实施条例》（国务院令第707号）第十一条："个人所得税法第四条第一款第四项所称福利费，是指根据国家有关规定，从企业、事业单位、国家机关、社会组织提留的福利费或者工会经费中支付给个人的生活补助费；所称救济金，是指各级人民政府民政部门支付给个人的生活困难补助费。"

《国家税务总局关于生活补助费范围确定问题的通知》（国税发〔1998〕155号）："一、上述所称生活补助费，是指由于某些特定事件或原因而给纳税人本人或其家庭的正常生活造成一定困难，其任职单位按国家规定从提留的福利费或者工会经费中向其支付的临时性生活困难补助。二、下列收入不属于免税的福利费范围，应当并入纳税人的工资、薪金收入计征个人所得税：（一）从超出国家规定的比例或基数计提的福利费、工会经费中支付给个人的各种补贴、补助；（二）从福利费和工会经费中支付给本单位职工的人人有份的补贴、补助；（三）单位为个人购买汽车、住房、电子计算机等不属于临时性生活困难补助性质的支出。

抚恤金是指国家机关、企事业单位、集体经济组织对死者家属或伤残职工发给的费用、恤费等。"

136. 【判断题】纳税人实际占用的土地面积，是指由省、自治区、直辖市人民政府确定的单位组织测定的土地面积。尚未组织测量，但纳税人持有政府部门核发的土地使用证书的，以证书确认的土地面积为准；尚未核发土地使用证书的，应由纳税人据实申报土地面积。（   ）

答案：√

解析：详见《国家税务局关于检发〈关于土地使用税若干具体问题的解释和暂行规定〉的通知》（国税地字〔1988〕第15号）第六条。

137.【单选题】对个人购买符合规定的商业健康保险产品的支出，允许在当年计算应纳税所得额时予以税前扣除，扣除限额为（　　）元/年。

  A. 1 200　　　　　　B. 2 400　　　　　　C. 3 600　　　　　　D. 4 800

  答案：B

解析：《财政部　国家税务总局　保监会关于将商业健康保险个人所得税试点政策推广到全国范围实施的通知》（财税〔2017〕39号）第一条："对个人购买符合规定的商业健康保险产品的支出，允许在当年（月）计算应纳税所得额时予以税前扣除，扣除限额为2 400元/年（200元/月）。"

十、石油石化行业

138.【判断题】纳税人既有增值税即征即退、先征后退项目，也有出口等其他增值税应税项目的，增值税即征即退和先征后退项目不参与出口项目免抵退税计算。（　　）

  答案：√

解析：《国家税务总局关于纳税人既享受增值税即征即退、先征后退政策又享受免抵退税政策有关问题的公告》（国家税务总局公告2011年第69号）第一条规定："纳税人既有增值税即征即退、先征后退项目，也有出口等其他增值税应税项目的，增值税即征即退和先征后退项目不参与出口项目免抵退税计算。"

139.【判断题】自2018年5月1日起，对按万分之五税率贴花的资金账簿减半征收印花税，对按件贴花五元的其他账簿免征印花税。（　　）

  答案：√

解析：《财政部　税务总局关于对营业账簿减免印花税的通知》（财税〔2018〕50号）规定："自2018年5月1日起，对按万分之五税率贴花的资金账簿减半征收印花税，对按件贴花五元的其他账簿免征印花税。"

140.【单选题】对在一个纳税年度内月平均实际安置残疾人就业人数占单位在职职工总数的比例高于（　　）且实际安置残疾人人数高于（　　）的单位，可减征或免征该年度城镇土地使用税。

  A. 20%　10　　　　B. 25%　15　　　　C. 20%　15　　　　D. 25%　10

  答案：D

解析：《关于安置残疾人就业单位城镇土地使用税等政策的通知》（财税〔2010〕121号）第二条规定："对在一个纳税年度内月平均实际安置残疾人就业人数占单位在职职工总数的比例高于25%且实际安置残疾人人数高于10人的单位，可减征或免征该年度城镇土地使用税。"

第五章 综合测试题库

一、单选题

1. 美国为了加强分类管理,大企业和国家税务管理局下设九个专业化分局。专业化分局采取( )的模式设置,包括五个涉税事项专业化分局和四个地理分局。

   A. 专项+地方　　B. 主题+地理　　C. 模块+分支　　D. 专业+事项

2. 根据规定,下列进项税额不得从销项税额中抵扣( )。

   A. 因自然灾害损失的产品所耗用的进项税额

   B. 购进同时用于增值税应税项目和免税项目的固定资产所支付的进项税额

   C. 项目运营方利用信托资金融资,在项目建设期内取得的增值税专用发票上注明的税额

   D. 纳税人经税务机关核准恢复抵扣增值税进项税额资格后,在其停止抵扣进项税额期间发生的进项税额

3. 《增值税纳税申报表》(适用于增值税一般纳税人)第14项"进项税额转出"栏数据,以下选项不在本栏中反映的是( )。

   A. 某药品经销企业被有关行政单位依法没收的药品

   B. 某电器公司将外购的钢材用于本企业修建厂房

   C. 因违法被拆除的建筑物

   D. 某商场将外购的商品用于职工集体福利

4. 关于企业所得税收入确认时间的说法,不正确的是( )。

   A. 股息、红利等权益性投资收益,以被投资方作出利润分配的日期确认收入的实现

   B. 特许权使用费收入,按照合同约定的特许权使用人应付特许权使用费的日期确认收入的实现

   C. 接收捐赠收入按照签订捐赠协议日期确认收入实现

   D. 分期收款方式销售货物按照合同约定的收款日期确认收入实现

   E. 采取产品分成方式取得收入,以企业分得产品的时间确认收入实现

5. 县级人民政府将国有非货币性资产明确以股权投资方式投入企业,企业应作为国家资本金处理,该非货币性资产的计税基础为( )。

   A. 市场公允价值　　　　　　　　B. 双方协商价值

C. 该资产投入前的账面余值　　　　D. 政府确定的接收价值

6. GDP 是指（　　）。

A. 国民收入总值　　　　　　　　　B. 国家生产总值

C. 国内生产总值　　　　　　　　　D. 国民生产总值

7. 农产品生产价格指数是反映一定时期内，农产品生产者出售农产品价格水平变动趋势及幅度的相对数。其中：某代表产品生产价格指数是通过对全部有出售该产品行为的调查单位的个体指数进行（　　）求得的。

A. 加权平均　　　　　　　　　　　B. 算术平均

C. 几何平均　　　　　　　　　　　D. 几种平均计算方式都可以

8. 我国在三次产业划分中，第一产业不包括（　　）。

A. 农业　　B. 林业　　C. 供应业　　D. 牧业

9. 发现纳税人有偷税、逃避追缴欠税、骗取出口退税、抗税或其他需要立案查处的税收违法行为嫌疑的，要移交（　　）处理。

A. 税收征管部门　　　　　　　　　B. 税务稽查部门

C. 风险管理部门　　　　　　　　　D. 政策法规与税源管理部门

10. 延期缴纳税款最长不得超过（　　）个月。

A. 1　　B. 3　　C. 6　　D. 12

11. 税务师事务所设立属于（　　）事项。

A. 行政审批事项　　　　　　　　　B. 行政登记性质事项

C. 行政许可事项　　　　　　　　　D. 任意设立事项

12. 审核"抵债资产清理""固定资产清理"等科目，发现没有任何金额，则企业可能存在的风险点是（　　）。

A. 未转出或少转出由于兼营免税项目而无法划分不得抵扣的进项税额事项

B. 存在抵债资产（动产部分）和固定资产处置环节未缴纳增值税或少缴纳增值税的情况

C. 少记金融同业往来利息收入事项

D. 买卖金融商品增值税未计收入

13. 对涉农中小企业贷款按（　　）分类管理。

A. 五级　　B. 四级　　C. 三级　　D. 二级

14. 开展税收风险分析应对时发现"预收保费"等账户有余额，保险公司的"预收保费"应当确认收入的时间点是（　　）。

A. 收到预收的保费时　　　　　　　B. 保险责任生效时

C. 签订合同时　　　　　　　　　　D. 发生保险赔付时

15. 下列关于保险企业手续费及佣金支出税前扣除的说法，正确的是（　　）。

A. 财产保险企业以当年全部保费收入扣除退保金等后余额的15%（含本数）为扣

除限额

　　B. 人身保险企业以当年全部保费收入扣除退保金等后余额的10%（含本数）为扣除限额

　　C. 保险企业以当年全部保费收入扣除退保金等后余额的18%（含本数）为扣除限额

　　D. 保险企业当年全部保费收入扣除退保金等后余额的18%（含本数）的部分，在计算应纳税所得额时准予扣除；超过部分，允许结转以后年度扣除

16. 资管产品运营过程中发生的增值税应税行为，以（　　）为增值税纳税人。

　　A. 没有纳税义务人　　　　　　　　B. 资管产品研发方
　　C. 资管产品所有人　　　　　　　　D. 资管产品管理人

17. 从2013年起，国家税务总局与（　　）签订大企业税收管理技术合作协议。

　　A. 世贸组织（WTO）　　　　　　　B. 亚洲开发银行（ADB）
　　C. 国际货币基金组织（IMF）　　　　D. 世界银行（IBRD）

18. 从公共服务角度来说，把纳税人当作客户是把市场竞争机制引入公共管理的必然选择。其在税收管理方面的借鉴意义不包括（　　）。

　　A. 通过建立良好的客户关系，提高税法的遵从度

　　B. 进行机构改革、业务流程再造及制度整合

　　C. 对纳税人进行细分，提供个性化服务

　　D. 规范纳税人行为，加强纳税申报管理

19. 在大企业税收管理中，（　　）一方面把税法遵从看作是纳税人的自身的一种利益，另一方面把提高税法遵从度作为税务机关的工作目标，这两者之间具有较高的相关度和统一性。

　　A. 分类管理理论　　　　　　　　　B. 客户关系理论
　　C. 平衡治理理论　　　　　　　　　D. 遵从管理理论

20. 日本税务检查制度给我国的最大启示，就是将有限资源优先用于（　　），实现风险管理效能最大化。

　　A. 大企业税收立法　　　　　　　　B. 大企业税务程序管理
　　C. 大企业税收风险管理　　　　　　D. 大企业税务检查

21. 为纳税人、扣缴义务人非法提供银行账户、发票、证明或者其他方便，导致未缴、少缴税款或者骗取国家出口退税款的，税务机关除没收其违法所得外，可以处（　　）。

　　A. 未缴、少缴或者骗取税款5倍以下的罚款

　　B. 未缴、少缴或者骗取税款50%以下的罚款

　　C. 未缴、少缴或者骗取税款1倍以下的罚款

　　D. 处2万元以上5万元以下的罚款

22. 企业或者外国企业在中国境内设立的从事生产、经营的机构、场所与其关联企业之间的业务往来,应当按照( )收取或者支付价款、费用。

　　A. 评估价格　　　　　　　　　　B. 市场价格
　　C. 协议价格　　　　　　　　　　D. 独立企业之间的业务往来

23. 金融企业将涉农贷款和中小企业贷款进行风险分类后,对次级类贷款按( )比例计提的贷款损失专项准备金,准予在计算应纳税所得额时扣除。

　　A. 1%　　　　B. 2%　　　　C. 20%　　　　D. 25%

24. 某公司2018年经营活动现金流量净额为2 000万元,流动负债1 000万元,负债总额3 000万元,股东权益6 000万元。则下列说法正确的是( )。

　　A. 该公司产权比例为33%　　　　B. 长期资本负债率为22%
　　C. 权益乘数为1.5　　　　　　　 D. 现金流量债务比为100%

25. 某化肥公司购进一台污水处理设备并投入使用(该设备属于环境保护专用设备企业所得税优惠目录列举项目),取得增值税专用发票注明设备价款100万元、进项税额17万元。该公司可抵免企业所得税税额( )万元。

　　A. 10　　　　B. 11.7　　　　C. 100　　　　D. 117

26. 税务机关对核实上报的风险,( )要结合国家税务总局的风险应对任务,研究本地相关企业是否存在类似风险,扩大增值应用。

　　A. 省级税务局　　B. 市级税务局　　C. 区级税务局　　D. 县级税务局

27. 以下各项不属于分类分级管理中的基础管理事项的是( )。

　　A. 数据集中管理　　B. 审查核实　　C. 税源调查　　D. 强制执行

28. 分类分级管理要求税款入库级次为( )。

　　A. 县区级财政　　　　　　　　　　B. 省级财政
　　C. 中央财政　　　　　　　　　　　D. 不改变原有级次

29. 为推进千户集团税收分析工作,大企业管理司提出"三抓一提"工程,以下选项不是其中内容的是( )。

　　A. 提质效　　　B. 抓协调　　　C. 抓进度　　　D. 提效率

30. 分类分级管理中,大企业专指( )确定并牵头管理的、资产或纳税规模达到一定标准的企业集团。

　　A. 税务总局和省级税务机关　　　　B. 税务总局
　　C. 市级以上税务机关　　　　　　　D. 县区级税务机关

31. 全国性的数据采集工作由( )。

　　A. 国家税务总局负责　　　　　　　B. 各省采集后汇总
　　C. 各市采集后汇总　　　　　　　　D. 各县区采集后汇总

32. 企业税务部门应协同( )部门,管理日常经营活动中的税务风险。

　　A. 相关职能　　B. 地税　　C. 工商　　D. 地方政府

33. 下列属于税务总局开发的"定点联系企业税务风险管理信息系统"组成部分的是：（   ）。

　　A. 稽核协查子系统　　　　　　　　B. 增值税发票系统升级版

　　C. 税务审计查账子系统等

34. 下列属于"定点联系企业税务风险管理信息系统"中在风险管理信息采集子系统的是：（   ）。

　　A. 稽核协查子系统　　　　　　　　B. 增值税发票系统升级版

　　C. 企业风险管理调查问卷模块组成

35. 各级税务机关要求根据风险评估的结果确定企业（   ）和单个企业的集团风险排序。

　　A. 风险点　　　B. 风险等级　　　C. 税务风险　　　D. 风险程度

36. 对于中等风险企业，要注意通过辅导帮助企业建立（   ），跟踪和监控后续管理措施，实现企业遵从。

　　A. 税务风险模型　　　　　　　　　B. 税务风险等级

　　C. 税务风险　　　　　　　　　　　D. 税务风险管理机制

37. 企业名册由总局定点联系企业的（   ）、资格认定、管理关系以及组织架构等涉税信息组成。

　　A. 税务登记　　　B. 基本信息　　　C. 纳税情况　　　D. 财务状况

38. 税收风险管理贯穿于税收工作的全过程，是税务机关运用风险管理的理论和方法，在全面分析（   ）状况的基础上，提升税务机关管理水平的税收管理活动。

　　A. 纳税人申报　　　　　　　　　　B. 纳税人税法遵从

　　C. 纳税人税款缴纳　　　　　　　　D. 纳税人管理

39. 纳税评估是税务机关向纳税人提供深层次的（   ）。

　　A. 监督　　　B. 查账　　　C. 辅导　　　D. 服务

40. 纳税评估对象可采用计算机自动筛选、人工分析筛选和（   ）等方法。

　　A. 对象分析法　　　　　　　　　　B. 重点抽样筛选

　　C. 申报数据筛选　　　　　　　　　D. 群众举报

41. 纳税评估对象为主管税务机关负责管理的所有纳税人及其（   ）。

　　A. 应纳所有税种　　　　　　　　　B. 应纳所有费种

　　C. 应纳所有税（费）种　　　　　　D. 应纳所有国税税种

42. 纳税评估工作的核心环节是（   ）。

　　A. 审核分析　　　B. 税务约谈　　　C. 实地核查　　　D. 评定处理

43. 对汇总合并缴纳企业所得税企业的纳税评估，由（   ）实施。

　　A. 监管的当地税务机关

　　B. 汇总合并纳税企业申报所在地税务机关

C. 分支机构所在地税务机关

44. 约谈纳税人时，首先向纳税人下达（　　），明确税务约谈的时间、地点、内容等事项，以及需要纳税人提供相关举证的资料。

　　A. 税务事项通知书　　B. 税务检查通知书　　C. 税务约谈通知书

45. 信息管税要求就是以税收风险管理理念为指导，以现代信息技术为依托，加强业务与技术融合，努力解决征纳双方信息不对称的问题。其主线是（　　）。

　　A. 以对涉税信息的采集、分析、应用为主线

　　B. 金税三期税收数据为主线

　　C. 基于云计算构建税收信息化系统为主线

　　D. 基于信息化构建纳税人信用等级体系为主线

46. 某税务机关运用相关的涉税信息分析纳税申报中的疑点，采取电话询问或者约谈等方式对纳税人纳税情况进行核实处理，理论上说，属于纳税评估工作环节中的（　　）。

　　A. 受理审核　　　B. 初步审核　　　C. 案头审核　　　D. 实地核查

　　E. 税务稽查

47. 在对主营业务收入变动率与主营业务利润变动率进行配比分析时，出现（　　）情况，表明纳税人可能存在多列成本费用、扩大税前扣除范围等问题。

　　A. 比值＞1 且相差较大，二者都为负

　　B. 比值＜1 且相差较大，二者都为负

　　C. 比值＜1 且相差较大，二者都为正

　　D. 比值为负数，且前者为负、后者为正

48. 在下列税收风险分析方法中，不属于定性分析的是（　　）。

　　A. 比较分析法　　　　　　　　　B. 结构百分比分析法

　　C. 比率分析法　　　　　　　　　D. 合理性分析法

49. 以下四种情况中，不应作为企业所得税重点评估对象的一项是（　　）。

　　A. 所得税重点税源企业　　　　　B. 生产经营情况发生重大变化的

　　C. 发生经营亏损的　　　　　　　D. 享受减免税且经营规模较大的

50. 下面对进项税额控制分析法叙述不正确的是（　　）。

　　A. 该方法主要测算企业的应税销售收入及应纳税额是否异常

　　B. 计算结果小于增值税申报的申报数据，则能够推断企业的增值税进项税额或产品销售成本、存货中存在问题

　　C. 由于该指标计算时采用的产品销售成本数据既包括材料，也包括人工、制造费用等不计算增值税进项税的项目，因此匡算的本期购入材料金额应大于增值税申报资料的相关数据

　　D. 计算结果接近或大于增值税申报的数据，说明当期增值税进项税申报资料较为

准确

51. 存货周转率是指（　　）与平均存货的比值。
   A. 销售收入　　　B. 销售费用　　　C. 销售成本　　　D. 销售利润

52. 企业利息负担是指利息支出与（　　）的比率。
   A. 利润总额　　　B. 资产总额　　　C. 销售收入　　　D. 产品产量

53. 企业计提的下列各项资产减值准备，应计入营业外支出的是（　　）。
   A. 短期投资跌价准备　　　　　　B. 长期投资减值准备
   C. 在建工程减值准备　　　　　　D. 存货跌价准备

54. 下列属于纳税评估风险事后监督措施的是（　　）。
   A. 建立纳税评估考核反馈制度　　B. 建立纳税评估考核奖惩制度
   C. 建立评估人员培训机制　　　　D. 建立全程监控机制

55. 出口退（免）税评估工作结束后，调查评估人员应在（　　）个工作日内录入"出口企业出口退（免）税评估工作情况表。"
   A. 2　　　　　　B. 3　　　　　　C. 5　　　　　　D. 7

56. 各省税务机关配合税务总局，或者承接税务总局推送的现场审计任务，并发出（　　）提前通知现场审计对象。
   A.《审计任务告知书》　　　　　　B.《询问（调查）笔录》
   C.《现场审计任务通知书》　　　　D.《税务事项通知书》

57. 现场审计团队根据发现的涉税风险事项形成现场审计报告，把现场审计过程中已经核实确认并且税法规定明确的税收风险，及时推送给（　　）。
   A. 税务总局　　　　　　　　　　B. 省级税务机关
   C. 盟市级税务机关　　　　　　　D. 所在地税务机关

58. 2018年，国家税务总局部署对中国海洋石油总公司等6户企业集团开展全流程税收风险管理工作，工作步骤分为信息收集、（　　）、风险自查、（　　）、反馈提高等5个阶段。
   A. 风险识别　纳税评估　　　　　B. 风险评估　案头审计
   C. 风险识别　税务审计　　　　　D. 风险评估　现场审计

59. 常用的行业评估方法中的"税负对比分析法"，它的适用范围特点是（　　）。
   A. 主要适用于工业企业　　　　　B. 主要适用于商业企业
   C. 主要适用于餐饮服务业　　　　D. 对所有行业均可适用

60. （　　）是指没有关联关系的交易各方，按照公平成交价格和营业常规进行业务往来所遵循的原则。
   A. 独立交易原则　　　　　　　　B. 总利润原则
   C. 市场交易原则　　　　　　　　D. 合理性原则

61. 各省自治区、直辖市和计划单列市应对照税务总局千户集团名单及相关信息原有的筛选标准，根据实际情况核实确认 2016 年千户集团名单。如因兼并、破产、注销、原有信息错误等原因确需调整，应以正式文件提出申请，并（　　）说明具体情况。

A. 逐项　　　　B. 逐类　　　　C. 逐户　　　　D. 逐行

62. 国家税务总局明确，要以全国千户集团和各省、自治区、直辖市和计划单列市国家税务局、地方税务局确定的大企业为服务对象，通过完善大企业纳税服务机制，创新大企业个性化纳税服务产品和方式，提供大企业税收政策确定性服务，提升税法遵从度和纳税人满意度；通过转变大企业税收管理方式，将大企业复杂涉税事项提升至总局、省局统筹管理，逐步实现大企业税收服务与管理的全国一体化运行，力争在（　　）实现大企业税收管理现代化。

A. 2017 年　　　B. 2018 年　　　C. 2019 年　　　D. 2020 年

63. 税务行政诉讼是指公民、法人或其他组织认为税务机关及其工作人员的（　　），侵犯其合法权益，依法向人民法院提起行政诉讼，由人民法院对具体税务行政行为的合法性进行审查，并作出裁决的司法活动。

A. 独立税务行政行为　　　　　　B. 抽象税务行政行为
C. 特殊税务行政行为　　　　　　D. 具体税务行政行为

64. 减免税是指国家对（　　）纳税人或征税对象，给予减轻或者免除税收负担的一种税收优惠措施。

A. 一般　　　　B. 特定　　　　C. 特殊　　　　D. 普遍

65. 下列属于商品和劳务税类的税种是（　　）。

A. 房产税　　　　　　　　　　　B. 增值税
C. 土地增值税　　　　　　　　　D. 城镇土地使用税

66. 下列房地产转让行为中，应征收土地增值税的是（　　）。

A. 企业分设为两个或两个以上与原企业投资主体相同的企业，对原企业将国有土地、房屋权属转移、变更到分立后的企业
B. 出租土地使用权
C. 用于贷款抵押期间的房地产
D. 单位之间相互交换的房地产

67. 省税务机关要严格按照协议规定，做好税收检查统筹工作，不给协议企业增加额外负担。对确实需要进行税收检查的，除协议所列特殊情况外，应给予检查对象不少于的（　　）自查时间。

A. 10 天　　　　B. 15 天　　　　C. 1 个月　　　D. 2 个月

68. 在下列法律中，明确用"逃避缴纳税款"取代"偷税"概念的是（　　）。

A.《中华人民共和国宪法》第五十六条
B.《中华人民共和国税收征收管理法》第六十三条

C. 《中华人民共和国刑法》第二百零一条

D. 《中华人民共和国企业所得税法》第四十二条

69. 要求听证的当事人，应当在《税务行政处事项告知书》送达后（　　）内向税务机关书面提出听证；逾期不提出的、视为放弃听证权利。

A. 1日　　　　　B. 3日　　　　　C. 5日　　　　　D. 7日

70. 对已核实上报的风险，（　　）税务局要结合税务总局风险办推送的应对任务，研究本地相关企业是否存在类似风险，以点带面，扩大增值应用。

A. 省　　　　　B. 市　　　　　C. 区　　　　　D. 县

71. 下列各项中，不符合《中华人民共和国税收征收管理法》有关规定的是（　　）。

A. 采取税收保全措施时，冻结的存款以纳税人应纳税款的数额为限

B. 采取税收强制执行的措施时，被执行人未缴纳的滞纳金必须同时执行

C. 税收强制执行的适用范围仅限于从事生产经营的纳税人，不包括扣缴义务人

D. 税收保全措施的适用范围不仅限于从事生产经营的纳税人，也包括扣缴义务人

72. 税务机关派人员到被查纳税人的机构办公地点对其账务资料进行检查，这种检查方法是（　　）。它与（　　）调账检查法对称。

A. 抽查法，顺查法　　　　　B. 顺查法，逆查法

C. 逆查法，全查法　　　　　D. 现场检查法，调账检查法

73. 广州市白云区 L 集团 2015 年由于利用假发票抵扣进项税额，被白云区税务机关发现并且对其罚款 20 万元，L 集团不服，决定上诉，则应该向（　　）提起诉讼。

A. 白云区人民法院　　　　　B. 广州市中级人民法院

C. 广东省高级人民法院　　　D. 最高人民法院

74. 企业应针对重大税务风险所涉及的管理职责和业务流程，制定覆盖各个环节的（　　）控制措施；对其他风险所涉及的业务流程，合理设置（　　）控制环节，采取相应的控制措施。

A. 主要流程；关键　　　　　B. 全流程；关键

C. 关键；全流程　　　　　　D. 关键；主要流程

75. 企业应把（　　）与企业的其他内部风险控制和管理制度结合起来，形成全面有效的内部风险管理体系。

A. 税务风险管理制度　　　　D. 财务风险管理制度

C. 审计风险管理制度　　　　D. 成本风险管理制度

76. （　　），包括确认纳税主体、征税对象征税范围、减税、免税、退税、抵扣税款、适用税率、计税依据纳税环节、纳税期限、纳税地点和税款征收方式等具体行政行为征收税款、加收滞纳金，扣缴义务人、受税务机关委托的单位和个人作出的代扣代缴、代收代缴、代征行为等。

A. 征税行为　　　B. 税务稽查　　　C. 税收管理　　　D. 税务征管

77. 为了保证纳税服务规范的一致性，（　　）以下税务机关应以国家税务总局印发的全国统一的纳税服务规范对外，不再自行编印地方版纳税服务规范。

A. 县　　　　　　B. 区　　　　　　C. 市　　　　　　D. 省

78. （　　）是对征税对象的征收比例或征收额度。它是计算税额的尺度，也是衡量税负轻重与否的重要标志。

A. 计税依据　　　B. 征税范围　　　C. 税率　　　　　D. 税目

79. 税收风险管理还是加强大企业税收管理的有效方法和手段。在大企业税收管理过程中，要运用税收风险管理的理念和方法，提升大企业复杂涉税事项的（　　），发挥各级税务机关的系统优势，实现大企业由基层的（　　）管理转变为跨层级的（　　）管理，促进税收征管（　　）资源的优化配置。

A. 统筹；管理层级；分散；整体　　　B. 管理层级；分散；统筹；整体
C. 整体；管理层级；分散；统筹　　　D. 分散；管理层级；统筹；整体

80. 税收风险管理是现代税收管理的先进理念和国际通行做法，是完善我国税收管理体系、提高治理能力、实现税收现代化的有效举措，是构建（　　）税收征管体系的核心工作。

A. 严谨科学　　　B. 规范严密　　　C. 科学严密　　　D. 科学严谨

81. 发生重组、筹备上市等重大事项的企业，电子财务数据采集时间可延长至重大事项完成后（　　）个月内。

A. 1　　　　　　B. 2　　　　　　C. 3　　　　　　D. 6

82. 千户集团总部按月度报送相关涉税数据中"实际缴纳税款"与"营业收入"之比超过（　　）提示异常。

A. 20%　　　　　B. 50%　　　　　C. 60%　　　　　D. 100%

83. 以下指标在千户集团总部按月（季）度报送相关涉税数据信息明细时会被提示为异常（　　）。

A. 若资产总计等于负债合计与所有者权益之和

B. 若职工人数不为整数值

C. 若净利润小于营业收入

D. 营业收入等于境外营业收入和出口营业收入

84. 以下指标在千户集团总部按月（季）度报送相关涉税数据信息明细时填报口径不正确的是（　　）。

A. 营业收入为企业集团总部及成员企业合计数，当年累计数

B. 存货为企业集团总部及成员企业合计数，期末余额

C. 实际发生的职工薪酬为企业集团总部及成员企业实际发生的（权责发生制下）职工薪酬合计数，当年累计数

D. 职工人数为企业集团总部及成员企业合计职工人数数，当年累计数

85. 对于大企业税收风险管理，应根据不同风险等级，确定不同的风险应对方式。对于预估税款高、涉税事项重大复杂、具有行业典型性的高等级风险点，由（　　）大企业税收服务和管理部门组织工作团队直接开展应对。

    A. 税务总局
    B. 省级
    C. 省市两级分工合作，以市级为主
    D. 引导督促大企业对税收风险自我梳理、自我纠正

86. 对于大企业税收风险管理，应根据不同风险等级，确定不同的风险应对方式。对于预估税款较高、事项较为复杂的中等级风险点，由（　　）开展应对。

    A. 税务总局
    B. 省级
    C. 省市两级分工合作，以市级为主
    D. 引导督促大企业对税收风险自我梳理、自我纠正

87. 对于大企业税收风险管理，应根据不同风险等级，确定不同的风险应对方式。对于事项较为简单的低等级风险点，可以（　　）。

    A. 税务总局
    B. 省级
    C. 省市两级分工合作，以市级为主
    D. 以风险提示方式推送企业，引导督促大企业对税收风险自我梳理、自我纠正

88. 对本地区扩围的集团总部及其成员企业，应使用核心征管系统中（　　）功能，对标识对象进行归类操作，将其归类为"千户集团企业"类别。

    A. 大企业归类管理　　B. 税务登记　　C. 税收优惠　　D. 登记认定

89. 每年（　　）前，集团总部通过千户集团电子财务数据工具（以下简称数据工具）集中收集和校验成员企业数据后，报送至集团总部所在省税务机关。

    A. 3月31日　　B. 5月31日　　C. 6月30日　　D. 9月30日

90. 每年（　　）前，集团总部所在省税务机关通过数据工具完成对企业电子财务数据在本地的收集、加载、审核。

    A. 3月31日　　B. 5月31日　　C. 6月30日　　D. 9月30日

91. 大企业纳税服务中开展政策辅导要建立（　　）制度，对股权转让、关联交易、跨境投资等重大交易事项，提出税务风险建议。

    A. 重大涉税事项政策辅导　　　　B. 重大交易事项政策辅导
    C. 特殊事项政策辅导　　　　　　D. 重大特殊事项政策辅导

92. 大企业纳税服务中的"遵从引导"，是要做到对辖区内重点行业税收风险事项进行细化研究，编制（　　）。

A. 行业指引　　　　　　　　　　B. 行业税收指引

C. 行业风险管理指引　　　　　　D. 行业税收风险管理指引

93. 千户集团税收风险分析工作中，各省税务局大企业税收管理部门负责制定本省年度分析计划；按照分析计划，结合税收风险识别报告，开展（　　）。

A. 确定年度分析集团名单　　　　B. 运用计算机开展风险识别

C. 对税收风险分析报告进行初审　D. 人工专业复评

94. 按照千户集团税收风险分析及相关工作要求，在千户集团信息管理任务中由省税务局负责的是（　　）。

A. 制定千户集团名册管理办法

B. 制定千户集团数据报送范围和标准

C. 组织编写业务需求，升级完善千户集团税收风险分析、名册管理和税收快报等功能模块

D. 采集、审核、报送千户集团财务报表数据、税收征管数据、税收快报数据

95. 关于实施千户集团税收风险任务统一推送差别化应对工作，以下说法正确的是（　　）。

A. 大企业税收管理部门对千户集团税收风险分析报告进行评审

B. 对审定通过的千户集团税收风险分析报告直接推送至各省税务局应对

C. 省税务局风险办按照风险等级直接推送给相应税务机关，开展差别化风险应对

D. 对千户集团税收风险应对中查实确定的税收风险点，不负责督促企业进行整改及对查实的税款及时组织入库

96. 以下做法符合大企业税务审计软件数据安全管理要求的是（　　）。

A. 严格遵循人机固定、权责匹配原则，切实落实谁使用、谁管理、谁负责制度

B. 将安装大企业税务审计软件的计算机交由外来人员使用

C. 大企业税务审计软件数据和工作成果在外网传输

D. 与大企业税务审计工作无关的人员可以纳入软件使用范围

97. 按照目前千户集团电子财务数据采集工作要求，以下哪类企业属于采集对象（　　）。

A. 集团境内成员的企业　　　　　B. 挂靠经营的企业

C. 采取手工记账方式的企业　　　D. 注销、破产、关停并转的企业

98. 以下情况符合目前千户集团电子财务数据采集工作要求的是（　　）。

A. 货币金融服务行业企业既采集财务系统的电子数据，也采集业务系统的数据

B. 批发和零售行业企业既采集企业财务系统的电子数据，也采集企业业务系统数据

C. 军工类企业既采集军用部分的电子财务数据，也采集民用部分的电子财务数据

D. 涉密类企业仅采集非涉密业务的电子财务数据

99. 境外上市或服务器在境外的企业，可延长电子财务数据采集时间，延长时间最长不超过（　　）个月。

　　A. 1　　　　　　B. 2　　　　　　C. 3　　　　　　D. 6

100. 由于涉案、财务人员更换频繁等原因导致财务数据无法及时采集的企业，可适当延长电子财务数据采集时间，延长时间最长不超过（　　）个月。

　　A. 1　　　　　　B. 2　　　　　　C. 3　　　　　　D. 6

101. 各省（区、市）税务机关应根据千户集团个性化服务、风险分析、经济分析的实际需要，按照税务总局千户集团数据采集管理的相关要求，采取有效方式，定期获取扩围集团的（　　）数据。

　　A. 税务端　　　　B. 企业端　　　　C. 第三方　　　　D. 以上均有

102. 千户集团是指年度缴纳税额达到国家税务总局管理服务标准的企业集团，包括（　　）。

　　A. 全部中央企业　　　　　　　　B. 中央金融企业
　　C. 达到标准的单一法人企业　　　D. 以上均有

103. 千户集团名册管理范围分内资企业集团、外资企业集团。内资企业集团为（　　）。

　　A. 纳入企业合并会计报表范围，或虽未编制合并会计报表，但为集团控制且办理了工商或税务登记的境内各级分公司和子公司
　　B. 控股的境外公司
　　C. 其他涉税组织机构
　　D. 以上均有

104. 千户集团名单由国家税务总局确定，已入选千户集团名单的企业集团总部按（　　）维护集团名册信息，每年应按照要求填报相关信息。

　　A. 日　　　　　　B. 月　　　　　　C. 季　　　　　　D. 年

105. 大企业税收风险管理内部控制要按照（　　）原则确立岗责体系，明确各个岗位的工作职责，形成职权与责任对等、环节与岗位匹配的职责分工模式，形成相互制衡又协调配合的大企业风险管理岗责体系。

　　A. "分工配合、岗责统一"　　　　B. "分级分类、岗责一致"
　　C. "因事设岗、岗责统一"　　　　D. "因事设岗、分类管事"

106. 开展大企业税收风险管理工作应当按照规定制作并完整保留各项工作底稿、相关税务文书及送达回证、证据资料、集体审议会议纪要等资料，此项工作是大企业税收风险管理内部控制哪条措施要求？（　　）

　　A. 文字资料控制　　　　　　　　B. 流程控制
　　C. 痕迹记录控制　　　　　　　　D. 过程预警控制

107. 大企业税收风险管理内部控制操作指引文档（试行）中归集的风险点有

（　　）个。

  A. 38   B. 45   C. 48   D. 55

108.（　　）开展千户集团税收风险分析指标体系建设，按照开发、验证、应用的步骤，分批次开展，逐环节推进。

  A. 税务总局   B. 税务总局大企业管理司

  C. 省税务机关   D. 市税务机关

109. 税务总局按照年度计划，以千户集团税收风险指标模型体系为基础，对采集的千户集团总部及其成员企业信息进行计算机扫描，形成（　　）。

  A. 风险分析报告   B. 风险识别报告

  C. 风险应对报告   D. 指标扫描报告

110. 税务总局、省税务机关结合计算机扫描结果，开展（　　），形成《千户集团税收风险分析报告》。

  A. 人工识别 B. 专业复评 C. 人工专业复评 D. 人工分析

111. 对风险分析中发现的同质性高、涉及面广的风险点，税务总局可以协调相关省税务机关，向（　　）进行提示告知。

  A. 千户集团   B. 集团企业

  C. 集团总部   D. 千户集团总部企业

112. 省税务机关对本省形成的风险分析报告进行审核，并按要求上报税务总局。税务总局对税收风险分析报告质量进行严格控制，按照税收风险分级评审的工作机制进行评审，并形成（　　）。

  A. 风险分析任务   B. 风险派单

  C. 风险应对报告   D. 风险应对任务

113. 国家税务总局为了加强对大企业的税收服务与管理，2008 年首批决定作为总局定点联系企业的企业（集团）有（　　）户。

  A. 38   B. 40   C. 45   D. 48

114. 为更好地为千户集团企业提供纳税服务，税务总局专门建立（　　）涉税事项纳税服务工作机制，成立领导小组及领导小组办公室。

  A. 大企业并购 B. 大企业重组 C. 大企业上市 D. 大企业复杂

115. 根据 2008 年总局第 25 次局长办公会议纪要精神，总局确定首批 45 户定点联系企业，由大企业税收管理司直接组织实施相关税收管理与服务工作。2010 年进一步出台完善有关工作机制及（　　）的意见，明确工作职责和工作要求。

  A. 大企业重点涉税事项协调制度   B. 大企业涉税事项协调制度

  C. 大企业涉税事项协调会议制度 D. 大企业重点涉税事项协调会议制度

116. 国家税务总局 2009 年印发的《大企业税务风险管理指引（试行）》旨在引导大企业合理控制税务风险，防范税务违法行为，依法履行纳税义务，避免因没有遵循税法可能遭受的法律制裁、财务损失或声誉损害。企业可以参照本指引，结合自身经营情况、税务风险特征和已有的内部风险控制体系，建立相应的（　　）制度。

A. 内部控制　　　　B. 风险管理　　　　C. 纳税遵从　　　　D. 税务风险管理

117. 为进一步提高大企业纳税服务水平，国家税务总局2013年在《大企业税收风险管理指引（试行）》和《大企业税收服务和管理规程（试行）》基础上，进一步出台关于加强大企业（　　）的意见。

A. 纳税服务工作　　　　　　　　B. 个性化纳税服务工作
C. 常态化纳税服务工作　　　　　D. 重大涉税事项协调工作

118. 加强大企业个性化纳税服务工作，创新服务品牌，规范和完善税企合作机制，不包括（　　）。

A. 推进税收遵从合作协议谈签工作　　B. 试行大企业涉税事项事先裁定制度
C. 建立大企业重大事项报告制度　　　D. 建立健全涉税诉求快速响应机制

119. 加强大企业个性化纳税服务工作，引导内控建设，推进大企业税务风险内控体系的完善，不包括（　　）。

A. 研究制定大企业税务风险内控测试指标体系

B. 开展大企业税务风险内控测试

C. 加强大企业税务风险内控体系理论研究和实践探索

D. 帮助企业建立税务风险管理制度

120. 下列各项中，不属于环境保护税征税范围的是（　　）。

A. 大气污染物

B. 噪声

C. 水污染物

D. 依法对畜禽养殖废弃物进行综合利用和无害化处理

121. 某企业2018年4月排放汞及其化合物50千克，汞及其化合物的污染当量值（单位：千克）为0.0001，适用税额为8元每污染物当量。该企业当月应缴纳环境保护税（　　）万元。

A. 800　　　　B. 40　　　　C. 400　　　　D. 200

122. 关于完善企业境外所得税收抵免的说法，不正确的是（　　）。

A. 明确在现行分国（地区）别不分项抵免方法（即分国抵免法）的基础上，增加不分国（地区）别不分项的综合抵免方法

B. 抵免方式一经选择，五年内不得改变

C. 企业以前年度按照财税〔2009〕125号文件规定没有抵免完的余额，可在税法规定结转的剩余年限内，按新方式计算的抵免限额中继续结转抵免

D. 单一上一层外国企业直接持有20%以上股份，且由该企业直接持有或通过一个或多个符合财税〔2009〕125号文件第六条规定持股方式的外国企业间接持有总和达

到 20% 以上股份的外国企业属于第一抵免层级

123. 甲企业 2019 年 1 月销售一批商品给乙企业，收到乙企业签发的不带息商业承兑汇票一张，金额 234 000 元，该票据的期限为 6 个月。甲企业在该票据到期前向 A 银行贴现，假定贴现获得现金净额 231 660 元。A 银行持有一段时间后在到期前又将该票据以 233 000 元转让给 B 银行。则 A 和 B 银行分别应纳税款为（　　）元。

　　A. 134.25，0　　　B. 75.85，56.60　　C. 75.85，0　　D. 0，56.60

124. 甲公司工程开工日期为 2018 年 9 月 1 日，7 月 15 日收到预付工程款 1 000 万元，下列说法不正确的是（　　）。

　　A. 7 月不确认为增值税销售额，无需预缴增值税

　　B. 若甲是一般纳税人，预缴增值税为 18 万元

　　C. 甲公司预缴的税款当月不能抵扣

　　D. 9 月份应确认收入 1 000 万元

125. 关于研发费用加计扣除，下列说法错误的是（　　）。

　　A. 2019 年度研发费用加计扣除比例为 75%，资本化部分按照 175% 摊销

　　B. 外国企业以及按核定征收方式缴纳企业所得税的居民企业不能享受此项优惠政策

　　C. 失败研发活动的研发费用也可加计扣除

　　D. 研发费用加计扣除不得叠加享受加速折旧政策的计算

126. 某企业 2019 年进行了两项研发活动 A 和 B，A 项目共发生研发费用 100 万元，其中与研发活动直接相关的其他费用 12 万元，B 共发生研发费用 100 万元，其中与研发活动直接相关的其他费用 8 万元，假设研发活动均符合加计扣除相关规定。则 A 和 B 共享受加计扣除为（　　）万元。

　　A. 98.89　　　　B. 148.34　　　　C. 150　　　　D. 100

127. 下列研发费用加计扣除的会计核算要求，错误的是（　　）。

　　A. 遵照国家统一会计制度

　　B. 设置研发支出辅助账

　　C. 研发与生产分别核算

　　D. 企业开展研发活动中实际发生的研发费用形成无形资产的，其税收上资本化的时点与会计处理无需保持一致

128. 关于贷款利息收入，下列说法正确的是（　　）。

　　A. 金融机构农户小额贷款利息收入不征增值税

　　B. 2019 年 2 月到 2020 年 12 月，集团内单位资金无偿借贷免征增值税

　　C. 资金池业务应当缴纳增值税

　　D. 金融同业往来不征收增值税

129. 关于资源税核定征收，下列说法错误的是（　　）。

A. 纳税人有视同销售应税产品行为而无销售价格的，或者申报的应税产品销售价格明显偏低且无正当理由的，可以核定征收

B. 应当优先按照纳税人最近时期同类产品的平均销售价格确定

C. 没有纳税人最近时期同类销售价格的，按应税产品组成计税价格确定，组成计税价格＝成本×(1＋成本利润率)÷(1－资源税税率)

D. 无法确定组成计税价格的，按后续加工非应税产品销售价格，减去后续加工环节的成本利润后确定

130. 关于捐赠支出税前列支，下列说法错误的是（　　）。

A. 符合规定的捐赠支出，超过年度利润总额12%的部分，准予结转以后三年内在计算应纳税所得额时扣除

B. 企业当年发生及以前年度结转的公益性捐赠支出，准予在当年税前扣除的部分，不能超过企业当年年度利润总额的12%

C. 企业在对公益性捐赠支出计算扣除时，应先扣除当年的捐赠支出，再扣除以前年度结转的捐赠支出

D. 符合要求的精准扶贫捐赠可以全额税前列支

131. 关于集成电路的税收优惠，表述错误的是（　　）。

A. 2018年1月1日后投资新设的集成电路线宽小于130纳米，且经营期在10年以上的集成电路生产企业或项目，两免三减半

B. 2018年1月1日后投资新设的集成电路线宽小于65纳米或投资额超过150亿元，且经营期在15年以上的集成电路生产企业或项目，五免五减半

C. 对于按照集成电路生产项目享受税收优惠的，优惠期自企业获利年度起计算

D. 享受五免五减半收优惠政策的集成电路生产项目，其主体企业应符合集成电路生产企业条件，且能够对该项目单独进行会计核算、计算所得，并合理分摊期间费用

132. 关于企业重组的契税优惠，说法错误的是（　　）。

A. 资产的收购免征契税

B. 公司合并、分立免征契税

C. 同一投资主体内部所属企业之间土地、房屋权属的划转，免征契税

D. 经国务院批准实施债权转股权的企业，免征契税

133. 甲公司2018年度发生的下列事项，所得税处理错误的是（　　）。

A. 职工教育经费按照工资总额的8%扣除

B. 2017年度结转到2018年度的教育经费，按照8%扣除

C. 2018年度购入的价值400万的房屋，一次性税前列支

D. 2018年度购入小汽车一辆，一次性税前列支

134. 下列哪一项不得享受土地增值税的重组优惠（　　）。

A. 按照法律规定或者合同约定，两个或两个以上企业合并为一个企业，且原企业

投资主体存续的,对原企业将房地产转移、变更到合并后的企业

B. 按照法律规定或者合同约定,企业分设为两个或两个以上与原企业投资主体相同的企业,对原企业将房地产转移、变更到分立后的企业

C. 单位、个人在改制重组时以房地产作价入股进行投资,对其将房地产转移、变更到被投资的企业

D. 房地产有限责任公司(股份有限公司)整体改建为股份有限公司(有限责任公司)。对改建前的房地产企业将房地产转移、变更到改建后的企业

135. 关于下列税务事项处理,错误的是(   )。

A. 自2018年1月1日起,委托境外进行研发活动所发生的费用,按照费用实际发生额的80%计入委托方的委托境外研发费用。委托境外研发费用不超过境内符合条件的研发费用三分之二的部分,可以按规定在企业所得税前加计扣除

B. 在2018年度企业所得税汇算清缴结束前,能够补开、换开符合规定的发票、其他外部凭证的,相应支出可以税前扣除

C. 自2018年1月1日起,当年具备高新技术企业或科技型中小企业资格的企业,其具备资格年度之前5个年度发生的尚未弥补完的亏损,准予结转以后年度弥补

D. 个人出具的收款凭证,按月不超过10万,可以税前列支

136. 下列关于增值税的说法,错误的是(   )。

A. 拍卖行受托拍卖取得的手续费或佣金收入,按照"经纪代理服务"缴纳增值税

B. 一般纳税人销售自产机器设备的同时提供安装服务,应分别核算机器设备和安装服务的销售额,安装服务可以按照甲供工程选择适用简易计税方法计税

C. 航空运输销售代理企业提供境内机票代理服务,以取得的全部价款和价外费用,扣除向客户收取并支付给航空运输企业或其他航空运输销售代理企业的境内机票净结算款和相关费用后的余额为销售额

D. 中外合作办学,从事幼儿园教育,同样可以享受增值税免税政策

137. 2013年注册的甲企业是一般纳税人,增值税按月申报;成立以来从未被税务机关处罚过,纳税信用等级为A级,无出口业务。4月初留底税额10万元,4~9月销项税额分别是:110万元,120万元,70万元,130万元,200万元,210万元,进项税额分别是280万元,97万元,85万元,100万元,117万元,198万元。企业9月份可以退还的留底税款为(   )万元。

A. 0   B. 77   C. 46.2   D. 40.2

138. 某企业2019年9月申请留抵税款退税36万元,退税后留抵税额还剩27万元。2019年10月发生进项税额100万,销项税额157万,则2019年10月企业缴纳教育费附加金额为(   )万元。

A. 0.9   B. 0   C. 1.71   D. 0.45

139. 李某2018年5月取得某上市公司授予的股票期权10 000股,授予日股票价格

为10元，授予期权价格为8元，规定可在2019年2月份行权。假定小李2019年2月28日前行权，且行权当天股票市价为16元，则李某应纳个人所得税（　　）元。

A. 6 000元　　　　B. 360元　　　　C. 7 790元　　　　D. 5 480元

140. 下列关于增值税的说法中，错误的是（　　）。

A. 对金融机构向小型企业、微型企业和个体工商户发放的，利率水平不高于人民银行同期贷款基准利率150%（含本数）的单笔小额贷款取得的利息收入，免征增值税；高于人民银行同期贷款基准利率150%的单笔小额贷款取得的利息收入，按照现行政策规定缴纳增值税

B. 对金融机构向小型企业、微型企业和个体工商户发放单笔小额贷款取得的利息收入中，不高于该笔贷款按照人民银行同期贷款基准利率150%（含本数）计算的利息收入部分，免征增值税；超过部分按照现行政策规定缴纳增值税

C. 金融机构向小型企业、微型企业及个体工商户发放单户授信小于100万元（含本数），或者没有授信额度，单户贷款合同金额且贷款余额在100万元（含本数）以下的贷款取得的利息收入，可免征增值税

D. 银行向提供农户贷款、农村企业和农村各类组织贷款取得的利息收入，规定可选择适用简易计税方法按照3%的征收率计算缴纳增值税

141. 甲公司是一般纳税人，2019年3月5日100元购入某支股票10 000股，23日105元卖掉6 000股。3月1日购买的国债在28日到期，甲公司购买国债的面值是1万元，购入价格是1.04万，甲公司收到国债到期款项1.05万元。请问，甲公司资产转让应纳增值税为（　　）元。

A. 1 698.12　　　B. 0　　　　C. 1 754.72　　　D. 3 113.20

142. 自（　　）年1月1日起，纳税人租入的固定资产和不动产，专用于用于简易计税方法计税项目、免征增值税项目、集体福利或者个人消费的，不能抵扣，其余情况可全额抵扣。

A. 2019　　　　B. 2018　　　　C. 2017　　　　D. 2016

143. （　　）年1月1日至（　　）年12月31日期间，对月销售额10万元以下（含本数）的增值税小规模纳税人，免征增值税。

A. 2019、2020　　B. 2018、2021　　C. 2019、2021　　D. 2019、2022

144. 有形动产租赁业务，在（　　）到2018年4月30日，增值税适用税率为17%；在2018年5月1日到（　　），增值税适用税率为16%。

A. 2016年5月1日、2019年3月31日

B. 2017年5月1日、2019年3月31日

C. 2016年5月1日、2019年4月1日

D. 2016年5月1日、2019年5月1日

145. 大企业税收管理系统由数据中心、决策中心、分析中心和（　　）四大系统

功能组成。

A. 指挥中心　　　B. 指控中心　　　C. 命令中心　　　D. 管控中心

146. 在一个纳税年度内，纳税人发生的与基本医保相关的医药费用支出，扣除医保报销后个人负担（指医保目录范围内的自付部分）累计超过（　　）元的部分，由纳税人在办理年度汇算清缴时，在（　　）元限额内据实扣除。

A. 15 000，80 000　　　　　　　　B. 10 000，100 000

C. 20 000，100 000　　　　　　　D. 20 000，120 000

147. 非公有制企业党组织工作经费纳入企业管理费列支，不超过职工年度工资薪金总额（　　）%的部分，可以据实在企业所得税前扣除。

A. 1　　　　　B. 1.5　　　　　C. 2　　　　　D. 0.5

148. 小型微利企业是指从事国家非限制和禁止行业，且同时符合年度应纳税所得额不超过（　　）万元、从业人数不超过（　　）人、资产总额不超过（　　）万元等三个条件的企业。

A. 300、500、5 000　　　　　　B. 500、500、3 000

C. 300、300、5 000　　　　　　D. 300、500、3 000

149. 税前扣除凭证在管理中应遵循真实性、合法性、（　　）原则。

A. 相关性　　　B. 关联性　　　C. 必要性　　　D. 重要求

150. 某公司2019年1月1日新聘美籍员工史密斯，2019年1月1日到7月15日，往返美国旧金山和中国郑州3次。

第1次，2019年1月1日入境，2019年3月29日出境。

第2次，2019年4月1日入境，2019年5月31日出境。

第3次，2019年6月11日入境，2019年7月15日出境。

史密斯在中国境内居住（　　）天？

A. 180天　　　B. 177天　　　C. 183天　　　D. 181天

151. 提供物业管理服务的纳税人，向服务接受方收取的自来水水费，以扣除其对外支付的自来水水费后的余额为销售额，怎样计算缴纳增值税。（　　）。

A. 按物业公司适用税率计算缴纳

B. 按照简易计税方法依3%的征收率计算缴纳增值税

C. 按简易计税方法依5%的征收率计算缴纳增值税

D. 按物业公司一般计税方法依6%计算缴纳增值税

152. 对化妆品制造或销售、医药制造和饮料制造（不含酒类制造）企业发生的广告费和业务宣传费支出，不超过当年销售（营业）收入的（　　）准予扣除；超过部分，准予在以后纳税年度结转扣除。

A. 5%　　　　B. 8%　　　　C. 15%　　　　D. 30%

153. 中原公司是经有关部门批准于2018年5月设立的食品公司，该公司位于河南省安阳市滑县道口镇画村,2018年9月该公司新建1 000万元的办公楼及生产车间。该公司2018年缴纳房产税额正确的是( )。

A. 0万 B. 2.1万 C. 3万 D. 8.4万

154. 下列各项支出,可在企业所得税税前扣除的是( )。

A. 企业之间支付的管理费用

B. 非银行企业内营业机构之间支付的利息

C. 企业依据法律规定提取的环境保护专项资金

D. 烟草企业的烟草广告费和烟草宣传费

155. 2018年中原有限公司收入总额为3 000万元(其中,不征税收入400万元,符合条件的技术转让收入900万元),各项成本、费用和税金等扣除金额合计1 800万元(其中,含技术转让准予扣除的金额200万元)。2018年该企业应缴纳企业所得税额为( )万元。

A. 25 B. 50 C. 75 D. 100

156. 下列不属于法人居民身份判定标准的是( )。

A. 注册地标准 B. 办公场所标准
C. 控股权标准 D. 主要营业活动所在地标准

157. 纳税人在中国境内接受学历(学位)继续教育的支出,在学历(学位)教育期间按照每月( )金额定额扣除?同一学历(学位)继续教育的扣除期限不能超过( )。

A. 400元 48个月 B. 500元 48个月
C. 500元 36个月 D. 1 000元 24个月

158. 关于《环境保护税法》,下列说法正确的是( )。

A. 向依法设立的污水集中处理、生活垃圾集中处理场所排放应税污染物的为环境保护税的纳税人

B. 机动车、铁路机车、非道路移动机械、船舶和航空器等流动污染源排放应税污染物的,依法征收环境保护税

C. 对大气、水污染物以现行大气、水污染物排污费标准作为税额下限,以最低税额标准的3倍作为上限

D. 环境保护税减免税项目属于备案类减免。对符合减免税情形的纳税人,通过填报纳税申报表履行备案手续,无需专门办理减免税备案手续。减免税相关资料由纳税人留存备查

159. 甲公司与乙公司签订了一份以货易货合同,按合同规定,甲公司向乙公司提供60吨钢材,但合同并未列明钢材金额,国家牌价为每吨0.5万元;乙公司则向甲公司提供价值40万元的设备。则甲和乙两个公司合计应纳印花税( )元。

A. 90 B. 420 C. 210 D. 30

160. 下列关于契税计税依据的说法，正确的是（　　）。

A. 契税的计税依据不含增值税

B. 买卖装修的房屋，契税计税依据不包括装修费用

C. 承受国有土地，契税计税依据可以扣减政府减免的土地出让金

D. 房屋交换价格差额明显不合理且无正当理由的，由税务机关参照成本价格核定

161. 下列关于利息收入免征增值税的说法，错误的是（　　）。

A. 特定外汇贷款利息收入　　　　B. 符合规定的统借统还业务利息收入

C. 个人住房贷款利息收入　　　　D. 金融同业往来利息收入

162. 某公司 2018 年实际发生合理的工资支出 200 万元，实际扣除的三项经费合计 40 万元，其中职工福利费本期发生 32 万元，拨缴的工会经费 4 万元，已取得工会拨缴款收据，实际发生职工教育经费 4 万元，该公司在计算 2018 年应纳税所得额时，应调整的应纳税所得额为（　　）万元。

A. 4　　　　　B. 0　　　　　C. 5　　　　　D. 6

163. 区分不同税种的主要标志是（　　）。

A. 纳税义务人　　B. 课税对象　　C. 税率　　D. 税目

164. 我国大企业税收管理部门成立于（　　）。

A. 2008 年　　　B. 2009 年　　　C. 2010 年　　　D. 2011 年

165. 中原食品公司系增值税一般纳税人，主要生产销售火腿肠等货物，2019 年 4 月购进一批农产品，并取得农产品销售发票，购进时按照 9% 计算抵扣进项税额；2019 年 5 月领用时，确定用于生产 13% 税率货物，则在 2019 年 6 月纳税申报时可加计扣除的进项税额是（　　）。

A. 1%　　　　　B. 2%　　　　　C. 3%　　　　　D. 5%

166. 关于企业扶贫捐赠所得税税前扣除政策，下列说法错误的是（　　）。

A. 通过公益性社会组织或者县级（含县级）以上人民政府及其组成部门和直属机构捐赠，且用于目标脱贫地区的扶贫

B. 政策执行期限为 2019 年 1 月 1 日至 2022 年 12 月 31 日

C. 在计算企业所得税应纳税所得额时，在年度利润总额 12% 以内扣除

D. 企业在 2015 年 1 月 1 日至 2018 年 12 月 31 日期间已发生的符合 2019 年 49 号公告规定条件的扶贫捐赠支出，尚未在计算企业所得税应纳税所得额时扣除的部分，可执行扶贫捐赠支出据实扣除的企业所得税政策

167. 下列关于房产税正确的说法是（　　）。

A. 凡是在基建工地为基建工地服务的各种工棚、材料棚、休息棚和办公室、食堂、茶水房、汽车房等临时性房屋，不论是施工企业自行建造还是由基建单位出资建造交施工企业使用的，在施工期间，一律按规定征收房产税

B. 公园、名胜古迹中附设的营业单位，如影剧院、饮食部、茶社、照像馆等所使

用的房产及出租的房产，免征收房产税

C. 房屋大修停用在一年以上的，在大修期间可免征房产税

D. 纳税单位与免税单位共同使用的房屋，按各自使用的部分，分别征收或免征房产税

168. 根据行政处罚法律制度的规定，下列表述中，属于税务行政处罚种类的是（　　）。

　　A. 停止出口退税权　　　　　　　B. 收缴税务登记证件
　　C. 取消一般纳税人资格　　　　　D. 停止抵扣税款

169. 下列说法正确的是（　　）。

　　A. 以假报出口或者其他欺骗手段，骗取国家出口退税款，数额在五千元以上的，应予立案追诉

　　B. 虚开增值税专用发票或者虚开用于骗取出口退税、抵扣税款的其他发票，虚开的税款数额在五千元以上的，应予立案追诉

　　C. 虚开增值税专用发票或者虚开用于骗取出口退税、抵扣税款的其他发票，致使国家税款被骗数额在五千元以上的，应予立案追诉

　　D. 伪造或者出售伪造的增值税专用发票二十五份以上或者票面额累计在五万元以上的，应予立案追诉

170. 税务机关在采取税收保全措施时，（　　）不在保全措施的范围之内。

　　A. 高档消费

　　B. 易腐烂的商品

　　C. 个人及其所抚养家属维持生活必需的住房和用品

　　D. 金银首饰

171. 《税务行政处罚事项告知书》不包括以下内容（　　）。

　　A. 认定的税收违法事实和性质

　　B. 适用的法律、行政法规、规章及其他规范性文件

　　C. 当事人依法享有的权利

　　D. 申请行政复议或者提起行政诉讼的途径和期限

172. 在税务行政诉讼中，被告税务机关应当在收到起诉状副本之日起（　　）内向法院提交作出具体行政行为的证据、依据，否则将被视为所作出的具体行政行为没有证据和依据。

　　A. 7 日　　　　B. 5 日　　　　C. 10 日　　　　D. 15 日

173. 依据《国家赔偿法》的规定，请求税务行政赔偿的时效为（　　），自赔偿请求人知道或者应当知道税务机关及其工作人员行使职权时的行为侵犯其人身权、财产权之日起计算。

　　A. 1 年　　　　B. 2 年　　　　C. 3 年　　　　D. 4 年

174. 行政诉讼案件的证明标准是（　　）。
A. 优势证明标准　　　　　　　　B. 排除合理怀疑的证明标准
C. 清楚而有说服力的证明标准　　D. 主观想象认定标准

175. 税收规范性文件一般不溯及以往，但也有特别规定除外的情形，这种特别规定的目的一般在于（　　）。
A. 维护税收管理秩序　　　　　　B. 保证税款及时足额入库
C. 保护税务行政相对人的权利和利益　　D. 提高税收征管效率

176. 企业交纳参加职工医疗保险的医疗保险费应通过（　　）账户进行核算。
A. 其他应收款　　B. 应付职工薪酬　　C. 其他应交款　　D. 其他应付款

177. 关于企业关联方利息支出税前扣除，下列表述正确的是（　　）。
A. 债权性投资包括企业从关联方获得的只需要偿还本金不需要支付利息的借入资金
B. 企业实际支付给任何关联方的利息支出，超过规定比例和税法及其实施条例有关规定计算的部分，均不得在发生当期和以后年度扣除
C. 如果所有者权益小于实收资本（股本）与资本公积之和，则权益投资为实收资本（股本）与资本公积之和
D. 不得扣除利息支出＝实际支付的全部关联方利息×（1－关联债资比例/标准比例）

178. 已经开具的发票存根联和发票登记簿，应当保存（　　）年。
A. 1　　　　B. 2　　　　C. 3　　　　D. 5

179. 下列选项中，属于企业所得税法中"转让财产收入"的是（　　）。
A. 股权　　　B. 债权　　　C. 存货　　　D. 生物资产

180. 某企业2015年平均流动资产总额为100万元，平均应收账款余额为40万元。如果流动资产周转次数为4次，则应收账款周转次数为（　　）。
A. 15　　　B. 25　　　C. 10　　　D. 12.5

181. 下列选项中，不属于企业所得税法中"利息收入"的是（　　）。
A. 股息　　　B. 存款利息　　　C. 贷款利息　　　D. 债券利息

182. 某企业2015年营业收入1 000万元，利息收入50万元（其中，包括国债利息收入20万元，铁路债券利息收入30万元），营业成本、费用及税金等共计900万元，所得税税率为25%。该企业2015年应缴纳的企业所得税为（　　）万元。
A. 25　　　B. 28.75　　　C. 32.5　　　D. 33.75

183. 下列各项中，有关长期债券投资表述不正确的是（　　）。
A. 长期债券投资应当按照购买价款和相关税费作为成本进行计量
B. 实际支付价款中包含的已到付息期但尚未领取的债券利息，应当单独确认为应收利息
C. 分期付息方式的债券应计利息计入长期债券投资的账面价值

D. 分期付息方式的债券应收利息应作为流动资产项目

184. 按照小企业会计准则的规定，企业将新产品用于以下行为不视同销售货物、转让财产或者提供劳务的情形有（　　）。

  A. 将自产产品发给职工   B. 将自产产品用于在建工程

  C. 将自产产品用于换取材料 D. 将自产产品用于利润分配

185. 现金流量表中的"现金"不包括（　　）。

  A. 库存现金 B. 不能随时支取的定期存款

  C. 其他货币资金 D. 提前通知金融企业便可支取的定期存款

186. 消费税实行复合计税办法计算纳税的组成计税价格计算公式正确的为（　　）。

  A. 组成计税价格 =（成本 + 利润 + 自产自用数量×定额税率）÷（1 - 比例税率）

  B. 组成计税价格 =（成本 + 利润 + 自产自用数量×定额税率）÷（1 + 比例税率）

  C. 组成计税价格 =（成本 + 利润）÷（1 - 比例税率）

  D. 组成计税价格 =（成本 + 利润）÷（1 + 比例税率）

187. 下列对于税务行政复议的理解，正确的是（　　）。

  A. 纳税人对于税务机关作出的征收税款行为不服的，纳税人可以向人民法院直接提起诉讼

  B. 纳税人对税务机关作出逾期不缴纳罚款加处罚款的决定不服的，应当先缴纳罚款和加处罚款，再申请行政复议

  C. 行政复议期间，申请人要求撤回行政复议申请，行政复议机构准予撤回的，行政复议中止

  D. 行政复议申请材料不齐全、表述不清楚的，行政复议机构可以自收到该行政复议申请之日起 15 日内书面通知申请人补正

188. 某企业购入 W 上市公司股票 180 万股，并划分为交易性金融资产，共支付款项 2 830 万元，其中包括已宣告但尚未发放的现金股利 126 万元。另外，支付相关交易费用 4 万元。该项交易性金融资产的入账价值为（　　）万元。

  A. 2 700 B. 2 704 C. 2 830 D. 2 834

189. 下列各项中，属于视同销售行为应当计算销项税额的是（　　）。

  A. 将自产的货物用于非应税项目

  B. 将购买的货物用于在建工程

  C. 将自产货物用于换取生产资料

  D. 将购买的货物奖励给内部员工

190. 小企业会计准则和企业所得税法均未采用的计量属性是（　　）。

  A. 历史成本 B. 评估价值 C. 重置价值 D. 现值

191. 下列选项中，（　　）为不征收增值税项目。

A. 提供贷款服务取得的利息　　　B. 提供直接收费金融服务收取的手续费
C. 金融商品转让差价　　　　　　D. 存款利息

192. 税务机关及其工作人员应当依法为纳税人、扣缴义务人的商业秘密和个人隐私保密，（　　）不属于保密范围。

A. 技术信息　　　　　　　　　　B. 经营信息
C. 不愿公开的个人事项　　　　　D. 税收违法行为信息

193. 以下业务中，可确认为企业所得税不征税收入的是（　　）。

A. 企业因城市规划改造进行搬迁而收到政府有关部门拨付的搬迁补偿金
B. 家电企业因出口产品而收到的出口退税款
C. 国债利息收入
D. 符合条件的软件企业按规定取得的即征即退增值税款

194. 下列关于跨地区总分机构汇总纳税表述错误的是（　　）。

A. 企业计算分期预缴的所得税时，其实际利润额、应纳税额及分摊因素数额，均不包括其在中国境外设立的营业机构
B. 新设立的分支机构，设立当年不就地预缴企业所得税
C. 总分机构分期预缴的企业所得税，30%在各分支机构之间进行分摊，70%由总机构预缴
D. 分支机构注销后15日内，总机构应将分支机构注销情况报主管税务机关备案

195. 根据证据的（　　）要求，在税务违法案件检查过程中，调取的证据必须是客观存在的事实。

A. 关联性　　　B. 合法性　　　C. 真实性　　　D. 准确性

196. 对固定资产提取折旧，下面说法不正确的是（　　）。

A. 未投入使用的房屋、建筑物不能提取折旧
B. 未使用的机器不能提取折旧
C. 以经营租赁方式租入固定资产不能提取折旧
D. 价值合并在房屋中作为固定资产入账的土地可以提取折旧

197. 下列选项中，不可以在企业所得税税前计算摊销费用的是（　　）。

A. 已足额提取折旧的固定资产的改建支出
B. 租入固定资产的改建支出
C. 自创商誉
D. 固定资产的大修理支出

198. 按照企业所得税法规定，下面说法正确的是（　　）。

A. 企业销售存货，按规定计算的存货成本可以在税前扣除
B. 企业转让资产，该项资产的净值如果是负数，不可以在税前扣除
C. 企业境外营业机构的亏损可以抵减境内营业税机构的盈利，进行汇总缴纳企业

所得税

D. 企业纳税年度发生亏损，准予向后年度结转，直到弥补完为止

199. 企业所得税法所称企业以非货币形式取得的收入，应当按照（　　）确定收入额。

　　A. 公允价值　　　　B. 重置价值　　　　C. 历史价值　　　　D. 原始价值

200. 纳税人对税务机关具体行政行为有异议，行使行政救济权时适用必经复议的情形是（　　）。

　　A. 税务机关对纳税人作出的书面通知银行从其存款中扣缴税款的行为

　　B. 税务机关对纳税人作出的罚款决定的行为

　　C. 税务机关对纳税人作出的不予审批减免税的行为

　　D. 税务机关对纳税人作出的停止出口退税权决定的行为

201. 《税务行政复议规则（暂行）》中，不得作为定案依据的证据材料是（　　）。

　　A. 违反法定程序收集的证据材料　　　　B. 鉴定结论

　　C. 当事人的陈述　　　　　　　　　　　D. 现场勘验笔录

202. 企业由于增值税纳税义务发生时间与会计确认收入时间不完全相同，存在未及时计提或少计提销项税金的风险。对此税务机关应重点核查（　　）。

　　A. 查看签订的销售或服务合同，与收入类科目比对

　　B. 查看签订的销售或服务合同，与成本类科目比对

　　C. 查看签订的销售或服务合同，与费用类科目比对

　　D. 核查企业是否适用相关优惠政策

203. 企业销售自己使用过的固定资产，如果是2014年5月31日以前购进的，属于不得抵扣且未抵扣进项税额的固定资产，适用简易办法依照3%征收率减按（　　）征收增值税。

　　A. 免税　　　　B. 0.5%　　　　C. 1%　　　　D. 2%

204. 企业取得转供外单位和个人的水电费收入，其税务处理正确的是（　　）。

　　A. 按转售量做增值税进项税转出

　　B. 按应取得的转售收入计提增值税销项税

　　C. 冲减管理费用

　　D. 冲减主营业务成本

205. 在统借统还业务中，企业集团所属财务公司向集团内下属单位收取的利息高于支付给金融机构借款利率水平，（　　）。

　　A. 免征增值税　　　　　　　　　B. 部分缴纳增值税

　　C. 全额缴纳增值税　　　　　　　D. 不确定

206. 纳税人违反税收、环境保护的法律法规受到（　　）处罚的，自处罚决定下

达的次月起 36 个月内，不得享受资源综合利用增值税即征即退政策。

A. 警告 B. 单次 2 000 元罚款

C. 单次 5 000 元罚款 D. 单次 20 000 元罚款

207. 2019 年 4 月 1 日起，电信企业销售终端等设备税率为（　　）。

A. 按基础电信服务税率 9% B. 按增值电信服务税率 6%

C. 按销售货物税率 13% D. 按有形动产租赁服务税率 13%

208. 自 2019 年 4 月 1 日起，电信企业的基础电信服务适用增值税税率为（　　）。

A. 13% B. 9% C. 6% D. 3%

209. 企业受托在境内加工的应税消费品，按税法规定在（　　）环节代收代缴消费税。

A. 签订委托加工协议 B. 领料加工

C. 向委托方交货时 D. 委托方收回后销售

210. 企业受托加工制造大型机械设备、船舶、飞机，以及从事建筑、安装、装配工程业务或者提供其他劳务等，持续时间超过 12 个月的，应按照（　　）确认收入的实现。

A. 收取设备款或工程款的日期和金额 B. 开具发票的日期和金额

C. 设备安装完毕或工程竣工验收时 D. 纳税年度内完工进度或者完成的工作量

211. 从 2017 年 1 月 1 日起，企业通过公益性社会组织或者县级（含县级）以上人民政府及其组成部门和直属机构，用于慈善活动、公益事业的捐赠支出，在年度利润总额 12% 以内的部分，准予在计算应纳税所得额时扣除；超过部分，准予结转以后（　　）内在计算应纳税所得额时扣除。

A. 两年 B. 三年 C. 五年 D. 十年

212. 企业为在本企业任职或者受雇的全体员工支付的补充养老保险费、补充医疗保险费，分别在不超过职工工资总额（　　）标准内的部分，在计算应纳税所得额时准予扣除；超过的部分，不予扣除。

A. 2% B. 2.5% C. 5% D. 15%

213. 甲企业为增值税一般纳税人，2019 年 4 月向乙企业销售货物，由于乙企业购买量大，甲给予其 8 折优惠，开具的增值税专用发票上的金额栏分别注明价款 40 000 元、折扣额 8 000 元。本月购进原材料取得的增值税专用发票上注明增值税税额合计 2 000 元（已通过税务机关认证）。甲企业当期应缴纳增值税（　　）元。

A. 4 160 B. 2 160 C. 3 440 D. 4 664

214. 下列关于代理记账的说法，不正确的是（　　）。

A. 应征收增值税 B. 属于鉴证咨询服务

C. 属于商务辅助服务 D. 适用的增值税税率为 6%

215. 甲公司（增值税一般纳税人）2019年3月1日~3月31日销售1 000吨巴氏杀菌乳，主营业务成本为600万元，公司农产品耗用率80%，原乳平均购买单价为4 500元/吨。按照成本法，该公司当期允许抵扣的进项税是（　　）万元。
　　A. 78　　　　　　B. 58.5　　　　　　C. 43.64　　　　　　D. 54.62

216. 甲企业为增值税一般纳税人，2018年7月初次购买增值税税控系统专用设备，取得的增值税专用发票上注明价款20万元、增值税3.2万元；当月对外销售货物取得不含税收入200万元；外购原材料，取得的普通发票上注明价款117万元。甲企业当月应缴纳增值税（　　）万元。
　　A. 28.8　　　　　B. 12.31　　　　　C. 8.8　　　　　　D. 0

217. 根据增值税的有关规定，下列说法不正确的是（　　）。
　　A. 对从事成品油销售的加油站，未达到一般纳税人标准的，按照小规模纳税人征税
　　B. 成品油零售加油站在同一省内跨县、市经营的，是否汇总缴纳增值税，由省级税务机关确定
　　C. 加油站检测用油允许从当月成品油销售数量中扣除
　　D. 发售加油卡、加油凭证销售成品油的纳税人在售卖加油卡、加油凭证时，应按预收账款方法作相关账务处理，不征收增值税

218. 财政部、税务总局、海关总署2019年39号公告规定加计抵减政策的适用期限是（　　）。
　　A. 自2019年4月1日至2021年12月31日
　　B. 自2019年1月1日至2021年12月31日
　　C. 自2019年3月1日至2021年12月31日
　　D. 自2019年5月1日至2021年12月31日

219. 2016年10月，位于市区的某生产企业（增值税小规模纳税人）将其一处闲置厂房转让，签订的合同中注明含税销售收入600万元。该企业无法取得厂房的评估价格，但能提供购房发票（经当地税务部门确认），其购房发票上注明价款400万元，购房日期为2014年2月10日；企业在购置厂房时按照规定缴纳契税12万元，可以提供契税完税凭证。则该企业计算土地增值税时，扣除项目金额合计（　　）万元。
　　A. 473.10　　　　B. 473.44　　　　C. 485.10　　　　D. 485.30

220. 甲企业2018年委托施工企业修建一栋独立工业用地下物资仓库，8月底办理竣工验收手续，工程结算支出50万元，并按此成本计入固定资产。该企业10月21日从某商业企业购买一座写字楼，支付价款1 000万元，当月办理了产权过户手续并领取了房屋权属证书。已知省政府规定计算房产余值的扣除比例为30%，地下建筑物按房屋原价的50%作为应税房产原值。该企业2018年度应缴纳的房产税为（　　）元。
　　A. 14 700　　　　B. 11 750　　　　C. 12 800　　　　D. 15 400

221. 某服装厂为增值税小规模纳税人，2017年7月销售自己使用过3年的固定资产，取得含税销售额100 000元；销售自己使用过的包装物，取得含税销售额40 000元，未放弃享受减税优惠。2017年7月该服装厂上述业务应纳增值税（   ）元。(2011年考题改编)。

  A. 2 718.45   B. 3 106.80   C. 3 125.83   D. 4 077.67

222. 甲商业企业月初购进一批饮料，取得的专用发票上注明价款104 615元，增值税13 600元，发票已通过认证，另支付运输企业不含税运输费1 000元，取得一般纳税人开具的增值税专用发票。月末将其中的10%作为福利发给职工，则本月可以抵扣的进项税为（   ）元。

  A. 13 690   B. 13 710   C. 12 990   D. 12 321

223. 根据国家税务总局制定公布的《增值税一般纳税人登记管理办法》规定，纳税人在年应税销售额超过规定标准的月份（或季度）的所属申报期结束后（   ）日内按照规定办理相关登记手续。

  A. 5   B. 10   C. 15   D. 20

224. 下列关于增值税的相关规定中，表述错误的是（   ）。

  A. 纳税人采取转包、出租、互换等方式将承包地流转给农业生产者用于农业生产取得的收入，免征增值税

  B. 自2018年1月1日至2019年12月31日，纳税人为农户、小型企业、微型企业及个体工商户借款提供融资担保取得的担保费收入，免征增值税

  C. 社会团体收取的会费，免征增值税

  D. 自2018年1月1日起，纳税人为客户办理退票而向客户收取的退票费、手续费等收入，免征增值税

225. 甲企业为增值税小规模纳税人，2019年5月进口一批汽车轮胎，买价为65 000元，支付境外运抵我国海关境内输入地点起卸前的运输费及保险费5 000元。海关开具了进口增值税专用缴款书，甲企业缴纳进口环节税金后海关放行。假定该批轮胎关税税率为10%，甲企业进口环节应缴纳增值税（   ）元。

  A. 13 090   B. 9 295   C. 11 250   D. 10 010

226. 关于车辆购置税，下列说法正确的是（   ）。

  A. 购置已税二手车需要缴纳车辆购置税

  B. 已缴纳车辆购置税的车辆，发生车辆退回生产企业的，可全额申请退税

  C. 纳税人进口应税车辆，以组成计税价格为计税依据计算纳税

  D. 纳税人购买应税车辆，自购买之日起10日内申报纳税

227. 下列支出可以在企业所得税税前扣除的是（   ）。

  A. 子公司支付给母公司的管理费用

  B. 企业内设营业机构之间支付的租金

C. 银行企业内设营业机构之间支付的利息

D. 企业内设营业机构之间支付的特许权使用费

228. ABC 三人成立一合伙企业。A 出资 100 万元，B 出资 80 万元，C 用其住房作为投资，此住房评估价格为 100 万元，该合伙企业应缴纳的契税为（　　）万元。（当地规定契税税率 3%）

A. 0　　　　　　B. 3　　　　　　C. 4.5　　　　　　D. 6

229. 2019 年 5 月，甲企业（一般纳税人）销售货物取得不含税销售额 10 万元，另收取含税包装费 1 万元，上述业务销项税额为（　　）万元。

A. 1.42　　　　　B. 1.74　　　　　C. 1.85　　　　　D. 1.70

230. 2019 年 4 月，甲建筑安装公司（一般纳税人）以甲供工程方式提供建筑服务 1 000 万元，销售 2015 年 3 月自建的不动产，取得含税收入 800 万元。以上业务均按照简易方法计税。甲公司当月应纳增值税为（　　）万元。

A. 52.43　　　　B. 70.92　　　　C. 85.72　　　　D. 67.23

231. 2019 年 5 月，甲公司（小规模纳税人）取得业务收入 5 万元，销售自己使用过的固定资产，取得含税收入 1 万元。该公司当月上述业务应纳增值税额为（　　）万元。

A. 0　　　　　　B. 0.166　　　　C. 0.46　　　　　D. 0.02

232. 2019 年，一般纳税人甲企业 4～9 月增值税申报情况如下，且符合申请退还留抵的条件，进项扣除比例为 90%，可以向主管税务机关申请退还增量留抵税额为（　　）元。

月份	销项税额	进项税额	上期留抵	期末留抵
4	100	300	0	200
5	120	100	200	180
7	300	250	160	110
8	160	100	110	50
9	30	180	50	200

A. 108　　　　　B. 180　　　　　C. 0　　　　　　D. 118

233. 2019 年 12 月，自然人 A 一次性收取了 2019 年房租收入 96 万元，其应缴增值税为（　　）万元。

A. 0　　　　　　B. 9.6　　　　　C. 6　　　　　　D. 6.9

234. 某商场对累积消费达到一定额度的消费者给予额外抽奖的机会，消费者个人因此而获得的中奖所得，其正确的税务处理是（　　）。

A. 属于其他所得，但免征个人所得税

B. 属于其他所得，但全额征收个人所得税

C. 属于偶然所得，按 20% 的税率征收个人所得税

D. 属于偶然所得，不超过1万元的，免征个人所得税

235. 2018年2月，甲公司与乙公司签订一份设备采购合同，价款为2 000万元；两个月后因采购合同作废，又改签为融资租赁合同，租赁总额为2 100万元，甲公司应缴纳印花税（　　）元。

  A. 2 700   B. 8 100   C. 7 050   D. 7 500

236. 下列不属于城市维护建设税纳税义务人的是（　　）。

  A. 缴纳增值税的非营利性医疗机构   B. 缴纳消费税的烟草公司

  C. 缴纳增值税的非居民企业   D. 只缴纳个人所得税的自然人

237. 下列哪项出口货物不适用增值税免税政策（　　）。

  A. 非出口企业委托出口的货物

  B. 以旅游购物贸易方式报关出口的货物

  C. 进料加工复出口的货物（来料加工复出口适用免税政策，进料加工复出口适用退税政策）

  D. 小规模纳税人出口的货物

238. 下列哪种情况不可以享受税收优惠（　　）。

  A. 小规模纳税人甲申报2019年1季度的耕地占用税600万元

  B. 一般纳税人乙申报2018年9月份的教育费附加和地方教育费附加0.5万元

  C. 自然人A申请代开800元的授课费所缴纳的增值税

  D. 新开办的企业丁申报营业账簿贴花

239. A和B是夫妻俩，B在婚前使用商业银行贷款购买了住房，该住房为其家庭的首套住房，且贷款尚未还清。请问A每月最高可以扣除的住房贷款利息支出是（　　）元。

  A. 1 000   B. 500   C. 0   D. 800

240. 甲企业为小规模纳税人，该公司派雇员出差，报销凭证中有注明旅客身份信息的航空运输电子客票行程单1张，注明的票价2 700元，民航发展基金50元，燃油附加费120元，该公司该笔业务的进项税额为（　　）元。

  A. 0   B. 232.84   C. 222.93   D. 236.97

241. 乙公司为从事现代服务业的一般纳税人，4月份进项税额为100万元，销项税额为200万元，其应纳税额为（　　）万元。

  A. 90   B. 100   C. 0

242. A于3月份在市医院住院治疗。发生的与基本医保相关的医疗费用支出金额为20 000元，4月份可以扣除的大病医疗支出为（　　）元。

  A. 0   B. 20 000   C. 2 000   D. 1 000

243. 下列关于地方税种减免政策不正确的有（　　）。

  A. 自2018年5月1日起，对按万分之五税率贴花的资金账簿减半征收印花税，对

按件贴花五元的其他账簿免征印花税（财税〔2018〕50号文）

B. 2019年1月1日至2021年12月31日，对省内小规模纳税人减半征收资源税（不含水资源税）、城建税、房产税、土地使用税、印花税（不含证券交易印花税）、耕地占用税和教育费附加、地方教育费附加

C. 对在城镇土地使用税征税范围内单独建筑的地下建筑用地，暂按应征税款的50%征收土地使用税（财税〔2009〕128号）

D. 按照去产能调结构政策要求，企业停产停业期间，自停产停业当月起，免征房产、土地税。财税〔2018〕107号规定应自停产停业次月起，享受免税政策期限累计不得超过两年

244. 大企业税收管理部门对企业涉税诉求的处理意见与其他相关部门意见不一致时（　　）。

A. 由大企业税收管理部门直接回复企业

B. 由大企业税收管理部门提请召开大企业涉税事项协调会议，明确处理意见后及时回复企业

C. 由相关政策部门回复企业

D. 以上参考答案都不对

245. （　　）以下税务机关可与企业集团的成员签订税收遵从协议，协议内容不应与税务总局与企业集团签订的协议相冲突，协议文本及其执行情况应报税务总局备案。

A. 省　　　　B. 市　　　　C. 县　　　　D. 以上都对

246. 专项涉税事项监控不包括（　　）。

A. 企业涉税诉求处理情况的监控　　B. 税务风险内控情况的监控

C. 认定审批事项监控　　D. 税收遵从协议履行情况的监控

247. 一般纳税人提供财政部和国家税务总局规定的特定应税服务，可以选择简易计税方法计税，但一经选择（　　）内不得变更。

A. 2个月　　B. 1年　　C. 36个月　　D. 3年

248. 房地产开发企业采取预收款方式销售所开发的房地产项目，在收到预收款时按照（　　）的预征率预缴增值税。

A. 1.5%　　B. 2%　　C. 3%　　D. 5%

249. 增值税纳税人的销售额中的价外费用不包括（　　）。

A. 包装物租金　　B. 手续费　　C. 违约金　　D. 销项税额

250. 关联方金融机构间利息支出超过关联方债权性投资与其权益性投资比例，未进行纳税调整，该风险点涉及税种主要是（　　）。

A. 企业所得税　　B. 个人所得税　　C. 增值税　　D. 印花税

251. 对逾期（　　）天后贷款利息，实际收回后未按规定确认利息收入，少缴增

值税的风险。

A. 60　　　　　　B. 90　　　　　　C. 100　　　　　　D. 180

252. （　　）文件对于跨境金融机构间进行资金往来可作为免税同业往来的情形进行了规定。

A. 财税〔2016〕60号　　　　　　B. 财税〔2016〕70号
C. 财税〔2016〕80号　　　　　　D. 财税〔2016〕90号

253. 银行资产管理的核心问题就是风险防范，因此银行建立完善的风险防范体系，其中一项重要内容就是建立以贷款资产减值准备为主、其他资产减值准备为辅的（　　）。

A. 全面风险防控制度　　　　　　B. 全面风险拨备制度
C. 全面风险防范制度　　　　　　D. 全面风险防备制度

254. 医药企业在购进设备、原材料、日常办公用品、促销礼品的采购等事项中与供应商签订各种购销合同可能存在未及时足额缴纳（　　）的风险。

A. 增值税　　　B. 企业所得税　　　C. 印花税　　　D. 个人所得税

255. 税法规定对于已发生已报案未决赔款准备金应按最高不超过当期已经提出的保险赔款或者给付金额的（　　）提取。

A. 100%　　　　B. 90%　　　　C. 80%　　　　D. 70%

256. 保险企业中，通过员工工资处理投保返利，可能存在（　　）风险。

A. 增值税　　　　　　　　　　　B. 企业所得税
C. 个人所得税　　　　　　　　　D. 城市维护建设税

257. 下列关于固定资产处理的说法，错误的是（　　）。

A. 纳税人已抵扣进项税额的固定资产用于不得从销项税额中抵扣进项税额项目的，用固定资产净值乘以适用税率计算不得抵扣的进项税

B. 纳税人发生固定资产视同销售行为，对已使用过的固定资产无法确定销售额的，以固定资产净值为销售额

C. 增值税一般纳税人销售自己使用过的2009年1月1日以后购进的固定资产，按照4%征收率减半征收增值税

D. 自2009年1月1日起，增值税一般纳税人购进固定资产发生的进项税额可以从销项税额中抵扣

258. 2015年6月，A企业吸收合并B企业，B企业全部资产公允价值为5 700万元、全部负债为3 200万元、未超过弥补年限的亏损额为620万元。合并时，A企业支付给B企业的股权支付额为2 300万元、银行存款200万元。该合并业务符合企业重组特殊性税务处理的条件，且A企业选择按照特殊性税务处理的规定处理。假定当年年末国家发行的最长期限的国债年利率为6%。则可由A企业弥补的B企业的亏损额为（　　）万元。

A. 0　　　　　　　B. 150　　　　　　C. 570.4　　　　　D. 620

259. 以下不属于企业所得税视同销售的项目是（　　）。

A. 白酒厂试验室领用自产产品用于实验

B. 卷烟厂将自产卷烟用于职工福利

C. 日化厂将自产化妆品送给客户作为样品

D. 水泥厂将自产水泥用于抵偿债务

260. 若某公司 2015 年收到商品销售收入 200 万元，存入银行；应收票据年初余额为 20 万元，年末余额为 15 万元；应收账款年初余额为 30 万元，年末余额为 15 万元。销货退回而支付的现金为 2 万元。那么，该公司 2015 年现金流量表上"销售商品、提供劳务收到的现金"为（　　）万元。

A. 218　　　　　　B. 200　　　　　　C. 198　　　　　　D. 188

261. 资产负债表中"开发支出"项目，应根据（　　）科目的期末余额填列。

A. 管理费用　　　B. 制造费用　　　C. 研发支出　　　D. 工程施工

262. 企业对房屋、建筑物固定资产在未足额提取折旧前进行改扩建的，如属于推倒重置的，该资产原值减除提取折旧后的净值，应（　　）。

A. 并入重置后的固定资产计税成本　　　B. 计入"营业外支出"

C. 计入"管理费用"　　　　　　　　　　D. 单独进行核算

263. 某集团公司 2015 年年末资产负债表上"长期股权投资"期末数比期初数增加 4 000 万元，"无形资产"期末数比期初数减少 3 500 万元，则可能发生的业务是（　　）。

A. 企业对外新增股权投资 4 000 万元

B. 企业本年无形资产摊销额为 3 500 万元

C. 企业无形资产减少 3 500 万元

D. 企业很可能用无形资产进行了股权投资

264. 下列关于跨地区总分机构汇总纳税的表述，错误的是（　　）。

A. 企业计算分期预缴的所得税时，其实际利润额、应纳税额及分摊因素数额，均不包括其在中国境外设立的营业机构

B. 新设立的分支机构，设立当年不就地预缴企业所得税

C. 总分机构分期预缴的企业所得税，30% 在各分支机构之间进行分摊，70% 由总机构预缴

D. 分支机构注销后 15 日内，总机构应将分支机构注销情况报主管税务机关备案

265. 下列关于纳税人合并、分立的报告义务表述中，正确的是（　　）。

A. 纳税人分立时未缴清税款的，分立后的纳税人对未履行的纳税义务不承担连带责任

B. 纳税人合并时未缴清税款的，合并后的纳税人不需履行未履行的纳税义务

C. 自合并（分立）文件生效之日起15个工作日内，纳税人应填写《纳税人合并（分立）情况报告书》，报送企业合并（分立）的批准文件或企业决议复印件，并依法缴清税款

D. 纳税人有合并、分立情形的，应当向税务机关报告，并依法缴清税款

266. 依照《企业所得税法》及其实施条例的规定，从2008年1月1日起，企业通过公益性社会团体或者县级以上人民政府及其部门，用于《中华人民共和国公益事业捐赠法》规定的公益事业的捐赠支出，不超过年度（　　）12%的部分，准予扣除。

A. 销售（营业）收入　　　　　　B. 营业利润
C. 净利润　　　　　　　　　　　D. 利润总额

267. 房地产开发企业开发的，开工日期在2016年4月30日之前的同一《施工许可证》下的不同房产，如开发项目中既有普通住房，又有别墅，（　　）。

A. 可以分别选择简易征收和一般计税方法

B. 可以选择简易征收或一般计税方法

C. 只能选择简易征收

D. 只能选择一般计税方法

268. 某企业因经营不善长期亏损，依照法律程序宣告破产，破产清算组对企业未设置担保的各项物权财产依法拍卖，但拍卖款项不足以同时缴纳税款、支付职工工资和偿还贷款。在此情况下，正确的清偿顺序是（　　）。

A. 缴纳税款、发放工资、偿还贷款　　B. 偿还贷款、缴纳税款、发放工资
C. 发放工资、缴纳税款、偿还贷款　　D. 偿还贷款、发放工资、缴纳税款

269. 火电企业生产时会形成一定比例的灰渣、粉煤灰、脱硫石膏等副产品。企业将副产品无偿赠送或以明显低于市场价销售给其他公司或个人会存在未计少计（　　）风险。

A. 增值税　　　B. 企业所得税　　　C. 个人所得税　　　D. 印花税

270. （　　）及以下的县级及县级以下小型水力发电企业生产的电力可按简易办法适用征收率征税。

A. 2万千瓦　　　B. 5万千瓦　　　C. 10万千瓦　　　D. 20万千瓦

271. 建筑企业总机构直接管理的跨地区设立的项目部，应按项目实际经营收入的（　　）按月或按季由总机构向项目所在地预分企业所得税，并由项目部向所在地主管税务机关预缴。

A. 0.2%　　　B. 0.5%　　　C. 1.0%　　　D. 1.5%

272. 某服装厂为增值税一般纳税人，主营儿童服装、成人服装及服装技术培训业务（该服装厂经批准取得了相关培训资质）。2013年9月有关资料如下：

（1）接受某演出单位委托，定制某型号儿童服装，向该演出公司开具的增值税专用发票上注明金额1 190 000元。服装厂自某批发市场购买棉花一批用于生产专用布料，取得的小规模纳税人从税务机关代开增值税专用发票一张，注明价款565 000元。

(2) 接受某企业委托，加工一批高档成人服装，由委托方提供布料等，成本为 280 000 元。收取加工费和代垫辅料款，向委托方开具的增值税专用发票上注明金额 200 000 元。

(3) 接受服装学校委托给其学员讲授服装裁剪技术培训，自行购买培训书籍、记录本和练习本发给学员，取得增值税专用发票注明税额 800 元，向学校开具的收款收据注明金额 50 000 元。

(4) 向某拖布企业销售生产过程中产生的边角料，取得含税收入 13 000 元。

(5) 当月购买材料，取得的增值税专用发票上注明税额 51 000 元；当月购进原材料发生不含税运费 20 000 元，取得货运增值税专用发票；当月为销售经理配置了小汽车一辆，取得机动车销售统一发票注明税额 17 000 元。

(6) 月末盘点时，发现库存上月外购原材料因保管不善潮湿霉烂，成本为 15 700 元，不考虑运费成本。

(7) 当月购置小型设备一台，取得的增值税专用发票上注明税额 1 360 元。

本月取得的相关票据符合税法规定，并在当月通过认证。

根据上述资料回答下列问题：

该服装厂当月应纳增值税为（　　）元。

A. 136 586.73　　B. 136 251.45　　C. 144 586.73　　D. 152 347.89

273. 某啤酒厂为增值税一般纳税人，2010 年 8 月销售啤酒取得销售额 800 万元，已开具增值税专用发票，收取包装物押金 234 万元，本月逾期未退还包装物押金 58.5 万元。2010 年 8 月该啤酒厂增值税销项税额为（　　）万元。

A. 116.24　　B. 136.00　　C. 144.50　　D. 145.95

274. 某配件厂为增值税一般纳税人，2012 年 9 月采用分期收款方式销售配件，合同约定不含税销售额 150 万元，当月应收取 60% 的货款。由于购货方资金周转困难，本月实际收到货款 50 万元，配件厂按照实际收款额开具了增值税专用发票。当月厂房装修，购进中央空调，取得增值税专用发票，注明价款 10 万元。当月该配件厂应纳增值税（　　）万元。

A. 3.6　　B. 5.1　　C. 13.6　　D. 15.3

275. 下列结算方式中，以货物发出当天为增值税纳税义务发生时间的是（　　）。

A. 预收货款　　　　　　　　　　B. 赊销
C. 分期收款　　　　　　　　　　D. 将货物交付他人代销

276. 下列关于增值税纳税人的认定及管理的说法中，表述不正确的是（　　）。

A. 增值税纳税人年应税销售额（不包括免税销售额）超过小规模纳税人标准的，除另有规定外，应当向主管税务机关申请一般纳税人资格认定

B. 非企业性单位、不经常发生应税行为的企业，可以选择按小规模纳税人纳税

C. 一般纳税人资格认定的权限，在县（市、区）国家税务局或者同级别的税务

分局

D. 从事货物生产或提供应税劳务的纳税人，年应税销售额在 50 万元以上，可以认定为增值税一般纳税人

277. 下列出口货物劳务，适用出口退（免）税政策的是（   ）。

A. 出口企业或其他单位销售给用于国际金融组织或外国政府贷款国际招标建设项目的中标机电产品

B. 增值税小规模纳税人出口的货物

C. 国家计划内出口的卷烟

D. 非出口企业委托出口的货物

278. 对于非出租的房产，以房产原值一次减除（   ）后的余值为计税依据。

A. 10%~20%　　　B. 10%~30%　　　C. 20%~30%　　　D. 5%~30%

279. 在公园的下列房产中，应免征房产税的是（   ）。

A. 影剧院　　　　B. 饮食部　　　　C. 照相馆　　　　D. 售票处

280. 房产税采用的是（   ）。

A. 定额税率　　　B. 超额累进税率　　C. 比例税率　　　D. 超率累进税率

281. 按房产余值计征的，税率为（   ）。

A. 1.2%　　　　　B. 12%　　　　　C. 2%　　　　　D. 20%

282. 个人所得税专项附加扣除中住房贷款利息扣除期限最长不得超过（   ）个月。

A. 120　　　　　B. 180　　　　　C. 240　　　　　D. 300

283. 下列哪项所得不在个人所得税全员全额扣缴申报的应税所得范围内（   ）。

A. 工资、薪金所得　B. 劳务报酬所得　C. 稿酬所得　　　D. 经营所得

284. 纳税人享受住房贷款利息专项附加扣除，应当留存：（   ）。

A. 住房贷款合同　B. 结婚证　　　　C. 购房发票　　　D. 物业费收据

285. 纳税人同一学历继续教育的扣除期限不能超过（   ）月

A. 24 个月　　　　B. 36 个月　　　　C. 48 个月　　　　D. 60 个月

286. 符合条件的纳税人向支付工资、薪金所得的扣缴义务人提供专项附加扣除信息，由扣缴义务人在预扣预缴税款时按其在本单位本年可享受的累计扣除额办理扣除的专项附加扣除项目包括（   ）。

A. 继续教育　　　　　　　　　　　B. 住房贷款利息或住房租金

C. 大病医疗　　　　　　　　　　　D. 赡养老人

287. 纳税人本人或配偶使用商业银行或住房公积金个人住房贷款为本人或其配偶购买中国境内住房，发生的首套住房贷款利息支出，在实际发生贷款利息的年度，可以按照每月（   ）元标准定额扣除。

A. 1 000　　　　　B. 1 100　　　　　C. 1 200　　　　　D. 1 300

288. 个人所得税专项附加扣除额本年度扣除不完的，（   ）。
  A. 不能结转以后年度扣除   B. 三年内结转扣除
  C. 一年内结转扣除   D. 五年内结转扣除

289. 承受的房屋附属设施单独计价的，应按照（   ）计征契税。
  A. 与房屋相同的契税税率   B. 当地确定的契税税率
  C. 固定的3%税率   D. 固定的5%税率

290. 契税的纳税申报期限是（   ）。
  A. 签订土地、房屋权属转移合同或合同性质凭证的5日内
  B. 签订土地、房屋权属转移合同或合同性质凭证的7日内
  C. 签订土地、房屋权属转移合同或合同性质凭证之日起10日内
  D. 签订土地、房屋权属转移合同或合同性质凭证之日起30日内

291. 甲临终前立下遗嘱将价值为300万元的房产留给其妻A安度晚年；价值为100万元的房产由独子B继承；价值为80万元的房产捐赠给15岁的孤儿C。当地契税税率为3%。下列说法不正确的是（   ）。
  A. 其妻A无需缴纳契税   B. 其子B无需缴纳契税
  C. 孤儿C无需缴纳契税   D. 共应缴纳的契税是2.4万元

292. 某非公司制企业经批准改制成全体职工持股的有限责任公司，承受原企业价值600万元的房产所有权；以债权人身份接受某破产企业价值200万元的房产抵偿债务，随后将此房产投资于另一企业。该有限责任公司上述业务应缴纳契税（   ）万元。（适用契税税率3%）。
  A. 0   B. 6   C. 18   D. 24

293. 下列单位及个人应当缴纳契税的有（   ）。
  A. 某大学购置教学楼
  B. 某教师购置住宅
  C. A企业依法并入B企业，B企业由此承受A甲企业的房地产共计8 000万元
  D. 某农场受让荒山土地使用权，用于林木种植

294. 某银行2011年以债权人身份承受甲破产企业房屋所有权，总价600万元，又以债权人身份承受乙企业抵债的土地使用权，总价300万元；随后以承受的甲企业的房屋和乙企业的土地使用权转让给其债权人丙企业，共作价1 000万元。依据契税的相关规定，下列处理方法正确的是（   ）（当地省级人民政府规定的契税税率4%）。
  A. 该银行应缴纳契税12万元   B. 丙企业不缴纳契税
  C. 该银行应缴纳契税36万元   D. 该银行不缴纳契税

295. 下列说法符合契税税收优惠的是（   ）。
  A. 非公司制企业按照规定整体改建为股份有限公司的，对改建后的企业承受原企业土地、房屋权属，免征契税

B. 个人购买 90 平方米及以下普通住房，减按 1% 税率征收契税

C. 土地、房屋被县以上政府征用、占用后，重新承受土地、房屋权属的，免征契税

D. 非债权人承受破产企业土地、房屋权属以抵偿债务的，免征契税

296. 2011 年 10 月，杨某以 500 万元存款及价值 800 万元的房产投资设立个人独资企业；当年杨某朋友张某移居国外，将其境内价值 80 万元的房产赠送给杨某，当地契税的税率为 3%。杨某应缴纳的契税为（　　）万元。

  A. 0　　　　　B. 2.4　　　　　C. 41.4　　　　　D. 42

297. 2010 年甲企业以市场价格为 800 万元的房产对乙企业进行投资，办理了产权变更登记；乙企业还以价值为 500 万元的土地与丙企业置换价值为 560 万元的仓库。同时，乙用银行存款支付补价 60 万元，乙企业应缴纳契税（　　）万元。（契税税率为 3%）。

  A. 1.8　　　　　B. 16.8　　　　　C. 25.8　　　　　D. 40.8

298. 根据契税相关规定，房屋赠与时契税的计税依据是（　　）。

  A. 协议成交价格

  B. 所在地省级人民政府公示的土地基准价格

  C. 不同地段的土地使用权及房屋转让的成交价格

  D. 征收机关参照当地土地使用权出售、房屋买卖的市场价格核定的价格

299. 下列有关契税的表述中，正确的是（　　）。

  A. 土地管理部门、房产管理部门依据房屋转让合同即可办理有关权属变更登记手续

  B. 对个人购买 90 平方米及以下普通住房，且该住房属于家庭唯一住房的，免征契税

  C. 置换土地，尚未办理产权过户，则不征收契税

  D. 已缴纳契税的购房单位和个人，在未办理房屋权属变更登记前退房的，退还已纳契税

300. 契税的征税范围为发生土地使用权和房屋所有权权属转移的土地和房屋。下列各项中，应缴纳契税的是（　　）。

  A. 婚姻关系存续期间，房屋、土地权属原归夫妻一方所有，变更为夫妻双方共有的

  B. 非法定继承人根据遗嘱承受死者生前的土地、房屋权属

  C. 政府主管部门对国有资产进行行政性调整和划转过程中发生的土地、房屋权属转移

  D. 子女继承父母房产

301. 张某 2011 年 3 月购买一套公有住房，支付价款 200 000 元，2011 年 11 月，经

过补缴土地出让金和相关费用 60 000 元后，转为完全产权住房，张某应该缴纳契税（ ）元。（契税税率 5%）。

  A. 0   B. 10 000   C. 5 000   D. 13 000

302. 对已缴纳契税的购房单位和个人，退还已纳契税的条件是（ ）。

  A. 在未办理房屋权属变更登记前退房的

  B. 在办理房屋权属变更登记后退房的

  C. 在办理房屋权属变更登记中退房的

  D. 退房与是否在办理房屋权属变更登记无关

303. 甲企业以自有房产作抵押向某商业银行借入一年期贷款 1 000 万元，房产账面价值 700 万元，抵押时市价 900 万元；一年后无力偿还，将房产折价给银行抵偿了 1 080 万元的债务本息，抵债时房产市价 1 100 万元。当地规定的契税税率为 3%，契税的正确处理是（ ）。

  A. 甲企业应纳契税 30 万元   B. 甲企业应纳契税 33 万元

  C. 银行应纳契税 30 万元   D. 银行应纳契税 32.4 万元

304. 某学校将一栋闲置不用的房产转让给临近的公司，房产价值 500 万元，土地使用权当年以无偿划拨方式取得的。按规定，下列说法正确的是（ ）。

  A. 学校和公司各负担一半的契税

  B. 学校在转让时不缴纳契税

  C. 应当由受让公司缴纳契税

  D. 学校补交土地使用权的契税，公司缴纳房屋买卖的契税

305. 某企业破产清算时，其房地产评估价值为 4 000 万元，其中以价值 3 000 万元的房地产抵偿债务，将价值 1 000 万元的房地产进行拍卖，拍卖收入 1 200 万元。债权人获得房地产后，与他人进行房屋交换，取得额外补偿 500 万元。当事人各方应缴纳契税合计（ ）万元。（适用契税税率 3%）。

  A. 15   B. 36   C. 51   D. 126

306. 某公司 2011 年发生两笔互换房产业务，并已办理了相关手续。第一笔业务换出的房产价值 500 万元，换进的房产价值 800 万元；第二笔业务换出的房产价值 600 万元，换进的房产价值 300 万元。上述价差均用银行存款结算。已知当地政府规定的契税税率为 4%，该公司应缴纳契税（ ）万元。

  A. 0   B. 9   C. 12   D. 33

307. 某外商投资企业 2011 年接受某国有企业以房产投资入股，房产的市场价格为 50 万元，该企业还于 2011 年以自有房产与另一企业交换一处房产，支付差价款 200 万元，同年政府有关部门批准向该企业出让土地一块，该企业缴纳土地出让金 100 万元，按当地规定，契税税率为 5%。2011 年该外商投资企业共计应缴纳的契税为（ ）万元。

A. 16.1　　　　B. 17.5　　　　C. 18　　　　D. 18.6

308. 某公司拥有船舶2艘，净吨位分别为120.7吨、180.5吨。100马力的拖船1艘；该地船舶车船税税额为：净吨位每吨年税额5元，该公司应缴纳的车船税为（　　）元。

A. 1 630　　　　B. 1 755　　　　C. 2 500　　　　D. 2 000

309. 根据车船税法的规定，下列表述错误的是（　　）。

A. 拖船按照发动机功率每1千瓦折合净吨位0.67吨计算征收车船税

B. 在机场、港口以及其他企业内部场所行驶或者作业且依法不需在车船登记管理部门登记的车船不缴纳车船税

C. 车船税按年申报缴纳，具体申报纳税期限由省、自治区、直辖市人民政府规定

D. 按照规定缴纳船舶吨税的机动船舶，自车船税法实施之日起5年内免征车船税

310. 某航运公司2007年拥有机动船4艘，每艘净吨位为3 000吨；拖船1艘，发动机功率为1 800马力。其所在省车船税计税标准为净吨位2 000吨以下的，每吨4元；2 001～10 000吨的，每吨5元。该航运公司2007年应缴纳车船税（　　）元。

A. 60 000　　　　B. 61 800　　　　C. 63 600　　　　D. 65 400

311. 下列各项中，符合车船税有关征收管理规定的是（　　）。

A. 车船税按年申报，分月计算，一次性缴纳

B. 纳税人自行申报缴纳的，应在纳税人所在地缴纳

C. 节约能源、使用新能源的车船一律减半征收车船税

D. 临时入境的外国车船属于车船税的征税范围，需要缴纳车船税

312. 某航运公司2012年4月26日购置机动船舶3艘，每艘净吨位1 200吨，购置养殖船2艘，净吨位2 000吨，拖船1艘，发动机功率为1 600马力，所购船舶均在5月15日取得登记证书。所在省车船税计税标准为净吨位201吨以上2 000吨以下的，每吨4元。2012年该公司应缴纳车船税（　　）元。

A. 10 667　　　　B. 11 732　　　　C. 26 667　　　　D. 16 000

313. 下列表述不符合车船税征税现行规定的是（　　）。

A. 电车不需缴纳车船税

B. 拖拉机不需缴纳车船税

C. 武警专用车不需缴纳车船税

D. 拖船按照船舶税额的50%计税

314. 纳税人新购置车辆使用的，其车船税的纳税义务发生时间为（　　）。

A. 车船登记证书记载日期的次月　　B. 购置使用的次月起

C. 取得车船所有权的当月　　　　　D. 行驶证书所记载日期的次月

315. 关于车船税的说法，正确的有（　　）。

A. 外国车船和香港特别行政区、澳门特别行政区、台湾地区的车船，不征收车

船税

　　B. 车船税按年申报缴纳，具体申报纳税期限由省级税务机关确定

　　C. 从事机动车第三者责任强制保险业务的保险机构为机动车车船税的扣缴义务人，应当在收取保险费时依法代收车船税，并出具代收税款凭证

　　D. 非机动驳船、拖拉机、捕捞和养殖渔船属于免税车船范围

316. 下列关于车船税税率的表述中，正确的是（　　）。

　　A. 车船税实行定额税率　　　　　　B. 车船税实行单一比例税率

　　C. 车船税实行幅度比例税率　　　　D. 车船税实行超额累进税率

317. 某电厂与某水运公司签订一份运输保管合同，合同载明的费用为500 000元（运费和保管费未分别记载）。该项合同双方各应缴纳的印花税额为（　　）元。

　　A. 500　　　　　B. 250　　　　　C. 375　　　　　D. 1 000

318. 甲公司与乙公司分别签订了两份合同：一是易货合同，甲公司的货物价值200万元，乙公司的货物价值220万元；二是技术开发合同，合同记载金额100万，其中研发经费30万。甲公司应缴纳印花税（　　）元。

　　A. 1 500　　　　B. 600　　　　　C. 1 450　　　　D. 1 470

319. 下列各项中，不符合印花税有关违章处罚规定的是（　　）。

　　A. 已贴印花税票，揭下重用造成未交或少交印花税构成犯罪的，依法追究刑事责任

　　B. 在应税凭证上未贴印花税票，由税务机关追缴其不缴的税款、滞纳金，或者处不缴税款50%以上5倍以下的罚款

　　C. 伪造印花税票的，由税务机关责令改正，处以2 000元以上1万元以下的罚款

　　D. 代售户对取得的税款逾期不缴，税务机关可视其情节轻重，给予警告或者取消其代售资格

320. 2006年1月，甲公司将闲置厂房出租给乙公司，合同约定每月租金2 500元，租期未定。签订合同时，预收租金5 000元，双方已按定额贴花。5月底合同解除，甲公司收到乙公司补交租金7 500元。甲公司5月份应补缴印花税（　　）元。

　　A. 7.5　　　　　B. 8　　　　　　C. 9.5　　　　　D. 12.5

321. 下列关于印花税计税依据的表述中，符合印花税条例规定的是（　　）。

　　A. 对采用易货方式进行商品交易签订的合同，应以易货差价为计税依据

　　B. 货物运输合同的计税依据是运输费用总额，含装卸费和保险费

　　C. 建筑安装工程承包合同的计税依据是承包总额

　　D. 对于由委托方提供辅助材料的加工合同，无论加工费和辅助材料金额是否分开记载，均以其辅助材料与加工费的合计数，依照加工承揽合同计税贴花

322. 下列各项中，属于印花税应税凭证的是（　　）。

　　A. 审计咨询合同

B. 南方电网系统内部各级电网互供电合同

C. 银行为管理而使用的现金收付登记簿

D. 家庭财产保险合同

323. 某金融机构2010年发生下列业务：与某商场签订一年期流动资金周转性借款合同，合同规定一个年度内的最高借款限额为每次100万元，当年实际发生借款业务5次，累计借款额400万元，但每次借款额均在限额以内每次借款没有签订新的合同；与某企业签订融资租赁合同，金额1 000万元；与某银行共同承担贷款业务，与甲企业签订总额为5 000万元的贷款合同，其中本机构承担40%的份额。该金融机构2010年应缴纳印花税（　　）元。

  A. 1 550　　　　B. 1 700　　　　C. 3 050　　　　D. 3 200

324. 某企业2011年8月份开业，领受房屋产权证、工商营业执照、商标注册证、土地使用证、专利证、税务登记证各一份。公司实收资本500万元，资本公积300万元，除资金账簿外，启用了10本营业账簿；同年与甲公司签订了一份易货合同，合同约定，以价值420万元的产品换取380万元的原材料，甲公司补差价40万元。2011年该企业应纳印花税（　　）元。

  A. 6 475　　　　B. 6 775　　　　C. 6 975　　　　D. 6 980

325. 某汽车修配厂买设备向工商银行签订2 000万元的借款合同。后因故购销合同作废，改签融资租赁合同，租赁费2 200万元。根据上述情况，该厂共应缴纳印花税为（　　）元。

  A. 1 500　　　　B. 1 800　　　　C. 2 000　　　　D. 2 100

326. 2010年1月，甲公司将闲置厂房出租给乙公司，租期未定。签订合同时，预收租金8万元，双方已按定额贴花。9月份合同解除，甲公司收到乙公司补交租金10万元。甲公司9月份应补缴印花税（　　）元。

  A. 100　　　　B. 180　　　　C. 175　　　　D. 80

327. 下列对于印花税计税依据特殊规定中，说法正确的是（　　）。

  A. 应纳税额不足1角的，免税；1角以上不满2角的，按1角计算

  B. 按金额比例贴花的应税凭证，未标明金额的，应暂不贴花

  C. 应税凭证所载金额为外国货币的，应按照凭证书立当日国家外汇管理局公布的外汇牌价折合人民币，然后计算应纳税额

  D. 对已履行并贴花合同，所载金额与合同履行后实际结算金额不一致的，应当对实际结算金额超过合同所载金额的部分补贴印花

328. 某运输公司以价值100万元的仓库作抵押，从银行取得抵押贷款80万元，并在合同中规定了还款日期，但是到了还款日期后，由于资金周转困难而无力偿还，按合同规定将抵押财产的产权转移给银行以抵偿贷款本息100万元，签订了产权转移书据。以上经济事项该运输公司应缴纳印花税（　　）元。

A. 575　　　　B. 265　　　　C. 765　　　　D. 540

329. 某企业 2011 年与银行签订一年期借款合同，借款金额 200 万元，年利率 6.5%；与甲公司签订技术开发合同，合同总金额为 200 万元，其中研究开发费 80 万元。该企业 2011 年应缴纳印花税（　　）元。

A. 726.50　　B. 460　　　C. 732.50　　D. 492.50

330. 甲公司与乙公司分别签订了两份合同：一是以货换货合同，甲公司的货物价值 200 万元，乙公司的货物价值 150 万元；二是采购合同，甲公司购买乙公司 50 万元货物，但因故合同未能兑现。甲公司应缴纳印花税（　　）元。

A. 150　　　　B. 600　　　　C. 1 050　　　D. 1 200

331. 按照资源税有关规定，独立矿山收购未税矿产品适用（　　）。

A. 矿产品原产地的税额标准　　B. 独立矿山应税产品的税额标准
C. 矿产品购买地的税额标准　　D. 税务机关核定的税额标准

332. 某油田开采原油 80 万吨，2014 年销售原油 70 万吨，非生产性自用 5 万吨，另有 2 万吨采油过程中用于加热和修理油井，3 万吨待售。已知该油田每吨原油不含税售价为 5 000 元，适用的资源税税率为 6%，则该油田当年应纳的资源税税额为（　　）万元。

A. 21 000　　B. 22 500　　C. 23 100　　D. 24 000

333. 根据资源税有关规定，下列说法符合资源税纳税地点规定的是（　　）。

A. 纳税人应当向单位所在地主管税务机关纳税
B. 纳税地点需要调整的，均由省、自治区、直辖市人民政府决定
C. 扣缴义务人应当向收购地主管税务机关缴纳代扣代缴的资源税
D. 跨省开采资源税应税产品，下属生产单位与核算单位不在同一省的，都应在核算地纳税

334. 下列关于资源税的表述，正确的是（　　）。

A. 进口矿产品征收增值税和资源税
B. 独立矿山、联合企业和其他收购未税矿产品的单位为资源税的扣缴义务人
C. 专门开采或与原油同时开采的天然气不属于资源税的征税范围
D. 独立矿山、联合企业收购未税矿产品的单位，一律按照收购地应税产品税额标准，依据收购的数量代扣代缴资源税

335. 根据资源税纳税地点的有关规定，下列说法正确的是（　　）。

A. 纳税人应当向单位所在地主管税务机关纳税
B. 纳税地点需要调整的，均由省、自治区、直辖市人民政府决定
C. 收购未税矿产品的扣缴义务人应当向收购地主管税务机关缴纳代扣代缴资源税
D. 跨省开采资源税应税产品，其下属生产单位与核算单位不在同一省的，均应在核算地纳税

336. 某省一独立核算的煤炭企业，下属一生产单位在外省。2015 年该企业开采原煤 340 万吨，当年销售原煤 300 万吨，销售额 18 000 万元，税率为 5%，2015 年该企业在本省应缴纳的资源税为（　　）万元。

　　A. 1 360　　　　B. 1 120　　　　C. 1 200　　　　D. 900

337. 某铝土矿 2014 年 6 月销售铝土矿原矿 50 000 吨，另外移送入选精矿 20 000 吨，选矿比为 20%。当地适用的单位税额为 2 元/吨，该矿当年应缴纳资源税（　　）万元。

　　A. 10.8　　　　B. 14　　　　C. 22　　　　D. 30

338. 某酒厂为增值税一般纳税人，2013 年 10 月销售粮食白酒 4 吨，取得不含税收入 400 000 元，包装物押金 23 400 元（单独记账核算），货物由该酒厂负责运输，收取单独核算的含税运费 47 970 元。该酒厂上述业务应纳消费税（　　）元。（白酒消费税税率 20%，0.5 元/斤）

　　A. 84 000　　　　B. 88 000　　　　C. 92 644　　　　D. 96 200

339. 市区内某汽车制造股份公司（一般纳税人）主要生产 A 型系列小轿车，同时自产轮胎，2013 年 10 月发生以下业务：

（1）进口小轿车发动机一批，支付货物的价款 60 万美元，境外运输费用 4 万美元，保险费 1 万美元，已报关纳税，当月取得海关开具的完税凭证。国内运输企业（一般纳税人）承担国内段的运输，开具增值税专用发票上注明运费 5 万元；

（2）从生产企业购进轻型轮胎一批，取得防伪税控增值税专用发票上注明销售额 400 万元，增值税 68 万元，本月领取 80% 用于生产小轿车；当月销售自产专用汽车轮胎，取得收入（不含税）160 万元；（轮胎消费税税率为 3%）；

（3）国内销售自产 A 型 2.0 升小轿车（消费税税率 5%），采用委托银行收款方式销售 40 辆，货已发出并办妥委托收款手续，款项未收到，每辆不含税价 18 万元，同时收取售后服务费 0.5 万元/辆；

（4）本月支付水厂水费，取得的增值税专用发票上注明税金 20 万元；支付电费取得的专用发票上注明销售额 117 万元；

（5）提供汽车修理服务，开具普通发票上注明销售额 8 万元；提供汽车出租业务，取得含税收入 15 万元，上述收入均分开核算；

（6）进口 22 辆韩国产的"途锐"越野车，排量为 4.0 升，关税完税价 17.5 万美元/辆。全部以每辆不含税价 324 万元人民币价款销售，同时向车主按车价（含税）收取订货费 3%。（关税税率为 20%；消费税税率为 25%，取得的防伪专用发票已通过税务机关的认证；汇率：1 美元 =6.7 元人民币）

根据上述资料，回答下列问题：

该公司本月销售环节应缴纳增值税为（　　）万元。

　　A. 347.96　　　　B. 166.89　　　　C. 316.33　　　　D. 505.06

340. 某卷烟厂为增值税一般纳税人，主要生产 A 牌卷烟（不含税调拨价 100 元/标准条）及雪茄烟，2013 年 10 月发生如下业务：

（1）从烟农手中购进烟叶，买价 100 万元并按规定支付了 10% 的价外补贴，将其运往甲企业委托加工烟丝，支付不含税运费 8 万元，取得运输企业增值税专用发票；向甲企业支付加工费，取得增值税专用发票，注明加工费 12 万元、增值税 2.04 万元，该批烟丝已收回入库，但本月未领用。

（2）从乙企业购进烟丝，取得增值税专用发票，注明价款 400 万元、增值税 68 万元；从丙供销社（小规模纳税人）购进烟丝，取得税务机关代开的增值税专用发票，注明价款 300 万元；进口一批烟丝，支付货价 300 万元、卖方佣金 12 万元，该批烟丝运抵我国输入地点起卸之前发生运费及保险费共计 38 万元。

（3）以成本为 350 万元的特制自产烟丝生产雪茄烟，领用外购烟丝生产 A 牌卷烟。

（4）本月销售雪茄烟取得不含税收入 600 万元，并收取品牌专卖费 9.36 万元；销售 A 牌卷烟 400 标准箱。

（5）本月外购烟丝发生霉烂，成本 20 万元。

（6）月初库存外购烟丝买价 30 万元，月末库存外购烟丝买价 50 万元。

本月取得的相关凭证符合规定，并在本月认证抵扣，烟丝关税税率 10%。

根据上述资料，回答下列问题：

当月该卷烟厂购进烟丝准予抵扣的消费税（　　）万元。

A. 108　　　　　B. 213　　　　　C. 363　　　　　D. 396

341. 下列关于委托加工业务消费税处理的说法，正确的是（　　）。

A. 将委托加工收回的已税消费品直接加价销售的，不征收消费税

B. 纳税人委托个体经营者加工应税消费品，由委托方收回后在委托方所在地缴纳消费税

C. 委托加工应税消费品的，若委托方未提供原材料成本，由委托方所在地主管税务机关核定其材料成本

D. 委托方委托加工应税消费品，受托方没有代收代缴税款的，一律由受托方补税

342. 下列各项中，不符合应税消费品销售数量规定的是（　　）。

A. 生产销售应税消费品的，为应税消费品的销售数量

B. 自产自用应税消费品的，为应税消费品的生产数量

C. 委托加工应税消费品的，为纳税人收回的应税消费品数量

D. 进口应税消费品的，为海关核定的应税消费品进口征税数量

343. 关于消费税纳税地点的说法，符合现行政策规定的是（　　）。

A. 纳税人销售应税消费品向机构所在地或居住地的主管税务机关纳税

B. 纳税人销售应税消费品向核算地的主管税务机关纳税

C. 纳税人销售应税消费品向销售地的主管税务机关纳税

D. 纳税人销售应税消费品向生产地的主管税务机关纳税

344. 某化妆品生产企业为增值税一般纳税人，10月上旬从国外进口一批散装化妆品，关税完税价格为150万元，进口关税60万元，进口消费税90万元，进口增值税51万元。本月内企业将进口的散装化妆品的80%生产加工为成套化妆品7 800件，对外批发销售6 000件，取得不含税销售额290万元；向消费者零售800件，取得含税销售额51.48万元。该企业国内生产缴纳的消费税为（　　）万元。

A. 28.20　　　　B. 72　　　　C. 5.78　　　　D. 0

345. 根据消费税有关规定，下列说法正确的是（　　）。

A. 植物性润滑油不属于润滑油征收范围

B. 以石油为原料加工的矿物性润滑油不属于润滑油征收范围

C. 以柴油组分为主、经调和精制可以作为柴油发动机的非标油，属于柴油征收范围

D. 以动植物油为原料，经提纯、精制、合成等工艺生产的生物柴油，不属于消费税征收范围

346. 实行复合计税征税办法的产品是（　　）。

A. 石脑油　　　B. 啤酒　　　C. 粮食白酒　　　D. 黄酒

347. 某工艺品厂外购已税珠宝玉石用于加工各种饰品，允许从应征消费税中扣除外购已税珠宝玉石已纳消费税的是（　　）。

A. 外购已税玉石用于镶嵌纯金戒指　　B. 外购已税玉石用于镶嵌合金手链

C. 外购已税珍珠用于加工珍珠项链　　D. 外购已税钻石镶嵌白金首饰

348. 纳税人将应税消费品与非应税消费品以及适用税率不同的应税消费品组成成套消费品销售的，应按（　　）。

A. 应税消费品的平均税率计征　　B. 应税消费品的最高税率计征

C. 应税消费品的不同税率，分别计征　　D. 应税消费品的最低税率计征

349. 下列项目中，属于应征消费税的"小汽车"税目征收范围的是（　　）。

A. 电动汽车　　　　　　　　　B. 高尔夫车

C. 中轻型商务客车　　　　　　D. 企业购进货车改装生产的商务车

350. 企业发生的下列行为中，不需要缴纳消费税的是（　　）。

A. 用自产的应税消费品换取生产资料

B. 用自产的应税消费品支付代扣手续费

C. 直接销售委托加工收回的已税的应税消费品

D. 在销售数量之外另付给购货方自产的应税消费品作为奖励

351. 下列消费品中，属于消费税"小汽车"税目征税范围的是（　　）。

A. 大客车　　　B. 中轻型商务客车　　C. 卡丁车　　　D. 电动汽车

352. 2012年6月某汽车厂将自产的5辆小轿车、10台货车用于对外投资，小轿车

出厂平均价格为 24 万元/台,最高售价 25.5 万元/台,货车平均售价 8 万元/台,最高售价 8.6 万元/台。该汽车厂上述业务应纳消费税(　　)万元。(以上价格均为不含税价格,小轿车消费税税率为 12%)。

  A. 14.10   B. 15.30   C. 23.70   D. 25.62

353. 某啤酒厂销售 A 型啤酒 20 吨给副食品公司,开具税控专用发票收取价款 58 000 元,收取包装物押金 3 000 元;销售 B 型啤酒 10 吨给宾馆,开具普通发票收取 32 760 元,收取包装物押金 1 500 元。该啤酒厂应缴纳的消费税是(　　)。

  A. 5 000 元 B. 6 600 元 C. 7 200 元 D. 7 500 元

354. 首次申领增值税发票的新办纳税人办理发票票种核定,增值税专用发票最高开票限额不超过 10 万元,每月最高领用数量不超过(　　)份。

  A. 10   B. 20   C. 25   D. 50

355. 税务机关采取"承诺制"容缺办理,就是纳税人在办理税务注销时,若资料不齐,可在其作出承诺后,税务机关即时出具的文书是:(　　)。

  A. 完税证明   B. 注销税务事项通知书
  C. 清税证明   D. 税收事项告知书

356. 下列各项措施中,不属于 2018 年"便民办税春风行动"内容的是:

  A. 增强政策确定性   B. 增强渠道一致性
  C. 增强办税便利性   D. 增强环境友好性

357. 某市税务机关将通过税务网站等渠道公开办税公开事项。下列属于办税公开事项的是(　　)。

  A. 依法受保护的商业秘密 B. 纳税人的欠缴税款信息
  C. 依法受保护的个人隐私 D. 涉及国家安全秘密信息

358. 2018 年在全国范围内实现 100% 的办税服务厅"一厅通办"所有税收业务,为广大纳税人营造良好的税收营商环境。这项改革事项的实施时间是(　　)。

  A. 2018 年 6 月 1 日   B. 2018 年 8 月 1 日
  C. 2018 年 9 月 1 日   D. 2018 年 10 月 1 日

359. 针对纳税信用评价为 M 级的企业,下列税务机关采取的激励措施,表述正确的是(　　)。

  A. 一般纳税人可单次领取 3 个月的增值税发票用量

  B. 由税务机关提供绿色通道或专门人员帮助办理涉税事项

  C. 取消增值税专用发票认证,税务机关适时进行税收政策和管理规定的辅导

  D. 增值税专用发票领用按辅导期一般纳税人政策办理,普通发票限量供应

360. 下列选项中,涉税专业服务机构可以代理的涉税业务是(　　)。

  A. 代纳税人领用发票   B. 代纳税人开具发票
  C. 代纳税人注册登记   D. 代纳税人接受评估

361. 关于跨省经营企业涉税事项全国通办，下列各项说法中，错误的是（　　）。
   A. 增值税优惠备案可以全国通办
   B. 可以全国通办的申报纳税类业务不包括企业所得税年度汇算清缴
   C. "多证合一"信息确认业务可以全国通办
   D. 全国通办的办理结果可以选择邮寄方式领取

362. 纳税信用年度评价指标得分采取（　　）方式。
   A. 得分　　　　B. 扣分　　　　C. 判级　　　　D. 加分

363. 税务机关每年（　　）月确定上一年度纳税信用评价结果，并为纳税人提供自我查询服务。
   A. 1月　　　　B. 2月　　　　C. 3月　　　　D. 4月

364. 税务机关应按照档案管理规定，对征集的纳税人需求资料归档保存，保存期限为（　　）。
   A. 3年　　　　B. 5年　　　　C. 10年　　　　D. 永久

365. 对满足条件的新办纳税人首次申领增值税发票，主管税务机关应当自受理之日起（　　）日内办结，有条件的当日办结。
   A. 2日　　　　B. 5日　　　　C. 7日　　　　D. 15日

366. 纳税人的同一投诉事项涉及两个或两个以上税务机关的，处理投诉事宜的税务机关是（　　）。
   A. 共同的上级税务机关
   B. 首诉税务机关牵头
   C. 共同的上级税务机关指定的税务机关
   D. 各税务机关

367. 纳税人建筑业工程项目完工后，应自建筑业工程项目完工之日起（　　）日内向建筑业应税劳务发生地主管税务机关进行项目注销登记。
   A. 5　　　　B. 10　　　　C. 15　　　　D. 30

368. 北京某企业在北京设立总机构，在上海和深圳分别设立了二级分支机构，2011年上海分支机构的营业收入、职工薪酬、资产总额分别是500万元、100万元、1 000万元，深圳分支机构的营业收入、职工薪酬、资产总额分别是400万元、60万元、800万元。2012年第一季度该企业统一计算的应预缴的所得税为200万元。深圳分支机构2012年第一季度应预缴的企业所得税为（　　）万元。
   A. 42.01　　　　B. 45.01　　　　C. 50　　　　D. 100

369. 根据企业所得税法的规定，以下项目在计算应纳税所得额时，准予扣除的是（　　）。
   A. 行政罚款
   B. 被没收的财物
   C. 非广告性质的赞助支出
   D. 经审批的流动资产盘亏损失

370. A国母公司经营所得2 000万元，在B国设立一子公司的所得额为1 000万元，B国公司所得税率20%，A国为25%，子公司缴纳B国所得税200万元，并从其税后利润 800 万元中分给 A 国母公司股息 300 万元，若 A 国实施限额间接抵免，则 A 国母公司应纳所得税额为（　　）。

A. 575 万元　　　　B. 550.25 万元　　　C. 518.75 万元　　　D. 500 万元

371. 在计算企业所得税时，已足额提取折旧的固定资产的改建支出应（　　）。

A. 一次性列入成本费用扣除

B. 按照不少于 3 年的时间分期摊销扣除

C. 按照不少于 5 年的时间分期摊销扣除

D. 按照固定资产预计尚可使用年限分期摊销扣除

372. 下列关于跨省市总分机构企业所得税预缴的表述中，正确的是（　　）。

A. 上年度符合条件的小型微利企业的分支机构，需要就地预缴企业所得税

B. 由总机构统一计算企业应纳税所得额和应纳所得税额，并分别由总机构、分支机构按月或按季就地预缴

C. 跨省市总分机构企业缴纳的所得税查补税款、滞纳金、罚款收入，按中央与地方 40∶60 分成比例就地缴库

D. 总机构应将统一计算的企业当期应纳税额的 50%，就地办理缴库，所缴纳税款收入由中央与总机构所在地按 60∶40 分享

373. 某居民企业为国家重点扶持的高新技术企业，2010 年境内生产经营所得 400 万元，另外从该企业在甲国的分支机构取得所得 80 万元，已经在甲国缴纳了企业所得税，税率为 20%。该企业在我国应缴纳企业所得税（　　）万元。

A. 60　　　　　　　B. 75　　　　　　　C. 55　　　　　　　D. 65

374. 资产损失确认证据的外部证据不包括（　　）。

A. 法院判决　　　　　　　　　　B. 工商局注销证明

C. 资产盘点表　　　　　　　　　D. 企业清偿文件

375. 根据企业所得税法的规定，企业的下列各项支出，在计算应纳税所得额时，准予从收入总额中直接扣除的是（　　）。

A. 手续费支出

B. 烟草企业的广告费

C. 软件生产企业的职工培训费用

D. 向投资者支付的股息、红利等权益性投资收益款项

376. 纳税人在计算企业所得税应纳税所得额时，企业发生的下列项目中，不超过规定比例的准予在税前扣除，超过部分，准予在以后纳税年度结转扣除的是（　　）。

A. 职工福利费　　B. 工会经费　　C. 职工教育经费　　D. 社会保险费

377. 以下关于企业所得税收入确认时间的表述中，正确的是（　　）。

A. 股息、红利等权益性投资收益，以投资方收到分配金额的日期确认收入的实现

B. 利息收入，按照合同约定的债务人应付利息的日期确认收入的实现

C. 租金收入，在实际收到租金收入时确认收入的实现

D. 特许权使用费收入，在实际收到使用费收入时确认收入的实现

378. 投资资产成本不得扣除的是（　　）。

A. 企业对外投资期间的资产　　　　B. 企业转让投资资产

C. 企业处置投资资产　　　　　　　D. 企业维护投资资产

379. 下列项目中，不符合企业所得税优惠政策的是（　　）。

A. 企业综合利用资源，生产符合国家产业政策规定的产品所取得的收入，减按90%计入应纳税所得额

B. 新办软件生产企业经认定后，自获利年度起，第一年和第二年免征企业所得税，第三年至第五年减半征收企业所得税

C. 企业从事国家重点扶持的公共基础设施项目的投资经营的所得，免征企业所得税

D. 企业从事符合条件的环境保护、节能节水项目的所得，自项目取得第一笔生产经营收入所属纳税年度起，第一年至第三年免征企业所得税，第四年至第六年减半征收企业所得税

380. 某工业企业 2012 年度全年销售收入为 1 000 万元，转让无形资产收入 100 万元，提供加工劳务收入 150 万元，变卖固定资产收入 30 万元，视同销售收入 100 万元，当年发生业务招待费 10 万元。则该企业 2012 年度所得税前可以扣除的业务招待费用为（　　）万元。

A. 6　　　　　　B. 6.25　　　　　　C. 4.75　　　　　　D. 3.75

381. 企业下列处置资产行为，应当缴纳企业所得税的是（　　）。

A. 将半成品用于连续生产成品

B. 将资产在总机构及其分支机构之间转移

C. 将资产赠送他人

D. 改变资产形状、结构或性能

382. 企业从事符合条件的环境保护、节能节水项目的所得，自项目取得第一笔生产经营收入所属纳税年度起（　　）。

A. 第一年至第五年免征企业所得税

B. 第一年免征企业所得税，第二年至第三年减半征收企业所得税

C. 第一年至第二年免征企业所得税，第三年至第五年减半征收企业所得税

D. 第一年至第三年免征企业所得税，第四年至第六年减半征收企业所得税

383. 除税收法律、行政法规另有规定外，居民企业以（　　）为企业所得税的纳税地点。

A. 企业登记注册地　　　　　　　B. 企业实际经营地

C. 企业会计核算地　　　　　　　D. 企业管理机构所在地

384. 下列关于企业所得税前亏损弥补的表述中，不正确的是（　　）。

A. 企业在汇总计算缴纳企业所得税时，其境外营业机构的亏损可以抵减境内营业机构的盈利

B. 企业以前年度发生，按当时企业所得税有关规定符合资产损失确认条件的损失，在当年未能扣除的，不能结转在以后年度扣除

C. 企业因以前年度资产损失未在税前扣除而多缴纳的企业所得税税款，可在审批确认年度企业所得税应纳税款中予以抵缴，抵缴不足的，可以在以后年度递延抵缴

D. 企业从事生产经营之前进行筹办活动期间发生筹办费用支出，不得计算为当期的亏损

385. 根据企业所得税法的规定，以下适用25%税率的是（　　）。

A. 在中国境内未设立机构、场所，但有来源于中国境内所得的非居民企业

B. 在中国境内虽设立机构、场所，但取得所得与其机构、场所没有实际联系的非居民企业

C. 在中国境内设立机构、场所且取得所得与其机构、场所有实际联系的非居民企业

D. 所有的非居民企业

386. 下列关于企业手续费及佣金支出税前扣除的规定，表述不正确的是（　　）。

A. 财产保险企业按当年全部保费收入扣除退保金等后余额的15%（含本数）计算限额；人身保险企业按当年全部保费收入扣除退保金等后余额的10%计算限额

B. 其他非保险企业，按与具有合法经营资格中介服务机构或个人（不含交易双方及其雇员、代理人和代表人等）所签订服务协议或合同确认的收入金额的5%计算限额

C. 企业计入固定资产、无形资产等相关资产的手续费及佣金支出，在发生当期直接扣除

D. 企业支付的手续费及佣金不得直接冲减服务协议或合同金额，并如实入账

387. 下列说法中，不符合小型微利企业企业所得税相关政策规定的是（　　）。

A. 税法规定，符合条件的小型微利企业，减按20%的税率征收企业所得税

B. 享受小型微利企业税收优惠的企业，可以是我国的居民企业或非居民企业

C. 享受小型微利企业税收优惠的企业，有从业人员和资产总额的限制

D. 享受小型微利企业税收优惠的企业，年度应纳税所得额不超过30万元

388. 经济适用房开发项目预计利润率标准，不得低于（　　）。

A. 29%　　　　B. 15%　　　　C. 10%　　　　D. 3%

389. 根据企业所得税的规定，以下适用15%税率的是（　　）。

A. 高新技术的生产企业

B. 在中国境内设有机构、场所且所得与机构、场所有关联的非居民企业

C. 在中国境内未设立、场所但有来源于中国境内所得的的非居民企业

D. 在中国境内虽设立、场所但取得所得与境内机构、场所没有实际联系的非居民企业

390. 应当按扣除前的金额确定销售商品收入金额,可以在实际发生时作为财务费用扣除的是( )。

A. 商业折扣   B. 销售折让   C. 销售退回   D. 现金折扣

391. 在中国境内未设立机构、场所的非居民企业A企业从中国境内B企业取得租金收入100万元,A企业应缴纳的预提所得税为( )万元。

A. 8   B. 10   C. 19   D. 20

392. 企业发生的符合特殊性税务处理条件的企业重组,下列处理正确的是( )。

A 企业发生的债权转股权业务,按照清偿债务和股权投资两项业务处理,确定债务清偿所得

B. 股权收购企业购买的股权不低于被收购企业全部股权的75%,且收购企业在该股权收购发生时的股权支付金额不低于其交易支付总额的85%的,被收购企业的股东取得收购企业股权的计税基础按照公允价值确定

C. 收购企业取得被收购企业股权的计税基础,以被收购股权的原有计税基础确定

D. 被收购企业发生的未超过法定弥补期限的亏损由收购企业承继

393. 下列关于企业所得税政策的表述中,正确的是( )。

A. 非经济适用房开发项目,位于省、自治区、直辖市和计划单列市人民政府所在地城区和郊区的,预计利润率不得低于10%

B. 目前对内地企业投资者通过沪港通投资香港联交所上市股票取得的股息红利所得,依法计征企业所得税

C. 居民企业从直接或间接持有股权之和达到100%的关联方取得的技术转让所得,可享受技术转让减免企业所得税优惠政策

D. 被取消公益性捐赠税前扣除资格的公益性群众团体,2年内不得重新申请公益性捐赠税前扣除资格

394. 下列关于企业重组业务的企业所得税处理陈述,不正确的是( )。

A. 税法上企业重组,是指企业在日常经营活动以外发生的法律结构或经济结构重大改变的交易

B. 资产收购,受让企业收购的资产不低于转让企业全部资产的85%,转让企业取得受让企业股权的计税基础,可以以被转让资产的原有计税基础确定

C. 企业债务重组,以非货币资产清偿债务,应当分解为转让相关非货币性资产、按非货币性资产公允价值清偿债务两项业务

D. 企业重组的税务处理区分不同条件,分别适用一般性税务处理规定和特殊性税务处理规定

395. 企业综合利用资源，生产符合国家产业政策规定的产品所取得的收入，可以使用的税收优惠是（　　）。

A. 税额抵免优惠　　　　　　　　B. 减计收入优惠

C. 加速折旧优惠　　　　　　　　D. 加计扣除优惠

396. 符合条件的非营利组织取得的下列收入，免征企业所得税的是（　　）。

A. 从事营利活动取得的收入

B. 因政府购买服务而取得的收入

C. 不征税收入孳生的银行存款利息收入

D. 按照县级民政部门规定收取的会费收入

397. 根据企业所得税法的规定，下列纳税人中，属于企业所得税纳税人的是（　　）。

A. 个人独资企业　　B. 合伙企业　　C. 中外合资企业　　D. 个体工商户

398. 依据企业所得税法的规定，财务会计制度与税收法规的规定不同而产生的差异，在计算企业所得税应纳税所得额时应按照税收法规的规定进行调整。下列各项中，属于时间性差异的是（　　）。

A. 业务招待费用产生的差异　　　　B. 职工福利费用产生的差异

C. 职工工会费用产生的差异　　　　D. 职工教育费用产生的差异

399. 按照企业所得税的相关规定，下列说法中，正确的是（　　）。

A. 销售商品采用托收承付方式的，在发出商品时确认收入

B. 销售商品采取预收款方式的，在收到预收款时确认收入

C. 销售商品采用支付手续费方式委托代销的，在收到代销清单时确认收入

D. 企业以买一赠一方式组合销售本企业商品的，对赠品按照捐赠行为进行税务处理

400. 在计算企业所得税时，通过支付现金方式取得的存货，以（　　）为成本。

A. 公允价值　　　　　　　　　　B. 公允价值和支付的相关税费

C. 购买价款　　　　　　　　　　D. 购买价款和支付的相关税费

401. 依据企业所得税法的规定，下列各项中按负担所得的所在地确定所得来源地的是（　　）。

A. 提供劳务所得　　　　　　　　B. 不动产转让所得

C. 其他所得　　　　　　　　　　D. 租金所得

402. 适用核定征收企业所得税办法的是（　　）。

A. 居民纳税人　　　　　　　　　B. 特殊行业的纳税人

C. 特殊类型的纳税人　　　　　　D. 一定规模以上的纳税人

403. 下列关于保险公司缴纳的保险保障基金企业所得税税前扣除的表述，不正确的是（　　）。

A. 非投资型财产保险业务，不得超过保费收入的 0.8%

B. 有保证收益的人寿保险业务，不得超过业务收入的 0.15%

C. 短期健康保险业务，不得超过保费收入的 0.8%

D. 非投资型意外伤害保险业务，不得超过保费收入的 0.5%

404. 根据企业所得税法的规定，下列说法不正确的是（ ）。

A. 扣缴义务人对外支付或者到期应支付的款项为人民币以外货币的，在申报扣缴企业所得税时，应当按照扣缴当日国家公布的人民币汇率中间价，折合成人民币计算应纳税所得额

B. 因非居民企业拒绝代扣税款的，扣缴义务人应当暂停支付相当于非居民企业应纳税款的款项，并在 3 日之内向其主管税务机关报告，并报送书面情况说明

C. 扣缴义务人未依法扣缴或者无法履行扣缴义务的，非居民企业应于扣缴义务人支付或者到期应支付之日起 7 日内，到所得发生地主管税务机关申报缴纳企业所得税

D. 扣缴义务人每次代扣代缴税款时，自代扣之日起 7 日内缴入国库

405. 在计算企业所得税时，除已足额提取折旧或租入固定资产改建、固定资产大修理之外，其他应当作为长期待摊费用的支出，从支出发生月份的次月起，分期摊销，摊销年限不得低于（ ）年。

A. 3   B. 4   C. 5   D. 10

406. 依据企业所得税法的规定，下列各项所得中，按负担、支付所得的企业或机构、场所所在地或者个人的住所所在地确定所得来源地的是（ ）。

A. 提供劳务所得   B. 转让房屋所得

C. 权益性投资所得   D. 特许权使用费所得

407. 下列固定资产不得计算折旧扣除（ ）。

A. 房屋、建筑物内未投入使用的固定资产

B. 以经营租赁方式租出的固定资产

C. 以融资租赁方式租出的固定资产

D. 已足额提取折旧不再使用的固定资产

408. 根据企业所得税的规定，以下关于资产税务处理的表述，正确的是（ ）。

A. 生物性资产计提折旧的起止时间与其他固定资产相同

B. 企业使用或者销售存货的成本计算方法，可以选用后进先出法

C. 单独估价作为固定资产入账的土地，可以提取折旧

D. 通过支付现金以外方式取得投资资产，以该资产投资双方协议价格为成本

409. 下列各项中，符合企业所得税弥补亏损规定的是（ ）。

A. 被投资企业发生经营亏损，可用投资方所得弥补

B. 投资方企业发生亏损，可用被投资企业分回的所得弥补

C. 企业境内总机构发生的亏损，只能用总机构以后年度的所得弥补

D. 企业境外分支机构的亏损，可用境内总机构的所得弥补

410. 下列项目所包含的进项税额，不得从销项税额中抵扣的是（　　）。

A. 生产过程中出现的报废产品　　　　B. 用于返修产品修理的易损零配件

C. 生产企业用于经营管理的办公用品　　D. 生产免税药品耗用的外购材料

411. 某制药厂为增值税一般纳税人，2013年9月销售免税药品取得价款20 000元，销售非免税药品取得含税价款93 600元。当月购进原材料、水、电等取得的增值税专用发票（已通过税务机关认证）上的税款合计为10 000元，其中有2 000元进项税额对应的原材料用于免税药品的生产；5 000元进项税额对应的原材料用于非免税药品的生产；对于其他的进项税额对应的购进部分，企业无法划分清楚其用途。该企业本月应缴纳增值税（　　）元。

A. 5 600　　　　B. 6 200　　　　C. 6 600　　　　D. 8 600

412. 利用WinDows版开票系统开具发票时，商品信息应在（　　）建立。

A. 建立商品库时　　　　　　　　B. 开票时直接输入

C. AB都是　　　　　　　　　　　D. AB都不是

413. 某商业零售企业为增值税小规模纳税人，2013年9月发生如下业务：本月购进货物取得普通发票，共计支付金额120 000元；初次购进增值税税控系统专用设备一套，取得增值税专用发票，注明不含税价款2 000元，增值税税额340元；本月销售货物取得零售收入共计158 080元。该企业本月应缴纳的增值税为（　　）元。

A. 2 064.27　　　B. 2 264.27　　　C. 20 628.89　　　D. 4 264.27

414. 根据现行增值税的规定，下列说法正确的是（　　）。

A. 油气田企业与非油气田企业之间相互提供的生产性劳务照章缴纳增值税

B. 自2013年7月1日起，油气田企业从事煤层气、页岩气生产，以及为生产煤层气、页岩气提供生产性劳务应缴纳增值税

C. 油气田企业将承包的生产性劳务分包给其他油气田企业或非油气田企业，应当就其总承包额扣除分包额后余额计算缴纳增值税

D. 油气田企业跨省提供生产性劳务，应当在劳务发生地按7%预征率计算缴纳增值税

415. 甲进出口公司代理乙工业企业进口设备，同时委托丙货运代理人办理托运手续，海关进口增值税专用缴款书上的缴款单位是甲进出口公司。该进口设备的增值税纳税人是（　　）。

A. 甲进出口公司　　B. 乙工业企业　　C. 丙货运代理人　　D. 国外销售商

416. 根据增值税现行政策，下列行为适用增值税"先征后退"优惠政策的是（　　）。

A. 供热企业向居民个人供热

B. 外国政府无偿援助进口物资

C. 血站供应给医疗机构临床用血

D. 煤层气抽采企业（增值税一般纳税人）抽采销售煤层气

417. 某制药厂（增值税一般纳税人）3月份销售抗生素药品取得含税收入117万元，销售免税药品50万元（不含税），当月购入生产用原材料一批，取得增值税专用发票上注明税款6.8万元，抗生素药品与免税药品无法划分耗料情况，则该制药厂当月应纳增值税为（　　）万元。

  A. 14.73　　　　B. 12.47　　　　C. 10.20　　　　D. 17.86

418. 某啤酒厂为增值税一般纳税人，2010年8月销售啤酒取得销售额800万元，已开具增值税专用发票，收取包装物押金234万元，本月逾期未退还包装物押金58.5万元。2010年8月该啤酒厂增值税销项税额为（　　）万元。

  A. 116.24　　　　B. 136.00　　　　C. 144.50　　　　D. 145.95

419. 某酒厂为一般纳税人，本月向一小规模纳税人销售白酒，开具的普通发票上注明金额93 600元；同时收取单独核算的包装物押金2 000元（尚未逾期），逾期包装物押金6 000元。此业务酒厂应计算的销项税额为（　　）元。

  A. 13 600　　　　B. 13 890.60　　　　C. 15 011.32　　　　D. 15 301.92

420. 根据增值税的有关规定，下列增值税一般纳税人，不可以按6%征收率计算纳税的是（　　）。

A. 以自己采掘的砂、土、石料或其他矿物连续生产的砖、瓦、石灰

B. 黏土实心砖、瓦

C. 建筑用和生产建筑材料所用的砂、土、石料

D. 用人或动物的血液或组织制成的生物制品

421. 下列关于纳税人销售自己使用过的物品的说法，正确的是（　　）。

A. 增值税一般纳税人销售自己使用过的抵扣过进项税的固定资产按简易办法4%征收率减半征收增值税

B. 自然人个人销售自己使用过的物品按适用税率征收增值税

C. 小规模纳税人销售自己使用过的除固定资产以外的物品，应减按2%的征收率征收增值税

D. 增值税一般纳税人销售自己使用过的除固定资产以外的物品，应按照适用税率征收增值税

422. 按照最新政策规定，下列关于增值税放弃免税权的陈述，正确的是（　　）。

A. 生产和销售免征增值税货物或劳务的纳税人要求放弃免税权，纳税人自提交备案资料的当月起，按现行规定计算缴纳增值税

B. 放弃免税权的纳税人符合一般纳税人认定条件尚未认定为增值税一般纳税人的，应按照现行规定认定为增值税一般纳税人

C. 纳税人自税务机关受理纳税人放弃免税权声明的当月起36个月内不得申请免税

D. 纳税人可以根据不同的销售对象选择部分货物或劳务放弃免税权

423. 辅导期纳税人专用发票的领购实行按次限量控制，每次发售增值税专用发票数量不超过（　　）份。

A. 15 　　　　　B. 20 　　　　　C. 25 　　　　　D. 30

424. 某工艺品厂为增值税一般纳税人，2011 年 12 月 2 日销售给甲企业 200 套工艺品，每套不含税价格 600 元。由于部分工艺品存在瑕疵，该工艺品厂给予甲企业 15% 的销售折让，已开具红字专用发票。为了鼓励甲企业及时付款，该工艺品厂提出 2/20、n/30 的付款条件，甲企业于当月 15 日付款。该工艺品厂此项业务的销项税额为（　　）元。

A. 16 993.20 　　B. 17 340.00 　　C. 19 992.00 　　D. 20 400.00

425. 某化妆品生产企业，从国外进口一批化妆品香粉，关税完税价格为 60 000 元，缴纳关税 35 000 元。取得海关进口增值税专用缴款书当月已向税务机关申请并通过认证，则该企业进口环节应缴纳的增值税为（　　）元。

A. 18 071.56 　　B. 15 810.43 　　C. 23 000.00 　　D. 23 071.43

426. 某工艺品厂为增值税一般纳税人，2013 年 12 月 2 日销售给甲企业 200 套工艺品，每套不含税价格 600 元。由于部分工艺品存在瑕疵，该工艺品厂给予甲企业 15% 的销售折让，已开具红字专用发票。为了鼓励甲企业及时付款，该工艺品厂提出 2/20、n/30 的付款条件，甲企业于当月 15 日付款。该工艺品厂此项业务的销项税额为（　　）元。

A. 16 993.20 　　B. 17 340.00 　　C. 19 992.00 　　D. 20 400.00

427. 下列结算方式中，以货物发出当天为增值税纳税义务发生时间的是（　　）。

A. 预收货款　　　　　　　　B. 赊销
C. 分期收款　　　　　　　　D. 将货物交付他人代销

428. 对实行定期定额征收方法的纳税人，当每月开票金额大于应征增值税税额时，征收税款的依据是（　　）。

A. 以应征增值税税额为依据征收税款，并作为下一年度核定定期定额的依据
B. 以开票金额为依据征收税款，并作为下一年度核定定期定额的依据
C. 以核定金额为依据征收税款，并作为下一年度核定定期定额的依据
D. 以开票金额为依据征收税款，不作为下一年度核定定期定额的依据

429. 下列关于增值税纳税人的认定及管理的说法中，不正确的是（　　）。

A. 增值税纳税人年应税销售额（不包括免税销售额）超过小规模纳税人标准的，除另有规定外，应当向主管税务机关申请一般纳税人资格认定
B. 非企业性单位、不经常发生应税行为的企业，可以选择按小规模纳税人纳税
C. 一般纳税人资格认定的权限，在县（市、区）国家税务局或者同级别的税务分局

D. 从事货物生产或提供应税劳务的纳税人，年应税销售额在50万元以上，可以认定为增值税一般纳税人

430. 下列出口货物劳务，适用出口退（免）税政策的是（　　）。

A. 出口企业或其他单位销售给用于国际金融组织或外国政府贷款国际招标建设项目的中标机电产品

B. 增值税小规模纳税人出口的货物

C. 国家计划内出口的卷烟

D. 非出口企业委托出口的货物

431. 下列关于特定企业增值税政策的表述中，错误的是（　　）。

A. 会员单位通过钻石交易所进口销往国内市场的毛坯钻石，免征国内环节的增值税

B. 电力公司向发电企业收取的过网费，不征收增值税

C. 国内铂金生产企业自产自销的铂金实行增值税即征即退政策

D. 对进口铂金免征进口环节增值税

432. 根据增值税规定，下列进项税额不得从销项税额中抵扣的是（　　）。

A. 因自然灾害损失的产品所耗用的进项税额

B. 购进同时用于增值税应税项目和非增值税应税项目的固定资产所支付的进项税额

C. 项目运营方利用信托资金融资，在项目建设期内取得的增值税专用发票上注明的税额

D. 纳税人经税务机关核准恢复抵扣进项税额资格后，其在停止抵扣进项税额期间发生的进项税额

433. 下列业务，属于增值税征收范围的是（　　）。

A. 打字、复印　　　B. 照相、裱画　　　C. 镌刻印章　　　D. 钟表维修

434. 某企业为增值税一般纳税人，2012年11月进行设备的更新换代，将一台旧设备出售，收取价款20万元，该设备系2009年购进，购进时该企业为小规模纳税人。该企业销售旧设备应纳增值税（　　）万元。

A. 0.38　　　B. 0.40　　　C. 2.91　　　D. 3.40

435. 下列不属于13%低税率范围的是（　　）。

A. 中药饮片　　　B. 咖啡豆　　　C. 林苗栽植机械　　　D. 煤炭

436. 某小型商贸企业为辅导期增值税一般纳税人，2013年10月发生如下业务：购进商品取得增值税专用发票，注明价款87 000元、增值税额14 790元；购进农民自产的农产品，农产品收购发票注明价款30 000元；销售商品一批，开具增值税专用发票，注明价款170 000元、增值税额28 900元。

销售农产品取得含税销售额40 000元；购进和销售货物支付运费取得一般纳税人

开具的增值税货物运输专用发票5份，总金额7 000元。取得的增值税专用发票均在当月通过认证并在当月抵扣。2013年10月该企业应纳增值税（　　）元。

　　A. 14 041.77　　　　B. 14 920.00　　　　C. 15 531.97　　　　D. 2 006.80

437. 纳税人A有姊妹两人，父母均在老家，由在老家的妹妹负责日常照料。以下分摊方法正确的是（　　）。

　　A. A跟其妹妹约定，每人每月均摊扣除1 000元

　　B. A跟其妹妹约定，由A全部扣除2 000元

　　C. 老人指定A分摊1 500元，其妹妹分摊500元

　　D. 老人指定A分摊500元，其妹妹分摊1 500元

438. 纳税人同一学历继续教育的扣除期限不能超过（　　）个月。

　　A. 24　　　　　　　B. 36　　　　　　　C. 48　　　　　　　D. 60

439. 一家企业购买另一家企业实质经营性资产的交易。该重组形式属于（　　）。

　　A. 债务重组　　　　B. 合并　　　　　　C. 股权收购　　　　D. 资产收购

440. 非独生子女赡养老人专项附加扣除的分摊方式不包括（　　）。

　　A. 赡养人平均分摊　　　　　　　　　　B. 赡养人约定分摊

　　C. 赡养人指定分摊　　　　　　　　　　D. 被赡养人指定分摊

441. 企业转让股权收入，应于（　　）时，确认收入实现。

　　A. 转让协议生效且完成股权变更手续　　B. 实际收到股权转让款

　　C. 转让合同约定的收取款项日　　　　　D. 收取预付款

442. 企业向职工发放的供暖费补贴、职工防暑降温费应作为（　　）处理。

　　A. 工资薪金支出　　　　　　　　　　　B. 职工福利费

　　C. 职工工会经费　　　　　　　　　　　D. 职工家庭生活支出

443. 下列选项中，不属于个人所得税专项附加扣除项目的是（　　）。

　　A. 子女教育　　　　B. 继续教育　　　　C. 住房公积金　　　D. 大病医疗

444. 下列专项附加扣除中，不能在预缴时扣除的是（　　）。

　　A. 继续教育　　　　B. 子女教育　　　　C. 大病医疗　　　　D. 赡养老人

445. 下列选项中，属于减按90%计入收入总额计算企业所得税应纳税所得额的是（　　）。

　　A. 金融机构从保险公司取得的贷款利息收入

　　B. 保险机构为航空运输业提供保险业务的保费收入

　　C. 保险机构为远洋运输业提供保险业务的保费收入

　　D. 企业综合利用资源，生产符合规定的产品所取得的收入

446. 某高新企业2018年年初向母公司（非高新技术企业）借款6 000万元用于购买设备，期限3年，约定年利率为8%，银行同期同类贷款利率为6%。则2018年高新技术企业税前允许扣除的借款利息费用为（　　）万元。

A. 320　　　　　B. 400　　　　　C. 360　　　　　D. 280

447. 居民个人从中国境外取得所得的，应当在取得所得的次年（　　）申报纳税。

A. 3月31日前　　　　　　　　　B. 3月1日至6月30日内
C. 5月31日前　　　　　　　　　D. 6月30日前

448. 在中国境内有住所，或者无住所而一个纳税年度内在中国境内居住累计满（　　）的个人，为居民个人。

A. 183天　　　　B. 100天　　　　C. 1年　　　　D. 200天

449. 某商贸公司2018年开始筹建，当年未取得收入，筹办期间发生业务招待费300万元、业务宣传费20万元、广告费用200万元，根据企业所得税相关规定，上述支出可计入企业筹办费并在税前扣除的金额是（　　）万元。

A. 200　　　　　B. 220　　　　　C. 400　　　　　D. 520

450. 到1987年，全国城镇个体工商等各行业从业人员已经达（　　）万人，一大批民营企业蓬勃兴起。

A. 358　　　　　B. 490　　　　　C. 569　　　　　D. 600

451. 合并重组、破产、注销或年度缴纳税额连续（　　）年未达到国家税务总局管理服务标准的企业集团，应从名册管理范围内调出。

A. 2　　　　　　B. 3　　　　　　C. 4　　　　　　D. 5

452. 大企业纳税服务中开展政策辅导要建立（　　）制度，对股权转让、关联交易、跨境投资等重大交易事项，提出税务风险建议。

A. 重大涉税事项政策辅导　　　　B. 重大交易事项政策辅导
C. 特殊事项政策辅导　　　　　　D. 重大特殊事项政策辅导

453. 大企业纳税服务中的"遵从引导"，是要做到对辖区内重点行业税收风险事项进行细化研究，编制（　　）。

A. 行业指引　　　　　　　　　　B. 行业税收指引
C. 行业风险管理指引　　　　　　D. 行业税收风险管理指引

454. 千户集团税收风险分析工作中，各省税务局大企业税收管理部门负责制定本省年度分析计划；按照分析计划，结合税收风险识别报告，开展（　　）。

A. 确定年度分析集团名单　　　　B. 运用计算机开展风险识别
C. 对税收风险分析报告进行初审　D. 人工专业复评

455. 全面深化改革，县一级要做什么事，能做什么事，要不等待、不观望，坚持问题导向，积极主动作为。县一级处于社会矛盾的前沿，县委书记处在（　　）第一线，一定要履行好责任。

A. 战斗　　　　　B. 实践　　　　　C. 维稳　　　　　D. 改革

456. 推进（　　）改革，是贯彻落实党的十八届五中全会精神的一个重要举措。

A. 经济体制　　　　B. 经济增长方式　　C. 经济结构性　　D. "放管服"

457. 关于集成电路的税收优惠，表述错误的是（　　）。

A. 2018年1月1日后投资新设的集成电路线宽小于130纳米，且经营期在10年以上的集成电路生产企业或项目，两免三减半

B. 2018年1月1日后投资新设的集成电路线宽小于65纳米或投资额超过150亿元，且经营期在15年以上的集成电路生产企业或项目，五免五减半

C. 对于按照集成电路生产项目享受税收优惠的，优惠期自企业获利年度起计算

D. 享受五免五减半税收优惠政策的集成电路生产项目，其主体企业应符合集成电路生产企业条件，且能够对该项目单独进行会计核算、计算所得，并合理分摊期间费用

458. 企业为在本企业任职或者受雇的全体员工支付的补充养老保险费、补充医疗保险费，分别在不超过职工工资总额（　　）标准内的部分，在计算应纳税所得额时准予扣除；超过的部分，不予扣除。

A. 2%　　　　B. 2.5%　　　　C. 5%　　　　D. 15%

459. 自2018年5月1日起，增值税小规模纳税人标准调整为年应征增值税销售额（　　）万元及以下。

A. 50　　　　B. 80　　　　C. 100　　　　D. 500

460. 增值税纳税人年应税销售额超过小规模纳税人标准，登记一般纳税人的时限是申报期结束后（　　）日内。

A. 15　　　　B. 20　　　　C. 30　　　　D. 40

461. 下列属于不征收增值税的是（　　）。

A. 存款利息　　B. 保险服务　　C. 医疗服务　　D. 贷款利息

462. 下列选项中，属于增值税混合销售行为的是（　　）。

A. 某商场销售货物并建立餐饮中心为顾客提供餐饮服务

B. 汽车销售公司销售汽车并为其他客户提供装饰服务

C. 纳税人销售林木的同时提供林木管护劳务

D. 中国移动向客户销售手机并为其他客户提供通信服务

463. 某超市为增值税一般纳税人，2019年2月零售大米和蔬菜共取得销售收入15 000元，开具普通发票，当月无法准确划分大米和蔬菜的销售额。当月外购货物取得普通发票上注明价税合计金额为3 000元，则该超市2019年2月应纳增值税为（　　）元。

A. 0　　　　B. 2 068.9　　　　C. 1 725.66　　　　D. 1 363.64

464. 2019年1月，某增值税一般纳税人将2018年6月购入的一台已抵扣过进项税额的生产设备改变用途，用作职工福利设施，该设备原值100万元，净值率95%，则应作进项税额转出（　　）万元。

A. 0　　　　B. 16　　　　C. 15.2　　　　D. 0.8

465. 纳税人兼营不同税率的项目,应当分别核算不同税率项目的销售额;未分别核算销售额的,(   )适用税率。

A. 从低　　　　　B. 从高　　　　　C. 平均　　　　　D. 都可以

466. 个人出租住房,应按照5%的征收率减按(   )计算应纳税额。

A. 1%　　　　　B. 1.5%　　　　　C. 2%　　　　　D. 2.5%

467. 2018年1月,王某出租一处住房,预收半年租金48 000元,王某收取租金应缴纳增值税(   )元。

A. 720　　　　　B. 0　　　　　C. 685.71　　　　　D. 2 285.71

468. 2018年7月,张某销售一套住房,取得含税销售收入460万元,该住房于2017年3月购进,购进时支付房价100万元,手续费0.2万元,契税1.5万元,张某销售住房应纳增值税(   )万元。

A. 21.90　　　　　B. 17.14　　　　　C. 12.05　　　　　D. 0

469. 外国企业A(在境内没有代理人)向一般纳税人B提供会计咨询服务,收取含税收入20万元,由B代扣代缴A的应纳增值税(   )万元。

A. 2.91　　　　　B. 2.30　　　　　C. 1.13　　　　　D. 0.58

470. 某小规模纳税人,2019年1月份提供设计服务,取得不含税收入10万元,开具普通发票,销售不动产一套(不符合不动产免税政策),取得不含税销售收入100万元,开具普通发票。该纳税人2019年1月应纳的增值税为(   )万元。

A. 3.3　　　　　B. 5　　　　　C. 5.3　　　　　D. 0

471. 某食品商店为增值税小规模纳税人,2018年8月销售食品取得含税销售额103 000元,销售自己使用过的固定资产取得含税销售额103 000元。该商店应缴纳的增值税为(   )元。

A. 6 000　　　　　B. 5 000　　　　　C. 4 000　　　　　D. 3 000

472. 增值税最高开票限额由(   )审批。

A. 区县级税务机关　　　　　B. 省级税务机关

C. 市级税务机关　　　　　D. 以上均可

473. 企业在2018年1月1日至2020年12月31日期间新购进的设备、器具,单位价值不超过(   )万元的,允许一次性计入当期成本费用在计算应纳税所得额时扣除,不再分年度计算折旧。

A. 200　　　　　B. 300　　　　　C. 500　　　　　D. 1 000

474. 2018年具备高新技术企业资格的企业,无论2013年至2017年是否具备资格,其2013年至2017年发生的尚未弥补完的亏损,均准予结转以后年度弥补,最长结转年限为(   )年。

A. 2　　　　　B. 3　　　　　C. 5　　　　　D. 10

475. 下列各项中,可以作为业务招待费税前扣除限额计提基数的是(   )。

A. 转让无形资产使用权的收入
B. 因债权人原因确实无法支付的应付款项
C. 转让无形资产所有权的收入
D. 处置固定资产净收益

476. 一个纳税年度内，居民企业符合条件的技术转让所得 800 万元，应缴纳企业所得税（　　）万元。
A. 37.5　　　　　B. 75　　　　　C. 100　　　　　D. 200

477. 某企业 2018 年度销售收入 5 000 万元，实际发生业务招待费发生 60 万元，在对该企业 2018 年度企业所得税汇算清缴时，该企业此项业务招待费应调增的金额为（　　）万元。
A. 12　　　　　B. 25　　　　　C. 35　　　　　D. 36

478. 自 2009 年 1 月 1 日起，软件生产企业的职工（　　），可按实际发生额在计算应纳税所得额时扣除。
A. 商业保险　　B. 企业年金　　C. 培训费　　D. 福利费

479. 某企业 2018 年度利润总额为 400 万元，未调整捐赠前的所得额为 500 万元。当年"营业外支出"账户中列支了通过当地教育部门向农村义务教育捐赠现金 50 万元。该企业 2018 年应缴纳的企业所得税为（　　）万元。
A. 125　　　　　B. 125.5　　　　C. 134.5　　　　D. 162.5

480. 根据企业所得税相关规定，下列确认销售商品收入实现的条件，错误的是（　　）。
A. 收入的金额能够可靠地计量
B. 企业因向客户转让商品而有权取得的对价很可能收回
C. 已发生或将发生的销售方的成本能够可靠地核算
D. 销售合同已签订并将商品所有权相关的主要风险和报酬转移给购货方

481. 某企业 2018 年在筹建期间发生支出 1 330 万元，其中人员工资 200 万元，办公用品费用 300 万元，各项与筹建有关的注册、证照、咨询费用 20 万元，业务招待费 60 万元，业务宣传费 150 万元，购置生产设备 600 万元，进入经营期时，该企业选择一次性扣除筹建期费用的方法，该企业一次性在企业所得税前扣除的筹建费是（　　）万元。
A. 556　　　　　B. 596　　　　　C. 706　　　　　D. 1 306

482. 某服装生产企业 2018 年实现商品销售收入 2 000 万元，另发生现金折扣 100 万元，接受捐赠收入 100 万元，获得投资收益 20 万元。该企业当年实际发生业务招待费 30 万元，广告费 240 万元（已取得相应发票），业务宣传费 80 万元。2018 年度该企业在计算应纳税所得额时可扣除的业务招待费、广告费、业务宣传费合计（　　）万元。

A. 294.5　　　　B. 310　　　　C. 325.5　　　　D. 330

483. 下列支出在计算企业所得税应纳税所得额时，准予按规定扣除的是（　　）。

　　A. 企业之间发生的管理费支出

　　B. 企业筹建期间发生的广告费支出

　　C. 企业内营业机构之间发生的特许权使用费支出

　　D. 企业内营业机构之间发生的租金支出

484.《个人所得税扣缴申报管理办法（试行）》的施行日期是（　　）。

　　A. 2019年1月1日　　　　　　　　B. 2019年2月1日

　　C. 2018年12月1日　　　　　　　 D. 2019年6月1日

485. 纳税人发生下列（　　）支出，在计算个人所得税时不可以按照继续教育专项扣除政策扣除。

　　A. 经济师　　　B. 税务师　　　C. 书法培训班　　　D. 注册会计师

486. 居民个人从中国境外取得所得的，应当在取得所得的次年（　　）内申报个人所得税。

　　A. 1月1日—4月30日　　　　　B. 1月1日—5月31日

　　C. 3月1日—5月31日　　　　　D. 3月1日—6月30日

487. 根据现行增值税相关政策规定，下列享受增值税税收优惠错误的是（　　）。

　　A. 节能服务公司实施符合条件的合同能源管理项目，将项目中的增值税应税货物转让给用能企业，暂免征收增值税

　　B. 家政服务企业由员工制家政服务员提供家政服务取得的收入

　　C. 对垃圾处理、污泥处理处置劳务免征增值税

　　D. 增值税一般纳税人销售自行开发生产的软件产品，对其增值税实际税负超过3%的部分实行先征后退政策

488. 下列所得不属于综合所得的是（　　）。

　　A. 特许权使用费所得　　　　　B. 财产转让所得

　　C. 劳务报酬所得　　　　　　　D. 稿酬所得

489. 甲建筑公司为增值税一般纳税人，2018年6月1日以清包工方式到某县承接A工程项目，并将A项目中的部分施工项目分包给了乙公司，6月30日发包方按进度支付工程价款220万元。当月为该项目甲公司购进材料取得增值税专用发票上注明的税额8万元；6月甲公司支付给乙公司工程分包款50万元，乙公司开具给甲公司增值税专用发票，注明的税额4.55万元。对A工程项目甲建筑公司选择使用简易计税方法计算应纳税额，6月甲公司应缴纳增值税为（　　）万元。

　　A. 0　　　　B. 4.95　　　　C. 5.08　　　　D. 6.41

490. 纳税人自产的应税消费品用于下列用途的，应当按纳税人同类应税消费品的平均销售价格作为计税依据计征增值税和消费税的是（　　）。

A. 用于换取生产资料和消费资料 B. 用于无偿赠送
C. 用于投资入股 D. 用于抵偿债务

491. 某企业 2018 年的关联销售额为 2 亿元人民币，息税前利润为 400 万元，可比企业的销售利润率采用四分位法计算的下四分位数是 2.35%，中位数是 3.5%，上四分位数是 5.8%。采用交易净利率法中销售利润率指标按规定应对该企业调整应税所得（　　）万元。

A. 0 B. 70 C. 300 D. 760

492. 居民个人取得综合所得，按（　　）计算个人所得税；有扣缴义务人的，由扣缴义务人按月或者按次预扣预缴税款；需要办理汇算清缴的，应当在取得所得的次年 3 月 1 日至 6 月 30 日内办理汇算清缴。

A. 月 B. 年 C. 季度 D. 按年计算，分月或者季度预缴

493. 按国税总局《纳税人分类分级管理办法》的规定，对企业纳税人按（　　）实行分类管理。

A. 规模和行业 B. 规模 C. 行业 D. 行业和收入

494. 根据"营改增"相关政策规定，下列情形中，属于视同提供应税服务的是（　　）。

A. 某运输企业为地震灾区无偿提供公路运输服务
B. 某咨询公司为个人无偿提供技术咨询服务
C. 某动画公司聘用动画人才为本公司设计动画
D. 某律师为其他个人无偿提供法律咨询服务

495. 根据企业所得税相关政策规定，企业债务重组确认的应纳税所得额占当年应纳税所得额（　　）以上的，可以在 5 个纳税年度内均匀计入各年度应纳税所得额。

A. 50% B. 60% C. 75% D. 85%

496. 下列各项中，属于土地增值税征收范围的是（　　）。

A. 房地产的出租行为 B. 房地产的抵押行为
C. 房地产的重新评估行为 D. 个人互换自有住房的行为

497. 甲企业持有丙企业 60% 的股权，共计 4 500 万股，2018 年 2 月将其全部转让给乙企业。收购日甲企业每股资产的公允价值为 14 元，每股资产的计税基础为 12 元。在收购对价中乙企业以股权形式支付 55 440 万元，以银行存款支付 7 560 万元，假定符合特殊性税务处理的其他条件，甲企业转让股权应缴纳企业所得税为（　　）万元。

A. 250 B. 270 C. 280 D. 300

498. 根据国税总局《关于加强税收风险管理工作的意见》的要求，税收风险管理的流程是（　　）。

A. 信息收集——目标规划——风险识别——风险应对——等级排序——过程监控

和评价反馈

　　B. 目标规划——信息收集——风险识别——等级排序——风险应对——过程监控和评价反馈

　　C. 目标规划——风险识别——等级排序——信息收集——风险应对——过程监控和评价反馈

　　D. 信息收集——目标规划——等级排序——风险识别——风险应对——过程监控和评价反馈

　499. 目前职工个人缴纳基本养老保险费的比例是（　　）。
　　A. 6%　　　　　B. 8%　　　　　C. 10%　　　　　D. 11%

　500. 下列各项中，属于房产税的征税范围的是（　　）。
　　A. 围墙　　　　B. 水塔　　　　C. 室外游泳池　　　D. 办公楼

二、多选题

　1. 大企业的特点包括（　　）。
　　A. 跨行业、跨区域甚至跨国经营的特性　　B. 内部组织架构和核算复杂
　　C. 生产经营分散而内部决策集中　　　　　D. 依法纳税意识和维权意识较强

　2. 风险内部控制调查的主要内容是（　　）、工薪福利及员工管理内控、资产及其权益关联关系内控、信息系统关联内控等。
　　A. 整体管理层面的内控　　　　　B. 购、销、存及其收支款项业务内控
　　C. 成本费用管理内控　　　　　　D. 投、融资及资金管理内控

　3. 企业税务风险管理信息系统数据的（　　）、保存，应符合税法合税务风险控制的要求。
　　A. 记录　　　　B. 收集　　　　C. 处理　　　　D. 传递

　4. 在评估企业是否存在转让定价避税嫌疑时，可以通过下列指标，运用（　　）。
　　A. 关联销售变动率与销售收入变动率配比分析
　　B. 关联销售变动率与销售利润变动率配比分析
　　C. 关联采购变动率与销售成本变动率配比分析
　　D. 关联采购变动率与销售利润变动率配比分析

　5. 定点联系企业税务风险管理信息系统的主要组成子系统有（　　）。
　　A. 风险管理信息采集子系统　　　B. 企业税务风险评估管理子系统
　　C. 税务审计查账子系统　　　　　D. 反馈和改进风险子系统

　6. 专项涉税事项监控是指从日常涉税事项以外的事项中选取特定事项进行监控，主要包括（　　）。
　　A. 企业涉税诉求处理情况的监控　　B. 税务风险内控情况的监控

C. 税收遵从协议履行情况的监控　　D. 税务机关自主实施的监控事项

7. 在下列各项中，属于税收风险的有（　　）。
   A. 税款负担风险　　B. 税收违法风险　　C. 信誉损失风险　　D. 经营风险

8. 在下列各项中，体现纳税评估和税务稽查的区别主要在于（　　）。
   A. 检查目标　　B. 检查目的　　C. 检查方式　　D. 取证要求

9. 下列属于财务报告至少包括的项目有（　　）。
   A. 资产负债表　　　　　　　　　B. 附注
   C. 财务情况说明书　　　　　　　D. 所有者权益变动表

10. 纳税评估对象的来源可以有（　　）。
    A. 上级筛选下发　　　　　　　　B. 群众举报确定
    C. 本级确定　　　　　　　　　　D. 税源管理部门确定

11. 为了加强千户集团数据管理工作，2017年要基本建立千户集团（　　）的各类基础数据。
    A. 企业端　　B. 税务端　　C. 第三方　　D. 网络端

12. 银行业务主要分为（　　）。
    A. 负债业务　　B. 资产业务　　C. 中间业务　　D. 存款业务

13. 对于电力行业，符合不征税收入的条件有（　　）。
    A. 电力企业能够提供规定资金专项用途的资金拨付文件
    B. 财政部门或其他拨付资金的政府部门对该资金有专门的资金管理办法或具体管理要求
    C. 电力企业向居民生活供电的收入
    D. 电力企业对该资金以及该资金发生的支出单独进行核算

14. 营改增后，建筑业企业适用简易计税的有（　　）。
    A. 建筑企业为政府公共项目提供的建筑服务
    B. 以清包工方式提供的建筑服务
    C. 为甲供材工程提供的建筑服务
    D. 建筑工程老项目提供的建筑服务

15. 下列选项中，无需缴纳增值税的有（　　）。
    A. 体育彩票的发行收入　　　　　　B. 被保险人获得的保险赔付
    C. 资产重组中涉及的房产、设备转让　　D. 单位为员工提供的班车服务

16. 下列行为应当缴纳我国增值税的有（　　）。
    A. 美国A公司向我国某企业转让在我国境内的连锁经营权
    B. 法国B公司将其在意大利的办公楼出租给我国企业使用
    C. 英国C公司对我国企业开拓国际、国内市场提供咨询服务
    D. 印度D公司为我国企业在印度的建筑工程提供监理服务

17. 下列关于增值税征税范围的说法，正确的有（　　）。
    A. 股权转让不征收增值税
    B. 资产重组中涉及的货物，应征收增值税
    C. 资产重组中涉及的不动产、土地使用权，不征收增值税
    D. 各燃油电厂从政府专户取得的发电补贴，不征收增值税

18. 企业提供下列劳务中，按照完工进度确认企业所得税应税收入的有（　　）。
    A. 广告制作　　　　　　　　　B. 提供宴会招待
    C. 提供艺术表演　　　　　　　D. 为特定客户开发软件

19. 企业从事下列项目所得，免征企业所得税的有（　　）。
    A. 企业受托从事蔬菜种植　　　B. 企业受托从事家禽饲养
    C. 农产品初加工　　　　　　　D. 农机作业和维修

20. 税务机关对纳税人实施分类分级管理要实现（　　）的转变。
    A. 固定管户向分类分级管户　　B. 无差别管理向差异化管理
    C. 经验管理向大数据管理　　　D. 事前审核向事中事后监管

21. 下列选项中，属于案头检查的有（　　）。
    A. 电话　　B. 约谈　　C. 资料检查　　D. 资产盘点

22. 大企业税收管理的探索大致可以归纳为三个阶段，这三个阶段包括（　　）。
    A. 萌芽起步阶段　　　　　　　B. 成熟发展阶段
    C. 修改统一阶段　　　　　　　D. 改革完善阶段

23. 以提高千户集团数据质量为核心，通过整体规划，进一步明确数据采集范围、采集内容和采集方式，细化明确具体管理措施，逐步构筑（　　）的管理闭环。
    A. 采集有考评　　B. 内容有选择　　C. 治理有反馈　　D. 使用有监控

24. 结合计算机扫描结果，依托相关数据信息，通过（　　）等方法，开展人工专业复评，形成分户税收风险分析报告。
    A. 常规风险分析　　　　　　　B. 行业重点剖析
    C. 单户具体分析　　　　　　　D. 重大事项分析

25. 大型建筑企业的特点主要有（　　）。
    A. 承接高端、复杂项目的主力军　　B. 以建筑业为主多种经营
    C. 实施"走出去"战略的开拓者　　D. 更多社会责任的承担者

26. 税收风险管理的基本内容包括信息收集、（　　）、等级排序和风险应对，以及通过评价成果应用于规划目标的修订校正，从而形成良性互动、持续改进的管理闭环。
    A. 目标规划　　B. 风险识别　　C. 过程监控　　D. 评价反馈

27. 在千户集团税收分析工作全过程嵌入两权监督、分权制衡的内控机制，依靠（　　）加强对大企业税收风险分析应对的全过程监督管理，进一步防范执法风险和廉

政风险。

A. 制度　　　　B. 软件　　　　C. 信息　　　　D. 科技

28. 千户集团税收风险管理，以防范税收风险为导向，按照"（　　）"环节，实施全流程闭环管理。

A. 数据采集　　B. 风险分析　　C. 推送应对　　D. 反馈考核

29. 为构建税收共治格局和优化纳税服务、提高征管效能，国家税务总局提出"三方沟通机制"中的"三方"是（　　）。

A. 税务机关　　　　　　　　　B. 地方政府
B. 涉税专业服务社会组织及其行业协会　　D. 纳税人

30. 落实千户集团指标模型"（　　）、（　　）、（　　）"三位一体的建设思路，持续优化千户集团指标模型建设工作机制。

A. 识别　　　　B. 研发　　　　C. 验证　　　　D. 应用

31. 税务机关大企业税收管理部门可以通过从征管系统集中抽取、基层税务机关报送、向企业采集、协作互助等方式采集企业涉税信息，包括企业基础信息、税务风险内控信息、（　　）等企业涉税信息。

A. 税法遵从信息　B. 行业特征信息　C. 第三方信息　D. 经营状况信息

32. 税务总局依托大企业税收管理信息系统，统筹考虑千户集团（　　）等因素，制定千户集团税收风险管理战略规划和年度计划。

A. 风险等级排序　B. 关联交易　　C. 行业税收规模　D. 区域分布

33. 各级税务机关可运用掌握的企业涉税信息，选取企业涉税事项进行比对、分析，及时全面了解企业集团及其成员企业的税源变动情况，为哪些风险管理环节提供基础性信息（　　）。

A. 风险识别　　B. 税务审计　　C. 风险评估　　D. 风险应对

34. 按照《国家税务总局大企业管理和服务规程（试行）》规定，遵从管控包括（　　）。

A. 税源监控　　　　　　　　　B. 风险识别和风险评估
C. 政策服务　　　　　　　　　D. 税收遵从协议的签订和实施

35. 企业名册管理工作分为（　　）、（　　）、（　　）、结果上报、名册反馈和工作总结七个阶段。

A. 代码准备　　B. 名册采集　　C. 任务分发　　D. 名册核实

36. 大企业税收风险管理内部控制的内容主要包括（　　）环节中的涉税事项的工作风险。

A. 数据采集　　B. 风险分析　　C. 推送应对　　D. 反馈考核

37. 大企业税收风险管理内部控制措施主要包括（　　）。

A. 职责分工控制　B. 过程预警控制　C. 授权审批控制　D. 流程控制

38. 千户集团税收风险管理应当坚持以下主要原则（　　）。
   A. 两级统筹　　　B. 合作推进　　　C. 信息集成　　　D. 促进遵从

39. 人工专业复评可以采取（　　）等方法。
   A. 案头分析　　　　　　　　　　　B. 与企业沟通
   C. 选取代表性企业开展典型调查　　D. 纳税评估

40. 税源监控采用（　　）与（　　）相结合的方式，充分发挥各级税务机关的监控能力，建立并发挥行业管理团队的作用，运用主要涉税指标进行重点监控。
   A. 属地管理　　　B. 集中管理　　　C. 日常管理　　　D. 专项管理

41. 千户集团税收风险管理，按照"（　　）——风险分析——（　　）——反馈考核"四个环节，实施全流程闭环管理。
   A. 信息管理　　　B. 数据采集　　　C. 推送应对　　　D. 调查核实

42. 对大企业的遵从引导可以选择符合条件的大企业，签订（　　）或（　　）。
   A. 税收遵从合作协议　　　　　　B. 纳税服务手册
   C. 税收风险管理合作备忘录　　　D. 税收风险管理指引

43. 大企业税收风险管理工作风险分为哪几个等级？（　　）
   A. 高　　　　　　B. 中　　　　　　C. 低　　　　　　D. 其他

44. 大企业税收风险管理内部控制的内容主要包括（　　）。
   A、数据采集
   B. 风险分析
   C. 推送应对
   D. 反馈考核环节中的涉税事项的工作风险

45. 深化大企业税收服务与管理改革的主要任务有（　　）。
   A. 优化大企业个性化纳税服务　　　B. 转变大企业税收管理方式
   C. 创新大企业税源监控分析　　　　D. 强化大企业税收保障体系

46. 2019年全国两会第四场"部长通道"在人民大会堂举行。国家税务总局局长王军在回答记者提问时表示，将努力做到"四实四硬"，力保减税降费措施实打实、硬碰硬落地。"四实"包括（　　）。
   A. 政策制定要实　　　　　　　　B. 简明操作要实
   C. 宣传辅导要实　　　　　　　　D. 优化服务要实

47. 根据国务院办公厅印发的《降低社会保险费率综合方案》规定，下列说法正确的是（　　）。
   A. 个体工商户和灵活就业人员参加企业职工基本养老保险，可以在本省全口径城镇单位就业人员平均工资的60%至300%之间选择适当的缴费基数
   B. 个体工商户和灵活就业人员参加企业职工基本养老保险，可以在本省全口径城镇单位就业人员平均工资的50%至300%之间选择适当的缴费基数

C. 加大企业职工基本养老保险基金中央调剂力度，2019年基金中央调剂比例提高至3%

D. 加大企业职工基本养老保险基金中央调剂力度，2019年基金中央调剂比例提高至3.5%

48. 环境保护税的征税对象包括（　　）。

A. 大气污染物　　B. 水污染物　　C. 固体废物　　D. 噪声

49. 企业为了开发新技术、新产品、新工艺所发生的研发费用，未形成无形资产计入当期损益的，在按照规定据实扣除的基础上，按照研发费用的（　　）加计扣除；形成无形资产的，按照无形资产成本的（　　）摊销。

A. 100%　　B. 50%　　C. 60%　　D. 150%

50. 下列各项所得中，可以免缴纳个人所得税的有（　　）。

A. 个人取得的国库券利息

B. 个人取得的公司债券利息

C. 个人取得的国家发行的金融债券利息

D. 个人取得持有期间不足一年的股票取得的股息

51. 下列各项所得，按工资、薪金所得缴纳个人所得税的有（　　）。

A. 非任职单位的董事费收入　　B. 退休后再任职取得的收入

C. 年终加薪和劳动分红　　D. 年终一次性奖金

52. 下列哪些情形不缴纳水资源税（　　）。

A. 农村集体经济组织及其成员从本集体经济组织的水塘、水库中取用水的

B. 家庭生活和零星散养、圈养畜禽饮用等少量取用水的

C. 水利工程管理单位为配置或者调度水资源取水的

D. 为保障矿井等地下工程施工安全和生产安全必须进行临时应急取用（排）水的

53. 合法有效的增值税抵扣凭证包括（　　）。

A. 增值税专用发票　　B. 海关进口增值税专用缴款书

C. 农产品收购发票或者销售发票　　D. 解缴税款的完税凭证

54. 增值税的纳税期限包括（　　）。

A. 3日　　B. 5日　　C. 7日　　D. 10日

55. 下列项目中，属于土地增值税扣除项目并可据实扣除的有（　　）。

A. 项目可行性研究费用　　B. 拆迁补偿费

C. 利息支出　　D. 转让房地产时缴纳的印花税

56. 下列业务中可采取先预征后清算土地增值税税款的有（　　）。

A. 成片受让土地分期分批开发转让房地产　　B. 预售商品房

C. 出售旧有房地产　　D. 合作建房后分别出售

57. 开展大企业纳税服务工作可以通过（　　）等多种方式，认真听取意见和建

议，了解生产经营及重大涉税事项情况，及时收集和回应大企业关心的涉税问题，构建良好税企关系。

　　A. 税企座谈会　　B. 税企沙龙　　C. 企业走访　　D. 电话沟通

　　58. 千户集团数据管理包括哪些数据？（　　）

　　A. 税务端数据　　B. 企业端数据　　C. 第三方数据　　D. 其他渠道数据

　　59. 强化平台综合应用，充分应用好平台功能和数据，逐步将千户集团（　　）和纳税服务等统一纳入平台运行，实现"工作平台化"，提升大企业税收服务和管理质效。

　　A. 数据管理　　B. 风险分析　　C. 评审推送　　D. 经济分析

　　60. 大企业税收风险管理内部控制的目标是：通过（　　），形成运转高效、规范有序的管控制度，实现对大企业税收风险管理工作的制约和监督，提升管理的质量和效率。

　　A. 健全机制　　B. 规范流程　　C. 明确岗责　　D. 完善措施

　　61. 对于千户集团信息管理，省税务局任务包括（　　）。

　　A. 制定千户集团数据报送范围和标准

　　B. 采集核实并定期更新本省千户集团名册信息。按时采集、审核、报送千户集团财务报表数据、税收征管数据、税收快报数据

　　C. 协助税务总局制定完善千户集团名册管理办法

　　D. 与各省财政、国有资产监督管理等部门沟通联系，获取千户集团企业相关信息

　　62. 按照千户集团税收风险分析及相关工作要求，在千户集团信息管理任务中由税务总局负责的是（　　）。

　　A. 制定千户集团名册管理办法

　　B. 制定千户集团数据报送范围和标准

　　C. 组织编写业务需求，升级完善千户集团税收风险分析、名册管理和税收快报等功能模块

　　D. 采集、审核、报送千户集团财务报表数据、税收征管数据、税收快报数据

　　63. 按照千户集团税收风险分析及相关工作要求，在千户集团两级税收风险统筹分析任务中由税务总局负责的是（　　）。

　　A. 制定千户集团税收风险分析战略规划和年度工作计划

　　B. 从企业年报、财务报表、纳税申报表、鉴证报告、企业内控制度等入手，借助采集的各类数据，对重大涉税风险进行分析后形成千户集团税收风险分析报告

　　C. 针对行业代表性集团开展典型调查，提高千户集团税收风险分析的精准度

　　D. 针对风险应对任务，组织开展二次或深度分析，在此基础上开展风险应对，提高税收风险分析质效

　　64. 促进民营经济发展的措施有（　　）。

A. 减轻企业税费负担 B. 解决民营企业融资难融资贵问题
C. 营造公平竞争环境 D. 完善政策执行方式

65. 关于实施千户集团税收风险任务统一推送差别化应对工作，以下说法不符合相关要求的有（   ）。

A. 大企业税收管理部门对千户集团税收风险分析报告进行评审

B. 对审定通过的千户集团税收风险分析报告直接推送至各省税务局应对

C. 省税务局风险办按照风险等级直接推送给相应税务机关，开展差别化风险应对

D. 对千户集团税收风险应对中查实确定的税收风险点，不负责督促企业进行整改及对查实的税款及时组织入库

66. 以下做法不符合大企业税务审计软件数据安全管理要求的是（   ）。

A. 严格遵循人机固定、权责匹配原则，切实落实谁使用、谁管理、谁负责制度

B. 将安装大企业税务审计软件的计算机交由外来人员使用

C. 大企业税务审计软件数据和工作成果在外网传输

D. 与大企业税务审计工作无关的人员可以纳入软件使用范围

67. 按照精简电子财务数据采集范围的要求，以下情况的企业，不再纳入数据采集对象（   ）。

A. 非独立核算的企业 B. 集团境外成员的企业
C. 挂靠经营的企业 D. 采取手工记账方式的企业

68. 以下情况符合目前千户集团电子财务数据采集工作要求的是（   ）。

A. 货币金融服务行业企业只采集财务系统的电子数据（包括科目余额表等），暂不采集业务系统的数据

B. 批发和零售行业企业只采集企业财务系统的电子数据，不采集企业业务系统数据

C. 军工类企业仅采集民用部分的电子财务数据

D. 涉密类企业仅采集非涉密业务的电子财务数据

69. 以下情况符合目前千户集团电子财务数据采集工作要求的是（   ）。

A. 境外上市或服务器在境外的企业，可延长电子财务数据采集时间，延长时间最长不超过 3 个月

B. 由于涉案、财务人员更换频繁等原因导致财务数据无法及时采集的企业，可适当延长电子财务数据采集时间，延长时间最长不超过 3 个月

C. 发生重组、筹备上市等重大事项的企业，电子财务数据采集时间可延长至重大事项完成后 3 个月内

D. 存在上述情况的企业，需由其集团总部向总部所在省税务机关提出申请，经省税务机关同意，并报送税务总局大企业税收管理司备案后，可按照相应处理方式进行办理

70. 千户集团总部按月度报送相关涉税数据中,"实际缴纳税款"填报口径为（   ）。

　　A. 企业集团总部及成员企业境内实际缴纳的各项税款合计

　　B. 企业集团总部及成员企业境外实际缴纳的各项税款合计

　　C. 不包括海关代征税收、关税、船舶吨税以及代扣代缴个人所得税等

　　D. 不扣减出口退税和财政部门办理的减免税

71. 千户集团总部按月（季）度报送相关涉税数据信息明细表对以下哪些情况提示异常（   ）。

　　A. 若实际缴纳税款与营业收入之比超过50%，提示异常

　　B. 若净利润超过营业收入，提示异常

　　C. 实际缴纳税款小于国内增值税和企业所得税之和，提示异常

　　D. 若营业收入小于境外营业收入和出口营业收入，提示异常

72. 以下指标在千户集团总部按月（季）度报送相关涉税数据信息明细时，填报口径正确的是（   ）。

　　A. 营业收入为企业集团总部及成员企业合计数，当年累计数

　　B. 存货为企业集团总部及成员企业合计数，期末余额

　　C. 实际发生的职工薪酬为企业集团总部及成员企业实际发生的（权责发生制下）职工薪酬合计数，当年累计数

　　D. 职工人数为企业集团总部及成员企业合计职工人数，期末数

73. 2019年全国大企业税收服务与管理工作的总体要求是（   ）。

　　A. 以习近平新时代中国特色社会主义思想为指导，全面贯彻党的十九大及十九届二中、三中全会精神

　　B. 认真落实全国税务工作会议部署，以大企业纳税人为中心，积极构建现代化大企业纳税服务体系和税收管理体系

　　C. 全面提升纳税服务质量、风险管理质量和经济分析质量

　　D. 着力强化工作机制建设、信息化建设、制度规范建设和干部队伍建设

74. 2019年全国大企业税收服务与管理重点工作任务包括（   ）。

　　A. 提升工作站位，抓住机遇探索发展　　B. 落实减税降费，促进经济平稳发展

　　C. 开展优质服务，营造良好税收环境　　D. 推进信息化建设，提升科技管理能力

75. 2019年全国大企业税收服务与管理关于开展优质服务的措施包括（   ）。

　　A. 为有需求的大企业集团设立首席联络员　B. 依申请为大企业试行开展事先裁定

　　C. 为大企业编制行业税收风险指引　　　　D. 制定大企业税务风险内控框架

76. 符合目前千户集团相关基础涉税数据报送要求的是（   ）。

　　A. 报送范围为千户集团和后续扩围集团企业

　　B. 千户集团和扩围集团总部应在月度、季度结束后18日内，报送年初至本月末、

本季度末累计相关基础涉税数据信息

  C. 第四季度（即全年累计数）数据应于季度结束后 28 日内，即 1 月 28 日前报送

  D. 省税务机关大企业税收管理部门应于集团报送期结束后两个工作日内（节假日顺延）将数据报送至税务总局大企业税收管理司

77. 千户集团电子财务数据采集范围主要包括（　　）。

  A. 企业基本信息　　　　　　　　B. 会计核算信息

  C. 生产经营信息　　　　　　　　D. 内控制度

78. 千户集团电子财务数据采集方式为（　　）。

  A. 成员企业对总部　　　　　　　B. 成员企业对省税务局

  C. 总部对省税务机关　　　　　　D. 省税务机关对税务总局

79. 千户集团扩围工作是进一步落实"对跨区域、跨国经营的大企业，将其税收风险分析事项提升至（　　）集中进行，将分析结果推送相关税务机关进行应对"的体现。

  A. 县区税务局　　B. 地市税务局　　C. 省级税务局　　D. 税务总局

80. 以下符合千户集团按月（季）度报送相关基础涉税数据相关口径的有（　　）。

  A. 月（季）度报送数据，填报口径为企业集团总部及其成员企业相应指标的合计数

  B. 为保证数据同期可比，本期报送合计数的上年同期数也要求为合计数

  C. 年度报送数据，填报口径仍为集团合并财务报表数据

  D. 对于个别未能在报送期间内核算完成集团涉税数据的企业集团，可先行按照上年同期数据和可预计的变动情况，对数据指标进行合理估算

81. 以下符合集团企业按月（季）度报送相关基础涉税数据要求的是（　　）。

  A. 时点数据为期末数，期间数据为当年累计数

  B. 实际缴纳税款、营业收入、新增固定资产等期间数据均为当年累计数，原则上不小于前期数值

  C. 职工人数单位为人，职工人数不得出现小数

  D. 资产总计与负债合计、所有者权益两项之和应相一致；原则上实际缴纳税款与营业收入之比不应超过 50%、净利润不应大于营业收入

82. 列入千户集团名单的企业集团在名册管理工作中的主要职责包括（　　）。

  A. 确定、调整千户集团名单和千户集团名册信息项目

  B. 按照税务机关要求，组织开展名册信息填写、审核和报送

  C. 根据税务机关反馈的核实结果，组织开展名册信息校正

  D. 开展集团内部名册管理工作培训，对成员企业提供指导

83. 以下符合千户集团名册管理的是（　　）。

A. 已入选千户集团名单的企业集团总部每年应按照要求填报相关信息，于每年5月31日企业所得税汇算清缴结束前报送省税务机关

B. 千户集团按年确定其成员企业。集团总部按照税务机关要求组织填报集团成员企业名册信息，并于每年10月纳税申报期结束前报送省税务机关

C. 省税务机关对总部在本省的集团，核实集团总部及该集团在本省的成员企业名册信息

D. 对应报未报、提供虚假名册信息或拒绝报送名册信息的企业集团，省税务机关应及时上报国家税务总局

84. 关于千户集团数据采集工作的法律依据，税收征管法及配套法律法规已对纳税人报送资料和数据做了明确规定，包括（　　）。

A.《中华人民共和国税收征收管理法》第二十五条规定，纳税人必须按照法律、行政法规规定或者税务机关依照法律、行政法规的规定确定的申报期限、申报内容如实办理纳税申报，报送纳税申报表、财务会计报表以及税务机关根据实际需要要求纳税人报送的其他纳税资料

B.《中华人民共和国税收征收管理法》第五十四条规定，税务机关有权检查纳税人的账簿、记账凭证、报表等有关资料，以及检查扣缴义务人代扣代缴、代收代缴税款账簿、记账凭证等有关资料，并可责成纳税人、扣缴义务人提供与纳税或者代扣代缴、代收代缴税款有关的文件、证明材料等有关资料

C.《国家税务总局关于贯彻〈中华人民共和国税收征收管理法〉及其实施细则若干具体问题的通知》（国税发〔2003〕47号）文件第十六条规定，对采用电算化会计系统的纳税人，税务机关有权对其会计电算化系统进行查验。对纳税人会计电算化系统处理、存储的会计记录以及其他有关的纳税资料，税务机关有权进入其电算化系统进行检查，并可复制与纳税有关的电子数据作为依据

D.《行政强制法》

85. 千户集团电子财务数据采集电子账套数据包括（　　）。

A. 账套信息　　B. 科目信息　　C. 余额信息　　D. 凭证信息

86. 千户集团电子财务数据信息采集方式为（　　）。

A. 账套信息采取"成员单位对总部、总部对省税务机关、省税务机关对税务总局"的方式开展

B. 由企业集团总部统一部署其全部成员单位开展电子财务数据采集工作

C. 企业集团总部集中收集和校验各成员单位电子财务数据后，报送至企业集团总部所在省税务机关

D. 省税务机关对企业电子财务数据在本地进行收集、加载、审核和利用

87. 大企业税收风险管理内部控制措施中相容岗位（职责）分离控制是指严格遵循（　　）的分离。

A. 风险分析与应对 B. 考核和反馈
C. 风险分析与评审 D. 执行与审核

88. 根据风险管理相关环节的内在逻辑及特点，运用各种手段在时效要求、逻辑关系审核、完整性校验等重要节点设置监控指标进行交叉比对和设置提醒，对错误情况进行（　　）。

A. 预警   B. 干预   C. 修正   D. 阻断

89. 省以下税务机关如遇大企业税收风险管理重大紧急事项应报（　　）研究解决，并报（　　）。

A. 本单位领导 B. 本单位主管领导
C. 上级税务机关 D. 上一级大企业税收管理部门

90. 各级税务机关应当充分运用信息技术手段，依托税务总局金税三期、大企业税收管理信息系统等信息化平台，将大企业税收风险管理内部控制措施固化融入相关信息系统，从（　　）等方面入手，对大企业税收风险管理内部控制实行内生化管理。

A. 权限   B. 流程   C. 模板   D. 指引

91. 大企业税收风险管理内部控制操作指引文档（试行）中将控制类型分为（　　）。

A. 预防性 B. 发现性 C. 预警性 D. 引导性

92. 千户集团税收风险管理工作规程（试行）中指出千户集团税收风险管理，以防范税收风险为导向，按照（　　）四个环节，实施全流程闭环管理。

A. 数据采集 B. 风险分析 C. 推送应对 D. 反馈考核

93. 千户集团税收风险管理中的两级统筹，指的是强化（　　）在千户集团税收风险管理工作中的分工协作，注重顶层设计，整合管理资源，明确工作职责，坚持上下联动，形成工作合力。

A. 税务总局 B. 税务总局大企业管理司
C. 省税务机关 D. 省税务机关大企业管理部门

94. 省税务机关可以聘请（　　）专家，组建大企业税收管理顾问团队，通过合作、外包等方式，开展大企业税收管理技术手段研发和相关项目研究。

A. 大专院校 B. 重点企业 C. 行业协会 D. 中介机构

95. 税务总局立足金税三期开发建设大企业税收管理信息系统，并在安全可控的前提下，实现与各省税务机关的（　　）共享。

A. 数据   B. 风险分析指标模型 C. 风险分析成果 D. 风险应对结果

96. 税务总局通过（　　）等形式对各省税务机关上报的风险应对结果进行跟踪指导和后续监督，并对重大税收风险点进行专项评估。

A. 督导调研 B. 限时督办 C. 定期检查 D. 绩效考核

97. 千户集团税收风险应对工作报告模板中包括（　　）等内容。

A. 总体情况　　　　　　　　　　B. 风险确认情况

C. 新增风险情况　　　　　　　　D. 风险应对具体做法

98. 《国家税务总局关于转变税收征管方式提高税收征管效能的指导意见》总体思路是（　　），推进税收征管体制、机制和制度创新，努力构建集约高效的现代税收征管方式，进一步增强税收在国家治理中的基础性、支柱性、保障性作用。

A. 以依法征管、权责清晰、科学效能为原则

B. 以分类分级管理为基础

C. 以税收风险管理为导向

D. 以现代信息技术为依托

99. 转变税收征管方式的重点是，在保持税款入库级次和入库地点不变的前提下，实现（　　）的"四个转变"。

A. 事前审核向事中事后监管　　　B. 固定管户向分类分级管户

C. 无差别管理向风险管理　　　　D. 经验管理向大数据管理

100. 对企业纳税人，根据大企业、重点税源企业、一般税源企业的不同特点，灵活运用风险管理流程和方法，分类开展税收风险管理。对大企业，开展（　　）两级税收风险统筹分析，实施风险应对任务统一推送、差别化应对。

A. 税务总局　　B. 省税务局　　C. 市税务局　　D. 县税务局

101. 《国家税务总局关于进一步加强税收风险管理工作的通知》中指出税收风险管理工作重点应围绕（　　）精准发力，有效配置征管资源。

A. 重点行业和重点区域　　　　　B. 千户集团和大企业

C. 高收入自然人　　　　　　　　D. 征管主观努力程度

102. 《深化大企业纳税服务若干工作措施》中指出要全面提升大企业纳税服务质效，必须与时俱进，多措并举，（　　）。

A. 畅通纳税服务渠道　　　　　　B. 创新纳税服务产品

C. 优化纳税服务手段　　　　　　D. 强化税收风险管理

103. 《深化大企业纳税服务若干工作措施》十八条中明确包括的措施有（　　）。

A. 拓展服务渠道，加强信息交流

B. 明确走访机制，及时回应诉求

C. 研究内控指标体系，帮助企业加强内控建设

D. 优化"走出去"企业服务，助力国家发展战略

104. 加强大企业个性化纳税服务工作，首先是加强税企沟通，建立健全多层次沟通联系机制，包括建立（　　）。

A. 大企业联络员制度　　　　　　B. 大企业工作小组制度

C. 常态化走访工作机制　　　　　D. 税企高层对话机制

105. 我们全面深化改革，不能东一榔头西一棒子，而是要突出改革的（　　）。

A. 系统性　　　　B. 整体性　　　　C. 协同性　　　　D. 创新性

106. 我们要坚持改革决策和立法决策相统一、相衔接，立法主动适应改革需要，积极发挥（　　）改革的作用，做到重大改革于法有据，改革和法治同步推进，增强改革的穿透力。

A. 引导　　　　B. 推动　　　　C. 规范　　　　D. 保障

107. 必须从贯彻落实"四个全面"战略布局的高度，深刻把握全面深化改革的关键地位和重要作用，拿出勇气和魄力，自觉运用改革思维谋划和推动工作，不断提高（　　）的能力和水平，切实做到人民有所呼、改革有所应。

A. 领导　　　　B. 谋划　　　　C. 推动　　　　D. 落实改革

108. （　　）分期缴纳个人所得税的情况有以下几种：

A. 个人以非货币性资产投资

B. 境外个人在境内从事技术研发取得的收入

C. 高新技术企业对本企业相关技术人员的股权激励

D. 中小高新技术企业向股东转增股本

109. 下列关于增值税加计抵减政策说法正确的是（　　）。

A. 加计抵减政策执行期限自2019年1月1日起至2021年12月31日

B. 不是只有增值税适用税率为6%的纳税人适用加计抵减政策，增值税适用税率为13%和9%的纳税人也可能适用

C. 加计抵减政策只适用于一般纳税人

D. 加计抵减额不是进项税额，不能退税

110. 需办理个人所得税汇算清缴的有以下几种情形（　　）。

A. 取得综合所得

B. 取得应税所得没有扣缴义务人

C. 取得应税所得，扣缴义务人未扣缴税款的

D. 因移居境外注销中国户籍

111. 自2019年1月1日至2021年12月31日，对哪些专门用于经营农产品的房产、土地，暂免征收房产税和城镇土地使用税。（　　）。

A. 农村集贸市场　　　　　　　　B. 农产品批发市场
C. 农贸市场　　　　　　　　　　D. 农产品超市

112. 科技型中小企业的税收优惠政策有（　　）。

A. 可弥补亏损年限延长至10年

B. 研发费用加计扣除提高至75%

C. 按照投资额的70%在股权持有满2年的当年抵扣应纳税所得税

D. 成立2年内免征企业所得税

113. 因国家建设需要依法征用、收回的房地产免征土地增值税。但下列情形不能

免征土地增值税（　　）。

    A. 超期未开发的土地，被政府收回

    B. 未经税务机关审核同意而自行减免的

    C. 非因旧城改造或因企业污染、扰民，而由政府或政府有关主管部门根据已审批通过的城市规划确定进行搬迁的

    D. 市、县（区）级人民政府级批准的建设项目而进行搬迁的企业

114. 符合下列哪些条款即可判定为中国税收居民个人？（　　）

    A. 在中国境内有住所

    B. 具有中国国籍但未在中国大陆定居

    C. 港、澳、台居民

    D. 在中国境内无住所而一个纳税年度内在中国境内居住累计满183天的个人

115. 以下关于车辆购置税的说法，正确的是（　　）。

    A. 纳税人购买自用应税车辆的计税价格，为纳税人实际支付给销售者的全部价款

    B. 车辆购置税的税率为10%

    C. 车辆购置税实行一次性征收

    D.《车辆购置税法》自2019年7月1日起施行

116. 根据企业所得税法的规定，下列所得中可以免征或减征企业所得税的有（　　）。

    A. 林场销售原木的所得

    B. 从事国家重点扶持的公共基础设施项目投资经营的所得

    C. 从事符合条件的环境保护、节能节水项目的所得

    D. 销售安全生产设备的所得

117. 省级税务局自主开展的千户集团（总局分析计划外）税收风险分析主要业务流程包括（　　）。

    A. 上报总局审批   B. 制订分析计划

    C. 开展风险分析   D. 审核分析结果

118. 不适用税前加计扣除政策的活动有（　　）。

    A. 企业产品（服务）的常规性升级

    B. 对某项科研成果的直接应用，如直接采用公开的新工艺、材料、装置、产品、服务或知识等

    C. 实质性改进技术、产品（服务）、工艺

    D. 对现存产品、服务、技术、材料或工艺流程进行的重复或简单改变

119. 属于应税行为未及时确认或少计收入风险的选项是（　　）。

    A. 未按照增值税纳税义务发生时间确认收入风险

    B. 往来账期末余额较大、长期挂账隐匿收入风险

C. 收取其他单位资金占用费未确认收入风险

D. 非集团内企业之间资金拆借少计利息收入风险

120. 针对生产企业的购进农产品，核查账面原材料购进情况，应采取的措施有（　　）。

A. 查阅"原材料""应付账款"明细账及有关购销的原始凭证、合同或协议，掌握企业农产品购进渠道、付款情况、特别应掌握企业农产品大批量购进渠道、从中了解货物来源、发票开具和资金结算等情况

B. 核实其农产品价格变动情况是否正常，可根据网上全国各地农产品指导价格，核实其购买的农产品价格是否偏高

C. 根据合同、供货商、纳税申报等进行分析，掌握实际业务发生情况及发票开具情况，核实购进农产品的真实性

D. 核查中要高度关注《农产品收购统一发票》开具情况

121. 核查外购用于非增值税应税项目、简易计税方法计税项目、免征增值税项目、集体福利或个人消费，未按规定转出进项税额风险应重点关注的科目有（　　）。

A. "原材料"　　B. "库存商品"　　C. "无形资产"　　D. "固定资产"

122. 核查银行收取贷款相关滞纳金、罚金等未缴纳增值税风险，应主要核查的科目有（　　）。

A. "营业外收入"　B. "应付账款"　C. "其他业务收入"　D. "其他应付款"

123. 如果企业生产成本明细账借方有红字发生额，最有可能的情况有（　　）。

A. 以产品销售收入冲减生产成本　　B. 车间已领未用的材料退库

C. 以销售下脚料的收入冲减生产成本　D. 生产车间领用材料

124. 对于往来账期末余额较大、长期挂账隐匿收入的税收风险，税务机关应重点核查（　　）。

A. 分析往来科目当期发生额和期末余额，是否存在长时间未发生变化或无业务往来的对应单位往来款项

B. 是否存在期末金额逐年增加或金额较大的现象，关注贷方余额较大与长期挂账款项的原因，是否存在未按增值税规定确认收入的情况

C. 是否存在长期挂账无需偿付的预收账款未转入营业外收入的情况

D. 是否有合同到期未确认增值税应税收入，是否符合一般销售收入的确认而未确认收入

125. 对于企业将增值税应税产品用于集体福利或者个人消费、投资、分配给投资者、无偿赠送等行为未按规定申报缴纳税款的风险，应重点核查（　　）。

A. 审查"营业外支出""销售费用""应付职工薪酬"明细账，了解相关业务的实际操作方式

B. 审查"库存商品""主营业务成本"明细账，核实企业库存商品出库情况

C. 审查"生产成本""库存商品""管理费用""销售费用""应付职工薪酬"等科目，核实企业是否存在集体福利或者个人消费使用自产产品的情况

D. 核实企业是否将资金借给其他单位和个人使用的情形，确认是否按规定核算利息收入

126. 企业以下会计处理可能存在少缴增值税风险的有（   ）。

A. 企业在收取其他单位占用资金所支付的资金占用费时直接冲减财务费用

B. 企业以废弃物处置款项抵减清理费用

C. 企业将自有设备类固定资产出租给其他单位使用，取得的租赁收入往往计入往来款项

D. 企业将自有设备类固定资产出租给其他单位使用，取得的租赁收入往往计入往来款项

127. 如果企业存在不签订租赁合同隐瞒租金收入，或以物抵租少报租金收入，或收到以实物、劳务及其他形式支付的租金未计收入少缴增值税的风险，应重点核查（   ）。

A. 审核企业固定资产——房屋建筑物台账，关注各项资产用途

B. 核实是否有不签订租赁合同的出租房屋行为

C. 结合"应交税费""其他业务收入""其他应付款"等科目，分析是否存在隐瞒租金收入，或以物抵租少报租金收入

D. 审核财务费用科目有无多列支出情况

128. 对于企业利用返利冲减当期销售收入少缴增值税的风险，税务机关应重点核查（   ）。

A. 审核"主营业务收入""主营业务成本""库存商品"等科目，查看有关合同协议，审查产品出库手续、付款凭证

B. 核查现金返利是否存在违规支出记入费用报销

C. 核查给予代理商或经销商的现金返利、广告返利是否直接冲减销售收入

D. 进货返利是否冲减了进项税额

129. 对于建筑行业可能存在的混淆增值税一般计税方法和简易计税方法的风险，主要是指企业将营改增后采用简易征收的（   ）工程取得的增值税专用发票用于一般计税方法项目抵扣。

A. 老项目　　　　B. 甲供　　　　C. 清包工　　　　D. 金额较小

130. 某生产企业存在购进农产品单价不实或业务不实少缴增值税风险，其涉税风险表现可能为（   ）。

A. 在向农业生产者收购农产品自行填开《农产品收购统一发票》时，企业可能存在虚开收购单价

B. 将装卸费计入农产品收购价格，造成在计算核定农产品进项税额时，多计算农

产品进项税额

C. 会向小规模纳税人（个体工商户）购买粮食，但可能存在不能取得卖方开具的发票或者对方不愿开具发票，企业自己开具农产品收购统一发票，甚至让他人为自己代开发票

D. 将收购的农产品用于职工福利等非应税项目未做进项税额转出

131. 某生产企业存在购进农产品单价不实或业务不实少缴增值税风险，税务机关应重点核查（　　）。

A. 查阅"原材料""应付账款"明细账及有关购销的原始凭证、合同或协议，掌握企业农产品购进渠道、付款情况

B. 核实其农产品价格变动情况是否正常，可根据网上全国各地农产品指导价格，核实其购买的农产品价格是否偏高

C. 根据合同、供货商、纳税申报等进行分析，掌握实际业务发生情况及发票开具情况，核实购进农产品的真实性

D. 审查过磅单、入库单和支付凭据等相关原始凭证记载的信息是否与取得的发票内容一致，票流、资金流、货物流是否一致

132. 根据农产品增值税进项税额核定扣除相关规定，购进农产品为原料生产货物的，农产品增值税进项税额可按照（　　）计算当期可以抵扣的增值税进项税额。

A. 投入产出法　　　B. 成本法　　　C. 参照法　　　D. 凭票抵扣法

133. 适用增值税零税率的国际运输服务，是指（　　）。

A. 在境内载运旅客或者货物出境　　　B. 在境外载运旅客或者货物入境

C. 在境外载运旅客或者货物　　　D. 注册地在境外的单位

134. 以下哪些情形是银行、保险业可能存在的税收风险（　　）。

A. 银行将不在增值税免税范围内的同业往来业务收入申报免税

B. 银行自行扩大"农户"和"小额贷款"的界定标准申报免税

C. 银行对直贴业务采取按照持有期间计提利息并申报缴纳增值税

D. 保险企业处置损余物资冲抵赔付支出未缴纳增值税

135. 建筑企业取得与工程有关的以下额外收入应按规定计提销项税的有（　　）。

A. 质量奖　　　B. 提前竣工奖　　　C. 延期付款利息　　　D. 结余材料收入

136. 企业销售应税消费品时向购买方收取的（　　）以及其他各种性质的价外收费应一并计入收入缴纳消费税。

A. 品牌使用费　　　B. 运输装卸费　　　C. 违约金　　　D. 包装费

137. 白酒生产企业通过设立独立核算的销售公司，把一个产销过程人为地划分为工业生产和商业销售两个环节，可能会形成以下税收风险（　　）。

A. 而将白酒低价销售给销售公司，销售公司再以高价对外销售，侵蚀消费税税基

B. 将包装材料划归销售单位核算，规避了生产企业的消费税

C. 收取价外费用少计或不计收入

D. 将自产自用应税消费品用于非应税消费品等未视同销售

138. 在审核企业取得财政性资金的税务处理是否符合企业所得税政策规定时，应重点关注（　　）。

A. 查看企业取得专项资金所对应的拨付文件

B. 向资金拨付部门了解资金管理办法或具体管理要求

C. 查看企业对资金及支出的单独核算情况

D. 查看资金结余情况，是否超过 5 年且未缴回资金拨付部门

139. 应按照合同约定的日期来确认收入实现的是（　　）。

A. 债券利息　　　　　　　　　B. 出租包装物

C. 提供非专利技术使用权　　　D. 分期收款发出货物先全额开具发票

140. 下列情况可能形成企业未按纳税义务发生时间确认收入风险的是（　　）。

A. 以开票金额申报收入，未按照合同约定的付款时间及金额确认收入

B. 销售商品采用托收承付方式的，未在办妥托收手续时确认收入

C. 销售商品采取预收款方式的，未在发出商品时确认收入

D. 企业在各个纳税期末，提供劳务交易的结果能够可靠估计的，未采用完工进度（完工百分比）法确认提供劳务收入

141. 企业可能存在列支（　　）等与生产经营无关的费用，税前未做纳税调整，少缴企业所得税的风险。

A. 离退休职工费用　　　　　　B. 个人学历教育费用

C. 员工家属区物业费用　　　　D. 商业保险

142. 企业可能存在列支（　　）等不得扣除的支出项目，未做纳税调整，少缴企业所得税风险。

A. 向投资者支付的股息　　　　B. 没收财物的损失

C. 企业所得税税款　　　　　　D. 非广告性质赞助支出

143. 企业若在工资薪金支出方面存在未按规定税前扣除的风险，其风险表现可能为（　　）。

A. 税前扣除已经计提但未实际发放的工资薪金

B. 税前扣除的计税工资超过政府有关部门给予的限定数额未按规定进行调整

C. 接受外部劳务派遣用工所实际发生的费用未区分为工资薪金支出和职工福利费支出

D. 将职工福利费混入到工资薪金中进行税前扣除

144. 税务机关对企业工资薪金支出涉及的税收风险进行核查时，应重点关注（　　）。

A. 核查是否将直接支付给劳务派遣公司的劳务人员费用，以及离退休人员工资计

入应付职工薪酬,增加三项经费计算基数

　　B. 核实企业员工名册、劳动合同、劳务派遣合同等,核对人员范围

　　C. 调取企业有关部门为限定工资总额的文件,审核应付职工薪酬明细账,核实企业账目中记载的工资总额是否超过国家标准

　　D. 关注企业是否存在以票报销变相发放奖金、绩效的情况

145. 对企业职工福利费支出涉及的税收风险进行核查时,应重点关注(　　)。

　　A. 在税前扣除职工福利费时是否按规定范围进行归集

　　B. 有无按照计提数扣除而不按实际发生数扣除的问题

　　C. 根据税前列支的工资总额及比例计算准予列支的福利费,检查是否需做纳税调整

　　D. 核查企业发生的职工福利费是否单独设置账册

146. 企业在列支工会经费时,以下哪些情形可能会形成税收风险(　　)。

　　A. 将实际发生的工会经费直接计入管理费用,未冲减已计提的工会经费

　　B. 计提但未实际拨缴工会经费

　　C. 超额缴付工会经费未做调整

　　D. 未按规定取得工会组织开具的《工会经费收入专用收据》

147. 企业在列支职工教育经费时,以下哪些情形可能会形成税收风险(　　)。

　　A. 将属于职工教育经费的支出列支在管理费用其他科目

　　B. 将不属于职工教育经费的项目列支在职工教育经费科目

　　C. 实际发生金额超过扣除限额,未做纳税调整

　　D. 将上年度超标准部分结转至本年

148. (　　)行业发生的广告费和业务宣传费支出不超过当年销售(营业)收入30%的部分准予扣除,超过部分,准予在以后纳税年度结转扣除。

　　A. 化妆品制造与销售　　　　　　B. 医药制造

　　C. 饮料制造(不含酒类)　　　　D. 烟草销售

149. 企业在手续费及佣金支出方面可能存在的税收风险有(　　)。

　　A. 与经营有关的手续费及佣金支出未按限额税前扣除

　　B. 支付的手续费及佣金不满足税法规定的支付对象、支付方式却在税前扣除

　　C. 将手续费及佣金支出计入回扣、业务提成等费用

　　D. 支付的手续费及佣金直接冲减服务协议或合同金额

150. 企业在租赁费支出核算方面可能存在税收风险的情形有(　　)。

　　A. 将经营性租赁的固定资产按合同约定租赁期限计入"长期待摊费用"均匀摊销

　　B. 将经营性租赁的固定资产按合同约定租赁期限计入"管理费用"一次摊销

　　C. 将融资租入固定资产计入"固定资产——融资租入固定资产"按照规定期限计提折旧

D. 将由出租方承担的车辆保险费、车船使用税等计入"管理费用"扣除

151. 对于股权激励计划实行后,需待一定服务年限或者达到规定业绩条件方可行权的,企业等待期内会计上计算确认的相关成本费用处理正确的是(   )。

A. 在对应年度计算缴纳企业所得税时扣除

B. 需在股权激励计划可行权后扣除

C. 可根据该股票实际行权时的公允价格与当年激励对象实际行权支付价格的差额及数量进行计算

D. 不得扣除当年激励对象实际行权支付价格

152. 企业发生的以下支出中,应做资本化处理或者分期扣除的是(   )。

A. 在取得土地使用权时支付的土地出让金、土地权属登记费

B. 购建房屋时发生的装修费

C. 固定资产大修理支出

D. 取得交易性金融资产的交易费用

153. 以下说法符合永续债企业所得税政策规定的是(   )。

A. 企业发行的永续债,发行方和投资方均为居民企业的,永续债利息收入可以适用企业所得税法规定的居民企业之间的股息、红利等权益性投资收益免征企业所得税

B. 企业发行的永续债,适用居民企业之间股息、红利免征企业所得税的,发行方支付的永续债利息支出不得在企业所得税税前扣除

C. 企业发行符合规定条件的永续债,可以按照债券利息适用企业所得税政策,即:发行方支付的利息准予税前扣除,投资方取得的利息收入依法纳税

D. 发行永续债的企业对每一永续债产品的税收处理方法一经确定,不得变更

154. 企业在适用公共基础设施项目企业所得税优惠政策方面可能存在的税收风险有(   )。

A. 企业同时从事不同项目经营,未与享受优惠的公共基础设施项目所得分开核算

B. 延迟确认第一笔生产经营收入

C. 从事承包经营、承包建设和内部自建自用公共基础设施项目违规享受优惠

D. 不符合《目录》范围规定申报享受税收优惠

155. 保险企业为(   )提供保险服务,可享受企业所得税税收优惠,按90%计入收入总额。

A. 种植业   B. 养殖业   C. 农产品加工业   D. 农产品批发业

156. 企业研发费用的归集超范围或不规范的税收风险表现可能为(   )。

A. 未设置辅助账

B. 将运营领用的材料、常规升级等计入研发费

C. 将后勤辅助人员工资计入研发费

D. 虚构外聘人员劳务费

157. 对企业研发费用的归集超范围或不规范的税收风险应重点核查（　　）。

A. 核查企业对研发费用和日常运营费用是否分别核算

B. 核查企业研发项目是否立项、研究开发项目计划书和研究开发费预算

C. 核查研发专门机构或项目组的编制情况，专业人员名单中是否有非直接从事研发人员

D. 核查企业在一个纳税年度内进行多项研发活动的，是否按照不同研发项目分别归集可加计扣除的费用

158. 负面清单行业纳税人，如（　　），不适用税前加计扣除政策。

A. 烟草制造业　　B. 住宿和餐饮业　　C. 批发和零售业　　D. 房地产业

159. 企业残疾人员工资加计扣除不符合规定的税收风险表现可能为（　　）。

A. 加计扣除残疾工资金额包含社会保险费、福利费等

B. 未按规定与每位残疾人签订1年以上劳动合同

C. 未按规定足额缴纳社会保险

D. 定期支付工资不符合最低工资标准

160. 对高新技术企业享受税收优惠的风险，应重点关注（　　）。

A. 所属行业是否属于国家重点支持的高新技术领域

B. 人员构成、收入构成、研发费用构成、企业成立时间等是否符合相关规定

C. 资格证书是否在有效期内

D. 主营业务收入中高新技术产品所占比重是否符合认定标准

161. 下列项目中，属于车辆购置税计税价格组成部分的有（　　）。

A. 销售方代收的保险费　　　　　　B. 增值税

C. 不含增值税的价款　　　　　　　D. 随车辆价款支付的车辆改装费

162. 关于增值税计税销售额，下列说法正确的有（　　）。

A. 航空运输服务，代收的机场建设费不计入计税销售额

B. 以物易物方式下销售货物，双方以各自发出的货物核算销售额

C. 客运场站服务，以其取得的全部价款和价外费用为计税销售额

D. 贷款服务以实收利息和应收未收利息之和为计税销售额

163. 房地产公司将开发产品用于下列用途，属于土地增值税视同销售的有（　　）。

A. 安置回迁　　B. 对外出租　　C. 奖励职工　　D. 利润分配

164. 关于增值税纳税义务和扣缴义务发生时间，下列说法正确的有（　　）。

A. 从事金融商品转让的，为收到销售额的当天

B. 赠送不动产的，为不动产权属变更的当天

C. 以预收款方式提供租赁服务的，为服务完成的当天

D. 以预收款方式销售货物（除特殊情况外）的，为货物发出的当天

165. 安置残疾人的单位和个体工商户可以按照安置残疾人的人数、限额即征即退增值税，需要符合的条件有（　　）。

A. 纳税人（除盲人按摩机构外）月安置的残疾人占在职职工人数的比例不低于25%（含25%），并且安置的残疾人人数不少于10人（含10人）；盲人按摩机构月安置的残疾人占在职职工人数的比例不低于25%（含25%），并且安置的残疾人人数不少于5人（含5人）

B. 依法与安置的每位残疾人签订了1年以上（含1年）的劳动合同或服务协议

C. 为安置的每位残疾人按月足额缴纳了基本养老保险、基本医疗保险、失业保险、工伤保险和生育保险等社会保险

D. 通过银行等金融机构向安置的每位残疾人，按月支付了不低于纳税人所在区县适用的经省人民政府批准的月最低工资标准的工资

166. 下列各项中，免征城镇土地使用税的有（　　）。

A. 饮水工程运营管理单位自用的生产、办公用土地

B. 港口的码头用地

C. 国家石油储备基地第一期项目建设过程中涉及的土地

D. 水利设施的办公、生活用地

167. 下列情形中，一般纳税人不得开具增值税专用发票的有（　　）。

A. 商业企业零售烟酒　　　　　　B. 批发企业销售服装

C. 将货物销售给消费者个人　　　D. 将货物无偿赠送给小规模纳税人

168. 某商场对累积消费达到一定额度的消费者给予额外抽奖的机会，消费者个人因此而获得的中奖所得，其不正确的税务处理是（　　）。

A. 属于其他所得，但免征个人所得税

B. 属于其他所得，但全额征收个人所得税

C. 属于偶然所得，按20%的税率征收个人所得税

D. 属于偶然所得，不超过1万元的，免征个人所得税

169. 下列各项中，应按照"工资、薪金所得"项目征收个人所得税的有（　　）。

A. 企业支付给营销人员的年终奖

B. 个体工商户业主的工资

C. 企业支付给在本企业任职董事长的董事费

D. 电视剧制作单位支付给本单位编剧的剧本使用费

170. 下列应纳税所得额的计算，正确的有（　　）。

A. 非居民D先生，当月取得归属于境内的工资收入10万元，应纳税所得额为95 000元

B. F取得上市公司股息5 000元，应纳税所得额为4 000元

C. 2019年，G取得稿酬所得2万元，假定无其他综合所得，应纳税所得额为1.12

万元

D. E转让一套住房，取得收入500万元，该房屋原有120万元购买，无相关税费，应纳税所得额为380万元

171.《财政部 税务总局 海关总署关于深化增值税改革有关政策的公告》（财政部税务总局 海关总署公告2019年第39号）规定符合什么条件的纳税人可以向主管税务机关申请留抵退税？（　　）

A. 自2019年4月税款所属期起，连续六个月（按季纳税的，连续两个季度）增量留抵税额均大于零，且第六个月增量留抵税额不低于50万元

B. 纳税信用等级为A级或者B级

C. 申请退税前36个月未发生骗取留抵退税、出口退税或虚开增值税专用发票情形的

D. 申请退税前36个月未因偷税被税务机关处罚两次及以上的

E. 自2019年4月1日起未享受即征即退、先征后返（退）政策的

172. 下列说法正确的有（　　）。

A. 纳税人提供适用不同税率或者征税率的应税服务，应当分别核算适用不同税率或者征收率的销售额；未分别核算的，从高适用税率

B. 纳税人提供适用不同税率或者征税率的应税服务，应当分别核算适用不同税率或者征收率的销售额；未分别核算的，从高适用征收率

C. 纳税人提供适用不同税率或者征税率的应税服务，应当分别核算适用不同税率或者征收率的销售额；未分别核算的，分别适用征收率和税率

D. 电信业"营改增"之后，所有套餐需要按照差异化税率进行业务收入摊分，以准确计算相关应税金额

173. 下列说法正确的有（　　）。

A. 电信业增值税纳税义务发生时间的规定与会计收入确认的规定存在差异，纳税人要按照增值税纳税义务发生时间的规定，确认收入实现，计提销项税额，不能提前，也不能推迟

B. 电信企业在提供产品或服务时，收取的预收性质的价款应当按照权责发生制原则确认销售营业收入的实现时间，据以计算缴纳企业所得税

C. 电信企业采取预存话费方式取得的款项，应及时结转收入

D. 电信企业对到期失效的有价通信卡沉淀金额，应在到期日次月末全部结转确认收入，计算缴纳企业所得税

174. 下列说法正确的有（　　）。

A. 电信企业向合格境外机构投资者（QFII）支付股息、红利、利息时，按照企业所得税法规定代扣代缴10%的企业所得税

B. 电信企业为本企业任职或者受雇的全体员工支付的补充医疗保险费，超过职工

工资总额 5% 部分应调增应纳税所得额

C. 电信基站的改造工程（包括 3G 工程），或者线路专项改造、基站蓄电池专项整治费及基站监控设备搬迁、消防设施改造、发电机系统改造等费用，涉及到固定资产更新的，不应摊销并进行纳税调整

D. 电信企业向客户或非特定对象赠送货物、劳务，应根据支出的对象、形式，正确区分是否属于业务招待费、广告费和业务宣传费的范围

175. 下列说法正确的有（   ）。

A. 建筑业销售自产货物并同时提供建筑业劳务，应分别核算货物的销售额和非增值税应税劳务的营业额

B. 建造合同完成后处置残余物资取得的收益等与合同有关的收益，不应计入收入总额

C. 购进以建筑物或者构筑物为载体的附属设备和配套设施，应作增值税进项税额转出

D. 基本建设单位和从事建筑安装业务的企业附设工厂、车间生产的水泥预制构件、其他构件或建筑材料，凡用于本单位或本企业的建筑工程的，应视同对外销售，在移送使用环节征收增值税

176. 下列说法正确的有（   ）。

A. 建筑企业在处理建筑废料时不入账缴纳增值税，可以直接冲减管理费用

B. 建筑企业工程完工后余料和残料的变价收入，不应申报缴纳增值税

C. 营改增后，向挂靠、承包单位或其他建筑企业，有偿出租公司的机械设备，收取的租赁费应申报增值税

D. 建造合同因达到或超过约定标准获取的奖励以及因特殊原因收取的补偿费应按规定计入工程收入申报缴纳企业所得税

177. 企业所得税法所说的视同销售货物是指（   ）。

A. 企业发生非货币性资产交换，以及将货物、财产、劳务用于捐赠、偿债

B. 企业将货物、财产、劳务用于本企业在建工程

C. 企业将货物、财产、劳务用于赞助

D. 企业将货物、财产、劳务用于职工福利

178. 下列关于增值税的计税销售额规定，说法不正确的有（   ）。

A. 以物易物方式销售货物，由多交付货物的一方以价差计算缴纳增值税

B. 以旧换新方式销售货物，以新货物不含增值税的价款计算缴纳增值税（金银首饰除外）

C. 还本销售方式销售货物，以实际销售额计算缴纳增值税

D. 销售折扣方式销售货物，不得从计税销售额中扣减折扣额

179. 纳税人申请享受资源综合利用产品及劳务增值税优惠政策，应符合的基本条

件包括（　　）。

　　A. 属于增值税一般纳税人

　　B. 销售综合利用产品和劳务，不属于国家发展改革委《产业结构调整指导目录》中的禁止类、限制类项目

　　C. 销售综合利用产品和劳务，不属于环境保护部《环境保护综合名录》中的"高污染、高环境风险"产品或者重污染工艺

　　D. 纳税信用等级不属于税务机关评定的 D 级

180. 根据增值税的有关规定，关于增值税的计税销售额的确定，下列说法正确的有（　　）。

　　A. 以委托方名义开具发票代委托方收取的款项应计入计税销售额

　　B. 企业销售商品时收取的未单独记账包装物押金在收取时应换算为不含税销售额计入计税销售额

　　C. 酒厂收取的品牌使用费属于价外费用，应将其换算为不含税销售额后计入计税销售额

　　D. 汽车销售公司销售汽车时代办保险而向购买方收取的保险费不作为计税销售额

181. 下列哪些价外收费应并入销售额计算应纳增值税额（　　）。

　　A. 向购买方收取的手续费

　　B. 向购买方收取的销项税额

　　C. 向购买方收取的运输装卸费

　　D. 受托加工应征消费税的消费品所代收代缴的消费税

182. 某医疗器械厂为增值税一般纳税人，其本期发生的经济业务中，不需作进项税额转出处理的购进货物有（　　）。

　　A. 生产本企业产品耗用的上期购买原材料

　　B. 捐赠灾区的医疗器械耗用上期购买的原材料

　　C. 本企业医院使用自产医疗器械耗用的本期购买原材料

　　D. 被盗产品耗用的本期购买原材料

183. 纳税人销售货物或应税劳务，增值税纳税义务发生时间为（　　）。

　　A. 签订销售合同的当天　　　　　　B. 发出货物的当天

　　C. 取得索取销售款凭证的当天　　　D. 收讫销售款的当天

184. 某公司为增值税一般纳税人，在生产经营过程中发生的如下进项税额，其中（　　）可以按规定从销项税额中进行抵扣。

　　A. 从农户直接购买其自产农产品计算的进项税额

　　B. 从废旧物资经营单位购进废旧物资计算的进项税额

　　C. 购进原材料而取得承运部门开具的增值税专用发票，根据运费计算的进项税额

　　D. 购进原材料，但未按规定取得增值税扣税凭证

185. 一般纳税人销售自行开发的房地产项目，适用一般计税方法计税，按照取得的全部价款和价外费用，扣除当期销售房地产项目对应（   ）后余额为销售额。

A. 征地和拆迁补偿费用

B. 土地前期开发费用

C. 土地出让收益

D. 向其他单位或个人支付的拆迁补偿费用

186. 纳税人提供旅游服务，可以选择以取得的全部价款和价外费用，扣除向旅游服务购买方收取并支付给其他单位或者个人的（   ）后的余额为销售额。

A. 餐饮费　　　　　　　　　　B. 住宿费

C. 门店租赁费　　　　　　　　D. 交通费和门票费

187. 建筑工程老项目，包括（   ）。

A.《建筑工程施工许可证》注明的合同开工日期在 2016 年 4 月 30 日前的建筑工程项目

B. 未取得《建筑工程施工许可证》的，建筑工程承包合同注明的开工日期在 2016 年 4 月 30 日前的建筑工程项目

C.《建筑工程施工许可证》未注明合同开工日期，但建筑工程承包合同注明的开工日期在 2016 年 4 月 30 日前的建筑工程项目

D.《建筑工程施工许可证》注明的合同开工日期在 2016 年 5 月 1 日后，但实际开工日期在 4 月 30 日前的建筑工程项目

188. 纳税费用，凡同时符合以下条件的（   ）不属于价外费用，不征收增值税。

A. 经国务院、国务院有关部门或省级政府批准

B. 开具经财政部门批准使用的行政事业收费专用票据

C. 所有款项全额上缴财政或虽不上缴财政但由政府部门监管，专款专用

D. 其他规定

189. 下列说法正确的有（   ）。

A. 采用还本销售方式销售货物，其销售额就是货物的销售价格，不得从销售额中减除还本支出

B. 采取以旧换新方式销售货物的，应按新货物的同期销售价格确定销售额，不得扣减货物的收购价格

C. 采取以旧换新方式销售货物的，应按新旧货物的同期销售价格的差额确定销售额

D. 销售折扣可以从销售额中减除

190. 下列关于单独核算为销售货物出租出借包装物押金是否计入销售额的说法，正确的是（   ）。

A. 时间在1年以内,又未过期的,不并入销售额征税

B. 逾期未收回但时间在1年以内的,计入销售额征税

C. 时间超过1年的,并入销售额征税

D. 并入销售额征税时,应将押金换算成不含税价

191. 一般纳税人从事（　　）项目,可以选择适用简易计税方法计税。

A. 公交客运服务　　　　　　　　B. 电影放映服务

C. 为甲供工程提供的建筑服务　　D. 文化体育服务

192. 计算增值税时,销售额不包括（　　）。

A. 向购买方收取的销项税额或增值税额

B. 受托加工应征消费税的消费品所代收代缴的消费税

C. 保险费

D. 代垫款项

193. 下列进项税额不得从销项税额中抵扣的是（　　）。

A. 非正常损失的在产品所耗用的购进货物的进项税额

B. 增值税专用发票不符合抵扣要求

C. 非正常损失的在产品所耗用的购进货物的进项税额

D. 非正常损失的购进货物的进项税额

194. 增值税一般纳税人本期外购下列货物或接受应税劳务时,支付或负担的进项税额可以从当期销项税额中抵扣的有（　　）。

A. 生产企业购进用于投资的原材料　　B. 商业企业小规模纳税人购进应税劳务

C. 商业企业购进职工洗浴用品　　　　D. 商业企业购进税控收款机

195. 下列可以选择一般纳税人身份的有（　　）。

A. 年应税销售额未超过小规模纳税人标准的商业企业

B. 个人（除个体经营者以外的其他个人）

C. 超过小规模纳税人标准的非企业性单位

D. 超过小规模纳税人标准的不经常发生增值税应税行为的企业

196. 下列行为属于混合销售业务的是（　　）。

A. 销售建材同时提供建材运输服务

B. 提供建筑业包工包料业务

C. 销售不动产同时提供咨询服务

D. 提供建筑服务同时提供建筑工程监理服务

197. 收到银行按揭款不及时确认收入风险的有（　　）。

A. 银行按揭贷款到账后,没按规定计算预计毛利并申报

B. 以银行按揭方式销售开发产品,开发企业在收到首付款不进行申报纳税

C. 收到的按揭款项记入"短期借款"账户,不计预收账款,不预交所得税

221

D. 收到的按揭款项记入"短期借款"账户，不计预收账款，计算缴纳增值税

198. 下列说法不正确有（　　）。

A. 将非房改房按低于购置或建造成本价格出售给员工，员工因此而少支出的差价部分，不应按国税发〔2005〕9号规定的全年一次性奖金的征税办法计算扣缴个人所得税

B. 在一个纳税年度内，可以两次或两次以上采取全年一次性奖金分解计算方计算扣缴个人所得税

C. 上市公司员工取得股权激励收益的，可以不计算扣缴个人所得税

D. 企业在将房屋产权无偿赠与个人时，可以不扣缴个人所得税

199. 下列属于土地增值税征税范围的有（　　）。

A. 企业转让旧房，进行固定资产清理时未缴纳土地增值税

B. 土地转让、抵押或置换，接受方实际享有占有、使用、收益或处分该土地的权利，且有合同等证据表明出让方其实质转让、抵押或置换了土地并取得了相应的经济利益

C. 企业发生以土地（房地产）作价入股进行投资或联营业务时，存在所投资、联营的企业从事房地产开发

D. 对于一方出地，一方出资金，双方合作建房，建成后按比例分房自用的，建成后转让的

200. 以我国银行境外分行为牵头行开展的银团贷款业务中，境内机构向境外分行支付的代收利息未按规定扣缴相关税费的风险涉及（　　）等。

A. 增值税　　　　B. 企业所得税　　　C. 城市维护建设税　D. 教育费附加

201. 银行存在将国债转让收入与国债利息收入一并作为免税收入申报，造成少缴纳（　　）的风险。

A. 增值税　　　　B. 企业所得税　　　C. 城市维护建设税　D. 教育费附加

202. 抵债资产是指银行等金融机构依法行使债权或担保物权而受偿于债务人、担保人或第三人的实物资产或财产权利。抵债资产在取得时，可能存在少缴纳（　　）的风险。

A. 增值税　　　　B. 企业所得税　　　C. 城市维护建设税　D. 教育费附加

203. 抵债资产在持有期间，对外出租可能存在未缴纳（　　）的风险。

A. 增值税　　　　B. 城市维护建设税　C. 印花税　　　　D. 教育费附加

204. 如果抵债资产为房屋不动产，在持有期间还可能存在未缴纳（　　）的风险。

A. 城镇土地使用税　B. 土地增值税　　　C. 印花税　　　　D. 房产税

205. 在抵债资产处置环节，可能存在（　　）的风险。

A. 增值税　　　　B. 企业所得税　　　C. 城市维护建设税　D. 印花税

206. 保险企业可税前扣除的准备金包括（   ）。

A. 未到期责任准备金　　　　　　　　B. 理赔费用准备金

C. 已发生已报案未决赔款准备金　　　D. 已发生未报案未决赔款准备金

207. 固定资产大修理支出，是指同时符合下列条件的支出（   ）。

A. 修理支出达到取得固定资产时的计税基础 50%以上

B. 修理支出达到取得固定资产时的计税基础 20%以上

C. 修理后固定资产的使用年限延长 2 年以上

D. 修理后固定资产的使用年限延长 5 年以上

208. 企业所得税法所称企业取得收入的货币形式，包括（   ）。

A. 现金、存款

B. 应收账款

C. 应收票据、准备持有至到期的债券投资

D. 债务的豁免

209. 下列行为中，属于视同销售行为征收增值税的有（   ）。

A. 企业将购进的红酒发给职工作为福利

B. 企业将购进的一台生产设备用于投资入股

C. 企业将委托加工的货物赠送给关联企业

D. 企业将自产货物分配给股东

210. 电力企业取得出让的国有土地使用权时，需将其支付的包括（   ）等全部经济利益作为契税计税价格，按规定足额缴纳契税。

A. 土地出让金和土地补偿费

B. 安置补助费

C. 地上附着物和青苗补偿费、拆迁补偿费

D. 市政建设配套费

211. 企业的关联方是指与企业有下列哪种关联关系的企业、其他组织或者个人。（   ）。

A. 在资金、经营、购销等方面存在直接或者间接的控制关系

B. 直接或者间接地同为第三者控制

C. 在利益上具有相关联的其他关系

D. 有相同的资金来源渠道

212. 一般来说，关联交易包括（   ）等主要类型。

A. 有形资产或无形资产的转让　　　　B. 融通资金

C. 提供劳务　　　　　　　　　　　　D. 股权转让

213. 利用关联交易享受各种税收优惠政策逃避国内税收的行为有（   ）。

A. 通过转让定价，逃避土地增值税

B. 利用财政返还避税

C. 利用关联企业亏损避税

D. 将应税增值额转移到享受优惠政策的软件行业等

214. 各地税务机关对企业关联交易开展风险复评工作，查找、筛选并梳理、汇总企业存在风险的涉税事项和重点风险点，对于不同风险等级的企业，制定针对性的应对方案，具体包括（   ）。

    A. 引导企业自行调整   B. 开展关联交易专项调查

    C. 分析评估企业的预约定价安排意向   D. 税务约谈

215. 关联交易规模及盈利表现异常风险的识别可以从以下哪些方面进行？（   ）

    A. 关联交易规模较大或者类型较多，或是同比增幅较快但盈利表现较差或是同比降幅明显

    B. 集团内企业存在长期亏损、微利或者跳跃性盈利，重点关注亏损或微利三年以上的企业，亏损或微利时间越长越应加强关注

    C. 利润率高度受控，低于同行业平均利润率

    D. 与低税负国家关联方发生关联交易

216. "股权转让"事项常见的涉税风险表现有（   ）。

    A. 转让方转让股权未申报缴纳税款或支付方支付时未履行代扣代缴义务

    B. 以无偿划转、平价或低于成本价的方式转让股权，未按公允价值申报股权转让所得

    C. 涉及股权重组的股权转让不符合特殊性税务处理规定的风险

    D. 其他股权转让事项未足额缴纳相关税款的风险

217. 股权转让价格低于相同（类似）条件下股权转让价格的风险涉及哪些税种？（   ）

    A. 增值税   B. 企业所得税   C. 个人所得税   D. 印花税

218. 依据企业所得税相关规定，下列对所得来源地的确定，正确的有（   ）。

    A. 销售货物所得，按照机构所在地确定

    B. 提供劳务所得，按照劳务发生地确定

    C. 不动产转让所得，按照不动产所在地确定

    D. 动产转让所得，按照转让动产的企业或者机构、场所所在地确定

219. 关于企业所得税收入确认时间的说法，正确的有（   ）。

    A. 股息、红利等权益性投资收益以被投资方作出利润分配决定的日期确认收入的实现

    B. 特许权使用费收入，按照合同约定的特许权使用人应付特许权使用费的日期确认收入的实现

    C. 接受捐赠收入按照签订捐赠协议日期确认收入的实现

D. 分期收款方式销售货物按合同约定的收款日期确认收入的实现

220. 下列各项中，符合契税规定的有（　　）。

A. 个人首次购买90平方米以下普通住房的，且该住房属于家庭唯一住房的，契税税率暂统一下调到1%

B. 对于个人无偿赠予不动产行为（含法定继承），应对受赠人全额征收契税

C. 购买精装修房屋，装修费用作为契税的计税依据

D. 房屋附属设施，不征收契税

221. 下列关于契税计税依据的说法正确的有（　　）。

A. 买卖装修的房屋，契税计税依据应包括装修费用

B. 采用分期付款方式购买房屋，契税计税依据为房屋总价款

C. 减免承受国有土地使用权应支付的土地出让金，契税计税依据相应减免

D. 纳税人因改变土地用途而签订变更协议，契税计税依据为补缴的土地收益金

222. 下列情形中，由征收机关参照市场价格核定契税计税依据的有（　　）。

A. 房屋赠与　　　　　　　　　　B. 国有土地使用权赠与

C. 协议方式出让国有土地使用权的　　D. 以竞价方式出让国有土地使用权的

223. 按照规定，以下不征或免征契税的有（　　）。

A. 企业分立，新设企业承受原企业部分土地房屋权属

B. 企业破产，债权人承受破产企业土地及房屋权属抵债

C. 以自有房产作股投入本人独资经营的企业

D. 承受与房屋相关的附属设施权属

224. 下列各项中，可依法减免契税的有（　　）。

A. 某市人民医院购买用于医疗的大楼

B. 老王承受一片荒山土地使用权，用于开发果园

C. 小红家为改善住房条件而新买的商品房

D. 小李在婚姻存续期间，将其妻子的名字加入房产证上

225. 下列各项中，可以享受契税免税优惠的有（　　）。

A. 孤寡老人购买自用住房

B. 解放军某医院购置病房用地

C. 王女士数十年如一日的照料一位老单身家，老单身家去世后，王女士根据遗嘱继承了老单身家的房产

D. 合并后公司承受各方土地房屋权属的

226. 甲是某企业的债权人，2011年11月该企业破产，甲获得抵债的门面房一间，评估价格50万元；当月甲将门面房作价60万元投资于A公司；另外A公司还购买了该破产企业价值100万元的房产。下列表述正确的有（　　）。（假设契税税率为4%）。

A. A公司应缴纳契税6.4万元　　　　B. 甲应缴纳契税2万元

C. 甲将门面投资需缴纳契税　　　　　　D. 甲承受破产企业的门面房免征契税

227. 孙某将自有住房无偿赠与非法定继承人王某，已向税务机关提交经审核并签字盖章的"个人无偿赠与不动产登记表"。下列有关孙某赠房涉及税收的表述中，正确的有（　　）。

A. 孙某应缴纳契税　　　　　　　　　　B. 王某应缴纳契税
C. 孙某应缴纳印花税　　　　　　　　　D. 王某应缴纳印花税

228. 下列车船中，属于车船税征税范围的是（　　）。

A. 机场内部场所使用的车辆　　　　　　B. 小汽车
C. 火车　　　　　　　　　　　　　　　D. 拖船

229. 根据车船税法的规定，下列说法正确的有（　　）。

A. 对受地震、洪涝等严重自然灾害影响纳税困难以及其他特殊原因确需减免税的车船，可以在一定期限内减征或者免征车船税

B. 在一个纳税年度内，已完税的车船被盗抢，纳税人可以凭有关管理机关出具的证明和完税证明，向纳税所在地的主管税务机关申请退还自被盗次月至该纳税年度终了期间的税款

C. 省、自治区、直辖市人民政府确定的车辆具体适用税额，应当报国务院备案

D. 车船税按年申报缴纳，具体申报纳税期限由省、自治区、直辖市财政部门规定

230. 下列对车船税额的特殊规定中正确的有（　　）。

A. 车辆自重尾数在0.5吨以下（含0.5吨）的，按照0.5吨计算
B. 船舶净吨位尾数在0.5吨以下者，按0.5吨计算；超过0.5吨者，按1吨计算
C. 对车辆自重尾数超过半吨者，按1吨计算
D. 船舶净吨位尾数在0.5吨以下者，免算；超过0.5吨者，按1吨计算

231. 根据车船税的征收管理，下列表述正确的有（　　）。

A. 依法不需要办理登记的车船，应在车船的所有人或者管理人所在地缴纳车船税
B. 车船税纳税义务发生时间为取得车船所有权或者管理权的当月
C. 已由保险机构代收代缴车船税的且能够提供合法有效完税证明的，纳税人不再向税务机关申报缴纳车船税
D. 在同一纳税年度内，已缴纳车船税的车船办理转让过户的，不另缴纳车船税，同时也不退税

232. 车船税的计税依据为（　　）。

A. 载客汽车以辆为计税依据　　　　　　B. 载货汽车以载重吨位为计税依据
C. 三轮汽车以自重吨位为计税依据　　　D. 机动船以载重吨位为计税依据

233. 根据车船税的规定，下列各项不属于车船税征税范围的有（　　）。

A. 电动自行车　　　　　　　　　　　　B. 非机动车辆
C. 机场内部场所使用的车辆　　　　　　D. 临时入境的外国车船

234. 车船税的车辆、船舶是指（　　）。

A. 依法应当在车船管理部门登记的机动车辆和船舶

B. 依法不需要在车船管理部门登记、在单位内部场所行驶的机动车辆

C. 依法不需要在车船管理部门登记、在单位内部场所作业的车辆和船舶

D. 依法不需要在车船管理部门登记、在单位内部场所作业的机动车辆

235. 根据车船税的有关规定，下列说法正确的有（　　）。

A. 已办理退税的被盗车船，失而复得的，纳税人应从公安机关出具相关证明的当月起计算缴纳车船税

B. 跨省、自治区、直辖市使用的车船，车船税的纳税地点为车船所有人的住所所在地

C. 车船所有人没有缴纳车船税的，使用人应当代为缴纳车船税

D. 车船税纳税义务发生时间为车船管理部门核发的车船登记证书或者行驶证书所记载日期的当月

236. 根据车船税的规定，下列选项中属于法定免税的有（　　）。

A. 捕捞、养殖渔船　　　　　　　　B. 警用车辆

C. 外国驻华使领馆有关人员使用的车辆　　D. 城市公共交通汽车

237. 下列有关车船税的表述中，正确的有（　　）。

A. 未办理登记手续的车船不缴纳车船税

B. 车船税的计税单位包括辆、整备质量吨位、净吨位、米

C. 依法不需要办理登记的车船，纳税地点为车船所有人或者管理人所在地

D. 已完税的车船被盗抢的，可申请退还全部或部分已缴纳税款

238. 下列车船税法定免税的有（　　）。

A. 非机动驳船　　B. 警用车船　　C. 拖拉机　　D. 养殖渔船

239. 车船税的纳税义务发生时间，可以是（　　）。

A. 办理交通强制保险当月

B. 车船购置发票所载开具时间的当月

C. 主管税务机关核定纳税义务发生的当月

D. 车船管理部门核发的车船行驶证书记载日期的时间

240. 下列属于印花税的纳税人的有（　　）。

A. 产权转移书据的立据人　　　　　B. 合同担保人

C. 颁发商标注册证的商标局　　　　D. 签订买卖合同的中外合资企业

241. 下列选项中，按照现行制度规定，应当免征印花税的有（　　）。

A. 商品储备管理公司承担商品储备业务过程中书立的购销合同

B. 金融机构与小型微型企业签订借款合同

C. 高校和学生签订的学生公寓租赁合同

D. 记载两个以上经济事项的合同

242. 下列项目中，符合印花税计税依据规定正确的有（   ）。

A. 建筑安装工程承包合同的计税依据为转包金额

B. 仓储保管合同的计税依据为仓储保管的费用

C. 产权转移书据的计税依据是书据中所载的金额

D. 对采用易货方式进行商品交易签订的合同，应以易货差价为计税依据

243. 依据印花税的有关规定，技术转让合同包括（   ）。

A. 专利申请转让合同　　　　　　B. 专利权转让合同

C. 专利实施许可合同　　　　　　D. 非专利技术转让合同

244. 甲公司于 2010 年 8 月与乙公司签订以货易货合同，以 70 万元的钢材换取乙公司 75 万元的水泥，甲公司支付差价 5 万元。下列表述符合印花税有关规定的有（   ）。

A. 甲乙公司均属于印花税纳税人

B. 甲乙公司印花税的计税依据分别是换出货物的价款

C. 甲公司应该缴纳印花税 435 元

D. 乙公司应缴纳印花税 450 元

245. 某企业 2011 年 1 月份开业，领受房屋产权证、工商营业执照、商标注册证、土地使用证、税务登记证各一件；与其他企业订立销售合同一份，所载金额 100 万元；订立房屋租赁合同一份，所载金额 100 万元；订立加工合同一份，列明加工收入 10 万元，受托方提供原材料金额 90 万元。以下关于该企业发生上述业务应纳印花税的说法中，正确的有（   ）。

A. 权利、许可证照应缴纳印花税 20 元

B. 加工合同应缴纳印花税 50 元

C. 销售合同应缴纳印花税 400 元

D. 该企业所有业务应缴纳印花税 1 640 元

246. 下列单位或个人属于印花税纳税义务人的有（   ）。

A. 贷款合同的担保人

B. 借款合同的贷款人

C. 与个人签订的用于生活居住的房产租赁合同的房地产管理部门

D. 运输合同的托运方

247. 按《印花税暂行条例》规定，下列凭证中不纳印花税的有（   ）。

A. 购销合同副本　　　　　　　　B. 以货易货合同

C. 房屋产权证　　　　　　　　　D. 农牧业保险合同

248. 下列关于印花税纳税贴花的表述中，正确的有（   ）。

A. 签订应税凭证后，凭证生效之日起贴花完税

B. 多贴印花税票者，不得申请退还或抵扣印花税

C. 已经贴花的凭证，修改后所载金额增加的，其增加部分应补贴印花

D. 企业启用新账簿后，实收资本和资本公积两项的合计金额大于原已贴花金额的，仅就增加的部分补贴印花

249. 下列凭证免纳印花税的有（　　）。

A. 个人将财产赠给政府所立书据　　B. 农民销售粮食给军队食堂的销售合同

C. 企业改制中经评估增加的资金　　D. 企业改制签订的产权转移书据

250. 下列各项中，符合印花税有关规定的有（　　）。

A. 应纳税凭证所载金额为外国货币的，纳税人应按照凭证书立当月1日外汇牌价折合人民币，计算应纳税额

B. 同一种类应纳税凭证，需频繁贴花的，应向当地税务机关申请按期汇总缴纳印花税

C. 凡汇总缴纳印花税的凭证，应加注汇缴戳记、装订成册，将已贴印花或者缴款书的一联粘附册后，盖章注销，保存备查

D. 纳税人拒不提供应税凭证，税务机关可以核定印花税计税依据

三、判断题

1. 某千户集团电力企业招收残疾人员，对在一个纳税年度内月平均实际安置残疾人员就业人数占单位在职职工总数的比例为20%的单位，可减征或免征该年度城镇土地使用税。（　　）

2. 企业全面风险管理要素中目标设定是其他所有风险管理要素的基础，为其他要素提供规则和结构。（　　）

3. 目前大多数国家采用"单一标准"来对各国大企业税收管理的对象范围进行划分。（　　）

4. 经济合作与发展组织的税收风险管理模式是一个循环过程：确定目标——风险评估——风险识别——执行监控——风险处置——风险目标。（　　）

5. 我国初步建立了以"风险分析——推送应对——数据采集——反馈考核"为流程的大企业税收风险管理体系，并不断开展积极有效的探索。（　　）

6. 国家税务总局开发建设大企业税收管理信息系统不得外泄或共享。（　　）

7. 国家税务总局大企业税收管理司负责推送千户集团税收风险应对任务。（　　）

8. 省局大企业税收管理部门负责本省范围内大企业税收风险应对工作的专业指导、风险应对和应对结果的分析评价和绩效考核，协调本省范围内风险应对主体解决具有大企业特征的涉税风险问题。（　　）

9. 大企业税收管理部门主要负责对大企业或本级重点税源企业的一般性纳税服务、

数据采集、风险分析识别、风险应对过程监控、效果评价和风险分析工具设计维护等事项。（　　）

10. 遵从引导是指通过个性化的纳税服务和专业化的税收管理，提高企业自身依法处理涉税事务的能力。（　　）

11. 归集千户集团税务端数据是指国家税务总局从各类税务信息系统里归集千户集团及其成员企业相关税收征管数据，并按照成员企业维度进行整合。（　　）

12. 在千户集团电子财务数据采集过程中，企业集团总部集中收集各成员单位电子财务数据后，直接报送至企业集团总部所在省级税务机关。（　　）

13. 千户集团数据联络员是省级大企业税务管理部门的干部。（　　）

14. 根据税收信息化建设任务现状和重点任务，各单位不能新立项建设电子税务局。（　　）

15. 纳入报送范围的千户集团总部及其成员企业，各地税务机关未经上级标准，不得从当年报送范围中删除。（　　）

16. 未开展复评的任务可以进行再次分工，已开展复评工作的任务还可以再次分工。（　　）

17. 对于未完成"提交"的人工复评结果，复评分工人员不能进行"审核"。对于已经完成"审核"的人工复评结果，复评分工人员还能再次进行"审核"。（　　）

18. 大企业税收管理系统中，账号一人一号，但可以一个账号同时多人登录使用。（　　）

19. 大企业税收管理系统中的各类企业数据，均为真实的企业数据，可以通过导出功能导出数据。（　　）

20. 千户集团企业存在境外成员单位的，其电子财务数据不需要一起采集。（　　）

21. 税源监控包括一般涉税事项监控和特殊涉税事项监控。（　　）

22. 千户集团数据联络员是指千户集团及其成员企业中配合税务机关，统筹协调集团总部及其成员单位开展数据采集、审核和报送工作的人员。（　　）

23. 大企业税收管理部门应直接受理和回复企业的涉税诉求。（　　）

24. 大企业税收风险管理内部控制，是指以风险防控为导向，通过查找、梳理、评估大企业税收风险管理工作中的各类风险，制定、完善并有效实施一系列制度、流程、方法和标准，对大企业税收风险管理工作风险进行事前防范、事中控制、事后监督和纠正的动态管理过程和机制。（　　）

25. 企业特殊性税务风险是指企业在税收征管、税种管理及纳税事项等方面，与税款征收有直接联系的风险。其中，纳税事项主要包括发票管理、减免税优惠、财产损失扣除、企业重组、关联交易、会计处理与税法规定差异性调整等方面。（　　）

26. 千户集团及其成员企业纳税申报时附报财务会计报表包括资产负债表、利润

表、现金流量表、所有者权益变动表、附注等。（　　）

27. 按照《国家税务总局大企业管理和服务规程（试行）》规定，专项涉税事项监控主要包括企业涉税诉求处理情况的监控，税收风险内控情况的监控，税收遵从协议履行情况的监控。（　　）

28. 千户集团是指年度缴纳税额达到国家税务总局管理服务标准的企业集团，包括全部中央企业、中央金融企业以及达到上述标准的单一法人企业等。其中，年度缴纳税额为集团总部及其境内外全部成员企业境内年度纳税额合计，不包括关税、船舶吨税以及企业扣缴的个人所得税，不扣减出口退税和财政部门办理的减免税。（　　）

29. 列入千户集团名单的企业集团名册管理工作职责有：（1）按照税务机关要求，组织开展名册信息填报、审核和报送；（2）根据税务机关反馈的核实结果，组织开展名册信息校正；（3）开展集团内部名册管理工作培训，对成员企业提供指导；（4）其他名册管理工作。（　　）

30. 联络员的主要职责：（1）负责落实和统筹本集团总部及其成员单位涉税数据采集、审核和报送；（2）在税务机关提供的通用平台上组织完成数据采集工作；（3）及时反馈千户集团数据采集工作的意见和建议；（4）对税务机关布置的数据采集任务、数据内容负有安全保密责任；（5）配合税务机关做好其他数据相关工作。（　　）

31. 各地税务机关要利用企业税务风险评估管理子系统，按照风险识别、风险评价和分析、风险评估报告的程序，对定点联系企业税务风险进行科学评估。（　　）

32. 风险管理信息采集子系统，用于采集企业税务风险管理信息，主要由定点联系企业数据采集分析平台模块、企业基本信息补充采集模块和企业风险管理调查问卷模块组成。（　　）

33. 风险内控是在运营中从企业内部预防和控制风险的活动，是风险管理后续环节的重要组成部分。（　　）

34. 税收遵从协议是指税务机关与已建立税务内部控制机制的大企业以共同防控税务风险，提高大企业税法遵从度，降低税收成本为目的签订的协议。（　　）

35. 税务遵从管理报告是根据《大企业税收服务和管理规程》规定分别由企业和税务机关根据自身的要求对风险管理状况编写的年度责任绩效总结报告。（　　）

36. 《大企业税务风险管理指引（试行）》指出，企业涉税业务人员应具备必要的专业资质、良好的业务素质和职业操守，遵纪守法。（　　）

37. 《大企业税务风险管理指引（试行）》指出，企业应定期对涉税业务人员进行培训，不断提高其业务素质和职业道德水平。（　　）

38. 企业应针对重大税务风险所涉及的管理职责和业务流程，制定覆盖各个环节的全流程控制措施；对其他风险所涉及的业务流程，合理设置关键控制环节，采取相应的控制措施。（　　）

39. 《大企业税务风险管理指引（试行）》指出，企业税务部门不应参与企业重要经营活动，并跟踪和监控相关税务风险。（   ）

40. 各级税务机关应按照《大企业税务风险管理指引（试行）》对企业税务风险内控体系状况进行调查、评价，并根据企业实际情况采取相应措施，引导企业建立完善税务风险内控体系。（   ）

41. 各级税务机关对未建立内控体系的企业，积极引导企业建立税务风险内控体系；对已建立内控体系的企业，重点监控其内控体系运行情况；对内控体系需要完善的企业，提出企业内控体系完善建议；对内控体系相对完善的企业，制定相应的激励措施。（   ）

42. 省以下税务机关大企业税收管理部门负责完成上级交办的风险识别工作；也可根据自身工作规划，通过汇总辖区内的成员企业相关风险信息，组织开展风险识别工作。主管税务机关负责完成上级交办的风险识别工作，并结合税收日常管理，开展对辖区内成员企业的风险识别工作。（   ）

43. 对遵从意愿和遵从能力都较高的低风险企业，可以通过提供优质纳税服务等措施，努力为企业提供办税便利。（   ）

44. 对遵从意愿较低、遵从风险大的高风险企业，不可以采取反避税调查等方式控制税务风险。（   ）

45. 各级税务机关应当加强与企业的合作互动，指导、帮助企业开展自查。（   ）

46. 税务审计是风险应对的主要手段和全流程风险管理的关键环节。（   ）

47. 总局定点联系企业与税务机关要在《国家税务总局大企业税收服务和管理规程（试行）》框架下，共同构建起税企合作、纵向联动、协调高效的企业名册管理工作模式。（   ）

48. 总局定点联系企业可以不履行企业名册报送义务；税务机关应当合法使用企业名册信息，保障纳税人合法权益，引导企业提高名册管理水平。（   ）

49. 定点联系企业风险管理信息需采集的相关第三方信息主要包括国家行政管理机关、司法机关及有关企业监管部门掌握的企业涉税信息、经济和行业统计信息、银行、海关等部门掌握的企业涉税信息，来自研究机构、行业组织、消费者团体以及中介机构的相关信息、从互联网等媒体获取的相关信息等。（   ）

50. 税务总局通过下发风险评估问卷、稽查检查等形式收集企业信息，建立行业税收特征库和企业基本信息库，并向各省税务机关开放。（   ）

51. 各地税务机关要督促企业进行问题整改，要求企业及时补缴税款及滞纳金，引导企业完善税务遵从制度，帮助企业提升自我控制涉税风险的能力。（   ）

52. 在税收风险管理工作现场审计阶段，各省税务机关应配合税务总局，或者承接税务总局推送的现场审计任务，并发出《税务事项通知书》提前通知现场审计对

象。（ ）

53. 税企双方确定税收遵从协议签订意愿后，依序进行共同磋商起草协议文本、签订协议等工作程序。（ ）

54. 对中等风险企业，要提高风险评估的频率，除每年定期进行风险评估以外，还可结合实际情况，采用实时评估等方法随时监控企业情况。（ ）

55. 企业名册管理工作分为代码准备、名册采集、任务分发、名册核实、结果上报、名册反馈和工作总结七个阶段。（ ）

56. 风险评估报告方面，依托企业税务风险评估管理子系统，采用计算机评估和人工评估相结合的方式开展风险评估工作（ ）

57. 如果企业遵从度持续提高，可以调低企业风险等级；如果仍未改善或继续恶化，应调高企业的风险等级。（ ）

58. 各级税务机关应建立大企业涉税事项协调会议制度，研究解决各类涉税事项以及企业反映的普遍性、非行业性涉税问题。（ ）

59. 向企业采集、协作互助等方式采集企业涉税信息。（ ）

60. 主管税务机关负责完成上级交办的风险识别和风险评估工作，并结合税收日常管理，开展对辖区内成员企业的风险识别和风险评估工作。（ ）

61. 《大企业税务风险管理指引（试行）》旨在引导大企业合理控制税务风险，防范税务违法行为，依法履行纳税义务，避免因没有遵循税法可能遭受的法律制裁、财务损失或声誉损害。企业必须按照本指引，建立相应的税务风险管理制度。（ ）

62. 大企业因内部组织架构、经营模式或外部环境发生重大变化，以及受行业惯例和监管的约束而产生的重大税务风险，必须及时向税务机关报告，以寻求税务机关辅导和帮助。（ ）

63. 风险应对是调动企业积极性、主动排除税务风险的一项有效措施。（ ）

64. 现场审计团队拟定初步审计意见后，可根据发现的涉税风险事项形成现场审计报告。（ ）

65. 各级税务机关大企业税收管理部门及主管税务机关应各自制定标准，开展对企业涉税信息的采集和整理、处理及应用工作，构建大企业税收管理信息系统，实现信息共享。（ ）

66. 纳税评估和纳税服务的共同点是都能提高税收遵从度。（ ）

67. 在评估分析的基础上，需要纳税人说明疑点问题的环节是实地核查环节。（ ）

68. 千户集团税收风险管理，以防范税收风险为导向，按照"数据采集——风险分析——推送应对——反馈考核"四个环节，实施全流程闭环管理。（ ）

69. 千户集团税收风险管理坚持三级统筹主要原则，强化税务总局、省、市税务机关在千户集团税收风险管理工作中的分工协作，注重顶层设计，整合管理资源，明确

工作职责，坚持上下联动，形成工作合力。（　　）

70. 省税务机关可以聘请大专院校、行业协会、中介机构专家，组建大企业税收管理顾问团队，通过合作、外包等方式，开展大企业税收管理技术手段研发和相关项目研究。（　　）

71. 税务总局立足金税三期开发建设大企业税收管理信息系统，实现与各省税务机关的数据、风险分析指标模型以及风险分析成果共享。（　　）

72. 各级税务机关应当按照有关法律、法规要求，做好千户集团税收风险管理信息保密工作。（　　）

73. 对超出查询权限的千户集团相关数据，省税务机关不可以向税务总局申请查询、应用，并填报《千户集团数据需求查询申请单》。（　　）

74. 税务总局开展千户集团税收风险分析指标体系建设，按照开发、验证、应用的步骤，分批次开展，逐环节推进。（　　）

75. 省税务机关负责总部在本省的千户集团的沟通协调工作，并配合税务总局开展跨区域千户集团税收风险分析。（　　）

76. 对风险分析中发现的同质性高、涉及面广的风险点，税务总局可以协调集团总部所在省税务机关，向集团总部进行提示告知。（　　）

77. 省税务机关对本省形成的风险分析报告进行审核，并按要求上报税务总局。税务总局对税收风险分析报告质量进行严格控制，形成风险应对任务。（　　）

78. 企业可以委托符合资质要求的中介机构，根据本指引和相关执业准则的要求，对企业税务风险管理相关的内部控制有效性进行评估，并向税务机关出具评估报告。（　　）

79. 各级税务机关大企业税收管理部门根据本级的职责权限处理企业涉税诉求，遇有非本级职权范围事项的，应按规定向相关税务机关移送。（　　）

80. 省以下税务机关可与企业集团的成员企业签订税收遵从协议，协议内容不应与税务总局与企业集团签订的协议相冲突，协议文本及其执行情况不需报税务总局备案。（　　）

81. 千户集团企业与相关税务机关要定期开展企业名册管理工作，具体时间规定为每两年。（　　）

82. 主管税务机关在收集资料、认定避税事实、进行税务调整等工作过程中，可按国家税务总局的有关规定，视情况对存在避税嫌疑的纳税人进行税务审计。（　　）

83. 遵从引导包括政策服务、涉税诉求的受理和回复、引导企业建立完善税务风险内控体系、根据不同情况采取相应税收服务和管理措施。（　　）

84. 大企业管理是指税务机关对于大企业日常管理之外的管理及信息采集行为。（　　）

85. 大企业税收服务工作，应以纳税人的需求为导向。（　　）

86. 《国家税务总局大企业管理和服务规程（试行）》适用于重点税源企业。（　）

87. 各级税务机关应按要求，对收集的企业税收风险信息以及遵从引导、遵从管控等环节反映的企业涉税风险情况在判别、评估基础上，对企业纳税遵从风险实施税收管控。（　）

88. 税务风险内部控制评价应形成工作底稿，详细记录企业执行评价工作的内容，包括评价要素、主要风险点、采取的控制措施、有关证据资料以及税收评估。（　）

89. 在进行特别纳税调整时，税务机关采用按照纳税人从关联企业购进商品再销售给独立企业的价格，减去相同或类似业务的销售毛利后，对购进商品进行定价的方法是成本加成法。（　）

90. 税务风险管理由企业董事会财务部负责督导并参与决策。（　）

91. 大企业税收管理部门对企业涉税诉求的处理意见与其他相关部门意见一致的由大企业税收管理部门直接回复企业。（　）

92. 税企双方签订税收遵从协议后由税务总局负责通报有关税务机关。（　）

93. 企业与其关联企业之间的业务往来应按照独立企业之间的业务往来确定价格或费用。（　）

94. 定期对税务风险管理工作进行考核，考核内容包括具体应对策略和措施的运用。（　）

95. 企业名册管理是指在国家税务总局的统一部署下总局定点联系企业集团下属企业定期报送本级及其成员企业名册。（　）

96. 企业与其关联方之间的业务往来，不符合独立交易原则，或者企业实施其他不具有合理商业目的的安排的，税务机关有权在该业务发生的纳税年度起五年内，进行纳税调整。（　）

97. 各级税务机关可运用掌握的企业涉税信息，选取企业涉税事项进行比对、分析，及时全面了解企业集团及其成员企业的税源变动情况，为税务审计、评估和应对提供基础性信息。（　）

98. 定点联系企业税务风险管理系统由风险管理信息采集子系统、税务风险评估管理子系统、税务审计查账子系统等部分组成。（　）

99. 税企合作市指总局定点联系企业和税务机关遵循平等、互信、互助、共赢的原则，合作开展企业名册管理，共同预防和控制税务风险。（　）

100. 企业名册管理是指在国家税务总局的统一部署下，总局定点联系企业集团总部定期报送本级及其成员企业名册，税务机关根据上述信息，开展企业名册核实，反馈名册核实结果，正确建立总局定点联系企业树形管理体系的业务处理过程。（　）

101. 各级税务机关要求根据风险评估的结果确定企业风险程度和单个企业的集团风险排序。（　）

102. 对于中等风险企业,要注意通过辅导帮助企业建立税务风险管理机制,跟踪和监控后续管理措施,实现企业遵从。( )

103. 企业名册由总局定点联系企业的基本信息、资格认定、管理关系以及组织架构等涉税信息组成。( )

104. 税收风险管理贯穿于税收工作的全过程,是税务机关运用风险管理的理论和方法,在全面分析纳税人税款缴纳状况的基础上,提升税务机关管理水平的税收管理活动。( )

105. 税收风险管理是现代税收管理的先进理念和国际通行做法,是完善我国税收管理体系的核心工作。( )

106. 在落实信息管税的工作思路中,要将挖掘和利用好第三方涉税信息作为税收风险管理工作的基础。( )

107. 各级税务机关在税收风险管理工作中要合理划分各层级和各部门的职责,形成纳税服务、税源管理、风险分析、税务稽查相结合的工作机制。( )

108. 纳税评估是指税务机关对纳税人和扣缴义务人纳税申报情况的真实性和准确性作出定性和定量的判断。( )

109. 纳税评估是税务机关向纳税人提供深层次的服务。( )

110. 纳税评估对象可采用计算机自动筛选、人工分析筛选和申报数据筛选等方法。( )

111. 大企业税务风险管理指引旨在企业把税务风险管理制度与企业内部风险控制和管理制度结合起来,防范税务违法行为,依法履行纳税义务,避免因没有遵循税法可能遭受的法律制裁、财务损失或声誉损害。( )

112. 税务风险管理的主要目标包括:税务规划具有合理的商业目的,并符合税法规定;经营决策和日常经营活动考虑税收因素的影响,符合税法规定;税务风险识别和评估的机制、方法;纳税申报和税款缴纳符合税法规定;税务登记、账簿凭证管理、税务档案管理以及税务资料的准备和报备等涉税事项符合税法规定。( )

113. 企业税务部门应协同相关职能部门,管理日常经营活动中的税务风险。( )

114. 大企业税务风险管理的主要目标包括:经营决策和日常经营活动考虑税收因素的影响,符合税法规定。( )

115. 在大企业税收服务和管理工作中,各级税务机关应及时受理辖区内成员企业提出的涉税诉求。( )

116. 总局定点联系企业名册管理范围以合并报表的口径和工商注册规范的组织形式为参考,建立统一标准。( )

117. 内资企业名册管理范围为纳入企业合并报表范围且进行税务登记的境内各级分公司和子公司以及境外控股公司。( )

118. 外资企业名册管理范围为全球总部控股并在中国境内和境外进行税务登记的各级分公司和子公司。（　　）

119. 大企业税务风险管理指引（试行）指出，企业应根据风险产生的原因和条件从组织机构、职权分配、人员配置、信息沟通和检查监督等多方面建立税务风险控制点。（　　）

120. 税务审计是全流程税收风险管理中堵塞风险管理漏洞、实现闭环管理的重要环节。（　　）

121. 纳税评估对象为主管税务机关负责管理的所有纳税人及其应纳所有税（费）种。（　　）

122. 纳税评估工作的核心环节是税务约谈。（　　）

123. 约谈纳税人时，首先向纳税人下达税务约谈通知书，明确税务约谈的时间、地点、内容等事项，以及需要纳税人提供相关举证的资料。（　　）

124. 信息管税要求就是以税收风险管理理念为指导，以现代信息技术为依托，加强业务与技术融合，努力解决征纳双方信息不对称的问题。其主线是基于信息化构建纳税人信用等级体系为主线。（　　）

125. 某税务机关运用相关的涉税信息分析纳税申报中的疑点，采取电话询问或者约谈等方式对纳税人纳税情况进行核实处理，理论上说，属于纳税评估工作环节中的实地核查。（　　）

126. 在约谈过程中，纳税评估人员应将发现的问题或疑点的详细情况列入《纳税评估约谈举证记录》。（　　）

127. 目前，我国大企业税收服务和管理工作在专业化、制度化、规范化、扁平化、一体化方向上取得长足进展。（　　）

128. 企业所得税高风险事项，主要是指对重要行业、重点税源企业以外的其他企业有关优惠政策、跨年度事项、企业重组、资产损失、汇总纳税等高风险事项，可以列示本省市近3年至5年基本数据和变化情况，从不同维度细分高风险事项，掌握每项高风险事项的风险点、风险高发环节、主要问题，向风险应对部门推送风险点。研究摸索风险事项的应对规律，逐步形成高风险事项的应对模板或指引，跟踪部分高风险事项的应对情况，提高应对准确性和效率。（　　）

129. 税务机关在出台重大税收政策和管理制度之前，应征求企业意见，并对意见进行认真分析研究。（　　）

130. 各地大企业税收管理部门必须按照国家税务总局要求，及时报送企业集团及成员单位电子财务税收数据和税收快报数据。此项内容以"按时上报率"进行考核，按时上报率未达到60%的单位不得进入绩效考核优秀等次。（　　）

131. 国家税务总局转变大企业税收管理方式组建千户集团税收风险分析专业团队，以税收风险分析平台为载体，采取计算机风险扫描方式，联合省局大企业税收管理部

门，跨区域统筹开展千户集团税收风险分析工作。（   ）

132. 国家税务总局规定，对千户集团企业存在境外成员单位的，其电子财务数据也需要一起采集。（   ）

133. 千户集团名册管理模块部署在国家税务总局内网，只能由税务人员通过内网计算机进行联接及查询。（   ）

134. 为了保证在国家税务总局层面便捷高效地抽取各地的大企业税收征管数据，需要在各地使用的不同版本的综合征管软件中添加大企业标识。其中 CTAIS 系统和金税三期核心征管软件中的大企业标识，由省局直接添加。（   ）

135. 国家税务总局对千户集团税收快报接口情况导出文档统一要求为 PDF 文本格式文本。（   ）

136. "优化个性纳税服务，提高企业自觉遵从"方式之一就是各省税务机关要注重平衡治理，在运用大数据开展大企业税收服务与监管试点工作全过程同步实施个性化纳税服务，促进大企业自觉遵从税法。建立大企业联络员制度，为大企业提供便捷顺畅的沟通渠道，切实解决"难事管不了"的问题。（   ）

137. 大企业税收管理岗位人员应该要求企业对税务风险实行动态管理，及时识别和评估原有风险的变化情况以及新产生的税务风险。（   ）

138. 推进税务大数据建设，逐步建立企业集团数据库，提高税务机关运用大数据开展税收分析、优化纳税服务、强化税收监管的能力和水平，这是运用大数据开展大企业税收服务与监管试点工作的目标之一。（   ）

139. 对大企业实施过程监控及评价反馈，是指要对税收风险管理全过程实施有效监控，建立健全考核评价机制，及时监控和通报各环节的运行情况，并对风险识别的科学性和针对性、风险等级排序的有效性、风险应对措施的准确性等进行效果评价。（   ）

140. 对于合并报表的成员单位信息采集，其集团总部仅与某省内的成员单位合并财务报表，与其省外的成员单位未合并财务报表，针对存在这类情况的企业，仅采集集团总部及合并报表的成员单位电子财务数据即可。（   ）

141. 根据千户集团分布特点及行业特性，组建千户集团税收风险分析专业团队、或者指定重点省份对重大事项或者重点行业的涉税问题进行分析后形成风险分析报告，由国家税务总局风险办推送各省应对。（   ）

142. 集团信息的维护由国家税务总局统一发起信息维护任务，由指定的税务机关对指定的集团信息进行核实和管理。在日常工作中，不能任意对集团信息进行修改和删除等操作。（   ）

143. 省税务局可以对千户集团独立法人企业或分公司实施税收风险分析，但分析结果应报送国家税务总局大企业税收管理司。（   ）

144. 归集千户集团税务端数据是指国家税务总局从各类税务信息系统里归集千户

集团及其成员企业相关税收征管数据,并按照成员企业维度进行整合。各地税务机关配合税务总局开展税务端数据归集工作。（   ）

145. 一些互联网公司反映,作为境外上市公司,其在信息披露方面需要遵守境外国相关规定,若按照统一处理千户集团电子财务数据采集工作要求采集数据,可能会产生重大监管和诉讼风险。为此,可不采集此类数据。（   ）

146. 核实确认千户集团税收快报报送范围时,对于集团代码、企业代码等2项系统自动生成编码,各地不需核实,务必不要修改。（   ）

147. 实施大企业税收风险任务统一推送差别化应对,是由总局税收风险管理领导小组办公室扎口管理,统一推送千户集团税收风险应对任务。（   ）

148. 对采用电算化会计系统的纳税人,税务机关有权对其会计电算化系统进行查验。对纳税人会计电算化系统处理、存储的会计记录以及其他有关的纳税资料,税务机关无权进入其电算化系统进行检查,并可复制与纳税有关的电子数据数据作为依据。（   ）

149. 税务机关内部各部门在大企业税收服务与管理工作中应该各尽其责,协同工作,结果共用,避免多头执法和重复检查。（   ）

150. 为加快推进千户集团税收分析工作,需采集报送千户集团2014年和2015年涉税数据。对于"纳税额"采集口径要求是在"纳税额"一栏填写集团总部及其全部成员企业该年度已缴纳税款合计,不包括关税、船舶吨税、代扣代缴个人所得税,需要扣减出口退税。（   ）

151. 企业应定期进行税务风险评估。税务风险评估由企业税务部门协同相关职能部门实施,也可聘请具有相关资质和专业能力的中介机构协助实施。（   ）

152. 2016年大企业税收管理重点工作要突出开展千户集团税收风险分析和税收经济分析工作,提升大企业税收管理层级,提高大企业税收风险分析应对工作水平,推动大企业税收管理现代化建设迈上新台阶。（   ）

153. 内资企业名册管理范围为纳入企业合并报表范围或为集团控制且进行税务登记的境内各级分公司和子公司、境外控股公司以及其他涉税组织机构。（   ）

154. 为确保千户集团税收风险分析和应对工作质量,大企业税收管理司决定将数据管理与风险应对作为2016年大企业税收管理绩效考核的重点考核项目。（   ）

155. 建立并实施全国网络化的税源监控机制。主要利用大企业信息化程度高的优势,采用现代管理手段,如与企业、相关部门联网等,了解并掌握大企业的财务核算和相关的生产经营情况、资金周转情况、流转额和跨区域经营情况,以提高税源监控的能力和水平。（   ）

156. 自行开展千户集团独立法人企业或分公司税收风险分析的对象名单和风险分析结果,经省税务局审核后以电子文件方式报送至国家税务总局大企业税收管理司。（   ）

157. 开展千户集团税收快报调研工作，其中主要工作内容就是研究在金税三期系统、CTAS 系统和非税务总局推广应用的征管系统中采集千户集团税收快报数据工作，编写千户集团税收快报工作需求。（　）

158. 企业应建立科学有效的职责分工和制衡机制，确保税务管理的不相容岗位相互融合、制约和监督。（　）

159. 构建以风险管理为导向的企业所得税管理体系，是落实《深化国税、地税征管体制改革方案》的重要举措，是推进行政审批制度改革、加强企业所得税事中事后管理的必然要求。（　）

160. 非居民企业在中国境内设立机构、场所，取得发生在中国境外但与该机构、场所有实际联系的利息所得，已在境外缴纳的所得税税额，可以从其当期应纳税额中抵免，抵免限额为该项所得依照规定计算的应纳税额；超过抵免限额的部分，可以在以后 5 个年度内，用每年度抵免限额抵免当年应抵税额进行抵补。（　）

161. 深化风险应对结果应用中要求各级大企业税收管理部门根据税收风险分析和应对结果，提出后期开展税收风险管理的工作建议；针对了解掌握的大企业税收风险状况，向大企业提出税收风险防控建议，指导大企业完善税收风险内控机制。（　）

162. 各省大企业税收管理部门要组织力量，对本省汽车金融企业消费贷业务进行税收风险分析，并按照税务总局后续统一要求和程序进行税收风险应对。（　）

163. 税收风险管理是完成组织收入目标的重要抓手，开展税收风险管理，通过风险排查，有助于找准税收漏洞，有效实施风险应对，促进税收收入的可持续增长。（　）

164. 各地要加强对纳税服务规范落实情况的指导和监督，将运行情况分别纳入省、市、县三级税务机关绩效考核范围，按照科学合理、普遍适用原则，设计定性与定量相结合的绩效考评指标。（　）

165. 税收风险管理的基本内容包括目标规划、信息收集、风险识别、等级排序、风险应对，以及通过评价成果应用于规划目标的修订校正，从而形成良性互动、持续改进的管理闭环。（　）

166. 建立集团企业税源监控体系是要求总局梳理各类与经济发展密切相关的税源、税收数据项，明确数据来源和取数口径，建立科学的税源监控指标体系。（　）

167. 加强大企业税收服务与管理的廉政内控保障，是要在大企业税收服务与管理工作全过程嵌入一权监督的内控机制，依靠制度和科技加强对大企业税收风险分析应对的全过程监督管理。（　）

168. 规范涉税诉求处理流程。按照登记、受理、处理、回复、总结五个环节，明确工作内容和工作要求。畅通涉税诉求受理渠道，做好涉税诉求的登记工作。（　）

169. 省局通过计算机风险扫描和人工专业复评相结合的方式，选取千户集团部分企业和重点事项开展税收风险分析，各地税务机关支持配合。（　）

170. 大企业税收管理司2016年通过"按期完成率"评价各地风险应对工作按期完成情况。按期完成率=按期已核实风险点数量/按期应核实风险点数量×100%。（　　）

171. 税务总局大企业税收管理司应当和市（地）级大企业税收服务和管理部门之间的数据互联、模型共享、风险互推和服务直达。（　　）

172. 省税务局可根据自身需要，扩展税务总局统一建设的省税务局大数据平台，以满足个性化的应用需求。条件成熟时，省税务局可基于税务总局大数据平台实现相关数据应用。（　　）

173. 通过加强税收风险管理，对纳税人实施差别化精准管理，对暂未发现风险的纳税人不打扰，对低风险纳税人予以提醒辅导，对中高风险纳税人重点监管。（　　）

174. 千户集团风险特征库、典型案例库、行业风险指引的制定和更新最低层级为省级税务机关。（　　）

175. 大企业集团总部只能向税务总局提出重组涉税事项书面咨询请求。（　　）

176. 千户集团企业名单要点体保持稳定，不得进行调整。（　　）

177. 大企业税收管理部门主要负责对大企业或者本级重点税源企业的一般性纳税服务、数据采集、风险识别、风险应对过程监控、效果评价和风险分析工具涉及维护等事项。（　　）

178. 违反法律、法规、规章及大企业税收风险管理制度开展大企业税收风险管理工作，造成纳税人和缴费人合法权益遭受损害但程度轻微的风险；或大企业税收风险管理工作质量和效率受到较轻影响的风险，属于税收法制工作的中低风险。（　　）

179. 纳税评估分析报告和纳税评估工作底稿是税务机关的内部资料，不发纳税人，但可以作为行政复议和诉讼的资料。（　　）

180. 各级税务机关以企业端数据为基础，按照千户集团税收管理需要，集成现有各类应用系统涉税数据。（　　）

181. 复评分工、复评审核等功能属于大企业税收管理系统中的考核服务角色。（　　）

182. 未开展复评工作的，任务可以进行再次分工，已开展复评工作的，任务还可以再次分工。（　　）

183. 主审角色要开展专业复评工作，必须同时拥有考核服务权限。（　　）

184. "风险指向"明确程度中"A"代表风险指向不明。（　　）

185. 开展人工复评工作时，可随时点击"风险复评"按钮，查看该企业计算机风险扫描结果。（　　）

186. 不得将安装大企业税务审计软件的计算机交由外来人员使用，严禁与大企业税务管理工作无关的人员登录系统进行操作。（　　）

187. 千户集团名册管理范围分内资企业集团、外资企业集团和合资企业集团。（　　）

188. 千户集团名单由财政部和国家税务总局确定,定期发布,实行动态管理。( )

189. 根据规定,2018年千户集团报送范围由原2017年千户集团调整为2018年千户集团和年纳税额1亿元以上的扩围集团。( )

190. 根据千户集团采集范围,税务总局大企业管理司制定了电子财务数据采集清单,包括"全行业数据采集清单"和9个"分行业数据采集清单"。( )

191. 根据千户集团采集范围,税务总局大企业管理司制定了电子财务数据采集清单,其中的"全行业数据采集清单"针对所有行业集团,"分行业数据采集清单"仅针对相应行业集团。( )

192. 千户集团电子数据采集中的"实际缴纳税款"指标填报口径为集团总部及其成员企业实际缴纳的各项税款合计(境内),不包括海关代征税收、关税、船舶吨税以及代扣代缴个人所得税等,但是扣减出口退税和财政部门办理的减免税金额。

193. 千户集团电子数据采集中填写的数据金额单位为万元。职工人数单位为人,职工人数不得出现小数。( )

194. 根据千户集团名册管理制度,省税务机关对总部在本省的集团,核实集团总部及该集团所有成员企业的名册信息。( )

195. 列入千户集团名单的企业集团在名册管理工作中的主要职责不包括总结名册管理工作开展情况,提出工作建议。( )

196. 千户集团数据联络员个人情况经企业审核确认后,由省级税务机关汇总上报税务总局备案。( )

197. 千户集团数据联络员应保持相对稳定,变更联络员时,千户集团总部须将备选人员情况等报所在省税务机关审核确认,上报至税务总局备案。( )

198. 千户集团负责联络员制度的落实和数据采集工作。( )

四、简答题

1. 与中小企业相比,简述大企业的特点。

2. 简述大企业税收管理的主要理论。

3. 简述"千户集团"概念。

4. 简述当前大企业税收服务和管理的主要工作。

5. 简述大企业纳税服务重点工作（六大类服务产品）。

6. 简述千户集团税源监控内容。

7. 简述税收遵从协议的主要内容。

8. 各级税务机关定期调查和评价企业税务风险内控体系情况包含哪些内容？

9. 简述千户集团名册管理工作中总局、省局、企业集团的主要职责。

10. 千户集团数据联络员主要职责包括哪些内容？

11. 简述千户集团数据采集的数据类型及内容。

12. 简述千户集团数据管理重点工作。

13. 简述大企业税收风险分析的工作流程。

14. 千户集团税收风险管理人工专业复评可以采取哪些方法？

15. 简述大企业税收风险应对工作流程。

16. 简述省级税务机关在税收风险应对工作中的主要任务。

17. 简述税务总局、省税务机关加强风险应对结果的增值利用的几种主要方式。

18. 简述大企业税收管理系统省局主要涉及的角色及主要职能。

19. 概括大企业税收经济分析主要的分类。

20. 如何保障大企业人才队伍建设？

21. 千户集团税收风险管理的工作环节有哪些？

22. 大企业税收管理关键基础的五大支柱是什么？

23. 国家税务总局王军局长在2019年3月20日召开的全国税务系统减税降费工作动员部署视频会议上阐述了实施减税降费的重要意义，主要内容是什么？

24. 税务总局大企业税收管理司承担哪些信息管理任务？

25. 省以下税务机关大企业税收管理部门承担哪些信息管理任务？

26. 什么是大企业税收风险管理内部控制？

27. 简述大企业税收风险管理内部控制的职责分工。

28. 简述大企业税收风险管理内部控制中风险分析的主要风险点。

29. 大企业税收风险管理内部控制的推送应对有哪些主要风险点？

30. 风险内部控制调查的主要内容是什么？

31. 简述千户集团税收风险管理应当坚持的主要原则。

32. 人工专业复评应当重点关注哪些内容？

33. 风险模型的构成是什么？

34. 简要说明大企业税收服务和管理工作的基本原则。

35. 简述大企业税收风险管理工作风险分为哪些等级。

36. 如何做好大企业税收管理系统（税务审计软件）工作？

37. 简述千户集团税收风险应对工作报告中要包括哪些内容。

38. 2019年全国大企业税收服务与管理工作的总体要求是什么？

39. 对大企业税收管理和服务队伍的要求是什么？

40. 简述风险应对人员开展风险应对任务前的主要工作。

41. 大企业税收管理方式有哪些？

42. 简述新形势下对税收风险管理工作重要性的认识。

43. 简述优化大企业个性化纳税服务的具体举措。

44. 简述如何全面提升大企业纳税服务质效。

45. 企业税务风险管理的主要目标包括哪些？

46. 大企业内控制度主要内容构成有哪些？

47. 如何确定千户集团成员企业？

48. 千户集团名单如何进行动态管理？

49. 深化大企业税收服务与管理的主要任务是什么？

50. 请简述深化大企业纳税服务若干工作措施的具体内容。

51. 简述千户集团扩围工作。

52. 如何加强税企沟通，建立健全多层次沟通联系机制？

53. 如何创新服务产品，规范和完善税企合作机制？

54. 如何转变大企业税收管理方式？

55. 2019年大企业税收服务与管理重点工作任务有哪些？

56. 简述大企业税务遵从管理年度报告内容的主要方面。

57. 税务机关发现企业存在非一般反避税特别纳税调整问题的，应当按照哪些程序实施调整？

58. 2019年税务总局深化大企业纳税服务措施中，增强服务意识，转变服务理念有哪些具体内容？

59. 大企业税收经济分析的指导思想是什么？

60. 简述现代税收管理模式的"五个以"的主要内容。

61. 税务总局提出，大企业税收管理改革要瞄准"五做七化"，简述"五做七化"的内容。

62. 简述税收风险典型案例（模板）的组成部分。

63. 什么是大企业税收一体化服务与管理协作模式？

64. 从企业经营发展的角度看，企业面对的外部和内部风险有哪些？

65. 列举企业风险管理策略的工具。

66. 简述国际税收协定的目标。

67. 加强大企业税收服务和管理工作的指导思想是什么？

68. 如何对大企业实施风险提示？

69. 千户集团名册管理的流程有哪些？

70. 如何优化对"走出去"企业的服务，助力国家发展战略？

71. 税务部门应该如何快速响应企业涉税诉求？

72. 大企业重组涉税事项纳税服务工作机制的具体工作程序是什么？

73. 千户集团扩围工作的原则和主要任务是什么？

74. 简述千户集团税收风险程度测试指标体系的研发要求。

75. 税务机关实施特别纳税调查，应当重点关注具有哪些风险特征的企业？

76. 什么是企业特殊性税务风险？

77. 开展千户集团风险程度测试指标体系3.0建设的工作目标是什么？

78. 开展千户集团税收风险分析工作税务总局的工作任务是什么？

79. 开展千户集团税收风险分析工作，各省局的工作任务是什么？

80. 简述跨国法人国际避税的手段。

81. 税收风险识别的内容如何分类？

82. 税务遵从的概念是什么？

83. 简述省以下税务机关承担税源监控的工作内容。

84. 简述风险识别和风险评估过程中，主管税务机关的工作职责。

85. 纳税人分类分级管理办法对基础管理事项如何定义？

86. 企业全面风险管理要素主要有哪些？

87. 大企业税收管理系统具有哪些特点？

88. 如何加强化千户集团数据采集、管理和应用？

89. 如何加强千户集团数据管理的信息化支撑？

90. 如何加强数据管理专业化团队建设？

91. 千户集团电子财务数据采集工作信息采集范围有哪些？

92. 千户集团电子财务数据采集信息采集方式有哪些？

93. 大企业税收服务和管理制度规划包含哪些内容？

94. 简述优化千户集团纳税服务省级税务局的任务。

95. 健全大企业税收服务协调机制的要求是什么？

96. 提供大企业税收政策确定性服务指什么？

97. 精简电子财务数据采集范围要求中，不再纳入数据采集对象有哪些？

98. 千户集团名单由哪一级税务机关确定？千户集团名单如何管理？

99. 《国家税务总局关于印发〈大企业税务风险管理指引（试行）〉的通知》（国税发〔2009〕90号）有关税务风险识别和评估中，企业应结合自身税务风险管理机制和实际经营情况，重点识别哪些税务风险因素？

100. 省级大企业部门风险分析任务有哪些？

101. 千户集团企业名册信息包括哪些内容？

102. 风险管理信息采集子系统，用于采集企业税务风险管理信息，主要有哪些内容？

103. 企业税务风险评估管理子系统包括哪些内容？

104. 简述企业税务风险防范的主要措施？

105. 大企业税务风险管理制度主要包括哪些内容？

106. 根据《大企业税务风险管理指引（试行）》，税务管理的不相容职责包括哪些内容？

107. 对主营业务收入变动率与主营业务费用变动率进行配比分析产生疑点时，应主要从哪些方面加以进一步分析？

108. 企业在适用公共基础设施项目企业所得税优惠政策方面可能存在的税收风险有哪些？

109. 对企业研发费用的归集超范围或不规范的税收风险应重点核查哪些？

110. 简述企业残疾人员工资加计扣除不符合规定的税收风险表现。

111. 简述"股权转让"事项常见的涉税风险表现。

112. 国家税务总局统筹安排企业名册管理工作,其职责包括哪些内容?

113. 列入千户集团名单的企业集团名册管理工作职责有哪些?

114. 大企业税收经济分析有哪些内容?

115. 大企业税收风险管理数据采集的主要风险点是什么?

116. 简述"风险评估"主要内容。

117. 简述"风险自查"。

118. 简述加强千户集团数据管理的主要目标。

119. 千户集团的联络员需具备哪些条件?

120. 省级税务机关负责联络员制度的落实和数据采集工作,主要职责包括什么?

121. 简述大企业税收管理司的主要职责。

122. 对境外上市或服务器在境外的企业,由于涉案、财务人员更换频繁等原因导致财务数据无法及时采集的企业、发生重组、筹备上市等重大事项的企业,在电子财务数据采集的时间上有什么要求?

123. 千户集团信息管理中属于省税务局的任务有哪些？

124. 大企业税收风险应对中，如何突出分类分级？

125. 国家税务总局关于转变税收征管方式提高税收征管效能的指导意见中，转变税收征管方式的重点是哪些？

126. 简述省税务局风险办工作机制。

127. 当前税收风险管理的重点工作有哪些？

128. 如何认识税收风险管理工作的重要意义？

129. 税务总局负责根据企业集团核心成员企业的分布状况设立客户协调员，客户协调员承担哪些职责？

130. 大企业涉税事项协调会议制度的研究内容有哪些？

131. 强化大企业税收保障体系有哪些？

132. 开展优质服务，营造良好税收环境的方式有哪些？

133. 完善与事中事后管理相适应的征管制度体系有哪些内容？

134. 在我国经济发展进程中，我们要不断为民营经济营造更好发展环境，帮助民营经济解决发展中的困难，支持民营企业改革发展，变压力为动力，让民营经济创新源泉充分涌流，让民营经济创造活力充分迸发。为此，要抓好6个方面政策举措落实。请简述相关内容。

135. 扣缴义务人向居民个人支付劳务报酬所得、稿酬所得、特许权使用费所得时，如何预扣预缴税款？

136. 公司通过劳务派遣方式支付的劳务费，是否纳入工资薪金支出？

137. 纳税人销售货物或者应税劳务的价格明显偏低并无正当理由的，主管税务机关如何核定其销售额？

138. 国家税务总局局长王军提出要把党中央关于宣传思想工作的指示精神与税务系统的实际有机对接，指明了税收宣传的方向和重点。贯彻税收宣传工作的总体要求，就是要找准三个基本定位，围绕四项基本目标，重点落实五项基本任务，进一步提升税收宣传工作水平。请列举税收宣传总体要求中的"三"、"四"、"五"？

139. 转变税收征管方式提高征管效能的总体思路是什么？

140. 简述税收风险管理的基本内容。

141. 纳税评估主要工作内容包括哪些？

142. 简述加强大企业税收服务和管理工作的基本原则。

143. 加强千户集团数据管理的主要任务是什么？

144. 深化大企业税收服务与管理改革实施方案的主要任务是什么？

145. 什么是千户集团企业涉税直报数据？

146. 简述税务机关对存在哪些避税安排的企业可以启动一般反避税调查。

147. 不得抵扣的进项税额包括哪些项目？

148. 企业所得税法中亏损弥补政策是如何规定的？

149. 一般纳税人满足何种条件，可以在一定时期内暂停预缴增值税？

150. 申请留抵退税的条件是什么？

151. 增值税一般纳税人购进国内旅客运输服务，可以作为进项税额抵扣的凭证有哪些种类？

152. 企业在2019年度同时发生扶贫捐赠和其他公益性捐赠，如何进行税前扣除处理？

153. 哪些固定资产不得计算折旧扣除？

154. 企业享受小型微利企业所得税优惠政策，是否受征收方式的限定？

155. 增值税一般纳税人购进农产品（未采用农产品增值税进项税额核定扣除试点实施办法，下同），可凭哪几种增值税扣税凭证抵扣进项税额？

156. 公司适用农产品增值税进项税额核定扣除办法，2019年4月1日以后，购进农产品适用的扣除率是多少？

157. 纳税人因前期购买不动产尚未抵扣完毕的待抵扣进项税额，在2019年4月1日以后转入抵扣时，如何计算加计抵减额？

158. 符合什么条件的纳税人可以向主管税务机关申请留抵退税？

159. 房地产业开发成本的核算内容包括哪些？

160. 在电子财务数据采集内容方面，对货币金融服务行业和批发和零售行业企业有何要求？

161. 对境外上市或服务器在境外的企业、由于涉案、财务人员更换频繁等原因导致财务数据无法及时采集的企业、发生重组、筹备上市等重大事项的企业，在电子财务数据采集的时间上有什么要求？

162. 国家实施更大幅度的减税降费政策的重大意义是什么？

163. 增值税一般纳税人购进农产品（未采用农产品增值税进项税额核定扣除试点实施办法），可凭哪几种增值税扣税凭证抵扣进项税额？

164. 自 2019 年 4 月 1 日起，对符合条件的纳税人试行增值税期末留抵税额退税制度。其中，对增量留抵税额的具体要求是什么？

165. 自 2019 年 1 月 1 日至 2021 年 12 月 31 日，实施小型微利企业普惠性所得税减免政策，该政策所称小型微利企业需要符合什么条件？

五、计算题

1. 国内某生产型企业，为增值税一般纳税人。2019 年该企业发生的业务如下：

（1）取得产品销售收入 2 700 万元，其他业务收入 200 万元，销售成本 1 000 万元，其他业务成本 50 万元。

（2）"管理费用"账户列支 100 万元，其中：业务招待费 30 万元、新产品技术开发费 40 万元、支付给母公司的管理费 10 万元。

（3）"销售费用"账户列支 500 万元，其中：广告费 300 万元、业务宣传费 160 万元。

（4）"财务费用"账户列支 40 万元，其中：2018 年 6 月 1 日向非金融企业借入资金 200 万元用于生产经营，当年支付利息 12 万元（同期银行贷款年利率为 6%）。

（5）"营业外收入"账户反映受赠价值 100 万元的货物一批，取得的增值税专用发票上的增值税税额是 17 万元。

（6）"营业外支出"账户列支 50 万元，其中：对外捐赠 30 万元（通过公益性社会团体向灾区捐赠 20 万元，直接向某校捐赠 10 万元）；由于环境污染，被环保部门处以罚款 20 万元。

（7）"投资收益"账户贷方发生额 45 万元，其中：从境内居民企业（小型微利企业）分回股息 40 万元、还取得国债利息收入 5 万元。

（8）计入成本费用中实际支付合理的工资是 300 万元（其中残疾人员工资 50 万元），发生职工福利费支出 45 万元，职工工会经费 6 万元、职工教育经费 7.5 万元。

（9）2015 年 12 月份购进安全生产专用设备，取得增值税普通发票上注明价款 20 万元。

（10）用自产产品对外投资，产品成本70万元，不含税销售价格100万元，该项业务未反映在账务中。

根据上述资料回答问题，如有计算，需计算出合计数，不考虑城建税和教育费附加。

①企业2019年实现的会计利润总额。

②管理费用应调整的应纳税所得额（包括加计扣除部分）。

③销售费用应调整的应纳税所得额。

④财务费用应调整的应纳税所得额。

⑤营业外支出应调整的应纳税所得额。

⑥投资收益应调整的应纳税所得额。

⑦工资和"三项经费"应调整的应纳税所得额（包括加计扣除部分）。

⑧企业2019年应缴纳的企业所得税。

2. 2018年5月份，位于市区的红星房地产开发公司销售一幢写字楼，收入总额8 400万元，开发写字楼有关的支出为：支付地价及各种费用800万元，房地产开发成本2 400万元，财务费用中利息支出为500万元（可按转让项目计算分摊并能提供金融机构证明），但其中50万元属于加罚的利息。该房地产开发公司所在地政府规定的其他房地产开发费用计算扣除比例使用最高限，并缴纳了相关税费。已知施工合同约定的开工日期为2016年4月，该公司选择简易计税办法缴纳增值税。请计算以下内容：

（1）允许扣除的房地产开发费用（　　）。

A. 660万元　　　　B. 610万元　　　　C. 320万元　　　　D. 500万元

（2）允许扣除与转让房地产有关的税金为（　　）。

A. 28万元　　　　B. 40万元　　　　C. 48万元　　　　D. 52万元

（3）扣除项目金额合计为（　　）。

A. 4 498万元　　　B. 3 858万元　　　C. 4 188万元　　　D. 4 368万元

（4）应缴纳的土地增值税税额为（　　）。

A. 1 492.3万元　　B. 1 315.4万元　　C. 1 175.9万元　　D. 1 240.4万元

3. 2018年10月，某啤酒厂（增值税一般纳税人）销售A型啤酒20吨给副食品公司，开具的增值税专用发票上注明价款58 000元，收取包装物押金3 000元；销售B型啤酒10吨给宾馆，取得价税合计收入32 760元，收取包装物押金1 500元。该啤酒厂应缴纳的消费税是（　　）元。

4. 某高尔夫球具厂为增值税一般纳税人，下设一非独立核算的门市部，2019年2月该厂将生产的一批成本价70万元的高尔夫球具移送门市部，门市部将其中80%销售，取得含税销售额76.56万元。高尔夫球具的消费税税率为10%，成本利润率为10%，该高尔夫球具厂此项业务应缴纳的消费税税额为（　　）万元

5. 某化妆品厂为增值税一般纳税人，2018年12月发生以下业务：8日销售高档化

妆品 400 箱，每箱不含税价格 600 元；15 日销售同类高档化妆品 500 箱，每箱不含税价格 650 元。当月以 200 箱同类高档化妆品与某公司换取精油。该厂当月应纳消费税（   ）元。

6. 某卷烟生产企业的 A 牌卷烟出厂价格为每标准条 55 元（不含增值税，下同），税务机关采集 A 牌卷烟批发环节价格为每标准条 110 元，国家税务总局核定的同类卷烟的批发环节毛利率为 29%。该企业当期出厂销售 A 牌卷烟 300 标准箱（每标准箱 250 条），则该企业当期应纳的消费税为（   ）元。

7. 2019 年 2 月，某酒厂（增值税一般纳税人）生产粮食白酒 100 吨全部对外销售，取得不含税销售额 480 万元，同时收取品牌使用费 15 万元，销售白酒时收取包装物押金 5 万元，本月没收 3 个月前销售白酒时收取的包装物押金 3 万元。该酒厂当月应纳消费税（   ）万元。

8. 某外贸公司进口一批小轿车，关税完税价格折合人民币 500 万元，关税税率 25%，消费税税率 9%，则该批小轿车进口环节应纳消费税（   ）万元。

9. 国内某汽车制造厂将一辆高档小轿车以 140 万元（不含增值税）的价格直接销售给国内某歌星，该小轿车生产环节消费税税率 40%，则该厂应纳消费税（   ）万元。

10. 甲市某汽车企业为增值税一般纳税人，2019 年 2 月在甲市销售自产小汽车 300 辆，不含税售价 18 万元/辆，另收取优质费 2 万元/辆；将 200 辆小汽车发往乙市一经贸公司代销，取得的代销清单显示当月销售 120 辆、不含税售价 18.5 万元/辆（已收取对应的销售款）。小汽车消费税税率为 5%，则该汽车企业当月应向甲市税务机关申报缴纳的消费税为（   ）万元。

11. 某化妆品生产企业（增值税一般纳税人）2019 年 1 月生产高档香水精 50 千克，成本 40 万元，将 7 千克移送投入车间连续生产护手霜；30 千克移送用于连续生产调制高档香水；10 千克对外销售，取得不含税收入 14 万元。企业当期销售护手霜取得不含税收入 120 万元，销售高档香水取得不含税收入 200 万元，当期发生可抵扣增值税进项税 16 万元。已知高档化妆品适用的消费税税率为 15%，该企业当期应纳增值税和消费税合计数为多少万元？

12. 2019 年 1 月某化妆品厂将一批成本为 35 000 元的自产高档护肤类化妆品用于集体福利；将新研制的高档香水用于赠送客户，生产成本 20 000 元。已知高档化妆品的成本利润率为 5%，消费税税率为 15%。上述货物已全部发出，均无同类产品售价。计算 2019 年 1 月该化妆品厂上述业务应纳消费税。

13. 某出口实行免退税政策的外贸企业（增值税一般纳税人），收购一批货物出口，收购时取得了增值税专用发票，注明价款 100 万元，增值税 16 万元，该外贸企业出口收入（FOB）折合人民币 150 万元，货物退税率为 13%，则其外销成本是多少？

14. 某有出口经营权实行"免抵退"税政策的工业企业（增值税一般纳税人）自

产一批货物出口，企业该批货物制造成本100万元（不含出口需转出的增值税进项税），出口收入（FOB）折合人民币150万元，货物征税率16%，退税率13%，则其外销成本是多少？

15. A企业在2018年计入成本费用并据实发放的企业正式员工工资3 000万元；另外，企业接受了保安公司和保洁中介公司的外部劳务派遣用工。按照合同约定接受外派保安工作的费用须支付给保安公司；接受外派保洁人员为车间工作的费用要支付给保洁个人。当年按照协议支付保安费用36万元和保洁人员费用20万元，则该企业当年计算应纳税所得额时可扣除的职工教育经费限额为（ ）万元。

16. 某工业企业2019年销售货物收入3 000万元（不含税，下同），出租设备收入300万元，出租包装物收入100万元，视同销售货物收入600万元，转让一间车库收入700万元，接受捐赠收入20万元，债务重组收益10万元，当年实际发生业务招待费30万元，该企业当年可在企业所得税前列支的业务招待费金额是多少？

17. 某企业2019年在筹建期间发生支出1 330万元，其中人员工资200万元，办公用品费用300万元，各项与筹建有关的注册、证照、咨询费用20万元，业务招待费60万元，业务宣传费150万元，购置生产设备600万元。进入经营期时，该企业选择一次性扣除筹建期费用的方法，该企业一次性在企业所得税前扣除的筹办费是多少万元。

18. 某居民企业按照规定计算出利润总额300万元，当年直接到受灾现场给受灾灾民发放慰问金10万元，通过省级人民政府机关对受灾地区捐赠30万元，其当年捐赠应调整应纳税所得额多少万元？

19. 某企业（增值税一般纳税人）2018年由于管理不善，库存的一批外购材料丢失，该批材料账面成本30 450元，已抵扣过进项税额4 550元，保险公司审理后同意赔付30 000元，则该企业可以在企业所得税前可扣除的损失金额为（ ）元。

20. 2019年2月，李某从某销售公司（增值税一般纳税人）购买轿车一辆供自己使用，支付含增值税的价款219 000元，另支付工具件和零配件含税价款1 000元，车辆装饰费4 000元，销售公司代收保险费等8 000元，支付的各项价款均由销售公司开具机动车销售统一发票。则李某应纳车辆购置税（ ）元。

21. 2019年1月王某从汽车4S店（增值税一般纳税人）购置了一辆排气量为1.8升的乘用车，支付购车款（含增值税）254 200元、支付购买工具件价款（含增值税）1 000元，取得"机动车销售统一发票"，支付代收保险费5 000元并取得保险公司开具的票据。王某应缴纳的车辆购置税为（ ）元。

22. 某汽车贸易公司2019年4月进口11辆小轿车，海关审定的关税完税价格为25万元/辆。当月销售8辆，取得含税销售额240万元；2辆供公司自用；1辆用于抵偿债务，合同约定的含税价格为30万元。该汽车贸易公司应纳车辆购置税（ ）万元。（小轿车关税税率为28%，消费税税率为9%）

23. 某汽车制造厂将排量为2.0升的自产A型汽车4辆转作本厂固定资产，3辆对外抵偿债务，3辆奖励给本厂优秀员工。本厂同类A型汽车对外不含增值税销售价格为190 000元/辆。该汽车制造厂应纳车辆购置税（　　）元。

24. 张某于2018年1月购买一辆小轿车自用，当月缴纳了车辆购置税2万元，2019年2月，因该车存在严重质量问题，张某与厂家协商退货，并向税务机关申请车辆购置税的退税。张某可得到的车辆购置税退税是（　　）万元。

25. 某企业2015年1月缴纳了5辆客车的车船税，其中一辆9月被盗，已办理车船税退还手续；11月由公安机关找回并出具证明，企业补缴了车船税，假定该类型客车年基准税额为480元/辆，该企业2015年实际缴纳的车船税总计为（　　）元。

26. 2018年度某运输公司拥有载客人数9人以下的小汽车20辆，载客人数9人以上的客车30辆，载货汽车15辆（每辆整备质量8吨），另有纯电动汽车8辆。小汽车适用的车船税年税额为每辆800元，客车适用的车船税年税额为每辆1 200元，货车适用的车船税年税额为整备质量每吨60元。该运输公司2018年度应缴纳车船税（　　）元。

27. 某渔业公司2018年拥有捕捞渔船5艘，每艘净吨位21吨；非机动驳船2艘，每艘净吨位10吨；机动补给船1艘，净吨位15吨；机动运输船10艘，每艘净吨位7吨。机动船舶净吨位小于或者等于200吨的，车船税适用年税额为每吨3元，该公司当年应缴纳车船税（　　）元。

28. 某机械制造厂2013年拥有货车3辆，每辆货车的整备质量为1.499吨；挂车1辆，其整备质量为1.2吨；小汽车2辆。已知货车车船税税率为整备质量每吨年基准税额16元，小汽车车船税税率为每辆年基准税额360元。该厂2013年度应纳车船税为（　　）元。

29. 2019年2月，境外公司为我国A企业提供技术咨询服务，A企业向其支付含税价款200万元，该境外公司在境内未设立经营机构，则A企业应当扣缴的增值税税额为（　　）万元。

30. 甲服装厂为增值税一般纳税人，2018年9月销售给乙企业300套服装，不含税价格为700元/套。由于乙企业购买数量较多，甲服装厂给予乙企业7折的优惠，并按原价开具了增值税专用发票，折扣额在同一张发票的"备注"栏注明。甲服装厂当月的销项税额为（　　）元。

31. 某食品厂为增值税一般纳税人，2019年2月从农民手中购进小麦用于加工糕点并于当月全部领用，收购发票上注明买价5万元，支付运费，取得增值税专用发票，注明金额为0.6万元。本月销售糕点，取得不含税销售额20万元，假定当月取得的相关票据均符合税法规定并在当月抵扣进项税，该厂当月应纳增值税（　　）万元。

32. 某制药企业系增值税一般纳税人，2019年4月份同时生产感冒药和抗癌药，本期购买生产设备一台，取得增值税专用发票上注明税额为10万元；为感冒药购买药原料，取得增值税专用发票上注明税额为4万元，为感冒药和抗癌药共同购买药原料，取得增值税专用发票上注明税额为12万元,当月实现感冒药不含税销售收入210万元,抗癌药不含税收入150万元,该企业对抗癌药选择简易办法计算纳税,当月应纳增值税额为(   )万元。

33. 2019年2月,某增值税一般纳税人将2018年11月购入的一台已抵扣过进项税额的生产设备改变用途,用作职工福利设施,该设备原值200万元,净值率91%,则应作进项税额转出(   )万元。

34. 某农机生产企业为增值税一般纳税人。2018年12月,该企业向各地农机销售公司销售农机整机,开具的增值税专用发票上注明不含税金额500万元;向各地农机修配站销售农机零配件,取得含税收入90万元;购进钢材等材料取得的增值税专用发票上注明增值税税额59.5万元,购进材料和销售货物过程中取得的货物运输业一般纳税人开具的增值税专用发票上注明运费金额3万元。取得的发票均已在当月通过主管税务机关认证并申报抵扣。该企业当月应纳增值税(   )万元。

35. 2018年7月,张某销售一套住房,取得含税销售收入460万元,该住房于2017年3月购进,购进时支付房价100万元、手续费0.2万元、契税1.5万元。张某销售住房应缴纳增值税(   )万元。

36. 某生产企业为增值税小规模纳税人,2019年3月对部分资产盘点后进行处理。销售边角废料,由税务机关代开增值税专用发票,取得含税收入82 400元;销售使用过的小汽车1辆,取得含税收入72 100元。已知纳税人未放弃减税优惠,该企业上述业务应缴纳增值税(   )元。

37. 某药店为增值税小规模纳税人,实行查账征收,应税与免税商品分别核算。2018年1~3月取得销售收入309 000元(含税),其中,应税西药销售收入206 000元(含税),其他免税药品103 000元(含税)。要求:计算1~3月应缴纳的增值税。

38. 红星汽车电器厂为增值税一般纳税人,2018年10月销售汽车插接器开具专用发票,销售额200万元,购进材料一批取得专用发票注明金额100万元。组织优秀员工国庆旅游,支付旅客运费2万元,取得相应的运输凭证。因管理不善上月购进的铜线被盗,已知这部分铜线成本为10万元。该厂上月留抵税额5万元。要求:计算该厂10月应缴纳的增值税。

39. 2019年中国公民黄某在A国转让股权应纳税所得额40 000元,按A国税法规定缴纳了个人所得税6 500元;在A国还取得偶然所得10 000元,按A国税法规定缴纳了个人所得税3 000元。回国后,黄某应补缴个人所得税多少元?(以上货币均为人民币)

40. 居民个人李某为独生子,2019年交完社保和住房公积金后共取得税前工资收入25万元,劳务报酬收入6万元,稿酬收入1万元。李某有两个上小学的小孩且均由其扣除子女教育专项附加扣除,李某的父母健在且均已年满60岁。计算其当年应纳个人所得税税额。

41. 假定某美国专家（非居民个人）临时来华工作，2019年2月取得由该企业发放的工资收入40 000元人民币，此外还受某大学邀请担任外语比赛评委取得劳务报酬6 000元人民币。请计算当月其应纳个人所得税税额。

42. 徐某2019年承包某加工厂，根据协议变更登记为个体工商户，当年加工厂取得收入总额100万元，准予扣除的成本、费用及损失等合计85万元（不含业主扣除费用，含徐某每月从加工厂领取的工资4 000元）。徐某没有综合所得，但有1个上小学的孩子且由他扣除子女教育专项附加扣除，徐某2019年个人所得税应纳税所得额为（　　）万元。

43. 我国居民张某将租入的一幢住房转租，原租入租金每月2 000元（能提供合法支付凭证），转租收取租金每月4 500元（不含增值税），出租住房每月实际缴纳增值税以外的税费180元（有完税凭据），计算其每月应纳个人所得税。

44. 中国公民王某于2018年9月起以6万元的资金持有上海证券交易所的某境内上市公司的股票10 000股。2019年2月，该上市公司宣布实施每股0.8元的分红决定，王某在3月将上述股票以7万元的价格转让，王某上述行为应缴纳个人所得税（　　）元。

45. 2019年2月，某单位增效减员与在单位工作了10年的张三解除劳动关系，张三取得一次性补偿收入16万元，当地上年职工平均工资50 000元，则张三该项收入应纳的个人所得税是多少？

46. 李四在2016年投资30万元与A公司联营某品牌销售，2019年1月，由于A公司违规经营，该销售无以为继，李四收回投资款28万元，A公司还支付李四违约金3万元和补偿金2万元，假定没有发生投资和撤回过程中的相关税费，李四应缴纳多少个人所得税？

47. 王某为有限公司的董事兼投资者，不在该私营企业任职，2018年从该公司取得董事费收入8万元，将其中2万元通过民政部门捐赠给贫困地区；以投资者的名义向该私营企业借款3万元用于非生产经营，年末未偿还借款。上述事项王某应缴纳个人所得税多少元？

48. 位于某市的甲地板厂在2019年1月购进一批木材，取得增值税专用发票注明不含税价格800 000元，当月委托位于县城的乙工厂加工成实木地板，支付不含税加工费150 000元。乙工厂2月交付50%的实木地板，3月完工交付剩余部分。已知实木地板消费税税率为5%，乙工厂3月应代收代缴多少城市维护建设税？

49. 甲酒厂8月从农业生产者手中收购粮食，共计支付收购价款60 000元。甲酒厂将收购的粮食从收购地直接运往异地的乙酒厂生产加工白酒，白酒加工完毕，企业收回白酒8吨，取得乙酒厂开具防伪税控的增值税专用发票，注明加工费25 000元，代垫辅料价值15 000元，加工的白酒当地无同类产品市场价格。

计算：乙酒厂应代收代缴的消费税及应纳增值税税额。

50. 位于市区的某企业属于增值税期末留抵退税的纳税人。2019年3月留抵退还增值税18万元，当月共缴纳消费税和关税462万元，其中关税102万元、进口环节缴纳的增值税和消费税260万元。计算该企业3月应缴纳的城市维护建设税。

51. 位于市区的某内资生产企业为增值税一般纳税人，经营内销与出口业务。2010年4月实际向税务机关缴纳增值税40万元，出口货物免抵税额5万元。另外，进口货物缴纳增值税17万元、消费税30万元。计算该企业4月应缴纳的城市维护建设税。

52. 某砂石厂2019年3月开采砂石5 000立方米，对外销售4 000立方米，当地砂石资源税税率为3元/立方米，计算该厂当月应纳资源税。

53. 某省煤炭资源税税率为8%，某煤矿2月销售自采原煤取得收入200万元（不含增值税，下同）；用自采未税原煤连续加工成洗选煤800吨，销售380吨，每吨售价950元，移送洗选煤120吨用于集体宿舍采暖。已知计算资源税时洗选煤折算率为80%，则计算该煤矿当月应纳资源税。（纳税人将其开采的原煤加工为洗选煤销售的，以洗选煤销售额乘以折算率作为应税煤灰销售额计算缴纳资源税；纳税人将其开采的原煤加工为洗选煤自用的，视同销售洗选煤，计算缴纳资源税。）

54. 某煤矿将外购原煤和自采原煤按照1:1的比例混合在一起销售，7月销售混合原煤600吨，取得不含增值税销售额30万元，经增值税发票确认，外购原煤单价490元/吨（不含增值税），该煤矿煤炭资源税税率为8%，计算当期该煤矿应纳的资源税。

55. 2017年年底某会计师事务所与政府机关因各自办公所需共同购得一栋办公楼，占地面积5 000平方米，建筑面积40 000平方米，楼高10层，政府机关占用7层。该楼所在地城镇土地使用税的年税额为5元/平方米，计算该会计师事务所与政府机关2018年共计应缴纳的城镇土地使用税。

56. 某盐场2018年度占地200 000平方米，其中办公楼占地20 000平方米，盐场内部绿化占地50 000平方米，盐场附属幼儿园占地10 000平方米，盐滩占地120 000平方米。盐场所在地城镇土地使用税单位年税额每平方米0.7元。该盐场2008年应缴纳的城镇土地使用税为多少元。

57. 某物流企业2018年拥有面积为10 000平方米的土地使用权，其中9 000平方米为大宗商品仓储设施占地，该设施90%自用，10%出租；1 000平方米为该企业管理服务设施占地。当地城镇土地使用税税额标准为每平方米12元，计算企业2018年应缴纳的城镇土地使用税。

58. 某企业购买一幢单独建造的地下建筑物用于存放货物，于2018年8月2日签署合同并办理权属转移、变更登记手续，在8月15日取得了地下建筑物产权证书及土地使用证书，注明土地面积400平方米，当地城镇土地使用税单位年税额为每平方米12元，计算该企业2018年应纳的城镇土地使用税。

59. 某县肉制品加工企业2006年占地60 000平方米，其中办公占地5 000平方米，生猪养殖基地占地28 000平方米，肉制品加工车间占地16 000平方米，企业内部道路及绿化占地 11 000 平方米。企业所在地城镇土地使用税单位年税额每平方米 0.8 元。计算该企业全年应缴纳城镇土地使用税。

60. 某房地产企业 2008 年 1 月至 10 月在 6 000 平方米的土地上开发建成一幢建筑面积为 6 万平方米的商品房，年内未销售；2008 年 4 月有偿受让填海形成的土地 2 万平方米（合同约定当月交付使用）。当地城镇土地使用税的单位年税额每平方米 3 元，该企业 2008 年应缴纳的城镇土地使用税为多少。

61. 村民张某 2012 年起承包耕地面积 3 000 平方米。2013 年将其中 300 平方米用于新建自用住宅（在规定用地标准以内），其余耕地仍和去年一样使用，即 700 平方米用于种植药材，2 000 平方米用于种植水稻。当地耕地占用税税率为 25 元/平方米，张某应缴纳的耕地占用税为多少元。

62. 甲企业与乙企业按 3∶1 的占用比例共用一块土地，该土地占地面积 3 000 平方米，所属地区城镇土地使用税每平方米年税额 3 元，该地区规定城镇土地使用税每半年缴纳一次，甲企业上半年应缴纳的城镇土地使用税为多少元。

63. 某公司与政府机关共同使用一栋共有土地使用权的建筑物。该建筑物占用土地面积 2 000 平方米，建筑面积 10 000 平方米（公司与政府机关的占用比例为 4∶1），该公司所在市城镇土地使用税年税额为每平方米 5 元。计算该公司全年应纳城镇土地使用税。

64. 2018 年年初某厂实际占地 60 000 平方米，其中厂区内医院占地 800 平方米，托儿所占地 500 平方米，将 100 平方米土地无偿提供给公安局派出所使用，厂区内还有 600 平方米绿化用地，该厂所在地区城镇土地使用税年税额为 2 元/平方米，该厂当年应缴纳城镇土地使用税（   ）元。

65. 某物流企业 2018 年拥有面积为 12 000 平方米的土地使用权，其中 10 000 平方米为大宗商品仓储设施占地，该设施 80% 自用，20% 出租；500 平方米为幼儿园占地；1 500 平方米为该企业生活、管理服务设施占地。当地城镇土地使用税税额标准为每平方米 10 元，计算该企业 2018 年应缴纳的城镇土地使用税。

66. 某企业 M2016 年 3 月投资 1 500 万元取得 5 万平方米的土地使用权，用于建造面积为 3 万平方米的厂房，建筑成本和费用为 2 000 万元，2016 年 4 月底竣工验收并投入使用。计算该厂房征收房产税时所确定的房产原值。

67. 2018 年 3 月底，某企业将其与办公楼相连的地下停车场和另一独立的地下建筑物改为地下生产车间，停车场原值 100 万元，地下建筑物原价 200 万元，该企业所在省确定的工业用途的独立地下建筑物的房产原价折算比例为 50%，房产原值减除比例为 30%。计算该企业以上两处地下建筑物 2018 年 4 月至 12 月应缴纳房产税。

68. 某企业有一栋厂房原值 200 万元，2018 年年初对该厂房进行扩建，2018 年 8 月底完工并办理验收手续，增加了房产原值 45 万元，另外对厂房安装了价值 15 万元的排水设备并单独作为固定资产核算。已知当地政府规定计算房产余值的扣除比例为

20%，计算 2018 年度该企业应缴纳的房产税。

69. 甲企业与乙商户签订房屋租赁合同，将一幢原值 2 500 万元的写字楼租给乙商户使用。合同规定因乙租期为 2 年，可在租赁开始时有 1 个月的免收租金期限。按照合同约定，该写字楼月租金 20 万元（不含增值税），写字楼于 2017 年 12 月 30 日交付承租方，并规定了甲自 2018 年 2 月 1 日起向乙收取租金。计算甲企业在 2018 年应缴纳的房产税。（当地的房产原值减除比例为 20%）

70. 某运输企业 2018 年拥有净吨位 3 000 吨的货运船只 6 艘；发动机功率 7 000 千瓦的拖船 4 只；净吨位 2 吨的非机动救生小舢板 10 只；净吨位 1 000 吨的非机动驳船 3 只。机动船舶车船税适用的年税额如下：净吨位 200 吨（含）以下为每吨 3 元；净吨位 201 吨至 2 000 吨为每吨 4 元；净吨位 2001 吨至 10 000 吨为每吨 5 元。该企业 2018 年应纳车船税（　　）元。

71. 甲企业 2018 年年初拥有厂房原值 2 000 万元，仓库原值 500 万元。2018 年 5 月 10 日，将仓库以 1 000 万元的价格转让给乙企业，当地政府规定房产税减除比例为 30%。计算甲企业当年应缴纳的房产税。

72. 山东省某市居民张先生和太太 2016 年 1 月以 50 万元购买一套 74 平方米的住房用作结婚新房，2018 年 8 月生子后，为改善住房条件，以 94.5 万元（发票注明价款 90 万元，增值税 4.5 万元）购买了第二套 100 平方米的住房，计算张先生一家两次共缴纳契税多少元。

73. 某房地产开发企业为增值税一般纳税人，2016 年 4 月 30 日前转让 A 项目部分房产，取得转让收入 30 000 万元；2016 年 5 月 1 日后转让 A 项目部分房产，取得含税收入 50 000 万元。该项目已达土地增值税清算条件，该房地产企业对 A 项目选择"简易征收"方式缴纳增值税。该企业在土地增值税清算时应确认收入（　　）万元。

74. 某企业开发房地产取得土地使用权所支付的金额（不含增值税，下同）为 1 000 万元；房地产开发成本为 6 000 万元；向金融机构借入资金发生利息支出 400 万元（能提供金融机构贷款证明且可以按转让房地产项目合理分摊），其中超过国家规定上浮幅度的金额为 100 万元；该房地产所在地政府规定能提供金融机构贷款证明且可以合理分摊利息支出的，其他房地产开发费用的计算扣除比例为 5%。该企业允许扣除的房地产开发费用为多少？

75. 某房地产开发公司整体出售了其新建的商品房，已知与商品房相关的取得土地使用权支付金额和开发成本共计 10 000 万元；该公司没有按房地产项目计算分摊借款利息；该项目所在省政府规定，计征土地增值税时房地产开发费用扣除比例按国家规定允许的最高比例执行；与转让该商品房有关的税金为 200 万元。计算转让该商品房项目缴纳的土地增值税时，应扣除的房地产开发费用和"其他扣除项目"的合计金额为多少？

76. 位于县城的某商贸公司（增值税一般纳税人）2018 年 12 月销售一栋旧办公

楼,取得含增值税收入 1 000 万元,缴纳印花税 0.5 万元。因无法取得评估价格,公司提供了购房发票,该办公楼购于 2015 年 1 月,购价为 600 万元,缴纳契税 18 万元(能提供契税完税凭证)。已知该公司选择简易计税办法计算增值税,则该公司销售办公楼计算土地增值税时,可扣除项目金额的合计数为多少。

77. 某企业 2016 年 3 月投资 1 500 万元取得 5 万平方米的土地使用权,缴纳契税 60 万元,用于建造面积为 4 万平方米的厂房,发生的建造成本为 2 000 万元,2016 年年底竣工验收并投入使用。计算对该厂房征收房产税时所确定的房产原值。

78. 某商业企业 2016 年 3 月购进 1 栋带有地下储物间的商业用房,并办妥产权证书。其入账价值为 8 600 万元,其中地下室部分为 1 000 万元。假设房产原值的减除比例为 20%,地下室应税原值为房产原价的 80%。计算该企业 2016 年应缴纳的房产税。

79. 某企业拥有 2011 年购入的房产原值为 400 万元,2017 年 12 月 5 日签约,将其中的原值为 100 万元的房产自 2018 年 1 月起出租,含增值税年租金 60 万元,已知当地省政府规定的房产原值减除比例为 30%,该企业选择简易计税办法计算增值税,计算企业 2018 年应缴纳的房产税。

80. 某企业拥有一幢三层的办公楼,原值 6 000 万元,其中的 1/3 以每月 15 万元(不含增值税)的租金出租给其他单位使用,2018 年 4 月底,原租户的租期到期,该企业将该幢办公楼进行改建,更换楼内电梯,将原值 80 万元的电梯更换为价值 120 万元的新电梯,为该楼安装了价值 300 万元的智能化楼宇设施,这些改建工程于 7 月底完工,该企业所在地省级人民政府规定计算房产余值的减除比例为 30%,计算该企业 2018 年应纳房产税。

81. 某企业 2018 年有一处独立的地下建筑物,为商业用途房产(房产原价 80 万元),10 月 10 日将其出售。当地省政府规定房产原值减除比例为 30%,商业用途地下建筑以原价的 70% 作为应税房产原值。计算当年该企业应缴纳的房产税。

82. 某企业向其他企业购置一幢使用过的办公楼,于 2018 年 1 月交付使用,2018 年 3 月办理完权属变更手续领取房产证。会计在固定资产账面记录房产原值 2 000 万元,在无形资产账面记载了购买该幢楼支付的土地使用权金额 800 万元,当地省人民政府规定的计算房产余值的减除比例为 30%,计算该企业 2018 年应纳房产税。

83. 某公司 2016 年购进一处房产,2018 年 5 月 1 日用于投资联营(收取固定收入,不承担联营风险),投资期 3 年,当年固定收取 168 万元(含增值税),选择简易计税办法计征增值税。该资产原值 3 000 万元,当地省政府规定的计算房产计税余值的扣除比例为 30%。计算该公司 2018 年应缴纳的房产税。

84. 甲公司与乙公司签订了两份合同:一是以货换货合同,甲公司的货物价值 200 万元,乙公司的货物价值 150 万元,乙公司另支付补价 50 万元;二是采购合同,甲公司购买乙公司 50 万元货物,但因故合同未能兑现。计算甲公司应缴纳的印花税。

85. 某企业 2018 年 8 月成立,营业账簿记载的实收资本和资本公积合计 120 万元,新建其他账簿12本，领受专利局发给的专利证1件、银行核发的开户许可证1件。计算该企业上述凭证2018年应纳印花税。

86. 2018年4月底，甲公司以原值500万元、已计提折旧200万元的房产对乙公司增资，甲公司每月收取固定利润1.5万元（不含增值税），不承担经营风险。甲公司所在地政府规定计算房产余值的扣除比例为20%，计算2018年甲公司该房产应缴纳的房产税。

87. 中国公民李某2019年在A国转让一幅字画取得转让所得20万元（已扣除财产原值和合理税费），按A国税法规定缴纳了个人所得税3万元；取得偶然所得5万元，按A国税法规定缴纳了个人所得税1.1万元。计算李某当年在中国应补缴的个人所得税。

88. 某煤矿将外购已税原煤和自采原煤按照3∶1的比例混合在一起销售，7月销售混合原煤800吨，取得不含增值税销售额44万元，经增值税发票确认，外购原煤470元/吨（不含增值税），已知煤炭资源税税率为9%，计算该煤矿当期应纳的资源税。

89. 2018年4月1日，某商场开业（所有房产均于3月建成），其房产包括地上三层及地下一层（地下房产与地上房产相连），地上房产原值3 000万元，地下房产原值800万元。该商场还有一座独立的地下仓库，原价600万元。该商场所在省财政和税务部门确定的商业用途地下建筑物的房产原价折算比例为70%，省人民政府确定的房产原值减除比例为30%。计算该商场以上建筑物2018年4月至12月应缴纳的房产税。

90. 某涂料厂与某研究所签订技术合同，合同注明由研究所帮助该厂研发新型环保涂料，带有报酬的研发合同总金额500万元，含研究开发经费450万元，则该涂料厂应纳印花税（　　）元。

91. 某建筑企业为增值税一般纳税人，位于A市市区，2018年8月发生如下业务：

（1）在机构所在地提供建筑服务，开具增值税专用发票注明金额400万元，税额40万元。另在B市C县提供建筑服务，取得含税收入220万元，其中支付分包商工程价款取得增值税专用发票注明金额50万，税额5万元。上述建筑服务均适用一般计税方法。

（2）购买一批建筑材料，用于一般计税方法项目，取得增值税专用发票注明金额280万元，税额44.8万元。

（3）在机构所在地提供建筑服务，该项目为老项目，企业选择适用简易计税方法，开具增值税专用发票注明金额200万元。

（4）购买一台专业设备，取得增值税专用发票注明金额3万元，税额0.48万元。该设备用于建筑工程老项目，该老项目选择适用简易计税方法。

（5）购买一台办公用固定资产，取得增值税专用发票注明金额10万元，税额1.6万元。无法划分清楚是用于一般计税项目还是简易计税项目。

（6）购买办公用品，取得增值税专用发票注明金额5万元，税额0.8万元。无法划分清楚是用于一般计税项目还是简易计税项目。

假定本月取得的相关票据符合税法规定，并在本月按照规定认证抵扣进项税额。

根据上述资料，回答下列问题：

（1）该企业在 B 市 C 县提供建筑服务应预缴增值税（　　）万元。

A. 4.00　　　　B. 3.00　　　　C. 6.00　　　　D. 0

（2）关于业务（4）的增值税处理，下列说法正确的有（　　）。

A. 若该设备将来专用于一般计税方法项目，按原值计算抵扣进项税额

B. 该设备进项税额由纳税人自行决定是否抵扣

C. 购买时抵扣进项税额 0.48 万元

D. 若该设备将来转用于一般计税方法项目，按净值计算抵扣进项税额

E. 购买时不得抵扣进项税额

（3）业务（5）中可以从销项税额中抵扣进项税额（　　）万元。

A. 1.06　　　　B. 1.28　　　　C. 1.60　　　　D. 0

（4）业务（6）中可以从销项税额中抵扣进项税额（　　）万元。

A. 0.53　　　　B. 0.6　　　　C. 0.8　　　　D. 0

（5）该企业当月在 A 市申报缴纳增值税（　　）万元。

A. 11.6　　　　B. 11　　　　C. 11.2　　　　D. 0

92. 某化妆品生产企业受托加工一批高档化妆品，委托方提供原材料 50 000 元，该厂收取加工费 10 000 元，代垫辅助材料款 5 000 元，没有同类产品的销售价格，该厂代扣代缴的消费税（　　）元（以上款项不含增值税，高档化妆品的消费税比例 15%）。

A. 12 617.65　　B. 7 500　　　C. 9 750　　　D. 11 470.59

93. 某酒厂为增值税一般纳税人，主要经营白酒的生产与销售，2018 年 8 月发生以下经济业务：

（1）向某商场销售自产白酒 82 吨，取得含税收入 232 万元，另收取包装物押金 58 万元。

（2）采取分期收款的方式向某单位销售自产白酒 20 吨，合同规定不含税销售额共计 50 万元，本月收取货款的 60%，其余款于下月 15 日收取，由于该单位资金紧张，本月实际收到的价税合计金额为 26 万元。

（3）将资产的 10 吨白酒与某企业换取原材料一批，取得对方开具的增值税专用发票上注明的价款 25 万元，已知该白酒平均不含税销售价格 2.5 万元/吨，最高不含税销售价格为 3 万元吨。

计算该企业 8 月份缴纳的消费税。（白酒的消费税税率 20% 加 0.5 元/斤）

94. 某生产企业 2018 年销售一栋 8 年前建造的办公楼，取得不含税销售收入 1 200 万元。该办公楼原值 700 万元，已计提折旧 400 万元。经房地产评估机构评估，该办公

楼的重置成本为1 400万元，成新度折扣率为五成，销售时缴纳可以扣除的税费共计72万元。计算该生产企业销售办公楼应缴纳的土地增值税。

95. 某市房地产开发公司为一般纳税人，2018年2月转让2017年自建的写字楼，取得含增值税收入1 000万元。土地增值税计算中为取得土地使用权所支付的金额为50万元，房地产开发成本为200万元，房地产开发费用按照最高比例计算扣除，与转让房地产有关的税金为9.41万元（不含增值税和印花税），开发公司选择一般计税方法。计算该公司应缴纳的土地增值税。

96. 我省某县经批准新建一所初中，总占用耕地15 000平方米，其中教学区6 000平方米，办公区1 000平方米，教职工住宅区3 000平方米，学生公寓3 000平方米，临路超市2 000平方米，学生公寓、临路超市占用土地均为基本农田，计算该学校应纳的耕地占用税。

97. 甲火力发电厂是河南省环境保护税纳税人，该厂仅有1个废气排放口，已安装使用符合国家规定和监测规范的污染物自动监测设备。检测数据显示，2018年8月份，该排放口共排放大气污染物1 000万立方米，请计算该火力发电厂8月份应当缴纳的环境保护税？（该省大气污染大气污染物环保税税额为每污染当量4.8元；1mg=0.001g）

甲火力发电厂8月份污染排放监测数据

名称	浓度值 mg/m³	当量值 kg
二氧化硫	350	0.95
汞及其化合物	0.1	0.0001
一般性粉尘	20	4
氮氧化物	140	0.95

98. 某自来水公司2018年8月城镇公共供水销售情况如下：居民生活用水200万立方米；非居民生活用水10万立方米；特殊行业用水2万立方米。已知河南省城镇公共供水企业居民生活用水适用税额标准为0.35元/立方米，非居民生活用水适用税额标准为0.4元/立方米，特殊行业用水适用税额标准为2元/立方米，当月应如何缴纳水资源税？

99. 某企业集团由甲、乙、丙三个公司组成，2005年度甲公司和乙公司平均净资产分别为33 795万元和5 090万元，分别占集团净资产的56.713%和8.542%，分别实现净利润3 545万元和110万元；2005年度集团总净资产收益率为7.535%。计算丙公司2005年度净资产收益率为多少？

100. 某企业对外币业务采用业务发生当日的即期汇率进行核算，按月计算汇兑损益。1月20日销售价款为20万美元的产品一批，货款尚未收到，当日的即期汇率为1美元=8.25元人民币。1月31日的即期汇率为1美元=8.28元人民币。2月28日即期汇率为1美元=8.23元人民币，货款于3月2日收回。计算债权2月份发生的汇兑收益是多少？

六、案例分析

1. 某个人投资者2015年6月12日从A银行以10 000元价格购买了3年期凭证式国债,票面利率5.74%,于2018年3月17日提前兑取(持有期为1 008天)且该国债满2年不满3年的兑取利率为4.32%。

(1) 该投资者可以取得利息收入为多少元?

(2) 该银行继续持有到期,将实际收到国债利息(持有到期87天)减去前期支付给个人的利息作为免税收入。其税务处理存在哪些风险?

(3) 该银行需要纳税调整多少元?

2. ××银行股份有限公司风险分析案例

某银行将买入返售金融资产当作贷款资产处理,并按照买入返售金融资产总额1%的比例计提了贷款损失准备金并在税前扣除。该企业2017年末买入返售金融资产准备金余额781 996 797.71元;2018年末买入返售金融资产准备金余额2 509 875 027.62元。

2017年末该企业对涉农贷款和中小企业贷款划分为正常、关注、次级、可疑、损失五类余额分别为59 870 858 845.69元、8 458 365 387.35元、1 687 951 357.65元、365 484 687.58元、50 159 357.36元。2018年末该企业对涉农贷款和中小企业贷款划分为正常、关注、次级、可疑、损失五类余额分别为98 367 858 358.69元、10 357 365 654.35元、8 951 268 842.12元、951 64 621.37元、94 364 246.95元。2018年期间对五类贷款全部余额分别按1%、2%、25%、50%、100%比例计提贷款损失准备金在企业所得税前进行扣除。

该企业对于2018年贷款损失准备金的税务处理存在哪些风险?应补缴多少企业所得税?

3. X酒厂主要从事白酒的生产销售,其2016~2018年生产经营财务状况与申报纳税如下表:

单位:万元

项 目	2016年	2017年	2018年
主营业务收入	1 031 020.59	936 806.67	952 819.72
其中:外购酒产品销售收入	789 286.78	712 869.44	738 826.15
外购包装材料收入	98 265.97	107 705.59	107 062.55
粮食销售收入	143 467.84	116 231.63	106 931.02
主营业务成本	771 427.81	702 209.20	737 652.36
其中:外购酒产品销售成本	529 025.75	477 277.06	522 982.77
外购包装材料成本	98 265.97	107 705.59	107 062.55
粮食销售成本	143 199.00	116 454.89	106 931.02

续表

项　　目	2016年	2017年	2018年
整理费用	937.09	771.66	676.03
营业税金及附加	5 310.57	4 760.62	4 368.26
其他业务收入	85.33	67.61	60.33
其他业务成本	108.91	57.25	39.41
销售费用	11 738.11	8 457.14	10 371.93
管理费用	28 764.03	18 930.23	20 411.34
财务费用	-9 828.51	-7 309.61	-5 374.54
营业利润	215 664.56	216 419.53	194 084.43
营业外收入	223.12	610.39	414.86
营业外支出	80.25	140.41	165.24
利润总额	215 807.42	216 889.50	194 334.05
增值税应税销售额	1 031 114.86	936 887.09	952 880.05
销项税额	169 550.73	154 621.45	157 712.26
进项税额	125 307.22	114 950.23	121 327.05
进项税额转出	11.44	0.00	17.00
应纳增值税额	44 255.45	39 671.15	36 402.15

2016~2018年外购包装材料和粮食销售情况表

项　　目	2016年	2017年	2018年	合计
主营业务收入——外购包装材料收入	98 265.97	107 705.59	107 062.55	313 034.11
主营业务成本——外购包装材料成本	98 265.97	107 705.59	107 062.55	313 034.11
主营业务收入——外购粮食收入	143 467.84	116 231.63	106 931.02	366 630.49
主营业务成本——外购粮食成本	143 199.00	116 454.89	106 931.02	366 584.91

请根据以上资料，回答下列问题：

（1）X酒厂各财务及纳税申报数据中存在较大疑点应重点核查的有（　　）。

A. 2018年主营业务收入变动率为负增长，与主营业务成本变动率不同步，企业可能少记主营业务收入金额

B. 2016年其他业务收入小于其他业务成本，企业可能少记其他业务收入金额

C. 外购包装材料和外购粮食销售利润率较低，企业可能存在销售外购包装材料和粮食未按照独立交易原则计价的问题

D. 2017年增值税进项税转出额为0，较2016年、2018年情况存在异常，企业可能存在未规范核算进项税抵扣情况

（2）如果企业存在因管理不善造成非正常损失的原材料、库存商品未按规定转出进项税额风险，税务机关应重点从以下哪些方面进行核查（　　）。

A. 核查"原材料""营业外收入""营业外支出""应交税费——应交增值税（进项税额转出）""其他应付款"等明细账

B. 核查企业存货被盗、丢失、霉烂、盘亏原因，查阅报废、毁损、变质、残值情况说明及内部有关责任认定、责任人赔偿说明和内部核批文件

C. 核实存货损失是否属于管理不善或反法律法规造成的损失，其进项税额是否应该作转出

D. 核查企业是否存在购进货物或者应税劳务、服务，取得增值税专用发票后发生退回，未按规定进行进项税额转出

（3）税务机关通过实地验证，还发现企业存在以下疑点事项：

外购货物长期未发生变化，"库存商品——库存防伪防震系列"明细账上 2018 年末余额 15 916 796.10 元，向前追溯至 2014 年末该项外购货物余额仍为此数额，外购的防伪防震系列货物长达 5 年未发生变化。"预收账款——待查款"明细账 2016 年初余额 3 159 344.78 元，2018 年 12 月末余额 3 159 344.78 元。

据此进行风险分析，以下分析合理的是（   ）。

A. 可能存在防伪防震系列货物已销售出库，但未及时结转收入和成本，少计增值税、企业所得税等

B. 可能存在防伪防震系列货物发生非正常损失，企业未进行核算处理，少计增值税进项税转出额

C. 预收账款余额长期未发生变化，可能存在销货款项长期不结转，少缴增值税风险

D. 预收账款余额长期未发生变化，可能存在应计未计为营业外收入，未调增应纳税所得额

（4）根据以上资料，请对该企业其他税收风险疑点进行简要分析（三条以上）。

（5）请结合白酒生产销售行业经营特点，简要说明在税收风险核查中，应关注或重点核查哪些事项（三条以上）。

4. 万和汽车零部件有限公司成立于 2012 年 10 月，注册资本 5 000 万元，公司四个股东均为韩国企业，属于外商投资企业，为增值税一般纳税人，适用税率 17%，企业所得税税率 25%，从事汽车保险杠的生产、销售，主要为国内某品牌 G 汽车制造企业提供配套汽车保险杠，生产经营采用定单式生产经营方式，行业代码：3 660。市局公布的行业物耗率 75%，行业毛利率 20%，行业销售净利率 8%。

（1）申报表部分资料：

2017 年申报应税收入 235 000 万元，缴纳增值税 8 900 万元；利润总额 39 600 万元，企业所得税 9 900 万元。

（2）财务报表部分资料：

①"预收账款"年初余额和年末余额均为 0 万元；

②"固定资产"增加 7 500 万元，其中：进口设备金额 7 300 万元，安装费 200 万元；

③"未分配利润"年初余额 50 700 万元，年末余额 82 000 万元；

④"预提费用"年初余额 212 万元，年末余额 512 万元；

⑤"存货"年初余额 9 380 万元，年末余额 7 650 万元；

⑥2017 年管理费用 10 900 万元，2016 年管理费用 11 000 万元。

（3）发票领购、开具及历史应对信息：

①2017 年仅领购增值税专用发票 420 份，开具对象主要是 G 汽车生产企业，开具累计金额 227 900 万元。

②2016 年纳税评估补税 522 100 万元，发现的主要问题是：由非居民企业负责安装的进口设备的安装劳务收入，少扣缴非居民所得税。

（4）第三方数据信息：

①财政部门：土地补贴数据，公司 2017 年取得政府土地补贴款 1 600 万元；

②外汇管理部门：公司向境外支付非贸易款项 6 508 万元，其中支付 A 股东特许权使用费 3 352 万元、支付 B 股东特许权使用费 3 156 万元。

（5）其他相关涉税信息：

①该公司享受向境外支付特许权使用费免征增值税的备案类税收优惠；

②个别股东资料：A 公司系境外上市公司，从事汽车配件生产销售；B 公司为系化工企业，从事化工产品生产、销售及研发；

③公司 2017 年购入原材料 139 875 万元。

要求：根据上述涉税资料分析查找该企业在 2017 年增值税和企业所得税申报中可能存在的涉税风险并写出计算过程。

5. 外资独资服装加工 A 公司成立于 2008 年，以来料加工为单一贸易方式。2013 年该公司进入获利年度，开始享受"两免三减半"所得税优惠政策，但企业所得税却一直都是零入库。税务机关因此在 2019 年对该公司企业所得税进行风险分析应对。

风险应对人员在案头分析时，发现该公司 2014 年以来每年的营业收入均超过 5 000 万元，其中 2015 年还超过了 1 亿元，但 2014 年至 2018 年企业所得税一直是零入库。2014 年亏损额高达 1 900 多万元，2017 年亏损 153 万元，2015 年、2016 年和 2018 年为盈利状态，3 个年度的盈利额也达到了 841 万元。整体上来看，该公司的经营情况是逐步好转的，2015 年至 2018 年 4 个年度整体还是盈利状态，如果不是该公司 2014 年出现了大额的亏损，则近几年应该可以有企业所得税入库，表面上看来没有明显的涉税疑点。

对企业最近 5 年的经营分析没有发现明显疑点的情况下，风险应对人员尝试对该公司 2003 年至 2012 年 10 年间的企业所得税纳税申报情况作纵向对比分析。通过分析发现，前 5 个年度和后 5 个年度均为前期经营情况差、后期经营情况好，在好转之后虽然盈利但是均不需要缴纳企业所得税。区别仅在于前一个 5 年是由于开始享受免税待遇所以不用纳税，而后 5 个年度是由于要弥补以前年度的亏损所以不用纳税，虽然原因不同但结果却相同，即都无需纳税。

这种情况是偶然出现的吗？风险应对人员对该公司 10 年来的数据再进行详细深入分析，发现该公司的盈亏情况整体表现为盈利和亏损间隔出现，三个阶段的亏损期间，三个阶段的盈利期间，间隔期间以 1 年、2 年、4 年不等，属于典型的"跳跃性盈利"状态。盈亏多次间隔且大幅度波动，显然不是巧合，而是刻意为之，该公司通过人为控制盈亏状态的痕迹十分明显，联系到该公司经营关联交易来料加工单一业务的具体实际，风险应对人员初步判断该公司可能存在避税嫌疑。

为准确判断该公司的盈利情况在同行业中所处的水平，风险应对人员将该公司的利润率情况与同行业进行横向对比。为此，风险应对人员从国家统计局网站搜索了该纳税人所处行业"纺织服装、鞋、帽制造业"的同期利润率情况，将两者进行对比，发现该公司的利润率水平在 5 个年度内均低于国家统计局统计的同行业的利润率水平，差异最高的 2014 年两者相差了近 25 个百分点，该公司存在通过关联交易来料加工工缴费定价偏低的方式转移利润的问题嫌疑较大。

在与 A 公司的接触中，风险应对人员了解到，该公司 2019 年以来已经开始着手遣散工人、变卖机器设备，投资方打算在 2019 年内办理注销手续，同时在珠三角其他地区着手重新注册成立新公司，新公司的生产职能定位与该公司几乎完全一致。结合该公司历年企业所得税纳税情况和生产经营的年度分析，发现该公司 2009 年正式开展生产经营，截至 2019 年有 11 个纳税年度。如果剔除 2019 年已经开始停止生产经营的年度，则其正常的生产经营期刚好为 10 年，刚好满足《中华人民共和国外商投资企业和外国企业所得税法》第八条和《国务院关于实施企业所得税过渡优惠政策的通知》（国发〔2007〕39 号）第一条的规定，即该公司可以享受"两免三减半"税收优惠政策所规定的经营期限。对该公司在优惠到期之时即开始办理注销，并同时着手在同一地区设立新的公司的行为，风险应对人员认为，在没有重大客观原因可以合理解释的情况下，最大的可能就是为了避税。

经过风险应对人员与 A 公司及其代理的税务师事务所的沟通，该公司最终承认了通过投资方控制关联交易来料加工缴费定价的方式，将本应该属于公司的利润转移出去逃避纳税义务的事实，并同意作相应的纳税调整。在调整方法的选取上，考虑到该公司存在的问题为转让定价问题，风险应对人员采纳了中介机构的建议，引入了特别纳税调整中对该类型问题常用的调整方法——交易净利润法进行调整。最终，该公司自行调增 2014 年～2018 年应纳税所得额 3567 万元，补缴企业所得税税款及滞纳金约 400 万元。

问题：请结合材料和工作实际谈谈税务机关在开展类似案件的风险分析应对时，应该怎么办？

[题库答案]

一、单选题

1. B	2. D	3. B	4. C	5. D	6. C	7. C	8. C	9. B	10. B
11. B	12. B	13. A	14. B	15. D	16. D	17. C	18. D	19. C	20. D
21. C	22. D	23. D	24. C	25. A	26. A	27. A	28. D	29. A	30. B
31. A	32. A	33. C	34. C	35. B	36. D	37. C	38. D	39. D	40. B
41. C	42. A	43. B	44. C	45. A	46. C	47. B	48. C	49. C	50. A
51. C	52. C	53. C	54. B	55. B	56. D	57. C	58. C	59. D	60. A
61. C	62. D	63. D	64. C	65. D	66. D	67. C	68. D	69. B	70. A
71. D	72. D	73. A	74. B	75. A	76. A	77. D	78. C	79. B	80. C
81. C	82. B	83. B	84. D	85. B	86. C	87. B	88. A	89. C	90. D
91. A	92. D	93. D	94. D	95. A	96. A	97. A	98. D	99. C	100. D
101. D	102. D	103. D	104. D	105. D	106. C	107. C	108. A	109. B	110. C
111. C	112. D	113. C	114. B	115. C	116. D	117. B	118. D	119. D	

120. D 依法对畜禽养殖废弃物进行综合利用和无害化处理的,不属于直接向环境排放污染物,不缴纳环境保护税。

121. C 污染当量数=该污染物的排放量÷该污染物的污染当量值=50÷0.0001=500 000 应纳税额=污染当量数×适用税额=500 000×8÷10 000=400(万元)

122. D 属于第二到第五抵免级。

123. B A 银行票据贴现销售额=实际持有票据期间取得的利息收入=233 000-231 660=1 340 元,应缴纳增值税 75.85 元;B 银行票据转贴现销售额=234 000-233 000=1 000 元,应缴纳增值税 56.60 元。依据为财税〔2017〕58 号文

124. A 应当预缴增值税。依据为财税〔2017〕58 号文。

125. D 国家税务总局公告 2017 年第 40 号,研发费用加计扣除可以叠加享受加速折旧。

126. B A 项目其他相关费用限额=(100-12)×10%/(1-10%)=9.78 万元

9.78 万元小于实际发生数 12 万元,则 A 项目允许加计扣除的研发费用应为 97.78 万元(100-12+9.78=97.78)。B 项目其他相关费用限额=(100-8)×10%/(1-10%)=10.22 万元,10.22 万元大于实际发生数 8 万元,则 B 项目允许加计扣除的研发费用应为 100 万元。

合计:该企业 2019 年度可以享受的研发费用加计扣除额为(97.78+100)×75%=148.34 万元。

127. D 应当保持一致。财税〔2017〕119 号文

128. B A 和 D 属于免征增值税，自 2019 年 2 月～2020 年 12 月，资金池业务免征增值税。

129. 关 C 无该纳税人同类销售价格，按其他纳税人最近时期同类产品的平均销售价格确定。

130. C 企业在对公益性捐赠支出计算扣除时，应先扣除以前年度结转的捐赠支出，再扣除当年发生的捐赠支出。

131. C 对于按照集成电路生产项目享受上述优惠的，优惠期自项目取得第一笔生产经营收入所属纳税年度起计算。

132. A 财税（2018）17 号所列示优惠，没有资产收购这一描述。

133. C 可以一次性列支的固定资产包括：①飞机、火车、轮船、机器、机械和其他生产设备，②与生产经营活动有关的器具、工具、家具等，③飞机、火车、轮船以外的运输工具，④电子设备。

134. D 财税〔2018〕57 号规定，上述改制重组有关土地增值税政策不适用于房地产转移任意一方为房地产开发企业的情形。

135. C 个人出具收款凭证，按次不达增值税起征点可以税前列支。

136. D 学历教育享受增值税免税政策。

137. D 1. 自 2019 年 4 月税款所属期起，连续六个月（按季纳税的，连续两个季度）增量留抵税额均大于零，且第六个月增量留抵税额不低于 50 万元，可以留底税款退税；甲企业每月增量留抵均大于零，第六个月增量留抵税额为 77－10 万元＝67 万元，67×60%＝40.2。

138. B 应纳增值税 30 万元，留底退税 36 万，教育费附加计税依据为 0。〔财税〔2018〕〕80 号；对实行增值税期末留抵退税的纳税人，允许其从城市维护建设税．教育费附加和地方教育附加的计税（征）依据中扣除退还的增值税税额。

139. D （16－8）×10 000＝80 000，根据规定，单独计算一次所得，应纳个税 5 480 元。

140. D 邮储银行向提供农户贷款可简易征收。

141. A 142. B 143. C 144. A 145. B 146. A 147. A 148. C 149. B 150. C
151. B 152. D 153. A 154. C 155. B 156. B 157. C 158. D 159. B 160. A
161. C 162. A 163. B 164. C 165. A 166. C 167. D 168. A 169. C 170. C
171. D 172. A 173. C 174. A 175. C 176. B 177. D 178. D 179. C 180. C
181. A 182. B 183. C 184. C 185. B 186. C 187. B 188. B 189. A 190. D
191. C 192. C 193. D 194. C 195. C 196. C 197. C 198. B 199. A 200. C
201. A 202. C 203. C 204. C 205. C 206. D 207. C 208. B 209. C 210. D
211. B 212. C 213. C 214. C 215. C 216. C 217. A 218. A 219. B 220. A
221. A 222. C 223. C 224. C 225. D 226. C 227. C 228. A 229. A 230. D

231. A　232. A　233. A　234. C　235. C　236. D　237. C　238. C　239. A　240. B
241. A　242. A　243. D　244. B　245. A　246. C　247. C　248. C　249. D　250. A
251. B　252. B　253. B　254. C　255. A　256. C　257. C　258. B　259. A　260. A
261. C　262. A　263. D　264. C　265. D　266. D　267. B　268. C　269. A　270. B
271. A　272. D

273. C　本题解析：啤酒包装物押金在逾期时才缴纳增值税。应纳增值税税额 = $800 \times 17\% + 58.5 \div (1 + 17\%) \times 17\% = 144.50$（万元）。

274. D　本题解析：采取分期收款方式销售货物，纳税义务发生时间为合同约定收款日期的当天。外购货物用于非增值税应税项目，其进项税不得抵扣。当月该配件厂应纳增值税 $= 150 \times 60\% \times 17\% = 15.3$（万元）。

275. A　本题解析：本题考核增值税申报与缴纳的知识点。采取赊销和分期收款方式销售货物，为书面合同约定的收款日期的当天，无书面合同的或者书面合同没有约定收款日期的，为货物发出的当天；委托其他纳税人代销货物，为收到代销单位的代销清单或者收到全部或者部分货款的当天。未收到代销清单及货款的，为发出代销货物满180天的当天。【该题针对"增值税申报与缴纳"知识点进行考核】

276. A　本题解析：增值税纳税人年应税销售额（包括免税销售额）超过财政部、国家税务总局规定的小规模纳税人标准的，除另有规定外，应当向主管税务机关申请一般纳税人资格认定。【该题针对"一般纳税人的认定及管理"知识点进行考核】

277. A　本题解析：其他选项均适用增值税免税政策。【该题针对"适用增值税退（免）税政策的出口货物劳务"知识点进行考核】

278. B　本题解析：对于非出租的房产，以房产原值一次减除10%～30%后的余值为计税依据。

279. D　本题解析：宗教寺庙、公园、名胜古迹自用的房产免征房产税。但其附设的营业用房及出租的房产，不属于免税范围。下述房产免征房产税：（1）国家机关、人民团体、军队自用的房产。但是，上述单位的出租房产以及非自身业务使用的生产、经营用房，不属于免税范围。（2）由国家财政部门拨付事业经费的单位自用的房产。（3）宗教寺庙、公园、名胜古迹自用的房产。但其附设的营业用房及出租的房产，不属于免税范围。（4）个人所有非营业用的房产。（5）经财政部批准免税的其他房产。

280. C　房产税采用比例税率

281. A　本题解析：按房产余值计征的，税率为1.2%；按房产租金收入计征的，税率为12%。

282. C　283. D　284. A　285. C　286. C　287. A　288. A

289. B　本题解析：承受的房屋附属设施权属单独计价的，按当地确定的适用税率征收契税；与房屋统一计价的，适用与房屋相同的契税税率。

290. C　本题解析：契税的纳税义务发生时间是纳税人签订土地、房屋权属转移合同的当天，或者纳税人取得其他具有土地、房屋权属转移合同性质凭证的当天；纳税人应当自纳税义务发生之日起10日内，向土地、房屋所在地的契税征收机关办理纳税申报，并在契税征收机关核定的期限内缴纳税款。

291. C　本题解析：其妻A、其子B均属于法定继承，无需缴纳契税。孤儿C属于非法定继承，视为赠与应当缴纳契税，80×3%＝2.4（万元）。

292. A

293. B　本题解析：国家机关、事业单位、社会团体、军事单位承受的土地房屋用于办公、教学、科研和军事设施的，免征契税。教师购置住宅应当依法缴纳契税。合并后的企业承受原合并各方的土地、房屋权属，免征契税。承受荒山、荒沟、荒丘、荒滩土地使用权，用于农林牧渔生产的，免征契税。

294. A

295. A　本题解析：选项B个人购买90平方米以及以下普通住房，且该住房属于家庭唯一住房的，减按1%税率征收契税。选项C土地、房屋被县级以上人民政府征用、占用后，重新承受土地、房屋权属的，由省级人民政府确定是否减免。

296. B　本题解析：以自有房产作股投入本人独资经营企业，免纳契税。受赠房产，承受房产的杨某为契税纳税人。80×3%＝2.4（万元）。

297. C　本题解析：乙企业应缴纳契税＝（560－500＋800）×3%＝25.8（万元）。

298. D　本题解析：土地使用权赠与、房屋赠与，由征收机关参照土地使用权出售、房屋买卖的市场价格核定。

299. D　选项A不对，权属变更登记必须"先税、后证"，纳税人必须持有契税完税凭证和其他规定材料，才能办理权属登记变更。选项B不对，对个人购买90平方米及以下普通住房，且该住房属于家庭唯一住房的，减按1%税率征收契税；选项C不对，土地使用者转让、抵押或置换土地，无论其是否取得了该土地的使用权属书，无论其在转让、抵押或置换土地过程中是否与对方当事人办理了土地使用权属证书变更登记手续，只要土地使用者享有占有、使用、收益或处分该土地的权利，且有合同等证据表明其实质转让、抵押或置换了土地并取得了相应的经济利益，土地使用者及其对方当事人应当依照税法规定缴纳营业税、土地增值税和契税等相关税收。

300. B　本题解析：选项A免税；选项CD，均不缴纳契税。

301. A　本题解析：已购公有住房经补缴土地出让金和其他出让费用成为完全产权住房的，免征土地权属转移的契税。

302. A　303. D

304. D　本题解析：无偿划拨方式取得土地使用权又转让的，由转让者按补交的土地出让费或土地收益补缴契税；房屋买卖由买方缴纳契税。

305. C　本题解析：债权人承受破产企业土地房屋权属以抵偿债务的免征契税。拍卖房地产的，承受方应纳契税税额＝1 200×3%＝36（万元）。房屋交换中，由支付补价的一方按差价计算缴纳契税，税额 = 500 × 3% = 15（万元）。当事人各方应缴纳契税合计 = 36 + 15 = 51（万元）。

306. C 本题解析：该公司换进的房产应缴纳契税 =（800 = 500）× 4% = 12（万元）。

307. B 本题解析：应纳税额 =（50 + 200 + 100）× 5% = 17.5（万元）。

308. A 本题解析：船舶净吨位尾数在 0.5 吨以下（含 0.5 吨）的不予计算，超过 0.5 吨的按照 1 吨计算。拖船按照发动机功率每 2 马力折合净吨位 1 吨计算征收车船税。拖船按船舶税额的 50% 计算。该公司应缴纳的车船税为：121 × 5 + 180 × 5 + 100 ÷ 2 × 5 × 50% = 1 630（元）。

309. B 本题解析：依法应当在车船登记管理部门登记的车辆和船舶，在机场、港口以及其他企业内部场所行驶或者作业且依法不需在车船登记管理部门登记的车船也纳入征收范围。

310. B 本题解析：2 马力折合净吨位 1 吨，拖船和按船舶税额的 50% 计算。车船税 = 4 × 3 000 × 5 + 1 800 × 50% × 4 × 50% = 61 800（元）。

311. A 本题解析：选项 B，纳税人自行申报缴纳的，应在车船的登记地缴纳车船税；选项 C，节约能源、使用新能源的车船可以免征或者减半征收车船税；选项 D，临时入境的外国车船和香港特别行政区、澳门特别行政区、台湾地区的车船，不征收车船税。

312. A 本题解析：养殖船免税，拖船按照船舶税额的 50% 计算。应纳车船税 = 1 200 × 3 × 41/12 × 8 + 1 600 × 50% × 41/12 × 8 × 50% = 10 667（元）

313. A 本题解析：电车需缴纳车船税。

314. C

315. C 本题解析：A. 经批准临时入境的外国车船和香港特别行政区、澳门特别行政区、台湾地区的车船，不征收车船税。B. 车船税按年申报缴纳，具体申报纳税期限由省级人民政府确定。D. 非机动车船（不包括非机动驳船）、拖拉机、捕捞和养殖渔船属于免税车船范围。

316. A 本题解析：车船税实行定额税率。

317. A 本题解析：由于运费和保管费未分别记载，印花税率应该从高。该项合同双方各应缴纳的印花税额 - 500 000 × 1‰ - 500（元）。

318. D 本题解析：以物易物合同应按购销金额合计计税贴花；应税合同在签订时产生纳税义务，不论合同是否兑现，均应贴花。应纳印花税 = [200 + 220 +（100 - 30）] × 0.3‰ × 10 000 = 1 470（元）。

319. B 本题解析：在应纳税凭证上未贴或少贴印花税票的或者已粘贴在应税凭证上的印花税票未注销或者未划销的，由税务机关追缴其不缴或者少缴的税款、滞纳金，并处不缴或者少缴的税款 50% 以上 5 倍以下的罚款。

320. A　本题解析：应补缴印花税=（5 000+7 500）×1‰-5=7.5元。

321. C　本题解析：对采用易货方式进行商品交易签订的合同，应以全部金额计税贴花；货物运输合同的计税依据是运输费用总额，不含装卸费和保险费；对于由委托方提供主要材料或原料，受托方只提供辅助材料的加工合同，无论加工费和辅助材料金额是否分开记载，均以辅助材料与加工费的合计数，依照加工承揽合同计税贴花，对委托方提供的主要材料或原料金额不计税贴花。建筑安装工程承包合同的计税依据是承包总额。

322. D　本题解析：家庭财产保险合同按照"财产保险合同"缴纳印花税。

323. A　本题解析：借贷双方签订的流动资金周转性借款合同，一般按年（期）签订，规定最高限额，借款人在规定的期限和最高限额内随借随还，为避免加重借贷双方的负担，对这类合同只以其规定的最高额为计税依据，在签订时贴花一次，在限额内随借随还不签订新合同的，不再另贴印花；融资租赁合同按照借款合同税目贴花；共同承担贷款业务，按各自的借款金额计税贴花。该金融机构2010年应缴纳印花税：1 000 000×0.05‰+10 000 000×0.05‰+50 000 000×40%×0.05‰=1 550（元）。

324. A　本题解析：应纳印花税=5×5+(500+300)×0.05%×10 000+5×10+(420+380)×0.03%×10 000=6 475（元）。

325. D　本题解析：该厂共应缴纳印花税=2 000×0.05‰+2 200×0.05‰=2 100（元）。

326. C　本题解析：注意补交时不要遗漏对原有定额贴花的减除。应补缴印花税=(80 000+100 000)×1‰-5=175（元）。

327. C　本题解析：应纳税额不足1角的，免税；1角以上的，其税额尾数不满5分的不计，满5分的按1角计算；按金额比例贴花的应税凭证，未标明金额的，应按照凭证所载数量及国家牌价计算金额；没有国家牌价的，按市场价格计算金额，然后按规定税率计算应纳税额；对已履行并贴花合同，所载金额与合同履行后实际结算金额不一致的。只要双方未修改合同金额，一般不办理完税手续。

328. D　本题解析：借款方以财产作抵押，与贷款方签订的抵押借款合同，属于资金信贷业务，借贷双方应按"借款合同"计税贴花，因借款方无力偿还借款而将抵押财产转移给贷款方，应就双方书立的产权转移书据，按"产权转移书据"计税贴花。该运输公司应缴纳印花税=800 000×0.05‰+1 000 000×0.5‰=540（元）。

329. B　本题解析：借款合同的计税依据为借款金额；技术开发合同，只就合同所载的报酬金额计税，研究开发经费不作为计税依据。该企业本年应缴纳印花税=2 000 000×0.05‰+(2 000 000-800 000)×0.3‰=460（元）。

330. D　本题解析：以物易物合同应按购销金额合计计税贴花，应税合同在签订时产生纳税义务，不论合同是否兑现，均应贴花。应纳印花税=(200+150+50)×0.3‰×10 000=1 200（元）。

331. B 本题解析：独立矿山、联合企业收购未税矿产品的单位，按照本单位应税产品税额．税率标准，依据收购数量代扣代缴资源税。

332. B 本题解析：开采原油销售和非生产性自用的原油都应缴纳资源税，开采原油过程中用于加热或修井的原油免征资源税。该油田应纳资源税 = (70 + 5) × 5 000 × 6% = 22 500（元）。

333. C 本题解析：选项A，应当向应税产品的开采地或者生产所在地主管税务机关缴纳；选项B，纳税人在本省、自治区、直辖市范围内开采或者生产应税产品，其纳税地点需要调整的，由省、自治区、直辖市税务机关决定；选项D，纳税人跨省开采资源税应税产品，其下属生产单位与核算单位不在同一省、自治区、直辖市的，对其开采或者生产的应税产品，一律在开采地或生产地纳税。

334. B 本题解析：选项A，进口矿产品不征资源税，但要征收增值税；选项C，专门开采或与原油同时开采的天然气属于资源税的征税范围；选项D，独立矿山、联合企业收购未税矿产品的单位，按照本单位应税产品税额标准，依据收购的数量代扣代缴资源税。

335. C 本题解析：选项A，纳税人应当向应税资源开采地或生产地的主管税务机关纳税；选项B，纳税人在本省、自治区、直辖市范围内开采或者生产应税产品，其纳税地点需要调整的，由所在地省、自治区、直辖市税务机关决定；选项D跨省开采资源税应税产品，其下属生产单位与核算单位不在同一省、自治区、直辖市的，对其开采或生产的应税产品，一律在开采地或生产地纳税。

336. D 本题解析：2014年12月起，煤炭按从价方式计征资源税，应纳资源税 = 18 000 × 5% = 900（万元）。

337. D 本题解析：纳税人开采或者生产应税产品销售的，以销售数量为课税数量，金属、非金属矿产品原矿，因无法准确掌握纳税人移送使用原矿数量的，可将其精矿按选矿比折算成原矿数量，以此作为课税数量，因此，应缴纳资源税 = (50 000 + 20 000 ÷ 20%) × 2 = 30（万元）。

338. C 本题解析：啤酒、黄酒以外的酒类包装物押金应于收取时并入销售额征税，销售货物同时负责运输收取的运费应作为价外费用并入销售额征税。收取单独核算的运费，属于混业经营交增值税。酒厂应纳消费税 = [400 000 + 23 400 ÷ (1 + 17%) + 47 970 ÷ (1 + 11%)] × 20% + 4 × 2 000 × 0.5 = 92 644（元）。

339. D

340. C 本题解析：当期准予扣除外购烟丝已纳税款 = (30 + 400 + 300 + 550 − 50 − 20) × 30% = 363（万元）。

341. B 本题解析：选项A，委托方收回的应税消费品，以不高于受托方计税价格出售的，为直接出售，不再缴纳消费税；委托方以高于受托方计税价格出售的，需按规定申报缴纳消费税，在计税时准予扣除受托方已代收代缴的消费税。

选项 C，委托加工应税消费品的，若委托方未提供原材料成本，受托方所在地主管税务机关有权核定其材料成本。

选项 D，委托方委托加工应税消费品，受托方没有代收代缴税款的，委托方要补缴税款，受托方就不再补税了。

342. B　本题解析：自产自用应税消费品的，以应税消费品的移送使用数量为课税数量。【该题针对"计税依据一般规定"知识点进行考核】

343. A　本题解析：纳税人销售的应税消费品及自产自用的应税消费品，除国家另有规定外，应当向纳税人机构所在地或者居住地的主管税务机关申报纳税。

344. A　本题解析：当月应扣除的消费税税额 = 90 × 80% = 72（万元）；生产销售化妆品应缴纳的消费税税额 = [290 + 51.48 ÷ (1 + 17%)] × 30% − 72 = 28.20（万元）。

345. C　本题解析：税法规定，润滑油是用于内燃机、机械加工过程的润滑产品。润滑油的征收范围包括矿物性润滑油、植物性润滑油、动物性润滑油和化工原料合成润滑油。以动植物油为原料，经提纯、精炼、合成等工艺生产的生物柴油，属于消费税征税范围，符合条件的纯生物柴油可以免征消费税。

346. C　本题解析：采用复合计税办法征税的消费品是卷烟和粮食白酒。【该题针对"消费税税率"知识点进行考核】

347. C　本题解析：外购已税珠宝玉石生产的贵重首饰及珠宝玉石，可以按照当期生产领用量计算准予扣除外购时已纳的消费税税款。

348. B　本题解析：纳税人将应税消费品与非应税消费品以及适用税率不同的应税消费品组成成套消费品销售的，应根据组合产制品的销售金额按应税消费品中适用最高税率的消费品税率征税。【该题针对"消费税税率"知识点进行考核】

349. C　本题解析：电动汽车、高尔夫车、企业购进货车改装生产的商务车均不征收消费税。【该题针对"消费税税目"知识点进行考核】

350. C　本题解析：委托加工应税消费品，税法规定，消费税由受托方（个体户除外）代收代缴，委托方收回后直接销售的，不再征收消费税。【该题针对"委托加工应税消费品的确定"知识点进行考核】

351. B　本题解析：其他选项，均不属于消费税征税范围。

352. B　本题解析：纳税人自产的应税消费品用于换取生产资料和消费资料、投资入股和抵偿债务等方面，应当按照纳税人同类应税消费品的最高销售价格作为计税依据。该汽车厂应纳消费税 = 5 × 25.5 × 12% = 15.3（万元）。

353. C　本题解析：啤酒每吨出厂价（含包装物及押金）在 3 000 元以上，适用消费税税额是 250 元/吨；每吨出厂价（含包装物及押金）在 3 000 元以下，适用消费税税额是 220 元/吨。A 型啤酒的单位售价 = (58 000 + 3 000 ÷ 1.17) ÷ 20 = 3 028.21（元/吨），适用消费税税额是 250 元/吨，应纳消费税税额 = 20 × 250 = 5 000（元）；B 型啤酒的单位售价 = (32 760 + 1 500) ÷ 1.17 ÷ 10 = 2 928.21（元/吨），适用消费税税额是 220 元/

吨，应纳消费税额 = 10×220 = 2 200（元）。该啤酒厂应缴纳的消费税 = 5 000 + 2 200 = 7 200（元）【该题针对"从量定额计算"知识点进行考核】

354. C　355. C　356. B　357. B　358. B　359. C　360. A　361. C　362. B　363. D
364. B　365. A　366. B　367. D

368. A　本题解析：分支机构分摊比例 =（该支机构营业收入/各分支机构营业收入之和）×0.35 +（该分支机构职工薪酬/各分支机构职工薪酬之和）×0.35 +（该分支机构资产总额/各分支机构资产总额之和）×0.30；所以，深圳分支机构分摊比例 = [400÷(400 + 500)]×0.35 + [60÷(60 + 100)]×0.35 + [800÷(800 + 1 000)]×0.30 = 42.01% 深圳分支机构应预缴所得税 = 200×50%×42.01% = 42.01（万元）。

369. D　本题解析：企业当期发生的固定资产和流动资产盘亏、毁损净损失，由其提供清查盘存资料经主管税务机关审核后，准予扣除。

370. C　本题解析：来自子公司所得 = 300 + 200×(300/800) 或 = 300/(1 - 20%) = 375（万元）；应承担子公司所得税 = 200×(300/800) 或 = 375×20% = 75（万元）；间接抵免限额 = 375×25% = 93.75（万元）75 < 93.75；可抵免75万元 A国母公司应纳税 =（2 000 + 375）×25% - 75 = 518.75（万元）。

371. D　本题解析：已足额提取折旧的固定资产的改建支出，按照固定资产预计尚可使用年限分期摊销在税前扣除。

372. A　本题解析：上年度符合条件的小型微利企业及其分支机构由总机构汇总缴纳企业所得税，分支机构不就地预缴；跨省市总分机构企业缴纳的所得税查补税款、滞纳金、罚款收入，按中央与地方60：40分成比例就地缴库；总机构应将统一计算的企业当期应纳税额的25%，就地办理缴库，所缴纳税款收入由中央与总机构所在地按60：40分享。

373. D　本题解析：该企业在我国应缴纳企业所得税 = 400×15% + 80/(1 - 20%)×25% - 80/(1 - 20%)×20% = 65（万元）。

374. C

375. C　本题解析：手续费和佣金支出，在限额以内的部分，准予在计算应纳税所得额时扣除，超过部分，不得扣除。

376. C　本题解析：在计算企业所得税应纳税所得额时，企业发生的职工福利费支出，不超过工资、薪金总额14%的部分，准予扣除；企业拨缴的工会经费支出，不超过工资、薪金总额2%的部分，准予扣除，除国务院财政、税务主管部门另有规定外，企业发生的职工教育经费支出，不超过工资、薪金总额2.5%的部分，准予扣除，超过部分，准予在以后纳税年度结转扣除；企业按照国务院有关主管部门或者省级人民政府规定的范围和标准为职工缴纳的基本社会保险费和住房公积金，准予扣除。

377. B　本题解析：股息、红利等权益性投资收益，以被投资方作出利润分配决定的日期确认收入的实现；租金收入，一般按照合同约定的承租人应付租金的日期确认收入的实现；特许权使用费收入，按照合同约定的特许权使用人应付特许权使用费的日期确认收入的实现。

378. A

379. C　本题解析：企业从事国家重点扶持的公共基础设施项目的投资经营的所得，自项目取得第一笔生产经营收入所属纳税年度起，第一年至第三年免征企业所得税，第四年至第六年减半征收企业所得税。

380. A　本题解析：企业发生的与生产经营活动有关的业务招待费支出，按照发生额的60%扣除，但最高不得超过当年销售（营业）收入的5‰。业务招待费扣除限额 = $(1\,000 + 150 + 100) \times 5‰ = 6.25$（万元）> $10 \times 60\% = 6$（万元），可以扣除6万元。

381. C　本题解析：选项ABD均属于内部处置资产；企业将资产赠送他人，改变了资产的所有权属，应缴纳所得税。

382. D　本题解析：企业从事符合条件的环境保护、节能节水项目的所得，自项目取得第一笔生产经营收入所属纳税年度起，第一年至第三年免征企业所得税，第四年至第六年减半征收企业所得税。

383. A　本题解析：除税收法律、行政法规另有规定外，居民企业以企业登记注册地为企业所得税的纳税地点。

384. A　本题解析：企业在汇总计算缴纳企业所得税时，其境外营业机构的亏损不得抵减境内营业机构的盈利。

385. C　本题解析：非居民企业包括在中国境内设立机构、场所的企业以及在中国境内未设立机构、场所，但有来源于中国境内所得的企业。在中国境内设立机构、场所的企业分为两种类型：在中国境内设立机构、场所且取得所得与其机构、场所有实际联系的非居民企业；在中国境内虽设立机构、场所但取得所得与其机构、场所没有实际联系的非居民企业。前者适用25%税率，后者适用20%税率（实际征税率10%）。

386. C　本题解析：企业已计入固定资产、无形资产等相关资产的手续费及佣金支出，应当通过折旧、摊销等方式分期扣除，不得在发生当期直接扣除。

387. B　本题解析：享受小型微利企业税收优惠的企业是指全部生产经营活动所得均负有我国企业所得税纳税义务的企业，仅就来源于我国的所得负有我国纳税义务的非居民企业，不适用小型微利企业的优惠规定。

388. D

389. A　本题解析：选项A适用15%的税率；选项B适用25%税率；选项CD适用20%的税率（实际征税按10%）。

390. D

391. B　本题解析：在中国境内未设立机构、场所或虽设立机构、场所，但取得的所得与该机构、场所没有实际联系的非居民企业，取得的来源于中国境内的股息、利息、租金、特许权使用费所得，均应就其收入全额征收预提所得税，税率是10%。A

企业应纳预提所得税 =100×10% = 10（万元）。

392. C 本题解析：选项 A，企业发生的债权转股权业务，对债务清偿和股权投资两项业务暂不确认有关债务清偿所得或损失，股权投资的计税基础以原债权的计税基础确定。选项 B，股权收购企业购买的股权不低于被收购企业全部股权的 75%，且收购企业在该股权收购发生时的股权支付金额不低于其交易支付总额的 85% 的，被收购企业的股东取得收购企业股权的计税基础以被收购股权的原有计税基础确定。选项 D，收购企业、被收购企业的原有各项资产和负债的计税基础和其他相关所得税事项保持不变，所以选项 D 不正确。

393. B 本题解析：选项 A，非经济适用房开发项目，位于省、自治区、直辖市和计划单列市人民政府所在地城区和郊区的，预计利润率不得低于 15%；选项 C 居民企业从直接或间接持有股权之和达到 100% 的关联方取得的技术转让所得，不享受技术转让减免企业所得税优惠政策；选项 D，被取消公益性捐赠税前扣除资格的公益性群众团体，3 年内不得重新申请公益性捐赠税前扣除资格。

394. B 本题解析：资产收购，受让企业收购的资产不低于转让企业全部资产的 75%，且受让企业在该资产收购发生时的股权支付金额不低于其交易支付总额的 85%，转让企业取得受让企业股权的计税基础，可以以被转让资产的原有计税基础确定。

395. B

396. C 本题解析：符合条件的非营利组织的下列收入为免税收入：接受其他单位或者个人捐赠的收入；除税法规定的财政拨款以外的其他政府补助收入，但不包括因政府购买服务而取得的收入；按照省级以上民政、财政部门规定收取的会费；不征税收入和免税收入孳生的银行存款利息收入；财政部、国家税务总局规定的其他收入。

397. C 本题解析：各国在规定纳税义务人上大致是相同的，政府只对具有独立法人资格的公司等法人组织征收公司所得税。其余三项都不具备法人资格，均征收个人所得税。

398. D

399. C 本题解析：销售商品采用托收承付方式的，在办妥托收手续时确认收入；销售商品采取预收款方式的，在发出商品时确认收入；企业以买一赠一等方式组合销售本企业商品的，不属于捐赠，应将总的销售金额按各项商品的公允价值的比例来分摊确认各项的销售收入。

400. D 本题解析：按照企业所得税的规定，通过支付现金方式取得的存货，以购买价款和支付的相关税费为成本。

401. D 本题解析：本题考核企业所得税所得来源地的知识点。利息所得、租金所得、特许权使用费所得，按照负担、支付所得的企业或者机构、场所所在地确定，或者按照负担、支付所得的个人的住所地确定。

402. A

403. D　本题解析：非投资型意外伤害保险业务，不得超过保费收入的0.8%。

404. B　本题解析：选项B，因非居民企业拒绝代扣税款的，扣缴义务人应当暂停支付相当于非居民企业应纳税款的款项，并在1日之内向其主管税务机关报告，并报送书面情况说明。

405. A　本题解析：除已足额提取折旧或租入固定资产改建、固定资产大修理之外，其他应当作为长期待摊费用的支出，从支出发生月份的次月起，分期摊销，摊销年限不得低于3年。

406. D　本题解析：A选项的所得来源地应为劳务发生地；B选项的所得来源地应为房屋所在地；C选项的所得来源地应为分配所得的企业所在地。

407. C

408. A　本题解析：选项A中的相同指的是折旧均从次月起开始计提，从停止使用的次月起停止计提；选项B，企业使用或者销售的存货的成本计算方法，可以在先进先出法、加权平均法、个别计价法中选用一种，不包括后进先出法；选项C，单独估价作为固定资产入账的土地不得计提折旧；选项D，通过支付现金以外方式取得投资资产，以该资产公允价值和支付的相关税费为成本，而非是双方协议价。

409. B　本题解析：被投资企业的亏损应由被投资企业按规定结转弥补，不得用投资方所得弥补；企业境内总机构发生的亏损可用分支机构的所得弥补；企业境外分支机构的亏损，不可以用境内总机构的所得弥补。

410. D　本题解析：外购材料用于免征增值税项目，其进项税不可以抵扣。【该题针对"不得抵扣的进项税"知识点进行考核】

411. B　本题解析：外购货物用于免税项目，属于不得抵扣进项税行为。

不得抵扣的进项税额=（10 000－2 000－5 000）×[20 000÷（20 000＋93 600÷1.17）]＝600（元）

本月应缴纳增值税＝93 600÷1.17×17%－[5 000＋（3 000－600）]＝6 200（元）

412. A

413. B　本题解析：增值税纳税人2011年12月1日以后初次购买增值税税控系统专用设备支付的费用，可凭购买增值税税控系统专用设备取得的增值税专用发票，在增值税应纳税额中全额抵减（抵减额为价税合计额）。该企业本月应纳增值税＝158 080÷（1＋3%）×3%－（2 000＋340）＝2 264.27（元）。

414. B　本题解析：本题考核油气田企业增值税管理规定的知识点。选项A，油气田企业与非油气田企业之间相互提供的生产性劳务不缴纳增值税；选项C，油气田企业将承包的生产性劳务分包给其他油气田企业或非油气田企业，应当就其总承包额计算缴纳增值税；选项D，油气田企业跨省提供生产性劳务，应当在劳务发生地按3%预征率计算缴纳增值税。【该题针对"油气田企业增值税管理规定"知识点进行考核】

415. A　本题解析：对报关进口的货物，以进口货物的收货人或办理报关手续的单位和个人为进口货物的纳税人。

416. D 本题解析：选项A，自2009年至2010年供暖期间，对供热企业向居民个人供热而取得的采暖费收入免征增值税；选项B，外国政府、国际组织无偿援助的进口物资和设备免征增值税；选项C血站供应给医疗机构的临床用血免征增值税。

417. B 本题解析：纳税人兼营免税项目或非应税项目无法准确划分不得抵扣的进项税额部分，按公式计算不得抵扣的进项税额 = 当月无法划分的全部进项税额 × 当月免税项目销售额、非增值税应税劳务营业额合计 ÷ 当月全部销售额、营业额合计 = $6.8 \times 50 \div (100 + 50) = 2.27$（万元）；应纳税额 = $117 \div 1.17 \times 17\% - (6.8 - 2.27) = 12.47$（万元）【该题针对"一般纳税人应纳税额的计算（综合）"知识点进行考核】

418. C 本题解析：啤酒包装物押金在逾期时才缴纳增值税。应纳增值税税额 = $800 \times 17\% + 58.5 \div (1 + 17\%) \times 17\% = 144.50$（万元）。

419. B 本题解析：销项税 = $[93\,600 \div (1 + 17\%) + 2\,000 \div (1 + 17\%)] \times 17\% = 13\,890.60$（元）。

420. B 本题解析：税法规定，一般纳税人生产的下列货物，可按简易办法依照6%的征收率计算缴纳增值税：

（1）县级及县级以下小型水力发电单位生产的电力。

（2）建筑用和生产建筑材料所用的砂、土、石料。

（3）以自己采掘的砂、土、石料或其他矿物连续生产的砖、瓦、石灰（不含黏土实心砖、瓦）。

（4）用微生物、微生物代谢产物、动物毒素、人或动物的血液或组织制成的生物制品。

（5）自来水。对属于一般纳税人的自来水公司销售自来水按简易办法依照6%征收率征收增值税，不得抵扣其购进自来水取得增值税扣税凭证上注明的增值税税款。

（6）商品混凝土（仅限于以水泥为原料生产的水泥混凝土）。

【该题针对"增值税征收率"知识点进行考核】

421. D 本题解析：选项A，增值税一般纳税人销售自己使用过的抵扣过进项税的固定资产，应当按照适用税率征收增值税；销售按规定不得抵扣且未抵扣过进项税的固定资产按简易办法依4%征收率减半征收增值税；选项B，自然人个人销售自己使用过的物品免征增值税；选项C，小规模纳税人销售自己使用过的固定资产减按2%的征收率征收增值税；销售自己使用过的除固定资产以外的物品，应按3%的征收率征收增值税。

422. B 本题解析：本题考核增值税减免税的知识点。选项A，生产和销售免征增值税货物或劳务的纳税人要求放弃免税权，纳税人自提交备案资料的次月起，按现行规定计算缴纳增值税；选项C，纳税人自税务机关受理纳税人放弃免税权声明的次月起36个月内不得申请免税；选项D，增值税纳税人一经放弃免税权，其生产销售的全部增值税应税货物或劳务均应按照适用税率征税，不得选择某一免税项目放弃免税权，也不得根据不同的销售对象选择部分货物或劳务放弃免税权。

【该题针对"增值税减免税"知识点进行考核】

423. C 本题解析：辅导期纳税人专用发票的领购实行按次限量控制，主管税务机关可根据纳税人的经营情况核定每次专用发票的供应数量，但每次发售专用发票数量不得超过25份。

424. B 本题解析：销售折让是指由于货物的品种或质量等原因引起销售额的减少，即销货方给予购货方未予退货状况下的价格折让，销售折让可以从销售额中减除。销售折扣是为了鼓励购货方及时偿还货款而给予的折扣优待，销售折扣不得从销售额中减除。销项税额 $= 600 \times 200 \times (1-15\%) \times 17\% = 17\,340$（元）。

425. D 本题解析：本题考核进口货物应纳增值税的计算的知识点。进口香粉应纳增值税 $= (60\,000 + 35\,000) \div (1-30\%) \times 17\% = 23\,071.43$（元）。【该题针对"进口货物应纳增值税的计算"知识点进行考核】

426. B 本题解析：销售折让是指由于货物的品种或质量等原因引起销售额的减少，即销货方给予购货方未予退货状况下的价格折让，销售折让可以从销售额中减除。销售折扣是为了鼓励购货方及时偿还货款而给予的折扣优待，销售折扣不得从销售额中减除。销项税额 $= 600 \times 200 \times (1-15\%) \times 17\% = 17\,340$（元）。【该题针对"销项税额（综合）"知识点进行考核】

427. A 本题解析：本题考核增值税申报与缴纳的知识点。采取赊销和分期收款方式销售货物，为书面合同约定的收款日期的当天，无书面合同的或者书面合同没有约定收款日期的，为货物发出的当天；委托其他纳税人代销货物，为收到代销单位的代销清单或者收到全部或者部分货款的当天。未收到代销清单及货款的，为发出代销货物满180天的当天。【该题针对"增值税申报与缴纳"知识点进行考核】

428. B 本题解析：本题考核增值税专用发票的使用和管理的知识点。对实行定期定额征收方法的纳税人，当每月开票金额大于应征增值税税额时，征收税款的依据是以开票金额为依据征收税款，并作为下一年度核定定期定额的依据。【该题针对"增值税专用发票的使用和管理"知识点进行考核】

429. A 本题解析：增值税纳税人年应税销售额（包括免税销售额）超过财政部、国家税务总局规定的小规模纳税人标准的，除另有规定外，应当向主管税务机关申请一般纳税人资格认定。【该题针对"一般纳税人的认定及管理"知识点进行考核】

430. A 本题解析：其他选项均适用增值税免税政策。【该题针对"适用增值税退（免）税政策的出口货物劳务"知识点进行考核】

431. B 本题解析：电力公司利用自身电网为发电企业输送电力过程中，需要利用输变电设备进行调压，属于提供加工劳务。电力公司向发电企业收取的过网费，应当征收增值税，不征收营业税。【该题针对"特定企业增值税政策（综合）"知识点进行

考核】

432. D 本题解析：选项 A，因自然灾害损失的产品所耗用的进项税可以抵扣，因管理不善造成损失产品的进项税不可以抵扣；选项 B，同时用于应税项目和非应税项目的固定资产的进项税可以抵扣，只用于非应税项目的固定资产进项税不可以抵扣；选项 C，该经营模式下可以抵扣进项税；选项 D，纳税人经税务机关核准恢复抵扣进项税额资格后，其在停止抵扣进项税额期间发生的全部进项税额不得抵扣。

433. D 本题解析：选项 ABC 都属于营业税征税范围。

434. A 本题解析：纳税人购进或自制固定资产时为小规模纳税人，认定为一般纳税人后销售该固定资产的可按简易办法依4%征收率减半征收增值税。该企业销售旧设备应纳增值税 = 20÷(1+4%)×4%×50% = 0.38（万元）。

435. D 本题解析：本题考核低税率范围的知识点。煤炭本身不属于13%税率的药用植物范围。【该题针对"低税率范围"知识点进行考核】

436. A 本题解析：进项税额 = 14 790 + 30 000×13% + 7 000×11% = 19 460（元）；

销项税额 = 28 900 + 40 000÷(1+13%)×13% = 33 501.77（元）；

应纳增值税税额 = 33 501.77 - 19 460 = 14 041.77（元）。

437. A 438. C 439. C 440. C 441. A 442. B 443. C 444. C 445. D

446. C 答案解析：允许扣除的利息费用 = 6 000×6% = 360 万元

447. B 448. A

449. C 答案解析：计入筹办费并在税前扣除的金额 = 360×60% + 20 + 200 = 400 万元

450. C 451. D 452. A 453. D 454. D 455. C 456. C

457. C. 对于按照集成电路生产项目享受上述优惠的，优惠期自项目取得第一笔生产经营收入所属纳税年度起计算。

458. C	459. D	460. A	461. A	462. C	463. D	464. C	465. B
466. B	467. B	468. A	469. C	470. B	471. B	472. A	473. C
474. D	475. A	476. A	477. C	478. C	479. D	480. B	481. C
482. B	483. B	484. A	485. C	486. D	487. D	488. B	489. B
490. B	491. C	492. B	493. A	494. B	495. A	496. D	497. B
498. B	499. B	500. D					

二、多选题

| 1. ABCD | 2. ABCD | 3. ABCD | 4. ABCD | 5. ABC | 6. ABC | 7. ABC |
| 8. ABD | 9. ABD | 10. ACD | 11. ABC | 12. ABC | 13. ABD | 14. BCD |

15. ABCD	16. AC	17. ACD	18. AD	19. ABCD	20. ABCD	21. ABC
22. ACD	23. ACD	24. ABD	25. ABCD	26. ABCD	27. AD	28. ABCD
29. ACD	30. BCD	31. ABC	32. ACD	33. ABD	34. AB	35. ABCD
36. ABCD	37. ABCD	38. ABCD	39. ABC	40. AB	41. BC	42. AC
43. ABC	44. ABCD	45. ABCD	46. ABCD	47. AD	48. ABCD	49. BD
50. AC	51. BCD	52. ABCD	53. ABCD	54. ABD	55. ABD	56. AB
57. ABC	58. ABC	59. ABCD	60. ABCD			

61. BCD　政策依据：《国家税务总局办公厅关于千户集团税收风险分析及相关工作任务细化分工的通知》税总办发〔2016〕144号。

62. ABC　政策依据：《国家税务总局办公厅关于千户集团税收风险分析及相关工作任务细化分工的通知》税总办发〔2016〕144号。

63. ABC　政策依据：《国家税务总局办公厅关于千户集团税收风险分析及相关工作任务细化分工的通知》税总办发〔2016〕144号。

64. ABCD	65. BCD	66. BCD	67. ABCD	68. ABCD	69. ABCD	70. ACD
71. ABCD	72. ABCD	73. ABCD	74. ABCD	75. ABCD	76. ABCD	77. ABCD
78. ACD	79. CD	80. ABCD	81. ABCD	82. BCD	83. ABCD	84. ABC
85. ABCD	86. ABCD	87. CD	88. ABD	89. AD	90. ABCD	91. AB
92. ABCD	93. AC	94. ACD	95. ABC	96. AB	97. ABCD	98. ABCD
99. ABCD	100. AB	101. BCD	102. ABC	103. ACD	104. ABCD	105. ABC
106. ABCD	107. ABCD	108. ACD	109. BCD	110. ABCD	111. BC	112. AB
113. ABCD	114. AD	115. BCD	116. ABC	117. BCD	118. ABD	119. ABCD
120. ABCD	121. ABCD	122. ACD	123. ABC	124. ABCD	125. ABC	126. ABCD
127. ABC	128. ABCD	129. ABC	130. ABC	131. ABCD	132. ABCD	133. ABC
134. ABCD	135. ABCD	136. ABCD	137. AB	138. ABC	139. ABC	140. ABCD
141. ABCD	142. ABCD	143. ABCD	144. ABCD	145. ABCD	146. ABCD	147. ABC
148. ABC	149. ABC	150. BD	151. BC	152. ABC	153. ABCD	154. ABCD
155. AB	156. ABCD	157. ABCD	158. ABCD	159. ABCD	160. ABCD	161. CD
162. AB	163. ACD	164. BD	165. ABCD	166. ABC	167. AC	168. ABD
169. AC	170. AD	171. ABCDE	172. AD	173. ABC	174. ABD	175. ACD
176. CD	177. ACD	178. AD	179. ABC	180. BCD	181. AC	182. ABC
183. BCD	184. AC	185. ABCD	186. ABD	187. ABC	188. ABC	189. AB
190. ABCD	191. ABCD	192. ABC	193. ABCD	194. AD	195. CD	196. AB
197. ABCD	198. ABCD	199. ABCD	200. ABCD	201. ABCD	202. ABCD	203. ABCD
204. ABCD	205. ABCD	206. ACD	207. AC	208. ABCD	209. BCD	210. ABCD
211. ABC	212. ABCD	213. ABCD	214. ABC	215. ABCD	216. ABCD	217. ABCD

218. BCD   219. ABD

220. AC　本题解析：B 选项不对，个人受赠不动产，如属于法定继承人的，不征契税；D 选项不对，房屋附属设施，涉及土地使用权和房屋权属变化的，应该按规定征收契税。

221. AB　本题解析：选项 C，承受国有土地使用权应支付的土地出让金，要征收契税。不得因减免出让金而减免契税；选项 D，计税依据为应补缴的土地收益金及应补缴政府的其他费用。

222. AB　本题解析：契税中，由征税机构核定契税计税依据的情形有：土地使用权赠与、房屋赠与，成交价格明显低于市场价格且无正当理由的房屋交换。

223. ABC　本题解析：企业分立，对派生方、新设方承受原企业土地、房屋权属的不征契税；企业破产，债权人承受破产企业土地及房屋权属以抵偿债务的，免征契税；以自有房产作价投资入股本人独资经营企业，由于产权不发生变更，免征契税；对于承受与房屋相关的附属设施所有权或土地使用权的行为，按规定征收契税，对于不涉及土地使用权和房屋所有权转移变动的，不征收契税。

224. ABD　本题解析：人民医院属于非营利部门，其购买的医疗大楼属于用于医疗的房屋，因此可以免征契税；承受荒山、荒滩土地使用权，用于农、林、牧、渔的，免征契税；婚姻存续期间，房屋、土地权属原归夫妻一方所有，变更为夫妻双方共有的，免征契税。

225. BD　本题解析：选项 A 不符合免税条件，只有城镇职工按规定第一次购买公有住房时才免契税；选项 C 不属于法定继承，不属于免征契税的范围；只有选项 BD 符合契税免税的规定。

226. AD　本题解析：债权人承受破产企业的房屋权属以抵偿债务的，免征契税。所以甲不缴纳契税。A 公司应缴纳契税 =（60 + 100）× 4% = 6.4（万元）。

227. BCD　本题解析：契税是由房屋的承受方缴纳的，孙某不应缴纳契税。

228. ABD

229. AC　本题解析：选项 B，在一个纳税年度内，已完税的车船被盗抢、报废、灭失的，纳税人可以凭有关管理机关出具的证明和完税证明，向纳税所在地的主管税务机关申请退还自被盗抢、报废、灭失月份起至该纳税年度终了期间的税款；已办理退税的被盗抢车船失而复得的，纳税人应当从公安机关出具相关证明的当月起计算缴纳车船税；选项 D，车船税按年申报缴纳，具体申报纳税期限由省、自治区、直辖市人民政府规定。

230. ACD　本题解析：车辆自重尾数在 0.5 吨以下（含 0.5 吨）的，按照 0.5 吨计算；超过 0.5 吨的，按照 1 吨计算。船舶净吨位尾数在 0.5 吨以下（含 0.5 吨）的不予计算，超过 0.5 吨的按照 1 吨计算。1 吨以下的小型车船，一律按照 1 吨计算。

231. ABCD　本题解析：根据车船税法的规定，选项 ABCD 的说法均正确。

232. AC　本题解析：载客汽车以辆为计税依据；载货汽车以自重吨位为计税依据；三轮汽车以自重吨位为计税依据；机动船以净吨位为计税依据。

233. ABD　本题解析：依法应当在车船登记管理部门登记的车辆和船舶，在机场、港口以及其他企业内部场所行驶或者作业且依法不需在车船登记管理部门登记的车船也纳入征收范围。纯电动乘用车、燃料电池乘用车、非机动车船（不包括非机动驳船）、临时入境的外国车船和香港特别行政区、澳门特别行政区、台湾地区的车船，不属于车船税的征税范围，不征收车船税。

234. ABD

235. ACD　本题解析：选项B跨省、自治区、直辖市使用的车船，纳税地点为车船的登记地。

236. ABC　本题解析：公共交通车船不属于法定减免，省、自治区、直辖市人民政府根据当地实际情况，可以对公共交通车船定期减征或者免征车船税。

237. BCD　本题解析：对未办理车船登记手续且无法提供车船购置发票的，由主管地方税务机关核定纳税义务发生时间。

238. BCD　本题解析：非机动驳船按照机动船舶税额的50%计算。

239. BCD　本题解析：车船税的纳税义务发生时间，为车船管理部门核发的车船登记证书或者行驶证书所记载日期的当月。

240. AD　本题解析：合同的担保人不是印花税的纳税人；商标注册证的领受人是印花税的纳税人。因此，正确答案是AD。

241. ABC　本题解析：选项A，商品储备管理公司及其直属库资金账簿免征印花税；对其承担商品储备业务过程中书立的购销合同免征印花税。选项B，金融机构与小型微型企业签订借款合同免征印花税。选项C，与高校学生签订的高校学生公寓租赁合同，免征印花税。高校学生公寓免征房产税。

242. BC　本题解析：建筑安装工程承包合同的计税依据为全部的金额；对采用易货方式进行商品交易签订的合同，应以全部金额计税贴花。

243. AD　本题解析：技术转让合同包括专利申请转让、非专利技术转让所书立的合同，但不包括专利权转让、专利实施许可所书立的合同。

244. AC　本题解析：乙公司应纳印花税 =（70 + 75）万 × 0.3‰ = 435（元）。

245. AD　本题解析：（1）税务登记证不属于印花税应税凭证。权利、许可证照应纳印花税 = 4 × 5 = 20（元）；（2）购销合同应纳印花税 = 1 000 000 × 0.3‰ = 300（元）；（3）租赁合同应纳印花税 = 1 000 000 × 1‰ = 1 000（元）；（4）加工合同应纳印花税 = 100 000 × 0.5‰ + 900 000 × 0.3‰ = 50 + 270 = 320（元）。该企业应纳印花税合计 = 20 + 300 + 1 000 + 320 = 1 640（元）。

246. BCD　本题解析：选项A合同的当事人是印花税的纳税人，这里的当事人是指对凭证有直接权利义务关系的单位和个人，但不包括合同的担保人、证人、鉴定人。

选项 C 对房地产管理部门与个人签订的用于生活居住的租赁合同免税，属于印花税的征收范围，所以该房地产管理部门是印花税的纳税人。

247. AD　本题解析：合同副本不纳印花税；农牧业保险合同免征印花税。

248. BCD　本题解析：应税合同在签订时纳税义务即已产生，应计算应纳税额并贴花。所以不论合同是否兑现或是否按期兑现，均应贴花。

249. AD　本题解析：本题考核点是印花税征免范围的划分。按税法有关规定，选项 AD 为免税项目，选项 BC 为应税项目。

250. BCD　本题解析：选项 A 不对，纳税人应按照凭证书立当日而非当月 1 日的外汇牌价折合人民币，计算应纳税额。

三、判断题

1. ×。对在一个纳税年度内月平均实际安置残疾人员就业人数占单位在职职工总数的比例高于 25%（含 25%）且实际安置残疾人人数高于 10 人（含 10 人）的单位，可减征或免征该年度城镇土地使用税。

2. ×。企业全面风险管理要素中内部环境是其他所有风险管理要素的基础，为其他要素提供规则和结构。

3. ×。目前大多数国家采用"复合标准"来对各国大企业税收管理的对象范围进行划分。

4. ×。经济合作与发展组织的税收风险管理模式是一个循环过程：确定目标——风险识别——风险评估——风险处置——执行监控——风险目标。

5. ×。我国初步建立了以"数据采集——风险分析——推送应对——反馈考核"为流程的大企业税收风险管理体系，并不断开展积极有效的探索。

6. ×。根据千户集团风险管理工作的要求，国家税务总局开发建设大企业税收管理信息系统，并在安全可控的前提下，实现与各省的数据、风险分析指标模型以及风险分析成果共享。

7. ×。国家税务总局税收风险管理领导小组办公室扎口管理，统一推送千户集团税收风险应对任务。

8. ×。省局大企业税收管理部门负责本省范围内大企业税收风险应对工作的专业指导，风险应对结果的分析评价和绩效考核，协调本省范围内风险应对主体解决具有大企业特征的涉税风险问题。其中，只具备对风险应对结果的分析评价和考核职能，不具备风险应对的职能。

9. ×。大企业税收管理部门主要负责对大企业或本级重点税源企业的个性化纳税服务、数据采集、风险分析识别、风险应对过程监控、效果评价和风险分析工具设计维护等事项。

10. √。

11. ×。归集千户集团税务端数据是指国家税务总局从各类税务信息系统里归集千户集团及其成员企业相关税收征管数据，并按照集团维度进行整合。

12. ×。在千户集团电子财务数据采集过程中，企业集团总部集中收集和校验各成员单位电子财务数据后，直接报送至企业集团总部所在省级税务机关。

13. ×。千户集团数据联络员是指千户集团中负责配合税务机关，统筹协调集团总部及其成员单位开展数据采集、审核和报送等工作的人员。

14. √。

15. ×。纳入报送范围的千户集团总部及其成员企业，各地税务机关应按月及时更新纳税人状态信息，除发生注销、不可抗力因素等不能持续经营的情况外，不得随意从当年报送范围中删减。

16. ×。大企业税收管理系统中，未开展复评的任务可以进行再次分工，已开展复评工作的任务无法进行再次分工。

17. ×。对于已经完成"审核"的人工复评结果，复评分工人员不能再次进行"审核"。

18. ×。大企业税收管理系统中，账号一人一号，不可以一个账号同时多人登录使用。

19. ×。实操环境中使用的各类企业数据，均为企业真实数据，请务必确保数据不能外泄。系统已关闭数据导出功能。

20. √。

21. ×。税源监控包括日常涉税事项监控和专项涉税事项监控。

22. ×。联络员是指千户集团中配合税务机关，统筹协调集团总部及其成员单位开展数据采集、审核和报送工作的人员。

23. ×。对于企业的涉税诉求，大企业部门与其他相关部门处理意见一致时，由大企业部门直接回复企业；意见不一致的，由大企业部门提请召开大企业涉税事项协调会议，明确处理意见后及时回复企业。

24. √。 25. √。 26. √。 27. √。 28. √。 29. √。 30. √。 31. √。
32. √。 33. √。 34. √。 35. √。 36. √。 37. √。 38. √。

39. ×。大企业税务风险管理指引（试行）指出，企业税务部门应参与企业重要经营活动，并跟踪和监控相关税务风险。

40. √。 41. √。 42. √。 43. √。

44. ×。对遵从意愿较低、遵从风险大的高风险企业，可以采取反避税调查等方式控制税务风险。

45. √。 46. √。 47. √。

48. ×。总局定点联系企业应当履行企业名册报送义务；税务机关应当合法使用企业名册信息，保障纳税人合法权益，引导企业提高名册管理水平。

49. √。

50. ×。税务总局通过下发风险评估问卷、调查内部控制情况等形式收集企业信息，建立行业税收特征库和企业基本信息库，并向各省税务机关开放。

51. ×。各地税务机关要督促企业进行问题整改，要求企业及时补缴税款及滞纳金，引导企业完善内部控制机制，帮助企业提升自我控制涉税风险的能力。

52. √。　53. √。

54. ×。对高等风险企业风险，要提高风险评估的频率，除每年定期进行风险评估以外，还可结合实际情况，采用实时评估等方法随时监控企业情况。

55. √。　56. √。　57. √。

58. ×。各级税务机关应建立大企业涉税事项协调会议制度，研究解决重大涉税事项以及企业反映的普遍性、行业性涉税问题。

59. √。　60. √。

61. ×。《大企业税务风险管理指引（试行）》旨在引导大企业合理控制税务风险，防范税务违法行为，依法履行纳税义务，避免因没有遵循税法可能遭受的法律制裁、财务损失或声誉损害。企业可以参照本指引，建立相应的税务风险管理制度。

62. ×。大企业因内部组织架构、经营模式或外部环境发生重大变化，以及受行业惯例和监管的约束而产生的重大税务风险，可以及时向税务机关报告，以寻求税务机关辅导和帮助。

63. ×。风险自查是调动企业积极性、主动排除税务风险的一项有效措施。

64. ×。现场审计团队拟定初步审计意见后，应听取企业陈述和申辩意见，进行交换意见。

65. ×。各级税务机关大企业税收管理部门及主管税务机关应按照统一标准，开展对企业涉税信息的采集和整理、处理及应用工作，构建大企业税收管理信息系统，实现信息共享。

66. √。

67. ×。在评估分析的基础上，需要纳税人说明疑点问题的环节是约谈说明环节。

68. √。

69. ×。千户集团税收风险管理坚持二级统筹主要原则，强化税务总局、省税务机关在千户集团税收风险管理工作中的分工协作，注重顶层设计，整合管理资源，明确工作职责，坚持上下联动，形成工作合力。

70. √。

71. ×。税务总局立足金税三期开发建设大企业税收管理信息系统，并在安全可控的前提下，实现与各省税务机关的数据、风险分析指标模型以及风险分析成果共享。

72. √。

73. ×。对超出查询权限的千户集团相关数据，省税务机关可以向税务总局申请查询、应用，并填报《千户集团数据需求查询申请单》。

74. √。 75. √。 76. √。

77. ×。省税务机关对本省形成的风险分析报告进行审核，并按要求上报税务总局。税务总局对税收风险分析报告质量进行严格控制，按照税收风险分级评审的工作机制进行评审，并形成风险应对任务。

78. √。

79. ×。各级税务机关大企业税收管理部门根据本级的职责权限处理企业涉税诉求，遇有非本级职权范围事项的，应按规定向有权税务机关移送。

80. ×。省以下税务机关可与企业集团的成员企业签订税收遵从协议，协议内容不应与税务总局与企业集团签订的协议相冲突，协议文本及其执行情况应报税务总局备案。

81. ×。千户集团企业与相关税务机关要定期开展企业名册管理工作，具体时间规定为每年。

82. ×。主管税务机关在收集资料、认定避税事实、进行税务调整等工作过程中，可按国家税务总局的有关规定，视情况对存在避税嫌疑的纳税人进行税务约谈。

83. ×。遵从引导包括政策服务、涉税诉求的受理和回复、引导企业建立完善税务风险内控体系、税收遵从协议的签订和实施。

84. √。 85. √。

86. ×。《国家税务总局大企业管理和服务规程（试行）》适用于总局定点联系企业。

87. ×。各级税务机关应按要求，对收集的企业税收风险信息以及遵从引导、遵从管控等环节反映的企业涉税风险情况在判别、评估基础上，对企业纳税遵从风险实施针对性管理。

88. ×。税务风险内部控制评价应形成工作底稿，详细记录企业执行评价工作的内容，包括评价要素、主要风险点、采取的控制措施、有关证据资料以及认定结果。

89. ×。在进行特别纳税调整时，税务机关采用按照纳税人从关联企业购进商品再销售给独立企业的价格，减去相同或类似业务的销售毛利后，对购进商品进行定价的方法是再销售价格法。

90. ×。税务风险管理由企业董事会负责督导并参与决策。

91. √。 92. √。 93. √。

94. ×。定期对税务风险管理工作进行考核，考核内容包括数据采集、风险评估、具体应对策略和措施的运用、风险管理信息系统的操作等各环节工作的效率和效果。

95. ×。企业名册管理是指在国家税务总局的统一部署下，总局定点联系企业集团总部定期报送本级及其成员企业名册。

96. ×。企业与其关联方之间的业务往来，不符合独立交易原则，或者企业实施其他不具有合理商业目的安排的，税务机关有权在该业务发生的纳税年度起十年内，进行纳税调整。

97. ×。各级税务机关可运用掌握的企业涉税信息，选取企业涉税事项进行比对、分析，及时全面了解企业集团及其成员企业的税源变动情况，为风险识别、评估和应对提供基础性信息。

98. ×。定点联系企业税务风险管理系统由风险管理信息采集子系统、企业税务风险评估管理子系统、税务审计查账子系统等部分组成。

99. ×。税企合作市指总局定点联系企业和税务机关遵循平等、互信、自愿、共赢的原则，合作开展企业名册管理，共同预防和控制税务风险。

100. √。

101. ×。各级税务机关要求根据风险评估的结果确定企业风险等级和单个企业的集团风险排序。

102. √。

103. ×。企业名册由总局定点联系企业的税务登记、资格认定、管理关系以及组织架构等涉税信息组成。

104. ×。税收风险管理贯穿于税收工作的全过程，是税务机关运用风险管理的理论和方法，在全面分析纳税人税法遵从状况的基础上，提升税务机关管理水平的税收管理活动。

105. ×。税收风险管理是现代税收管理的先进理念和国际通行做法，是构建科学严密税收征管体系的核心工作。

106. ×。在落实信息管税的工作思路中，要将挖掘和利用好内外部涉税信息作为税收风险管理工作的基础。

107. ×。各级税务机关在税收风险管理工作中要合理划分各层级和各部门的职责，形成纵向联动、横向互动相结合的工作机制。

108. √。

109. √。

110. ×。纳税评估对象可采用计算机自动筛选、人工分析筛选和重点抽样筛选等方法。

111. ×。大企业税务风险管理指引旨在引导大企业合理控制税务风险，防范税务违法行为，依法履行纳税义务，避免因没有遵循税法可能遭受的法律制裁、财务损失或声誉损害。

112. ×。税务风险管理的主要目标包括：税务规划具有合理的商业目的，并符合税法规定；经营决策和日常经营活动考虑税收因素的影响，符合税法规定；对税务事项的会计处理符合相关会计制度或准则以及相关法律法规；纳税申报和税款缴纳符合税法规定；税务登记、账簿凭证管理、税务档案管理以及税务资料的准备和报备等涉税事项符合税法规定。

113. √。114. √。 115. √。 116. √。 117. √。

118. ×。外资企业名册管理范围为全球总部控股并在中国境内进行税务登记的各级分公司和子公司。

119. ×。《大企业税务风险管理指引（试行）》指出，企业应根据风险产生的原因和条件从组织机构、职权分配、业务流程、信息沟通和检查监督等多方面建立税务风险控制点。

120. ×。风险评估是全流程税收风险管理中堵塞风险管理漏洞、实现闭环管理的重要环节。

121. √。

122. ×。纳税评估工作的核心环节是审核分析。

123. √。

124. ×。信息管税要求就是以税收风险管理理念为指导，以现代信息技术为依托，加强业务与技术融合，努力解决征纳双方信息不对称的问题。其主线是以对涉税信息的采集、分析、应用为主线。

125. ×。某税务机关运用相关的涉税信息分析纳税申报中的疑点，采取电话询问或者约谈等方式对纳税人纳税情况进行核实处理，理论上说，属于纳税评估工作环节中的案头审核。

126. ×。在约谈过程中，纳税评估人员应将发现的问题或疑点的详细情况列入《纳税评估工作底稿》。

127. √。解析：依据为《大企业税收服务和管理工作手册，2013年版》（税总企便函2013年30号）。

128. √。解析：根据《国家税务总局关于全面开展企业所得税重点税源和高风险事项团队管理工作的通知》，（税总函〔2016〕148号）第二条第二款规定："企业所得税高风险事项对于重要行业、重点税源企业以外的其他企业有关优惠政策，跨年度事项，企业重组、资产损失、汇总纳税等高风险事项，可以列示本省市近三年至五年基本数据变化情况，从不同维度细分高风险事项。研究摸索风险事项的应对规律，逐步形成高风险事项的应对模板或指引，跟踪部分高风险事项的应对情况，提高应对准确性和效率。

129. √。解析：《国家税务总局大企业税收服务和管理规程试行》（国税发〔2011〕71号）第五条规定，税务机关在出台重大税收政策和管理制度之前，应征求企业意见，并对意见进行认真分析研究。因此，题中给定的说法正确，这也是构建新型税企和谐关系的一项举措和重要政策要求。

130. ×。解析：《国家税务总局大企业税收管理司关于加强千户集团数据管理和税收风险应对考核工作有关事项的函》（税总企便函〔2016〕36号）要求：各地大企业税收管理部门应按照总局要求及时报送企业集团及成员单位电子财务数据和税收快报数据。按时上报率未达到80%的单位，不得进入绩效考核优秀等次。

131. ×。解析：依据《深化大企业税收服务与管理改革实施方案》规定，国家税务总局转变大企业税收管理方式组建千户集团税收风险分析专业团队，以税收风险分析平台为载体，采取计算机风险扫描、人工专业复评的人机结合方式，联合省局大企业税收管理部门，跨区域统筹开展千户集团税收风险分析工作。题中缺少"人工专业复评"方式。

132. ×。解析：《国家税务总局大企业税收管理司关于统一处理千户集团电子财务数据采集工作若干问题的通知》（税总企便函〔2016〕30号）第二条第二款规定：集团企业存在境外成员单位的，暂不采集境外成员单位电子财务数据。

133. √。解析：根据《国家税务总局大企业税收管理司关于运用大数据开展大企业税收服务与监管试点工作集团名册有关事项的通知》（税总企便函〔2015〕69号）附件3《千户集团名册管理模块操作手册》规定，千户集团名册管理模块部署在国家税务总局内网，只能由税务人员通过内网计算机进行连接及查询。

134. ×。解析：《国家税务总局办公厅关于在综合征管软件中添加大企业标识的通知》（税总办发〔2014〕32号）为了保证在税务总局层面便捷高效地抽取各地大企业税收征管数据，需要在各地使用的不同版本的综合征管软件中添加大企业标识。其中CTAIS系统和金税三期核心征管软件中的大企业标识，由税务总局直接添加。

135. ×。解析：《国家税务总局电子税务管理中心大企业税收管理司关于下发千户集团税收快报接口规范的通知》（税总电便函〔2016〕37号）明确：千户集团税收快报接口导出文档统一要求为TXT文本格式文件，而非PDF文本格式文件。

136. ×。解析：《国家税务总局关于运用大数据开展大企业税收服务与监管试点工作的通知》（税总函〔2015〕477号）规定，优化个性纳税服务，提高企业自觉遵从。各省税务机关要注重平衡治理，在试点工作全过程同步实施个性化纳税服务，促进大企业自觉遵从税法。建立大企业联络员制度，为大企业提供便捷顺畅的沟通渠道，切实解决"有事没人管"的问题。

137. √。解析：《大企业税务风险管理指引（试行）》（国税发〔2009〕90号）规定：企业应对税务风险实行动态管理，及时识别和评估原有风险的变化情况以及新产生的税务风险。

138. √。解析：《国家税务总局关于运用大数据开展大企业税收服务与监管试点工作的通知》（税总函〔2015〕477号）规定，推进税务大数据建设，逐步建立企业集团数据库，提高税务机关运用大数据开展税收分析、优化纳税服务、强化税收监管的能力和水平。

139. ×。解析：《国家税务总局关于加强税收风险管理工作的意见》（税总发

〔2014〕105号）第二条第六款规定，对大企业实施过程监控及评价反馈，要对税收风险管理全过程实施有效监控，建立健全考核评价机制，及时监控和通报各环节的运行情况，并对风险识别的科学性和针对性、风险等级排序的准确性、风险应对措施的有效性等进行效果评价。

140. √。解析：根据《国家税务总局大企业税收管理司关于统一处理千户集团电子财务数据采集工作若干问题的通知》（税总企便函〔2016〕30号）规定，对于合并报表的成员单位信息采集，其集团总部仅与某省内的成员单位合并财务报表，与其省外的成员单位未合并财务报表，针对存在这类情况的企业，仅采集集团总部及合并报表的成员单位电子财务数据即可。

141. √。解析：依据《国家税务总局办公厅关于千户集团税收风险分析及相关工作任务细化分工的通知》（税总办发〔2016〕144号）第二条第四款，题中给定的说法正确。

142. √。解析：《名册管理功能操作手册说明》规定，集团信息的维护由总局统一发起信息维护任务，由指定的税务机关对指定的集团信息进行核实和管理。在日常工作中，不能任意对集团信息进行修改和删除等操作。

143. √。解析：省税务局可以对千户集团独立法人企业或分公司实施税收风险分析，但分析结果应报送税务总局（大企业税收管理司）。

144. ×。解析：归集千户集团税务端数据是指税务总局从各类税务信息系统里归集千户集团及其成员企业相关税收征管数据，并按照集团维度进行整合。各地税务机关配合税务总局开展税务端数据归集工作。

145. ×。解析：本题考核的是对互联网新兴产业数据采集问题的处理，正确处理方式为：针对存在这类情况的企业，可暂缓采集该类企业电子账套，仅采集整套财务报表数据。

146. √。解析：依据为《国家税务总局大企业税收管理司关于核实确认千户集团税收快报范围有关事项的通知》（税总企便函〔2016〕13号）。

147. √。解析：实施风险任务统一推送差别化应正确。国家税务总局税收风险管理领导小组办公室扎口管理，统一推送千户集团税收风险应对任务。

148. ×。解析：对采用电算化会计系统的纳税人，税务机关有权对其会计电算化系统系统进行查验，并可复制与纳税有关的电子数据作为依据。

149. √。解析：本题考核的是《深化大企业税收服务与管理改革实施方案》（税总发〔2015〕157号）中"国地联合，部门协同"的要求。

150. ×。解析：《国家税务总局大企业税收管理司关于采集报送千户集团2014年和2015年涉税数据的通知》（税总企便函〔2016〕16号）规定，为加快推进千户集团税收分析工作，需采集报送千户集团2014年和2015年涉税数据，对于"纳税额"采集口径要求是在"纳税额"一栏填写集团总部及其全部成员企业该年度已缴纳税款合计，不包括关税、船舶吨位、代扣代缴个人所得税，不扣减出口退税。

151. √。解析：企业应定期进行税务风险评估。税务风险评估由企业税务部门协同相关职能部门实施，也可聘请具有相关资质和专业能力的中介机构协助实施。

152. √。解析：根据《2016年大企业税收管理重点工作任务》（税总函〔2016〕76号）规定，突出开展千户集团税收风险分析和税收经济分析工作，提升大企业税收管理层级，提高大企业税收风险分析应对工作水平，推动大企业税收管理现代化建设迈上新台阶。

153. √。解析：内资企业名册管理范围为纳入企业合并报表范围或为集团控制且进行税务登记的境内各级分公司和子公司、境外控股公司以及其他涉税组织机构。

154. √。解析：《国家税务总局大企业税收管理司关于加强千户集团数据管理和税收风险应对考核工作有关事项的函》（税总企便函〔2016〕36号）明确："确保千户集团税收风险分析和应对工作质量，大企业税收管理司决定将数据管理与风险应对作为2016年大企业税收管理绩效考核的重点考核项目。"这是大企业税收管理岗位人员2016年主要应对的工作内容。

155. √。解析：建立并实施全国网络化的税源监控机制。主要利用大企业信息化程度高的优势，采用现代管理手段，如与企业、相关部门联网等，了解并掌握大企业的财务核算和相关的生产经营情况、资金周转情况、流转额和跨区域经营情况，以提高税源监控的能力和水平。

156. √。解析：依据为《国家税务总局办公厅关于做好省税务局千户集团税收风险分析相关工作的通知》（税总办函〔2016〕805号）。

157. √。解析：依据为《国家税务总局大企业税收管理司关于开展千户集团税收快报调研工作的通知》（税总企便函〔2016〕6号）。

158. ×。解析：企业应建立科学有效的职责分工和制衡机制，确保税务管理的不相容岗位相互分离、制约和监督。

159. √。解析：依据《国家税务总局关于全面开展企业所得税重点税源和高风险事项团队管理工作的通知》（税总函〔2016〕148号）规定。

160. ×。解析：《中华人民共和国企业所得税法》第二十三条第二项规定，非居民企业在中国境内设立机构、场所，取得发生在中国境外但与该机构、场所有实际联系的利息所得，已在境外缴纳的所得税税额，可以从其当期应纳税额中抵免，抵免限额为该项所得依照规定计算的应纳税额；超过抵免限额的部分，可以在以后5个年度内，用每年度抵免限额抵免当年应抵税额后的余额进行抵补。

161. √。解析：《深化大企业税收服务与管理改革实施方案》（税总发〔2015〕157号）规定，各级大企业税收管理部门根据税收风险分析和应对结果，提出后期开展税收风险管理的工作建议；针对了解掌握的大企业税收风险状况，向大企业提出税收风险防控建议，指导大企业完善税收风险内控机制。

162. √。解析：依据为《国家税务总局大企业税收管理司关于对汽车金融涉税风险事项开展调查的函》（税总企便函〔2016〕79号）。

163. ×。解析：税收风险管理是完成组织收入目标的重要抓手，开展税收风险管理，通过风险分析识别，有助于找准税收漏洞，有效实施风险应对，促进税收收入的可持续增长。题中的风险排查不够全面，准确说法应该是"风险分析识别"。

164. √。解析：这是《国家税务总局关于印发〈全国税务机关纳税服务规范〉的通知》明确提出的要求，完成绩效考核各项要求也是大企业税收管理岗位人员的日常主要工作内容。

165. ×。解析：税收风险管理的基本内容包括目标规划、信息收集、风险识别、等级排序、风险应对、过程监控和评价反馈，以及通过评价成果应用于规划目标的修订校正，从而形成良性互动、持续改进的管理闭环。

166. ×。解析：建立集团企业税源监控体系，是要求总局联合省局梳理各类与经济发展密切相关的税源、税收数据项，明确数据来源和取数口径，建立科学的税源监控指标体系。

167. ×。解析：加强大企业税收服务与管理的廉政内控保障，是要在大企业税收服务与管理工作全过程嵌入两权监督、分权制衡的内控机制，依靠制度和科技加强对大企业税收风险分析应对的全过程监督管理。

168. ×。解析：依据为《国家税务总局关于进一步加强大企业个性化纳税服务工作的意见》（税总发〔2013〕145号）第二条第五款，规范涉税诉求处理流程，按照受理、处理、回复、总结四个环节，明确工作内容和工作要求。

169. ×。解析：国家税务总局通过计算机风险扫描和人工专业复评相结合的方式，选取千户集团部分企业和重点事项开展税收风险分析，各地税务机关支持配合。

170. √。解析：依据为《国家税务总局大企业税收管理司关于加强千户集团数据管理和税收风险应对考核工作有关事项的函》（税总企便函〔2016〕36号）。

171. ×。《关于加强大企业税收服务和管理工作的指导意见》的通知（税总企便函〔2018〕67号）规定，按照总省联动、省省互动的业务要求，积极推进总局、省局两级大企业信息化平台的有效衔接，实现税务总局大企业税收管理司和各省级大企业税收服务和管理部门之间的数据互联、模型共享、风险互推和服务直达。所以，应当是总局与省级税务机关风险直达而非市（地）级税务机关。

172. √。

173. √。

174. √。

175. ×。解析：根据《国家税务总局办公厅关于建立大企业重组涉税事项纳税服务工作机制的通知》（税总办发〔2017〕139号）规定：大企业集团总部可以直接向税务总局提出重组涉税事项书面咨询请求，也可以通过所在地省税务机关向税务总局提出书面咨询请求。

176. ×。解析：千户集团企业名单总体保持稳定，个别调整、实行动态调整。

177. ×。解析：不是"一般性纳税服务"而是"个性化纳税服务"。

178. ×。解析：根据《税收法制工作风险内部控制制度（试行）》规定：低风险是指违反法律、法规、规章及大企业税收风险管理制度开展大企业税收风险管理工作，造成纳税人和缴费人合法权益遭受损害但程度轻微的风险；或大企业税收风险管理工作质量和效率受到较轻影响的风险。

179. ×。解析：根据《纳税评估管理办法（试行）》，纳税评估分析报告和纳税评估工作底稿是税务机关的内部资料，不发纳税人，不作为行政复议和诉讼的资料。

180. ×。解析：根据千户集团风险管理的总体要求，根据各级税务机关以金税三期的数据为基础，按照千户集团税收管理需要，集成现有各类应用系统涉税数据。

181. ×。解析：在大企业税收管理系统中，复评主审角色具有复评分工、复评审核等功能。因此，复评考核角色是错误的。

182. ×。解析：在管理系统中，未开展复评工作的，任务可以进行再次分工，已开展复评工作的，任务无法进行再次分工。

183. ×。解析：主审角色要开展专业复评工作，必须同时拥有辅审权限，而非考核服务权限。

184. ×。解析：在大企业税收管理系统中，"风险指向"明确程度中："A"代表风险指向明确，"B"代表风险指向较为明确，"C"代表风险指向不明。

185. ×。解析：在管理系统中，开展人工复评工作时，可随时点击"识别报告"按钮，查看该企业计算机风险扫描结果。

186. ×。解析：《关于加强大企业税务审计软件数据安全管理的通知》（税总企便函〔2014〕53号）规定，不得将安装大企业税务审计软件的计算机交由外来人员使用，严禁与大企业税务审计工作无关的人员登录系统进行操作。

187. ×。解析：《国家税务总局关于发布《千户集团名册管理办法》的公告》（国家税务总局公告2017第7号）第二条规定：千户集团名册管理范围分内资企业集团、外资企业集团。

188. ×。解析：根据《国家税务总局关于发布《千户集团名册管理办法》的公告》（国家税务总局公告2017第7号）第五条规定：千户集团名单由国家税务总局确定，定期发布，实行动态管理。

189. ×。解析：根据《国家税务总局大企业税收管理司关于调整千户集团相关基础涉税数据报送对象范围的通知》（税总企便函〔2018〕22号）规定：一、调整报送集团范围。将集团报送范围由原2016年千户集团调整为2017年千户集团和年纳税额1亿元以上的扩围集团。

190. ×。解析：根据《国家税务总局大企业税收管理司关于分行业开展千户集团电子财务数据采集有关工作的通知》（税总企便函〔2018〕7号）规定：二、采集范围和内容。（二）根据采集范围，税务总局大企业管理司制定了电子财务数据采集清单，包括"全行业数据采集清单"和8个"分行业数据采集清单"。

191. √。

192. ×。解析：根据《国家税务总局大企业税收管理司关于明确千户集团按月（季）度报送相关基础数据相关口径的紧急通知》（税总企便函〔2017〕107号）规定：一、关于"实际缴纳税款"所属期间的说明。根据《国家税务总局大企业税收管理司关于进一步做好按月（季）度报送相关基础涉税数据工作的通知》（税总企便函〔2017〕62号）规定，"实际缴纳税款"指标填报口径为集团总部及其成员企业实际缴纳的各项税款合计（境内，含国税、地税），不包括海关代征税收、关税、船舶吨税以及代扣代缴个人所得税等，不扣减出口退税和财政部门办理的减免税。

193. ×。解析：根据《国家税务总局大企业税收管理司关于进一步做好按月（季）度报送相关基础涉税数据工作的通知》（税总企便函〔2017〕62号）规定：二、具体填报要求。（一）数据完整、准确。2. 数据金额单位为亿元。职工人数单位为人，职工人数不得出现小数。

194. ×。解析：根据《国家税务总局关于发布〈千户集团名册管理办法〉的公告》（国家税务总局公告2017第7号）第九条规定：省税务机关对总部在本省的集团，核实集团总部及该集团在本省的成员企业名册信息；对总部不在本省的集团，核实该集团在本省的成员企业名册信息。

195. √。

196. ×。解析：根据《国家税务总局大企业税收管理司关于印发〈千户集团数据联络员管理办法〉通知》（税总企便函〔2017〕9号）第六条规定：千户集团联络员个人情况报省级税务机关审核确认后，省级税务机关汇总上报税务总局备案。联络员应保持相对稳定，变更联络员时，千户集团总部须将备选人员情况等报所在省税务机关大企业税收管理部门。

197. ×。解析：根据《国家税务总局大企业税收管理司关于印发〈千户集团数据联络员管理办法〉通知》（税总企便函〔2017〕9号）第六条规定，千户集团联络员个人情况报省级税务机关审核确认后，省级税务机关汇总上报税务总局备案。联络员应保持相对稳定，变更联络员时，千户集团总部须将备选人员情况等报所在省税务机关大企业税收管理部门。

198. ×。解析：根据《国家税务总局大企业税收管理司关于印发〈千户集团数据联络员管理办法〉通知》（税总企便函〔2017〕9号）第七条规定：省级税务机关负责联络员制度的落实和数据采集工作。

四、简答题

1. 与中小企业相比,简述大企业的特点。

答:(1)规模庞大,社会经济影响显著。大企业的组织机构规模较大,多元化经营比较普遍,具有显著的资源配置能力和市场影响力,大多数都是行业龙头企业或地区支柱企业,是国家综合经济实力的体现,对社会经济生活具有举足轻重的影响。

(2)数量占比小,税收贡献大。大企业通常是各国税收收入的主要来源。就税收贡献率来说,大企业在各种经济组织形式中数量占比很小,但为国家贡献税收收入比重较大,国际经验表明,低于1%的大企业纳税人占有整个国家税收收入60%~70%。因此,大企业是反映国家经济运行基本面的"晴雨表",大企业税收管理工作的好坏,直接关系到经济社会发展和税收工作的全局。

(3)经营活动和组织架构复杂。从产业链的行业布局看,大企业的生产经营业务非常复杂,分工专业化程度高、关联企业之间交易频繁;从价值链的实现环节看,大企业多为集团化运作,组织架构精密,普遍建立了较为完善的公司治理结构和覆盖公司所有部门、所有业务、所有人员的内部控制机制。

(4)多元化、跨区域和跨国经营频繁。大企业的经营范围非常广泛,横跨多个行业,经营活动呈现多元化趋势。它们往往在国家内部跨越不同的行政区域开展经营活动,甚至在不同国家间开展各项业务,积极参与到全球商业竞争之中。

2. 简述大企业税收管理的主要理论。

答:(1)风险管理理论。风险管理理论起源于20世纪30年代,其核心思想是如何以最有效的方式分配现有资源,以最小的成本获得最佳结果。

(2)分类管理理论。分类管理以纳税人为中心,对特定纳税人进行专门管理,对不同的纳税群体采取不同的管理方式,制定不同的管理重点,较好地体现了税收管理效益至上的原则。

(3)平衡治理理论。平衡治理是西方公共管理学中的重要理念,指通过公共政策的制定和实施来协调各种社会利益关系和利益纠纷,充分发挥公共政策的平衡功能。

(4)遵从管理理论。对税务部门、纳税人和税务中介三者间的关系进行了专门分析,倡导在平等的基础上,鼓励纳税人和税务部门建立合作和信任关系。

3. 简述"千户集团"概念。

答:千户集团是指年度缴纳税额达到国家税务总局管理服务标准的企业集团,包括全部中央企业、中央金融企业以及达到上述标准的单一法人企业等。其中,年度缴纳税额为集团总部及其境内外全部成员企业境内年度纳税额合计,不包括关税、船舶吨税以及企业代扣代缴的个人所得税,不扣减出口退税和财政部门办理的减免税。

千户集团名册管理范围分内资企业集团、外资企业集团。内资企业集团为纳入企业合并会计报表范围,或虽未编制合并会计报表,但为集团控制且办理了工商或税务登记的境内各级分公司和子公司、控股的境外公司以及其他涉税组织机构。其中,集团控制是指投资方拥有对被投资方的权力,通过参与被投资方的相关活动而享有可变回报,并且有能力运用对被投资方的权力影响其回报金额。外资企业集团为全球总部控股并在中国境内办理了工商或税务登记的各级分公司和子公司以及其他涉税组织机构。

4. 简述当前大企业税收服务和管理的主要工作。

(1) 大企业纳税服务。

①强化税企沟通。畅通税企沟通渠道,加强税企信息交流。

②开展政策辅导。完善大企业重组涉税事项纳税服务工作机制,依申请为大企业协调解决重组中的疑难事项。

③实施风险提示。定期归集整理税收风险,适时推送,助力企业防范风险。

④注重遵从引导。对辖区内重点行业税收风险事项进行细化研究,编制行业税收风险管理指引。

⑤推进内控建设。开展内控调查,深入了解企业情况。

⑥助力专项服务。积极推动促进高遵从度企业绿色通道建设、自我遵从免查等专项服务落地。

(2) 制度规划建设。

①建立健全各类制度。参照总局千户集团各项服务和管理工作规范,做好本地基础性制度建设工作。

②强化工作统筹规划。按照总局千户集团工作规划和年度安排,统筹考虑大企业风险等级排序、行业税收规模、区域分布等因素,制定本地大企业税收风险管理工作规划和年度计划。

③加强内控机制建设。提高对内控机制建设重要性的认识,将内控机制建设贯穿大企业税收管理工作全过程。

(3) 千户集团数据管理。

①做好数据规划。

②推进名册管理。核实、确认本地千户集团名册信息;审核、补充本地千户集团成员企业名册信息。

③强化税务端数据归集。

④规范企业端数据采集。落实千户集团及成员企业在征管系统中的标记工作,采集、审核、抽取千户集团及成员企业附报数据。

⑤加强第三方数据获取。

⑥抓好数据联络员管理。

(4) 千户集团税收风险程度测试指标体系建设。

①落实千户集团税收风险程度测试指标体系(以下简称"指标模型")建设工作

机制。

②配合千户集团指标模型研发。

③开展千户集团指标模型验证。

④强化千户集团指标模型应用。

（5）大企业税收管理系统（税务审计软件）工作。

①加强平台有机衔接。配合做好总局已上线大企业税收管理系统（税务审计软件）功能的优化完善。

②强化平台综合应用。

③保障平台平稳运行。

（6）大企业税收风险分析。

①制定年度分析计划。

②开展税收风险识别。

③组织人工专业复评。

④实施评审推送。

（7）大企业税收风险应对。

①突出分类分级。

②组织实施应对。

③推动争议解决。

④强化增值应用。

（8）大企业税收经济分析。

①提升选题站位.

②打造拳头产品。

③加强联动协作。

（9）明晰业务流程。

结合总局千户集团各项工作流程要求，全面梳理名册管理、数据管理、风险分析、风险应对、纳税服务等业务环节，细化符合当地实际的工作流程，实现岗责体系、业务流程和信息系统功能的集成联动、优化整合，确保管理到位、工作有序、流程明晰。

5. 简述大企业纳税服务重点工作（六大类服务产品）。

（1）强化税企沟通。畅通税企沟通渠道，加强税企信息交流。通过税企座谈会、税企沙龙、企业走访等多种方式，认真听取意见和建议，了解生产经营及重大涉税事项情况，及时收集和回应大企业关心的涉税问题，构建良好税企关系。

（2）开展政策辅导。完善大企业重组涉税事项纳税服务工作机制，依申请为大企业协调解决重组中的疑难事项。建立重大涉税事项政策辅导制度，对股权转让、关联交易、跨境投资等重大交易事项，提出税务风险建议。针对跨区域经营的企业集团各地税收政策理解、执行不一致问题,加强组织协调,提高政策确定性和执行统一性。

(3) 实施风险提示。定期归集整理税收风险,适时推送,助力企业防范风险。针对重点企业,研究企业生产流程、整体架构、行业特征和核算特点,量身定制专门服务手册。收集整理企业风险防控典型案例,汇编成册,不定期发布。

(4) 注重遵从引导。对辖区内重点行业税收风险事项进行细化研究,编制行业税收风险管理指引。选择符合条件的大企业,签订税收遵从合作协议或税收风险管理合作备忘录。对签约企业加强后续跟踪,建立工作台账,出具遵从评价报告。

(5) 推进内控建设。开展内控调查,深入了解企业情况。分析企业关键涉税控制节点和内控薄弱环节,研究完善内控测试指标体系。有重点地测试企业内控制度实际执行情况,提出完善建议,推动企业提高遵从水平。

(6) 助力专项服务。积极推动促进高遵从度企业绿色通道建设、自我遵从免查等专项服务落地。推进以集团为对象评定纳税信用等级,增强企业信誉意识。服务国家发展战略,梳理相关税收政策,定期开展政策辅导和风险提醒,降低"走出去"企业税收成本和涉税风险。

6. 简述千户集团税源监控内容。

答:税源监控包括日常涉税事项监控和专项涉税事项监控。

日常涉税事项监控是指从企业办理税务登记至申报纳税等日常征管环节涉税事项中选取相关事项进行监控,主要包括:登记事项监控、发票事项监控、认定审批事项监控、申报事项监控、其他事项监控等。

专项涉税事项监控是指从日常涉税事项以外的事项中选取特定事项进行监控,主要包括:企业涉税诉求处理情况的监控、税务风险内控情况的监控、税收遵从协议履行情况的监控等。

7. 简述税收遵从协议的主要内容。

答:税务机关根据企业内控体系状况及税法遵从能力,选择税务风险内控完善的企业集团,在自愿、平等、公开、互信的基础上,签订《税收遵从合作协议》或者《税收遵从合作备忘录》,共同承诺税企双方合作防控税务风险。同时加强后续跟踪服务管理,建立工作台账,定期出具遵从评价报告,推动企业提高遵从水平。

8. 各级税务机关定期调查和评价企业税务风险内控体系情况包含哪些内容?

答:(1) 企业内控制度及其运行情况;

(2) 企业税务风险管理组织机构、岗位和职责;

(3) 企业税务风险识别和评估机制;

(4) 企业税务风险控制和应对机制;

(5) 企业税务信息管理体系和沟通机制;

(6) 税务风险管理的监督和改进机制;

(7) 与企业内控体系有关的其他情况。

9. 简述千户集团名册管理工作中总局、省局、企业集团的主要职责。

（1）国家税务总局在千户集团名册管理工作中的主要职责：制定、完善千户集团名册管理办法；确定、调整千户集团名单和千户集团名册信息项目；协调集团总部所在地的省税务机关和成员企业所在地的省税务机关的名册核实工作；建立、完善千户集团名册管理系统并提供技术支持；开展千户集团名册管理工作组织绩效考评；其他名册管理工作。

（2）省税务机关在千户集团名册管理工作中的主要职责包括：核实、推荐本省符合千户集团入选标准的企业集团，提出企业集团调整建议，协助国家税务总局确定千户集团名单；组织总部在本省的集团报送成员企业名册信息；审核并补充完善本省的成员企业名册信息；评价总部在本省的集团报送的名册质量，向企业集团反馈评价结果；总结名册管理工作开展情况，提出工作建议；其他名册管理工作。

（3）列入千户集团名单的企业集团名册管理工作主要职责包括：按照税务机关要求，组织开展名册信息填写、审核和报送；根据税务机关反馈的核实结果，组织开展名册信息校正；开展集团内部名册管理工作培训，对成员企业提供指导；其他名册管理工作。

10. 千户集团数据联络员主要职责包括哪些内容？

答：（1）负责落实和统筹本集团总部及其成员单位涉税数据采集、审核和报送工作；（2）在税务机关提供的统一平台上组织完成数据采集工作；（3）及时反馈千户集团数据采集工作的意见与建议；（4）对税务机关布置的数据采集任务、数据内容负有安全保密责任；（5）配合税务机关做好其他数据相关工作。

11. 简述千户集团数据采集的数据类型及内容。

答：数据采集的类型包括企业端数据、税务端数据和第三方数据。

（1）税务端数据。税务端数据采集通过金税三期系统完成。

（2）企业端数据。包括千户集团按月（季）度报送相关基础涉税、涉税电子财务数据采集、千户集团及其成员企业附报财务会计报表

（3）第三方及互联网数据

12. 简述千户集团数据管理重点工作。

（1）做好数据规划。以提高千户集团数据质量为核心，通过整体规划，进一步明确数据采集范围、采集内容和采集方式，细化明确具体管理措施，逐步构筑采集有考评、治理有反馈、使用有监控的管理闭环，建立规范统一的保障机制，实现数据管理规范高效、数据内容完整准确、数据应用安全可控。

（2）推进名册管理。核实、确认本地千户集团名册信息；审核、补充本地千户集团成员企业名册信息；进一步强化千户集团名册信息管理，避免出现企业信息漏报、误报等情况。

（3）强化税务端数据归集。根据千户集团及成员企业名单，从金税三期、增值税

发票管理等信息系统中抽取、加工相关税收征管数据,做好相关数据的"一户式"加载存储和分析应用。配合总局完成千户集团税收快报数据的归集、加工和审核等工作。

(4) 规范企业端数据采集。落实千户集团及成员企业在征管系统中的标记工作,采集、审核、抽取千户集团及成员企业附报数据。按月(季)做好千户集团企业直报数据的收集、审核、报送和汇总工作。

(5) 加强第三方数据获取。积极推进千户集团第三方数据的采集、交换和共享。做好分析过程中相关互联网涉税数据收集、整理等工作。指导下级大企业服务和管理部门开展千户集团的第三方数据交换、获取、应用等工作。

(6) 抓好数据联络员管理。根据总局千户集团数据联络员管理办法的相关要求,抓好本地千户集团数据联络员日常管理、业务培训等工作任务的落实。

13. 简述大企业税收风险分析的工作流程。

答:(1) 制定目标规划。总局大企业税收管理司在广泛征求各省税务局大企业税收管理部门意见建议的基础上,统筹考虑千户集团风险等级排序、税收规模、区域分布等因素,结合税收风险管理开展情况,与稽查局等部门统筹,确定分析集团名单,制定下发千户集团税收风险分析年度计划。

(2) 风险识别。大企业税收管理司进行计算机扫描,计算机扫描生成的相关集团和成员单位的税收风险识别报告下发各省税务局大企业税收管理部门,同时向大企业税收管理司反馈识别报告下发情况。

(3) 人工复评。总局和各省税务局大企业税收管理部门结合计算机扫描生成的税收风险识别报告,依托相关数据信息,通过人工深入分析,开展人工专业复评,形成分户税收风险分析报告。

(4) 风险推送。总局对风险分析报告进行审核,审核通过后推送至各省税务局组织税收风险应对。

14. 千户集团税收风险管理人工专业复评可以采取哪些方法?

答:(1) 案头分析。

(2) 与企业沟通。

(3) 选取代表性企业开展典型调查。

15. 简述大企业税收风险应对工作流程。

答:大企业税收风险应对流程主要分为5个阶段,即任务发起、风险应对、风险处理、任务执行、总结归档。

(1) 任务发起。税务总局大企业税收管理司将风险应对任务通过总局风险办统一推送至省局风险办,并抄送相关省税务机关大企业税收管理部门。省税务机关大企业税收管理部门应当主动对接省局风险办,认真研究税务总局推送的千户集团税收风险应对任务并形成应对方案,以省、市税务机关为主,实施专业化应对。

(2) 风险应对。风险应对人员开展风险应对任务前,应当以风险分析报告为基础,了解企业的生产经营情况、所属行业特点、财务会计制度和会计核算软件,熟悉相关税收政策。通过查阅案头资料,依据不同风险等级,确定不同的风险应对方式。

(3) 风险处理。风险应对处理环节设置了风险应对报告审议节点,对提交的《千户集团风险应对工作报告》进行集体审议,做出集体审议结论。

(4) 任务执行。对风险应对中确认的税收风险点,风险应对部门应当督促纳税人进行整改,对涉及补缴税款、滞纳金的,及时督促纳税人补缴税款和滞纳金,做好组织税款入库工作。移交稽查等其他部门的风险应对案件,主动与稽查等其他部门进行沟通,做好情况反馈工作。

(5) 总结归档。针对税收风险应对整体过程,形成税收风险应对工作总结。做好风险应对工作中的资料收集整理并归档工作。

16. 简述省级税务机关在税收风险应对工作中的主要任务。

答:(1) 大企业税收管理部门主动对接省税务局风险办,一是共同研究税务总局推送的年纳税额3亿元以上的千户集团税收风险应对任务;二是推送已在税务总局备案的年纳税额在1亿~3亿元千户集团税收风险应对任务;形成处理意见,由省税务局风险办按照风险等级推送给相应税务机关,开展差别化风险应对。

(2) 协调处理千户集团税收风险应对工作中的具体问题。

(3) 对各级应对主体报送的千户集团税收风险应对情况进行汇总、整理,按照要求报送相关统计报表及应对报告。

(4) 对千户集团税收风险应对中查实确定的税收风险点,督促企业进行整改,对查实的税款及时组织入库。

(5) 对本省范围内税务总局推送的千户集团税收风险任务应对情况进行跟踪检查、分析评价和绩效考核。

(6) 针对本省范围内千户集团税收风险状况,及时改进征管工作措施,明确有关税收政策;指导企业增强风险防控,构建长效监管机制。

17. 简述税务总局、省税务机关加强风险应对结果的增值利用的几种主要方式。

答:(1) 优化指标模型,增强指标模型的准确性和有效性;

(2) 建立和更新千户集团风险特征库、典型案例库和行业风险指引,复制推广系统性、行业性风险分析应对经验;

(3) 提出完善税收政策、强化税收征管的建议;

(4) 开展谈签税收遵从协议、出具税收管理建议书等个性化服务,提升企业税收风险防控能力。

18. 简述大企业税收管理系统省局主要涉及的角色及主要职能。

答:(1) 省局综合业务:建立省局自主风险分析管理任务,确定各环节处理人员及任务时间,进行风险管理任务下发和上报。

(2) 复评统筹:负责对总局下发的风险复评任务进行组织安排,将风险分析任务分配给主评人员进行下一步操作;对主评人员初审通过的人工复评结果进行复审;跟踪管理总省联动风险分析任务进度,查看风险分析成果的统计信息。

(3)主评:负责对总局下发的风险复评任务进行分工,组织开展风险分析;对辅评人员提交的辅评结果进行初审。

(4)辅评:对主评人员分配的风险企业开展风险人工复评工作,提交复评结果。

(5)省局应对管理:接收总局评审质控人员推送的企业涉税风险点,组织省内税务人员开展企业涉税风险点应对和反馈工作,将企业涉税风险点分工给风险应对工作的主应对人员,并对主应对人员完成初审的风险应对结果报送复审。

(6)省局主应对:对省局应对管理岗分配的企业涉税风险点进行分工,并对风险应对处理工作负责,跟踪风险应对处理情况进度并对风险应对结果进行审核。

(7)省局辅应对:对省局主应对人员分配的企业涉税风险点开展风险应对处理,录入风险分析任务的应对结果,根据工作需要,调整更新风险应对结果。

(8)通用查询:税务人员对获得数据查询权限的集团、成员企业开展一户式查询和集成分析白板工作。

(9)省局用户管理:负责新增用户权限申请单,向总局用户管理人员提出省局人员功能权限授权申请;对省内已有税务人员功能权限进行查询。

(10)数据授权申请:负责维护用户数据权限申请单,对本税务机关的税务人员申请千户集团的数据查询权限。填写数据授权申请单,对非本省纳税人数据提出授权申请。

(11)异地协作:使用异地协作发起和异地协作接收模块,从而发起异地协作任务,或是接收并辅助其他省完成异地协作任务。

(12)年度计划任务省局选户:负责省局在线选户工作并将选户结果提交给年度计划任务管理人员进行审核,上报税务总局。

(13)数据联络员:按照总局要求定期通过千户集团数据工具税务端,导出本省账套数据准备情况,由各省数据联络人员通过大企业税收管理系统导入并浏览账套数据准备情况。

19.概括大企业税收经济分析主要的分类。

答:(1)经济税源分析。深入研究税务部门的各类数据与经济运行的关系,深刻反映经济税源发展状况,进而总结规律、查找问题,提出有助于宏观经济决策和社会管理的意见建议。主要包括:①重大发展战略分析;②区域比较分析;③新旧动能转换分析;④重点行业分析;⑤经济运行风险分析;⑥涵养税源分析。

(2)政策效应分析。量化分析重大税制改革和税收政策调整对经济和生态的作用效应,跟踪评估税务部门优化营商环境、促进经济社会发展的工作成效。主要包括:①重大税制改革效应分析;②减免税政策效应分析;③优化营商环境措施效应分析;④税收负担及收入分配分析。

20. 如何保障大企业人才队伍建设？

答：（1）注重人才选拔培养。

①拓展视野，加大人才选拔引进力度。

②注重实效，完善人才培养机制。

（2）合理调配人力资源。

①优化人力资源配置。

②提升团队管理水平。

③发挥人才专业优势。

21. 千户集团税收风险管理的工作环节有哪些？

答：千户集团税收风险管理，以防范税收风险为导向，按照"数据采集——风险分析——推送应对——反馈考核"四个环节，实施全流程闭环管理。

22. 大企业税收管理关键基础的五大支柱是什么？

答：（1）数据驱动。数据是大企业税收服务与管理的基石，各国税务机关在大企业税收专业化管理的探索过程中，都建立了多渠道的数据采集体系。（2）信息化支撑。随着信息化技术的不断成熟，许多国家大企业税收管理部门为盘活分散在各系统的数据，开始加强数据资源的整合和深入的挖掘利用，并致力于信息系统的整合。（3）专业化团队。大企业的涉税事项相对复杂，各国大企业管理部门都十分注重对专业人才的选拔和引进。（4）风险导向的税务审计。推行风险导向的税收审计是各国实现税收遵从目标的基本手段。（5）个性化纳税服务。提供有针对性的大企业纳税服务产品是各国优化资源配置效率，提高个性化服务效果的根本措施。

23. 国家税务总局王军局长在 2019 年 3 月 20 日召开的全国税务系统减税降费工作动员部署视频会议上阐述了实施减税降费的重要意义，主要内容是什么？

答：实施更大规模减税降费是党中央、国务院深化供给侧结构性改革、推进经济高质量发展的重大决策，是减轻企业负担、激发市场主体活力的重大举措，是刀刃向内、壮士断腕的重大改革。

24. 税务总局大企业税收管理司承担哪些信息管理任务？

答：（1）统一制定信息采集和整理的业务标准和工作规范，定期汇总信息采集需求，制定企业涉税信息采集方案；（2）与企业集团总部进行涉税信息交互工作；（3）统一抽取已经实现税务总局数据集中的征管信息；（4）分类集中汇总企业涉税信息，对各类信息进行整理归集；（5）发布共享信息，设置各地信息共享权限；（6）指导和督促各地税务机关的信息采集和整理工作。

25. 省以下税务机关大企业税收管理部门承担哪些信息管理任务？

答：（1）按照税务总局统一部署开展信息采集和整理工作，组织辖区内成员企业信息的核实整理工作；（2）按照税务总局统一要求，对需要报送的信息进行相应的整理归集；（3）根据业务要求，对上级税务机关大企业税收管理部门分发的信息进行调查、核实、校正、反馈。

26. 什么是大企业税收风险管理内部控制？

答：大企业税收风险管理内部控制，是指以风险防控为导向，通过查找、梳理、评估大企业税收风险管理工作中的各类风险，制定、完善并有效实施一系列制度、流程、方法和标准，对大企业税收风险管理工作风险进行事前防范、事中控制、事后监督和纠正的动态管理过程和机制。

27. 简述大企业税收风险管理内部控制的职责分工。

答：（1）税务总局大企业税收管理司负责全国税务系统大企业税收风险管理内部控制总体工作的组织实施，制定大企业税收风险管理内部控制制度和操作指引，指导省级单位开展大企业税收风险管理内部控制，向本级内部控制管理部门传递大企业税收风险管理内部控制情况。

（2）省以下税务机关大企业税收管理部门负责本单位大企业税收风险管理内部控制工作的组织实施，指导下级单位开展大企业税收风险管理内部控制，向本级内部控制管理部门和上级大企业税收管理部门传递大企业税收风险管理内部控制情况。

（3）各级税务机关内部控制管理部门负责应用内部控制监督平台开展大企业税收风险管理内部控制的风险目录管理、监督检查、考核评价；针对发现的内部控制工作问题，提出改进的建议。

28. 简述大企业税收风险管理内部控制中风险分析的主要风险点？

（1）指标模型建设：①未按开发、验证、应用程序进行指标模型建设；②未经授权更改指标模型内容；③未按规定保存和使用指标模型。

（2）风险分析：①未按规定制订风险分析计划；②未经授权更改风险分析对象；③未经授权更改风险识别报告内容；④未对风险识别报告中列示的风险点进行人工复评；⑤未按规定对风险分析报告进行分级评审；⑥违反规定泄露风险分析工作内容。

29. 大企业税收风险管理内部控制的推送应对有哪些主要风险点？

答：（1）未按规定程序、途径推送风险应对任务。

（2）未按规定对推送的风险分析报告中列示的风险点进行逐一应对。

（3）未按规定使用相关文书。

（4）未按规定程序开展风险应对工作。

（5）未按规定将相关风险事项移交稽查或反避税部门。

（6）未按规定督促纳税人进行整改。

30. 风险内部控制调查的主要内容是什么？

答：风险内部控制调查的主要内容是：

（1）整体管理层面的内控；

（2）购、销、存及其收支款项业务内控；

（3）成本费用管理内控；

（4）投、融资及资金管理内控；

（5）工薪福利及员工管理内控；

（6）资产及其权益关联关系内控；

（7）信息系统关联内控。

31. 简述千户集团税收风险管理应当坚持的主要原则。

答：（1）两级统筹。强化税务总局、省税务机关在千户集团税收风险管理工作中的分工协作，注重顶层设计，整合管理资源，明确工作职责，坚持上下联动，形成工作合力。（2）合作推进。加强税务机关内部各部门工作协调，提高征管效率。积极与政府相关部门、行业协会等合作，实现信息共享。（3）信息集成。以数据为核心，利用现代化采集、分析工具，建立科学的指标模型，构建智能化的税收管理信息系统，发挥大数据技术对千户集团税收风险管理的支撑作用。（4）促进遵从。在千户集团税收风险管理各环节强化税收宣传，优化纳税服务，加强税企合作，提升企业获得感，促进千户集团对税法的自我遵从。

32. 人工专业复评应当重点关注哪些内容？

答：（1）企业所处的行业特点；

（2）企业适用的产业政策、税收政策、会计准则或会计制度；

（3）企业内部控制制度；

（4）企业财务报表、审计报告及相关鉴证报告；

（5）企业重组、股权转让、关联交易等复杂涉税事项；

（6）以前年度风险应对结论，包括纳税评估报告、稽查处理决定书等。

33. 风险模型的构成是什么？

答：风险模型由基本信息和模型语义图构成。基本信息包括所属目录、模型版本、模型名称、模型业务编码、管理机关、使用机关、税种、行业、使用系统、模型说明、模型分析方法、状态；其中所属目录、模型名称、模型业务编码、模型语义图是必填项目。

34. 简要说明大企业税收服务和管理工作的基本原则。

答：（1）统筹兼顾。通盘考虑各项工作职责的人力配置，统筹分析应对力量，合理划分内部工作职能与工作重点，积极优化与局内各科室的工作衔接，建立上下衔接、左右通达、健全有效的工作机制，实现大企业纳税服务和风险管理双促进、双提高。

（2）科学高效。立足大企业税收管理现代化，强化规划，优化流程，细化标准，持续提升服务和管理的科技含量与技术水准；着力做精数据、做优平台、做深服务，构建运转高效、工作完备、指挥有力的大企业税收服务和管理新格局。

（3）提升层级。针对大企业纳税人经营范围广、涉税事项专、层级架构繁、服务要求高的特点，以集团为对象，以行业为维度，突出分类，提升层级，将复杂涉税事项提升至市（地）以上管理，全面提高大企业服务和管理专业化水平。

（4）优化效能。依据工作序列，明晰工作定位，提升管理质效。风险管理重在形成闭环，纳税服务重在遵从引导，经济分析重在集成拓展，形成相得益彰、相互促进的良性综合效应。

35. 简述大企业税收风险管理工作风险分为哪些等级。

答：根据涉及事项或环节的重要程度、危害程度等因素，大企业税收风险管理工作风险分为高、中、低三个等级。（1）高风险，是指违反法律、法规、规章及大企业税收风险管理制度开展大企业税收风险管理工作，造成纳税人和缴费人合法权益遭受损害且程度严重的风险；或大企业税收风险管理工作质量和效率受到严重影响的风险。（2）中风险，是指违反法律、法规、规章及大企业税收风险管理制度开展大企业税收风险管理工作，造成纳税人和缴费人合法权益遭受损害但程度一般的风险；或大企业税收风险管理工作质量和效率受到较大影响的风险。（3）低风险，是指违反法律、法规、规章及大企业税收风险管理制度开展大企业税收风险管理工作，造成纳税人和缴费人合法权益遭受损害但程度轻微的风险；或大企业税收风险管理工作质量和效率受到较轻影响的风险。

36. 如何做好大企业税收管理系统（税务审计软件）工作？

答：（1）加强平台有机衔接。配合做好总局已上线大企业税收管理系统（税务审计软件）功能的优化完善。积极充分依托金税三期等相关应用系统，结合本地大企业税收服务和管理实际需要，在总局大企业税收管理系统（税务审计软件）功能基础上，拓展完善当地大企业信息化平台功能。按照总省联动、省省互动的业务要求，积极推进总局、省局两级大企业信息化平台的有效衔接，实现税务总局大企业税收管理司和各省级大企业税收服务和管理部门之间的数据互联、模型共享、风险互推和服务直达。

（2）强化平台综合应用。充分应用好平台功能和数据，逐步将千户集团数据管理、风险分析、评审推送、经济分析和纳税服务等统一纳入平台运行，实现"工作平台化"，提升大企业税收服务和管理质效。

（3）保障平台平稳运行。落实总局大企业税收管理系统（税务审计软件）的用户账号管理、数据权限申请、意见建议反馈等工作；做好平台功能的业务支持，组织开展平台业务功能培训、应用经验交流等工作。

37. 简述千户集团税收风险应对工作报告中要包括哪些内容。

答：一是总体情况；二是风险确认情况，包括确认风险应对任务、争议风险应对任务、排除风险应对任务；三是新增风险情况；四是风险应对具体做法；五是问题与建议；六是其他需要补充的内容。

38. 2019年全国大企业税收服务与管理工作的总体要求是什么？

答：以习近平新时代中国特色社会主义思想为指导，全面贯彻党的十九大及十九届二中、三中全会精神，认真落实全国税务工作会议部署，以大企业纳税人为中心，积极构建现代化大企业纳税服务体系和税收管理体系，全面提升纳税服务质量、风险管理质量和经济分析质量，着力强化工作机制建设、信息化建设、制度规范建设和干部队伍建设，全力推进大企业税收服务与管理现代化。

39. 对大企业税收管理和服务队伍的要求是什么？

答：省税务机关要按照分类分级管理要求，明晰职责，健全机制，不断充实大企业税收管理专业化队伍。根据工作特点和岗位需求，对大企业税收管理人员实施专业化培训，优化大企业税收管理人才团队，实现人力资源与大企业税收管理工作要求相匹配。可以聘请大专院校、行业协会、中介机构专家，组建大企业税收管理顾问团队，通过合作、外包等方式，开展大企业税收管理技术手段研发和相关项目研究。

40. 简述风险应对人员开展风险应对任务前的主要工作。

答：风险应对人员开展风险应对任务前，应当以风险分析报告为基础，了解企业的生产经营情况、所属行业特点、财务会计制度和会计核算软件，熟悉相关税收政策。通过查阅案头资料，依据不同风险等级，确定不同的风险应对方式。风险高的企业如发现纳税人有逃避缴纳税款、骗取出口退税或其他需要立案查处的税收违法行为嫌疑的，或发现纳税人有需要反避税部门处理的特别纳税调整问题等，应移交稽查等其他部门进行风险应对。中、低风险的，采取企业自查、税务约谈或实地核实方式进行税收风险应对。

41. 大企业税收管理方式有哪些？

答：（1）开展总局省局两级税收风险统筹分析；（2）实施风险任务统一推送差别化应对；（3）加强风险应对过程管控；（4）深化风险应对结果应用。

42. 简述新形势下对税收风险管理工作重要性的认识。

答：（1）税收风险管理是推进税收治理现代化的必然要求。《深化国税、地税征管体制改革方案》描绘了构建科学严密税收征管体系的宏伟蓝图，为推进税收治理现代化指明了道路。以税收征管信息化平台为依托、以风险管理为导向、以分类分级管理为基础，推进征管资源合理有效配置，实现外部纳税遵从风险分级可控、内部主观努力程度量化可考的现代税收征管方式，是税收征管体制改革的方向。

（2）税收风险管理是促进纳税遵从的根本途径。通过加强税收风险管理，对纳税人实施差别化精准管理，对暂未发现风险的纳税人不打扰，对低风险纳税人予以提醒辅导，对中高风险纳税人重点监管。为愿意遵从的纳税人提供便利化办税条件，对不遵从的纳税人予以惩罚震慑，将从根本上解决纳税人不愿遵从或无遵从标准的问题，提高纳税遵从水平。

（3）税收风险管理是提高税务机关主观能动性的重要抓手。在做好基础管理的同时，通过对信息收集、风险识别、等级排序、任务推送、风险应对等环节实施过程监控和效果评价，可有效增强各级税务机关的主观努力程度，查找征管中的薄弱环节，防范税务系统内部风险，提高征管质效。

43. 简述优化大企业个性化纳税服务的具体举措。

答：（1）创新大企业个性化纳税服务方式。借助手机 APP、微信等互联网工具，为大企业提供政策咨询、业务交流等服务;定期向大企业提示共性的、行业性的及有关重大事项的税收风险,突出事前预防;探索建立大企业重大涉税事项报告制度,规范报告事项内容及程序,针对涉税问题提出服务和管理的意见建议。

(2)提供大企业税收政策确定性服务。对大企业执行税收政策遇到的热点难点问题,提供专业的政策解读,确保税法适用的确定性和税法执行的统一性;定期征集大企业意见建议,为完善税收政策和管理制度提供参考;随着相关法律法规修订,探索建立复杂涉税事项事先裁定制度,推进大企业税收事先裁定工作。

(3)完善大企业税务风险内控制度。制定并完善大企业税务风险内控测试指标体系,组织开展大企业税务风险内控调查和测试工作,引导和推动大企业完善税务风险内控体系;选择税务风险内控制度较为完善、税法遵从度较高的大企业,签订《税收遵从合作协议》,引导和约束税企双方共同信守承诺、防范风险。

44. 简述如何全面提升大企业纳税服务质效。

答:(1)要加强组织领导。切实提高对加强大企业服务工作的认识,改变以管理者自居的惯性思维,将大企业纳税服务工作列入重要议事日程,强化组织领导,注重横向、纵向协调,提高大企业纳税人满意度。

(2)要畅通纳税服务渠道。依托大企业税收管理信息系统,畅通税企之间、税务机关之间的沟通渠道,实现顺畅交流,提升沟通质效。

(3)创新纳税服务产品。优化大企业重大涉税事项处理途径,让大企业"多跑网路、少跑马路"。

(4)优化纳税服务手段。提高大企业纳税服务工作标准。建立与服务产品相配套的工作机制、工作标准,规范服务流程,确保各项服务措施可操作、可执行,让大企业在纳税服务上有切实的获得感。

(5)要打造专业团队。大企业涉税事项专业性强,内容复杂,大量涉及并购重组等复杂税收业务,迫切需要税务机关提升纳税服务层级和专业化水平。要加强专业人才队伍建设,强化培训指导,培养一支业务精干、专业知识扎实的纳税服务专家队伍,有效帮助大企业解决实际问题,切实提升大企业纳税服务质效。

45. 企业税务风险管理的主要目标包括哪些?

答:(1)税务规划具有合理的商业目的,并符合税法规定。

(2)经营决策和日常经营活动考虑税收因素的影响,符合税法规定。

(3)对税务事项的会计处理符合相关会计制度或准则以及相关法律法规。

(4)纳税申报和税款缴纳符合税法规定。

(5)税务登记、账簿凭证管理、税务档案管理以及税务资料的准备和报备等涉税事项符合税法规定。

46. 大企业内控制度主要内容构成有哪些?

答:(1)合理的组织机构设置——独立、专业的税务管理机构;

(2) 涉税事项风险管理责任制度；

(3) 重大业务决策税务管理参与制度；

(4) 业务、财务、税务相互牵制制度；

(5) 业务、财务、税务信息关联制度；

(6) 企业内部税务审计制度；

(7) 税务风险管理绩效考核制度；

(8) 税务风险管理奖惩制度。

47. 如何确定千户集团成员企业？

答：千户集团按年确定其成员企业。集团总部按要求组织填报集团成员企业名册信息，并于每年10月纳税申报期结束前报送省税务机关。省税务机关交叉比对内外部信息，核实成员企业名册信息准确性、完整性，并于每年10月31日前上报总局。省税务机关对总部在本省的集团，核实集团总部及该集团在本省的成员企业名册信息；对总部不在本省的集团，核实该集团在本省的成员企业名册信息。

48. 千户集团名单如何进行动态管理？

答：已入选千户集团名单的企业集团总部按年维护集团名册信息，按要求填报相关信息，于每年5月31日企业所得税汇算清缴结束前报送省税务机关；省税务机关审核集团总部填报信息，并于每年6月30日前汇总上报国家税务总局。

49. 深化大企业税收服务与管理的主要任务是什么？

答：(1) 优化大企业个性化纳税服务；(2) 转变大企业税收管理方式；(3) 创新大企业税源监控分析；(4) 强化大企业税收保障体系。

50. 请简述深化大企业纳税服务若干工作措施的具体内容。

答：(1) 增强服务意识，转变服务理念；(2) 拓展服务渠道，加强信息交流；(3) 强化日常沟通，及时回应诉求；(4) 优化专项交流，解决热点问题；(5) 建立绿色通道，提供专属服务；(6) 加强集团重组服务，提高政策确定性；(7) 针对重大交易事项，提供专业辅导；(8) 减少跨区域涉税争议，提高执行一致性；(9) 强化数据监测分析，提供便捷高效服务；(10) 研究内控指标体系，帮助企业加强内控建设；(11) 签订遵从协议，推动遵从合作；(12) 定期归集整理税收风险，适时推送提醒到户；(13) 聚焦企业生产流程，定制专门服务手册；(14) 分年编写行业指引，揭示行业共性风险；(15) 汇编典型风险案例，激发企业增强防范意识；(16) 积极利用信用评价体系，提升总体信用水平；(17) 编制年度遵从报告，增强企业信誉意识；(18) 优化"走出去"企业服务，助力国家发展战略。

51. 简述千户集团扩围工作。

答：为深入学习贯彻党的十九大精神，进一步落实中办、国办印发的《深化国税、地税征管体制改革方案》（以下简称《方案》）和深化税务系统"放管服"改革工作的要求，切实优化大企业纳税服务，税务总局决定，对年纳税额1亿元以上、尚未列入千户集团管理范围的企业集团纳税人,由省(区、市)税务机关大企业税收管理部门比照千户集团服务和管理模式实施统一管理。

52. 如何加强税企沟通,建立健全多层次沟通联系机制?

答:建立大企业联络员制度、建立大企业工作小组制度、建立常态化走访工作机制、建立税企高层对话机制。

53. 如何创新服务产品,规范和完善税企合作机制?

答:推进税收遵从合作协议谈签工作、试行大企业涉税事项事先裁定制度、建立大企业重大事项报告制度、建立大企业税收风险管理指南。

54. 如何转变大企业税收管理方式?

答:开展总局省局两级税收风险统筹分析、实施风险任务统一推送差别化应对、加强风险应对过程管控、深化风险应对结果应用。

55. 2019年大企业税收服务与管理重点工作任务有哪些?

答:(1)提升工作站位,抓住机遇探索发展;(2)落实减税降费,促进经济平稳发展;(3)开展优质服务,营造良好税收环境;(4)推进信息化建设,提升科技管理能力;(5)完善工作机制,提高分析应对质量;(6)强化经济分析,打造税收话语体系;(7)加强制度建设,推动工作规范有序;(8)重视人才培养,带出一流专业队伍。

56. 简述大企业税务遵从管理年度报告内容的主要方面。

答:大企业税务遵从管理年度报告的内容:(1)企业税务遵从:企业基本情况、企业税务风险内控机制、企业税务遵从、重大事项报告、企业涉税诉求。(2)税务遵从管理:纳税服务情况、税源监控情况、针对性风险管理情况、其他管理工作。

57. 税务机关发现企业存在非一般反避税特别纳税调整问题的,应当按照哪些程序实施调整?

答:税务机关发现企业存在非一般反避税特别纳税调整问题的,应当按照下列程序实施调整:(1)拟定特别纳税调查调整方案;(2)根据拟定调整方案与企业协商谈判。企业拒绝协商谈判的,税务机关向企业送达《特别纳税调查初步调整通知书》;(3)企业对拟定调整方案有异议的,应当在税务机关规定的期限内进一步提供相关资料。税务机关收到资料后,应当认真审议,需要进行特别纳税调整的,税务机关应当形成初步调整方案,向企业送达《特别纳税调查初步调整通知书》;(4)企业收到《特别纳税调查初步调整通知书》后有异议的,应当自收到通知书之日起7日内书面提出。税务机关收到企业意见后,应当再次协商、审议。根据审议结论,需要进行特别纳税调整,并形成最终调整方案的,税务机关应当向企业送达《特别纳税调查调整通知书》;(5)企业收到《特别纳税调查初步调整通知书》后,在规定期限内未提出异议的,或者提出异议后又拒绝协商的,或者虽提出异议但经税务机关审议后不予采纳的,税务机关应当以初步调整方案作为最终调整方案,向企业送达《特别纳税调查调整通知书》。

58. 2019年税务总局深化大企业纳税服务措施中，增强服务意识，转变服务理念有哪些具体内容？

答：2019年税务总局深化大企业纳税服务措施中，增强服务意识，转变服务理念具体内容是：（1）以大企业需求为导向，树立税企合作共治的理念、服务与管理高度融合的理念。（2）坚持风险管理和优质服务同步推进，防范税收风险和引导自觉遵循平行治理。（3）树立积极有为的意识，促进服务创新，营造和谐营商环境。

59. 大企业税收经济分析的指导思想是什么？

答：大企业税收经济分析的指导思想：着眼于当前大政方针、改革攻坚、减税降费的热点难点，以数据管理和信息技术为支撑，以大企业集团为对象，以人才队伍和协作机制为保障，着力开展经济运行分析、税收形势分析和政策效应分析，努力打造税收分析拳头产品，服务经济社会服务大局，为领导决策提供参考，推进实现税收现代化。

60. 简述现代税收管理模式的"五个以"的主要内容。

答：以自主申报和优化服务为基础，以分类分级管理为重点，以风险管理为导向，以数据管理为抓手，以信息化为支撑，建立税法遵从型的现代税收管理模式。

61. 税务总局提出，大企业税收管理改革要瞄准"五做七化"，简述"五做七化"的内容。

答："五做七化"的内容：做实机构、做优平台、做精数据、做深合作、做强团队；实现机构实体化、应对专业化、数据集成化、工作平台化、服务个性化、合作一体化、流程标准化。

62. 简述税收风险典型案例（模板）的组成部分。

答：税收风险典型案例（模板）的组成部分：（1）企业概况（统一社会信用代码、所处行业、企业规模、行业地位等）；（2）风险描述（风险形成原因、特点、预估税款等）；（3）风险分析（业务背景及描述、会计及税务处理、分析方法、适用税收政策）；（4）风险应对（过程、方法、结果）；（5）处理结果；（6）行业延伸（潜在风险企业范围、具体核查路径、其他主要事项）；（7）联系人；（8）附件（工作底稿、账证资料等）。

63. 什么是大企业税收一体化服务与管理协作模式？

答：大企业税收一体化服务与管理协作模式是指：从深入推进大企业税收服务与管理的角度出发，以全面分析和评价税源管理情况为切入点，以税收联络员制度为抓手，以信息化手段为保障，以大企业税收风险管理为导向，以提高企业税收遵从能力和税法遵从度为目标，建立省、市、县三级大企业税收管理部门纵向协作、统筹一体的大企业税收服务与管理工作模式。

64. 从企业经营发展的角度看，企业面对的外部和内部风险有哪些？

答：从企业经营发展的角度看，企业面对的外部风险有：政治风险、法律风险、

社会文化风险、技术风险、市场风险；企业面对的内部风险有：战略风险、运营风险、财务风险、税务风险等

65. 列举企业风险管理策略的工具。

答：企业风险管理策略的工具有七种：风险承担、风险规避、风险转移、风险转换、风险对冲、风险补偿和风险控制。

66. 简述国际税收协定的目标。

答：国际税收协定的目标：妥善处理国家之间的双重征税问题；实行平等负担原则，取消税收差别待遇；互相交换税收情报，防止或减少国家避税和国际偷逃税。

67. 加强大企业税收服务和管理工作的指导思想是什么？

答：各级大企业税收服务和管理部门要全面贯彻税收征管体制改革总体部署和要求，以提升大企业服务和管理能力为目标，细化工作职责，理顺工作机制，提升工作效能，更好地发挥大企业税收服务和管理在深化税收领域"放管服"改革、优化税收营商环境、实现税收征管现代化中的积极作用。

68. 如何对大企业实施风险提示？

答：定期归集整理税收风险，适时推送，助力企业防范风险。针对重点企业，研究企业生产流程、整体架构、行业特征和核算特点，量身定制专门服务手册。收集整理企业风险防控典型案例，汇编成册，不定期发布。

69. 千户集团名册管理的流程有哪些？

答：（1）工作计划制定；

（2）集团名单确定；

（3）成员企业信息报送；

（4）成员企业信息核实；

（5）名册信息发布。

70. 如何优化对"走出去"企业的服务，助力国家发展战略？

答：围绕"走出去"企业，梳理内外税收政策，跟踪征管问题，建立数据档案，收集整理大企业海外税收维权案例，定期开展政策辅导和税收提醒，强化"一对一"服务，降低"走出去"企业税收成本和涉税风险。

71. 税务部门应该如何快速响应企业涉税诉求？

答：各地税务机关要认真研究企业提出的具有行业特点的税收问题，不断推动相关行业税收政策进一步完善；要及时受理、依法处理、按时回复企业的重大涉税诉求，认真采纳企业对税收管理和纳税服务工作的意见和建议，并提出改进管理和优化服务的具体措施。

72. 大企业重组涉税事项纳税服务工作机制的具体工作程序是什么？

答：（1）涉税事项来源。大企业集团总部可以直接向税务总局提出重组涉税事项书面咨询请求，也可以通过所在地省税务机关向税务总局提出书面咨询请求。

(2) 转办。税务总局办公厅负责登记大企业重组涉税事项。涉及单一税种或单一司局的大企业重组涉税事项，直接转相关业务司局处理并回复来文单位；涉及多税种、多省份的综合性复杂重组涉税事项，转办公室处理，各司局、各省税务局积极配合支持。

(3) 审核。办公室对大企业重组涉税事项资料进行初步审核，可根据需要，要求企业更正、补充相关资料，提出合理工作建议。

(4) 提出初步意见。办公室负责协调相关业务司局及相关省税务机关，形成初步意见建议。

(5) 形成最终意见。初步意见建议一致的，由办公室报告领导小组后告知相关省税务机关和大企业参考；初步意见建议不一致的，由办公室报领导小组集体研究，形成最终处理建议，由办公室告知相关省税务机关和大企业参考。

(6) 未决事项。对于现行税收法规未规定或不明确的事项，可继续研究论证形成税收政策建议，并告知相关省税务机关和大企业。

(7) 存档。办公室收集整理大企业重组涉税事项各环节形成的资料，存档备查。

73. 千户集团扩围工作的原则和主要任务是什么？

答：按照"应扩尽扩"原则，在总局前期下发扩围初选名单的基础上，进一步核实、增加本省符合扩围条件的其他集团，调出合并重组、破产注销、非集团总部、年纳税额不符合标准的集团，并及时报送总局大企业税收管理司审核备案。

74. 简述千户集团税收风险程度测试指标体系的研发要求。

答：(1) 业务逻辑要合理；(2) 数据利用要充分；(3) 行业特色要突出；(4) 模板填写要规范。

75. 税务机关实施特别纳税调查，应当重点关注具有哪些风险特征的企业？

答：(1) 关联交易金额较大或者类型较多的企业；(2) 存在长期亏损、微利或者跳跃性盈利的企业；(3) 低于同行业利润水平的企业；(4) 利润水平与其所承担的功能风险不相匹配，或者分享的收益与分摊的成本不相匹配的企业；(5) 与低税国家（地区）关联方发生关联交易的企业；(6) 未按照规定进行关联申报或者准备同期资料的企业；(7) 从其关联方接受的债权性投资与权益性投资的比例超过规定标准的企业；(8) 由居民企业，或者由居民企业和中国居民控制的设立在实际税负低于12.5%的国家（地区）的企业，并非由于合理的经营需要而对利润不作分配或者减少分配的企业。

76. 什么是企业特殊性税务风险？

答：企业特殊性税务风险是指企业在税收征管、税种管理及纳税事项等方面，与税款征收有直接联系的风险。其中纳税事项主要包括发票管理、减免税优惠、财产损失扣除、企业重组、关联交易、会计处理与税法规定差异性调整等方面。

77. 开展千户集团风险程度测试指标体系3.0建设的工作目标是什么？

答：按照"上下联动、统分结合、国地合作、区域协同"的工作思路，结合各单位大企业税收管理部门的专业优势,协同税务总局完成千户集团涉及的国民经济行业大类及战略新兴产业的风险指标建设,在确保指标体系的前瞻性、实用性、权威性的前提下,进一步丰富和完善行业风险程度测试指标,实现风险程度测试指标体系行业全覆盖。

78. 开展千户集团税收风险分析工作税务总局的工作任务是什么?

答:(1)开展计算机风险扫描。税务总局综合考虑企业组织架构和所属行业,选取千户集团部分重点企业作为税收风险分析对象。北京市国家税务局第五直属税务分局作为税务总局专业团队,依托税收风险分析平台,通过大企业税收风险过滤器开展计算机风险扫描,形成计算机风险扫描结论。

(2)实施人工专业复评。税务总局专业团队统筹力量,结合行业特征、集团特征和专业经验,对企业电子财务等数据进行深入风险分析,关注行业性、跨区域的重大税收风险,提出相应涉税风险点的风险核查重点、路径与方法,形成税收风险分析报告。

(3)评审税收风险分析报告。税务总局专业团队提交税收风险分析报告后,税务总局大企业税收风险分析专家委员会对税收风险分析报告进行评审,提出确定、统一的政策执行意见。评审通过的报告按程序提交税务总局税收风险管理领导小组办公室向全国推送风险应对任务。

79. 开展千户集团税收风险分析工作,各省局的工作任务是什么?

答:(1)报送涉税信息。各省税务局要按照要求对税务总局选定开展税收风险分析的企业,报送相关涉税信息。通过系统内部提取、企业电子财务数据采集、企业内控制度收集、网络抓取、外部门交换等方式,广泛收集税务端、企业端、互联网和第三方涉税信息。

(2)配合开展税收风险分析工作。各省税务局要积极举荐行业风险分析能手,按规定抽调到税务总局专业团队;按照税务总局部署,对税务总局专业团队分析发现的税收风险点开展初步核实工作;运用税务审计软件,按照要求配合税务总局专业团队对本省企业进行税收风险分析,发现重大税收风险事项时,及时上报税务总局;配合税务总局专业团队开展税收风险分析指标模型优化等工作。

80. 简述跨国法人国际避税的手段。

答:(1)利用转让定价转让利润。利用转让定价手段在公司集团内部转移利润,使公司集团的利润更多地在低税国(或避税地)关联企业中实现,这是跨国公司最常用的一种国际避税手段。

(2)滥用国际税收协定。一般是指一个第三国居民利用其他两个国家之间签订的国际税收协定获取其本不应得到的税收利益。

(3)利用信托方式转移财产:信托(信任委托),是指财产所有人将财产委托给自己信任的人或机构代为管理的一种法律行为。信托行为通常涉及三方当事人,即信托财产的委托人，受托人和受益人。

（4）组建内部保险公司：是指由一个公司集团或从事相同业务的公司协会投资建立的，专门用于向其母公司或姊妹公司提供保险服务以替代外部保险市场的一种保险公司（自保公司），原因：其可直接进行再保险市场，通过它可避免在常规保险市场投保所发生的一系列费用，它的保险范围，保险条件可以为一个公司集团单独制定，适应性很强。

（5）资本弱化：是指在公司的资本结构中债务融资的比重大大超过了股权融资比重。

（6）选择有利的公司组织形式：或是在东道国建立子公司，或是建立分公司。

（7）纳税人通过移居避免成为高税国的税收居民。

81. 税收风险识别的内容如何分类？

答：（1）从涉税风险的关联性看，分为：环境风险、制度缺陷及失效风险、操作失误风险。（2）从风险性质看，分为：知法违法风险、政策不确定风险、历史遗留风险（3）从涉税事项看，分为：涉税事项风险、涉税款项风险（4）从税种看，分为：主体税种风险、其他税种风险。

82. 税务遵从的概念是什么？

答：税务遵从是指纳税义务人遵照税收法令及税收政策，向国家正确计算缴纳应缴纳的各项税收，并服务税务部门及税务执法人员符合法律规范管理的行为。

83. 简述省以下税务机关承担税源监控工作内容。

答：

（1）按照税务总局的统一部署和要求，层层落实责任和任务，开展税源监控工作；

（2）组织、协调、指导下级税务机关的税源监控工作；

（3）进一步明确监控重点，确定适合本地联动和主管税务机关自主实施的监控事项，参与测算指标技术标准、数据分析模型、监控机制和模式的设计及完善工作；

（4）按照税务总局的统一部署和要求，汇总、比对分析、传递税源监控相关信息；

（5）按照上级机关要求，实施税源监控事项应对和处理；

（6）落实上级机关要求的其他税源监控相关工作。

84. 简述风险识别和风险评估过程中，主管税务机关的工作职责。

答：风险识别和风险评估过程中，主管税务机关负责完成上级交办的风险识别工作，并结合税收日常管理，开展对辖区内成员企业的风险识别工作。主管税务机关负责完成上级交办的风险评估工作，并结合税收日常管理，开展对辖区内成员企业的风险评估工作。

85. 纳税人分类分级管理办法对基础管理事项如何定义？

答：基础管理事项是税务机关依职权发起的日常管理事项，主要包括数据采集、户籍管理、审核查实、税源调查、外部协作、委托代征、纳税担保、税收保全、强制执行、税务行政处理和处罚等事项。

86. 企业全面风险管理要素主要有哪些？

答：内部环境、目标设定、事项识别、风险评估、风险应对、控制活动、信息和沟通以及风险监控等。

87. 大企业税收管理系统具有哪些特点？

答：实现大企业税收风险分析、评审、应对、反馈的全过程管理；实现多环节、多岗位的千户集团数据、指标模型、和分析结果共享；实现对总省两级协同开展人工专业复评任务管理的支持；实现千户集团风险分析、经济监控、审计核心功能的融合。

88. 如何加强化千户集团数据采集、管理和应用？

答：（1）建立千户集团数据采集、管理和应用。（2）加强千户集团数据采集统筹规划。（3）落实附报财务会计报表等日常数据报送工作。（4）拓展税务系统内、外部信息交换共享渠道。（5）开展千户集团数据深度挖掘和应用。（6）保障千户集团数据安全可控。

89. 如何加强千户集团数据管理的信息化支撑？

答：（1）优化千户集团数据采集工具和支持方式。（2）建立千户集团数据集市，统一数据应用平台。（3）探索"互联网＋千户集团"试点应用。

90. 如何加强数据管理专业化团队建设？

答：（1）配置充实数据管理人员；（2）持续提升数据管理人员专业能力；（3）加大数据管理人员激励力度。

91. 千户集团电子财务数据采集工作信息采集范围有哪些？

答：（1）电子账套数据。包括账套信息、科目信息、余额信息和凭证信息等。（2）企业填报数据。包括企业会计科目与财政部标准会计科目对应关系，财务报表及编制规则，以及其他财务资料等，上述数据按年度填报。

92. 千户集团电子财务数据采集信息采集方式有哪些？

答：采取"成员单位对总部、总部对省税务机关、省税务机关对税务总局"的方式开展。由企业集团总部统一部署其全部成员单位开展电子财务数据采集工作，企业集团总部集中收集和校验各成员单位电子财务数据后，报送至企业集团总部所在省税务机关，企业集团总部所在省税务机关对企业电子财务数据在本地进行收集、加载、审核和利用。

93. 大企业税收服务和管理制度规划包含哪些内容？

答：①建立健全各类制度；②强化工作统筹规划；③加强内控机制建设。

94. 简述优化千户集团纳税服务省级税务局的任务。

答：创新千户集团个性化纳税服务方式，向当地千户集团提供个性化纳税服务；向千户集团提示共性的、行业性及涉及重大事项的税收风险，突出事前预防；及时征集千户集团在税收政策和税收征管方面的意见建议，为完善税制和改进征管提供参考。

95. 健全大企业税收服务协调机制的要求是什么？

答：国家税务总局、省局两级建立税企高层对话机制；改进大企业涉税事项处理机制，规范大企业涉税诉求的受理和回复工作，快速、准确地回应大企业涉税诉求；完善大企业涉税事项协调会议机制，及时解决重大、复杂涉税事项；推进国税、地税合作，联合为大企业提供个性化纳税服务，减轻大企业办税负担，实现征纳双方的良性互动。

96. 提供大企业税收政策确定性服务指什么？

答：总局指导省局，对大企业执行税收政策遇到的热点难点问题，提供专业的政策解读，确保税法适用的确定性和税法执行的统一性；定期征集大企业意见建议，为完善税收政策和管理制度提供参考；随着相关法律法规修订，总局探索建立复杂涉税事项事先裁定制度，推进大企业税收事先裁定工作。

97. 精简电子财务数据采集范围要求中，不再纳入数据采集对象有哪些？

答：①非独立核算的企业；②集团境外成员的企业；③挂靠经营的企业；④采取手工记账方式的企业；⑤注销、破产、关停并转的企业；⑥非正常户、未正式运营等企业。

98. 千户集团名单由哪一级税务机关确定？千户集团名单如何管理？

答：千户集团名单由国家税务总局确定，定期发布，实行动态管理。(《国家税务总局关于发布〈千户集团名册管理办法〉的公告》，国家税务总局公告 2017 年第 7 号)

99. 《国家税务总局关于印发〈大企业税务风险管理指引（试行）〉的通知》（国税发〔2009〕90 号）有关税务风险识别和评估中，企业应结合自身税务风险管理机制和实际经营情况，重点识别哪些税务风险因素？

答：董事会、监事会等企业治理层以及管理层的税收遵从意识和对待税务风险的态度；涉税员工的职业操守和专业胜任能力；组织机构、经营方式和业务流程；技术投入和信息技术的运用；财务状况、经营成果及现金流情况；相关内部控制制度的设计和执行；经济形势、产业政策、市场竞争及行业惯例；法律法规和监管要求；其他有关风险因素。

100. 省级大企业部门风险分析任务有哪些？

答：①针对税务总局推送的风险应对任务，结合本辖区掌握的信息，由大企业税收管理部门组织开展二次或深度分析；②对千户集团在本辖区的独立法人企业或分公司开展税收风险分析；③承担千户集团相关行业、重点集团、相关事项的涉税风险分析任务；④向税务总局提供税收风险分析指标、模型，配合税务总局开展千户集团税收风险分析指标、模型建设。

101. 千户集团企业名册信息包括哪些内容？

答：①企业名称；②纳税人识别号；③统一社会信用代码；④集团名称；⑤上一

级企业名称及其他涉税信息。

102. 风险管理信息采集子系统，用于采集企业税务风险管理信息，主要有哪些内容？

答：①定点联系企业数据采集分析平台模块；②企业基本信息补充采集模块；③企业风险管理调查问卷模块。

103. 企业税务风险评估管理子系统包括哪些内容？

答：①企业税务风险分析和评价模块；②企业税务风险自查模块；③企业税务风险跟踪管理模块；④税务风险管理绩效考评模块。

104. 简述企业税务风险防范的主要措施。

答：①完善内部控制，防范系统风险；②签定遵从协议，强化顶层意识；③报送遵从报告，鉴证绩效考核。

105. 大企业税务风险管理制度主要包括哪些内容？

答：①税务风险管理组织机构、岗位和职责；②税务风险识别和评估的机制和方法；③税务风险控制和应对的机制和措施；④税务信息管理体系和沟通机制；⑤税务风险管理的监督和改进机制。

106. 根据《大企业税务风险管理指引（试行）》，税务管理的不相容职责包括哪些内容？

答：税务规划的起草与审批；税务资料的准备与审查；纳税申报表的填报与审批；税款缴纳划拨凭证的填报与审批；发票购买、保管与财务印章保管；税务风险事项的处置与事后检查；其他应分离的税务管理职责。

107. 对主营业务收入变动率与主营业务费用变动率进行配比分析产生疑点时，应主要从哪些方面加以进一步分析？

答：（1）结合《资产负债表》中的应付账款、预收账款和其他应付款等科目的期初、期末数进行分析；（2）结合主营业务费用率、主营业务费用变动率两项指标进行分析，与同行业水平比较；（3）通过《损益表》的若干年度数据分析三项费用中增长较多的项目，进一步分析原因．

108. 企业在适用公共基础设施项目企业所得税优惠政策方面可能存在的税收风险有哪些？

答：（1）企业同时从事不同项目经营，未与享受优惠的公共基础设施项目所得分开核算；（2）延迟确认第一笔生产经营收入；（3）从事承包经营、承包建设和内部自建自用公共基础设施项目违规享受优惠；（4）不符合《目录》范围规定申报享受税收优惠。

109. 对企业研发费用的归集超范围或不规范的税收风险应重点核查哪些？

答：（1）核查企业对研发费用和日常运营费用是否分别核算；

（2）核查企业研发项目是否立项、研究开发项目计划书和研究开发费预算；

（3）核查研发专门机构或项目组的编制情况，专业人员名单中是否有非直接从事研发人员；

（4）核查企业在一个纳税年度内进行多项研发活动的，是否按照不同研发项目分别归集可加计扣除的费用。

110. 简述企业残疾人员工资加计扣除不符合规定的税收风险表现。

答：（1）加计扣除残疾工资金额包含社会保险费、福利费等；

（2）未按规定与每位残疾人签订1年以上劳动合同；

（3）未按规定足额缴纳社会保险；

（4）定期支付工资不符合最低工资标准。

111. 简述"股权转让"事项常见的涉税风险表现。

答：（1）转让方转让股权未申报缴纳税款或支付方支付时未履行代扣代缴义务；

（2）以无偿划转、平价或低于成本价的方式转让股权，未按公允价值申报股权转让所得；

（3）涉及股权重组的股权转让不符合特殊性税务处理规定的风险；

（4）其他股权转让事项未足额缴纳相关税款的风险。

112. 国家税务总局统筹安排企业名册管理工作，其职责包括哪些内容？

答：国家税务总局统筹安排企业名册管理工作，其职责包括：

（1）规范企业名册范围和内容，完善企业名册管理办法；

（2）组织总局定点联系企业集团总部开展企业名册整理和报送工作；

（3）组织省以下税务机关开展企业名册核实工作；

（4）向总局定点联系企业集团总部反馈企业名册核实结果，引导其开展企业名册校正工作；

（5）其他全国性的企业名册管理工作。

113. 列入千户集团名单的企业集团名册管理工作职责有哪些？

答：①按照税务机关要求，组织开展名册信息填报、审核和报送；②根据税务机关反馈的核实结果，组织开展名册信息校正；③开展集团内部名册管理工作培训，对成员企业提供指导；④其他名册管理工作。

114. 大企业税收经济分析有哪些内容？

答：（1）提升选题站位。围绕党中央、国务院和国家税务总局重点聚焦的全局性和战略性问题，结合本地区经济社会发展和税收运行的具体特点，选取当地党委、政府关注的热点、焦点和难点领域，精准选题，深入开展千户集团及列名企业的税收经济分析工作。

（2）打造拳头产品。综合利用千户集团直报数据、附报数据、第三方数据，全面反映经济税收各方面的运行成效、亮点和问题，拓展经济分析的广度和深度，着力提升税收经济分析质效，打造大企业税收经济分析拳头产品。

(3) 加强联动协作。加强联动分析,探索开展税务机关与外部门之间的合作分析,按照主要行业、重点区域、重大发展战略等维度组建分析小组,广泛开展联合分析。

115. 大企业税收风险管理数据采集的主要风险点是什么?

答:(1)企业名册管理。

①未按规定对企业名册进行动态管理;

②未按规定保存和使用名册信息。

(2)企业涉税数据管理。

①未按规定采集企业涉税数据;

②未按规定对采集数据进行审核;

③未按规定保存和使用企业涉税数据。

116. 简述"风险评估"主要内容。

答:风险评估是全流程税收风险管理的起始环节。税务总局根据年度工作计划,多渠道广泛收集信息,识别和分析企业集团整体可能存在的税收风险,为后续实施以风险为导向的分类应对提供依据。各地税务机关应根据税务总局对风险评估工作的统一要求,落实税务总局推送的信息收集、识别分析等任务。

风险评估采用计算机评估和人工评估、定量评估和定性评估、定期评估和临时评估、事后评估和实时评估相结合的工作方式。

117. 简述"风险自查"。

答:风险自查是调动企业积极性、主动排除税务风险的一项有效措施。税务总局组织企业集团总部及其成员企业,按照统一要求对税务风险进行自我排查纠错。各级税务机关应当加强与企业的合作互动,指导、帮助企业开展自查。

118. 简述加强千户集团数据管理的主要目标。

答:通过加强千户集团数据管理,构筑"采集有考评、治理有反馈、使用有监控"的管理闭环;形成"纵向联动、横向协动、税企互动"的工作格局;建立"规范统一、科学高效、立足长远"的保障机制,实现数据采集规范高效、数据内容完整准确、数据应用安全可控。

119. 千户集团的联络员需具备哪些条件?

答:(1)有较强的工作责任心,爱岗敬业;

(2)有扎实的财会理论知识基础,熟悉会计和税收业务;

(3)有一定的数据信息处理能力;

(4)具备较好的沟通协调能力。

120. 省级税务机关负责联络员制度的落实和数据采集工作,主要职责包括什么?

答:(1)对联络员人选进行审核把关;(2)组织联络员培训,及时更新业务知识;(3)定期对企业报送的涉税数据进行审核。

121. 简述大企业税收管理司的主要职责。

答：国家税务总局主管大企业税收服务和管理的职能部门。主要职责是：承担大企业税收风险分析、税收经济分析和税源监控工作职责；指导税务系统大企业税收风险分析应对工作；组织开展大企业个性化纳税服务；指导海洋石油税收管理业务。

122. 对境外上市或服务器在境外的企业，由于涉案、财务人员更换频繁等原因导致财务数据无法及时采集的企业、发生重组、筹备上市等重大事项的企业，在电子财务数据采集的时间上有什么要求？

答：（不超过三个月）——可以延长电子财务数据采集时间，但延长时间最长不得超过三个月。

123. 千户集团信息管理中属于省税务局的任务有哪些？

答：（1）采集核实并定期更新本省千户集团名册信息。按时采集、审核、报送千户集团财务报表数据、税收征管数据、税收快报数据。（2）协助税务总局制定完善千户集团名册管理办法。（3）与各省财政、国有资产监督管理等部门沟通联系，获取千户集团企业相关信息。

124. 大企业税收风险应对中，如何突出分类分级？

答：对重大或复杂涉税事项由省级大企业服务和管理部门直接组织实施风险应对，发现纳税人有逃避缴纳税款、骗取出口退税或重大避税嫌疑的，及时移交相关部门研究处理。对一般性风险事项，由市（地）级以下大企业服务和管理部门或属地税务机关组织实施风险应对，省级大企业服务和管理部门加强监督管控，强化风险应对过程的专业指导、风险应对结果的分析评价，做好跨区域风险应对事项的统筹协调。

125. 国家税务总局关于转变税收征管方式提高税收征管效能的指导意见中，转变税收征管方式的重点是哪些？

答：在保持税款入库级次和入库地点不变的前提下，实现事前审核向事中事后监管、固定管户向分类分级管户、无差别管理向风险管理、经验管理向大数据管理的"四个转变"，对纳税人加强税法遵从度分析，应对税收流失风险，堵塞征管漏洞，对税务人加强征管努力度评价，防范执法和廉政风险，提高征管效能。

126. 省税务局风险办工作机制有哪些？

答：（1）统一税收风险管理组织领导；

（2）统一接收税务总局推送风险事项；

（3）统一扎口推送风险应对任务；

（4）统一反馈风险应对情况。

127. 当前税收风险管理的重点工作有哪些？

（1）改革大企业税收风险管理方式，实施两级风险分析及差别化应对；

（2）开展高收入者个人所得税风险管理工作；

（3）做好增值税发票及出口退税风险管理工作；

（4）加强税收征管主观努力程度评价工作；

（5）加强户籍、登记及申报风险管理工作；

（6）加强欠税风险管理工作；

（7）加强重点行业税收风险管理工作。

128. 如何认识税收风险管理工作的重要意义？

答：第一，税收风险管理是现代税收管理的先进理念和国际通行做法，是完善我国税收管理体系、提高治理能力、实现税收现代化的有效举措，是构建科学严密税收征管体系的核心工作。第二，税收风险管理是税收征管改革的突破口，实施税收风险管理，就是要把有限的征管资源优先配置到高风险领域和大企业税收领域，实现税源管理专业化，推动服务管理方式创新和税收管理体制变革。第三，税收风险管理是完成组织收入目标的重要抓手，开展税收风险管理，通过风险分析识别，有助于找准税收漏洞，有效实施风险应对，促进税收收入的可持续增长。

129. 税务总局负责根据企业集团核心成员企业的分布状况设立客户协调员，客户协调员承担哪些职责？

答：（1）定期听取企业对税收政策的意见并向有关业务部门反馈；

（2）受理企业重要事项通报、重大涉税诉求和个性化服务申请；

（3）协调组织税务机关内部资源快速响应，应对企业迫切需要解决的问题；

（4）了解企业税法遵从实际执行情况，收集企业税法遵从各环节资料，管理企业档案。

130. 大企业涉税事项协调会议制度的研究内容有哪些？

答：大企业税收管理与服务中发现的总局定点联系企业的重大涉税事项，大企业反映比较集中的普遍性、行业性的具体涉税问题，以及局内相关单位在处理总局定点联系企业涉税事项中不能达成一致意见的具体涉税问题，由大企业税收管理司负责归集整理，提交大企业涉税事项协调会议研究。

131. 强化大企业税收保障体系有哪些？

答：①健全组织保障；②强化信息化保障；③优化人力资源保障；④加强廉政内控保障。

132. 开展优质服务，营造良好税收环境的方式有哪些？

答：①畅通税企沟通渠道；②提升政策服务质量；③精准实施风险提示；④持续强化遵从引导。（见《2019年大企业税收服务与管理重点工作任务》

133. 完善与事中事后管理相适应的征管制度体系有哪些内容？

答：①推动税收征管法律制度修订。②完善征管制度审核和联动机制。③组织开展征管制度专项清理。④完善事中事后管理措施。⑤建立现代税收征管基本程序。（见《国家税务总局关于转变税收征管方式提高税收征管效能的指导意见》，税总发〔2017〕45号）

134. 在我国经济发展进程中，我们要不断为民营经济营造更好发展环境，帮助民营经济解决发展中的困难，支持民营企业改革发展，变压力为动力，让民营经济创新源泉充分涌流，让民营经济创造活力充分迸发。为此，要抓好6个方面政策举措落实。请简述相关内容。

答：第一，减轻企业税费负担；第二，解决民营企业融资难融资贵问题；第三，营造公平竞争环境；第四，完善政策执行方式；第五，构建亲清新型政商关系；第六，保护企业家人身和财产安全。

135. 扣缴义务人向居民个人支付劳务报酬所得、稿酬所得、特许权使用费所得时，如何预扣预缴税款：

答：参照《个人所得税扣缴申报管理办法（试行）》的公告（国家税务总局公告2018年第61号）第八条：扣缴义务人向居民个人支付劳务报酬所得、稿酬所得、特许权使用费所得时，应当按照以下方法按次或者按月预扣预缴税款：

劳务报酬所得、稿酬所得、特许权使用费所得以收入减除费用后的余额为收入额；其中，稿酬所得的收入额减按百分之七十计算。

减除费用：预扣预缴税款时，劳务报酬所得、稿酬所得、特许权使用费所得每次收入不超过四千元的，减除费用按八百元计算；每次收入四千元以上的，减除费用按收入的百分之二十计算。

应纳税所得额：劳务报酬所得、稿酬所得、特许权使用费所得，以每次收入额为预扣预缴应纳税所得额，计算应预扣预缴税额。劳务报酬所得适用个人所得税预扣率表，稿酬所得、特许权使用费所得适用百分之二十的比例预扣率。

居民个人办理年度综合所得汇算清缴时，应当依法计算劳务报酬所得、稿酬所得、特许权使用费所得的收入额，并入年度综合所得计算应纳税款，税款多退少补。

136. 公司通过劳务派遣方式支付的劳务费，是否纳入工资薪金支出？

答：支付给劳务派遣公司的劳务费是否可以纳入工资薪金支出关键要看劳务派遣单位与用工单位劳务派遣合同是如何签订的。《国家税务总局关于企业工资薪金和职工福利费等支出税前扣除问题的公告》（国家税务总局公告2015年第34号）第三条：企业接受外部劳务派遣用工所实际发生的费用，应分两种情况按规定在税前扣除：

（1）按照协议（合同）约定直接支付给劳务派遣公司的费用，应作为劳务费支出；

（2）直接支付给员工个人的费用，应作为工资薪金支出和职工福利费支出。另外，属于工资薪金支出的费用，准予计入企业工资薪金总额的基数，作为计算其他各项相关费用扣除的依据。

137. 纳税人销售货物或者应税劳务的价格明显偏低并无正当理由的，主管税务机关如何核定其销售额？

答：《中华人民共和国增值税暂行条例》第七条：纳税人发生应税销售行为的价格明显偏低并无正当理由的，由主管税务机关核定其销售额。

《中华人民共和国增值税暂行条例实施细则》第十六条：价格明显偏低并无正当理由或者有本细则第四条所列视同销售货物行为而无销售额者，按下列顺序确定销售额：

(1) 按纳税人最近时期同类货物的平均销售价格确定。
(2) 按其他纳税人最近时期同类货物的平均销售价格确定。
(3) 按组成计税价格确定。组成计税价格的公式为：

$$组成计税价格 = 成本 \times (1 + 成本利润率)$$

属于应征消费税的货物，其组成计税价格中应加计消费税额。

公式中的成本是指：销售自产货物的为实际生产成本，销售外购货物的为实际采购成本。公式中的成本利润率由国家税务总局确定。

138. 国家税务总局局长王军提出要把党中央关于宣传思想工作的指示精神与税务系统的实际有机对接，指明了税收宣传的方向和重点。贯彻税收宣传工作的总体要求，就是要找准三个基本定位，围绕四项基本目标，重点落实五项基本任务，进一步提升税收宣传工作水平。请列举税收宣传总体要求中的"三"、"四"、"五"？

答：税收宣传总体要求就是要找准全局性工作、导向性工作、基础性工作三个基本定位，围绕培养税收共识、促进税法遵从、树立部门形象、优化发展环境四项基本目标，重点落实税务形象筹划、税收新闻宣传、税收法制宣传、税收文化宣传和税收舆情管理五项基本任务，不断创新理念、机制、方法和载体，进一步提升税收宣传工作水平。

139. 转变税收征管方式提高征管效能的总体思路是什么？

答：以依法征管、权责清晰、科学效能为原则，坚持问题导向、顶层设计、统筹实施，按照"放管服"改革要求，以推行纳税人自主申报纳税、提供优质便捷办税服务为前提，以分类分级管理为基础，以税收风险管理为导向，以现代信息技术为依托，推进税收征管体制、机制和制度创新，努力构建集约高效的现代税收征管方式，进一步增强税收在国家治理中的基础性、支柱性、保障性作用。

140. 简述税收风险管理的基本内容。

答：税收风险管理的基本内容包括：目标规划、信息收集、风险识别、等级排序、风险应对、过程监控和评价反馈，以及通过评价成果应用于规划目标的修订校正，从而形成良性互动、持续改进的管理闭环。

141. 纳税评估主要工作内容包括哪些？

答：根据宏观税收分析和行业税负监控结果以及相关数据设立评估指标及其预警值，综合运用各类对比分析方法筛选评估对象；对所筛选出的异常情况进行深入分析并作出定性和定量的判断；对评估分析中发现的问题分别采取税务约谈、调查核实、处理处罚、提出管理建议、移交稽查部门查处等方法进行处理；维护更新税源管理数据，为税收宏观分析和行业税负监控提供基础信息、国地税交互信息及外部门交互信息等。

142. 简述加强大企业税收服务和管理工作的基本原则。

答：（1）统筹兼顾。通盘考虑各项工作职责的人力配置，统筹分析应对力量，合理划分内部工作职能与工作重点，积极优化与局内各科室的工作衔接，建立上下衔接、左右通达、健全有效的工作机制，实现大企业纳税服务和风险管理双促进、双提高。

（2）科学高效。立足大企业税收管理现代化，强化规划，优化流程，细化标准，持续提升服务和管理的科技含量与技术水准；着力做精数据、做优平台、做深服务，构建运转高效、工作完备、指挥有力的大企业税收服务和管理新格局。

（3）提升层级。针对大企业纳税人经营范围广、涉税事项专、层级架构繁、服务要求高的特点，以集团为对象，以行业为维度，突出分类，提升层级，将复杂涉税事项提升至市（地）以上管理，全面提高大企业服务和管理专业化水平。

（4）优化效能。依据工作序列，明晰工作定位，提升管理质效。风险管理重在形成闭环，纳税服务重在遵从引导，经济分析重在集成拓展，形成相得益彰、相互促进的良性综合效应。

143. 加强千户集团数据管理的主要任务是什么？

答：（1）建立健全千户集团数据管理制度规范；（2）强化千户集团数据采集、管理和应用；（3）加强千户集团数据管理的信息化支撑；（4）加强数据管理专业化团队建设。

144. 深化大企业税收服务与管理改革实施方案的主要任务是什么？

答：（1）优化大企业个性化纳税服务；（2）转变大企业税收管理方式；（3）创新大企业税源监控分析；（4）强化大企业税收保障体系。

145. 什么是千户集团企业涉税直报数据？

答：按照税务总局要求，千户集团按月（季）度定期向税务总局报送企业集团实际缴纳税款、新增固定资产等涉税直报数据。千户集团企业总部通过"千户集团涉税数据直报"系统在线填报数据并提交至省税务局审核，省税务局核实无误后报送至税务总局。

146. 简述税务机关对存在哪些避税安排的企业可以启动一般反避税调查。

答：（1）滥用税收优惠；

（2）滥用税收协定；

（3）滥用公司组织形式；

（4）利用避税港避税；

（5）其他不具有合理商业目的的安排。

147. 不得抵扣的进项税额包括哪些项目？

答：按《增值税暂行条例》规定，下列项目的进项税额不得从销项税额中抵扣：（1）用于非增值税应税项目、免征增值税项目、集体福利或者个人消费的购进货物或者应税劳务。（2）非正常损失的购进货物及相关的应税劳务。（3）非正常损失的在产品、产成品所耗用的购进货物或者应税劳务。(4) 国务院财政、税务主管部门规定的纳税人自用消费品。纳税人自用的应征消费税的摩托车、汽车、游艇，其进项税额不得从销项税额中抵扣。(5) 上述第1项至第4项规定的货物的运输费用和销售免税货物的运输费用。(6) 一般纳税人兼营免税项目或者非增值税应税劳务而无法划分不得抵扣的进项税额的。

148. 企业所得税法中亏损弥补政策是如何规定的？

答：亏损是指依照税法规定，将每一纳税年度的收入总额减除不征税收入、免税收入和各项扣除后小于零的数额。税法规定，企业某一纳税年度发生的亏损可以用下一年度的所得弥补，下一年度的所得不足以弥补的，可以逐年延续弥补，但最长不得超过5年。而且，企业在汇总计算缴纳企业所得税时，其境外营业机构的亏损不得抵减境内营业机构的盈利。

149. 一般纳税人满足何种条件，可以在一定时期内暂停预缴增值税？

答：一般纳税人跨省（自治区、直辖市或者计划单列市）提供建筑服务或者销售、出租取得的与机构所在地不在同一省（自治区、直辖市或者计划单列市）的不动产，在机构所在地申报纳税时，计算的应纳税额小于已预缴税额，且差额较大的，由国家税务总局通知建筑服务发生地或者不动产所在地省级税务机关，在一定时期内暂停预缴增值税。

150. 申请留抵退税的条件是什么？

答：(1) 自2019年4月税款所属期起，连续六个月（按季纳税的，连续两个季度）增量留抵税额均大于零，且第六个月增量留抵税额不低于50万元；(2) 纳税信用等级为A级或者B级；(3) 申请退税前36个月未发生骗取留抵退税、出口退税或虚开增值税专用发票情形的；(4) 申请退税前36个月未因偷税被税务机关处罚两次及以上的；(5) 自2019年4月1日起未享受即征即退、先征后返（退）政策的。

151. 增值税一般纳税人购进国内旅客运输服务，可以作为进项税额抵扣的凭证有哪些种类？

答：增值税专用发票、增值税电子普通发票、注明旅客身份信息的航空运输电子客票行程单、铁路车票以及公路、水路等其他客票。

152. 企业在2019年度同时发生扶贫捐赠和其他公益性捐赠，如何进行税前扣除处理？

答：企业所得税法规定，企业发生的公益性捐赠支出准予按年度利润总额的12%在税前扣除，超过部分准予结转以后三年内扣除。《关于企业扶贫捐赠所得税税前扣除政策的公告》（财政部 税务总局 国务院扶贫办公告2019年第49号），明确企业发生的符合条件的扶贫捐赠支出准予据实扣除。企业同时发生扶贫捐赠支出和其他公益性捐赠支出时，符合条件的扶贫捐赠支出不计算在公益性捐赠支出的年度扣除限额内。

153. 哪些固定资产不得计算折旧扣除？

答：《中华人民共和国企业所得税法》第十一条规定，在计算应纳税所得额时，企业按照规定计算的固定资产折旧，准予扣除。

下列固定资产不得计算折旧扣除：

（1）房屋、建筑物以外未投入使用的固定资产；

（2）以经营租赁方式租入的固定资产；

（3）以融资租赁方式租出的固定资产；

（4）已足额提取折旧仍继续使用的固定资产；

（5）与经营活动无关的固定资产；

（6）单独估价作为固定资产入账的土地；

（7）其他不得计算折旧扣除的固定资产。"

154. 企业享受小型微利企业所得税优惠政策，是否受征收方式的限定？

答：从2014年开始，符合规定条件的企业享受小型微利企业所得税优惠政策时，已经不再受企业所得税征收方式的限定了，无论企业所得税实行查账征收方式还是核定征收方式的企业，只要符合条件，均可以享受小型微利企业所得税优惠政策。

155. 增值税一般纳税人购进农产品（未采用农产品增值税进项税额核定扣除试点实施办法，下同），可凭哪几种增值税扣税凭证抵扣进项税额？

答：增值税一般纳税人购进农产品，可凭增值税专用发票、海关进口增值税专用缴款书、农产品收购发票或销售发票抵扣进项税额。

156. 公司适用农产品增值税进项税额核定扣除办法，2019年4月1日以后，购进农产品适用的扣除率是多少？

答：《农产品增值税进项税额核定扣除试点实施办法》（财税〔2012〕38号）规定，农产品增值税进项税额扣除率为销售货物的适用税率。39号公告第一条规定，增值税一般纳税人发生增值税应税销售行为或者进口货物，原适用16%税率的，税率调整为13%；原适用10%税率的，税率调整为9%。上述规定自2019年4月1日起执行。因此，2019年4月1日以后，如果该公司销售的货物适用增值税税率为13%，则对应的扣除率为13%；如果销售的货物适用增值税税率为9%，则扣除率为9%。

157. 纳税人因前期购买不动产尚未抵扣完毕的待抵扣进项税额，在2019年4月1日以后转入抵扣时，如何计算加计抵减额？

答：按照39号公告规定，纳税人取得不动产尚未抵扣完毕的待抵扣进项税额，可自2019年4月税款所属期起从销项税额中抵扣。对于该部分进项税额，适用加计抵减政策的纳税人，可在转入抵扣的当期，计算加计抵减额。

158. 符合什么条件的纳税人可以向主管税务机关申请留抵退税？

答：同时符合以下条件的纳税人，可以向主管税务机关申请退还增量留抵税额：

（1）自2019年4月税款所属期起，连续六个月（按季纳税的，连续两个季度）增量留抵税额均大于零，且第六个月增量留抵税额不低于 50 万元；

（2）纳税信用等级为 A 级或者 B 级；

（3）申请退税前 36 个月未发生骗取留抵退税、出口退税或虚开增值税专用发票情形的；

（4）申请退税前 36 个月未因偷税被税务机关处罚两次及以上的；

（5）自 2019 年 4 月 1 日起未享受即征即退、先征后返（退）政策的。

增量留抵税额，是指与 2019 年 3 月底相比新增加的期末留抵税额。

159. 房地产业开发成本的核算内容包括哪些？

答：土地征用及拆迁补偿费、前期工程费、建筑安装工程费、基础设施建设费、公共配套设施费、开发间接费、借款费用等成本项目。

160. 在电子财务数据采集内容方面，对货币金融服务行业和批发和零售行业企业有何要求？

答：货币金融服务行业企业只采集财务系统的电子数据（包括科目余额表等），暂不采集业务系统的数据。如分析工作中确有需要，集团总部所在省税务机关可补充采集。批发和零售行业企业只采集企业财务系统的电子数据，不采集企业业务系统数据。

161. 对境外上市或服务器在境外的企业、由于涉案、财务人员更换频繁等原因导致财务数据无法及时采集的企业、发生重组、筹备上市等重大事项的企业，在电子财务数据采集的时间上有什么要求？

答：境外上市或服务器在境外的企业，可延长电子财务数据采集时间，延长时间最长不超过 3 个月；由于涉案、财务人员更换频繁等原因导致财务数据无法及时采集的企业，可适当延长电子财务数据采集时间，延长时间最长不超过 3 个月；发生重组、筹备上市等重大事项的企业，电子财务数据采集时间可延长至重大事项完成后 3 个月内。

162. 国家实施更大幅度的减税降费政策的重大意义是什么？

答：意义重大，有利于在新的形势下稳增长、增活力、惠民生。

首先，减税降费有利于稳增长，调结构。

其次，减税降费让利于企，有利于增进企业活力。

最后，减税降费还利于民，有利于普惠民生。

163. 增值税一般纳税人购进农产品（未采用农产品增值税进项税额核定扣除试点实施办法），可凭哪几种增值税扣税凭证抵扣进项税额？

答：增值税专用发票、海关进口增值税专用缴款书、农产品收购发票或销售发票。

164. 自 2019 年 4 月 1 日起，对符合条件的纳税人试行增值税期末留抵税额退税制度。其中，对增量留抵税额的具体要求是什么？

答：自 2019 年 4 月税款所属期起，连续六个月（按季纳税的，连续两个季度）增量留抵税额均大于零，且第六个月增量留抵税额不低于 50 万元。

165. 自2019年1月1日至2021年12月31日，实施小型微利企业普惠性所得税减免政策，该政策所称小型微利企业需要符合什么条件？

答：从事国家非限制和禁止行业，且同时符合年度应纳税所得额不超过300万元、从业人数不超过300人、资产总额不超过5 000万元等三个条件的企业。

五、计算题

1.【解析】（1）会计利润总额 = 2 700 + 200 - 1 000 - 50 - 100 - 500 - 40 + 100 + 17 - 50 + 45 + 100 - 70 = 1 352（万元）

（2）业务招待费扣除限额 = （2 700 + 200 + 100）× 0.5% = 15（万元）小于30 × 60% = 18（万元），只能扣除15万元。所以应调增应纳税所得额 = 30 - 15 = 15（万元）；

新产品技术开发费40万元可以加计扣除75%，应调减应纳税所得额 = 40 × 75% = 30（万元）；

支付给母公司的管理费10万元需要做纳税调增。

所以，管理费用应调减应纳税所得额 - 30 - 15 - 10 = 5（万元）。

（3）广告费和业务宣传费扣除限额 = （2 700 + 200 + 100）× 15% = 450（万元），实际发生额 = 300 + 160 = 460（万元），所以销售费用应调增应纳税所得额10万元。

（4）税前准予扣除的利息费用 = 200 × 6% × 7/12 = 7（万元），所以财务费用调增应纳税所得额 = 12 - 7 = 5（万元）。

（5）公益性捐赠扣除限额 = 1352 × 12% = 162.24（万元），实际捐赠额20万元，所以可以据实税前列支。直接捐赠不得税前扣除，应纳税调增10万元。

行政性的罚款支出20万元不得税前扣除，应全额调增。

所以营业外支出应调增应纳税所得额 = 10 + 20 = 30（万元）

（6）境内居民企业之间符合条件的投资收益是免税的。国债利息收入属于免税收入。

所以投资收益应调减应纳税所得额45万元。（注：不必考虑税率差额）

（7）实际发生的合理的工资是允许据实税前扣除的。残疾人员的工资可以加计100%税前扣除，所以工资应调减应纳税所得额50万元。

职工福利费扣除限额 = 300 × 14% = 42（万元），实际发生45万元，纳税调增3万元。

职工工会经费扣除限额 = 300 × 2% = 6（万元），实际发生6万元，不作调增。

职工教育经费扣除限额 = 300 × 8% = 24（万元），实际发生额7.5万元，不作调整。

所以工资和"三项经费"应调减应纳税所得额 = 50 - 3 = 47（万元）。

（8）应纳税所得额 = 1 352 - 5 + 10 + 5 + 30 - 45 - 47 = 1 300（万元）；

应纳企业所得税 = 1 300 × 25% - 20 × 10% = 323（万元）。

2. 【解析】（1）参考答案：B

500 - 50 + (800 + 2 400) × 0.05 = 610

（2）参考答案：C

8 400/1.05 × 0.05 × (0.07 + 0.03 + 0.02) = 48

（3）参考答案：A

800 + 2 400 + 610 + 48 + (800 + 2 400) × 0.2 = 4 498

（4）参考答案：C

8 400/1.05 - 4 498 = 3 502

3 502/4 498 = 77.86%

3 502 × 0.4 - 4 498 × 0.05 = 1 400.8 - 224.9 = 1 175.9

3. 【解析】A 型啤酒每吨出厂单价（含包装物和包装物押金）= 58 000 ÷ 20 + 3 000 ÷ (1 + 16%) ÷ 20 = 3 029.31（元）> 3 000 元，A 型啤酒为甲类啤酒，适用的消费税税额为 250 元/吨；B 型啤酒每吨出厂单价（含包装物和包装物押金）= (32 760 + 1 500) ÷ (1 + 16%) ÷ 10 = 2 953.45（元）。啤酒属于乙类啤酒，消费税适用 220 元/吨的定额税率；该啤酒厂应纳消费税 = 20 × 250 + 10 × 220 = 7 200（元）。

4. 【解析】76.56 ÷ (1 + 16%) × 10% = 6.60

5. 【解析】(600 × 400 + 650 × 500 + 650 × 200) × 15% = 104 250（元）

6. 【解析】牌卷烟计税价格 = 110 × (1 - 29%) = 78.1（元/条），属于甲类卷烟。该企业当期应纳消费税 = 300 × 150 + 78.1 × 300 箱 × 250 条/箱 × 56% = 45 000 + 3 280 200 = 3 325 200（元）。

7. 【解析】该酒厂当月应纳消费税 = [480 + (15 + 5)/(1 + 16%)] × 20% + 100 × 2 000 × 0.5 ÷ 10 000 = 109.45（万元）。

8. 【解析】该批小轿车进口环节应纳消费税 = 500 × (1 + 25%)/(1 - 9%) × 9% = 61.81（万元）

9. 【解析】该厂应纳消费税 = 140 × (40% + 10%) = 70（万元）。

10. 【解析】(300 × 18 + 300 × 2/1.16 + 120 × 18.5) × 5% = 406.86

11. 【解析】该企业当期应纳的增值税 = (14 + 120 + 200) × 16% - 16 = 37.44（万元）；

该企业当期应纳的消费税 = [14/10 × (10 + 7) + 200] × 15% = 33.57（万元）；

当期应缴纳增值税、消费税合计 = 37.44 + 33.57 = 71.01（万元）。

12. 【解析】[35 000 × (1 + 5%) + 20 000 × (1 + 5%)] ÷ (1 - 15%) × 15% = 10191.18。

13. 【解析】外贸企业外销货物成本 = 外销货物的采购成本 + 不得退还的增值税 外贸企业不得退还的增值税（进项税额转出数）= 购货金额 × 征退税率之差 = 100 ×

（16% −13%）=3（万元），其外销成本 =100 +3 =103（万元）。

14.【解析】工业企业外销货物成本 = 外销的产成品成本 + 免抵退税不得免征和抵扣的税额工业企业免抵退税不得免征和抵扣的税额（进项税额转出数）=（外销FOB − 免税购进料件的价格）× 征退税率之差 =150 ×（16% −13%）=4.5（万元），其外销成本 =100 +4.5 =104.5（万元）。

15.【解析】支付给保安公司的外派保安工资不属于A企业的工资薪金支出，直接支付给保洁人员的工资属于A企业的工资薪金支出。该企业当年计算应纳税所得额时可扣除的职工教育经费限额 =（3 000 +20）×8% =241.6（万元）。

16.【解析】确定计算业务招待费税前扣除限额的基数 =3 000 +300 +100 +600 = 4 000（万元）。转让车库收入属于资产处置损益，接受捐赠收入、债务重组收益均属于营业外收入范畴，不能作为计算业务招待费税前扣除限额的基数。第一标准为发生额的60% =30 ×60% =18（万元）；第二标准为销售（营业）收入的5‰ =4 000 ×5‰ =20（万元）。两者数据比大小后择其小者扣除，其当年可在企业所得税前列支的业务招待费金额是18万元。

17.【解析】购置生产设备不属于筹办费支出；对于筹建期间的业务招待费支出，采用了业务招待费的扣除标准、筹办费的扣除方法。业务招待费的扣除标准体现在实际发生额的60%的比例限制。另外，在筹建期间的业务宣传费，可按实际发生额计入企业筹办费并可按规定在税前扣除。该企业一次性在企业所得税前扣除的筹办费 =200 +300 +20 +60 ×60% +150 =706（万元）。

18.【解析】其当年可在企业所得税前列支的公益性捐赠限额 =300 ×12% =36（万元），通过省级人民政府机关对受灾地区的捐赠30万元低于限额36万元，所以可以全额在税前扣除，不需纳税调整。直接给受赠人的捐赠在企业所得税前不得扣除。所以当年捐赠应调增应纳税所得额10万元。

19.【解析】由于管理不善造成材料丢失，导致不得从销项税额中抵扣的进项税额，应视同企业资产损失，准予与存货损失一起在企业所得税前按规定扣除。

在企业所得税前可扣除的损失金额 =30 450 +4 550 −30 000 =5 000（元）。

20.【解析】由于支付的工具件和零配件价款、车辆装饰费、销售公司代收保险费等各项费用均由销售公司开具发票，故均应进行增值税价税分离后计入车辆购置税的计税依据。

李某应纳车辆购置税 =（219 000 +1 000 +4 000 +8 000）÷（1 +16%）×10% = 20 000（元）。

21.【解析】王某应缴纳的车辆购置税 =（254 200 +1 000）÷（1 +16%）×10% = 22 000（元）

22.【解析】虽然该汽车贸易公司进口11辆小轿车，但是只对其自用的2辆征收车辆购置税。当月销售和抵债的小轿车由取得小轿车并自用的一方纳税，不由汽车贸易公司纳税。因此,该汽车贸易公司应缴纳车辆购置税 = 2×(25 + 25×28%)÷(1 - 9%)×10% = 7.03(万元)

23.【解析】自产自用的汽车需要缴纳车辆购置税;对外抵债的汽车由接受并自用的一方缴纳车辆购置税;奖励员工的汽车由取得并自用的员工缴纳车辆购置税。

应纳车辆购置税 = 190 000×4×10% = 76 000(元)。

24.【解析】车辆退回生产企业或者经销商的,纳税人申请退税时,主管税务机关自纳税人办理纳税申报之日起,按已缴纳税款每满1年扣减10%计算退税额;未满1年的,按已缴纳税款全额退税。张某购买该车满1年不满2年,可得到的退税 = 2×(1 - 10%) = 1.8(万元)。

25.【解析】在一个纳税年度内,已完税的车船被盗抢、报废、灭失的,纳税人可以凭有关管理机关出具的证明和完税证明,向纳税所在地的主管税务机关申请退还自被盗抢、报废、灭失月份起至该纳税年度终了期间的税款。已办理退税的被盗抢车船,失而复得的,纳税人应当从公安机关出具相关证明的当月起计算缴纳车船税。

该企业2015年实缴的车船税总计 = 4×480 + 480÷12×10 = 2 320(元)

26.【解析】该运输公司应纳车船税 = 800×20 + 1 200×30 + 8×60×15 = 59 200(元)

27.【解析】捕捞、养殖渔船免征车船税,机动补给船和机动运输船应纳车船税。非机动驳船按机动船舶税额的50%计算车船税。

该公司当年应缴纳车船税 = 2×10×3×50% + (15 + 10×7)×3 = 285(元)。

28.【解析】车船税法及其实施条例涉及的整备质量、净吨位、艇身长度等计税单位,有尾数的一律按照含尾数的计税单位据实计算车船税应纳税额。计算得出的应纳税额小数点后超过两位的可四舍五入保留两位小数。挂车按照货车税额的50%计算车船税。

该厂2013年度应纳的车船税 = 1.499×3×16 + 1.2×16×50% + 2×360 = 801.55(元)。

29.【解析】应扣缴增值税 = 200÷(1 + 6%)×6% = 11.32(万元)

30.【解析】折扣销售的折扣额只有在"金额"栏体现才能得以承认,对于在"备注"栏注明的折扣额不得从销售额中扣除。

甲服装厂当月的销项税额 = 700×300×16% = 33 600元

31.【解析】本题考核增值税税率、扣除率的运用。

可抵扣的增值税进项税额 = 5×12% + 0.6×10% = 0.66(万元);

应纳的增值税 = 20×16% - 0.66 = 2.54(万元)

32.【解析】该企业当期可抵扣的进项税 = 10 + 4 + 12×210÷(210 + 150) = 21(万元);

应纳增值税 = 210×13% - 21 + 150×3% = 27.3 - 21 + 4.5 = 10.8(万元)。

33. 【解析】应在改变用途的当月作进项税额转出 = 200 × 91% × 16% = 29.12（万元）。

34. 【解析】当期销项税额 = 500 × 10% + 90 ÷ (1 + 16%) × 16% = 62.41（万元）
当期可抵扣的进项税额 = 59.5 + 3 × 10% = 59.8（万元）
当期应纳增值税 = 62.41 − 59.8 = 2.61（万元）。

35. 【解析】个人将购买不足2年的住房对外销售的，按照5%的征收率全额缴纳增值税，张某应缴纳增值税 = 460 ÷ (1 + 5%) × 5% = 21.90（万元）。

36. 【解析】该企业上述业务应缴纳增值税 = 82 400 ÷ (1 + 3%) × 3% + 72 100 ÷ (1 + 3%) × 2% = 2 400 + 1 400 = 3 800（元）

37. 【解析】206 000 ÷ (1 + 3%) × 3% = 6 000（元）

38. 【解析】销项税额 = 200 × 16% = 32 进项税额转出 = 10 × 16% = 1.6
应纳税额 = 32 − (16 − 1.6) − 5 = 12.6（万元）

39. 【解析】依照我国税法计算的应纳税额之和，转让股权应纳税额 = 40 000 × 20% = 8 000（元），偶然所得按我国税法计算的应纳税额 = 10 000 × 20% = 2 000（元）
黄某A国所得的抵免限额 = 8 000 + 2 000 = 10 000（元） > 6 500 + 3 000 = 9 500（元）
黄某应在我国补缴个人所得税 = 10 000 − 9 500 = 500（元）。

40. 【解析】(1) 全年应纳税所得额
= 250 000 + 60 000 × (1 − 20%) + 10 000 × (1 − 20%) × 70% − 60 000 − 12 000 × 2 − 24 000
= 303 600 − 108 000 = 195 600（元）
(2) 应纳税额 = 195 600 × 20% − 16 920 = 22 200（元）

41. 【解析】(1) 企业扣缴该非居民个人当月工资、薪金所得应纳税额
= (40 000 − 5 000) × 25% − 2 660 = 6 090（元）。
(2) 大学扣缴该非居民个人当月劳务报酬所得应纳税额 = 6 000 × (1 − 20%) × 10% − 210 = 270（元）。

42. 【解析】个体工商户业主的工资不能在计算经营所得应纳税所得额时扣除。
应纳税所得额 = 100 − 85 + 0.4 × 12 − 0.5 × 12 − 1.2 = 12.6（万元）

43. 【解析】(4 500 − 180 − 2 000 − 800) × 10% = 1520 × 10% = 152（元）

44. 【解析】王某转让境内上市公司股票的行为暂不征收个人所得税；获得分红的股息、红利所得，持股期限在1个月以上至1年（含）的，暂减按50%计入个人应纳税所得额。
王某上述行为应纳个人所得税 = 10 000 × 0.8 × 50% × 20% = 800（元）

45. 【解析】
(1) 计算免征额 = 50 000 × 3 = 150 000（元）；
(2) 应纳税所得额 = 160 000 − 150 000 = 10 000（元）；

(3) 查找综合所得税率表，适用3%的税率，应纳税额=10 000×3%=300（元）；

46. 【解析】

应纳税所得额=28+3+2-30=3（万元）；

应纳税额=3×20%=0.6（万元）。

47. 【解析】不在企业任职，取得的董事费收入按照"劳务报酬所得"项目缴纳个人所得税；私营有限公司投资者从其投资的企业借款年终不归还，又不用于生产经营的，按"利息、股息、红利所得"缴纳个人所得税"。

王某公益救济性捐赠扣除限额=80 000×（1-20%）×30%=19 200（元），实际公益救济性捐赠额为20 000元，超过捐赠扣除限额，所以捐赠税前扣除额为扣除限额19 200（元）。

王某应缴纳个人所得税=80 000×（1-20%）×（1-30%）×30%-2 000+30 000×20%=17 440（元）

48. 【解析】应代收代缴城建税=（150 000+800 000）÷（1-5%）×5%（消费税税率）×50%×5%（城建税税率）=1250（元）

49. 【解析】乙酒厂应代收代缴的消费税=8×2 000×0.5+[60 000×（1-13%）+（25 000+15 000）+8 000]÷（1-20%）×20%=33 050（元）；

乙酒厂应纳增值税=（25 000+15 000）×17%=6 800（元）。

50. 【解析】本题有三个考核点：城建税的征税范围、计税依据和税率。

城建税以纳税人实际缴纳的增值税、消费税为计税依据；城建税具有进口不征、出口不退的规则，关税以及进口环节海关代征的增值税和消费税不计征城建税；对实行增值税期末留抵退税的纳税人，允许其从城市维护建设税、教育费附加和地方教育附加的计税（征）依据中扣除退还的增值税税额。纳税人所在地为市区的，税率为7%应缴纳的城建税=（462-102-260-18）×7%=5.74（万元）

51. 【解析】海关对进口产品代征的增值税、消费税，不征收城建税。应缴纳的城市维护建设税=（40+5）×7%=3.15（万元）。

52. 【解析】本题有两个考点：一是资源税的课税数量是销售量而不是开采量；二是从量定额资源税的计算。

该厂应纳资源税=4 000×3÷10 000=1.2（万元）。

53. 【解析】应纳资源税=200×8%+（380+120）×0.095×80%×8%=16+3.04=19.04（万元）。

54. 【解析】外购原煤的购进金额=600×1/2×490÷10 000=14.7（万元）；

应税原煤计税依据=30-14.7=15.3（万元）；

应纳资源税=15.3×8%=1.22（万元）。

55. 【解析】本题目有三个考点：一是政府机关自用土地免征城镇土地使用税，会计师事务所自用土地应缴纳城镇土地使用税。二是城镇土地使用税的计税依据是纳税人实际占地面积而不是建筑面积。三是征免税单位共同使用、共有土地使用权的多层建筑,按照各自占用建筑面积占总建筑面积的比例来划分征免税界限。

该会计师事务所与政府机关2018年共计应纳城镇土地使用税 = 5 000×(1 – 7/10)×5 = 7 500(元)。

56.【解析】本题考核城镇土地使用税的税额计算与税收优惠的结合。

企业办的学校、医院、托儿所、幼儿园,其用地能与企业其他用地明确区分的,免征城镇土地使用税;盐场的盐滩占地暂免征收城镇土地使用税。

该盐场2008年应缴纳的城镇土地使用税 = (200 000 – 10 000 – 120 000)×0.7 = 70 000×0.7 = 49 000(元)。

57.【解析】此优惠属于易命制单选题的知识点。对物流企业自有的(包括自用和出租)大宗商品仓储设施用地,减按所属土地等级适用税额标准的50%计征城镇土地使用税。物流企业的办公、生活区用地及其他非直接从事大宗商品仓储的用地,不属于优惠范围,应按规定征收城镇土地使用税。符合减税条件的物流企业需持相关材料向主管税务机关办理备案手续。应缴纳的城镇土地使用税 = 9 000×1×50% + 1 000×12 = 54 000 + 12 000 = 66 000(元)。

58.【解析】对在城镇土地使用税征税范围内单独建造的地下建筑用地,按规定征收城镇土地使用税。其中,已取得地下土地使用权证的,按土地使用权证确认的土地面积计算应征税款;未取得地下土地使用权证或地下土地使用权证上未标明土地面积的,按地下建筑垂直投影面积计算应征税款。对上述地下建筑用地暂按应征税款的50%征收城镇土地使用税。该企业2018年应纳城镇土地使用税 = 400×12×4/12×50% = 800(元)。

59.【解析】本题考核城镇土地使用税的税额计算与税收优惠的结合。

直接用于农、林、牧、渔业的生产用地免征城镇土地使用税,但不包括农副产品加工场地和生活、办公用地;对特定企业厂区以外的公共绿化用地和向社会开放的公园用地,暂免征收城镇土地使用税,企业厂区以内的绿化用地照章征收城镇土地使用税;对特定企业的铁路专用线、公路等用地,在企业厂区以外、与社会公用地段未加隔离的,暂免征收城镇土地使用税,企业内部道路用地照章征收城镇土地使用税。

应纳城镇土地使用税 = (60 000 – 28 000)×0.8 = 25 600(元)。

60.【解析】经批准开山填海整治的土地,从使用的月份起免缴城镇土地使用税5~10年。但此处的开山填海整治的土地是指纳税人经有关部门批准后自行填海整治的土地,不包括纳税人通过出让、转让、划拨等方式取得的已填海整治的土地,所以此处的受让填海形成的土地不免税。

该企业2008年应缴纳的城镇土地使用税 = 6 000×3 + 20 000×3×8/12 = 58 000(元)。

61.【解析】用于农业、经济林木种植的耕地不缴纳耕地占用税,但农村居民在规定用地标准以内占用耕地新建自用住宅,按照当地适用税额减半征收耕地占用税。张某应缴纳的耕地占用税 = 300 × 25 × 50% = 3 750(元)。

62.【解析】甲企业按实际占用土地面积计算缴纳城镇土地使用税。甲企业占用土地面积 = 3 000 × 3/(3 + 1) = 2250(平方米)。还有一个考点就是城镇土地使用税按年计算、分期缴纳,按题目每半年缴纳一次的条件,甲企业上半年应纳城镇土地使用税 = 2250 × 3 × 1/2 = 3375(元)。

63.【解析】纳税单位与免税单位共同使用共有土地使用权的多层建筑,对纳税单位可按其占用的建筑面积占建筑总面积的比例来划分其实际占用的土地面积,并据此计征城镇土地使用税,该公司全年应纳城镇土地使用税 = 2 000 × 4/(4 + 1) × 5 = 8 000(元)。

64.【解析】该厂当年应缴纳城镇土地使用税 = (60 000 - 800 - 500 - 100) × 2 = 117 200(元)。

65.【解析】对物流企业自有的(包括自用和出租)大宗商品仓储设施用地,减按所属土地等级适用税额标准的50%计征城镇土地使用税。幼儿园占地免征城镇土地使用税。物流企业的办公、生活区用地及其他非直接从事大宗商品仓储的用地,不属于优惠范围。

应缴纳的城镇土地使用税 = 10 000 × 10 × 50% + 1 500 × 10 = 65 000(元)。

66.【解析】对按照房产原值计税的房产,无论会计上如何核算,房产原值均应包含地价,包括为取得土地使用权支付的价款、开发土地发生的成本费用等。全面"营改增"之前购建的房地产,所支付价款全额计入成本。

计征房产税的房产原值 = 1 500 + 2 000 = 3 500(万元)。

67.【解析】与地上房屋相连的地下建筑物,要将地上地下视为一个整体,按照地上房屋建筑物的规定计税;独立的地下建筑物作为工业用途的,需要用房屋原价的一定比例折算为应税房产原值,再减除损耗价值计税。

2018年4月至12月应缴纳房产税 = (100 + 200 × 50%) × (1 - 30%) × 1.2% × 9/12 = 1.26(万元)。

68.【解析】一是纳税人对原有房屋进行改建、扩建的,要相应增加房屋的原值。二是原值应包括与房屋不可分割的各种附属设备或一般不单独计算价值的配套设施。三是对经营自用的房屋,从价计征房产税。四是房产税的纳税义务发生时间。

应纳房产税 = 200 × (1 - 20%) × 1.2% × 8/12 + (200 + 45 + 15) × (1 - 20%) × 1.2% × 4/12 = 2.112(万元)

69.【解析】对出租房产,租赁双方签订的租赁合同约定有免收租金期限的,免收租金期间由产权所有人按照房产余值缴纳房产税。则甲企业2018年对于该写字楼应纳的房产税应在1月从价计税,2月至12月从租计税。

2018年甲企业应纳房产税 = 2 500 × (1 - 20%) × 1.2%/12 + 20 × 12% × 11 = 2 +

26.4＝28.4（万元）。

70. 【解析】该企业应纳车船税
    ＝3 000×6×5＋7 000×0.67×4×5×50%＋1 000×3×4×50%＝90 000＋46 900＋6 000＝142 900（元）

71. 【解析】纳税人因房产的实物或权利状态发生变化，而依法终止房产税纳税义务的，其应纳税款的计算应截止到房产的实物或权利状态发生变化的当月末。甲企业5月10日转让的房产，其房产税计算到5月末。
    甲企业当年应缴纳房产税＝2 000×(1－30%)×1.2%＋500×(1－30%)×1.2%×5/12＝18.55（万元）

72. 【解析】第一套90平方米及以下住房按照1%的税率征收契税；第二套改善性住房超过90平方米，按照2%的税率征收契税。
    张先生一家两次共缴纳契税＝50×1%＋90×2%＝2.3（万元）。

73. 【解析】房地产开发企业在营改增后进行房地产开发项目土地增值税清算时，按以下方法确定应税收入：
    土地增值税应税收入＝营改增前转让房地产取得的收入＋营改增后转让房地产取得的不含增值税收入＝30 000＋50 000/(1＋5%)＝77 619.05（万元）。

74. 【解析】允许扣除的房地产开发费＝(400－100)＋(1 000＋6 000)×5%＝650（万元）。

75. 【解析】10 000×(10%＋20%)＝3 000（万元）。

76. 【解析】可扣除项目金额的合计数
    ＝600×(1＋5%×4)＋18＋0.5＋(1 000－600)/1.05×0.05×(0.05＋0.03＋0.02)
    ＝720＋18＋0.5＋1.905
    ＝740.4（万元）

77. 【解析】对按照房产原值计税的房产，无论会计上如何核算，房产原值均应包含地价，包括为取得土地使用权支付的价款、开发土地发生的成本费用等。契税应计入房产原值。所以计征房产税的房产原值＝1 500＋60＋2 000＝3 560（万元）。

78. 【解析】（1）对于与地上房屋相连的地下建筑，如房屋的地下室、地下停车场、商场的地下部分等，应将地下部分与地上房屋视为一个整体，按照地上房屋建筑的有关规定计算征收房产税。（2）房产税从价计征的年税率为1.2%，该企业3月购进房屋并办妥产权证书，从4月开始计征房产税，当年应计征9个月的房产税。该企业2016年应缴纳房产税＝8 600×(1－20%)×1.2%×9/12＝61.92（万元）。

79. 【解析】该企业2018年应纳房产税
    ＝(400－100)×(1－30%)×1.2%＋60/(1＋5%)×12%＝2.52＋6.86＝9.38（万元）。

80. 【解析】2018年1月~4月该企业应缴纳房产税＝6 000×2/3×(1－30%)×

1.2%×4/12+15×4×12%=11.2+7.2=18.4（万元）

2018年5月~7月该企业应缴纳的房产税=6 000×（1-30%）×1.2%×3/12=12.6（万元）

2018年8月至年底该企业应缴纳的房产税=（6 000+120-80+300）×（1-30%）×1.2%×5/12=22.19（万元）

该企业2018年应缴纳房产税=18.4+12.6+22.19=53.19（万元）。

81.【解析】本题目有两组考核点，一是房产税的计税依据与税额计算；二是纳税人因房产的实物或权利状态发生变化，而依法终止房产税纳税义务的，应纳税款的计算应截止到房产的实物或权利状态发生变化的月末。该企业10月10日转让的房产，其房产税计算到10月末。

该企业应缴纳房产税=80×70%×（1-30%）×1.2%×10 000×10/12=3 920（元）。

82.【解析】价款、开发土地发生的成本费用等；二是房产税纳税义务发生时间，纳税人购置存量房，自办理房屋权属转移、变更登记手续，房地产权属登记机关签发房屋权属证书之次月起，缴纳房产税。

该企业2018年应纳房产税=（2 000+800）×（1-30%）×1.2%×9/12=17.64（万元）。

83.【解析】对于以房产投资联营，投资者参与投资利润分红，共担风险的，按房产的计税余值作为计税依据计征房产税；对以房产投资，收取固定收入，不承担联营风险的，实际是以联营名义取得房产租金，应由出租方按不含增值税的租金收入计算缴纳房产税。

该公司自5月1日起对外投资联营，收取固定收入，视为出租，以取得的不含增值税的固定收入从租计税，所以2018年应缴纳的房产税=3 000×（1-30%）×1.2%×4/12+168/（1+5%）×12%=27.6（万元）。

84.【解析】甲公司以货易货合同按购、销合计金额计税贴花，应纳印花税=（200+150）×0.3‰×10 000=1 050（元）。签订合同即发生印花税纳税义务，未兑现也要贴花且不能因合同取消而要求退税或抵税。甲公司采购合同应贴印花=50×0.3‰×10 000=150（元）。甲公司共应缴纳印花税=1 050+150=1 200（元）。

85.【解析】自2018年5月1日起，对按万分之五税率贴花的资金账簿减半征收印花税，对按件贴花5元的其他账簿免征印花税；专利证按照每件5元贴花，开户许可证不属于印花税的征税范围，不需要计算缴纳印花税，该企业上述凭证2018年应纳印花税=120×10 000×0.5‰×50%+5=305（元）。

86.【解析】甲公司应纳房产税=500×（1-20%）×1.2%×4/2+1.5×8×12%=3.04（万元）。

87.【解析】转让字画所得在我国的抵免限额=20×20%=4（万元），偶然所得在我国的抵免限额=5×20%=1（万元），李某当年在我国应补缴个人所得税=（4+1）-

$(3+1.1)=0.9$（万元）。

88.【解析】 外购原煤的购进金额 $=800×3/4×470÷10\,000=28.2$（万元）；

应税原煤计税依据 $=44-28.2=15.8$（万元）；

应纳资源税 $=15.8×9\%=1.42$（万元）。

89.【解析】 与地上房屋相连的地下建筑物，要将地上地下视为一个整体，按照地上房屋建筑物的规定计税；独立的地下建筑物作为商业用途的，需要用房产原价的一定比例折算为应税房产原值，再换算为房产余值计税。

2018年4月至12月该商场应缴纳房产税 $=(3\,000+800+600×70\%)×(1-30\%)×1.2\%×9/12=26.59$（万元）。

90.【解析】 对技术开发合同，只就合同所载的报酬金额计税，研究开发经费不作为计税依据。

该涂料厂应纳印花税 $=(500-450)×0.3‰×10\,000=150$（元）。

91.【解析】（1）参考答案：B

解析：一般纳税人跨县（市、区）提供建筑服务，适用一般计税方法计税的，以取得的全部价款和价外费用扣除支付的分包款后的余额，按照2%的预征率计算应预缴税款。

应预缴税款 $=$（全部价款和价外费用 $-$ 支付的分包款）$/(1+10\%)×2\%=(220-55)/(1+10\%)×2\%=3$ 万元。

（2）参考答案：DE

解析：购买专业设备用于适用简易计税项目的建筑工程老项目，购买时不得抵扣进项税额。不抵扣且未抵扣进项税额的固定资产，发生用途改变，用于允许抵扣进项税额的应税项目，可在用途改变的次月按净值计算抵扣进项税额。

（3）参考答案：C

解析：按照财税〔2016〕36号文件的规定，用于简易计税方法计税项目、免征增值税项目、集体福利或者个人消费的购进货物、加工修理修配劳务、服务、无形资产和不动产，对应的进项税额不得从销项税额中抵扣。其中涉及的固定资产、无形资产、不动产，仅指专用于上述项目的固定资产、无形资产（不包括其他权益性无形资产）、不动产。如果不是专用于不得抵扣项目的，该进项税额允许全额抵扣。

（4）参考答案：C

解析：适用一般计税方法的纳税人，兼营简易计税方法计税项目、免征增值税项目而无法划分不得抵扣的进项税额，按照下列公式计算不得抵扣的进项税额：

不得抵扣的进项税额 $=$ 当期无法划分的全部进项税额 $×$（当期简易计税方法计税项目销售额 $+$ 免征增值税项目销售额）$÷$ 当期全部销售额

业务6中可以从销项税额中抵扣的进项税额 $=0.8-0.8×200/(400+220/1.1+200)=0.6$ 万元。

(5) 纳税人跨县（市、区）提供建筑服务，在建筑服务发生地预缴税款后，向机构所在地主管税务机关进行纳税申报，计算当期应纳税款，扣除已预缴的税款后的余额在机构所在地缴纳。

业务（1）销项税额 = (400 + 220/1.1) × 10% = 60；

业务（1）可抵扣进项税额 = 5；

业务（1）已预缴税款 = (220 − 55)/(1 + 10%) × 2% = 3；

业务（2）进项税额 = 44.8；

业务（3）应纳税额 = 200 × 3% = 6；

业务（4）可抵扣进项税额 = 0；

业务（5）可抵扣进项税额 = 1.6；

业务（6）可抵扣进项税额 = 0.8 − 0.8 × 200/(400 + 220/1.1 + 200) = 0.6；

该建筑公司应缴纳增值税 = 销项税额 − 进项税额 − 已预缴税款 + 简易计税方法直接计算的应纳税额 = 60 − (5 + 44.8 + 1.6 + 0.6) − 3 + 6 = 11。

92.【解析】D

《消费税暂行条例实施细则》第八条 委托加工的应税消费品，按照受托方的同类消费品的销售价格计算纳税；没有同类消费品销售价格的，按照组成计税价格计算纳税。

实行从价定率办法计算纳税的组成计税价格计算公式：

组成计税价格 = (材料成本 + 加工费) ÷ (1 − 比例税率)

此题中，该厂没有同类产品的销售价格，按组成计税价格：

应纳税额 = (50 000 + 10 000 + 5 000) ÷ (1 − 15%) × 15% = 11 470.59 元。

93.【解析】(1) 销售给商场应缴纳的消费税 = 82 × 1 000 × 2 × 0.5 ÷ 10 000 + (232 + 58) ÷ (1 + 16%) × 20% = 58.2 万元。

(2) 采取分期收款销售应缴纳的消费税 = 20 × 1 000 × 2 × 0.5 × 60% ÷ 10 000 + 50 × 60% × 20% = 7.2 万元。

(3) 自产白酒换取原材应缴纳的消费税 = 10 × 1 000 × 2 × 0.5 ÷ 10 000 + 10 × 3 × 20% = 7 万元；

某企业 8 月份缴纳的消费税 = 58.2 + 7.2 + 7 = 72.4 万元。

94.【解析】扣除项目 = 1 400 × 50% + 72 = 772（万元）；

增值额 = 1 200 − 772 = 428（万元）；

增值率 = 428 ÷ 772 = 55.44%，确定适用税率为 40%、速算扣除系数 5%；

应纳土地增值税 = 428 × 40% − 772 × 5% = 132.6（万元）。

95.【解析】土地使用权金额：50 万元；

开发成本：200 万元；

开发费用：(50 + 200) × 10% = 25 万元；

有关税金：9.41万元；

加计扣除：(50+200)×20%=50万元；

扣除项目金额合计=50+200+25+9.41+50=334.41（万元）；

不含增值税收入=1 000-(1 000-50)÷(1+11%)×11%=905.86（万元）；

土地增值额=905.86-334.41=571.45（万元）；

增值额与扣除项目之比=571.45÷334.41×100%=170.88%；

应纳土地增值税=571.45×50%-334.41×15%=235.56（万元）。

96.【解析】教学区、办公区、学生公寓占地，免税；教职工住宅区、超市（属经营性场所）占地，应征税；占用基本农田的在当地使用税额的基础上提高50%。

我省县及县级市适用税额为22元/平方米。

2 000×22+3 000×22×(1+50%)=143 000（元）

97.【解析】二氧化硫污染当量=1月份排放总量×浓度值÷当量值=1 000×350÷100÷0.95=3 684.21；

汞及其化合物=1 000×0.1÷100÷0.0001=10 000；

一般性粉尘=1 000×20÷100÷4=50；

氮氧化物=1 000×140÷100÷0.95=1 473.68；

当量数排前三项污染物征收环境保护税税额=(3 684.21+10 000+1 473.68)×4.8=72 757.87元。

98.【解析】居民生活用水应纳税额：200×0.35=70（万元）；

非居民生活用水应纳税额：10×0.4=4（万元）；

特殊行业用水应纳税额：2×2=4（万元）；

该公司当月应缴纳的水资源税为：70+4+4=78（万元）。

99.【解析】丙公司平均净资产=(33 795+5 090)/(56.713%+8.542%)-(33 795+5 090)=20 704.303 5（万元），丙公司净利润=(33 795+5 090)/(56.713%+8.542%)×7.535%-(3 545+110)=835.05（万元），丙公司的净资产收益率=835.05/20 704.303 5=4.033%。

100.【解析】该债权2月份发生的汇兑收益=20×8.23-20×8.28=-1（万元）

六、案例分析

1.【解析】

（1）该投资者到兑换日的利率换算成日利率为4.32%÷365=0.0118%。因此，他可以得到的利息是10 000元×0.0118%×1 008=1 193.03元。

（2）该银行存在将国债转让价差收入作为企业所得税免税收入，造成少缴纳企业所得税的风险。

根据《国家税务总局关于企业国债投资业务企业所得税处理问题的公告》（国家税务总局公告 2011 年第 36 号）企业到期前转让国债、或者从非发行者投资购买的国债，其持有期间尚未兑付的国债利息收入，按以下公式计算确定：

国债利息收入 = 国债金额 × （适用年利率 ÷ 365） × 持有天数

（3）A 银行实际持有国债 87 天，日利率 5.74% ÷ 365 = 0.0157%，可以享受的免税收入为：10 000 × 0.0157% × 87 = 136.82 元。到期日，A 银行实际收到利息 10 000 × 5.74% × 3 = 1 722 元。

A 银行将取得全部利息收入 1 722 元减去前期支付的 1 193.03 元代垫利息后 528.97 元全部作为免税收入，应做纳税调增。

A 银行应做纳税增为：528.97 - 136.82 = 392.15 元。

2.【解析】

根据发现的疑点问题，以及约谈情况，确定重点分析方向，进一步深入核查。

疑点一：买入返售金融资产不应该提取贷款损失准备金并在税前扣除，应调增应纳税所得额。在调整方法上，建议采取分别调整存量与增量的方式，即 2018 年末按买入返售金融资产准备金的增量调增 2018 年度应纳税所得额。

调整金额为：（2 509 875 027.62 - 781 996 797.71） × 1% = 17 278 782.30

疑点二：根据财税 2015 年 9 号文，金融企业涉农和中小企业贷款按照 3 号文的规定执行的不再适用 1% 的扣除政策。

该银行 2018 年度对涉农和中小企业贷款中的正常类贷款和后四类贷款同时计提贷款损失准备金，违反了 9 号文的规定，应对正常类贷款已按 1% 计提的准备金予以纳税调增，纳税调增金额为（98 367 858 358.69 - 59 870 858 845.69） × 1% = 384 969 995.13（元）

应补税额：（384 969 995.13 + 17 278 782.30） × 25% = 100 562 194.35（元）

3.【解析】

1. BCD

2. ABC

3. ABCD

4.（1）2018 年毛利率与 2016、2017 年相比下降，存在少记收入或多记成本、费用的风险；（2）2016 - 2018 年外购包装材料粮食销售收入与成本相等，或少记收入；（3）2018 年增值税负较前两年低，剔除政策原因，是否少纳税；（4）2018 年营业外收入同比下降，营业外支出同比上升；（5）2017 年无进项税额转出，是否少记或漏记。

5.（1）根据账面证据及仓库保管资料、销售台账、发货单等情况，分析是否隐匿收入；

（2）是否存在视同销售的但未计税情况；

（3）分析销量与收入之间是否配比；

（4）分析收入与成本之间是否配比，毛利率是否低于行业水平；

（5）是否存在向销售公司销售白酒价格偏低，少缴消费税的风险。

4.【解析】

（1）行业增值税税负率=[1-(1-20%)×75%]×17%=6.8%；

企业增值税申报税负率=8 900÷235 000=3.79%；

增值税税负明显偏低。

按行业销售净利率测算的企业所得税税负率=[39 600-235 000×5%]÷39 600=52.53%；

企业所得税申报税负率=9 900÷39 600=25%；

企业所得税申报税负明显偏低，同时说明企业没有进行纳税调整。

（2）企业采用订单式生产，应该有收取的定金，即企业的预收账款账户余额不可能为0，说明企业可能将收取的定金的记入账外，存在少计或者晚计收入的风险。

（3）由于2016年存在进口设备的安装劳务收入，少扣缴非居民所得税，评估补税522 100万元的问题，而2017年也有进口设备金额7 300万元，支付国外安装费200万元的业务，因此企业可能存在支付国外安装费少扣缴非居民所得税的风险。

（4）未分配利润=82 000-50 700=31 300万元＞净利润29 700万元

31 300-29 700=1 600万元

说明企业可能未进行利润分配，同时可能存在将应税所得的政府土地补贴款1 600万元直接计入税后所得，存在少缴企业所得税的风险。

（5）企业所得税申报税负率等于所得税税率，说明企业未进行纳税调整，而企业预提费用年内增加300万元，应该纳税调增，企业可能存在未调增少交所得税的风险。

（6）存货年末余额最低控制数=9 380+139 875-235 000×(1-20%)×75%=8 255万元。

而企业报表存货余额7 650万元，说明企业可能存在605万元存货成本已经结转，收入没有确认，从而少缴增值税和企业所得税的风险。

7. 2016、2017年管理费用总额基本稳定，说明管理费用基本正常。

8. 227 900÷235 000=96.98%

符合主要为国内某品牌汽车制造企业提供保险杠配套生产的经营特点，发票开具基本正常。

9. 一方面公司利润不分配，另一方面公司向境外支付非贸易款项6 508万元，其中支付A股东特许权使用费3 352万元、支付B股东特许权使用费3 156万元。而该公司享受向境外支付特许权使用费免征增值税的备案优惠，另外，B公司为系化工企业，它的经营业务和汽车保险杠的生产根本没有特许权使用的业务，因此企业可能存在混淆增值税优惠项目，骗取增值税优惠，同时以支付股东特许权使用费的名义分配利润，少扣缴非居民企业所得税的风险。

5.【解析】税收风险管理是国家税务总局根据新时期税收事业的总体要求和税收征管工作的实际情况，着眼强化税收安全、降低征纳成本、推进依法治税、促进纳税遵从提出的一项举措。

针对上述材料所述情况，税务机关在开展类似案件的风险分析应对时应该做到：

一是深入进行案头分析。在风险分析应对实际工作中，"轻案头分析重税务约谈和实地核查"的情况目前还普遍存在。不可否认，约谈和实地核查确实有其优势所在，但案头分析的重要作用同样不容忽视。一方面，案头分析的信息来源除了上述来源之外，还可以包括国家统计局统计资料、互联网、第三方数据等等，只要深入挖掘是可以发现有效信息的。另一方面，相比较而言，案头分析无需向企业发出文书，更加节省时间，有便捷的优势。

二是发挥好税务中介机构的作用。在风险分析应对所发现的问题中，对于一般性的问题经过风险应对人员的解释，企业财务人员一般是可以理解并认可的，但对于某些特殊问题，企业人员在不懂或认识不到位的情况下，可能会对风险应对人员的解释产生误解和抵触，认为是故意找企业"麻烦"，容易引发矛盾，从而使评估工作陷入僵局。而此时，如果能够有效引入税务中介机构，由中介机构的人员与企业沟通，作为企业代理人的中介机构的解释在某些情况下更容易让纳税人所接受，也更加容易让纳税人认同税务机关的意见。

三是要注意拓宽风险分析应对的思路和方法。风险分析应对案件中调查调整方法的使用在相关的风险分析应对文件中没有明确限定，这也就为风险分析应对引入诸如特别纳税调整、稽查等的调整方法提供了契机。在本案中，由于该公司涉及转让定价避税问题，而转让定价方面的调整又以特别纳税调整所采用的方法最为合理、有效。因此，本案在调整方法的选取上，风险应对人员借鉴特别纳税调整中所列举的交易净利润法（完全成本加成率），以使得调整的结果更加的公允、可靠，更能为税企双方所接受。

后　　记

　　大家好，我是中国财税战士：王战。

　　书，真是一个好物件儿。它可以清楚地将作者的思想意会给读者。大学毕业至今已有20年。20年，一份工作，也成了一份事业。

　　对于"税"，我有着深深的情结，也早有写本书的愿望。有了写书的想法后，我便开始收集和整理相关素材，包括数十篇各行业"大企业财税环境"原创调研报告"、上千篇原创财税实务操作博文、各类财税报纸、杂志、网站发表的文章等。万事俱备，只欠东风（动笔的决心）。这已是数月前的事儿了。

　　近期，我总会时不时想起这个事儿，不知如何进行"开写典礼"。刚刚，在睡觉前看了一会儿电视，北京卫视"我是演说家"栏目，听了几位嘉宾的演讲，有老红军、航天员、铁路工人……看完后，我的情绪久久不能平静（我的泪点比较低）。我寻思着，趁这个激动劲，赶紧把此刻的想法记录下来，作为我将要开写的《大企业税收管理应知应会读本》的后记。

　　目前，我是一名小企业家，虽然做得并不好，但我一直在努力，我希望能够成为一个优秀的企业家。在实务工作中，企业家要面对和处理很多事情，需要与各方进行沟通。这其中，会遇到很多问题。有时候，会非常迷茫。这种迷茫，至今我遇到过三次。

　　第一次是在备考注册会计师、注册税务师的时候。考试很难，每天要投入很大的精力，想尽一切办法调动各种积极因素，我甚至为此戒了钟爱的辣椒、茶长达一年，因为辣椒和茶可能会破坏我的生物钟，影响我休息。下了这么"狠"的功夫，但那时的我对前途颇感迷茫，不知道自己能不能考过，甚至一次次地做着模拟试题，一次次地经受着打击，苦不堪言。那种感觉，好似一直在朝着一个漫无目的的方向不停地在奔跑，不知道为什么要这样努力，原本可以下了班以后跟同事、同学、朋友们一起去喝喝酒、玩一玩，干嘛要受这个罪呢！后来，顺利通过考试后，我发现，自己有了一个可以干一辈子的职业、一个可以为之奋斗的事业，一切都是值得的。这就是我的第一次迷茫。

后来，我做了一名执业注册税务师，在一家税务师事务所工作，那几年，我经常写文章，在《中国税务报》发表。起初我是不敢写的，总觉得《中国税务报》在税收界如此高大上，怎么可能会刊登我这么一个小菜鸟的文章！但写文章已成为我心中难以磨灭的"星星之火"。于是，工作中，我开始留意写作素材。人的注意力到哪儿，就会在哪儿出成绩。在多位老师的鼓励下，我终于在《中国税务报》发表了第一篇署名文章《票据交换：不是筹划是偷税》（[N]．中国税务报，2007-11-19009．）。"处女作"的发表，对我来说是一个莫大的鼓励。犹记得那时，做实务的时候，只要有一点点想法，我都会拿一片儿纸把它记下来，我称之为"稿苗"，我会把"稿苗"小心翼翼地放在裤布袋里，晚饭后，我就开始写作。我的写作速度比较快，一般每晚两三个小时就可以写完一篇或两篇文章，然后投稿给《中国税务报》，慢慢我发表的文章就比较多了。在这里，我要真诚地感谢我的爱人，因为当时孩子只有一两岁，老婆没有任何怨言，承包了所有的家务活，我得以全身心地写文章。但是，写了很多文章以后，我再次陷入了迷茫，我费劲写这么多文章，又有谁会知道我呢？这是我的第二次迷茫。现在看，当时看似漫无目的奔跑（写文章），让我得到了很多裨益。

再后来，我创立了自己的事务所。当了所长之后，我身上仿佛有用不完的劲儿，"拼命三郎"一般不断去拓展业务、钻研业务、处理业务。现在想想，有些事情简直不可思议——曾经有一天，从早上天不亮直至深夜，我开车跑了五个城市、办了五件事。不懈努力之下，所里的业务当然是红红火火。最近，我叒进入了迷茫——我像"疯子"一样，跑了近八年业务，蓦然回头，突然发觉这不是一个人就能做好的事情，需要一个团队。但是，这些年不知道为什么，造成了现在的状态——只是我一个人在奔跑，却没有带好团队，没有发挥团队的力量。所以，我现在需要不断反思。

因此，当你作为一名企业家，从企业发展战略的设计和执行，到与内外部各方的沟通，到市场的反应，再到企业的壮大……会面临很多困难，会有方方面面的声音，可能你也会感到迷茫。但是，请相信我，这个时候你应该让自己沉静下来，这些看似没有目的的努力和付出，终有一天，当你取得阶段成功的时候，回头再看，你会发现，你已经走过了很长的路。

我认为一个人要想做成一件事，应该具备三点，这三点缺一不可。首先，要有正确的心态，做事不要过分追求利和名，因为过于势利的想法可能会影响一个人的初心，让浮云遮住双眼。以一个正确的心态去做一件事情的时候，你会发现，这样能把事情看得更透。有些人在做事情的时候初心不正，尽管短期看也取得了一些成果，占了一些便宜，但从长远来看，他们会付出更大的代价。第二，要有一定的能力，只有好的心态，没有相应的能力也是做不成事情的。而这些能力，可以用一个词来概括"无名之知"，这种能力有时难以具体形容，是在奔跑（实践）中不断的总结和思考逐渐积累下来的。有了正确的心态和一定的能力呢，也不一定会马上成功，还要有第三点，即持之以恒的毅力，有了以上三点——心态、能力加持之以恒的毅力，我认为一个人已经离成功不远了。

以上就是我在观看了"我是演说家"节目后的即时感慨，姑且将这些感慨作为本书的后记。

祝我们伟大祖国里每一位不甘平凡的你，都能够拥有一个美好的未来！

谢谢大家！

中国财税战士：王战

2019年3月6日夜